创新思维法学教材
Legal Textbooks of Creative Thinking

刑事诉讼法学

Criminal Procedure Law

第四版

洪浩　崔凯　王颖 ▸ 著

WUHAN UNIVERSITY PRESS
武汉大学出版社

图书在版编目（CIP）数据

刑事诉讼法学/洪浩，崔凯，王颖著．—4版．—武汉：武汉大学出版社，2025.2

创新思维法学教材

ISBN 978-7-307-24335-4

Ⅰ.刑…　Ⅱ.①洪…　②崔…　③王…　Ⅲ.刑事诉讼法—法的理论—中国—高等学校—教材　Ⅳ.D925.201

中国国家版本馆CIP数据核字（2024）第062181号

责任编辑：张　欣　　责任校对：汪欣怡　　版式设计：马　佳

出版发行：**武汉大学出版社**　（430072　武昌　珞珈山）

（电子邮箱：cbs22@whu.edu.cn　网址：www.wdp.com.cn）

印刷：湖北恒泰印务有限公司

开本：787×1092　1/16　印张：32.75　字数：649千字　插页：3

版次：2010年7月第1版　2013年8月第2版

2019年8月第3版　2025年2月第4版

2025年2月第4版第1次印刷

ISBN 978-7-307-24335-4　定价：78.00元

《刑事诉讼法学》作者简介

洪浩，男，1967年6月生，湖北黄梅人，法学博士。现任武汉大学诉讼制度与司法改革研究中心主任，刑事诉讼法学科负责人、教授、博士生导师，系诉讼法学科博士点创始人之一。兼任中国刑事诉讼法学研究会常务理事、学术委员会委员、中国检察理论研究会理事，湖北省法学会常务理事、学术委员会委员、诉讼法学研究会会长，湖北省法官检察官遴选委员会（第一、二、三届）委员、湖北省高级人民法院专家咨询委员会委员、湖北省人民检察院专家咨询委员会委员等。

1983年毕业于湖北省黄梅县第二中学；1987年毕业于中南政法学院（原湖北财经学院）法律系（法学学士学位）；1992年、2000年先后毕业于西南政法大学（诉讼法专业硕士、博士学位）。2005至2007年在武汉大学法学院从事博士后研究。

1987年起先后任职于中南财经政法大学、华中科技大学法学院，期间在湖北省随州市人民法院和最高人民法院有过短暂工作经历。1990年任讲师，2001年晋升为副教授（硕士生导师），2007年晋升为教授（博士生导师）。

主要研究领域为诉讼法学、证据法学。出版的著作有：《正当程序法律分析—当代美国民事诉讼制度研究》（合著，中国政法大学2000年版）、《检察权论》（武汉大学出版社2001年版）、《法治理想与精英教育：中外法学教育制度比较研究》（北京大学出版社2005年版）、《建设工程优先权研究》（北京大学出版社2014年版）、《法律解释的中国范式》（北京大学出版社2017年版）、《刑事诉讼法学》（武汉大学出版社2019年第三版）；主编有：《证据法学》（北京大学出版社2008年修订版）、《制度学说案例：刑事诉讼法学》（武汉大学出版社2013年版）等。已在《中国法学》《人民司法》《法学》《现代法学》《法学评论》《法商研究》《法律科学》《法学论坛》《法学杂志》《政法论丛》《刑事法杂志》《武汉大学学报》《山东社会科学》等刊物上公开发表学术论文70余篇；主持科研课题有：国家博士后资助项目《民事诉讼司法解释研究》（2006）、国家教育部人文社科项目《建设工程优先权问题研究》（2008）、国家社科基金后期资助项目《造法性司法解释研究》（2013）、最高人民法院重大理论项目《检察机关提起公益诉讼制度研究》（2016）、中国法学会部级课题《司法解释规范研究》（2017）、国家社科基金后期资助重点项目《检察制度发展研究》（2019）、湖北省社科基金政法工作专项《湖北政法工作现代化研究》（2023）等。

崔凯，法学博士，博士后。现任武汉大学法学院副教授，硕士研究生导师，兼任中国刑事诉讼法学研究会理事、中国法学会律师法学研究会理事、湖北省法学会诉讼法学研究会常务副秘书长等。入选湖北省青年法学法律人才库首批入库专家、武汉市法学法律人才库首批入库专家。主要研究方向为诉讼程序、证据法学、监察法治。在《法商研究》《政法论坛》等刊物发表文章四十余篇，出版专著三本，成果被《中国社会科学文摘》全文转载。主持国家社科基金项目三项，教育部人文社会科学研究项目等省部级课题近十项，多项研究成果获得省部级以上领导签批、被省部级政法部门采纳，多次参与国家和地方立法项目。

王颖，武汉大学法学院副教授，德国海德堡大学法学博士。从事刑事一体化研究，研究重点为刑事司法制度与刑事证据法、犯罪预防与犯罪矫正，讲授刑事诉讼法、证据法等。在《比较法研究》《清华法学》《环球法律评论》等中文法学核心期刊发表论文多篇，出版中文、德文、英文专著与参著多部，主持国家社科项目及教育部项目多项。

《刑事诉讼法学》（第四版）修改说明

2018年10月26日，全国人民代表大会常务委员会第六次会议通过了《关于修改〈中华人民共和国刑事诉讼法〉的决定》，这是我国1979年《刑事诉讼法》的第三次修订。为了便于广大读者及时、准确获知《刑事诉讼法》修改的精神和条文，本教材在第一时间启动修订，于2019年8月正式推出了第三版，赢得了广泛好评。

在我国，立法机关较少开展立法解释，更多情况下其会授权司法机关制定司法解释，用以解决司法实践中的具体法律适用问题。长期以来，在刑事司法领域，最高人民法院和最高人民检察院出台的关联司法解释是适用《刑事诉讼法》的基本指引，公安机关的程序性规定等法律文件也是办理刑事案件的重要法律依据。2019年12月2日，最高人民检察院第十三届检察委员会第二十八次会议通过《人民检察院刑事诉讼规则》；2020年12月7日，最高人民法院审判委员会第1820次会议通过《最高人民法院关于适用〈中华人民共和国刑事诉讼法〉的解释》；2020年7月20日，公安部发布第159号令修正《公安机关办理刑事案件程序规定》，这三个重量级解释性文件属于2018年《刑事诉讼法》修法的延续，全面总结了我国刑事司法侦诉审领域的新情况、新问题，对刑事诉讼程序问题作了系统的规定。此外，我国还陆续出台了一批重要政策文件，新增或修订了大量对刑事诉讼有直接影响的法律规范。还需要指出的是，2024年7月18日，中国共产党第二十届中央委员会第三次全体会议通过《中共中央关于进一步全面深化改革 推进中国式现代化的决定》，对完善中国特色社会主义法治体系又提出了不少新要求，“健全监察机关、公安机关、检察机关、审判机关、司法行政机关各司其职，监察权、侦查权、检察权、审判权、执行权相互配合、相互制约的体制机制，确保执法司法各环节全过程在有效制约监督下运行”。这一重要文件还对刑事司法相关内容作出了具体指示，“坚持正确人权观，加强人权执法司法保障，完善事前审查、事中监督、事后纠正等工作机制，完善涉及公民人身权利强制措施以及查封、扣押、冻结等强制措施的制度，依法查处利用职权徇私枉法、非法拘禁、刑讯逼供等犯罪行为。推进刑事案件律师辩护全覆盖。建立轻微犯罪记录封存制度”。上述变动深度影响了我国刑事诉讼法律体系。为了让本书引用的法律规范更加精准，制度内容更加严谨，参考习题更加具有时效性，我们进行了教材的第三次修订。此次修订遵循前版教材的基本体例，继续凸显了以下特色：

1. 篇幅合理，论述简练，详略得当，重点突出。全书共分为五编，体系紧凑，对非重点知识点仅作扼要阐述，本次修订亦没有大幅增加篇幅，减轻了读者的阅读负担。

2. 突出了实用性和时效性。作为教材，本书主要读者群体为法学专业本科生和法学初阶学习者，因此较好地协调了理论和实务的比例关系。本次修订融合了最新的政策和法律，对我国现行的《刑事诉讼法》以及相关的司法解释进行了系统而精练的阐释，内容清晰、表达准确，能够满足教学需要。

3. 预留了理论拓展的空间。为了让学有余力的读者进一步知晓刑事诉讼基本法理，教材在每章设置“理论导读”栏目，有助于学生快速了解该章的理论研究内容，激发学习兴趣，并为自主学习提供了研究线索。

4. 助力提升学生备考能力。刑事诉讼法在国家统一法律职业资格考试中占据较大权重，本书满足学生法律职业资格考试应试的实际需求，在每章尾部附有历年司法考试的经典试题原题或真题参考版，并且进行了详细解析，帮助学生更好地理解相关知识点。

另外，这次修订体现了武汉大学法学院诉讼法学科的集体智慧，崔凯副教授和王颖副教授在组织修订、辅助支持等方面发挥了重要作用。

司法解释简称表

2013 年 1 月 1 日施行的《最高人民法院、最高人民检察院、公安部、国家安全部、司法部、全国人大常委会法制工作委员关于实施刑事诉讼法若干问题的规定》，简称《六机关规定》

2020 年 9 月 1 日施行的《公安机关办理刑事案件程序规定》，简称《公安机关规定》

2021 年 3 月 1 日施行的《最高人民法院关于适用〈中华人民共和国刑事诉讼法〉的解释》，简称《刑诉解释》

2019 年 12 月 30 日施行的《人民检察院刑事诉讼规则》，简称《高检规则》

2019 年 10 月 11 日施行的《最高人民法院、最高人民检察院、公安部、国家安全部等印发〈关于适用认罪认罚从宽制度的指导意见〉的通知》，简称《认罪认罚意见》

另：本书涉及法律，如《中华人民共和国刑事诉讼法》，为便于学习，首次出现时用全称，其后如无特殊需要，均用《刑事诉讼法》作为简称。

目　录

第一编　总　论

第二编　证　据　论

第三编　审前程序论

第四编　审判程序论

第一编 总 论

第一章 导 论

第一节 刑事诉讼

一、诉讼

诉讼系指纠纷发生后，由国家司法机关①和纠纷当事人以及其他诉讼参与人共同参加，依照法定的程序和方式解决争议的专门性活动。诉讼一词由“诉”和“讼”构成，所谓“诉”，就是控诉、告诉、起诉的意思；所谓“讼”，就是言之于公（官府）的意思，即发生了争议或者纠纷，告到官府那里并由其加以解决。

我国法制史上曾有“狱”“讼”或者“狱讼”的概念，所谓“狱”是指“告以罪名者”，一般是指刑事诉讼；而所谓“讼”，则是指“以财货相告者”，一般是指民事诉讼。因此，我国古代将审理案件称为“听讼”“断狱”“折狱”“察狱”或“听讼断狱”“听讼折狱”等。直到元代，“诉讼”一词才开始出现，《大元通制》第十三章即以“诉讼”命名。元代以后，明清法律中也对诉讼作了规定，从而使诉讼一词得以沿用至今。

---

① 在我国，司法机关的外延有最狭义、狭义、广义以及最广义四种界定方式，最狭义上的司法机关仅指人民法院。西方国家的司法机关是指有权进行司法裁判的审判机构，也就是法院。狭义上的司法机关则还包括检察机关。在我国，一般把人民法院和人民检察院统称为司法机关。目前我国高等院校的法学教材绝大多数主张中国法律体系下的司法权既包括人民法院行使的审判权，也包括人民检察院行使的检察权，这是由我国司法体制的特点所决定的。广义上的司法机关，其范围包括所有在刑事诉讼活动中履行特定刑事职能的国家机关，即除了人民法院、人民检察院，还包括承担刑事案件侦查职能以及实施刑事强制措施职能的公安机关（含国家安全机关）。这种观念认为，公安机关在我国虽然整体上属于行政机关，但对于从事刑事侦查工作的刑事警察，其行使的是一种刑事司法权，因此，在刑事诉讼领域的公安机关也可以称为司法机关，是刑事司法机制的必要组成部分。在实践中，人们习惯于从广义角度理解司法机关。事实上，这种理解也能找到法律上的依据。如《消费者权益保护法》明确规定，国家公安机关、检察机关、审判机关承担国家对消费者权益进行司法保护的职责。《未成年人保护法》也规定公安机关、人民检察院、人民法院对未成年人实施司法保护。至于最广义上的司法机关，除以上三种具有刑事诉讼职能的国家机关，还把司法行政机关纳入进来，持此意见的并不多，大多数人把司法行政机关还是定性为行政机关。本书中的司法机关，采用广义上的理解，即从刑事司法职能配置的角度界定司法机关的外延。

在现代社会中，与诉讼同时并存着多种纠纷解决方式，例如协商、调解、仲裁等。与其他的纠纷解决方式相比，诉讼具有非常特殊的地位，是最权威、终局的纠纷解决方式。

1. 诉讼是由国家司法机关主持的专门性活动，以解决争议和处理案件为目的。包含两层意思：其一，没有国家司法机关的主持，不能称其为诉讼；其二，不是以解决争议和处理案件为目的的活动，也不能称为诉讼。

2. 参与诉讼的主体不仅要有国家司法机关，还必须有与纠纷存在利益关系的当事人（这里的当事人包括刑事诉讼中的犯罪嫌疑人）及其他诉讼参与人。一方面，现代社会的司法奉行法官中立原则，当事人的活动是诉讼进行的前提，没有当事人的行为，司法机关不能自行决定启动诉讼程序。如民事诉讼必须有原告起诉才能成立；刑事诉讼则以发生犯罪活动，存在需要追究刑事责任的犯罪嫌疑人为前提。另一方面，只有当事人的行为，没有国家司法机关的介入与主持，也就谈不上诉讼。诉讼主体的多元性特点贯穿诉讼活动始终，国家司法机关与当事人及其他诉讼参与人不可割裂。

3. 诉讼必须严格依照法定程序进行。国家司法机关主持进行的诉讼活动必须遵循法律规定的程序。在我国现行法律体系中，《刑事诉讼法》《民事诉讼法》《行政诉讼法》分别规定了三大诉讼的法定程序，即调整刑事诉讼、民事诉讼、行政诉讼活动的基本法律规范。诉讼就是在这些法定程序的规定下所进行的一系列活动的总和。

4. 诉讼结果具有强制性和终极性。这是诉讼区别于其他纠纷解决机制的核心特征。所谓强制性，是指依照法定程序进行的诉讼活动所确定的纠纷解决方案以及案件处理结果具有强制效力，由国家强制力保障其得以执行。所谓终极性，是指诉讼对争议的解决和案件的处理结果具有彻底性和终局性，裁判的结果一旦生效将不允许当事人及其他社会主体再行争执。

二、刑事诉讼的概念和特点

刑事诉讼是国家司法机关在当事人和其他诉讼参与人的参加下，依照法定程序查明犯罪事实、确定刑事责任并依法惩罚犯罪的活动。根据对国家司法机关范围界定的不同，刑事诉讼存在狭义和广义的不同理解。狭义的刑事诉讼仅仅包括由法院主导进行的刑事审判活动，目的在于认定犯罪嫌疑人是否有罪以及是否应承担刑事责任。而广义的刑事诉讼还包括审判之前进行的立案活动、侦查机关的侦查活动以及检察机关的起诉活动。刑事诉讼具有如下的特点：

1. 刑事诉讼是实现国家刑罚权的专门性活动。刑罚权是国家专有的追究犯罪分子的刑事责任并给予刑事处罚的公权力，体现了国家的强制力色彩，也是国家维护社会秩序的基本途径之一。刑事诉讼是国家司法机关实现刑罚权的主要方式，国家刑罚权只能通过刑事诉讼才能得以实现；即没有合法的刑事诉讼，就不能追究任何公民的刑事责任。

2. 刑事诉讼的核心是被追诉人的刑事责任问题，即被追诉人的行为是否构成犯罪，是否应处以刑罚以及应处以何种刑罚。刑事诉讼活动的直接目的就是解决上述问题，各项诉讼活动也围绕这些问题展开。

3. 刑事诉讼必须依据法定的诉讼程序来进行。司法机关和所有诉讼参加人都必须根据刑事诉讼法规定的程序进行各种诉讼活动。刑事诉讼具有严格的法定性。对法律规定的诉讼程序，司法机关和诉讼参与人在进行诉讼活动时都不得违反。我国刑事诉讼法将刑事诉讼分为立案、侦查、审查起诉、公诉、审判、执行等阶段，各个阶段的刑事诉讼活动必须依照法定程序进行，并且不同的诉讼阶段不得颠倒顺序或者随意省略。

三、刑事诉讼的历史沿革

刑事诉讼是国家的产物，体现了国家的阶级属性。以历史的演进为脉络，刑事诉讼可以划分为奴隶社会刑事诉讼、封建社会刑事诉讼、资本主义社会刑事诉讼和社会主义社会刑事诉讼四种类型。不同阶级属性的刑事诉讼有着不同的诉讼方式，具体而言，在诉讼的提起、国家司法机关与当事人在诉讼中的地位及其相互关系、刑事诉讼职能、刑事诉讼模式等方面都有不同的特点。

（一）西方刑事诉讼的历史发展

西方历史上曾经先后出现了弹劾式、纠问式、职权式、辩论式和混合式等刑事诉讼方式。

1. 弹劾式刑事诉讼。弹劾式刑事诉讼盛行于奴隶制时期，又称为控告式诉讼，是指国家对于违法犯罪行为并不主动追究，而是在当事人对犯罪人提出控告时才进行审理，实行“不告不理”“无告诉人即无审判”的一种诉讼形式。在这种诉讼形式下，举报和控诉犯罪的主体是当事人而不是国家，国家只是纠纷的裁判者，本身并不积极履行追诉职能。这种诉讼形式的主要特点是：法官处于消极仲裁者的地位，不主动对案件事实进行调查；双方当事人的诉讼地位平等，可以互相进行辩论；审判公开进行，法官通过审查双方当事人提出的证据，听取他们的意见，然后作出判决。

2. 纠问式刑事诉讼。纠问式刑事诉讼盛行于欧洲中世纪社会，又称为审问式诉讼、讯问式诉讼，是指国家司法机关对于犯罪事件，不论受害人是否主动提出控告，都将根据职权主动进行追究和审判。这种诉讼方式意味着国家追诉主义的开始，即对犯罪的追诉由国家进行，惩罚犯罪成为国家的使命。这种诉讼形式的主要特点是：审判机关是唯一的诉讼主体，集侦查、控诉、审判职能于一身，在刑事诉讼中几乎无所不能；被告人少有诉讼权利，成为诉讼的客体；审判机关对案件的审理不公开进行。纠问式刑事诉讼方式在中世纪成为宗教镇压异己势力的有效工具。

3. 职权主义刑事诉讼。职权主义诉讼发端并盛行于大陆法系资本主义国家。欧洲大陆各国经过资产阶级革命后，纷纷建立起自己的刑事诉讼制度。其主要特点是：除少量自诉案件外，对绝大部分刑事犯罪案件由特定的国家机关负责追诉，国家审判机关只负责审判，而侦查、追诉等职能由其他专门的国家机关行使；法官在审判活动中发挥主动指挥作用，指挥庭审，审查核实证据资料，即“主动的法官，消极的当事人”。职权主义刑事诉讼相对于纠问式刑事诉讼，虽然都强调法官的职权，但两者区别极大，较为彻底地贯彻了诉审分离、法官中立、控辩分立、无罪推定等现代刑事诉讼原则。

4. 对抗式刑事诉讼。对抗式诉讼盛行于英美法系资本主义国家，又称当事人主义刑事诉讼。这种诉讼方式与大陆法系国家刑事诉讼相似之处是也实行控审分离、控辩分立、法官中立原则；但主要区别在于，将刑事诉讼视为控辩当事人双方之间的争议，强调控辩双方的平等诉讼主体地位，法官应保障控辩双方积极、主动地互相争辩、对抗，而法官仅作为消极的裁判者，在控辩双方提供的诉讼资料基础上居中裁断，即“消极的法官，主动的当事人”。

5. 混合式诉讼。这一诉讼模式融合了大陆法系国家职权式诉讼和英美法系国家辩论式诉讼之长，以职权主义为基础，同时吸收了辩论式诉讼的诉讼原则和方法而形成。混合式诉讼主要形成于“二战”以后原属于大陆法系国家的意大利和日本，他们通过刑事司法改革在原有的职权主义诉讼模式中植入了对抗式诉讼的诸多因素，形成了混合式诉讼。

（二）我国刑事诉讼的发展

新中国成立后的第一部系统的刑事诉讼法是1979年7月1日第五届全国人大第二次会议正式通过的《中华人民共和国刑事诉讼法》，1980年1月1日起正式实施；这结束了新中国长达30年在刑事诉讼方面无法可依的状态。这部刑事诉讼法典设总则、立案侦查与提起公诉、审判和执行共4编，17章，164个条文，确立了回避制度、辩护制度、两审终审、死刑复核和审判监督等基本制度框架。

1979年《刑事诉讼法》显示出强烈的国家权力色彩。虽然该法在惩罚犯罪和保障人权方面发挥了重要的作用，但随着社会发展和改革开放的不断深入，也逐渐暴露出一些问题，其中不少制度设计已经与国际刑事司法准则极不适应。为了能使法律适应国际、国内政治、经济形势的变化与发展，1996年3月17日，第八届全国人大第四次会议审议并正式通过了《关于修改〈中华人民共和国刑事诉讼法〉的决定》，对我国的《刑事诉讼法》进行了重大修改，并于1997年1月1日起正式实施。此次修改将原有的164个条文增加为225条，其中重大修改内容包括：废除收容审查制度，并对拘留制度进行改造以解决废除收容审查后的制度真空；废除了免予起诉制度，修改和完善了检察院的不起诉制度体系；

确立了无罪推定原则，增加了“证据不足，应当作出指控的犯罪不能成立的无罪判决”的规定；将律师介入刑事诉讼的时间提前到犯罪嫌疑人被第一次讯问后或第一次采取强制措施之日起；增设了刑事诉讼简易程序，更为合理地分配了司法资源；将被害人明确列为当事人，并赋予其一系列诉讼权利，提升了被害人的诉讼地位；对开庭审理程序作出了较大的改造，吸收了英美法系对抗制诉讼的一些合理因素，增加了法庭的抗辩色彩。1996年《刑事诉讼法》修改后，我国改革开放进一步深入，经济社会快速发展，为了适应刑事犯罪出现的新情况，2012年3月14日，十一届全国人大第五次会议表决通过了《关于修改〈中华人民共和国刑事诉讼法〉的决定》，于2013年1月1日起施行。此次修改后的刑事诉讼法主要内容包括：将“尊重和保障人权”明确写入《刑事诉讼法》第2条规定的刑事诉讼法的任务中；进一步完善证据制度；完善强制措施；完善辩护制度；完善侦查措施；完善审判程序；完善执行程序；增加规定特别程序。党的十八大以来，我国在深化国家监察体制改革、反腐败追逃追赃、深化司法体制改革等方面作出一系列重大决策部署，需要从刑事诉讼法制度上及时调整跟进。2018年10月26日，十三届全国人大常委会第六次会议通过了《关于修改〈中华人民共和国刑事诉讼法〉的决定》，自公布之日起施行。2018年修改后的刑事诉讼法共308条，这次修改的主要内容包括：完善与监察法的衔接机制；建立刑事缺席审判制度；完善刑事案件认罪认罚从宽制度和增加速裁程序。2023年9月，十四届全国人大常委会公布立法规划，修改《刑事诉讼法》被列入第一类项目，即“条件比较成熟、任期内拟提请审议的法律草案”，这标志着《刑事诉讼法》即将迎来第四次修改。

第二节 刑事诉讼法

一、刑事诉讼法的概念

刑事诉讼法是指国家立法机关制定或确认的调整刑事诉讼活动的法律规范的总称。其调整对象是国家刑事诉讼专门机关在当事人和其他诉讼参与人的参加下，揭露、调查、证实、惩罚犯罪的全部活动。主要内容包括刑事诉讼专门机关处理刑事案件的职权范围和权限分工，刑事诉讼基本原则和制度，当事人和其他诉讼参与人的诉讼权利和义务，以及刑事案件的立案、侦查、起诉、审判和执行等具体诉讼程序。国家刑事诉讼专门机关即司法机关、当事人和其他诉讼参与人在进行刑事诉讼活动时都必须严格遵守刑事诉讼法及相关法律规范。

刑事诉讼法有狭义和广义之分。狭义的刑事诉讼法仅指专门的刑事诉讼法典，在我国专指1979年制定、并先后于1997年、2012年、2018年修订的《刑事诉讼法》。广义的刑事诉讼法，既包括专门的刑事诉讼法典，也包括其他法律法规、司法解释中一切有关刑事诉讼制度、程序的规定。

二、刑事诉讼法的渊源

刑事诉讼法的渊源是指刑事诉讼法律规范的存在形式或载体，是刑事诉讼法的表现形式。我国刑事诉讼法的法律渊源有以下几种：

1. 宪法。宪法是一国的根本大法，具有最高的法律效力，是一切法律、法规、司法解释赖以产生、存在、发展和变更的基础和前提。刑事诉讼法的所有内容必须以宪法为依据，不能与之抵触。我国《刑事诉讼法》第1条即明确规定，根据宪法，制定本法。

2. 刑事诉讼法典。指1979年制定，并于1996年、2012年以及2018年修正的《刑事诉讼法》，这是我国刑事诉讼法主要的法律渊源。

3. 相关法律。指全国人大及其常委会制定的法律中有关刑事诉讼的规定。其中，比较重要的有《中华人民共和国刑法》《中华人民共和国人民检察院组织法》《中华人民共和国人民法院组织法》《中华人民共和国国家赔偿法》《中华人民共和国法律援助法》《中华人民共和国社区矫正法》《中华人民共和国监狱法》《中华人民共和国律师法》等。

4. 相关司法解释。主要是指2021年4月10日施行的《最高人民法院关于适用〈中华人民共和国刑事诉讼法〉的解释》、2021年12月3日发布并施行的《人民检察院办理认罪认罚案件开展量刑建议工作的指导意见》、2021年1月1日施行的《关于为死刑复核案件被告人依法提供法律援助的规定（试行）》、2020年2月20日发布并施行的《最高人民法院、最高人民检察院、中国海警局关于海上刑事案件管辖等有关问题的通知》、2019年12月30日发布并施行的《人民检察院刑事诉讼规则》、2019年10月11日发布并施行的《关于适用认罪认罚从宽制度的指导意见》、2019年9月1日施行的《最高人民法院关于死刑复核及执行程序中保障当事人合法权益的若干规定》、2019年5月1日施行的《最高人民法院关于适用〈中华人民共和国人民陪审员法〉若干问题的解释》、2018年11月24日印发并施行的《关于人民检察院立案侦查司法工作人员相关职务犯罪案件若干问题的规定》、2018年8月23日公布的《国家监察委员会、最高人民法院、最高人民检察院等关于敦促职务犯罪案件境外在逃人员投案自首的公告》、2018年4月16日发布并施行的《国家监察委员会与最高人民检察院办理职务犯罪案件工作衔接办法》、2017年1月5日施行的《最高人民法院、最高人民检察院关于适用犯罪嫌疑人、被告人逃匿、死亡案件违法所得没收程序若干问题的规定》、2016年9月12日发布并施行的《最高人民法院关于进一步推进案件繁简分流优化司法资源配置的若干意见》、2015年9月6日发布并施行的

《最高人民法院、最高人民检察院、公安部等关于进一步规范司法人员与当事人、律师特殊关系人、中介组织接触交往行为的若干规定》、2013 年 10 月 21 日施行的《最高人民法院、最高人民检察院、公安部、国家安全部、司法部、全国人大常委会法制工作委员会关于刑事诉讼法实施中若干问题的规定》、2010 年 2 月 1 日施行的《最高人民法院关于进一步加强合议庭职责的若干规定》等多项司法解释。

5. 有关行政法规、规定。指国务院制定的行政法规和主管部、委、局制定的规定中有关刑事诉讼法的规定。如国务院制定的《中华人民共和国看守所条例》等。

6. 有关国际条约。我国目前加入的与刑事诉讼有关的国际条约有《禁止酷刑和其他残忍、不人道或有辱人格的待遇和处罚公约》（1986 年 12 月 12 日中国政府签署该公约，同时声明对公约第 20 条和第 31 条第 1 款保留。中国立法机关于 1988 年 10 月 4 日批准该公约，同年 11 月 3 日，该公约对中国生效）、《联合国少年司法最低限度标准规则》（《北京规则》）以及《公民权利和政治权利国际公约》（中国政府于 1998 年 10 月 5 日签署该公约，但由于该公约与中国现行法律有一些冲突之处，全国人民代表大会尚未批准该公约）。

三、刑事诉讼法与宪法、相邻部门法的关系

（一）宪法与刑事诉讼法

宪法是国家的根本大法，是依法治国的总章程。在我国的法律体系中，宪法具有最高的法律效力。刑事诉讼法与宪法的关系是“子法”与“母法”的关系。刑事诉讼法的立法和实践都必须切实遵循而不得违反宪法的基本精神和具体规定。

刑事诉讼法的制定应以宪法为根据。一方面，宪法在诸多条款中明确规定了在刑事诉讼中承担特定职能的公安司法机关的法律地位、职能和权力行使原则等，是刑事诉讼立法的直接依据。另一方面，在现代法治国家中，刑事诉讼法被称作“应用宪法”；通过制定刑事诉讼法，将宪法中有关刑事诉讼程序的抽象的条款变为可操作的、具体的刑事诉讼法的法律规范，使宪法精神得以具体化、司法化。刑事诉讼法从制定目的、任务、基本原则到刑事诉讼制度、各种具体的程序性规则的所有规定，都是宪法有关条款的具体化，刑事诉讼法保证了宪法有关规定的具体实施，使宪法规定的权利得以实现。

《中华人民共和国宪法》第 33 条规定，中华人民共和国公民在法律面前一律平等。《刑事诉讼法》第 6 条即规定，对于一切公民，在适用法律上一律平等，在法律面前，不允许有任何特权。

《宪法》第 37 条规定，中华人民共和国公民的人身自由不受侵犯。禁止非法拘禁和以其他方法非法剥夺或者限制公民的人身自由，禁止非法搜查公民的身体。第 39 条规定，

中华人民共和国公民的住宅不受侵犯，禁止非法搜查或者非法侵入公民的住宅。《刑事诉讼法》即在强制措施一章和侦查一章对司法机关拘留、逮捕犯罪嫌疑人、被告人以及搜查作了具体规定。

《宪法》第 38 条规定，中华人民共和国公民的人格尊严不受侵犯。禁止用任何方法对公民进行侮辱、诽谤和诬告陷害。《刑事诉讼法》第 14 条规定诉讼参与人对于审判人员、检察人员和侦查人员侵犯公民诉讼权利和人身侮辱的行为，有权提出控告。

《宪法》第 40 条规定，中华人民共和国公民的通信自由和通信秘密受法律的保护。除因国家安全或者追查刑事犯罪的需要，由公安机关或者检察机关依照法律规定的程序对通信进行检查外，任何组织和个人不得以任何理由侵犯公民的通信自由和通信秘密。《刑事诉讼法》第 39 条、第 71 条、第 77 条和第 78 条对此作了相应规定。

《宪法》第 41 条规定，中华人民共和国公民对于任何国家机关和国家工作人员，有提出批评和建议的权利；对于任何国家机关和国家工作人员的违法失职行为，有向有关国家机关提出申诉、控告或者检举的权利，但是不得捏造或者歪曲事实进行诬告陷害。对于公民的申诉、控告或者检举，有关国家机关必须查清事实，负责处理。任何人不得压制和打击报复。由于国家机关和国家工作人员侵犯公民权利而受到损失的人，有依照法律规定取得赔偿的权利。《刑事诉讼法》在立案、审判监督程序中都作出了相应的具体规定。

《宪法》第 130 条规定，人民法院审理案件，除法律规定的特别情况外，一律公开进行。被告人有权获得辩护。《宪法》第 128 条规定，中华人民共和国人民法院是国家的审判机关。《宪法》第 131 条规定，人民法院依照法律规定独立行使审判权，不受行政机关、社会团体和个人的干涉。而《刑事诉讼法》规定了公开审判、被告人有权获得辩护、人民法院独立行使审判权原则。

《宪法》第 132 条规定，最高人民法院是最高审判机关。最高人民法院监督地方各级人民法院和专门人民法院的审判工作，上级人民法院监督下级人民法院的审判工作。《刑事诉讼法》据此确定人民法院行使审判权并对各级人民法院的案件管辖作出具体规定。

《宪法》第 134 条规定，中华人民共和国人民检察院是国家的法律监督机关。宪法第 136 条规定，人民检察院依照法律规定独立行使检察权，不受行政机关、社会团体和个人的干涉。《宪法》第 137 条规定，最高人民检察院是最高检察机关。最高人民检察院领导地方各级人民检察院和专门人民检察院的工作，上级人民检察院领导下级人民检察院的工作。《刑事诉讼法》则依次确立了人民检察院法律监督机关的诉讼地位、规定了人民检察院独立行使检察权原则以及人民检察院系统的内部权限分工。

《宪法》第 139 条规定，各民族公民都有用本民族语言文字进行诉讼的权利。人民法院和人民检察院对于不通晓当地通用的语言文字的诉讼参与人，应当为他们翻译。在少数民族聚居或者多民族共同居住的地区，应当用当地通用的语言进行审理；起诉书、判决书、布告和其他文书应当根据实际需要使用当地通用的一种或几种文字。《刑事诉讼法》第 9 条对此作出了具体规定。

《宪法》第 140 条规定，人民法院、人民检察院和公安机关办理刑事案件，应当分工负责，互相配合，互相制约，以保证准确有效地执行法律。《刑事诉讼法》第 7 条相应确立了“公检法三机关分工负责，互相配合，互相制约”的原则。

总之，刑事诉讼法的全部内容都体现了宪法的基本精神，是宪法的有关原则和规定的具体化。

（二）刑事诉讼法与刑法

刑事诉讼法与刑法的关系是典型的程序法与实体法的关系，二者相互依存、密不可分、缺一不可。刑法是刑事实体法，规定犯罪的构成要件与刑罚的方式、量刑情节等，它解决的是如何定罪量刑、如何处以刑罚的实体性问题。而刑事诉讼法是刑事程序法，规定国家机关应采取何种方式查明犯罪事实以及惩罚犯罪。刑事诉讼法与刑法之间是形式与内容的统一，也是方法和任务的统一。对刑事案件的处理是刑事诉讼法与刑法共同保证的一项活动，没有刑事诉讼法在诉讼程序上的规定，刑法上的实体性规定便无法获得执行，沦为空谈。而如果没有刑法作为实体法依据，刑事诉讼活动就会失去方向和依据，导致司法机关在定罪量刑时的恣意。

刑法与刑事诉讼法都是以惩罚犯罪、保护人权、维护社会秩序、限制国家公权为目的，刑法是在静态上规范国家刑罚权的适用，而刑事诉讼法则是从动态的角度为国家实现刑罚权施加了一系列程序方面的限制；二者相辅相成、相得益彰，共同构成了国家刑事法的整体内容。

（三）刑事诉讼法与民事诉讼法

民事诉讼调整的是平等主体之间因为财产和人身关系发生争议的法律关系。民事诉讼的特点是当事人双方属于民事主体并且地位完全平等。民事法律调整的社会关系包括人身权和财产权两部分。人身权一般包括人格权和身份权，而财产权则包括物权、债权、知识产权等。民法调整的社会关系发生争议后如果要通过诉讼途径解决，即属于民事诉讼法的调整对象。我国目前施行的《中华人民共和国民事诉讼法》，于 1991 年 4 月 9 日由第七届全国人民代表大会第四次会议通过并实施，并于 2007 年 10 月 28 日由第十届全国人民代表大会常务委员会第三十次会议第一次修正，根据 2012 年 8 月 31 日第十一届全国人民代表大会常务委员会第二十八次会议第二次修正，根据 2017 年 6 月 27 日第十二届全国人民代表大会常务委员会第二十八次会议第三次修正，根据 2021 年 12 月 24 日第十三届全国人民代表大会常务委员会第三十二次会议《关于修改〈中华人民共和国民事诉讼法〉的决定》第四次修正。

刑事诉讼是国家机关依照法定程序追究犯罪人的刑事责任的活动，调整的是刑事法律关系。与民事诉讼不同，刑事诉讼所要解决的争议是被追诉人的刑事责任问题，具体包括是否实施了特定行为、该行为是否构成犯罪、是否应当施以刑罚、应施以何种刑罚、如何执行刑罚等内容，刑事诉讼活动的实体性法律依据是刑法。刑事诉讼法与民事诉讼法在诉讼主体、调整对象、强制措施、执行方法等方面有着明显区别。

当然，刑事诉讼法与民事诉讼法也有紧密关联。一方面，基本规定有较多相同之处，两者都奉行类似的诉讼原则，如独立审判原则、法官中立原则，在诉讼程序的设计上也存在很大的相似性，如审级的安排、审前程序与审判程序的区分等。另一方面，在特定条件下，两种诉讼程序也可以一并出现：如刑事附带民事诉讼程序，即是刑事诉讼与民事诉讼的有机结合。

第三节 刑事诉讼法学

一、刑事诉讼法学的研究对象

刑事诉讼法学是研究刑事诉讼基本理论、刑事司法实践经验、刑事诉讼制度及其运行规律的一门法学学科。它的主要研究对象是刑事诉讼的法律制度、司法实践经验以及理论基础。对某一国家、某一时期的刑事诉讼法学而言，有关这一学科的各种理论流派也是其研究对象。

1. 刑事诉讼法律制度。刑事诉讼由一系列的法律制度构成，首先要研究各种制度的具体内容、程序规则以及适用方式等。基于社会生活和司法实践的丰富性和不断发展，根据刑事诉讼的任务和目的以及司法现实和社会发展的要求，同时根据对法律规范的逻辑分析，提出现行规范存在的问题及改革的方案。

2. 刑事司法实践经验。司法实践也是刑事诉讼法学关注的对象，这主要体现在用实证主义研究方法研究刑事诉讼。诉讼法学是具有应用性特征的部门法学。刑事司法实践应当是理论研究的出发点和落脚点，也是法学理论的生长点。脱离实践的研究，是缺乏根基和说服力的。一个国家的刑事诉讼法律制度，不仅存在于刑事诉讼法律规范中，而且存在于司法实践中。在诉讼活动中起实际作用的某些原则和方法，即使并未明示于法律条款中，作为行之有效的司法经验，也应当成为刑事诉讼法学研究对象，认真考察其是否合理，为改革刑事诉讼法律制度和完善司法实践提供依据。

3. 刑事诉讼的基本理论。刑事诉讼理论，是分析诉讼法律规范和进行实证研究的思维工具，只有切实掌握刑事诉讼法学理论，才能在具体问题的分析中具有深刻明晰的眼光和高屋建瓴的气魄。刑事诉讼理论研究的重心是如何改造和完善刑事诉讼制度，因此必须加强对刑事诉讼法学基本理论的研究和创新。例如，关于刑事诉讼的目的与价值、刑事诉讼程序产生的基础以及程序公正的基本要求、刑事诉讼基本规则与原则、刑事诉讼的结构（包括整体结构和阶段性结构）、刑事诉讼法律关系、刑事证据制度等。

4. 域外发达国家和地区的刑事诉讼制度、司法实践经验以及刑事诉讼理论。他山之石，可以攻玉，域外发达国家的诉讼制度、诉讼实践以及刑事诉讼理论，对我们具有一定的借鉴和参考作用。一些发达国家和地区的司法制度和诉讼理论经过数百年的发展，积累了丰富经验，留下大量珍贵的人类司法文化财富，值得我们认真研究和学习。对其中一些符合我国国情需要的制度、方法，应大胆引进，为我所用。

学习和研究刑事诉讼法，应始终将其放在刑事诉讼法的系统框架下进行。任何忽略某一部分与整体的联系，孤立地去学习和研究具体的诉讼原则、诉讼制度和诉讼程序的做法，是难以完整、准确地理解、掌握刑事诉讼法的运行机制和基本规律的。

二、刑事诉讼法学的体系

刑事诉讼法学的体系，是指刑事诉讼法学的诸多研究对象所构成的一套具有内在逻辑性和层次性的结构性形态。对刑事诉讼法学的体系可以按不同的标准进行划分。从研究对象的历史阶段看，刑事诉讼法学由中国刑事诉讼法学、外国刑事诉讼法和古代刑事诉讼法学构成。从研究对象的功能来看，刑事诉讼法学可分为基本理论和应用理论两大部分；基本理论涉及刑事诉讼的一般原理，回答的是刑事诉讼法的目的、功能、价值、理念、原则等抽象的、宏观的、具有指导意义的问题，关注“为什么”；而应用理论则关注刑事诉讼法的具体规则与司法实践状况，包含对刑事诉讼法律规则的解释和适用，刑事诉讼司法实践中的实际运行状况、存在的问题等，关注“是什么”“怎么办”。

理论导读

自党的十八届四中全会以来，我国刑事诉讼制度的改革与完善进入快车道。经过近十年的实践与改革，紧跟习近平法治思想的确立和深入，党的二十大又提出了“中国式现代化”的宏伟愿景。作为“小宪法”，中国特色的刑事诉讼制度如何护航我国新时代的发展，如何适应新时代下我国的法治需求，我国的刑事诉讼法学研究如何应对国家刑事司法改革之变局，如何面对中国法治现代化进程中的争议和问题，均为新时代刑事诉讼法学研究与实践需要回答之问。

法学研究的视角和方法是一个必须重视的前提。要凝练法律科学的生命力，法学研究者应当在对传统的法学研究方法加以完善的基础上，引入社会科学领域多视角的研究模式，从制度变迁的背景里和经验事实发现中提炼出有生命力的法学理论。为此，从移植西方法制的经验和教训中找到一些人类法律生活中共通的价值观念和经验法则；应当从我国自生自发的诉讼实践和司法改革中总结制度形成和成长的规律，从而提炼出一些对中国问题具有理论诠释意义的概念和指引功能的范畴，以形成我们的法律理念，进而提出适应中国制度建设的法学理论。刑事诉讼法学作为研究控制犯罪、保障人权，以统筹实现国家安全与个体自由权利保护规律的科学，同样需要理念的提炼、规律的总结和制度的创新。

第二章　刑事诉讼法的基本理论

第一节　刑事诉讼目的

一、刑事诉讼目的理论学说

刑事诉讼目的是指国家进行刑事诉讼所追求的结果。刑事诉讼目的，一直是一个国内外法学界众说纷纭的课题。随着我国刑事诉讼法学研究的深入，学术界对于刑事诉讼目的的探讨也逐步深入，目前，学术界主要有以下几种观点：

1. 惩罚犯罪与保障人权论。这是我国学界关于刑事诉讼目的的主流观点。该观点认为，刑事诉讼活动中，惩罚犯罪与保障人权是刑事诉讼目的不可分割的两个方面。所谓惩罚犯罪，是指通过刑事诉讼制度，在准确及时查明案件事实真相的基础上，对被告人正确适用刑法，确认其刑事责任，以打击犯罪；保障人权，是指在刑事诉讼过程中，保障诉讼参与人特别是犯罪嫌疑人、被告人的合法权利免受非法侵害，是对国家刑罚权的控制。① 在两种目的之间，学界多主张并重论，即两者并重，缺一不可。②

对于刑事诉讼的目的应当侧重追究犯罪还是保障人权则说法不一，学界有所谓犯罪控制模式和正当程序模式之争。前者相对注重国家和社会的整体利益，更关心对犯罪的惩罚，如果两者发生冲突，往往选择惩罚犯罪③；后者则提倡个人权利的保障应当优于国家刑罚权的实现，在刑事诉讼中更为重视人权保障，当二者不能兼顾时选择保障人权。现代刑事诉讼的核心目的就是在刑事诉讼过程中通过规范国家公共权力，以正当程序充分保障犯罪嫌疑人、被告人及被害人等诉讼主体的宪法性基本人权。这是现代刑事诉讼法的根基，同时也是现代刑事诉讼法学的核心范畴和理论基石。以正当程序保障人权，是对现代

---

① 参见李心鉴：《刑事诉讼构造论》，中国政法大学出版社 1992 年版，第 137~139 页。

② 参见陈光中、徐静村主编：《刑事诉讼法学》，中国政法大学出版社 2002 年版，第 38 页；樊崇义主编：《刑事诉讼法学》，中国政法大学出版社 1997 年版，第 34 页。

③ 参见宋世杰：《刑事诉讼理论研究》，湖南人民出版社 2000 年版，第 12 页。

刑事诉讼目的范式准确且完整的描述。①

2. 刑事诉讼目的层次论。此种观点将刑事诉讼目的分为直接目的和根本目的，认为刑事诉讼的根本目的就是维护国家的政治和经济制度，促进文明的发展和社会的进步。刑事诉讼的直接目的在于实现惩罚犯罪与保障人权，实现司法公正。刑事诉讼根本目的的实现有赖于直接目的的实现。按照这一观点，实体公正与程序公正、惩罚犯罪与保障人权两个方面应当并重，不宜在直接目的的两个方面中确立一个绝对优越的价值标准，当两者发生冲突而无法兼顾时，应当采取权衡原则，综合考虑国家利益、社会利益和个人利益，权衡利弊得失，作出有利于实现刑事诉讼根本目的的选择。②

3. 自由与安全论。这种观点认为，刑事诉讼立法与实际运作所追求的具有终极意义的目标，亦即刑事诉讼的基本目的，是自由和安全。在刑事诉讼基本目的体系中，自由和安全的矛盾冲突最为重要，并且难以折中和调和。这种观点还指出，探寻理想的刑事诉讼目的并构建合理的刑事诉讼目的体系，应当重点考虑相关理论命题：其一，合理的刑事诉讼目的体系应当兼容自由和安全两种目的；其二，合理的刑事诉讼目的体系必须对安全和自由都给予足够的关注；其三，合理的刑事诉讼目的体系应当偏重安全目的；其四，合理的刑事诉讼目的体系应当保持适当的张力。③

二、刑事诉讼法的制定目的与任务

刑事诉讼法的制定目的，是指国家制定和实施刑事诉讼法的出发点和追求的结果。我国《刑事诉讼法》第 1 条规定："为了保证刑法的正确实施，惩罚犯罪，保护人民，保障国家安全和社会公共安全，维护社会主义社会秩序，根据宪法，制定本法。"这是我国刑事诉讼法制定的目的。而刑事诉讼任务则是刑事诉讼目的具体化。我国《刑事诉讼法》第 2 条规定："中华人民共和国刑事诉讼法的任务，是保证准确、及时地查明犯罪事实，正确应用法律，惩罚犯罪分子，保障无罪的人不受刑事追究，教育公民自觉遵守法律，积极同犯罪行为作斗争，以维护社会主义法制，尊重并保障人权，保护公民的人身权利、财产权利、民主权利和其他权利，保障社会主义建设事业的顺利进行。"根据这一规定，我国刑事诉讼法的任务可以分为三项：

（一）保证准确及时地查明犯罪事实

查明犯罪事实，就是要查明与犯罪有关的各种犯罪事实和情节，具体包括以下三层含义：一是查明犯罪事实是否存在；二是查明谁是犯罪人；三是查明犯罪嫌疑人、被告人作

① 参见郝银钟：《刑事诉讼目的双重论之反思与重构》，载《法学》2005 年第 8 期。

② 参见宋英辉著：《刑事诉讼目的论》，中国人民公安大学出版社 1995 年版，第 2~89 页。

③ 参见徐静村主编：《刑事诉讼法学》（上册），法律出版社 1997 年版，第 53~71 页。

案的具体事实、情节。查明犯罪事实，是司法机关正确处理刑事案件的首要前提。因此，刑事诉讼法将保证准确及时地查明犯罪事实规定为首要任务，并对不同的诉讼阶段中需要查明的案件事实及要求作了具体的规定。

查明犯罪事实，必须准确、及时。所谓准确，就是在具体的诉讼阶段和环节上，该查明哪些犯罪事实和情节，要以确实、充分的证据为基础，不能夸大或缩小，更不能弄错。所谓及时，就是要在法定期限内尽快查明犯罪事实，抓紧时间立案、侦破、起诉和审判，不能无故拖延，更不允许超过法定期限。在刑事诉讼中，对查明案件事实的上述两项要求并不矛盾，二者相辅相成、辩证统一。准确必须以及时为保障，错过时机、拖沓延宕就会给准确查明案件事实带来阻碍；及时必须以准确为前提，草率鲁莽、一味求快往往会导致所查明的事实失真，从而使查明犯罪事实的工作走弯路。

（二）尊重和保障人权，保障无罪的人不受刑事追究

在准确、及时地查明犯罪事实的基础上，还要正确应用法律。犯罪嫌疑人、被告人是否犯罪，犯什么罪，应该受到什么样的惩罚，都需要严格依照法律来认定，任何人未经人民法院的判决，不能确定为有罪。公安司法机关在刑事诉讼中必须依照法律规定的程序办事。也就是要根据刑法和其他法律的有关规定，按照刑事诉讼法规定的程序和制度，去认定罪与非罪、刑事责任以及刑罚的问题。惩罚犯罪分子、保护人民与保障人权，是同一任务不可偏废的两个方面，任何一方面任务的完成，都必须以另一方面任务的实现为条件；任何一方面任务没有实现，另一方面任务的完成就失去了保障。惩罚犯罪、保护人民是完全一致的，惩罚犯罪是为了保护人民，只有有效地打击了犯罪，人民的合法权益才能得到有效保护。但在这一过程中，也必须尊重和保障人权，如果在刑事诉讼过程中忽视人权保障，滥用司法职权，刑讯逼供、非法取证，则一方面，必然引发冤假错案的发生，在此情况下的惩罚对象必然会发生偏差，当惩罚的对象并不是真正的犯罪分子时，也就无法保障人民的安全。另一方面，忽视人权保障，使得刑事执法与司法程序充斥程序不正义，此种程序所带来的实体结果也必然无法经受住人民及社会大众的认可，不仅会带来人民群众的不安全感，也会动摇刑事司法的权威。故必须兼顾好刑事诉讼法的惩罚与保护任务，将二者有机地统一于刑事司法实践。

（三）教育公民自觉遵守法律

教育公民自觉遵守法律，积极同犯罪行为作斗争，这是我国刑事诉讼法的另一项重要任务，也是法律的教育引导功能的具体体现。刑事诉讼法实施的过程，也是对公民进行法制教育的过程。公安司法机关在依法办理刑事案件的过程中，通过具体的案件事实和诉讼活动，积极采取适当的方式、方法，开展法制教育活动，以充分发挥刑事诉讼法的教育作用。要突出以下三个方面的教育内容：一是教育公民自觉遵守法律；二是教育公民积极地

同违法犯罪行为作斗争；三是教育公民提高警惕，加强预防犯罪工作。

刑事诉讼法的三项任务是紧密联系、不可分割的。只有全面完成刑事诉讼法规定的任务才能实现惩罚犯罪，保护人民，保障国家的安全和社会公共安全，维护社会主义法制，保障社会主义经济建设的顺利进行的目的。准确、及时地查明犯罪事实是正确应用法律的前提，也是向公民进行法制教育的基础；正确应用法律，惩罚犯罪分子，保障无罪的人不受刑事追究，是正确处理刑事案件、教育公民自觉守法的关键；而法制教育任务的实现对于完成前两项任务又有重要的促进作用，公民法律意识的提高会为准确及时地查明犯罪事实，正确应用法律惩罚罪犯、保护无辜提供坚实的群众基础。

第二节 刑事诉讼价值

刑事诉讼价值包括两个方面的内容：一是指刑事诉讼法的工具性价值，二是指刑事诉讼法自身的价值。

一、刑事诉讼的工具性价值

刑事诉讼的工具性价值，又称为手段价值，指刑事诉讼作为工具或者手段对于达到其他价值目的所具有的价值。从上述界定当中可以看出，在工具性价值的属性当中，间接性是一个突出特点。工具性价值并不以直接具有或者体现的某种价值作为自身的内容，而是必须借助实现其他价值来展现自身的内容，换言之，即实现价值的价值。就刑事诉讼而言，其工具性价值是指刑事诉讼在实现惩罚犯罪、保障权利、维护秩序等实体性目的方面的价值。必须指出一点，工具性价值的间接性不是无条件的。刑事诉讼在通过实现其他外在价值展现自身价值的时候有一个前提条件，此前提就是，借助刑事诉讼得以实现的价值本身应当代表了公平正义，而不是违背公平正义。

程序的工具性价值是其对于实现实体性目的所具有的外在性价值。在刑事诉讼中，工具性价值主要体现在有助于准确及时发现案件真实、正确适用法律方面，刑事诉讼的工具性价值集中体现于实现实体公正方面。而刑事诉讼所追求的实体公正包括三个方面：“第一，实施犯罪行为的人被判决有罪；第二，无辜的人不受定罪；第三，有罪的人得到与其罪行相当的惩罚。”① 但是，公正本身并非绝对和固定的，刑事诉讼在实现实体公正时也会有所局限。首先，法律规范具有抽象性和概括性，不同的人对同一法律规范的理解可能有差异，因而何谓法律的公正也就难以统一。其次，法律的制定和颁行有严格的程序性，不可能随心所欲，这就决定了法律规范在变动不居的社会现实面前是滞后的，并可能因

① 宋英辉：《刑事诉讼原理》，法律出版社 2003 年版，第 14 页。

此而脱离社会现实条件下公正的标准。最后，追求公正的诉讼过程存在主观的因素，这决定了诉讼结果不可能总与客观事实保持完全一致，这就限制了诉讼结果与公正之间的符合程度。

二、刑事诉讼的独立价值

传统的理论通常认为刑事诉讼法存在的目的在于为刑法服务，即为保证国家刑罚权的实现而服务。刑事诉讼法被视做刑法的从法，没有自身独立的价值。传统理论认为法律程序本身不是“作为自主和独立的实体而存在的，它没有可以在内在品质上找到合理性和正当性的因素”，进而结果的有效性也就成为评价一般法律程序优劣性之唯一标准。

随着理论研究的不断深入，刑事诉讼程序独立的内在价值开始逐渐为人们所认识。新的观点认为，刑事诉讼自身的价值不依附于刑法的存在而存在，其具有独立的价值。越来越多的学者逐渐引入正当法律程序或者程序正义理论来分析刑事诉讼法自身的价值，主张“通过程序的正当化”，用“程序来吸收当事人的不满”。这种观点提出保障程序正义的一系列主张，如增强当事人的自主性、保障当事人的充分参与，贯彻控辩平等，推进司法独立、增强司法权威等一系列主张。

关于刑事程序的独立价值或内在价值，陈瑞华教授指出：“人类刑事诉讼制度的发展史在一定程度上可以被视为程序内在价值从无到有、从依附到独立的发展史。”其中，随着一系列现代诉讼原则和制度的确立，“体现程序自身内在品质的公正性和合理性价值就成为不依附于结果而独立存在的程序价值。可以说，承认刑事审判程序具有独立的内在价值符合刑事诉讼制度发展的内在逻辑”①。关于程序的内在价值，贝勒斯教授指出：“即使公正、尊严和参与等价值并未增进判决的准确性，法律程序也要维护这些价值。我们可以把这种方法称作一种‘程序内在价值’分析方法。不过，内在价值的概念可能使人误解。它可能会使人想到，价值不依赖于程序的作用。事实并非如此，至少可以说，事实并非必然如此……程序的内在价值仅仅是不依赖于判决结果……它们是来自于程序本身的、使人感到满意的东西。”② 以此为基础，贝勒斯教授归纳出程序内在价值的七项原则：（1）和平原则：程序应是和平的。缺少这一点，则争执有可能酿成暴力事件和血亲复仇。（2）自愿原则：人们应能自愿地将他们的争执交由法院解决。（3）参与原则：当事人应能够富有影响地参与法院解决争执的活动。这一原则有助于解决争执，因为能参与诉讼的当事人更容易接受判决；尽管他们有可能不赞成判决，但他们却更有可能服从判决。（4）公平原

---

① 陈瑞华：《刑事审判原理论》，北京大学出版社 1997 年版，第 46 页。

② ［美］贝勒斯著，张文显等译：《法律的原则：一个规范的分析》，中国大百科全书出版社 1996 年版，第 32 页。

则：程序应当公平——平等地对待当事人。倘若当事人觉得用来作出判决的程序是不公正的，那么无论是在心理上还是在行动上，他们都不太可能接受解决其争执的判决。这里面包括三项分原则：其一，解决争执者应保持中立；其二，审理过程中，双方都应提供信息；其三，各方起码应知道他方提供的信息，并有机会对之发表自己的意见。这里，公平原则只指出当事人有参与诉讼的均等机会；参与原则则为当事人卓有成效地参与诉讼提供了理由。(5) 可理解原则：程序应当能为当事人所理解。(6) 及时原则：程序应提供及时的判决。及时是草率与拖拉两个极端的折中。(7) 止争原则：法院应作出解决争执的最终决定。这就是说，程序中必须包含一个最终的决定程序以结束争执。他还在《程序正义》一书中增加了一项新的价值，即加强人们对法律程序的信任，或者在法律程序中体现表面的正义。①

在刑事诉讼法的价值体系中，实现公正是首要的内容。对任何司法制度而言，公正都带有根本性，而司法公正包括实体公正和程序公正两个方面。实体公正是结果的公正，指司法裁判应以客观存在的事实为依据，且适用法律正确。实体公正的实现具有保障当事人的合法权益，增进民众对诉讼的信赖，稳定社会秩序的作用。程序公正是过程的公正，指诉讼参与人对诉讼能充分有效地参与，程序得到遵守，程序违法得到救济。程序公正的内容包括程序公开、程序中立、程序参与、程序平等、程序安定、程序保障。

对于实体公正与程序公正孰优孰劣的问题，主要有三种观点：(1) 实体优先论。认为实体是目标，程序只是保证目标的手段。(2) 并重论，即实体与程序并重，将程序公正和实体公正比做“车之两轮，鸟之双翼”。②“实体公正与程序公正、惩罚犯罪与保障人权两个方面应当并重，不宜在直接目的的两个方面确立一个绝对优越的价值标准。”③ (3) 程序优先论，这一观点认为程序公正是司法公正的逻辑起点，但当程序与实体发生冲突时，程序比实体优先。④“刑事程序的价值就在于防止刑事司法权力被滥用……严格遵守刑事程序的要求，即使由于这样做放纵了真正的犯罪分子。”⑤

其实，程序公正与实体公正具有内在的一致性，其终极目的都是在追求纠纷的公正解决。首先，程序公正能够保障实体公正的实现。实体公正是决定裁判结果能否被接受、被尊重的重要因素，但是诉讼活动毕竟不能保证完全再现过去的事实，这就使得实体公正存

① 参见陈瑞华：《走向综合性程序价值理论——贝勒斯程序正义理论述评》，载《中国社会科学》1999年第6期。

② 陈光中：《坚持程序公正与实体公正并重之我见——以刑事司法为视角》，载《国家检察官学院学报》2007年第2期。

③ 陈光中、徐静村：《刑事诉讼法学》，中国政法大学出版社1999年版，第48页。

④ 吴小英：《对“程序优先原则”合理性的几点思考——兼论程序的价值》，载《学术论坛》2007年第6期。

⑤ 锁正杰：《刑事程序的法哲学原理》，中国人民公安大学出版社2002年版，第206页。

在不确定、不完整的可能。程序公正与实体公正具有内在标准上的不同，故能够起到克服上述不足、保障实体公正的作用。其次，程序公正相对独立于实体公正，二者在内在的要求与外在的评价标准上存在不同，此外程序公正与实体公正还可能出现价值冲突，非法证据排除规则的适用就是这一冲突的典型例证。对于程序公正与实体公正的协调，长期以来，我国存在着重实体、轻程序的现象，因此，我们必须强调诉讼程序的双重功能，既具有保障实体法实施的工具性功能，又具有自身价值的独立性功能。实体公正与程序公正是结果与过程的辩证统一。

三、诉讼效率

公正并非衡量一国刑事诉讼是否科学与文明的唯一尺度，诉讼效率的重要性已经越来越引起重视，各国都将其作为刑事诉讼又一重要的价值目标加以追求。一般意义上来讲，讲求诉讼效率就是以同样的司法资源的投入换取尽可能多的诉讼成果，在司法资源有限的前提之下实现诉讼效益的最大化。为此，降低诉讼成本，提高工作效率，加速诉讼运作，减少诉讼拖延，清理案件积压都是追求刑事诉讼效率价值的必然要求。具体而言，坚持诉讼效率要求在刑事诉讼中要做到：一是严格控制审前行为的期间，明确被告人要不被拖延地带到法官面前；二是对羁押的期间进行严格限定；三是庭审中奉行不间断审理原则；四是广泛建立简易程序加速刑事案件的处理。

诉讼公正与诉讼效率是刑事诉讼法的两大根本性价值目标，刑事诉讼法学中的许多重要的理论与实践问题最终都可归结于这样两大问题。整体而言，刑事诉讼过程是公正与效率辩证统一的过程，一方面作为不同的两个价值目标二者相互对立，另一方面公正与效率不可能也不应该完全割裂与孤立。因此，如何在二者之间寻求一种平衡，协调公正与效率的关系就成为刑事诉讼程序改革必须面对的重大课题之一。

有观点主张，在处理公正与效率两大价值之间的关系时，应当是“公正优先，兼顾效率”①。这是因为：刑事诉讼作为分配权利义务，并据以解决纠纷创造合作关系的活生生的程序，其存在的前提，便是人类社会的公正秩序受到了犯罪行为的破坏，国家设立刑罚权的目的就是为恢复被破坏的正义。为了保证刑罚权的实现不演变成为赤裸裸的国家报复，必须对国家追诉犯罪的行为予以程序规范，以保证国家刑罚权实施的公正性。因而刑事司法程序的设计和程序权利、义务的分配都应以公正为价值趋向。但是，在我们充分关注公正价值目标的同时，也不应忽略刑事司法对效率的追求。

当公正和效率两个价值目标出现冲突、发生矛盾时，必须认识到公正才是我们所最终

① 参见柯葛壮、魏韧思：《刑事诉讼法修改之基本理念及基本原则》，载《华东政法学院学报》2007 年第 1 期。

追求的终极价值目标。公正与效率尽管联系紧密，甚至互相包容，但二者在价值位序上还是有先后之分的，因为刑事诉讼毕竟不同于以追求效益为唯一目的的经济活动，它还承载着更多的伦理、道德价值。如果为了提高诉讼效率，而在刑事诉讼中忽视甚至放弃公正，会危及整个刑事司法的正当性基础，也背离了现代法治国家所推崇的“人权保障理念”。

第三节　刑事诉讼模式

一、刑事诉讼模式的概念

刑事诉讼模式，又称刑事诉讼形式、刑事诉讼结构、刑事诉讼构造，是指控诉、辩护、审判三方在刑事审判程序中的诉讼地位和相互关系，以及与之相适应的审判程序组合方式。

二、刑事诉讼模式的类型

（一）以英国、美国为代表的当事人主义诉讼模式

当事人主义诉讼模式，又称对抗制审判模式、抗辩式审判模式，是指法官（陪审团）居于中立且被动的裁判者地位，法庭审判的进行由控方的举证和辩方的反驳共同推动和控制的一种审判模式。当事人的积极性和法官的消极性是当事人主义审判模式最重要的特征。与职权主义相比，当事人主义诉讼模式有三个基本特征：

1. 法官消极中立。所谓法官的中立，是指在刑事审判中，相对于控诉一方或辩护一方的活动各自具有明显的倾向性而言，法官作为居间裁判者，应当保持中立，冷静地观察，客观地分析，最后作出不偏不倚的裁判。在控、辩、审关系中，法官不仅最终决定控、辩双方起诉与辩护的命运，而且对案件审判程序起主导和控制作用，为此，必须确立法官职能的中立，才能保障裁判的客观与公正。确立法官中立原则，必须使裁判者具有权威性，不具有权威性就起不到裁判者的作用。为在我国刑事审判中贯彻这一原则，法律已规定在形式上控、辩双方地位的平等。由于立法已经赋予辩护方具有较为充分的权利保障和与控诉相抗衡的手段，加之在庭审前不审查实体材料，这就避免了法官对被告人有预先形成一定倾向意见的可能性。法官的消极性和中立性，增强了审判程序的形式公正性。

2. 控辩双方积极主动和平等对抗。辩护与控诉是刑事审判这一统一体中的两个对立方面。由于对立的双方即指控与被控之间存在“讼争”，为了保证“讼争”客观、公正地解决，必须依赖于控诉与辩护双方的诉讼地位的平等。如果控、辩双方在形式上一方明显处于优势而另一方处于劣势的地位，案件的处理就很难保证客观、公正。同时，行使控诉权

的一方是以国家强制力为后盾并掌握各种必需手段的国家机关，而辩护方则处于被指控的被动地位，且被告人往往被羁押，其力量相差悬殊；为了使辩护方取得与控方在形式上的平等对抗的地位，应当依法确立并保护被告人的主体地位。

3. 控辩双方共同控制法庭审理的进程。尽管法官主持审判，但法庭审理的进程主要由控辩双方控制。主要表现在两个方面：一是事实和证据的调查范围、方式取决于控辩双方，只要不违反规则，法官不能主动干预。二是普遍实行审前证据交换和辩诉交易制度。控辩双方既可以在审前展示双方的证据，就无争议的事实达成书面协议；也可以依照确认书在庭前进行辩诉交易。达成协议后，法官通常会尊重双方的选择，开庭时只要查明被告人认罪是在自愿、明知法律后果的情况下作出的，一般就不再进行事实和证据的调查，而径行宣告判决。

（二）以德国、法国为代表的职权主义诉讼模式

职权主义诉讼模式，又称“审问式”诉讼模式，是指法官在审判程序中居于主导和控制地位，而相对限制控辩双方积极性的诉讼模式。法官在事实认定和证据调查时处于中心地位并起积极作用，是职权主义诉讼模式的主要特点。与当事人主义比较，职权主义诉讼模式也有三个基本特征：

1. 法官居于中心地位，主导法庭审理的进行。为了查明案件事实，法官有权力且有责任积极地行使调查权和审判决策、指挥权。法官不仅仅是一个仲裁者，而且是一个积极的调查者。法官的中心地位和主导作用主要表现在三个方面：一是法官可以审查控方的起诉。开庭前阅读公诉机关向法院移送案件的证据目录、卷宗材料，以达成对案件事实有初步的了解并制订庭审计划，二是法官可以主动收集证据，审问被告人，询问证人、鉴定人，主动出示并核实证据，三是案件的审理范围、审理方式、证人出庭、进程安排等均由法官决定。

2. 控辩双方的积极性受到抑制，处于相对消极被动的地位。检察机关将案卷材料和证据移送给法院以后，检察官出庭支持公诉只是当庭陈述公诉主张而已，并不需要主动向辩方发起辩论。在法官讯问和示证结束之后，控辩双方才能向诉讼参与人发问或出示某项证据，而且要先征得法官的同意。在整个事实与证据调查过程中，控辩双方都处在被动、辅助、补充的地位。与此同时，当事人处分权也受到较多限制。

3. 法官可依职权掌握程序控制权。辩护人、被告人对法庭审理程序的参与权，只是参与法官的调查程序而已，他们并不分享程序的控制权。在审判程序中，控辩双方不仅要遵守法律规则，也要服从法官的安排和指挥。庭审通常按法官事先制定的计划进行，而法官如果认为有必要，可临时改变事先确定的案件事实和证据的调查范围。控方或辩方试图调取新的证据、提供新的证人出庭或重新勘验、鉴定等，只能向法官提出申请，法官有权依

法拒绝申请，也有权力自行调取证据。

（三）以意大利、日本为代表的混合式诉讼模式

当事人主义实行控辩双方当事人主导推进庭审进程之制度，赋予被告人与检控方进行平等对抗的权利，具有鲜明的诉讼民主与程序公正的特点。但是，法官的过分消极、被动和控辩双方对审判程序的主导、控制，又易使审判效率和发现案件实体真实方面能力的降低，导致诉讼成本高昂。职权主义庭审模式因强调庭审法官的职权作用从而突出了国家的审判职能，其固然有利于提高诉讼效率以及发现事实真相，但在一定程度上抑制了检控方与辩护方参与诉讼的积极性，影响到程序的正义性。正是由于这两种审判模式都有优点和缺点，第二次世界大战后一些国家在其刑事司法制度改革中出现了互相借鉴吸收的趋势。英美法系国家开始强化法官对审判程序的控制作用，不再完全放任控辩双方对审判程序的主导；大陆法系国家则通过立法加强了诉讼程序中被告人的人权保障，允许庭审中控辩双方的交叉询问等。如今，极少有国家采用纯粹的当事人主义诉讼模式或纯粹的职权主义诉讼模式，日本和意大利因其第二次世界大战后的“被动型”刑事司法改革的推进而成为采用混合式审判模式的国家的典型代表。

三、我国刑事诉讼模式的改革方向

我国 1979 年《刑事诉讼法》确立的刑事诉讼模式呈现出超职权主义的特点。一方面是我国封建社会两千年来司法传统中缺乏诉讼民主观念、制度之影响；另一方面是因为新中国政治、经济制度建设的需要，基本上以苏联的刑事诉讼模式构建了我国的刑事诉讼制度。

1979 年《刑事诉讼法》确立的超职权主义诉讼模式具有以下特点：

1. 庭前审查为实体性审查。人民检察院提起公诉时，须全案移送侦查、起诉案卷和证据。负责案件审判的法官不仅阅卷，还要预先讯问被告人，询问证人、鉴定人，而且必要时可主动进行勘验、检查、搜查、扣押等一系列补充收集证据、审查核实证据的活动。

2. 法官完全主导和控制审判程序，审判程序以法官积极主动的证据调查为中心。法庭调查以法官询问被告人、询问证人、被害人和出示证据、宣读作为证据的文书为主。在法庭审判过程中，合议庭认为案件证据不充分，或者发现新的事实，可以退回人民检察院补充侦查，也可以自行调查。

3. 被告人诉讼地位弱化，辩护权受到抑制。被告人实际上成为法官的审问对象，负有回答法官提问、配合法庭查明案件事实真相的义务，难以行使辩护权。

4. 法官协助检察官行使控诉职能。由于法官积极履行查明案件事实并提供相应证据的职责，特别是由于刑事诉讼法规定“案件事实清楚，证据确实充分”构成法官判断是否开

庭的前提，因此，一旦决定开庭审判，法官事实上履行着控诉犯罪、证实犯罪的职能。

传统的超职权主义诉讼模式存在着严重缺陷。1996 年开始，《刑事诉讼法》几次修正均对诉讼模式产生了重大影响，主要改革是吸收了英美法系当事人主义的对抗性因素，并适当保留了职权主义的某些特征。我国刑事诉讼模式的改革主要体现在以下几个方面：

1. 明确了律师在侦查阶段介入诉讼的辩护人身份，将原先关于犯罪嫌疑人在侦查阶段只能聘请律师提供法律帮助的规定修改为犯罪嫌疑人自被侦查机关第一次讯问或者采取强制措施起有权委托律师作为辩护人。

2. 保障了律师会见在押犯罪嫌疑人的权利和律师阅卷的权利，赋予辩护人申请回避的权利，增设了辩护人对阻碍其依法行使诉讼权利的申诉控告及处理机制。此外，进一步完善了法律援助制度，扩大了法律援助的适用对象，提前了法律援助的适用时间。

3. 明确了刑事案件的举证责任，2012 年《刑事诉讼法》新增第 51 条规定：“公诉案件中被告人有罪的举证责任由人民检察院承担，自诉案件中被告人有罪的举证责任由自诉人承担。”这些改革的尝试使我国刑事诉讼模式兼采了当事人主义诉讼模式的优点，但并未改变我国刑事诉讼模式的本质，法学界仍有较多声音称其为“强职权主义”刑事诉讼模式。因此，我国刑事诉讼制度，尤其是刑事诉讼模式的改革依然任重道远。

4. 引入控辩协商机制。2018 年《刑事诉讼法》确立认罪认罚从宽原则，并辅以与之配套的，针对认罪认罚并可能被判处三年以下有期徒刑的认罪认罚案件适用的速裁程序。在此机制下，被追诉人可在知情且自愿的前提下认罪认罚，并签署具结书，以换取人民检察院在程序上采取相对宽缓的强制措施与实体上较轻的量刑建议。这一机制的引入有效分流了难易程度参差不齐的大量案件，使得司法机关处理刑事案件的效率得到提升。

第四节　刑事诉讼的职能

刑事诉讼职能，是指刑事诉讼主体在诉讼中依据各自的权能进行不同诉讼活动的方式及由此产生的特定作用。现代刑事诉讼的基本格局是控、辩、审三种基本诉讼职能共存。

控、辩、审三大诉讼职能相互联系、相互制约、缺一不可。控诉是审判的前提和根据，审判因控诉而开启。控诉与辩护相对立，又相依存。审判是控诉的法律后果，控诉如果没有审判支持也就毫无意义。在审判中必须保障被告人的辩护权，审判与辩护密不可分，辩护的目的在于通过审判获得有利于己的结果。

一、控诉职能

控诉职能，是指揭露、证实犯罪，并通过向法院起诉求刑的方式要求追究被告人刑事责任的职能。控诉职能包括控诉准备与控诉实施、量刑建议等。前者即侦查职能及侦查监督，而后者则是指狭义上的控诉职能，包括审查起诉、出庭支持公诉、量刑建议等。在刑事诉讼发展史上，控诉与审判职能曾经合一，但是在现代刑事诉讼制度中，实行控、审职能严格分离。控审分离有利于摆脱纠问式诉讼的弊端，保障被追诉者的基本权利，防范司法专断的出现。

现代刑事诉讼中一般要求国家设立专门机关承担控诉职能，集中追诉重大刑事犯罪。对于轻微刑事犯罪，则可公诉亦可自诉；是否保留刑事自诉方式，各国的规定有所不同。根据我国刑事诉讼法的规定，公诉案件的控诉职能由人民检察院承担，自诉案件则交由特定个人行使起诉权。如果从广义范畴理解控诉职能，那么侦查职能在我国主要由公安机关承担，其为检察机关实施控诉进行准备性工作。在公诉主导的体制下，被害人可以参与公诉案件的审理，但仅起到辅助检察机关行使公诉职能的作用。

二、辩护职能

辩护职能，是指刑事案件的被追诉者行使辩护权，反驳犯罪嫌疑或者刑事指控，并且要求依法宣布其无罪、罪轻或者从轻、减轻、免除刑罚处罚的职能。辩护职能的产生是刑事诉讼制度发展、进步的产物；现代刑事诉讼制度的若干重要原则、规则都是与辩护职能的确立、强化及其保障有直接关联的。辩护职能不同于控诉职能，具有行使的任意性——即被追诉者可以通过合法的方式行使，也可以自由放弃，并不因此而产生相应的法律责任。

辩护职能在刑事诉讼中主要由被告人承担，辩护人辅助之。作为保障被追诉者（犯罪嫌疑人、刑事被告人）基本权利的重要手段，刑事辩护发挥着重大的作用：刑事辩护职能履行与实现在很大程度上决定了刑事诉讼法律制度对公民宪法基本权利的实现与保障。

根据《刑事诉讼法》的规定，犯罪嫌疑人自被侦查机关第一次讯问或者采取强制措施之日起，有权委托辩护人，可以聘请律师为其提供法律帮助；代理申诉、控告；申请变更强制措施；向侦查机关了解犯罪嫌疑人涉嫌的罪名和案件有关情况，提出意见。在侦查期间，只能委托律师作为辩护人。人民检察院自收到移送审查起诉的案件材料之日起三日以内，应当告知犯罪嫌疑人有权委托辩护人。人民法院自受理案件之日起三日以内，应当告知被告人有权委托辩护人。被告人有权随时委托辩护人。自诉案件的被告人可以随时委托辩护人。我国刑事辩护制度的主要特点在于辩护人介入刑事诉讼的阶段和方式受到法律的明确限定。

三、审判职能

审判职能是指国家审判机关通过一系列的审理程序，确定被告人是否犯有被指控的罪行、是否处以刑罚以及处以何种刑罚的职能。审判职能主要由法院承担，世界各国一般将法院作为行使审判职能的主体。英美法系国家通常审判职能区分为事实审与法律审，由陪审团作为事实、证据的裁判者，与法官共担审判职能。世界各国和地区，对于法院的设置、管辖分工以及审判程序虽大多相近，又各有特点。

法院专司审判是现代社会国家公正处理刑事案件的必然要求。现代社会实行犯罪的国家追诉原则，刑事诉讼是代表政府的强大公权力与个体之间的强烈社会冲突，现代国家普遍规定由独立的、中立的和公正的法院站在中立者的角度，以预先制定并且普遍适用的法律规则来解决刑事争议，以使其结果为争讼双方所和平地接受。审判权从行政权中分离出来，并受到各种制度化的保障。

理论导读

本章是刑事诉讼法学理论研究最为集中的地方，涉及刑事诉讼法最为核心和基础的理论问题。

在我国，长期以来，关于刑事诉讼法的价值问题，无论是在理论研究还是在法律的执行上，一直是沿用和秉承工具主义的法律观，认为刑事诉讼法是实施国家刑罚的工具，是无产阶级专政的工具。结果，“刑事诉讼法是实施刑法的工具”就顺理成章地发展为一种公理，导致刑事诉讼法处于“从属”“服从”的地位，而没有独立的内在价值。不仅实务界如此，理论界中有的高等法学教育的教科书也认为刑事诉讼法是手段、是工具，而不是目的，是为了保证刑法的实施。①

对程序独立价值的研究是近年来刑事诉讼法学研究的突破性成就，它促使人们从更高的层面审视程序法的价值和意义，为刑事诉讼中的人权保障、程序主体性地位以及刑事诉讼模式的改革奠定理论基础。但程序独立价值的研究尚处于一个理论的吸收、引进阶段，相关的重大的理论问题悬而未决。如程序正义与实体公正的关系，两者是否能兼顾？发生冲突时如何取舍？程序独立价值与程序工具价值的关系？违反程序正义如何救济？程序正义作为西方的理论成果是否适应我国国情等，争议较大，尚未到达成共识的时候。特别是程序正义在学理上虽然得到重视；但在司法实践中，这一理念并没有得到司法机关的能动的认同和积极遵守，依然存在重实体轻程序的“传统”，程序违法现象亦较普遍。

关于我国刑事诉讼的模式，除传统的当事人主义和职权主义诉讼模式外，还有学者提出一种“义务本位主义”的诉讼模式。“坦白从宽、抗拒从严”作为我国一项重要的刑事政策，对嫌疑人、被告人供述犯罪事实具有明显的激励作用；对于那些拒不供认有罪、推

① 樊崇义：《刑事诉讼法哲理思维》，中国人民公安大学出版社 2019 年版，第 134 页。

翻供述或者“认罪态度不好”的被告人，则会产生一种从重处罚的效果。尽管这一政策在指导法院量刑方面具有一定的合理性，却对被告人供述的自愿性以及被告人的无罪辩护权具有否定作用。由此，中国刑事诉讼制度形成了一种“义务本位主义”的诉讼模式。根据这一模式，面对国家追诉机关的调查讯问，嫌疑人负有服从和配合的义务，以协助国家机关查明事实真相。在这种强调公民服从义务的政策影响下，所谓被告人供述的自愿性、保持沉默的权利、不受强迫自证其罪的特权、被告人与国家的平等对抗等，并没有太多的存在空间。①

关于刑事诉讼职能，对刑事诉讼职能的划分标准，我国理论界颇有分歧，比较典型的观点包括：三职能说、四职能说、五职能说以及七职能说等。1. “三职能说”。三职能说是传统诉讼理论的通说，主张刑事诉讼由三种基本职能，即控诉、辩护和审判等职能构成。三种基本职能互相联系、彼此制约，构成了刑事诉讼活动的主要内容。根据这种观点，由于侦查是公诉的必要准备，是诉讼活动的组成部分，非经侦查，便无从确定应否起诉，因此从广义上可以将侦查视为行使控诉职能。② 2. “四职能说”。有学者在传统的三职能说的基础上，提出刑事诉讼职能应当区分为控诉、辩护、审判和监督这四项职能。认为法律监督职能的提出是我国诉讼职能理论的特色及与国外诉讼职能理论区分的关键。③ 3. “五职能说”。有学者在传统的三职能说的基础上，将监督和协助司法也作为刑事诉讼的职能，从而形成五职能说。该观点主张除了应将法律监督也列为诉讼职能之一外，还应将证人、鉴定人等角色在诉讼中的功能也列为一项诉讼职能，即协助司法职能。④ 4. “七职能说”。该观点认为，刑事诉讼职能应当包括侦查、控诉、辩护、审判、执行、协助司法、诉讼监督。⑤

真题解析

1. （2014年卷二64）关于“宪法是静态的刑事诉讼法、刑事诉讼法是动态的宪法”，下列哪些选项是正确的？

A. 有关刑事诉讼的程序性条款，构成各国宪法中关于人权保障条款的核心

B. 刑事诉讼法关于强制措施的适用权限、条件、程序与辩护等规定，都直接体现了

---

① 陈瑞华：《义务本位主义的刑事诉讼模式——论“坦白从宽、抗拒从严”政策的程序效应》，载《清华法学》2008年第1期。

② 陈光中、徐静村：《刑事诉讼法学》，法律出版社2000年版，第52页。

③ 陈卫东：《谈谈刑事诉讼职能》，载《法学杂志》1990年第3期。

④ 陈瑞华：《刑事诉讼的前沿问题》，中国人民大学出版社2000年版，第163页。

⑤ 樊崇义：《刑事诉讼法学》，中国政法大学出版社1998年版，第39~40页。

宪法关于公民人身、住宅、财产不受非法逮捕、搜查、扣押以及被告人有权获得辩护等规定的精神

C. 刑事诉讼法规范和限制了国家权力，保障了公民享有宪法规定的基本人权和自由

D. 宪法关于人权保障的条款，都要通过刑事诉讼法保证刑法的实施来实现

答案： ABC

解析： 选项 A 正确。有关刑事诉讼的程序性条款在宪法条文中具有重要的地位。这些体现法治主义的有关刑事诉讼的程序性条款构成了各国宪法或者宪法性法律中人权保障条款的核心。选项 B 正确。各国刑事诉讼法中有关强制措施的适用权限、条件、程序，羁押期限等规定，都体现了宪法或者宪法性文件关于公民人身、住宅、财产不受非法搜查、逮捕、扣押以及犯罪嫌疑人或被告人有权获得辩护等规定的精神。选项 C 正确。由于刑事诉讼法规范并限制国家权力，因此成为了保障公民基本人权和自由的基石。选项 D 错误。宪法的许多规定不仅要通过刑事诉讼法保证刑法的实施来实现，还要通过刑事诉讼法本身的实施来实现。

2.（2014 年卷二 23）社会主义法治要通过法治的一系列原则加以体现。具有法定情形不予追究刑事责任是《刑事诉讼法》确立的一项基本原则，下列哪一案件的处理体现了这一原则？

A. 甲涉嫌盗窃，立案后发现涉案金额 400 余元，公安机关决定撤销案件

B. 乙涉嫌抢夺，检察院审查起诉后认为犯罪情节轻微，不需要判处刑罚，决定不起诉

C. 丙涉嫌诈骗，法院审理后认为其主观上不具有非法占有他人财物的目的，作出无罪判决

D. 丁涉嫌抢劫，检察院审查起诉后认为证据不足，决定不起诉

答案： A

解析： 选项 A 正确。涉案金额未达到刑法要求的起刑点，不构成犯罪，属于法定不起诉的情形。选项 B 错误。在审查起诉环节，检察机认为情节“显著轻微”，危害不大，根据刑法不认为是犯罪的，应当作出法定不起诉的处理；而如果检察机关认为犯罪情节“轻微”，依照刑法规定不需要判处刑罚或者免除刑罚的，可以作出酌定不起诉的处理。要注意二者在适用条件上的区别。选项 C 错误。作出无罪判决是通过开庭审理案件所作出的裁判，不属于《刑事诉讼法》第 16 条规定的六种不追究刑事责任的情形。选项 D 错误。检察院作出的存疑不起诉（证据不足的不起诉），是指在现阶段搜集到的证据不足以支持检察院对丁提起公诉，不是不对其追究刑事责任，在日后搜集到足以证明其有罪的证据仍可以提起公诉，不属于《刑事诉讼法》第 16 条规定的六种不追究刑事责任的情形。

3.（2014 年卷二 24）关于刑事诉讼构造，下列哪一选项是正确的？

A. 刑事诉讼价值观决定了刑事诉讼构造

B. 混合式诉讼构造是当事人主义吸收职权主义的因素形成的

C. 职权主义诉讼构造适用于实体真实的诉讼目的

D. 当事人主义诉讼构造与控制犯罪是矛盾的

答案：C

解析：选项 A 错误。一个国家特定时期的刑事诉讼目的和构造具有内在的一致性，都会受到当时占主导地位的关于刑事诉讼的法律价值观的深刻影响。选项 B 错误。混合式诉讼构造可能是当事人主义吸收职权主义的因素形成的，也可能是职权主义吸收当事人主义的因素形成的。选项 C 正确。职权主义诉讼构造将诉讼的主动权委于国家专门机关，适用于实体真实的诉讼目的。选项 D 错误。当事人主义将开始和推动诉讼的主动权委于当事人，控诉、辩护双方在诉讼当中居于主导地位，适用于程序上保障人权的诉讼目的。保障人权的诉讼目的和控制犯罪的诉讼目的是对立统一关系。

4.（2014 年卷二 22）社会主义法治公平正义的实现，应当高度重视程序的约束作用，避免法治活动的任意性和随意化。据此，下列哪一说法是正确的？

A. 程序公正是实体公正的保障，只要程序公正就能实现实体公正

B. 刑事程序的公开与透明有助于发挥程序的约束作用

C. 为实现程序的约束作用，违反法定程序收集的证据均应予以排除

D. 对复杂程度不同的案件进行程序上的繁简分流会限制程序的约束作用

答案：B

解析：选项 A 错误。选项 A 前半句话正确，但是程序公正不一定就能够实现实体公正，后半句话错误。B 项正确。刑事程序的公开和透明可以让当事人以及社会监督刑事诉讼程序的运行，有助于发挥程序的约束作用。选项 C 错误，依据我国刑事诉讼法和司法解释的规定，违反法定程序收集的证据并非都应予以排除，有的瑕疵证据经过合理解释或者补正以后，可以作为定案根据。选项 D 错误。对复杂程度不同的案件进行程序上的分流，有利于提高诉讼效率，将司法资源进行有效的分配，进而发挥程序的约束作用。

5.（2013 年卷二 23）在刑事诉讼中，法官消极中立，通过当事人举证、辩论发现事实真相，并由当事人推动诉讼进程。这种诉讼构造属于下列哪一种类型？

A. 职权主义

B. 当事人主义

C. 纠问主义

D. 混合主义

答案：B

解析：选项 B 正确。当事人主义将开始和推定诉讼的主动权委于当事人，控诉、辩护双方当事人在诉讼中居于主导地位，适用于程序上保障人权的诉讼目的。

6. （2016 年卷二 22）《中共中央关于全面深化改革若干重大问题的决定》提出“让审理者裁判、由裁判者负责”。结合刑事诉讼基本原理，关于这一表述的理解，下列哪一选项是正确的？

A. 体现了我国刑事诉讼职能的进一步细化与完善

B. 体现了刑事诉讼直接原则的要求

C. 体现了刑事审判的程序性特征

D. 体现了刑事审判控辩式庭审方式改革的方向

答案：B

解析：选项 A 错误。刑事诉讼职能是由法律确定的，刑事诉讼主体在刑事程序中的地位、所承担的职责以及所发挥的特定职能作用。刑事诉讼各种职能中，控诉、辩护和审判是三种主要的诉讼职能。其中，审判职能法院通过审理案件，对被告人是否犯罪、构成何罪、应否科以刑罚以及科以何种刑罚的诉讼职能。“让审理者裁判、由裁判者负责”主要解决的是审理与裁判相统一的问题，并不体现为刑事诉讼审判职能的进一步细化与完善。选项 B 正确。刑事诉讼直接原则包括直接审理原则和直接言辞原则。直接审理原则是指法官必须与诉讼当事人和诉讼参与人直接接触；直接言辞原则是指法官通过言辞的方式直接审查案件事实和证据材料。“让审理者裁判、由裁判者负责”的内容之一就是要确保案件的裁判是由真正参与案件审理的法官作出的，要求法官必须亲历法庭审理，直接与诉讼参与人接触，这也是直接原则的要求。选项 C 错误。刑事审判的程序性特征是指审判活动应当严格遵循法定的程序，否则，可能导致审判活动无效而需要重新进行的法律后沟。“让审理者裁判、由裁判者负责”并不涉及审判活动中的程序问题，无法体现刑事审判的程序性特征。选项 D 错误。控辩式庭审是一种审判模式，要求法官居于中立且被动的裁判者地位，强调控辩双方在法庭审理过程中的主导作用，这和“让审理裁判、由裁判者负责”没有直接关联。

7. （2016 年卷二 64）刑事诉讼法的独立价值之一是具有影响刑事实体法实现的功能。下列哪些选项体现了这一功能？

A. 被告人与被害人达成刑事和解而被法院量刑时从轻处理

B. 因排除犯罪嫌疑人的口供，检察院作出证据不足不起诉的决定

C. 侦查机关对于已超过追诉期限的案件不予立案

D. 只有被告人一方上诉的案件，二审法院判决时不得对被告人判处重于原判的刑罚

答案：ABD

解析：选项A正确。刑事诉讼法影响实体法的实现，是其独立价值的表现之一；刑事诉讼独立价值另外一个重要表现是，程序本身能够体现一个国家民主、人权、法治状况，能够反映一个国家制度文明、发展的程度，成为社会公正实现程度的一个重要标志。选项B正确。当事人和解属于刑事程序法上的制度，由于该程序法上的制度导致实体法上的量刑从轻，体现了刑事诉讼的独立价值。选项C错误。根据非法证据排除规则排除非法获取的口供，体现了刑事诉讼保障人权的独立价值，且由于检察机关的不起诉决定导致了实体法没有惩罚嫌疑人的空间。选项D正确。根据实体法上追诉时效的规定而作出程序法上的不起诉决定，乃是刑法功能的实现，并没有体现程序法的独立价值。对于只有被告人一方提起上诉的案件，人民法院应当遵循上诉不加刑的原则，在二审程序中不得向被告人施加重于一审结果的实体法上的非难。

8. （2017年卷二22）关于我国刑事诉讼构造，下列哪一选项是正确的？

A. 自诉案件审理程序适用当事人主义诉讼构造

B. 被告人认罪案件审理程序中不存在控辩对抗

C. 侦查程序已形成控辩审三方构造

D. 审查起诉程序中只存在控辩关系

答案：D

解析：选项A错误。当事人主义诉讼将开始和推动诉讼的主动权委于当事人，控辩双方主导诉讼进程。我国自诉案件由自诉人提起，被告人应诉，法官依法居中裁判，类似于当事人主义诉讼构造，但是我国刑事诉讼中并未完全实行当事人主义，自诉案件审理程序也没有。我国公诉和自诉的审判标准还是一样的，事实清楚、证据确实充分，法官在自诉案件中可以主动在庭外核实证据，所以不能说自诉审理程序适用当事人主义诉讼构造。选项B错误。被告人认罪案件审理程序也是刑事审判程序，存在控辩对抗。选项C错误。我国侦查程序只具有控辩关系，没有独立的审判第三方介入而形成控辩审的三方构造。选项D正确。审查起诉程序中，只有检控方和辩护方之间的对抗关系。

9. （2019年真题参考版）效率是刑事诉讼的基本理念之一，下列表述体现效率的有：

A. 对于未成年人，适用附条件不起诉

B. 对于交通肇事的行为，适用不逮捕而直接起诉

C. 对于一起涉黑案件，为了保证证人安全，法庭在庭前核实了证人身份，在庭审中说明了这一情况

D. 第一审宣判前，法庭发现案件量刑部分争议太大，在宣判之前重新开庭就量刑部分组织辩论

答案：ABC

解析：诉讼公正和诉讼效率是刑事诉讼法的两大根本性价值目标。公正与效率尽管联系紧密，甚至互相包容，但二者在价值位序上还是有先后之分的，当公正和效率两个价值目标出现冲突、发生矛盾时，必须认识到公正才是我们所最终追求的终极价值目标。选项A正确。适用附条件不起诉制度，可以节约司法资源。选项B正确。严格控制审前行为的期间，被告人不被拖延地带到法官面前，加速了诉讼运作。选项C正确。庭前核实可以节约庭审时间。选项D错误。重新开庭是为追求公正而牺牲效率的做法。

10.（2019年真题参考版）控诉、辩护和审判是刑事诉讼活动的三大诉讼职能，下列选项中关于诉讼职能的表述，正确的是？

A. 被害人在公诉和自诉案件中都承担着控诉的职能

B. 检察院适用非法证据排除规则排除了侦查机关通过刑讯逼供方式获取的证据属于控诉职能的表现

C. 证人出庭作证陈述了对被告人有利的证言属于行使辩护职能

D. 检察院提出对被告人有利的量刑证据属于行使控诉职能

答案：D

解析：选项A错误。公诉案件的控诉职能由人民检察院承担，自诉案件则交由特定个人行使起诉权。选项B错误。检察院排除非法证据属于程序监督的体现。选项C错误。辩护职能在刑事诉讼中主要由被告人承担，辩护人辅助之。选项D正确。控诉职能包括控诉准备与控诉实施、量刑建议等。前者即侦查职能及侦查监督，而后者则是指狭义上的控诉职能，包括审查起诉、出庭支持公诉、量刑建议等。

第三章　国家专门机关和诉讼参与人

第一节　国家专门机关

刑事诉讼主体由国家专门机关和刑事诉讼参与人两部分组成。前者包括人民法院、人民检察院、公安机关（国家安全机关）、监狱等；后者包括刑事诉讼当事人和其他刑事诉讼参与人。

一、人民法院

（一）性质

根据我国《宪法》第128条和《人民法院组织法》第2条第1款的规定，人民法院是国家的审判机关。《人民法院组织法》第2条第2款则规定了人民法院的任务是通过审判刑事案件、民事案件、行政案件以及法律规定的其他案件，惩罚犯罪，保障无罪的人不受刑事追究，解决民事、行政纠纷，保护个人和组织的合法权益，监督行政机关依法行使职权，维护国家安全和社会秩序，维护社会公平正义，维护国家法制统一、尊严和权威，保障中国特色社会主义建设的顺利进行。

《刑事诉讼法》第3条规定：审判由人民法院负责；第12条规定：未经人民法院依法判决，对任何人都不得确定有罪。可见，人民法院是刑事诉讼中唯一有权审理和判决有罪的专门机关。审判是刑事诉讼的核心和最重要的阶段，只有经过人民法院审判，才能确定被告人是否有罪，应否判处刑罚及判处何种刑罚。

（二）组织体系

根据《人民法院组织法》的规定，我国人民法院组织体系由最高人民法院、地方各级人民法院和军事法院等专门人民法院构成。

最高人民法院是国家的最高审判机关。最高人民法院由院长1人，副院长、庭长、副庭长和审判员若干人组成，设刑事审判庭、民事审判庭、行政审判庭、知识产权审判庭和其他需要设立的审判庭。最高人民法院可以：①审判法律规定由其管辖的和其认为应当由自己审判的第一审案件；②审理对高级人民法院、专门人民法院判决和裁定的上诉、抗诉、申请再审与申诉案件；③审理最高人民检察院按照审判监督程序提出的抗诉案件、高级人民法院报请核准的死刑案件；④核准本院判决以外的死刑案件；⑤依法审理国家赔偿案件，决定国家赔偿；⑥核准法定刑以下判处刑罚的案件；⑦对属于审判工作中具体应用法律的问题进行解释，发布指导性案例；⑧设巡回法庭，审理其依法确定的案件；⑨监督地方各级人民法院和专门人民法院的审判工作。

地方各级人民法院包括高级人民法院、中级人民法院和基层人民法院。

高级人民法院包括省、自治区、直辖市高级人民法院。高级人民法院审判下列案件：①法律规定由其管辖的第一审案件；②下级人民法院报请审理的第一审案件；③最高人民法院指定管辖的第一审案件；④对中级人民法院判决和裁定的上诉、抗诉案件；⑤按照审判监督程序提起的再审案件；⑥中级人民法院报请复核的死刑案件。

中级人民法院包括省、自治区辖市的中级人民法院，在直辖市内设立的中级人民法院，自治州中级人民法院，在省、自治区内按地区设立的中级人民法院。中级人民法院审判法律规定由其管辖的第一审案件、基层人民法院报请审理的第一审案件、上级人民法院指定管辖的第一审案件、对基层人民法院判决和裁定的上诉案件和抗诉案件，以及按照审判监督程序提起的再审案件。中级人民法院对它所受理的刑事，认为案情重大应当由上级人民法院审判的时候，可以请求移送上级人民法院审判。

基层人民法院包括县、自治县人民法院和不设区的市、市辖区人民法院。基层人民法院根据地区、人口和案件情况可以设立若干人民法庭，行使部分审判权。人民法庭是基层人民法院的组成部分，它的判决和裁定就是基层人民法院的判决和裁定。基层人民法院审判第一审案件，但是法律另有规定的除外。《刑事诉讼法》规定，基层人民法院对其所受理的第一审刑事案件，认为案情重大应当由上级人民法院审判的时候，可以请求移送上一级人民法院审判。除审判案件外，基层人民法院还对人民调解委员会的调解工作进行业务指导。

专门人民法院是在上述普通法院之外设立的专门性人民法院。我国目前建立的专门法院有军事法院、海事法院、知识产权法院和金融法院等。其中海事法院、知识产权法院和金融法院没有刑事案件审判权。

（三）领导体制

人民法院实行双重监督体制。从横向来讲，各级人民法院由同级人民代表大会产生，向其负责并报告工作，接受监督。根据宪法和人民法院组织法的规定，最高人民法院由全国人民代表大会产生，对全国人民代表大会及其常务委员会负责并报告工作，全国人民代表大会常务委员会监督最高人民法院的工作；地方各级人民法院由同级人民代表大会产生，对同级人民代表大会及其常务委员会负责并报告工作，地方各级人民代表大会常务委员会监督本级人民法院的工作。从纵向来讲，上下级人民法院之间是审判监督关系，不是领导关系，因此，上级人民法院不能命令下级人民法院对具体案件如何处理。上级人民法院监督下级人民法院的审判工作，最高人民法院监督地方各级人民法院和专门人民法院的审判工作。人民法院的监督不是通过对具体案件的指导实现的，各级人民法院依照职权独立地进行审判，上级人民法院不应对下级人民法院正在审理的案件作出决定，指令下级人民法院执行。下级人民法院也不应将案件在判决之前报送上级人民法院，请求审查批示。上级人民法院应当通过二审程序、审判监督程序、死刑复核程序维持下级人民法院正确的判决和裁定，纠正错误的判决和裁定来实现监督。这种审判监督表现在以下方面：①通过第二审程序审查下级人民法院未发生法律效力的一审裁判认定事实是否清楚，适用法律是否正确，诉讼程序是否合法，如有错误则按法定程序予以纠正；②通过审判监督程序纠正下级人民法院已发生法律效力的确有错误的裁判；③最高人民法院和高级人民法院通过死刑复核程序对下级人民法院审判的死刑案件实行监督；④最高人民法院通过依法解释法律、法令等方法，指导、监督各级人民法院的审判工作；⑤通过检查工作、总结经验，发现问题，对下级法院的审判工作实施监督和指导。这种科学、严密的审判监督体系，是人民法院全面实现审判任务的保障。

（四）职权

根据现有法律的规定，人民法院在刑事诉讼中的主要有以下职权：

①对起诉进行审查，决定开庭审理，其中，对于自诉案件不符合起诉或开庭条件的，有权要求自诉人撤回自诉或裁定驳回。②对被告人决定采取拘传、取保候审、监视居住、逮捕等强制措施。③采取勘验、检查、扣押、鉴定、查询、冻结等手段以调查核实证据。④依法为被告人指定辩护人。⑤指挥法庭审理活动，制止违反法庭秩序的行为，根据情况可以将有关人员带出法庭、罚款、拘留或追究刑事责任。⑥经开庭审理，就被告人是否有罪、构成何罪及其刑事责任问题作出判决。⑦依法收缴赃款、赃物，为保全附带民事诉讼，在必要时可以查封、扣押被告人的财产。⑧依照审判监督程序对生效裁判进行再审。⑨执行判处死刑（需要立即执行）、罚金、没收财产的判决或裁定。对于没收财产，必要时也可以会同公安机关执行。⑩依法对判处管制、拘役、有期徒刑、无期徒刑、死刑缓期二年执行的罪犯减刑、假释或决定暂予监外执行。

二、人民检察院

（一）性质

我国《宪法》第134条和《人民检察院组织法》第2条第1款都规定，人民检察院是国家的法律监督机关，是代表国家行使检察权的专门机关。人民检察院的任务是：通过行使检察权，追诉犯罪，维护国家安全和社会秩序，维护个人和组织的合法权益，维护国家利益和社会公共利益，保障法律正确实施，维护社会公平正义，维护国家法制统一、尊严和权威，保障中国特色社会主义建设的顺利进行。

（二）组织体系

1. 最高人民检察院

最高人民检察院是我国的最高检察机关，其主要职责是：①深入贯彻习近平新时代中国特色社会主义思想、深入贯彻党的路线方针政策和部署，统一检察机关思想和行动，坚持党对检察工作的绝对领导，坚决维护习近平总书记党中央的核心、全党的核心地位，坚决维护党中央权威和集中统一领导；②依法向全国人民代表大会及其常务委员会提出议案、法律解释要求、对行政法规、地方性法规、自治条例和单行条例是否符合宪法和法律进行审查的要求；全国的重大刑事案件行使检察权；③领导地方各级人民检察院和专门人民检察院的工作；④依照法律规定对由最高人民检察院直接受理的刑事案件行使侦查权，领导地方各级人民检察院和专门人民检察院开展对依照法律规定由人民检察院直接受理的刑事案件的侦查工作；⑤对全国性的重大刑事案件依法审查批准逮捕、决定逮捕、提起公诉，领导地方各级人民检察院和专门人民检察院开展对刑事犯罪案件的批准逮捕、决定逮捕、提起公诉工作；⑥负责应由最高人民检察院承办的刑事、民事、行政诉讼活动及刑事、民事、行政判决和裁定等生效法律文书执行的法律监督工作；⑦负责应由最高人民检察院承办的提起公益诉讼工作，领导地方各级人民检察院和专门人民检察院开展提起公益诉讼工作；⑧对最高人民法院的死刑复核活动实行监督；⑨对省级人民检察院报请核准追诉的案件进行审查，决定是否追诉；⑩负责应由最高人民检察院承办的对监狱、看守所等执法活动进行监督；⑪受理向最高人民检察院的控告申诉，领导地方各级人民检察院和专门人民检察院的控告申诉检察工作；⑫对地方各级人民检察院和专门人民检察院在行使检察权中作出的决定进行审查，纠正错误决定；⑬对属于检察工作中具体应用法律的问题进行解释，发布指导性案例；⑭指导全国检察机关的理论研究工作；⑮负责检察机关队伍建设和思想政治工作；⑯协同中央主管部门管理和考核省、自治区、直辖市人民检察院和专门人民检察院的检察长，协同省级党委管理和考核省、自治区、直辖市人民检察院和专门人民检察院的副检察长；⑰领导地方各级人民检察院和专门人民检察院的检务督察工作；⑱规划和指导全国检察机关的财务装备工作，指导全国检察机关的检察技术信息工作；⑲组织检察机关的对外交流合作，开展有关国际司法协助工作；⑳负责其他应当由最高人民检察院承办的事项。

2. 地方各级人民检察院

地方各级人民检察院分为：①省级人民检察院，包括省、自治区、直辖市人民检察院；②设区的市级人民检察院，包括省、自治区辖市人民检察院，自治州人民检察院，省、自治区、直辖市人民检察院分院；③基层人民检察院，包括县、自治县、不设区的市和市辖区人民检察院。其中，省级人民检察院和设区的市级人民检察院根据检察工作需要，经最高人民检察院和省级有关部门同意，并提请本级人民代表大会常务委员会批准，可以在辖区内特定区域设立人民检察院，作为派出机构。人民检察院根据检察工作需要，可以在监狱、看守所等场所设立检察室，行使派出它的人民检察院的部分职权，也可以对上述场所进行巡回检察。省级人民检察院设立检察室，应当经最高人民检察院和省级有关部门同意。设区的市级人民检察院、基层人民检察院设立检察室，应当经省级人民检察院和省级有关部门同意。人民检察院根据工作需要，可以设必要的检察辅助机构和行政管理机构。

3. 专门人民检察院

专门人民检察院在特定的行业部门内设置。我国的专门人民检察院主要指中国人民解放军军事检察院。军事检察院是设立在中国人民解放军中的专门法律监督机关，对现役军人实施的违反职责罪和其他刑事案件依法行使检察权。

（三）领导体制

我国检察机关实行双重领导体制：一方面，各级人民检察院由同级人民代表大会产生，对它负责，受它监督；另一方面，最高人民检察院领导地方各级人民检察院和专门人民检察院的工作，上级人民检察院领导下级人民检察院的工作，并可以直接参与指挥下级检察院的办案活动。在刑事诉讼中，这种领导与被领导的关系表现为：上级人民检察院，包括最高人民检察院认为下级人民检察院的决定错误的，指令下级人民检察院纠正，或者依法撤销、变更；可以对下级人民检察院管辖的案件指定管辖；可以办理下级人民检察院管辖的案件；可以统一调用辖区的检察人员办理案件。

各人民检察院由检察长统一领导日常工作。各级人民检察院均设立检察委员会，在检察长或者检察长委托的副检察长的主持下讨论决定重大、疑难、复杂案件和其他有关检察工作的重大问题、总结检察工作经验。检察委员会的成员由同级人民代表大会常务委员会任免，检察委员会由检察长、副检察长和若干资深检察官组成，成员应当为单数。检察委员会实行民主集中制，在讨论决定问题时实行少数服从多数原则。地方各级人民检察院的检察长不同意本院检察委员会多数人的意见，属于办理案件的，可以报请上一级人民检察院决定；属于重大事项的，可以报请上一级人民检察院或者本级人民代表大会常务委员会决定。

（四）职权

在刑事诉讼中，人民检察院主要有以下职权：

1. 立案权。《刑事诉讼法》第112条规定，人民法院、人民检察院或者公安机关对于报案、控告、举报和自首的材料，应当按照管辖范围，迅速进行审查，认为有犯罪事实需要追究刑事责任的时候，应当立案；认为没有犯罪事实，或者犯罪事实显著轻微，不需要追究刑事责任的时候，不予立案，并且将不立案的原因通知控告人。控告人如果不服，可以申请复议。《刑事诉讼法》第113条规定，人民检察院认为公安机关对应当立案侦查的案件而不立案侦查的，或者被害人认为公安机关对应当立案侦查的案件而不立案侦查，向人民检察院提出的，人民检察院应当要求公安机关说明不立案的理由。人民检察院认为公安机关不立案理由不能成立的，应当通知公安机关立案，公安机关接到通知后应当立案。

2. 侦查权。人民检察院在对诉讼活动实行法律监督中发现的司法工作人员利用职权实施的非法拘禁、刑讯逼供、非法搜查等侵犯公民权利、损害司法公正的犯罪，可以由人民检察院立案侦查。对于公安机关管辖的国家机关工作人员利用职权实施的重大犯罪案件，需要由人民检察院直接受理的时候，经省级以上人民检察院决定，可以由人民检察院立案侦查。在侦查过程中，有权讯问犯罪嫌疑人、询问证人或被害人，进行勘验、检查、搜查，扣押物证和书证，组织鉴定；有权向任何单位和个人收集和调取物证、书证、视听资料；有权对犯罪嫌疑人采取拘传、取保候审、监视居住、拘留、逮捕等强制措施；有权对侦查终结移送起诉的案件进行补充侦查。

3. 逮捕权。对公安机关、国家安全机关、军队保卫部门、监狱、走私犯罪侦查机关要求逮捕犯罪嫌疑人的申请进行审查，决定是否批准逮捕。

4. 公诉权。检察机关是国家唯一的公诉机关，代表国家行使公诉案件的控诉权。有权对侦查终结移送起诉的案件进行审查，决定提起公诉或不起诉；对国家财产、集体财产遭受损失的，有权在提起公诉的同时提起附带民事诉讼；在审查起诉时，对于需要补充侦查的案件，有权决定自行补充侦查或退回补充侦查；在审判阶段，有权派员出席法庭支持公诉；在法庭上，有权讯问被告人；有权向证人、鉴定人发问；有权宣读未到庭证人的证言笔录、鉴定人的鉴定意见、勘验笔录和其他作为证据的文书；有权向法庭出示物证；有权参加法庭辩论。

5. 抗诉权。有权对审判过程中的违法情形提出纠正意见；对人民法院确有错误的裁判，有权依照法定程序提出抗诉；在执行阶段，有权对判决、裁定的执行活动实行监督。

三、公安机关（国家安全机关、军队保卫部门、走私犯罪侦查机关等）

（一）性质

公安机关是国家的治安保卫机关，是各级国家行政机关即各级人民政府的组成部分，担负着保卫国家的社会治安，维护社会秩序的重要任务。由于惩罚犯罪的刑事诉讼活动与社会治安紧密相关，因而法律授权公安机关直接参加刑事诉讼活动，确认公安机关在刑事诉讼中与检察机关和人民法院同样处于重要地位。当然，公安机关与人民法院、人民检察院在性质上是不同的。根据宪法的规定，人民检察院和人民法院由同级人民代表大会及其常务委员会产生并对其负责，分别属于检察机关和审判机关。公安机关则属同级人民政府的一个职能部门，在性质上属行政机关。

（二）组织体系

国务院设公安部，省、自治区、直辖市设公安厅（局），地区、自治州、盟设公安处，省辖市和自治区辖市，县、县级市、自治县、旗设公安局，直辖市和其他设区的市的市辖区设公安分局。

（三）领导体制

公安机关实行双重领导体制，既要受所隶属的人民政府的领导，同时下级公安机关又要接受上级公安机关的领导。公安部是全国公安工作的领导、指挥机关。在刑事侦查活动中，上级公安机关可以指挥、参与下级公安机关的侦查活动。不同地区和不同类型的公安机关则实行互相配合、协同工作的原则。

（四）职权

在刑事诉讼中，公安机关的主要职权是负责刑事案件的侦查。《刑事诉讼法》第 19 条规定：刑事案件的侦查由公安机关进行，法律另有规定的除外。在刑事诉讼中，除人民检察院、国家安全部门、军队保卫部门、监狱、走私犯罪侦查机关、中国海警局侦查的案件以外，绝大部分刑事案件都是由公安机关进行侦查的。

公安机关在刑事诉讼中依法享有下列主要职权：

1. 立案侦查。公安机关对属于自己管辖的刑事案件有权立案，并采取讯问犯罪嫌疑人，询问被害人、证人，勘验、检查、搜查，扣押物证、书证，鉴定、通缉等侦查手段收集、调取证据，并有权向有关单位与个人收集、调取证据。有关单位与个人应当如实提供，不得拒绝。

2. 依法采取强制措施。公安机关在侦查工作中有权决定采用拘传、取保候审、监视居住和拘留措施。在侦查过程中，公安机关有权依法讯问犯罪嫌疑人，询问证人，有权进行勘验、检查、搜查，有权扣押物证、书证，冻结存款、汇款，组织鉴定和侦查实验，实施通缉，有权对犯罪嫌疑人采取拘传、取保候审、监视居住等强制措施。对现行犯或重大嫌疑分子有权先行拘留。对于人民检察院批准或决定以及人民法院决定逮捕、监视居住及取保候审的犯罪嫌疑人或被告人执行逮捕、监视居住及取保候审。

3. 提请人民检察院决定起诉。对自己侦查终结的案件，认为应当追究刑事责任的，有权将犯罪嫌疑人移送人民检察院决定起诉。发现不应对犯罪嫌疑人追究刑事责任的，则有权撤销案件。

4. 要求复议和提请复核。公安机关对人民检察院作出的不批准逮捕、不起诉决定，认为有错误的，可以要求复议。如果意见不被接受，可以提请上一级人民检察院复核。

5. 依法对被判处拘役、剥夺政治权利的罪犯执行刑罚。对于被判处拘役、剥夺政治权利的罪犯，由公安机关执行。对被判处有期徒刑的罪犯，在被交付执行刑罚前，剩余刑期在三个月以下的，由看守所代为执行。对没收财产的判决，在必要的时候，可以参与执行。

对符合逮捕条件的犯罪嫌疑人有权申请检察机关批准逮捕，对经人民检察院批准逮捕或人民检察院、人民法院决定逮捕的犯罪嫌疑人，有权执行逮捕。对有证据证明有犯罪事实的案件，有权进行预审。对符合法定条件的案件，有权作出侦查终结的决定。

（五）刑事诉讼中其他行使侦查权的机关

1. 国家安全机关。是国家的安全保卫机关，是各级人民政府的组成部分。为了适应改革开放形势下对敌斗争的需要，加强同危害国家安全的犯罪做斗争，有效地保卫国家安全，1983 年 6 月，第六届全国人民代表大会第一次会议决定设立国家安全机关。根据《关于国家安全机关行使公安机关的侦查、拘留、预审和执行逮捕的职权的决定》，国家安全机关承担原由公安机关主管的间谍、特务案件的侦查工作。1996 年修正的《刑事诉讼法》第 4 条规定：国家安全机关依照法律规定，办理危害国家安全的刑事案件，行使与公安机关相同的职权。由此进一步明确了国家安全机关在刑事诉讼中的地位和职权。

2. 军队保卫部门。其是中国人民解放军的政治安全保卫机关，不是国家公安机关的组成部分，在行政、业务上自成体系，不受公安机关的领导。军队保卫部门的重要任务之一，是负责侦查军队内部发生的刑事案件。1993 年 12 月 29 日第八届全国人大常委会第五次会议通过的《关于中国人民解放军保卫部门对军队内部发生的刑事案件行使公安机关的侦查、拘留、预审和执行逮捕的职权的决定》规定，中国人民解放军保卫部门承担军队内部发生的刑事案件的侦查工作，同公安机关对刑事案件的侦查工作性质相同。军队保卫部门在刑事诉讼中，可以行使宪法和法律规定的公安机关的侦查、拘留、预审和执行逮捕的职权。1996 年修正的《刑事诉讼法》第 225 条对此作出了进一步规定。

3. 走私犯罪侦查机关。为了加大对走私犯罪的打击力度，国务院于 1998 年批准设立了专门的走私犯罪侦查机关。最高人民法院、最高人民检察院、公安部、司法部、海关总署于 1998 年 12 月 3 日联合发布了《关于走私犯罪侦查机关办理走私犯罪案件适用刑事诉讼程序若干问题的通知》。该通知规定，根据《国务院关于缉私警察队伍设置方案的批复》和《国务院办公厅关于组建缉私警察队伍实施方案的复函》，海关总署、公安部联合组建成立走私犯罪侦查局（又称“海关总署缉私局”）。走私犯罪侦查局纳入公安部编制机构序列，设在海关总署。缉私警察是对走私犯罪案件依法进行侦查、拘留、执行逮捕、预审的专职刑警队伍。走私犯罪侦查局既是海关总署的一个内设局，又是公安部的一个序列局，实行海关与公安双重领导、以公安部领导为主的体制，重点是加强政治领导、干部管理和队伍建设。海关缉私业务工作由海关领导负责。

4. 中国海警局。随着海上（领海或公海）开发战略的实施，海上经济热潮席卷而来，引发相关的犯罪。这些在海上实施的犯罪常具有较强的暴力性，犯罪嫌疑人为了达到其犯罪目的，不惜使用暴力重伤或杀害他人。海上犯罪带有的暴力色彩要求侦办海上犯罪案件必须拥有强有力的执法力量，常规打击犯罪的装备显然不足以应对。为了贯彻落实党的十九大和十九届三中全会精神，按照党中央批准的《深化党和国家机构改革方案》和《武警部队改革实施方案》决策部署，海警队伍整体划归中国人民武装警察部队领导指挥，调整组建中国人民武装警察部队海警总队，称中国海警局。2018 年《刑事诉讼法》第 308 条新增第 2 款，规定“中国海警局履行海上维权执法职责，对海上发生的刑事案件刑事侦查权”。《全国人民代表大会常务委员会关于中国海警局行使海上维权执法职权的决定》（2018 年 7 月 1 日施行）确立了中国海警局的主要职权：①维护海上维权执法职责，包括执行打击海上违法犯罪活动、维护海上治安和安全保卫、海洋资源开发利用、海洋生态环境保护、海洋渔业管理、海上缉私等方面的执法任务，以及协调指导地方海上执法工作。②打击海上违法犯罪活动、维护海上治安和安全保卫等任务，行使法律规定的公安机关相应执法职权；执行海洋资源开发利用、海洋生态环境保护、海洋渔业管理、海上缉私等方面的执法任务，行使法律规定的有关行政机关相应执法职权。③对海上发生的刑事案件行使侦查权。

国家安全机关、军队保卫部门、走私犯罪侦查机关、中国海警局在各自所参与的刑事诉讼活动中，同人民检察院和人民法院之间实行分工负责，互相配合和互相制约的原则，以保证准确有效地执行法律。国家安全机关、军队保卫部门、走私犯罪侦查机关、中国海警局在刑事案件的侦查中需要逮捕犯罪嫌疑人时，由相应的检察机关批准；侦查终结后，对犯罪嫌疑人需要提起公诉的，写出起诉意见书连同案卷材料、证据一并移送检察机关审查决定。

5. 监狱。国家的刑罚执行机关，是实现人民法院的生效裁判，对罪犯进行劳动改造的主要场所。依据法律有关规定，被判处死刑缓期二年执行、无期徒刑、有期徒刑的罪犯，在监狱内执行刑罚。在长期的实践中，我国监狱机关形成了一整套行之有效的管理制度，建立了比较完整严密的侦查部门，负责立案侦查罪犯在监狱中的犯罪案件。由于监狱现已全部脱离公安机关，因此，1994 年 12 月 29 日颁布实施的《监狱法》第 60 条规定对罪犯在监狱内犯罪的案件，由监狱进行侦查。修正后的《刑事诉讼法》第 308 条作出了相同的规定，并规定，监狱办理刑事案件，也适用刑事诉讼法的有关规定。在刑事诉讼过程中，监狱享有公安机关侦查案件的职权，如讯问犯罪嫌疑人、询问证人、勘验、检查、搜查、扣押、鉴定等。侦查终结后，监狱认为应当追究犯罪嫌疑人刑事责任的，写出起诉意见书，连同案卷材料、证据一并移送人民检察院审查起诉。

此外，根据刑事诉讼法和监狱法的有关规定，监狱在刑事诉讼过程中还享有一些其他职权，如在罪犯服刑期间，发现在判决时所没有发现的新的罪行，有权移送人民检察院处理；对罪犯应予监外执行的，有权提出书面意见，报省、自治区、直辖市监狱管理机关批准；被判处死缓的罪犯，在执行期间，如果没有故意犯罪的，2 年后有权提出减刑建议，报省、自治区、直辖市监狱管理机关审核后，报请相应的高级人民法院裁定；对罪犯在执行期间具备法定的减刑、假释条件的，有权提出减刑或假释建议，报人民法院审核裁定；在刑罚执行过程中，如果认为判决确有错误或罪犯提出申诉的，有权转交人民检察院或人民法院处理。

第二节 刑事诉讼参与人

刑事诉讼参与人是指在刑事诉讼过程中除国家专门机关工作人员以外，享有一定的诉讼权利，承担一定的诉讼义务的人。诉讼参与人通过行使诉讼权利，承担诉讼义务，对刑事诉讼的进程和结局发挥着不同程度的影响和作用，保证刑事诉讼活动得以顺利、有效地进行。没有诉讼参与人的参与，刑事诉讼活动就会变成一种单纯的国家职权活动，而不再具有诉讼性质，也不可能完成刑事诉讼的任务。刑事诉讼参与人在刑事诉讼中的地位与作用直接决定于刑事诉讼本身的内在规定性，即国家专门机关与诉讼参与人的共同参与性。

诉讼参与人从学理上一般可分为两大类：即当事人和其他诉讼参与人。这种划分方式主要依据诉讼参与人在刑事诉讼中的诉讼地位、诉讼活动的范围、方式以及对刑事诉讼过程、结果的影响程度。根据《刑事诉讼法》第 108 条的规定，诉讼参与人共有七种：当事人、法定代理人、诉讼代理人、辩护人、证人、鉴定人和翻译人员。

一、当事人

当事人是指在刑事诉讼中居于原告或被告地位，或虽不居于原告与被告地位，但与案件及诉讼结果有着法律上利害关系的诉讼参与人。诉讼参与人要成为当事人必须同时具备两项条件：①与案件的最终结局有直接的利害关系，这是当事人的实体条件。只有其合法权益将会受到诉讼过程和结果影响的人，才能称其为当事人。这种影响既可以是有利影响，也可以是不利影响，这种合法权益既可以是人的自由、财产、隐私，也可以是人的生命。当事人的合法权益随着刑事诉讼的开始而处于不确定的状态，并最终因为刑事诉讼的结束而得以确定。②当事人必须是在诉讼中拥有较广泛的诉讼权利，并能对诉讼过程和诉讼结局发挥比其他诉讼参与人更大影响的人，即当事人的程序条件。一般而言，当事人在刑事诉讼中要么处于原告（公诉案件被害人除外）的地位，要么处于被告的地位，他们的诉讼活动对诉讼的启动、进展和终结起着关键作用，这种作用既可能是积极的，也可能是消极的。

我国《刑事诉讼法》第 108 条的规定，当事人包括被害人、自诉人、犯罪嫌疑人、被告人、附带民事诉讼的原告人和被告人。将公诉案件的被害人纳入当事人的范围，并赋予其与其他当事人同等的诉讼地位，是加强刑事诉讼人权保障方面取得的较大进展之一。

（一）自诉人

自诉人是指在自诉案件中，以个人名义依法向人民法院提起刑事诉讼，请求追究被告人刑事责任的一方当事人。自诉人在刑事诉讼中居于原告地位，执行控诉职能。一般情况下，自诉人是被害人，但被害人死亡或因其无诉讼行为能力或者是限制行为能力人等原因不能亲自告诉的，其法定代理人、近亲属可以提起自诉。

自诉人在刑事自诉案件中的主要诉讼权利有：①直接向人民法院提起自诉。②随时委托诉讼代理人。③在告诉才处理的案件和被害人有证据证明的轻微刑事案件中，在人民法院宣告判决前，自诉人有权同被告人自行和解或者撤回自诉。④在告诉才处理的案件和被害人有证据证明的轻微刑事案件中，自诉人有权在人民法院的主持下与被告人调解。⑤参加法庭调查和法庭辩论。⑥申请审判人员以及书记员、鉴定人、翻译人员回避。⑦人民法院受理自诉案件后，对于因为客观原因不能取得并提供的有关证据，自诉人有权申请人民法院调查取证。人民法院认为必要的，可以依法调取。⑧对第一审人民法院尚未发生法律效力的判决、裁定提出上诉。⑨对人民法院已经发生法律效力的判决、裁定提出申诉。

自诉人的主要诉讼义务是：①承担举证责任，自诉人对自己的主张和请求应当提供证据证明。人民法院已经立案的自诉案件，经审查缺乏罪证的，自诉人应当补充证据。如果自诉人提不出补充证据，人民法院将说服自诉人撤回自诉，经说服不予撤诉的，人民法院将裁定驳回自诉。自诉人经说服撤回自诉或者人民法院裁定驳回起诉后，再次提起自诉时，自诉人应当提出新的足以证明被告人有罪的证据。②不得捏造事实诬告陷害他人或者伪造证据，否则应当承担法律责任。③按时出席法庭审判。《刑事诉讼法》第 211 条第 2 款规定，自诉人经两次依法传唤，无正当理由拒不到庭的，或者未经法庭许可中途退庭的，人民法院将按照撤诉处理。④遵守法庭纪律，听从审判人员的指挥。

（二）犯罪嫌疑人、被告人

刑事诉讼中，“犯罪嫌疑人”和“被告人”是对涉嫌犯罪而受到刑事追诉的人的不同称谓。在公诉案件中，受到公安机关或检察机关刑事追诉的人，在检察机关向人民法院提起公诉以前，称为“犯罪嫌疑人”，在检察机关正式向法院提起公诉以后，由于已经进入审判环节，则称为“被告人”。被告人通常是自然人。但根据刑法规定，在贿赂、走私、非法经营、生产、销售伪劣商品等可以由单位构成犯罪的刑事案件中，犯罪嫌疑人、被告人具有双重性，一是单位本身，二是犯罪行为的直接责任人员。这两种主体都可能被法院判决承担刑事责任，因而单位也可能是刑事犯罪嫌疑人或被告人。

犯罪嫌疑人、被告人与控诉方处于相对立的诉讼地位，是刑事诉讼的对象和诉讼的中心人物。刑事诉讼活动是一种旨在对犯罪嫌疑人、被告人的刑事责任问题作出权威裁判的活动。没有犯罪嫌疑人、被告人的参与，刑事诉讼就无法进行。犯罪嫌疑人、被告人一旦死亡，刑事诉讼活动即告终止。可以说，犯罪嫌疑人、被告人是刑事诉讼中的核心人物，具有十分重要的诉讼地位。

在我国，对犯罪嫌疑人和被告人的诉讼地位问题，可以从以下几个方面理解：其一，犯罪嫌疑人、被告人是拥有一系列诉讼权利的诉讼主体，居于当事人的地位。作为诉讼主体，犯罪嫌疑人、被告人在刑事诉讼中并不是完全被动、消极的，可以通过积极地行使各项诉讼权利，维护自身的合法的实体权益和程序权益，争取诉讼过程和结果上的主动。其二，犯罪嫌疑人、被告人与案件结局有着直接利害关系，他们居于被追诉者的地位；国家追诉机关发动刑事诉讼的直接目的就在于通过对犯罪嫌疑人、被告人实施追诉，使那些在法律上构成犯罪的人受到定罪，并对其处以相应的制裁。作为被追诉者，犯罪嫌疑人、被告人在一定程度上负有接受公安机关、人民检察院、人民法院的强制性措施、协助国家专门机关顺利进行刑事诉讼的义务，如承受逮捕、拘留、拘传等强制措施，接受讯问、搜查、扣押等调查措施，接受传唤，按时出庭接受审判等等。其三，犯罪嫌疑人、被告人本身还是重要的证据来源。根据刑事诉讼法的规定，犯罪嫌疑人、被告人所作供述和辩解是法定的证据种类之一。同时，基于保护刑事司法人权的要求，以及犯罪嫌疑人、被告人在刑事诉讼中的主体性地位，法律严禁以刑讯逼供和以威胁、引诱、欺骗以及其他非法方法收集证据，以确保犯罪嫌疑人、被告人的供述出于自愿而不受强迫。在我国，犯罪嫌疑人仍旧负有如实陈述的义务。

刑事诉讼中犯罪嫌疑人、被告人享有广泛的诉讼权利。这些诉讼权利按其性质和作用的不同，可分为辩护性（防御性）权利和救济性权利两种。防御性权利，是指犯罪嫌疑人、被告人为对抗追诉方的指控、抵销其控诉效果所享有的诉讼权利。救济性权利，是指犯罪嫌疑人、被告人对国家专门机关所作的对其不利的行为、决定或裁判，要求另一专门机关予以审查并作出改变或撤销的诉讼权利。

根据刑事诉讼法的规定，犯罪嫌疑人、被告人享有的防御性权利主要有：①有权使用本民族语言文字进行诉讼。②有权自行或在辩护人协助下获得辩护：在公诉案件中，自案件移送审查起诉之日起，有权委托辩护人；在自诉案件中，有权随时委托辩护人；在侦查机关第一次讯问或者采取强制措施之日起，有权聘请律师提供法律咨询、代理申诉和控告，代为申请取保候审等；有权在法定条件下获得法院为其指定的辩护人的法律帮助；有权拒绝辩护人继续为其辩护，也有权另行委托辩护人辩护。③有权拒绝回答侦查人员提出的与本案无关的问题。④有权在开庭前 10 日收到起诉书副本。⑤有权参加法庭调查，就检察机关指控的犯罪事实发表陈述，向证人、鉴定人发问，辨认、鉴别物证，听取未到庭的证人的证言笔录、鉴定人的鉴定意见、勘验检查笔录和其他证据文书，并就上述书面证据发表意见；有权申请通知新的证人到庭，调取新的物证，申请重新鉴定或者勘验。⑥有权参加法庭辩论，对事实的认定和法律的适用发表意见，并且可以与控诉方展开辩论。⑦有权向法庭作最后陈述。⑧自诉案件的被告人有权对自诉人提出反诉。

犯罪嫌疑人、被告人享有的救济性权利主要包括：①有权申请侦查人员、检察人员、审判人员、书记员、鉴定人、翻译人员回避，对驳回申请回避的决定不服的，有权申请复议。②对审判人员、检察人员和侦查人员侵犯公民诉讼权利和人身侮辱的行为，有权提出控告。③犯罪嫌疑人、被告人被羁押的，有权申请取保候审。④对于人民法院、人民检察院和公安机关采取强制措施超过法定期限的，有权要求解除强制措施。⑤对于人民检察院依照《刑事诉讼法》第 177 条第 2 款的规定作出的不起诉（酌定不起诉）决定，有权向人民检察院申诉。⑥对地方各级人民法院的第一审的判决、裁定，有权用书状或者口头向上一级人民法院上诉，从而引起第二审程序的开始。⑦对各级人民法院已经发生法律效力的判决、裁定，有权向人民法院、人民检察院提出申诉；申诉符合《刑事诉讼法》第 253 条所规定的五种情形之一的，人民法院应当重新审判。

由于犯罪嫌疑人、被告人是被追诉者，具有最终被定罪、量刑的可能性，为保障刑事诉讼任务的顺利完成，刑事诉讼法在赋予犯罪嫌疑人、被告人一系列诉讼权利的同时，也规定其必须承担一定的诉讼义务。犯罪嫌疑人、被告人如果拒不全面履行这些法定的诉讼义务，将会面临承担相应的法律责任的后果。

根据刑事诉讼法的规定，犯罪嫌疑人、被告人必须承担的诉讼义务主要有：①在符合法定条件的情况下承受逮捕、拘留、监视居住、取保候审、拘传等强制措施。②接受侦查人员的讯问、搜查、扣押等侦查行为。③对侦查人员的讯问，应当如实回答。④承受检察机关的起诉，依法按时出席并接受法庭审判。⑤遵守法庭纪律，听从审判人员的指挥。⑥对于生效的裁定和判决，有义务执行或协助执行。

（三）被害人

被害人是指其人身权利、民主权利、财产权利直接遭受犯罪行为侵害的人。在自诉案件中，其一旦提起自诉就成为自诉人，居于原告地位；在公诉案件中，则属于控诉一方的当事人，虽不能被称为原告，但也执行控诉职能。

被害人具有两个突出特点，一是清楚其如何遭受犯罪行为的侵害，被害人陈述是一种重要的证据材料；二是作为犯罪行为的直接受害者，被害人与诉讼结果有着切身的利害关系，具有控告犯罪和参加诉讼的主观意愿。具体而言：①被害人作为遭受犯罪行为侵害的人，与案件结局有着直接的利害关系。刑事诉讼被害人由于直接遭受犯罪行为的侵害，承受了身体、精神或者经济上的损失，因而对案件的处理结果给予了最大的关注，这是被害人具有刑事诉讼当事人地位的基础。②被害人通常也是了解案件情况的人，其陈述本身是法定的证据来源之一。被害人在提供陈述方面与证人具有相似的地位。他有义务接受侦查人员、检察人员、审判人员的传唤，到场或出庭提供有关案件事实的陈述，并接受各方的询问和质证。③被害人既有权要求公安司法机关追究犯罪和惩罚犯罪，保护其人身权利、民主权利，也有权要求保护其财产权利。④被害人作为诉讼当事人，与犯罪嫌疑人、被告人具有大致相当的诉讼地位，也拥有许多与犯罪嫌疑人、被告人相对应的诉讼权利。但是，在公诉案件中，检察机关代表国家行使控诉职能、追究犯罪嫌疑人、被告人的刑事责任。在控诉国家化的前提下，被害人作为当事人所发挥的作用显然不能与民事诉讼相比，根据控辩对等的基本要求，刑事诉讼法对被害人在诉讼中的地位和作用也作了一定的限制性规定。

被害人在刑事诉讼中享有的诉讼权利主要包括：

①对侵犯其合法权利的犯罪嫌疑人、被告人，有权向公安机关、人民检察院或者人民法院报案或者控告，要求公安司法机关依法追究犯罪、查获犯罪、惩罚犯罪，保护其合法权利。②对公安机关应当立案而不立案的，有权向人民检察院提出意见，请求人民检察院责令公安机关向检察机关说明不立案的理由。人民检察院应当要求公安机关说明不立案的理由。人民检察院认为其理由不能成立的，应当通知公安机关立案，公安机关则必须立案。③自刑事案件移送审查起诉之日起，有权委托诉讼代理人。④对人民检察院作出的不起诉决定不服的，有权向上一级人民检察院提出申诉。⑤如有证据证明公安机关、人民检察院对于侵犯其人身权利、财产权利的行为应当追究刑事责任而不予追究的，有权直接向人民法院起诉。⑥不服地方各级人民法院的第一审判决的，有权请求人民检察院抗诉。⑦不服地方各级人民法院的生效裁判的，有权提出申诉。

（四）附带民事诉讼原告人与被告人

附带民事诉讼原告人，是指因被告人的犯罪行为遭受物质损失，而在刑事诉讼中提起民事诉讼要求赔偿损失的当事人，主要有被害人、已死亡被害人的近亲属和无行为能力或限制行为能力被害人的法定代理人。《刑事诉讼法》第 101 条第 2 款规定，如果是国家财产、集体财产遭受损失的，人民检察院在提起公诉的时候，可以提起附带民事诉讼。

附带民事诉讼被告人，是指对被告人的犯罪行为所造成的物质损失负有赔偿责任，被起诉而由人民法院通知应诉的当事人；主要包括刑事被告人，未被追究刑事责任的其他共同致害人，已被执行死刑的罪犯的遗产继承人，共同犯罪案件审结前已死亡的被告人的遗产继承人以及其他对被告人的犯罪行为依法应承担民事赔偿责任的单位和个人。

附带民事诉讼原告人和被告人作为刑事诉讼当事人，都具有独立的诉讼地位，享有广泛的诉讼权利。如原告人有权提起附带民事诉讼，提出变更、放弃诉讼请求或撤回诉讼等；被告人有承认或者反驳原告人诉讼请求，提起反诉的权利；胜诉一方有申请强制执行的权利。此外，申请回避、委托诉讼代理人、参加法庭调查和法庭辩论、就附带民事诉讼部分自行和解或请求法院调解、对未生效的一审判决、裁定中的附带民事诉讼部分提出上诉等权利，均属于附带民事诉讼的原被告双方共同享有的权利。附带民事诉讼当事人应承担一定的诉讼义务，例如自觉履行生效判决、裁定中确定的民事义务，依法行使诉讼权利，遵守法庭秩序等等。

（五）单位当事人

1. 单位犯罪嫌疑人、被告人

我国《刑法》第30条规定：“公司、企业、事业单位、机关、团体实施的危害社会的行为，法律规定为单位犯罪的，应当负刑事责任。”第31条进一步规定：“单位犯罪的，对单位判处罚金，并对其直接负责的主管人员和其他直接责任人员判处刑罚。本法分则和其他法律另有规定的，依照规定。”可见，我国对单位犯罪采取“双罚制”，既处罚单位，又处罚直接责任人员。

在单位犯罪的情况下，单位可以独立成为犯罪嫌疑人、被告人，与作为自然人的直接负责的主管人员和其他直接责任人员一起参与刑事诉讼。应当注意，根据《刑诉解释》第336条的规定，代表涉嫌犯罪单位参加诉讼的诉讼代表人，应当是单位的法定代表人、实际控制人或者主要负责人；法定代表人、实际控制人或者主要负责人被指控为单位犯罪直接负责人员或者因客观原因无法出庭的，应当由被告单位委托其他负责人或者职工作为诉讼代表人。该规定有效地避免了单位犯罪中直接负责的主管人员既作为单位的代表，又以个体身份受到追诉的角色冲突。

单位犯罪嫌疑人、被告人的诉讼权利和诉讼义务，与自然人犯罪嫌疑人、被告人大致相同。《刑诉解释》第336、337条作出了以下特殊规定：①单位被告人有权委托辩护人。单位被告人委托辩护人遵循自然人委托辩护人的有关规定。②诉讼代表人有出庭的义务。人民法院决定开庭审理单位犯罪案件，应当通知被告单位的诉讼代表人出庭。③人民法院对诉讼代表人有权进行拘传。接到出庭通知的被告单位的诉讼代表人应当出庭。拒不出庭的，人民法院在必要的时候，可以拘传到庭。④专门机关有权对单位财产采取强制性措施。人民法院为了保证判决的执行，根据案件的具体情况，可以先行扣押、冻结被告单位的财产或者由被告单位提供担保。

2. 单位被害人

被害人一般是指自然人，但单位也可以成为被害人。单位是能够作为民事法律关系主体的社会组织，拥有一定的财产和经费，在侵犯财产等刑事案件中也可能遭受犯罪行为的直接侵害，成为被害人。此外，根据《刑事诉讼法》第 101 条的规定，被害人在刑事诉讼中因被告人的犯罪行为遭受物质损失的，有权提起附带民事诉讼。据此，只要单位因犯罪行为遭受了物质损失，就有权以被害人的身份，提起刑事附带民事诉讼。根据《刑事诉讼法》的规定，单位被害人参与刑事诉讼时，应由其法定代表人作为单位的代表代为具体参与。单位的法定代表人也可以委托诉讼代理人参加诉讼，而不必亲自参与。单位被害人在刑事诉讼中的诉讼权利和诉讼义务，与自然人作为被害人时大体相同。

二、其他诉讼参与人

刑事诉讼中的其他诉讼参与人，是指除当事人以外的诉讼参与人。根据《刑事诉讼法》第 108 条的规定，诉讼参与人是指法定代理人、诉讼代理人、辩护人、证人、鉴定人和翻译人员。这些诉讼参与人虽然与诉讼结果没有法律上的直接利害关系，但都是根据诉讼的需要参与刑事诉讼的，并在诉讼中享有一定的诉讼权利、承担一定的诉讼义务，对诉讼的顺利进行和诉讼结果也能产生不同的影响。

与当事人相比，其他诉讼参与人的诉讼行为并不能启动诉讼程序或者对诉讼进程产生直接影响，其所享有的诉讼权利也相对有限。

（一）法定代理人

法定代理人是指为维护被代理人合法权益，基于法律的规定，代理因未成年或因患有精神病等而无诉讼行为能力或限制诉讼行为能力的当事人进行诉讼活动的诉讼参与人，包括被代理人的父母、养父母、监护人和负有保护责任的机关、团体的代表。

《民法典》第 23 条规定，无民事行为能力人、限制民事行为能力人的监护人是其法定代理人。未成年人的监护人是其父母，父母死亡或者没有监护能力的，由下列人员中有监护能力的人担任监护人：祖父母、外祖父母；兄、姐；其他愿意担任监护人的个人或者组织，但是须经未成年人住所地的居民委员会、村民委员会或者民政部门同意的，也可以作监护人。对担任监护人有争议的，由被监护人住所地的居民委员会、村民委员会或者民政部门指定监护人。对指定不服提起诉讼的，由人民法院裁决。没有上述监护人的，由未成年人父母的所在单位或者未成年人住所地的居民委员会、村民委员会或者民政部门担任监护人。

无行为能力或者限制行为能力的精神病人，由下列人员担任监护人：配偶；父母；成年子女；其他近亲属；其他愿意担任监护人的个人或者组织，但是须被监护人住所地的居民委员会、村民委员会或者民政部门同意后，也可以做监护人。对担任监护人有争议的，由精神病人的所在单位或者住所地的居民委员会、村民委员会在近亲属中指定。对指定不服提起诉讼的，由人民法院裁决。没有上述监护人的，由精神病人所在单位或者住所地的居民委员会、村民委员会或者民政部门担任监护人。

当刑事诉讼中的当事人或者某些诉讼参与人是未成年人、无行为能力或者限制行为能力人时，需要法定代理人代为参加刑事诉讼。刑事诉讼中的法定代理制度适用民事法律的有关规定，依据我国《民法典》的规定，不满 8 周岁的未成年人是无行为能力人，8 周岁以上不满 18 周岁的未成年人是限制行为能力人，已满 16 周岁不满 18 周岁的公民，以自己的劳动收入为主要生活来源的，视为完全行为能力人；不能辨认自己行为的成年人为无行为能力的人，不能完全辨认自己行为的成年人为限制行为能力人。

法定代理人的代理权产生基于被代理人无诉讼行为能力或者限制诉讼行为能力的事实与相关法律的规定。因此，如果被代理人已成年或完全恢复诉讼行为能力，法定代理关系就归于消灭；如果法定代理人死亡或丧失诉讼行为能力，法定代理权也自然终止。法定代理人具有独立的法律地位，法定代理人不受被代理人意志的约束，在行使代理权限时一般也无须经过被代理人同意。法定代理人参与刑事诉讼的职责是依法保护无行为能力人或者限制行为能力人的人身权利、财产权利、诉讼权利以及其他一切合法权利。法定代理人享有广泛的与被代理人相同的诉讼权利，但法定代理人不能代替被代理人作陈述，也不能代替被代理人承担与人身自由相关联的义务，比如受强制措施的约束等。

（二）诉讼代理人

依据《刑事诉讼法》第 108 条的规定，公诉案件的被害人及其法定代理人或者近亲属有权委托诉讼代理人；自诉案件的自诉人及其法定代理人有权委托诉讼代理人；附带民事诉讼原告人、被告人及其法定代理人有权委托诉讼代理人。所谓近亲属，是指夫、妻、父、母、子、女、同胞兄弟姊妹。

诉讼代理人与法定代理人不同，其参与刑事诉讼是基于被代理人的委托，依据双方签订的委托协议进行代理。诉讼代理人只能以被代理人的名义，在被代理人授权范围内进行诉讼活动；既不得超越代理范围，也不能违背被代理人的意志。诉讼代理人的职责是帮助被其代理的公诉案件被害人及其法定代理人或者近亲属、自诉案件自诉人及其法定代理人、附带民事诉讼案件当事人及其法定代理人等行使诉讼权利。如果没有被代理人的授权，诉讼代理人代替被代理人进行的诉讼活动就不具有法律效力。

（三）辩护人

辩护人是依法接受犯罪嫌疑人、被告人或其法定代理人的委托或人民法院的指定，为犯罪嫌疑人、被告人被指控的犯罪行为进行辩护，维护其合法权益的诉讼参与人。

辩护人是犯罪嫌疑人、被告人合法权益的专门维护者。辩护人在刑事诉讼中承担的唯一职能就是辩护，除此以外不承担任何其他职能。在我国，公安司法机关也具有维护犯罪嫌疑人、被告人合法权益的职责，但只是在履行其他诉讼职能的过程中，兼顾犯罪嫌疑人、被告人的合法权益，只有辩护人才是犯罪嫌疑人、被告人合法权益的专门维护者。所以，辩护人在刑事诉讼中，绝对不能充当第二控诉人，检举、揭发犯罪嫌疑人、被告人已经实施的包括没有被司法机关所掌握的犯罪行为。同时，辩护人在刑事诉讼中所维护的是犯罪嫌疑人、被告人的合法权益，而不是一切权益。辩护人只能依据事实和法律为犯罪嫌疑人、被告人进行辩护，而不能为其当事人谋取非法利益，更不得教唆犯罪嫌疑人、被告人翻供，实施帮助犯罪嫌疑人、被告人威胁、引诱证人改变证言或者进行其他妨碍诉讼的活动。

此外，辩护人具有不同于其他诉讼参与人的独立地位。辩护人既不是犯罪嫌疑人、被告人的代理人，也不是犯罪嫌疑人、被告人的代言人，不能充当他们的“传声筒”。尽管在委托辩护中，辩护人要在犯罪嫌疑人、被告人委托以后才能取得辩护资格，但是辩护人在接受委托以后，便取得了独立的诉讼地位，可以自己的名义，根据对事实的掌握和对法律的理解，独立进行辩护，而不受犯罪嫌疑人、被告人意思表示的约束。

（四）翻译人员

翻译人员是受司法机关的聘请或指派，为有关的诉讼参与人进行翻译的人。翻译人员既不属于控诉一方，也不属于辩护一方，其作用在于协助司法机关及其他诉讼参与人进行诉讼，居于完全的辅助性地位。翻译人员除享有对司法人员侵权、侮辱行为的控告权等与诉讼参与人共有的一些诉讼权利外，还享有事先了解与翻译有关的资料、获得相应报酬等权利。同时，应当承担按时到达指定地点、客观如实地翻译、遵守法庭秩序等义务。

（五）证人

在刑事诉讼中，证人是指向公安司法机关陈述自己所知道的案件情况的人。证人必须同案件结果之间没有任何直接利害关系，是独立的诉讼参与人。

我国法律对证人资格的规定十分宽泛。凡是知道案件情况的人，都有作证的义务；证人的消极资格则是生理上、精神上有缺陷或者年幼，不能辨别是非、不能正确表达；证人只能是自然人，而不能是法人。

证人的主要权利包括：查阅询问笔录，并可要求补充或者修改；要求补偿因作证而受到的经济损失；拒绝作伪证；要求在侦查阶段为其姓名保密；对其本人及其近亲属受到的威胁、侮辱、殴打或者打击报复的行为提出控告。

（六）鉴定人

鉴定人是指受公安司法机关的指派或者聘请，运用自己的专门知识或技能，对案件中的专门性问题进行分析判断并提出科学意见的诉讼参与人。

鉴定人应当符合一定的条件：首先，应当具有专门知识或者技能，即具有分析判断案件中专门性问题的能力。鉴定人只能解决刑事案件中的专门性问题，而不能解决法律问题。其次，鉴定人应当受到公安司法机关的指派或者聘请，这是必不可少的形式要件，也是刑事诉讼中的鉴定人与一般具有专门知识或者技能的专业人员的区别所在。最后，鉴定人应当与案件当事人或者案件无利害关系，鉴定人如果具有《刑事诉讼法》第 29 条规定的情形之一的，应当自行回避，不得参与该案件的诉讼活动。当事人及其法定代理人也有权要求他们回避。

鉴定人在刑事诉讼中的权利有：①使用本民族的语言、文字进行鉴定的权利。②了解为进行鉴定所必需的案件材料的权利。③因鉴定需要，经公安司法人员许可，询问当事人和证人的权利。④必要时，要求参加现场勘验、检查和侦查实验等的权利。⑤一个案件有几个鉴定人时，有共同讨论并提出鉴定意见的权利；在意见有分歧的情况下，有单独提出鉴定意见的权利。⑥有权收取鉴定费用。

鉴定人依法承担以下诉讼义务：①如实作出鉴定，不得故意作出虚假鉴定，否则将要承担相应的法律责任。②对于在鉴定过程中了解的案件情况和有关人员的隐私，应当保密。③在接到人民法院通知时，应当亲自出庭作证，说明作出鉴定结论的根据和理由，并接受公诉人、当事人和辩护人、诉讼代理人以及审判人员的发问、询问。④遵守法庭纪律，听从审判人员的指挥。

理论导读

关于人民法院审判方式改革，主要问题集中在四个方面：在庭前审查程序方面，移送主要证据复印件的方式并不能完全排除预断，反而会造成检察机关在移送证据方面的随意性，进而造成庭前审查内容不确定的问题；在法庭调查程序方面，法官的中立性和调查取证的技术方式有待提高和改善；在完善法庭审理过程中的证据规则和证据调查规则中，审理的规范化标准和实施有待提高；在传闻证据排除方面，不能保证证人出庭作证、审判不能有效展开是较为突出的问题。① 而现行《刑事诉讼法》在很多方面都做了改进，比如保

① 参见龙宗智：《试析我国刑事审判方式改革的方向与路径》，载《社会科学研究》2005 年第 1 期。

留形式审查的同时在庭前移送全部案卷材料、加强法庭调查技术手段的运用、改善证人出庭作证率低的状况以及注重审理规范化。但是就目前存在的问题来看，下一步的改革应当着重在以下方面展开：首先，在有限制的情况下赋予律师调查权，实行有限度的双轨制调查；其次，建立强制侦查的司法审查制度，维护控辩平等，解决控辩冲突，理顺审前程序。

针对以上问题，我国在近年的研究及实践中，进行了大量探索与有益改进。政策及法律完善层面，包括2012年、2018年《刑事诉讼法》修订，2014年党的十八届四中全会提出全面深化我国刑事诉讼体制改革的目标，2019年《高检规则》及2021年《刑诉解释》的修订等。具体制度层面，首先，针对法官地位的中立性保障，2021年《刑诉解释》进一步强化了其中立角色的行使保障，将审判阶段实质启动补充侦查的权力进一步弱化，并强化控审分离，对于部分退回补充侦查的案件在检察机关未来规定时间内再次起诉时，可以就在案证据作出判决等。其次，“审判中心主义”是我国刑事诉讼制度改革的重心，而庭审实质化则为“审判中心主义”的重心，诸多制度在针对证人出庭及强化辩护人权利方面着力较多。

关于检察机关的内部机构改革。随着国家监察体制改革和司法体制改革的推行，检察机关的权力配置样态特别是刑事检察职权的固有设置发生了全面调整。一方面，检察机关的职务犯罪侦查权大部分已经转隶至监察委员会，“被解读为法律监督的兜底性保障手段”① 消失殆尽，从而促使了刑事检察职能的全面整合；另一方面，检察机关的职务犯罪侦查部门的“肱骨人员”几乎全部转隶，检察机关“案多人少”的供给矛盾进一步加深，随之迫使检察机关进行了“捕诉合一”模式的内设机构改革。② 显然，这种剧烈的刑事检察职能变革，已然引发了检察机关对刑事诉讼程序的急促回应，同时间接折射出了检察机关对于突然“失权”的忧虑情绪。对此，为助力监察体制改革、强化刑事诉讼程序与监察调查程序的衔接，并提升办案效率与质量，强化人权保障与律师履责，③ 2019年《高检规则》重新确立“捕诉一体”的检察机关内部体制改革。但这一改革的争议可谓一直存在，有学者认为，“捕诉合一”改革副作用不小，从始至终都伴随着反对和质疑的声音。有学者认为，“捕诉合一”改革混淆批捕权与公诉权这两个本质不同的权力，违背基本诉讼规

① 参见李奋飞：《论检察机关的审前主导权》，载《法学评论》2018年第6期。

② 参见张建伟：《“捕诉合一”的改革是一项危险的抉择？——检察机关“捕诉合一”之利弊分析》，载《中国刑事法杂志》2018年第4期。

③ 参见洪浩：《我国“捕诉合一”模式的正当性及其限度》，载《中国刑事法杂志》2018年第4期。

律，严重削弱了逮捕的独立与中立价值。①

以往，凭借着职务侦查的强势属性和法律监督机关的宪法定位，检察机关毋庸置疑是我国刑事诉讼中最主要的权力机关之一。在诉讼阶段次第顺承的刑事司法实践中，检察机关肩负监督侦查和限制审判的双重职责。将职务犯罪侦查权作为核心依托，检察机关的抓手触及整个刑事诉讼阶段。表面上，检察机关的权力覆盖整个刑事诉讼，实则已经造成了“自侦中心主义”乱象，导致了刑事司法实践中审查逮捕和审查起诉的运行障碍，限制了立法原意，产生了某种“自缚性”。② 从这个角度来看，职务犯罪侦查权的转隶无疑缓解了检察机关权力运行导致的内部紊乱状况，进而凸显检察机关的在刑事审前的重点工作。需要指出的是，自 2018 年修法之后，虽然检察机关的职务侦查权已经全面转隶，但是检察机关是法律监督机关的宪法定位得到了再次确认。同时，检察机关内设机构的重塑性改革亦增强刑事检察职能在刑事审前程序的监督力度。“以审判为中心”在强调审判环节对案件裁判的核心地位的同时，亦须关注审前程序的诉讼格局之构建。③

关于上级检察机关对下级检察机关的领导。加强检察机关的改革在很大程度上就是要加强检察机关上下级之间的领导关系，这也是检察领导体制的重要内容，一般来说，影响检察机关领导体制的因素主要涉及一国的政治体制以及检察机关的性质、任务、地位、职权等。我国设置检察机关并赋予其独立的法律监督权，目的即在于专门而有效地监督行政、司法等国家权力的运行，以克服权力机关监督的一般化、抽象化、虚无化等弱点，这就要求检察机关拥有一定的权威，我们主张通过强化和落实下级检察机关对上级检察机关的服从关系从而最终在全国检察系统建立起严格的“上命下从”的领导体制和“检察一体化”的工作机制。④ 事实上在我国，上级检察机关实际拥有的权力十分广泛：上级检察机关有权向下级检察机关发布命令、指示、决定和工作部署；可以到下级检察机关检查工作；可以调取下级检察机关办理的案件，也可以向下级检察机关交办案件；上级检察机关发现下级检察机关行使职权不当或处理案件有错误时，有权指令下级检察机关纠正；下级检察机关在办案中遇到疑难复杂问题、阻力或困难无力解决时，可以逐级向上级检察机关请示解决等。但是在实践中这种模式的运行也出现了一些问题，由于上级检察机关权力过大、过于宽泛，导致下级检察机关行使职权的独立性受到很大的影响，下级检察机关在办理许多案件时，不是基于事实和法律对案件作出独立的判断和处理，而是动辄向上级检察

① 参见陈瑞华：《异哉，所谓“捕诉合一”者》，2018 年 5 月 29 日发布于“中国法律评论”微信公众号。

② 孙皓：《论检察权配置的自缚性》，载《环球法律评论》2016 年第 6 期。

③ 陈卫东：《“以审判为中心”与审前程序改革》，载《法学》2016 年第 12 期。

④ 参见卞建林、田心则：《论我国检察机关领导体制和职权的改革与完善》，载《国家检察官学院学报》2006 年第 5 期。

机关请示。因此，完善上级检察机关对下级检察机关的领导应当做到以下几点：其一，明确上级检察机关有发布指令权，上级检察机关有权向下级检察机关发布指示、命令和工作部署，下级检察机关应当执行，但上级检察机关无权就具体案件发布指示；其二，摒弃案件请示制度，确认上级检察机关对检察事务承继权和移转权，下级检察机关在自己的职权范围内，完全独立地行使职权，在处理具体案件时，不受上级检察机关的支配，但上级检察机关有检察事务的承继权和移转权，有权调取下级检察机关办理的案件，以便亲自办理，有权将自己办理的案件交由下级检察机关办理，下级检察机关不得拒绝；其三，应确认下级检察机关在一定条件下的抗命权。诸如对上级检察机关的违法指令，下级检察机关有权拒绝服从等。①

真题解析

本章理论性较强，法律职业资格考试和过去的司法考试涉及较多的是刑事法律关系主体的相关知识点。如诉讼地位的确定、诉讼主体的权利义务等，注意区分不同诉讼主体及其权利义务。

1.（2014 年卷二 25）关于被害人在刑事诉讼中的权利，下列哪一选项是正确的？

A. 自公诉案件立案之日起有权委托诉讼代理人

B. 对因作证而支出的交通、住宿、就餐等费用，有权获得补助

C. 对法院作出的强制医疗决定不服的，可向作出决定的法院申请复议一次

D. 对检察院作出的附条件不起诉决定不服的，可向上一级检察院申诉

答案：D

解析：选项 A 错误。《刑事诉讼法》第 46 条第 1 款规定："公诉案件的被害人及其法定代理人或者近亲属，附带民事诉讼的当事人及其法定代理人，自案件移送审查起诉之日起，有权委托诉讼代理人。自诉案件的自诉人及其法定代理人，附带民事诉讼的当事人及其法定代理人，有权随时委托诉讼代理人。"选项 B 错误。《刑事诉讼法》第 65 条第 1 款规定："证人因履行作证义务而支出的交通、住宿、就餐等费用，应当给予补助。证人作证的补助列入司法机关业务经费，由同级政府财政予以保障。"选项 C 错误。《刑事诉讼法》第 305 条第 2 款规定："被决定强制医疗的人、被害人及其法定代理人、近亲属对强制医疗决定不服的，可以向上一级人民法院申请复议。"选项 D 正确。《刑事诉讼法》第 282 条第 2 款："对附条件不起诉的决定，公安机关要求复议、提请复核或者被害人申诉的，适用本法第 179 条、第 180 条的规定。"

---

① 参见陈文兴：《检察一体化制度设计中的两个难题》，载《中国司法》2008 年第 11 期。

2.（2015年卷二66）关于刑事诉讼当事人中的被害人的诉讼权利，下列哪些选项是正确的？

A. 撤回起诉、申请回避

B. 委托诉讼代理人、提起自诉

C. 申请复议、提起上诉

D. 申请抗诉、提出申诉

答案： BD

解析： 选项BD正确。《刑事诉讼法》第46条规定："公诉案件的被害人及其法定代理人或者近亲属，附带民事诉讼的当事人及其法定代理人，自案件移送审查起诉之日起，有权委托诉讼代理人。自诉案件的自诉人及其法定代理人，附带民事诉讼的当事人及其法定代理人，有权随时委托诉讼代理人。人民检察院自收到移送审查起诉的案件材料之日起三日以内，应当告知被害人及其法定代理人或者其近亲属、附带民事诉讼的当事人及其法定代理人有权委托诉讼代理人。人民法院自受理自诉案件之日起三日以内，应当告知自诉人及其法定代理人、附带民事诉讼的当事人及其法定代理人有权委托诉讼代理人。"

3.（2014年卷二69）某地法院审理齐某组织、领导、参加黑社会性质组织罪，关于对作证人员的保护，下列哪些选项是正确的？

A. 可指派专人对被害人甲的人身和住宅进行保护

B. 证人乙可申请不公开真实姓名、住址等个人信息

C. 法院通知侦查人员丙出庭说明讯问的合法性，为防止黑社会组织报复，对其采取不向被告人暴露外貌、真实声音的措施

D. 为保护警方卧底丁的人身安全，丁可不出庭作证，由审判人员在庭外核实丁的证言

答案： ABD

解析： 选项ABD正确。《刑事诉讼法》第64条规定："对于危害国家安全犯罪、恐怖活动犯罪、黑社会性质的组织犯罪、毒品犯罪等案件，证人、鉴定人、被害人因在诉讼中作证，本人或者其近亲属的人身安全面临危险的，人民法院、人民检察院和公安机关应当采取以下一项或者多项保护措施：（一）不公开真实姓名、住址和工作单位等个人信息；（二）采取不暴露外貌、真实声音等出庭作证措施；（三）禁止特定的人员接触证人、鉴定人、被害人及其近亲属；（四）对人身和住宅采取专门性保护措施；（五）其他必要的保护措施。证人、鉴定人、被害人认为因在诉讼中作证，本人或者其近亲属的人身安全面临危险的，可以向人民法院、人民检察院、公安机关请求予以保护。人民法院、人民检察院、公安机关依法采取保护措施，有关单位和个人应当配合。"

4.（2016 年卷二 23）关于监狱在刑事诉讼中的职权，下列哪一选项是正确的？

A. 监狱监管人员指使被监管人体罚虐待其他被监管人的犯罪，由监狱进行侦查

B. 罪犯在监狱内犯罪并被发现判决时所没有发现的罪行，应由监狱一并侦查

C. 被判处有期徒刑罪犯的暂予监外执行均应当由监狱提出书面意见，报省级以上监狱管理部门批准

D. 被判处有期徒刑罪犯的减刑应当由监狱提出建议书，并报法院审核裁定

答案：D

解析：选项 A 错误。《高检规则》第 13 条规定："人民检察院在对诉讼活动实行法律监督中发现的司法工作人员利用职权实施的非法拘禁、刑讯逼供、非法搜查等侵犯公民权利、损害司法公正的犯罪，可以由人民检察院立案侦查。对于公安机关管辖的国家机关工作人员利用职权实施的其他重大犯罪案件，需要由人民检察院直接受理的时候，经省级以上人民检察院决定，可以由人民检察院立案侦查。"选项 B 错误。《监狱法》第 60 条规定："对罪犯在监狱内犯罪的案件，由监狱进行侦查。侦查终结后，写出起诉意见书，连同案卷材料、证据一并移送人民检察院。"选项 C 错误。《刑事诉讼法》第 265 条第 5 款："在交付执行前，暂予监外执行由交付执行的人民法院决定；在交付执行后，暂予监外执行由监狱或者看守所提出书面意见，报省级以上监狱管理机关或者设区的市一级以上公安机关批准。"选项 D 正确。《最高人民法院关于减刑、假释案件审理程序的规定》第 1 条规定："对减刑、假释案件，应当按照下列情形分别处理：（一）对被判处死刑缓期执行的罪犯的减刑，由罪犯服刑地的高级人民法院在收到同级监狱管理机关审核同意的减刑建议书后一个月内作出裁定；（二）对被判处无期徒刑的罪犯的减刑、假释，由罪犯服刑地的高级人民法院在收到同级监狱管理机关审核同意的减刑、假释建议书后一个月内作出裁定，案情复杂或者情况特殊的，可以延长一个月；（三）对被判处有期徒刑和被减为有期徒刑的罪犯的减刑、假释，由罪犯服刑地的中级人民法院在收到执行机关提出的减刑、假释建议书后一个月内作出裁定，案情复杂或者情况特殊的，可以延长一个月；（四）对被判处拘役、管制的罪犯的减刑，由罪犯服刑地中级人民法院在收到同级执行机关审核同意的减刑、假释建议书后一个月内作出裁定。对暂予监外执行罪犯的减刑，应当根据情况，分别适用前款的有关规定。"

5.（2017 年卷二 66）在袁某涉嫌故意杀害范某的案件中，下列哪些人员属于诉讼参与人？

A. 侦查阶段为袁某提供少数民族语言翻译的翻译人员

B. 公安机关负责死因鉴定的法医

C. 就证据收集合法性出庭说明情况的侦查人员

D. 法庭调查阶段就范某死因鉴定意见出庭发表意见的有专门知识的人

答案：AB

解析：选项 AB 正确。《刑事诉讼法》第 108 条第 4 项规定："诉讼参与人是指当事人、法定代理人、诉讼代理人、辩护人、证人、鉴定人和翻译人员。"

6.（2017 年卷二 67）犯罪嫌疑人、被告人在刑事诉讼中享有的诉讼权利可分为防御性权利和救济性权利。下列哪些选项属于犯罪嫌疑人、被告人享有的救济性权利？

A. 侦查机关讯问时，犯罪嫌疑人有申辩自己无罪的权利

B. 对办案人员人身侮辱的行为，犯罪嫌疑人有提出控告的权利

C. 对办案机关应退还取保候审保证金而不退还的，犯罪嫌疑人有申诉的权利

D. 被告人认为一审判决量刑畸重，有提出上诉的权利

答案：BCD

解析：选项 BCD 正确。犯罪嫌疑人、被告人的权利分为防御性权利和救济性权利。前者包括：使用本民族语言文字进行诉讼的权利、辩护权、拒绝回答权、参加法庭调查和法庭辩论的权利，最后陈述权，反诉权等。后者包括：申请复议权、控告权、申请变更权、上诉权等。A 项行使的是辩护权，为防御性权利；B 项行使的是控告权，为救济性权利；C 项行使的是申诉权，为救济性权利；D 项行使的是上诉权，为救济性权利。

7.（2021 年真题参考版）南天公司涉嫌走私普通货物罪，琉星律所的秦某担任南天公司的诉讼代表人，南天公司的实际控制人杨某也被追究刑事责任，关于本案的诉讼代表人和辩护人，正确的是？

A. 秦某在本案中行使辩护职能

B. 杨某不可以委托琉星律所的其他律师担任其辩护人

C. 秦某担任诉讼代表人既可由南天公司委托也可由检察院指定

D. 秦某可一并担任南天公司和杨某的辩护人

答案：A

解析：选项 A 正确。诉讼代表人代表单位参加诉讼，具有被告人地位，可以行使辩护职能。选项 B 错误。秦某不能再担任杨某的辩护人，但琉星律所的其他律师可以担任杨某的辩护人。选项 C 错误。《刑诉解释》第 336 条第 1、2 款规定："被告单位的诉讼代表人，应当是法定代表人、实际控制人或者主要负责人；法定代表人、实际控制人或者主要负责人被指控为单位犯罪直接责任人员或者因客观原因无法出庭的，应当由被告单位委托其他负责人或者职工作为诉讼代表人。但是，有关人员被指控为单位犯罪直接责任人员或者知道案件情况、负有作证义务的除外。依据前款规定难以确定诉讼代表人的，可以由被告单位委托律师等单位以外的人员作为诉讼代表人。"第 337 条规定："开庭审理单位犯罪案

件，应当通知被告单位的诉讼代表人出庭；诉讼代表人不符合前条规定的，应当要求人民检察院另行确定。被告单位的诉讼代表人不出庭的，应当按照下列情形分别处理：（一）诉讼代表人系被告单位的法定代表人、实际控制人或者主要负责人，无正当理由拒不出庭的，可以拘传其到庭；因客观原因无法出庭，或者下落不明的，应当要求人民检察院另行确定诉讼代表人；（二）诉讼代表人系其他人员的，应当要求人民检察院另行确定诉讼代表人。”选项 D 错误。《刑诉解释》第 336 条第 3 款规定：“诉讼代表人不得同时担任被告单位或者被指控为单位犯罪直接责任人员的有关人员的辩护人。”

第四章　刑事诉讼法的基本原则

第一节　概　　述

一、基本原则的概念及特征

刑事诉讼法基本原则，是指《刑事诉讼法》规定的贯穿于刑事诉讼全过程或主要诉讼阶段，并指导公安机关、人民检察院、人民法院等国家专门机关以及诉讼参与人进行刑事诉讼活动的基本行为准则。刑事诉讼法基本原则具有以下特征：

1. 基本原则是由刑事诉讼法明确加以规定的法律原则，具有法定性。作为部门法的刑事诉讼法，必须要有自己的法律原则，以便指导刑事诉讼活动的顺利进行。而且刑事诉讼法的基本原则必须由刑事诉讼法作出明确规定。如果不是由刑事诉讼法明确规定的，就不能成为刑事诉讼法的基本原则。

2. 基本原则是调整和规范整个刑事诉讼活动的法律原则，具有规范性。基本原则不仅适用于公安司法机关，而且也适用于诉讼参与人。有的原则对公、检、法机关和诉讼参与人都有明显的指导作用，有的原则对诉讼参与人的指导作用并不直接、明显。尽管如此，对于刑事诉讼法的基本原则，公安司法机关和诉讼参与人都必须普遍遵守。

3. 基本原则是对刑事诉讼法的一些最基本的问题进行高度概括和总结的法律原则，具有抽象性。应当注意，抽象性并不代表着不具有规范性。基本原则虽然不是刑事诉讼法的具体操作规程，但在刑事诉讼法没有具体规定时，基本原则可以作为公安司法机关办案的基本依据。

4. 基本原则贯穿于刑事诉讼全过程，具有全局性。刑事诉讼法的基本原则是规范和调整整个刑事诉讼程序的原则，适用于刑事诉讼的各个阶段，不仅国家专门机关及其工作人员应当遵守，而且各诉讼参与人也应当遵守。当然，各项基本原则对司法机关和诉讼参与人的指导作用不完全相同，多数基本原则的指导作用表现在刑事诉讼活动的各个阶段，有的基本原则只是在某些重要诉讼阶段才发挥出指导作用。但有一些具体的制度或原则，由于只适用于刑事诉讼的某一阶段或仅对某一专门机关或诉讼参与人有约束力，或只解决具体的诉讼问题，因此不是刑事诉讼的基本原则：例如上诉不加刑等。

二、基本原则的意义

我国《刑事诉讼法》第一章对基本原则作出了明确规定。根据规定，我国刑事诉讼基本原则体系由下列原则组成：侦查权、检察权、审判权由专门机关依法行使原则；分工负责、互相配合、互相制约的原则；以事实为根据，以法律为准绳原则；依靠群众原则；人民检察院对刑事诉讼实行法律监督原则；人民法院、人民检察院依法独立行使审判权、检察权的原则；未经人民法院依法判决不得确定有罪的原则；犯罪嫌疑人、被告人有权获得辩护的原则；有权用本民族语言文字进行诉讼的原则；保障诉讼参与人诉讼权利的原则；公民在适用法律上一律平等原则等。刑事诉讼法规定的一系列原则共同组成的一个整体和系统，构成了刑事诉讼法的基本原则体系。

刑事诉讼法的基本原则对于保证诉讼活动的顺利进行，实现刑事诉讼法的任务，有着重要的意义。

1. 立法与修法功能。基本原则全面体现了刑事诉讼法的民主性和科学性，准确理解基本原则的精神，能对司法实践中的成功经验或者失败教训通过刑事诉讼的制定与修改作出准确的判断和总结，避免立法的盲目性。

2. 司法实践指导功能。明确刑事诉讼法的基本原则，有助于提高贯彻执行刑事诉讼法各项规定的自觉性，指导刑事司法实践。刑事诉讼法的基本原则体现了我国司法机关相信群众，依靠群众，以事实为根据，以法律为准绳公正处理刑事案件的优良传统，正确理解各项基本原则的精神实质，就能更好地理解各项具体制度和程序，从而增强贯彻各项制度和程序的自觉性。

3. 有助于正确处理司法实践中的新问题，弥补法律漏洞。作为成文法传统国家，我国法官并没有如同英美法学法官的“造法”权限，其裁判的主要依据只能是制定法。而立法者主观认识水平的相对有限性与社会实际情况的复杂性和多变性是一项永恒的矛盾，这一矛盾决定制定法的各项具体规定不可能尽善尽美，因而在司法实践中，仍然可能出现许多新问题。对于这些新问题而言，刑事诉讼法不可能避免地存在一定的滞后性；此时刑事诉讼法的基本原则就可以起到其解决新问题的作用。司法机关可以根据刑事诉讼法基本原则的精神来处理刑事案件，解决实践中出现的新问题。

以基本原则是否为我国特有的标准，可以将刑事诉讼法的基本原则分为各国通行的普适性原则和我国刑事诉讼法的特有原则。

第二节　域外常见刑事诉讼法基本原则

一、司法独立原则

根据西方传统法学与政治学理论，司法权的独立是法治的必备要素，是一项宪法性基本原则。域外理论一般认为，司法独立原则的确立和实现是刑事诉讼程序设计的应有之义。

（一）司法独立原则的意义

西方传统法学理论认为，司法独立是实现司法正义的首要条件。在民主宪政国家，权力的分立已成为基本的政治策略；司法权作为一种独立的国家权力而被分离出来。相应的，司法独立成为民主社会的一个重要法治原则。同时，从司法在国家的地位和功能看，司法即在于法律的适用，是将书本的法转化为现实的法的必然过程；在此过程中，法官只能服从于非人格化的法律，如果法院被其他机构或个人控制或影响，势必不能严格按照法律的意志裁判，法治国家法律至上的原则将被侵犯。

（二）司法独立原则的内容

西方所倡导的司法的独立性应当具备以下三个方面的规定性：其一，在司法体制上，实现司法与行政、立法分立。这是实现司法独立和司法程序理性化的基本前提。三权分立学说的倡导者孟德斯鸠指出："如果司法权不同立法权和行政权分立，自由也就不存在了。如果司法权同立法权合而为一，则将对公民的生命和自由施行专断的权力，因为法官就是立法者。如果司法权同行政权合而为一，法官便将握有压迫者的力量。"① 其二，法院独立行使职权，不受行政机关、社会团体和个人的干涉。司法独立的最基本的意义在于它创造了司法公正的前提。在诉讼过程中，司法机关的决定可能受到某些方面出于不同目的的干预，只有坚持法官独立，才能使诉讼中保证司法公正的全部程序设置发挥效用，否则，法官不受其理性的支配而服从于外来的干涉和压力，庭审程序即被"虚置"，公正将无法实现，最终损害和破坏社会的法治根基。丹宁勋爵在论述"蔑视法庭罪"时指出："在所有必须维护法律和秩序的地方，法院是最需要法律秩序的。司法过程必须不受干扰或干涉。冲击司法正常进行就是冲击我们社会的基础。为了维持法律和秩序，法官有权并且必须有权立即处置那些破坏司法正常进行的人。"② 其三，司法官的个人独立。司法人员在

① ［法］孟德斯鸠著：《论法的精神》（上册），商务印书馆 1982 年版，第 155~156 页。
② ［英］丹宁著：《法律的正当程序》，群众出版社 1984 年版，第 9 页。

司法活动中只服从非人格化的法律。正如马克思所说，法官除了法律没有别的上司。① 听命于人便会破坏司法的独立性和司法程序的合理性。美国法学家亨利·卢米斯认为：“在法官作出判决的瞬间，被别的观点，或者被任何形式的外部权势或压力所控制或影响，法官也就不复存在了。宣布决定的法官，其作出的决定哪怕是受到其他意志的微小影响，他也不是法官……。法院必须摆脱胁迫，不受任何控制和影响，否则他们便不再是法院了。”②

（三）司法独立原则的功能

西方法学理论观点认为，司法独立可以确保程序的参与性、法官的中立性、程序的合理性和审判的统一性等程序公正内容的实现。没有司法独立，也就无程序公正可言，要实现程序公正则必须靠司法独立作保障。同时也应当看到，程序公正的这些内容本身相互之间也是紧密联系的，共同构成程序公正的统一整体。程序的参与性确保程序各方参与者积极、主动、自愿、充分而富有意义地参与裁判过程，并对裁判结果发挥有效的影响；法官的中立性确保法官在各方参与者之间保持超然、不偏不倚的地位；程序的参与性和法官的中立性为程序的合理性提供必要的前提，为法官对案件事实的感性认识创造了条件，程序的合理性则要求法官把这一感性认识上升为理性认识，这感性认识和理性认识的统一，则构成了裁判的基础，从而使得审理与裁判的统一成为必然。

（四）我国的“独立司法”

西方的司法独立原则从政体本质上来说，建立在三权分立的制衡模式上；从阶级本质来说，建立在资产阶级统治的阶级本质上。这与我国的国情具有着本质的不同。故此项原则在我国并不作为一项根本性的准则予以贯彻和遵守。我国强调司法机关行使职权的独立性，但与西方式的“司法独立”有着本质不同。首先，我国强调的是司法机关整体行使职权的独立性，不受行政机关、团体或个人的干涉，而西方更加强调的是“法官独立”。其次，我国的“独立司法”与西方“司法独立”的差别基础是国家政权组织形式的根本不同，在西方三权分立的政体架构中，司法权是与立法权、行政权相互平等，相互牵制，三足鼎立的权力，三者之间没有高低从属关系，均属于国家的一级权力。但这一情况在我国并非如此，我国《宪法》明确规定中华人民共和国的一切权力属于人民，全国人民代表大会及地方各级人民代表大会是国家的权力机关，国家中央及地方的司法、行政、监察机关均由各级权力机关产生，向权力机关负责并受监督，这一点决定了我国司法权只能是国家最高权力所产生的二级权力。与此同时，一方面，西方的“司法独立”一般仅指审判独立，不受行政机关及其他个人和组织的干涉而遵从法律以及内心的确信和信念。而我国的

① 参见《马克思恩格斯全集》第1卷，人民出版社1995年版，第180页。

② 转引自［英］科特威尔著：《法律社会学导论》，华夏出版社1989年版，第237页。

“司法独立”是指审判机关和检察机关二者的独立，审判机关行使审判权、检察机关行使检察权均不受行政机关、个人和组织的干预。另一方面，在我国，中国共产党的领导是中国特色社会主义制度的最根本特征，一切国家机关必须坚持中国共产党的领导，但这与我国的“司法独立”并不产生冲突，反而有利于我国“司法独立”的有效实施。因为党对检察机关、审判机关的领导，并不体现在对个案决策和司法业务上，而体现在政治方向和组织上保障司法机关的社会主义国家机关本质，协调司法机关与其他国家机关的权力互动。同时，在出现其他国家机关及个人、组织意图对司法活动进行不当干预时，作为统筹一切的党可以作为制裁力量对其进行制约。

二、程序法定原则

刑事程序法定原则是现代法治的正当程序精神在刑事诉讼方面的表现。其基本含义包括两个方面：一是将所有的刑事诉讼活动纳入法制的轨道，从立法层面规定各种刑事诉讼主体的权利义务关系。国家应当通过宪法、法律和其他有效的法律文件确立刑事程序的具体规则，特别是对限制个人基本权利的刑事诉讼强制措施的适用条件、期限、手段和救济规则等作出明确的规定；二是从刑事诉讼实施层面规定，司法机关采取各种限制人身自由的强制性措施、追诉方式和刑罚时，必须遵守法定程序。

刑事程序法定原则不仅为现代法治国家广泛认可，而且已经成为国际人权法中的通用性准则。如联合国《公民权利与政治权利国际公约》第 9 条第 1 款规定：“每个人都享有人身自由与安全的权利，任何人不得被任意逮捕或羁押，除非依据法律所规定的理由并遵守法定的程序，任何人不得被剥夺自由。”《欧洲人权公约》第 5 条第 1 款也有类似的规定。程序法定原则的内容包括：

1. 程序法的规定必须是明确的，对刑事程序的基本问题如参与刑事诉讼的国家专门机关及其职权和职责、诉讼参与人的权利和义务、具体诉讼行为的程序要件等，作出严密的规定，不应当因为过于粗疏而生歧义或者留有过大的随意处置的余地，更不应当存在未受法律调整的“死角”；程序法的规定必须是公开的，而不能是秘密的“内部规定”；程序法的规定必须是民主的产物，其立法程序必须符合民主的要求，充分体现民众的意志，其内容也必须充分体现宪法所保障的基本人权以及对本国有约束力的国际法准则；程序法的规定必须是协调的，与相关的法律如法院或检察院组织法、律师法、民事诉讼法或行政诉讼法、监狱法等相一致；程序法的规定还必须是权威的，一切立法解释、司法解释、部门规章、行政法规和地方性法规，必须服从宪法和法律的规定，否则无效。

2. 刑事诉讼中司法机关享有的各种职权只能由宪法和法律授予。宪法和法律没有明确授予的权力，任何国家机关不得自行代表国家行使，否则就是越权；即使是行使宪法和法律授予的职权，也必须严格遵循法定条件和程序才能行使，否则就是违法。

对于国家专门机关超越法定职权或者违法行使职权的行为，一切利害关系人有权加以抵制，并获得公正的法律救济。历史和现实的经验证明，刑事程序法能否得到有效执行，刑事诉讼中能否贯彻法治原则，关键在于以国家专门机关为代表的政府在职务活动中是否遵守法律。

3. 刑事程序法定原则的贯彻也必须以违法制裁为后盾。对于国家专门机关及其官员违反程序法的行为，除从实体法上给予有关人员以必要的处罚以外，法治国家还广泛采用程序上的措施予以“制裁”，这主要包括：①通过必要的司法程序排除政府官员以违法方法收集的证据；②经过具有中立地位的司法官员批准，立即释放被违法拘捕或者羁押的犯罪嫌疑人、被告人；③应利害关系人申请，由中立的司法官员宣布违法程序无效；④根据法定的上诉程序，由上诉法院裁定撤销因违反法定程序而导致的有罪判决。具体在何种情形下采取何种制裁方法，不同国家基于自己的价值取向和司法传统等因素可能会有不同的选择，通常情况下还会赋予法官一定的裁量权。

刑事程序法定原则在大陆法系国家与罪刑法定原则有着密切关联。罪刑法定原则要求在决定被告人的刑事责任时，“法无规定不为罪”“法无规定不处罚”；与刑事实体法相适应，刑事程序法定原则要求追究犯罪、行使国家刑罚权的程序性活动也必须事先加以明确规定，参与刑事诉讼的国家机关只能在法律授权范围内、依照法定的程序行使各项职权，未经法定程序，不得对任何人实施指控、逮捕、审判和处刑等措施。大陆法系国家都以法典化的方式对刑事程序的各个方面作出了系统、周密的规定，正是刑事程序法定原则的具体表现。

三、无罪推定原则

（一）无罪推定原则的含义

无罪推定是西方资本主义国家在废除中世纪纠问式诉讼制度的基础上形成的一项刑事诉讼原则，已经成为西方国家刑事诉讼法律的基础性理念。从起源上看，19 世纪意大利刑法学家贝卡利亚首先提出了“无罪推定”的思想，此后，无罪推定原则逐渐得到世界各国的普遍承认，无罪推定在法律中的确立始于法国 1789 年颁布的《人权宣言》。《人权宣言》第 9 条规定：“任何人在被宣判为犯罪者之前，均应假定为无罪。”此后，这一原则又在许多国家宪法或法律中得到确立。无罪推定原则已逐渐成为一项重要的刑事诉讼国际标准，在联合国《世界人权宣言》和《公民权利和政治权利国际公约》等国际公约中加以确认和体现。

尽管各国宪法、法律及联合国有关法律文件对无罪推定原则的表述各不相同，但这一原则的基本内涵和意义却是举世公认的。所谓无罪推定，并不是对被告人作出的无罪判定或终结性结论，而是对他在刑事诉讼中所处地位的保护性假定。基于无罪推定原则，形成了两个诉讼准则：其一，被告人、犯罪嫌疑人不得自证其罪，举证责任由控方承担。控诉方必须以对被告人无罪这一推定作出反证的方式承担证明其有罪的责任，并要求这种证明达到最高的证明程度，内心确信或排除合理存疑。其二，疑罪时利于犯罪嫌疑人、被告人。当控方举证后，无法使法官或其他事实审理者形成内心确信时，法官、审理者必须作出对犯罪嫌疑人、被告人有利的裁决。无罪推定原则为保护犯罪嫌疑人、被告人宪政权利、诉讼权利奠定了坚定的法律基础，并成为公民可能受到无根据或不公正的追诉或定罪的主要防线。

（二）我国刑事司法改革视野下的无罪推定原则

我国刑事诉讼法一定程度上吸收了无罪推定原则的基本精神和要求。《刑事诉讼法》第12条规定："未经人民法院依法判决，对任何人都不得确定有罪。"这是结合我国的实际情况，吸取了"无罪推定"原则合理内容的基础上新确立的一项原则，其基本内容包括：①确定被告人有罪的权利由人民法院统一行使。在刑事诉讼中，只有人民法院有权经审理后依法确定公民有罪，未经人民法院依法判决有罪，任何人不能被称为罪犯，受刑事追诉者在提起公诉前只能称为"犯罪嫌疑人"，在起诉后依法宣判前则只能称为"被告人"。定罪权是刑事审判权的核心，人民法院作为行使审判权的唯一主体，当然垄断定罪权的行使。在刑事审判以前的所有阶段，任何人都不得被确定有罪。②公安机关、人民检察院可以按照法定形式认定犯罪嫌疑人的罪行，但没有确定有罪的权力。在刑事诉讼的侦查、起诉阶段，侦查机关、检察机关都依法对被追诉者的行为进行认定，并作出处理决定。经过侦查或者审查，公安机关或者人民检察院对于有充分、确实的证据证明犯罪嫌疑人有罪的，可以依照法定的方式认定其犯罪事实。但是，这种认定只是一种初步评断，而不是对犯罪嫌疑人有罪的最终确定，其法律效果也仅仅是导致诉讼程序向下一个阶段延伸，而绝非刑事责任的承担。③人民法院确定任何人有罪，必须依法判决。换言之，即便是享有定罪权的人民法院，也必须经过开庭审理，在依法作出有罪判决并正式宣判之后，才可以确定一个人有罪。

为实现无罪推定原则的精神，我国刑事诉讼法还对相关刑事诉讼制度进行了调整：废除了人民检察院曾长期拥有的以免予起诉为名义的定罪权，使定罪权由法院专门行使；检察机关对于补充侦查的案件，认为证据不足，不符合起诉条件的，有权作出不起诉的决定；合议庭经过开庭审理，认为案件事实不清、证据不足，不能认定被告人有罪的，应当作出证据不足、指控的犯罪不能成立的无罪判决。

四、控辩平等原则

控辩平等原则，是指法院应当给予刑事追诉机关和被告人平等的对待，享有平等的法律地位，使控辩双方拥有平等的诉讼权利并履行平等的诉讼义务，从而形成平等对抗的情势。①

对于控辩平等原则可以从以下三个方面理解。首先，控辩平等的主体分别是承担控诉职能的国家检察机关以及承担辩护职能的被告人及其辩护人。从广义上说，控诉方还包括公安侦查人员以及被害人。侦查人员在侦查活动中所收集的证据是检察机关得以提起控诉的前提条件，在我国被害人作为刑事案件的当事人，也承担一定的控诉职能。其次，控辩平等原则主要适用于审判阶段，审判前的侦查阶段是否适用该原则，我国与国外刑事诉讼制度的区别较大。在法庭上，控辩双方同时在场，通过举证、质证进行法庭辩论，实现法庭上的平等对抗。最后，控辩平等意味着控辩双方的法律地位是平等的，与法官是同等距离，法官不得偏向检察机关。不存在一方地位高于另一方的关系。

控辩平等原则必须放置于现代刑事诉讼模式背景下才得以成立和适用。现代刑事诉讼在本质上是国家与个人之间的一种纷争。被告人因为其特定行为侵犯了社会秩序和利益，国家则通过其代表机关——检察机关，对被告人向法院提起公诉，追究其刑事责任。而控辩平等就是强调在刑事诉讼中作为控诉者的检察机关与作为辩护者的被告人及其辩护人之间在法律地位上的平等性。

控辩平等原则具有显著的价值。首先，是人权保障和无罪推定原则的必然要求。基于无罪推定原则，被告人在刑事诉讼过程中不能被视为罪犯而任意剥夺其人权，面对检察机关的控诉，被告人必须具有相应的抗衡能力，其诉讼地位不能居于检察机关之下。其次，控辩平等也是程序独立价值，即程序正义的必然要求。只有赋予被告人充分的诉讼权利，在控辩双方经过了充分的质证、辩论之后，被告人已经尽到最大努力，受到充分平等尊重的情况下被定罪的，这有利于被告人接受判决，缓和对司法机关的对立和不满情绪。再次，控辩平等有利于调动被告人一方积极性，给予其更多证明其清白的机会，从而有利于更好地发现事实。被告人是最了解案件经过的人，他的努力将极大充实法官裁判的证据基础，最大限度防止侦查机关和检察机关的工作失误导致的错判。

尽管我们可以把控辩平等视为一项原则，但不得不承认，在刑事诉讼司法实践中，作为控诉方的国家公诉机关与作为辩护方的被告人之间客观上存在实力的不平等性。作为国家公诉机关的检察院是代表国家追诉犯罪，在诉讼资源的配置方面有整个国家的人力、物力、财力做后盾；在技术层面，它还可以获得拥有强大犯罪侦查能力的警察机关的辅助，

① 李玉华：《论控辩平等对抗》，载《政法论坛》2004 年第 2 期。

这些都是作为个体的被告人所不可比拟的。控辩双方之间在诉讼资源上的差距直接影响到控辩双方调查取证的能力，进而在一定程度上决定着诉讼的最终结局。处于弱势地位的被告人则很可能会因为这种力量上的差距而承担败诉的后果，从而导致承担不当的刑事责任。控辩双方之间这种力量上的不平等，如果不通过某种平衡机制加以调整，刑事诉讼的结局将可能为诉讼资源所左右。

如何避免控辩双方在诉讼资源、力量上的不平等引发不当诉讼后果？依照控辩平等原则，应当通过调整刑事诉讼活动的基本法律规范——刑事诉讼法，来对控辩双方的权利和义务进行合理分配，即赋予被告人沉默权，强化公诉方的证明责任，使代表国家追诉的检察院与作为个人应诉的被告人之间在法律上即权利、义务的配置上实现实质上的平等。

第三节　我国刑事诉讼法的特有原则

一、侦查权、检察权、审判权由专门机关依法行使原则

（一）侦查权、检察权、审判权由专门机关依法行使原则的含义

《刑事诉讼法》第 3 条第 1 款规定：“对刑事案件的侦查、拘留、预审，由公安机关负责。检察、批准逮捕、检察机关直接受理的案件的侦查、提起公诉，由人民检察院负责。审判由人民法院负责。除法律特别规定的以外，其他任何机关、团体和个人都无权行使这些权力。”该条第 2 款规定：“人民法院、人民检察院和公安机关进行刑事诉讼，必须严格遵守本法和其他法律的有关规定。”此即侦查权、检察权、审判权由专门机关依法行使原则。这一原则包括以下三个方面的含义：

1. 侦查权、检察权、审判权只能由公安机关、人民检察院、人民法院等专门机关依法行使。严禁除此以外的任何机关、团体和个人追究公民的刑事责任。当然，根据《刑事诉讼法》第 4 条和第 308 条的规定，国家安全机关对危害国家安全的案件，可以依法行使公安机关所享有的侦查、拘留、预审和执行逮捕的权力；监狱对于监狱内发生的刑事案件可以行使侦查权；对于军队内部发生的刑事案件，军队保卫部门也可以行使侦查权；中国海警局履行海上维权执法职责，对海上发生的刑事案件行使侦查权。

2. 侦查权、检察权和审判权必须由公安机关、人民检察院和人民法院依照法定的权限分别行使，而不能相互代替和混淆。根据法律规定，侦查权主要由公安机关行使，人民检察院行使部分案件的侦查权；人民检察院行使直接受理案件的侦查权、批准逮捕、提起公诉和对公安机关、人民法院诉讼活动实行监督的检察权；人民法院行使对一切刑事案件进行审判的权力。这既是三机关的权力，也是法律要求他们应负的职责，不能互相代替，不

能互相推诿。

3. 公安机关、人民检察院和人民法院行使职权，必须严格遵守刑法、刑事诉讼法和其他有关法律的规定，不能为所欲为，独断专行。只有按照法律规定办事，才能准确、及时地查明犯罪事实，依法给犯罪分子以应得的惩罚，保障无辜者不受刑事追究。

（二）侦查权、检察权、审判权由专门机关依法行使原则的意义

侦查权、检察权和审判权是国家权力的重要组成部分，确认公安机关、检察机关、审判机关代表国家行使这些权力，具有十分重要的意义。

1. 只有将侦查权、检察权和审判权分别赋予公安机关、人民检察院和人民法院才能实现刑事诉讼法的任务。刑事案件错综复杂、千差万别，要保证办案质量，做到不枉不纵、不错不漏，有效地同刑事犯罪作斗争，切实地保障无辜者不受刑事追究，只有公安司法机关才能承担起这项重要任务。同时，三机关在各自的业务领域里积累了丰富的经验，由他们分别行使侦查权、检察权、审判权才是实现惩罚犯罪、保护无辜、维护稳定的刑事诉讼任务的正确选择。

2. 只有将侦查权、检察权和审判权分别赋予公安机关、人民检察院和人民法院行使，才能维护社会主义法制的统一。建设社会主义法治国家仅仅有完备的法律体系仍然不够，还必须有专门的执行机关确保法律的实施。公安机关、人民检察院和人民法院是专门的司法机关，由它们来办理刑事案件，统一执行有关的刑事法律、法令，能够有效地保证刑事法律的正确实施，避免在刑事诉讼活动中各行其是，从而有利于维护社会主义法制的统一。

二、依靠群众原则

（一）依靠群众原则的含义

《刑事诉讼法》第6条规定：“人民法院、人民检察院和公安机关进行刑事诉讼，必须依靠群众。”这就是依靠群众原则的法律依据。依靠群众原则的主要要求，是要坚持群众路线和群众观点，依靠群众的智慧和力量，采取向群众进行调查研究等工作方法，完成刑事诉讼法的任务。

（二）依靠群众原则的意义

坚持依靠群众，将专门机关的工作与群众路线相结合，是我们国家刑事司法实践中长期坚持的优良传统，是一条十分重要的成功经验，贯彻执行这一原则具有重要的意义：

贯彻执行依靠群众的原则，有利于查明案件的事实真相。犯罪活动大多是秘密进行的，公开实施的犯罪行为是极少数。对于办案的司法人员来说，犯罪案件都是过去发生的，只能通过事后的调查了解、收集证据来弄清案件事实。不管犯罪分子的行踪如何隐

秘，只要他们生活在社会环境当中，就一定会留下蛛丝马迹，就逃不过群众的耳目。因此，只要坚持依靠群众，深入进行调查研究，就有利于发现犯罪线索，取得有力证据，查清案件事实。

贯彻执行依靠群众的原则，有利于预防和减少犯罪的发生。在刑事诉讼中坚持贯彻群众路线，在查明犯罪事实、抓获犯罪分子的同时，能够教育广大群众，鼓励和引导他们积极主动地与犯罪行为作斗争，从而形成防范和减少犯罪的有利社会环境。

贯彻执行群众路线的原则，有利于增强办案人员的责任意识。公安司法机关办理刑事案件时，坚持联系群众、依靠群众，他们的工作就能够受到群众的有效监督，不仅可以提高办案的效率，还能够就是帮助他们发现和纠正工作中的错误。

三、以事实为依据、以法律为准绳原则

《刑事诉讼法》第6条规定："人民法院、人民检察院和公安机关进行刑事诉讼……必须以事实为根据，以法律为准绳。"这是贯穿在刑事诉讼全过程的一条重要原则。该原则的含义是：办理刑事案件必须以查证属实的证据和借助这些证据认定的案件事实为根据，以刑法的规定作为定罪量刑的标准，并且不得违反刑事诉讼法关于诉讼程序的规定。

以事实为根据，就是要求公安司法人员无论是解决实体问题，还是解决程序问题都必须实事求是；根据客观存在的证据和凭借证据认定的案件事实来认定罪与非罪、此罪与彼罪以及罪轻与罪重，而不能以任何主观上的猜测、推断、设想作为根据。

以法律为准绳，就是要求司法人员办理刑事案件必须严格按国家法律的规定来追究、惩罚犯罪。这里所说的法律既包括刑法也包括刑事诉讼法，以法律为准绳就要求办理刑事案件在实体上、程序上都严格遵循法律的规定。

以事实为根据和以法律为准绳，是相互依存、紧密联系、不可分割的整体。处理刑事案件不以案件的客观事实为根据，就失去了基础；没有查明案件事实，或者对案件事实的认定有错误，就谈不上正确地适用法律。不以法律为准绳，不按法定的程序进行诉讼，就无法查清案件的客观事实；没有法律作为统一的标准，就不能准确地认定犯罪的性质，对案件作出正确的处理，以事实为根据，就失去了意义。

四、分工负责、互相配合、互相制约原则

（一）分工负责、互相配合、互相制约原则的含义

《刑事诉讼法》第7条规定："人民法院、人民检察院和公安机关进行刑事诉讼，应当分工负责，互相配合，互相制约，以保证准确有效地执行法律。"这是指导和协调公安机关、人民检察院和人民法院在办理刑事案件过程中相互关系的一项重要原则。这一原则的

基本含义是指：三机关在进行刑事诉讼时，按照法律分工，各司其职，各负其责，严格按照分工进行刑事诉讼活动，既互相支持，又互相监督，从而完成整个刑事诉讼法所规定的任务。

所谓分工负责，就是公安机关、人民检察院和人民法院按照法律规定的职权去处理刑事案件，各司其职，各负其责。既不能越位、包办，也不能缺位、失职。公安机关、人民检察院和人民法院的分工，既包括职权上的分工，又包括在案件受理上的分工。

所谓互相配合，就是公安机关、人民检察院、人民法院在分工负责的基础上，通力合作，互相支持，协调一致，共同完成刑事诉讼法的任务，而不得各行其是，互不通气，互相抵消力量。三机关的分工与刑事诉讼的不同阶段有着密切的关联，公安机关侦破案件，抓获犯罪嫌疑人，完成了证据的调查收集，就为人民检察院的起诉活动奠定了基础。人民检察院对公安机关提供的案件材料进行审查，认为符合法定的起诉条件的，就依法对被告人提起公诉。这就为人民法院的审判工作创造了条件，人民法院正是根据人民检察院的指控进行审判的，没有人民检察院的提起公诉，就没有人民法院审判公诉案件的活动。

所谓互相制约，就是指公安机关、人民检察院和人民法院按照法律规定的分工，在刑事诉讼活动中互相监督，以及时发现并纠正可能发生的错误，保证法律的有效执行，促进刑事诉讼的顺利进行。在不同的诉讼阶段中，往往是某一个机关发挥着主要的职能，承担了主要的工作，其他机关既给以配合，也有所制约，从而共同保证该阶段任务的顺利实现，从而进入下一个诉讼阶段。应当强调的是，互相制约的目的是更好地完成三机关办理刑事案件的共同任务，而不是互相对立，互相拆台。

分工负责、互相配合、互相制约是一个有机的整体。分工负责是互相配合、互相制约的基础，公安司法机关办理刑事案件，如果没有明确职权划分，那就没有什么互相配合、互相制约。互相配合与互相制约不是对立的，不能孤立地强调一方面，忽视另一方面。如果只讲制约不讲配合，就容易造成互相扯皮，互相拆台，不利于诉讼活动的顺利进行。因此，只有正确地理解分工负责、互相配合、互相制约的辩证统一关系，这一原则才能得到正确的贯彻执行。

（二）分工负责、互相配合、互相制约原则的意义

分工负责、互相配合、互相制约是保证准确执行刑事诉讼法的有效手段，贯彻执行这一原则具有重要的意义。

1. 贯彻执行这一原则，有利于发挥公、检、法三机关的集体智慧和力量，保证正确适用法律，顺利完成刑事诉讼法的任务。公安司法机关在刑事诉讼中实行分工负责、互相配合、互相制约的原则，必然在某些案件上会产生认识上的分歧和争议。有了不同意见，才能使公安司法机关更加全面地考虑和认识问题，更有利于对案件事实真相作出准确判断，

从而正确运用法律，保证办案质量。

2. 贯彻执行这一原则，可以有效防止和减少错案，防止任何一个公安司法机关滥用权力。将侦查权、检察权和审判权分别赋予三个机关行使，可使其互相牵制，起到预防某一个机关揽权专横、滥用国家权力的作用，从而避免出现冤假错案。

五、人民检察院对刑事诉讼实行法律监督原则

（一）人民检察院对刑事诉讼实行法律监督原则的特点

《刑事诉讼法》第 8 条规定："人民检察院依法对刑事诉讼实行法律监督。"

所谓人民检察院对刑事诉讼实行法律监督，是指人民检察院以国家法律监督机关的身份对侦查机关、审判机关和执行机关的全部刑事诉讼活动实行法律监督。人民检察院对刑事诉讼实行法律监督是由人民检察院的性质及其在国家机关中的地位和作用决定的。这种监督具有以下特点：

其一，人民检察院是以国家专门的法律监督机关的身份来对刑事诉讼进行监督的，因而，这种监督是一种专门监督。

其二，人民检察院对刑事诉讼的监督是一种强制监督。人民检察院对刑事诉讼活动进行监督是宪法赋予的法律监督职能的具体实施，具有强制性，相关机关有接受人民检察院监督的义务。

其三，在刑事诉讼中，人民检察院既是法律监督主体，又是诉讼主体。人民检察院以诉讼主体身份参与刑事诉讼活动，是其发挥法律监督功能的重要途径。在诉讼中，人民检察院履行法律监督职责的活动及其后果又体现了其诉讼主体地位。

（二）人民检察院对刑事诉讼实行法律监督的意义

人民检察院对刑事诉讼活动实行法律监督的目的在于监督侦查、审判和执行等诉讼活动有无违反法律的情形，保障诉讼活动的合法性。

刑事诉讼是在国家专门机关的主持下进行的活动，各专门机关的活动是否合法不仅直接决定了诉讼过程及其结果的合法性，还关系到司法机关的社会形象和法律的权威。刑事诉讼法将人民检察院对刑事诉讼实行监督明确规定为一项基本原则，既是对宪法规定的法律监督原则的具体化，也意在从立法上为人民检察院履行诉讼监督职能提供直接的法律依据。通过这种专门监督，可以强化司法人员的责任心，防止或减少违法现象，及时发现和纠正错误，保证刑事诉讼合法、公正、有序地进行，维护国家刑事司法活动的严肃性与权威性。

（三）人民检察院对刑事诉讼实行法律监督的范围

依照《刑事诉讼法》以及《人民检察院组织法》的相关规定，人民检察院对刑事诉

讼的监督应当包括下列内容：

1. 立案监督。《刑事诉讼法》第 113 条规定："人民检察院认为公安机关对应当立案侦查的案件而不立案侦查的，或者被害人认为公安机关应当立案侦查的案件而不立案侦查，向人民检察院提出的，人民检察院应当要求公安机关说明不立案的理由。人民检察院认为公安机关不立案理由不能成立的，应当通知公安机关立案，公安机关接到通知后应当立案。"这表明立案监督主要针对的是公安机关应当立案而不立案的情形。

2. 侦查监督。侦查监督是指人民检察院监督公安机关和其他侦查机关的侦查活动是否合法；主要包括各项侦查行为、强制措施的运用是否符合法定的条件和程序，有无刑讯逼供等非法取证行为，是否存在超期羁押现象，侦查人员是否贪污受贿或徇私枉法，侦查终结的方式有无违法之处等。侦查监督中最重要的一项内容，是人民检察院通过对侦查机关提请逮捕的案件进行审查，监督侦查活动的合法性。

3. 起诉监督。在审查起诉阶段，人民检察院可以要求公安机关提供法庭审判所必需的证据材料。对于需要补充侦查的，可以退回公安机关补充侦查，也可以自行补充侦查。对于补充侦查的案件，人民检察院仍然认为证据不足，不符合起诉条件的，可以作出不起诉的决定。这是对公安机关的侦查活动进行监督的最后一关。

4. 审判监督。审判监督是指人民检察院监督人民法院的审判活动是否合法，包括人民法院是否遵守刑事诉讼法规定的有关原则、制度和审判程序，强制措施的运用是否合法，审判人员有无贪污受贿、徇私枉法等渎职行为，是否依法保障诉讼参与人的诉讼权利，对案件的实体裁判和程序处理决定是否合法等。地方各级人民检察院认为本级人民法院的第一审判决、裁定确有错误的时候，应当向上一级人民法院提出抗诉。对于已经发生法律效力的判决和裁定，人民检察院如果发现确有错误，有权按照审判监督程序提出抗诉。人民检察院抗诉的案件，接受抗诉的人民法院应当组成合议庭重新审理。

5. 执行监督。执行监督是指人民检察院对刑罚执行机关执行刑罚的活动是否合法实行监督。监督的对象既包括监狱、看守所，也包括负责执行刑罚的其他机关、场所。具体内容包括开始执行是否符合法定条件，有无非法拖延执行的情况，执行刑罚的场所、方法、手续是否合法，执行中对刑罚的变更或对刑罚执行方法的变更、对新罪漏罪及申诉的处理有无违法之处，执行人员是否有贪污受贿、徇私舞弊、私放罪犯、虐待罪犯等渎职行为。就执行中对刑罚的变更或对刑罚执行方法的变更而言，人民检察院认为暂予监外执行不当的，有权以书面意见送交批准暂予监外执行的机关，批准暂予监外执行的机关接到人民检察院的书面意见后，应当立即对该决定进行重新核查。人民检察院认为人民法院减刑、假释的裁定不当，有权在收到裁定书副本后 20 日以内，向人民法院提出书面纠正意见。人民法院应当在收到纠正意见后 1 个月内重新组成合议庭进行审理，作出最终裁定。

六、认罪认罚从宽原则

（一）认罪认罚从宽原则的含义

认罪认罚从宽原则是 2018 年《刑事诉讼法》修订时新增加的原则，是指在刑事诉讼中，对犯罪嫌疑人、被告人如实供述自己的罪行，对指控的犯罪没有异议，同意量刑意见的，可以依法从宽处理。虽然我国《刑事诉讼法》并没有在总则部分规定认罪认罚从宽原则，但是其贯穿于整个刑事诉讼过程。在刑事诉讼的侦查、审查起诉以及审判阶段，犯罪嫌疑人、被告人认罪认罚的，都可以依法获得从宽处理。"认罪"是犯罪嫌疑人、被告人自愿如实供述自己的罪行，对指控的犯罪事实没有异议。"认罚"是指犯罪嫌疑人、被告人接受可能给予的刑罚。"从宽"包含实体从轻、程序从简，适用于刑事诉讼的各个阶段，不仅体现在法院最终的定罪量刑上，还包括取保候审、监视居住的适用等诉讼行为。另外，侦查机关的撤销案件、检察机关的不起诉以及法院的宣告无罪等形式也都是"从宽"的体现。

（二）认罪认罚从宽原则的意义

认罪认罚从宽原则是我国"宽严相济"刑事政策在新形势下的完善和发展，对刑事诉讼的立法和司法具有重要作用。

1. 认罪认罚从宽原则具有提高司法效率，节约司法资源，缓解刑事司法供给不足的作用。认罪认罚从宽原则有助于实现繁简分流、提高诉讼效率。通过贯彻落实认罪认罚从宽原则，可以大幅度缩减审查起诉和法庭审判的周期，实现司法资源的优化配置。

2. 认罪认罚从宽原则有助于修复被破坏的社会关系，实现刑法的特殊预防。认罪认罚原则的核心在于控辩协商，体现了犯罪嫌疑人、被告人作为刑事诉讼主体的地位。通过审前去羁押化和无罪宣判等从宽的有关手段，防止犯罪嫌疑人、被告人被标签化，有助于其更好地回归社会。

理论导读

本章中提及的若干国际通行的刑事诉讼法的基本原则，历来是刑事诉讼理论研究的重点。

关于无罪推定原则，一个引申出来的重要问题是犯罪嫌疑人、被告人的沉默权。沉默权是犯罪嫌疑人、被告人的一项特有权利，学理上可以从广义与狭义两个层面对其进行理解。广义上的沉默权包含如下内容：一是任何人有权决定是否回答其他人或机构的提问，不得以强制手段迫使其回答；二是任何人有权拒绝回答可能自证其罪的问题，不得以强制手段迫使其回答；三是任何人因涉嫌犯罪而被警察或者行使类似职能的官员讯问时，有权拒绝回答其提出的问题，不得以强制手段迫使其回答；四是任何刑事被告人在庭审时不得被强制作为证人或者以被告人的身份回答问题；五是被告人不因在审判前的程序中拒绝回答有关的提问或者在庭审中没有作证而遭受不利益。可见，广义上的沉默权实际上包含了狭义的沉默权与不得强迫自证其罪两项内容。沉默权的主要价值在于衡平国家追诉机关与被追诉者的诉讼地位，防止因为一方具备压倒性的强势地位而导致权力的滥用，保障被追诉者的基本权利。西方刑事诉讼理论中，一般认为无罪推定原则会自然引申出被告人的沉默权。沉默权在多国立法中得以体现，许多国际性公约也有相似规定。如《公民及政治权利国际公约》第 14 条第 2 款规定“不得强制被告人自供或认罪”。我国《刑事诉讼法》在历次修改过程中均没有赋予犯罪嫌疑人和被告人沉默权，而是要求犯罪嫌疑人对侦查人员的讯问负有如实回答的义务。我国法律和刑事司法政策又将犯罪嫌疑人是否如实坦白罪行作为确有悔罪表现的一个重要标准，进而作为量刑的一个酌定情节。学理上有观点认为，沉默权体现的是刑事诉讼程序的人道性，如果把被犯罪嫌疑人的沉默视为“抗拒”表现而成为量刑情节予以从重处罚，实质上是“沉默有罪”的表现。这可能是刑讯逼供现象产生的诱因。

关于程序法定原则，学界讨论的热点问题是“程序性制裁”。如果承认尊重法律程序的重要性，那么就必须从法律上明确程序违法行为所导致的法律后果。如果对程序违法行为以及违反法定程序的诉讼主体没有任何制裁或者惩戒措施，对刑事诉讼结果也没有任何影响，那么程序法定原则就势必沦为一种空洞的口号。在我国的刑事诉讼司法实践中，长期受到程序虚无主义的影响，形成了浓厚的重实体轻程序的“传统”，其重要表现就是，只要结果被认为正确，作为过程的程序有没有违法并不重要。所谓程序性制裁，即是研究刑事诉讼中一旦违反法定程序应承担的法律后果。因此我国诉讼学理上非常缺乏对违反程序的制裁的研究，立法上也甚少有关于程序违法不利后果的明确规定，即便有程序违法的规定，也往往与实体审理结果的正确性联系起来。司法实践中因为程序违法行为没有直接的不利后果，导致程序法的许多规则被视若无物。对程序法规范的实施和执行，应当体现法律应有的权威性、强制性和制裁性。刑事诉讼制度的重要改革内容需要为程序性法律规范设定相应的法律责任，规定违反程序法的制裁措施。

关于控辩平等原则，学界多立足于我国当前刑事诉讼的立法与实践状况，认为我国刑事诉讼中控辩双方无论是从理念上还是从制度上都没有实现平等。有学者认为，① 在刑事诉讼中，要真正实现控辩双方平等，一是要赋予双方调查取证的权力（权利）；二是要赋予控方客观义务，促使控方客观全面地收集证据，以弥补辩方取证能力之不足；三是要实

① 参见李昌林：《刑事诉讼模式的立法选择》，载《甘肃政法学院学报》2007 年第 2 期。

行证据开示或者阅卷制度，使辩方有从控方获取辩护资源的条件。但在我国，辩护律师调查取证的权利受到立法的重大限制，检察机关的客观义务虽然在立法上有规定，却并没有真正落到实处，阅卷制度被废除以后却没有建立证据开示制度，实现控辩资源平衡的途径非常困难。

本章所涉及的我国特有的刑事诉讼法基本原则，学理上也存在争议。特别是公检法三机关分工负责、互相配合、互相制约原则，许多学者对此提出了不同见解。关于互相配合原则，有学者认为，配合原则具有消极作用：其一，配合原则可能影响法院的中立性，法院对同样作为司法机关之一的检察院，基于互相配合的要求而向公诉方倾斜，对于辩护方则不存在配合的问题，在形式上使法院中立性、公正性受到质疑。检法配合违背了无罪推定、控辩平等原则以及控审分离的诉讼构造。其二，配合原则使得检法容易结成统一战线，使得被告人的辩护权难以有效行使。在强大的国家公诉机关面前，辩护方只能寄希望于中立的裁判者，希望通过司法权来制约公诉权和侦查权的滥用。但如果强调三机关的配合，又怎么能正视侦、控阶段存在的程序违法问题而予以彻底、认真的解决呢？最后，互相配合削弱了互相制约的作用。从权力制约的效果上看，配合原则很难和谐地共存于三机关之间。其四，配合原则容易使三机关之间的相互监督流于形式，容易形成对审判机关的巨大压力，不利于发挥司法机关的人权保障机能。① 审判中心主义是现代法治国家普遍公认的一项基本刑事司法原则，强调以审判为中心实际上就是对这一诉讼基本规律的尊重，②故十八届四中全会提出了“以审判为中心”的刑事诉讼制度改革，总体的要求是坚持三机关“分工负责、互相配合、互相制约”的基本原则，但同时要突出审判在刑事诉讼程序中的核心与终局性地位，使得审前程序真正成为审判程序的准备阶段，审判程序的实质化和权威性得到充分保证，并对审前程序形成有效的反向制约。

还有学者认为，检、法互相制约原则背离了审判中心主义。从国外通行的诉讼理论出发，认为检、法分权制衡的前提是不能违背审判中心主义。在刑事诉讼中，法官由于承担着终结性的裁判职能而成为权威的冲突解决者，法官处于整个诉讼程序的中心地位。检察院对法院的制约和法院对检察院的制约，从学理上讲在性质和效力上是不同的，表现在：法院对检察院的制约是一种实体性制约，法院因为对检察院的控诉拥有最终裁判权而处于制约关系的上位；相反，检察院对法院的制约则是一种程序性制约，检察院只有控诉请求权或程序启动权，而不存在对案件的最终决定权。反观我国的检、法关系，根据配合制约原则的要求，检察院与法院之间是一种双向制约关系，而且在这一双向制约关系之中，检

---

① 参见聂洪勇：《分工负责、互相配合、互相制约原则的检讨与重构》，载《法律适用》2007 年第 1 期。

② 参见詹建红：《审判中心主义的检察应对》，载《甘肃社会科学》2017 年第 2 期。

察院处于上位。我国一直强调公检法三机关的相互配合、相互制约，这种“平行站位”、防止“一家坐大”的做法看似公允，实则违背了刑事诉讼自身发展的规律。从实践来看，它所导致的“三家扯皮”、法院“司法权威”下降、侦查中心主义或本位主义、控辩力量失衡等正酿成司法改革过程中的一杯杯苦酒。①

需注意的是，学界对于分工负责原则的批评，其理论出发点多是基于西方三权分立的政治架构以及刑事诉讼中审判中心主义的诉讼结构，但在我国，由于实行与西方国家完全不同的政治体制，人民法院也并未拥有高于检察机关的法律地位，因此，这种批评难免违背我国现实国情。我国检法之间的地位并没有不平等，有的只是刑事诉讼程序各个部分的主导权，同时，审判机关的审判权应当在刑事诉讼中居于核心地位，但并不意味着审判权在刑事诉讼中处于“霸权”地位，我们强调未来改革中审判权的中心地位以及对审前程序的有效制约，但不意味着审前程序对审判的制约与影响应当被削弱。

真题解析

本章理论性较强，同时由于原则通过具体的规则体现，法律职业资格考试和过去的司法考试直接涉及的题目不多，主要考查对各项原则的正确理解。

1.（2014 年卷二 65）关于刑事诉讼基本原则，下列哪些说法是正确的？

A. 体现刑事诉讼基本规律，有着深厚的法律理论基础和丰富的思想内涵

B. 既可由法律条文明确表述，也可体现于刑事诉讼法的指导思想、目的、任务、具体制度和程序之中

C. 既包括一般性原则，也包括独有原则

D. 与规定具体制度、程序的规范不同，基本原则不具有法律约束力，只具有倡导性、指引性

答案：ABC

解析：选项 A 正确。刑事诉讼法基本原则体现刑事诉讼活动的基本规律，这些基本法律原则有着深厚的法律理论和丰富的思想内涵。选项 B 正确。刑事诉讼法的基本原则必须由法律明确作出规定。选项 C 正确。刑事诉讼法基本原则包括两大类：一类是一般原则，即刑事诉讼法和其他法律都必须遵守的基本原则；另一类是刑事诉讼法独有的基本原则，比如犯罪嫌疑人或被告人有权获得辩护原则等。选项 D 错误。刑事诉讼基本原则贯穿于刑事诉讼程序始终，具有法律约束力。

① 参见谢佑平、万毅：《分工负责、互相配合、互相制约原则另论》，载《法学论坛》2002 年第 4 期。

2.（2014年卷二23）社会主义法治要通过法治的一系列原则加以体现。具有法定情形不予追究刑事责任是《刑事诉讼法》确立的一项基本原则，下列哪一案件的处理体现了这一原则？

A. 甲涉嫌盗窃，立案后发现涉案金额400余元，公安机关决定撤销案件

B. 乙涉嫌抢夺，检察院审查起诉后认为犯罪情节轻微，不需要判处刑罚，决定不起诉

C. 丙涉嫌诈骗，法院审理后认为其主观上不具有非法占有他人财物的目的，作出无罪判决

D. 丁涉嫌抢劫，检察院审查起诉后认为证据不足，决定不起诉

答案：A

解析；选项A正确。《刑事诉讼法》第16条规定："有下列情形之一的，不追究刑事责任，已经追究的，应当撤销案件，或者不起诉，或者终止审理，或者宣告无罪：（一）情节显著轻微、危害不大，不认为是犯罪的；（二）犯罪已过追诉时效期限的；（三）经特赦令免除刑罚的；（四）依照刑法告诉才处理的犯罪，没有告诉或者撤回告诉的；（五）犯罪嫌疑人、被告人死亡的；（六）其他法律规定免予追究刑事责任的。"

3.（2013年卷二64）社会主义法治的公平正义，要通过法治的一系列基本原则加以体现。"未经法院依法判决，对任何人都不得确定有罪"是《刑事诉讼法》确立的一项基本原则。关于这一原则，下列哪些说法是正确的？

A. 明确了定罪权的专属性，法院以外任何机关、团体和个人都无权行使这一权力

B. 确定被告人有罪需要严格依照法定程序进行

C. 表明我国刑事诉讼法已经全面认同和确立无罪推定原则

D. 按照该规定，可以得出疑罪从无的结论

答案：AB

解析：选项AB正确。"未经法院依法判决，对任何人都不得确定有罪"的基本原则要求确定被告人有罪的权力都由人民法院统一行使，其他任何机关、团体或者个人都无权行使。且人民法院判决被告人有罪，必须严格按照《刑事诉讼法》的程序规定进行。

4.（2016年卷二65）关于保障诉讼参与人的诉讼权利原则，下列哪些选项是正确的？

A. 是对《宪法》和《刑事诉讼法》尊重和保障人权的具体化

B. 保障诉讼参与人的诉讼权利，核心在于保护犯罪嫌疑人、被告人的辩护权

C. 要求诉讼参与人在享有诉讼权利的同时，还应承担法律规定的诉讼义务

D. 保障受犯罪侵害的人的起诉权和上诉权，是这一原则的重要内容

答案：ABC

解析：选项 A 正确。我国《宪法》和《刑事诉讼法》规定：应当尊重和保障人权，应保护公民的人身权利、财产权利、民主权利和其他权利。保障诉讼参与人的诉讼权利是尊重和保障人权的重要内容，是对《宪法》和《刑事诉讼法》尊重和保障人权的具体化。选项 B 正确。《刑事诉讼法》第 14 条第 1 款规定："人民法院、人民检察院和公安机关应当保障犯罪嫌疑人、被告人和其他诉讼参与人依法享有的辩护权和其他诉讼权利。"因此，保障诉讼参与人诉讼权利的核心是保护犯罪嫌疑人、被告人的辩护权。选项 C 正确。权利义务具有相对性。诉讼参与人享有权利的同时也承担着相应的诉讼义务。刑事诉讼中的专门机关有义务依法保障诉讼参与人的诉讼权利，也有权力要求诉讼参与人履行相应的诉讼义务。选项 D 错误。在公诉案件中，我国刑事诉讼中的被害人没有独立的起诉权和上诉权。只有在自诉案件中，被害人才有起诉权和上诉权。

5.（2017 年卷二 64）某市发生一起社会影响较大的绑架杀人案。在侦查阶段，因案情重大复杂，市检察院提前介入侦查工作。检察官在开展勘验、检查等侦查措施时在场，并就如何进一步收集、固定和完善证据以及适用法律向公安机关提出了意见，对已发现的侦查活动中的违法行为提出了纠正意见。关于检察院提前介入侦查，下列哪些选项是正确的？

A. 侵犯了公安机关的侦查权，违反了侦查权、检察权、审判权由专门机关依法行使的原则

B. 体现了分工负责，互相配合，互相制约的原则

C. 体现了检察院依法对刑事诉讼实行法律监督的原则

D. 有助于严格遵守法律程序原则的实现

答案：BCD

解析：选项 BCD 正确。《高检规则》第 256 条第 1 款规定："经公安机关商请或者人民检察院认为确有必要时，可以派员适时介入重大、疑难、复杂案件的侦查活动，参加公安机关对于重大案件的讨论，对案件性质、收集证据、适用法律等提出意见，监督侦查活动是否合法。"人民检察院依法对侦查活动是否合法实行侦查监督，派员提前介入侦查活动，既是分工负责、互相配合、互相制约原则的要求，也是检察机关独立行使法律监督权的体现，还有利于促进侦查机关严格依照法律程序办案。

6.（2017 年卷二 65）某案件经中级法院一审判决后引起社会的广泛关注。为回应社会关注和保证办案质量，在案件由高级法院作出二审判决前，基于我国法院和检察院的组织体系与上下级关系，最高法院和最高检察院可采取下列哪些措施？

A. 最高法院可听取高级法院对该案的汇报并就如何审理提出意见

B. 最高法院可召开审判业务会议对该案的实体和程序问题进行讨论

C. 最高检察院可听取省检察院的汇报并对案件事实、证据进行审查

D. 最高检察院可决定检察机关在二审程序中如何发表意见

答案：CD

解析：选项 A 错误。《规范上下级人民法院审判业务关系的若干意见》第 2 条规定："各级人民法院在法律规定范围内履行各自职责，依法独立行使审判权。"第 8 条："最高人民法院通过审理案件、制定司法解释或者规范性文件、发布指导性案例、召开审判业务会议、组织法官培训等形式，对地方各级人民法院和专门人民法院的审判业务工作进行指导。"选项 B 错误。《规范上下级人民法院审判业务关系的若干意见》第 9 条规定："高级人民法院通过审理案件、制定审判业务文件、发布参考性案例、召开审判业务会议、组织法官培训等形式，对辖区内各级人民法院和专门人民法院的审判业务工作进行指导。高级人民法院制定审判业务文件，应当经审判委员会讨论通过。最高人民法院发现高级人民法院制定的审判业务文件与现行法律、司法解释相抵触的，应当责令其纠正。"

7. （2020 年真题参考版）关于我国认罪认罚从宽原则与分工负责、互相配合、互相制约原则的关系，下列表述正确的有？

A. 公安机关在侦查阶段没有适用认罪认罚从宽制度，检察院在审查起诉阶段适用认罪认罚从宽制度是公安机关与检察院互相配合的体现

B. 法院没有按照检察院的量刑建议判处刑罚是法院与检察院互相制约的体现

C. 法律援助机构向看守所派驻值班律师是公安机关、检察院、法院分工负责的体现

D. 认罪认罚从宽原则贯穿刑事诉讼全过程，是公安机关、检察院、法院分工负责的体现

答案：BD

解析：选项 A 错误。《认罪认罚意见》第 5 条规定："适用阶段和适用案件范围。认罪认罚从宽制度贯穿刑事诉讼全过程，适用于侦查、起诉、审判各个阶段。认罪认罚从宽制度没有适用罪名和可能判处刑罚的限定，所有刑事案件都可以适用，不能因罪轻、罪重或者罪名特殊等原因而剥夺犯罪嫌疑人、被告人自愿认罪认罚获得从宽处理的机会。但'可以'适用不是一律适用，犯罪嫌疑人、被告人认罪认罚后是否从宽，由司法机关根据案件具体情况决定。"选项 B 正确。法院一般应当采纳检察院的量刑建议，但并不绝对采纳。选项 C 错误。法律援助机构属于司法行政机关，分工负责、互相配合、互相制约原则体现的是公检法之间的工作关系。选项 D 正确。三机关的分工和配合与刑事诉讼的不同阶段有着密切的联系。

8. （2021 年真题参考版）张某实施合同诈骗后向公安机关自首，主动交代犯罪事实，并自愿认罪认罚。关于本案处理，下列选项正确的有？

A. 张某的认罪认罚可导致程序从简，包括降低证据要求

B. 如张某有转移财产行为，不应适用认罪认罚从宽制度

C. 如张某不同意适用速裁程序，不影响认定其认罚

D. 张某的自首与认罪认罚可作重复评价

答案：BC

解析：选项A错误。《认罪认罚意见》第3条规定："坚持证据裁判原则。办理认罪认罚案件，应当以事实为根据，以法律为准绳，严格按照证据裁判要求，全面收集、固定、审查和认定证据。坚持法定证明标准，侦查终结、提起公诉、作出有罪裁判应当做到犯罪事实清楚，证据确实、充分，防止因犯罪嫌疑人、被告人认罪而降低证据要求和证明标准。对犯罪嫌疑人、被告人认罪认罚，但证据不足，不能认定其有罪的，依法作出撤销案件、不起诉决定或者宣告无罪。"选项B正确。《认罪认罚意见》第7条规定："'认罚'的把握。认罪认罚从宽制度中的'认罚'，是指犯罪嫌疑人、被告人真诚悔罪，愿意接受处罚。'认罚'，在侦查阶段表现为表示愿意接受处罚；在审查起诉阶段表现为接受人民检察院拟作出的起诉或不起诉决定，认可人民检察院的量刑建议，签署认罪认罚具结书；在审判阶段表现为当庭确认自愿签署具结书，愿意接受刑罚处罚。'认罚'考察的重点是犯罪嫌疑人、被告人的悔罪态度和悔罪表现，应当结合退赃退赔、赔偿损失、赔礼道歉等因素来考量。犯罪嫌疑人、被告人虽然表示'认罚'，却暗中串供、干扰证人作证、毁灭、伪造证据或者隐匿、转移财产，有赔偿能力而不赔偿损失，则不能适用认罪认罚从宽制度。犯罪嫌疑人、被告人享有程序选择权，不同意适用速裁程序、简易程序的，不影响'认罚'的认定。"选项C正确。"认罪"是犯罪嫌疑人、被告人自愿如实供述自己的罪行，对指控的犯罪事实没有异议。对程序的选择不影响"认罪"的认定。选项D正确。《认罪认罚意见》第9条规定："从宽幅度的把握。办理认罪认罚案件，应当区别认罪认罚的不同诉讼阶段、对查明案件事实的价值和意义、是否确有悔罪表现，以及罪行严重程度等，综合考量确定从宽的限度和幅度。在刑罚评价上，主动认罪优于被动认罪，早认罪优于晚认罪，彻底认罪优于不彻底认罪，稳定认罪优于不稳定认罪。认罪认罚的从宽幅度一般应当大于仅有坦白，或者虽认罪但不认罚的从宽幅度。对犯罪嫌疑人、被告人具有自首、坦白情节，同时认罪认罚的，应当在法定刑幅度内给予相对更大的从宽幅度。认罪认罚与自首、坦白不作重复评价。对罪行较轻、人身危险性较小的，特别是初犯、偶犯，从宽幅度可以大一些；罪行较重、人身危险性较大的，以及累犯、再犯，从宽幅度应当从严把握。"

第五章　刑事诉讼的基本制度

第一节　回 避 制 度

一、回避的概念

刑事诉讼中的回避，是指审判人员、检察人员、侦查人员、书记员、鉴定人和翻译人员，因与案件或案件当事人有利害关系或其他特殊关系，可能影响案件的公正处理，依法不得参加该案的侦查、起诉、审判等诉讼活动的一种制度。

法律规定回避制度的目的，在于保证案件的公正处理。如果侦查人员、检察人员、审判人员、书记员、鉴定人和翻译人员依法应当回避而没有回避，即便他们能够做到公正办案，但他们参与案件的诉讼活动仍然会对司法机关的公正形象造成损害，破坏程序正义。如果具有法定的回避情形，上述人员应当自行回避，有关司法机关的负责人有权决定其回避，当事人有权申请其回避。应当回避而没有回避的，司法机关必须依照法定程序予以纠正。

二、回避的意义

（一）确保刑事案件得到客观公正的处理

刑事诉讼的主要目的之一在于确保司法人员在及时、准确地查明案件事实真相的前提下，正确适用刑事实体法，使案件得到客观公正的处理。这就要求公安司法人员应当尊重案件事实，全面调查和收集证据，排除偏见和预断，禁止徇私舞弊、枉法行为。否则，如果公安司法人员由于与案件处理结果有利害关系，或者出于其他特殊原因对案件的处理存在主观上的倾向，无法做到客观、公正；则出于实体公正的要求应当令其退出诉讼活动，从而有利于案件得到公正、客观的处理，避免司法不公的发生。

（二）确保当事人在刑事诉讼中受到公正的对待

刑事诉讼不仅要产生公正的实体结果，而且要使当事人各方均受到公正的对待，即刑事诉讼的结果与过程都应当体现公正性。为确保刑事诉讼程序的公正性，法律必须建立一种旨在使公安司法人员中立无偏的机制，回避制度即为这一机制上的一个重要环节。设立回避制度，维护了司法人员中立性以及当事人各方的平等参与性，可以有效地防止当事人受到办案人员偏见的影响。既避免当事人因此遭受不利，也防止其因此不当获益。

（三）确保法律的实施过程得到当事人和社会公众的普遍信任和尊重

司法人员如果与案件或与当事人存有某种可能影响案件公正处理的特殊关系，或者当事人有根据怀疑某一司法人员有这种关系，那么这名司法人员将很难取得当事人各方的信任，他所主持或参与的诉讼活动的公正性和合法性也会受到当事人的怀疑。回避制度的设立，赋予了当事人排除他们不信任的公安司法人员的机会，有助于提升包括当事人在内的全体诉讼参与人对公安司法人员的信任感，从而增强了诉讼结果的接受度，维护了公安司法机关的权威性。

（四）为存有利害关系的司法人员免受外界干扰提供保障

当公安、司法人员在与具体案件或案件当事人存有亲属、朋友或其他利害关系时，因其微妙的立场与所掌握的实权，往往会使得其受到来自存有利害关系的案件当事人的不当干扰与影响。此时司法人员面对私人利害关系与公正办案二者极易陷入尴尬境地，极易使得司法人员既无法应对私人关系，也难以公正无私履行职权，甚至加大利害关系方使用请托、行贿等非法手段对司法人员履行职务施加影响的风险。回避的设立为司法人员退出存有利害关系的案件处理提供了制度保障，使得司法人员可以以无可厚非的理由避免陷入上述尴尬境地。

三、回避的事由

回避的事由，即审判人员、检察人员、侦查人员、书记员、鉴定人和翻译人员等应予回避的事实根据。根据《刑事诉讼法》第 29 条、第 30 条和相关司法解释的规定，有审判人员、检察人员、侦查人员、书记员、鉴定人和翻译人员等具有下列几种情况之一的，相关人员应当回避：

1. 是本案的当事人或者是当事人的近亲属的。当事人的近亲属的范围，根据《刑事诉讼法》第 108 条第 2 项和第 6 项的规定，当事人是指被害人、自诉人、犯罪嫌疑人、被告人、附带民事诉讼的包括当事人的原告人和被告人；近亲属是指夫、妻、父、母、子、女及同胞兄弟姐妹。《最高人民法院关于审判人员在诉讼活动中执行回避制度若干问题的规定》第 1 条、最高人民检察院《检察人员任职回避和公务回避暂行办法》第 2 条对当事人近亲属的范围作了进一步扩大的解释，规定与当事人有直系血亲、三代以内旁系血亲以及姻亲关系的审判人员、检察人员都应当回避。

2. 本人或他的近亲属和本案有利害关系的。办案人员或他的近亲属如果与本案有某种利害关系，有可能造成案件不公正、不客观的处理，因此，应当回避。所谓利害关系，是指案件或案件的处理结果关系到本人或其近亲属的某种切身利益，或者说与案件的事实、案件的当事人或者其近亲属有某种牵连，处理结果会对其本人或者其近亲属造成某种影响。

3. 担任过本案的证人、鉴定人、辩护人、诉讼代理人的。一般而言，担任过本案的证人或鉴定人，他们对案件的某些事实就会形成自己的看法，如果再让他们在本案诉讼过程中进行侦查、检察、审判等工作，就可能先入为主，从而影响对案件事实及证据的正确认定，并会与侦查、检察诉讼职能活动发生冲突。担任过辩护人、诉讼代理人的，由于其曾站在维护一方当事人合法利益的立场上，其诉讼行为不可避免地带有主观上的倾向性，如再让他们以侦查人员、检察人员、审判人员等身份参加处理同一案件，同样会妨碍对案件事实及证据的正确认定和处理。《最高人民法院关于审判人员在诉讼活动中执行回避制度若干问题的规定》第 1 条第 3 项对此作了进一步规定，规定担任过勘验人的审判人员，也应当回避。《检察人员任职回避和公务回避暂行办法》第 18 条亦将勘验人员纳入回避范围。

4. 审判人员、检察人员、侦查人员、书记员、鉴定人及翻译人员接受当事人及其委托的人的请客送礼，或者违反规定会见当事人及其委托的人的。《刑事诉讼法》第 30 条规定，审判人员、检察人员、侦查人员（也适用于书记员、鉴定人和翻译人员）不得接受当事人及其委托的人的请客送礼，不得违反规定会见当事人及其委托的人。所谓违反规定，不仅指违反《中华人民共和国法官法》《中华人民共和国检察官法》《中华人民共和国警察法》等有关不得私自会见当事人及其代理人，接受当事人及其代理人的请客送礼的法律规定，还指违反公安机关、人民检察院、人民法院内部的有关纪律规定。所谓当事人及其委托的人中的“委托的人”，不单指当事人及其法定代理人等所委托的诉讼代理人或辩护人，它包括当事人所委托的一切对相关诉讼事项提供帮助的人。

为严格这一规定的执行，《最高人民法院关于审判人员在诉讼活动中执行回避制度若干问题的规定》第 2 条、《刑诉解释》第 28 条进一步明确，审判人员具有下列情形之一的，当事人及其法定代理人有权要求回避：①未经批准，私下会见本案一方当事人及其代理人、辩护人的；②为本案当事人推荐、介绍代理人、辩护人，或者为律师、其他人员介绍办理该案件的；③接受本案当事人及其委托的人的财物、其他利益，或者要求当事人及其委托的人报销费用的；④接受本案当事人及其委托的人的宴请，或者参加由其支付费用的各项活动的；⑤向本案当事人及其委托的人借款、借用交通工具、通信工具或者其他物品，或者接受当事人及其委托的人购买商品、装修住房以及其他方面给予的好处的。对上述几种情形的回避，当事人及其法定代理人应当提供相关证据材料。

5. 与本案当事人有其他关系，可能影响案件公正处理的。所谓其他关系，是指除上述四种情况之外的其他某种可能影响公正处理案件的关系。在诉讼实践中，常见的属于此类关系的例如朋友、同乡、同事、师生、邻居关系以及恩惠或者仇怨关系等。就审判人员而言，《最高人民法院关于审判人员在诉讼活动中执行回避制度若干问题的规定》第 1 条规定，与本案的诉讼代理人、辩护人有夫妻、父母、子女或者同胞兄弟姐妹关系的审判人员，应当回避。

6. 在本诉讼阶段以前曾参与办理本案的。在本诉讼阶段以前曾参与办理本案的人员不得再次参与本案的办理。《刑事诉讼法》第 239 条规定：原审人民法院对于发回重新审判的案件，应当另行组成合议庭，依照第一审程序进行审判。第 256 条规定：人民法院按照审判监督程序重新审判的案件，应当另行组成合议庭进行。根据上述规定，对于第二审法院经过第二审程序裁定发回重审的案件，原审法院负责审理此案的原合议庭组成人员不得再参与对案件的审理；对于人民法院按照审判监督程序重新审判的案件，原负责审判此案的合议庭组成人员也不得再参与对该案的处理。因为参加过本案原审的审判人员对案件事实和案件结局已产生了先入为主的预断，这时他们参与或主持对该案的重审，难以保证审判的公正性。《刑诉解释》第 29 条进一步规定，凡参加过本案侦查、起诉的侦查、检察人员，如果调至人民法院工作，不得担任本案的审判人员。凡在一个审判程序中参与本案审判工作的合议庭组成人员，不得再参与本案其他程序的审判。《高检规则》第 35 条规定，参加过同一案件侦查的人员，不得承办该案的审查逮捕、审查起诉、出庭支持公诉和诉讼监督工作，但在审查起诉阶段参加自行补充侦查的人员除外。

四、回避的适用范围

回避适用的范围，即回避适用的人员，解决的是哪些人在具有上述情形时应当回避的问题。根据《刑事诉讼法》及有关司法解释的规定，这些人员有：

1. 《刑诉解释》第 37 条规定审判人员，包括人民法院院长、副院长、审判委员会委员、庭长、副庭长、审判员和人民陪审员。此外，法官助理虽不属于严格意义上的审判人员，但也适用回避的规定。

2. 《高检规则》第 682 条规定，检察人员包括检察长、副检察长、检察委员会委员、检察员及检察官助理。

3. 侦查人员，是指负责案件侦查工作的公安人员、国家安全机关工作人员、军队保卫部门及监狱的有关工作人员和检察人员、检察机关自行侦查的案件中的检察人员及领导、指挥本案侦查工作，对本案有处理决定权或批准权的侦查机关的负责人。

4. 书记员，是指在侦查、起诉、审判阶段担任本案记录工作的侦查机关、检察机关、人民法院的书记员，不包括随律师出庭为其担任记录工作的人员。

5. 鉴定人员，包括公、检、法三机关聘请的鉴定人和指派的鉴定人。

6. 翻译人员，包括所有在侦查、起诉、审判各阶段为本案担任翻译工作的人员。

7. 勘验人员，包括所有在侦查、起诉、审判各阶段为本案担任勘验工作的人员。

五、回避的适用程序

（一）提出回避的方式

1. 自行回避。即审判人员、检察人员、侦查人员等适用回避的人员在参与诉讼的过程中，发现自己具有应当回避的法定事由，主动以口头或书面方式自行要求回避。我国《刑事诉讼法》第29条确立的自行回避制度，期望通过公安司法人员的职业自律和自我约束意识，消除可能导致案件得不到公正处理的人为因素，使符合法定回避情形的公安司法人员自觉退出诉讼活动。

2. 申请回避。即当事人、辩护人及其法定代理人、诉讼代理人认为审判人员、检察人员、侦查人员等适用回避的人员依法应当回避而未回避的，以书面或口头的形式向有关机关提出申请，要求他们回避。这是法律赋予当事人及其法定代理人、辩护人、诉讼代理人的一项重要诉讼权利，有关司法机关应当依法保障他们行使这项诉讼权利。另外，被害人也具有当事人的诉讼地位，因而与犯罪嫌疑人、被告人等一样，在刑事诉讼的各个阶段都享有申请回避的权利。

3. 指令回避。即审判人员、检察人员、侦查人员等适用回避的人员应当回避而未自行回避，当事人及其法定代理人也没有申请其回避，有关司法机关依职权指令其回避的情形。

（二）申请回避的期间和效果

根据《刑事诉讼法》第190条规定，第一审程序中的申请回避应当在开庭时提出。但对于回避事由是在案件开始审理后才知道的，刑事诉讼法没有具体规定可否申请，当事人可以在法庭辩论终结前提出回避的申请，由受案法院决定。在第二审程序中，如果开庭审理，应当参照第一审程序的开庭审理进行。即使合议庭在经过阅卷、讯问被告人、听取其他当事人、辩护人意见后，认为事实清楚，无需开庭的，也应事先告知当事人有申请回避的权利。在侦查、起诉阶段，侦查人员、检察人员在第一次讯问犯罪嫌疑人、第一次询问被害人时，就应当主动告知其有权申请回避。

回避申请一旦提出，就可以产生一定的诉讼法律效果。审判人员、检察人员、书记员、鉴定人和翻译人员一经被申请回避，就应立即暂停其在本案中的职务活动，相应的某些诉讼活动也要暂时停止，等候有权决定回避问题的机关或人员作出是否回避的决定。但是，《刑事诉讼法》第31条第2款同时规定：对侦查人员的回避作出决定前，侦查人员不能停止对案件的侦查。

（三）回避的决定

根据刑事诉讼法的规定，按照回避适用对象的不同，回避的决定分别由不同的机关和人员作出。

1. 侦查人员、检察人员、审判人员的回避，分别由公安机关负责人、检察长、法院院长决定。

2. 公安机关负责人、检察长的回避问题由同级人民检察院的检察委员会决定。法院院长的回避问题由本院审判委员会决定。检察委员会讨论检察长的回避问题，由副检察长主持，检察长不得参加。审判委员会讨论本院院长的回避问题，由副院长主持，院长不得参加。

3. 书记员、鉴定人、翻译人员、勘验人员的回避应当由他们所在的或者聘请、指派他们的司法机关的负责人决定。

有权决定回避的机关和人员，对于回避申请经过审查，发现存有法定的回避情形的，应当作出准予回避的决定。

（四）回避的决定的方式

人民法院、人民检察院、公安机关处理回避问题应当使用“决定”的形式。回避处理的决定可以以书面或者口头方式作出，采用口头方式的，应当将决定记录在案。对于自行回避和指令回避，回避决定的作出不需要告知当事人。

（五）回避决定的救济

根据《刑诉解释》第35条、第39条的规定，当事人及其法定代理人、辩护人、诉讼代理人申请回避被驳回的，可以在接到决定时申请复议一次。不属于《刑事诉讼法》第29条、第30条规定情形的回避申请，由法庭当庭驳回，并不得申请复议。

根据《高检规则》第32条、第33条规定，人民检察院作出驳回申请回避的决定后，应当告知当事人及其法定代理人如不服本决定，有权在收到驳回申请回避的决定书5日内向原决定机关申请复议一次。当事人及其法定代理人对驳回申请回避的决定不服申请复议的，决定机关应当在3日内作出复议决定并书面通知申请人。

根据《公安机关规定》第37条的规定，当事人及其法定代理人对驳回申请回避的决定不服的，可以在收到驳回申请回避决定书后5日以内向作出决定的公安机关申请复议。

公安机关应当在收到复议申请后 5 日以内作出复议决定并书面通知申请人。

（六）回避决定作出之前诉讼活动的效力

根据《公安机关规定》第 39 条的规定，被决定回避的公安机关负责人、侦查人员在回避决定作出以前的诉讼活动是否有效，由作出决定的机关根据案件情况决定。

根据《高检规则》第 36 条的规定，被决定回避的检察长在回避决定作出以前所取得的证据和进行的诉讼行为是否有效，由检察委员会根据案件具体情况决定。被决定回避的其他检察人员在回避决定作出以前所取得的证据和进行的诉讼行为是否有效，由检察长根据案件具体情况决定。被决定回避的公安机关负责人在回避决定作出以前所进行的诉讼行为是否有效，由作出决定的人民检察院检察委员会根据案件具体情况决定。

第二节　公开审判制度

一、公开审判概念

公开审判，就是指人民法院审判刑事案件，除法律另有规定的以外，一律应当公开进行。我国《宪法》第 130 条规定：人民法院审理案件，除法律规定的特别情况外，一律公开进行。《刑事诉讼法》第 11 条也规定："人民法院审判案件，除本法另有规定的以外，一律公开进行。"

就公开的范围而言，审判公开包括审理过程的公开和审判结果的公开，也可以说审理公开和判决公开。前者主要包括公开开庭审理，当庭调查事实和证据，当庭进行辩论；审判结果主要包括公开宣告判决，包括公开判决的内容、判决的理由和依据。其中审理公开存在法定例外情形，但宣判公开不存在例外情形。

就公开的对象而言，审判公开包括向当事人公开和向社会公开。向当事人公开要求法庭开庭审理，贯彻直接言词原则，而不得进行书面审理、秘密审理。案件事实的调查、证据的法庭审查以及控辩双方针对事实认定及法律适用的辩论应当在当事人的参加下进行。向社会公开是指原则上允许公民到场旁听庭审过程，允许新闻记者向社会公开报道庭审活动和判决结果。

二、公开审判的意义

公开审判制度既是诉讼民主的重要表现，也是诉讼公正的重要保证。通常认为，公开审判制度的意义主要体现在三个方面：

首先，公开审判将审判活动置于当事人和社会的监督之下，有利于增强审判人员的责任心，保障审判的公正性。当事人和社会的公开监督，可以促使法院严格遵守法定程序，认真贯彻各项审判制度，尊重和保障当事人及其他诉讼参与人的诉讼权利，准确严格地适用法律，作出公正的裁判。

其次，公开审判有利于增强刑事司法的公信力和司法的权威性。司法权威是司法的外在强制力与内在说服力达到了高度一致而被同化为社会的内心信念的产物。① “阳光是最好的防腐剂”，公开审判增强了刑事司法的透明度，有助于防止司法腐败和权力滥用。在此基础上，司法判决的说服效能改善，当事人和其他诉讼参与人以及广大社会公众对诉讼活动的信赖感得以增强，司法的公信力和权威性相应提升。

最后，公开审判有利于加强法制宣传，增强公众的法律意识，减少犯罪行为的发生。公开审判制度最大限度地实现了刑事诉讼的开放性，使得社会公众有机会全面了解刑事审判活动的方方面面，既可以培养公众的法律意识，也为刑事审判植入了民主参与的有益因子。同时，公开的庭审过程与判决宣告是实现刑罚一般预防效能的重要途径，通过审判公开，有效压制潜在犯罪分子的犯罪倾向，也可以鼓励和引导公众与犯罪行为作斗争，从而预防和减少犯罪行为的发生。

三、公开审判的一般规定及其例外

为了保护更重要的利益，各国法律都规定了审判公开原则限制适用的特别情形。这种限制主要表现在两个方面：一是评议不公开；二是对部分案件不公开审理。

根据《刑事诉讼法》第 188 条的规定，下列案件不公开审理：①有关国家秘密的案件。其目的是防止泄露国家秘密，危害国家利益。②有关个人隐私的案件。其目的是保护被害人或者其他人的名誉，防止对社会产生不利影响。③未成年人犯罪的案件。根据《刑事诉讼法》第 285 条及《刑诉解释》第 557 条的规定，开庭审理时被告人不满十八周岁的案件，一律不公开审理。但是，经未成年被告人及其法定代理人同意，未成年被告人所在学校和未成年人保护组织可以派代表到场。对依法公开审理，但可能需要封存犯罪记录的案件，不得组织人员旁听；有旁听人员的，应当告知其不得传播案件信息。由于未成年人的心理和生理尚处于成长、发育状态，思想不稳定，容易受外界的影响，不公开审理，有利于对犯罪的未成年人的教育和挽救。④对于当事人提出申请的确属涉及商业秘密的案件，法庭应当决定不公开审理。对于不公开审理的案件，应当当庭宣布不公开审理的理由。不公开审理的案件，宣告判决一律公开进行。

---

① 参见汪习根：《司法权论——当代中国司法权运行的目标模式、方法和技巧》，武汉大学出版社 2003 年版，第 10 页。

第三节　两审终审制度

一、两审终审概念

《刑事诉讼法》第 10 条规定：人民法院审判案件，实行两审终审制。两审终审是指一个刑事案件最多经过两级人民法院审判，诉讼即告终结。对地方各级人民法院作出的尚未生效的第一审判决、裁定，当事人不服或者人民检察院认为确有错误的，可以依法提出上诉或者抗诉，但是，对于上一级人民法院按照第二审程序审理后作出的判决和裁定，当事人不得再上诉，人民检察院也不得再按上诉程序进行抗诉。两审终审主要是规范审判活动的一项基本制度，而非基本原则。

二、两审终审的意义

实行两审终审制是根据我国的具体情况规定的。我国地域辽阔，不少地方交通不便，审级过多，不利于提高审判效率，也不便于诉讼参与人参加诉讼活动，而且可能造成司法资源的浪费。实行两审终审制在可能避免这些弊端的同时，还可以使错误的一审裁判在尚未发生法律效力之前，得到及时的纠正。上级人民法院通过审理上诉、抗诉案件，可以掌握下级法院的审判活动情况，充分发挥审级监督的作用，从而有针对性地改进刑事审判工作。

三、两审终审的一般规定

我国人民法院对刑事案件一般须经过两级法院的审判才告终结，第二审法院所作的判决和裁定为发生法律效力的裁决和裁定，当事人不得再对其提出上诉，检察机关也不得再对其提出抗诉。

两审终审并不是说一切刑事案件都必须经过两级人民法院审判，判决、裁定才发生法律效力。最高人民法院作为国家最高审判机关，按第一审程序审理后作出的判决、裁定，同时也就是终审的判决、裁定，一经作出立即发生法律效力。地方各级人民法院作出的第一审判决、裁定，除死刑判决和在法定刑以下处刑的判决外，超过法定的上诉期、抗诉期，仍然没有上诉、抗诉的，同样发生法律效力。

两审终审也并不意味着一切刑事案件只要经过两个审级人民法院的审判，判决、裁定就发生法律效力。其中判决死刑立即执行的案件除依法由最高人民法院判决的以外，均应当层报最高人民法院核准，判决、裁定才发生法律效力。此外，各地人民法院在法定刑以下判处刑罚的案件，即使已经过一审和二审，也必须层报最高人民法院核准以后，判决才发生法律效力。

四、两审终审的例外规定

（一）最高人民法院审理的第一审刑事案件

根据《刑事诉讼法》第 23 条的规定，对于全国性的重大刑事案件，由最高人民法院管辖。由最高人民法院审理第一审刑事案件就意味着实际上的“一审终审”，被告人不可能再向更高级别的法院提起上诉。由于最高人民法院审理第一审刑事案件在事实上剥夺了被告人的上诉权，所以在实践中应当慎重对待，尽量减少最高人民法院对第一审案件的管辖权。

（二）死刑复核案件

死刑复核案件包括死刑立即执行的复核案件以及死刑缓期两年执行的复核案件。在被告人被判处死刑的刑事案件经过普通的刑事诉讼程序之后，还必须经过复核程序才能对被告人执行死刑。对于死刑立即执行的案件由最高人民法院进行复核，死刑缓期两年执行的案件由高级人民法院进行复核。

（三）部分特别程序案件

首先，在法定刑以下判处刑罚的案件，必须报最高人民法院核准后方可生效。作出生效判决的法院应当将案件层报最高人民法院，在此过程中，上级人民法院如果不同意该判决，可以依法发回重审或进行提审。依法不负刑事责任的精神病人强制医疗程序，法院对精神病人强制医疗是以决定的形式作出，检察机关不服决定可以提出纠正意见，当事人一方可以申请复议，故而亦不是两审终审。

第四节　刑事辩护制度

一、刑事辩护概念

辩护制度是我国刑事诉讼法规定的一项基本的诉讼制度。它是指刑事诉讼法规定的关于保障犯罪嫌疑人、被告人辩护权的所有原则、制度的总称，包括辩护的种类、方式、辩护人范围、辩护人责任、辩护人权利与义务等。我国《宪法》第 130 条规定：“被告人有权获得辩护。”《刑事诉讼法》第 11 条规定：“被告人有权获得辩护，人民法院有义务保证被告人获得辩护。”同时，该法第 33 条至第 49 条又用共计 17 个条文对被告人有权获得辩护原则进一步具体化，构成了我国辩护制度的基本内容。

辩护是辩护制度中的一项重要内容，是指在刑事诉讼中，犯罪嫌疑人、被告人及其辩护人为了反驳对犯罪嫌疑人、被告人的指控，提出有利于犯罪嫌疑人、被告人的证据、事实和理由，以证明犯罪嫌疑人、被告人无罪、罪轻或者应当减轻、免除其处罚，维护其合法权益的诉讼活动。

辩护权是指犯罪嫌疑人、被告人针对控诉进行辩解，维护其合法权益的诉讼权利，它是犯罪嫌疑人、被告人所享有的一项最基本、最重要的诉讼权利，在犯罪嫌疑人、被告人所享有的各项诉讼权利中，居于核心地位。

辩护制度、辩护与辩护权三个概念之间相互关联、有机统一。辩护制度以辩护权为基础，以保障和落实辩护权为目的，是辩护行为的依据和辩护权的载体。辩护作为一种诉讼活动，是辩护制度中的一项内容，是辩护权的外在表现形式。

二、辩护制度的意义

1. 辩护制度有助于司法机关全面查明案件事实，正确适用法律。辩护制度是刑事诉讼辩护职能得以发挥的基础，是实现控辩平衡的保障。犯罪嫌疑人、被告人积极有效地进行辩护，有利于维持控辩双方的基本平衡，确保审判人员兼听则明。

2. 有利于保护犯罪嫌疑人，被告人的合法权益。这也是刑事诉讼法确立辩护制度的一项根本宗旨。在刑事诉讼中，犯罪嫌疑人、被告人处于被追诉的地位，他们往往被采取限制人身自由甚至剥夺人身自由的强制措施，加之法律知识欠缺等因素的影响，面对强大的国家追诉权机关，很难切实保护自己的合法利益。实行辩护制度，犯罪嫌疑人、被告人就会得到辩护人，特别是辩护律师的帮助，从而尽可能抵消控辩双方的不平等地位，使其更好地维护自己的合法权益。

3. 有利于进行法制教育。一方面，辩护制度保障了犯罪嫌疑人、被告人辩护权的行使，允许其充分发表合理意见。这样，犯罪嫌疑人、被告人对待刑事诉讼的抵触心理会被减弱，有助于其在刑事诉讼过程中接受法制教育。另一方面，辩护制度的存在可以帮助公众了解案情、明辨是非，加强法制观念。

三、刑事辩护的种类

根据《刑事诉讼法》第 33 条、第 35 条的规定，可将我国刑事诉讼中的辩护分为三种。

（一）自行辩护

自行辩护是指犯罪嫌疑人、被告人针对指控，自己为自己辩护。与其他辩护种类比较，自行辩护有两个特点：一是贯穿于刑事诉讼的全过程，无论在侦查、起诉、审判阶段犯罪嫌疑人、被告人均有权自行辩护；二是每个案件都存在自行辩护。由于受到客观条件的限制较小，自行辩护是犯罪嫌疑人、被告人行使辩护权最重要、最基本的方式。

（二）委托辩护

委托辩护是犯罪嫌疑人、被告人或其法定代理人委托律师或其他符合法律规定的自然人为其进行辩护。由于犯罪嫌疑人、被告人往往被采取强制措施，限制或剥夺人身自由等自身条件的限制，因此允许其委托辩护人为其辩护，将更有效地维护其合法权益。根据《刑事诉讼法》第33条、第35条的规定，委托辩护又可分为三种情形：

1. 自诉案件。被告人有权随时委托辩护人，即自诉人向人民法院提起自诉后即可委托辩护人；

2. 公诉案件。犯罪嫌疑人自被侦查机关第一次讯问或者采取强制措施之日起，有权委托辩护人；在侦查期间，只能委托律师作为辩护人。被告人有权随时委托辩护人。人民检察院自收到移送审查起诉的案件材料之日起3日之内，应当告知犯罪嫌疑人有权委托辩护人，人民法院自受理案件之日起3日以内，应当告知被告人有权委托辩护人。

3. 犯罪嫌疑人、被告人在押期间要求委托人的，人民法院、人民检察院和公安机关应当及时转达其要求；犯罪嫌疑人、被告人在押的，也可以由其监护人、近亲属代为委托辩护人；辩护人接受犯罪嫌疑人、被告人委托后，应当及时告知办理案件的机关。

（三）指定辩护

指定辩护是指犯罪嫌疑人、被告人及其近亲属因经济困难或者其他原因没有委托辩护人而向法律援助机构申请，或者具备法定情形时由公安机关、人民检察院、人民法院直接通知法律援助机构，由法律援助机构指派律师为其提供辩护。

根据《刑事诉讼法》第35条的规定，指定辩护必须符合以下条件：（1）指定辩护的时间，在侦查阶段、审查起诉阶段和审判阶段，分别由公安机关、人民检察院和人民法院通知法律援助机构指派律师；（2）指定辩护必须以被告人没有委托辩护人为前提；（3）承担指定辩护任务的辩护人，只能是承担法律援助义务的律师。

另外，从我国现行法律规定来看，指定辩护又分为三种情形：（1）申请法律援助。根据《刑事诉讼法》第35条第1款规定，犯罪嫌疑人、被告人因经济困难或者其他原因没有委托辩护人的，本人及其近亲属可以向法律援助机构提出申请。对符合法律援助条件的，法律援助机构应当指派律师为其提供辩护。（2）强制法律援助。根据《刑事诉讼法》第35条第2、3款规定，有两种情况：其一，犯罪嫌疑人、被告人是盲、聋、哑人，或者是尚未完全丧失辨认或者控制自己行为能力的精神病人，没有委托辩护人的，人民法院、人民检察院和公安机关应当通知法律援助机构指派律师为其提供辩护。其二，犯罪嫌疑人、被告人可能被判处无期徒刑、死刑，没有委托辩护人的，人民法院、人民检察院和公安机关应当通知法律援助机构指派律师为其提供辩护。（3）裁量法律援助。根据《刑诉解释》第48条的规定，具有下列情形之一，被告人没有委托辩护人的，人民法院可以通知法律援助机构指派律师为其提供辩护：①共同犯罪案件中，其他被告人已经委托辩护人的；②案件有重大社会影响的；③人民检察院抗诉的；④被告人的行为可能不构成犯罪的；⑤有必要指派律师提供辩护的其他情形。

公安机关、人民检察院、人民法院为犯罪嫌疑人、被告人指定辩护人后，犯罪嫌疑人、被告人拒绝辩护人为其辩护坚持自己行使辩护权的，应分两种情形来处理：如果是不属于强制法律援助的被告人拒绝的，应当尊重其本人意愿，并不再为其指定辩护；如果是属于强制法律援助的残疾人、未成年人或可能被判处无期徒刑、死刑而没有委托辩护人的犯罪嫌疑人、被告人拒绝为其指定辩护的，有正当理由的，可以准许，但犯罪嫌疑人、被告人应当另行委托辩护人，或者公安机关、人民检察院、人民法院应当为其另行指定辩护。对此，《刑诉解释》第51条规定，对法律援助机构指派律师为被告人提供辩护，被告人的监护人、近亲属又代为委托辩护人的，应当听取被告人的意见，由其确定辩护人人选。

理论上，刑事辩护还可以分为律师辩护和非律师辩护。其中律师辩护可以分为有效辩护和无效辩护两种。

1. 有效辩护

有效辩护是指律师为被告人提供了富有意义的法律帮助，主要包含尽职辩护和有效果辩护两个方面。其中尽职辩护是以行为为视角，主要是指律师在刑事辩护的过程中应当根据法律和授权委托协议忠实地履行辩护职责，积极地履行法定职责，以实现犯罪嫌疑人、被告人的合法利益最大化。有效果的辩护是以案件结果为视角，主要是指律师的辩护活动产生了积极、有意义的效果。

2. 无效辩护

无效辩护是指律师的辩护存在严重的缺陷，以至于对辩护的效果带来了不利的影响。律师在辩护过程中没有尽职尽责，或者存在辩护能力的严重不足，导致了较为严重的消极后果。根据美国联邦最高法院的判例，各州假如通过积极的作为或者消极的不作为，也构成一种无效辩护。无效辩护一旦成立，会带来撤销原判、发回重审的后果。

四、辩护人介入刑事诉讼的时间

明确辩护人介入刑事诉讼的时间，使辩护人尽可能在第一时间参与到刑事诉讼活动中来，对于有效地保障犯罪嫌疑人、被告人的合法权益具有重要意义。我国《刑事诉讼法》第34条规定：犯罪嫌疑人自被侦查机关第一次讯问或者采取强制措施之日起，有权委托辩护人；在侦查期间，只能委托律师作为辩护人。被告人有权随时委托辩护人。侦查机关在第一次讯问犯罪嫌疑人或者对犯罪嫌疑人采取强制措施的时候，应当告知犯罪嫌疑人有权委托辩护人。人民检察院自收到移送审查起诉的案件材料之日起 3 日以内，应当告知犯罪嫌疑人有权委托辩护人。人民法院自受理案件之日起 3 日以内，应当告知被告人有权委托辩护人。犯罪嫌疑人、被告人在押期间要求委托辩护人的，人民法院、人民检察院和公安机关应当及时转达其要求。犯罪嫌疑人、被告人在押的，也可以由其监护人、近亲属代为委托辩护人。辩护人接受犯罪嫌疑人、被告人委托后，应当及时告知办理案件的机关。

由此可见，《刑事诉讼法》对于犯罪嫌疑人和被告人委托辩护人均作出了相关规定，委托辩护人的时间不仅可以在审查起诉和审判阶段，在侦查阶段也可以委托律师作为辩护人，强化了对犯罪嫌疑人的保障。犯罪嫌疑人在侦查期间只能委托律师作为辩护人，为犯罪嫌疑人提供法律帮助，代为申诉、控告，申请变更强制措施，向侦查机关了解犯罪嫌疑人涉嫌的罪名和案件有关情况，提出意见，提供法律咨询，与犯罪嫌疑人会见、通信。在审查起诉阶段，可以向犯罪嫌疑人、被告人核实有关证据。在审判阶段，根据《刑事诉讼法》第 187 条规定，人民法院决定开庭审判后，应当确定合议庭组成人员，将人民检察院的起诉书副本至迟在开庭 10 日以前送达被告人及其辩护人；在必要的时候，应当通知法律援助机构指派律师为其提供辩护。

这里所谓的"第一次讯问"，应指立案后对犯罪嫌疑人进行的第一次讯问。因为只有在立案后，犯罪嫌疑人身份才被确定，侦查机关对其进行的第一次讯问才是对犯罪嫌疑人依法进行的第一次讯问。为行使上述权利，受委托的律师有权了解犯罪嫌疑人涉嫌的罪名，有权会见在押的犯罪嫌疑人，了解案情。根据《六机关规定》，辩护律师在侦查期间可以向侦查机关了解犯罪嫌疑人涉嫌的罪名及当时已查明的该罪的主要事实，犯罪嫌疑人被采取、变更、解除强制措施的情况，侦查机关延长侦查羁押期限等情况。对于人民法院、人民检察院、公安机关根据上述规定，通知法律援助机构指派律师提供辩护或者法律帮助的，法律援助机构应当在接到通知后 3 日以内指派律师，并将律师的姓名、单位、联系方式书面通知人民法院、人民检察院、公安机关。

五、辩护人的范围和人数

辩护人是指在刑事诉讼中，受犯罪嫌疑人、被告人的委托或人民法院的指定，帮助犯罪嫌疑人、被告人行使辩护权，以维护其合法权益的人。

（一）辩护人的范围

辩护人的范围，是指哪些人可以接受委托担任辩护人。我国《刑事诉讼法》以及《律师法》《刑诉解释》作了全面、具体的规定，既规定了担任辩护人的积极条件，又规定了担任辩护人的消极条件。

依照法律规定，可以担任辩护人的有：

1. 律师。律师是指具备律师资格，取得律师执业证，为社会提供法律服务的执业人员。与其他辩护人相比，作为专业法律工作者的律师，有渊博的法律理论和知识、丰富的司法实践经验和严格的职业道德、执业纪律的约束，法律亦赋予律师比其他辩护人更多的诉讼权利，因此律师比其他辩护人能更有效地帮助犯罪嫌疑人、被告人行使辩护权，更好地维护其合法权益。

2. 人民团体或者犯罪嫌疑人、被告人所在单位推荐的人。这里的人民团体是指工会、妇联、共青团等群众性团体。对于犯罪嫌疑人、被告人同意被推荐的人担任辩护人的，无须经过人民检察院、人民法院审查批准。不过应当注意，对于涉及国家秘密的案件，人民团体或犯罪嫌疑人、被告人所在单位推荐的人，要经过人民检察院或人民法院审查同意，才能担任辩护人。

3. 犯罪嫌疑人、被告人的监护人、亲友。监护人是指对无行为能力人或限制行为能力人承担保护其人身、财产和其他合法权益责任的人或单位。根据《民法典》的规定，父母一般是无行为能力人或限制行为能力人的监护人，没有父母或父母无监护能力的，一般由被监护人的亲属担任。没有亲属或亲属无监护能力的，也可由机关、团体或单位担任。在刑事诉讼中，担任犯罪嫌疑人、被告人的辩护人的监护人，必须是自然人，而不能是单位或其他组织。允许犯罪嫌疑人、被告人的监护人、亲友担任辩护人，就会给犯罪嫌疑人、被告人选择辩护人时有更多的机会，同时也能减轻其经济负担。

依照我国相关法律规定，不能担任辩护人的有：

1. 正在被执行刑罚或者被依法剥夺、限制人身自由的人。正在被执行刑罚，包括在监狱、拘役所、看守所等执行场所服刑的人，也包括被宣告缓刑、判处管制、假释的人，还包括主刑执行完毕后还处于被剥夺政治权利期间的人。被依法剥夺、限制人身自由，主要指正在被采取刑事诉讼中的取保候审、监视居住、拘留、逮捕等强制措施的人，也包括正在被行政拘留等行政处罚的人。由于此类人本身的人身自由都受到一定的限制，甚至被剥夺，无法行使辩护人的诉讼权利，因此他们不能担任辩护人。

2. 无行为能力或者限制行为能力的人。辩护人要进行一系列的诉讼活动，要行使广泛的诉讼权利，无行为能力人和限制行为能力人本身无法进行这些活动的，自然也就不能担任辩护人。

3. 人民法院、人民检察院、公安机关、监察机关、国家安全机关、监狱的现职人员。这一方面是考虑到这些人员的工作性质和特定职责，另一方面也是为了防止他们利用身份上的便利干扰和影响案件的办理。

4. 本院的人民陪审员。人民陪审员虽然不是专业法官，但在担任人民法院陪审员期间，参与审判案件时，同审判员有同等权力。所以，如果允许陪审员充当辩护人，既与他们的身份不一致，还可能使他们利用特殊身份，影响司法公正。因此，人民陪审员不能担任辩护人。

5. 与本案审理结果有利害关系的人。这些人主要是指与犯罪嫌疑人、被告人的犯罪活动有牵连的人。如果允许这些人担任辩护人，就有可能为他们利用辩护人同犯罪嫌疑人、被告人接触上的便利，实施各种妨害刑事诉讼的行为提供可乘之机。

6. 外国人或无国籍人。此外，律师在担任各级人民代表大会常务委员会组成人员期间，不得执业；曾担任法官、检察官的，离任后两年内不得以律师身份担任辩护人。另外，本案的证人、鉴定人、翻译人员也不宜担任辩护人，因为不同诉讼参与人的诉讼地位、诉讼权利、义务是不一样的，有时是相互矛盾和冲突的，允许这些人同时担任辩护人，就有可能使他们难以履行辩护人的职责，不利于案件的处理。

在以上这些不能担任辩护人的人员中，如属 3、4、5、6 种情形的，当他们是被告人的近亲属或者监护人时，由被告人委托他们担任辩护人的，可以准许。

此外，根据 2019 年修订的《法官法》第 24、第 36 条以及《检察官法》第 25 条、第 37 条的规定，法官、检察官从人民法院、人民检察院离任后，担任辩护人或者诉讼代理人受到一定程度的限制：

1. 离任后 2 年限制

法官、检察官离任后两年内，不得以律师身份担任诉讼代理人或者辩护人。

2. 离任或开除后终身限制

①法官、检察官离任后，不得担任原任职法院、检察院办理案件的诉讼代理人或者辩护人，但作为当事人的监护人或近亲属代理或辩护的除外。②法官、检察官被开除后，不得担任诉讼代理人或辩护人，但作为当事人的监护人或近亲属代理或辩护除外。

3. 任职回避的限制

法官的配偶、父母、子女有下列情况之一的，法官、检察官应当实行任职回避：①担任该法官、检察官所任职机关辖区内律师事务所的合伙人或设立人的。②在该法官、检察官所任职机关辖区内以律师身份担任诉讼代理人、辩护人，或者为诉讼案件当事人提供其他有偿法律服务的。

（二）辩护人的人数

根据《刑事诉讼法》第 33 条及《刑诉解释》第 43 条规定，一名被告人可以委托两名辩护人为其辩护。所委托的两名辩护人可以都是律师，可以都不是律师，也可以一名是律师，一名是其他公民。但如果被告人委托两名辩护人的，应当确定主辅关系，以便更好地进行辩护工作。

要指出的是，在共同犯罪中，同一名辩护人不得为同案二名以上的被告人担任辩护人。因为在共同犯罪案件的同案被告人中，彼此之间往往存在利害关系，同一辩护人无法兼顾同案被告人的合法权益。

六、辩护人的诉讼地位和职责

（一）辩护人的诉讼地位

辩护人的基本作用是通过辩护行为维护犯罪嫌疑人、被告人的合法权益。在刑事诉讼中，辩护人是具有独立诉讼地位的诉讼参与人，他们既不从属于公安司法机关，也不从属于犯罪嫌疑人、被告人。辩护人的独立诉讼地位主要体现在以下几个方面：

1. 辩护人独立于犯罪嫌疑人、被告人。辩护人尽管与犯罪嫌疑人、被告人一样归属于辩护职能一方，但辩护人不是犯罪嫌疑人、被告人的代言人。辩护人在刑事诉讼中的辩护行为独立于犯罪嫌疑人、被告人的意志，而仅以事实和法律作为行动的准则和依据。辩护人有权拒绝为不如实陈述的犯罪嫌疑人、被告人进行辩护。

2. 辩护人与公诉人是一种对立统一关系，二者彼此对立、地位平等。他们执行不同的诉讼职能，行使不同的权利，承担不同的职责。但二者的根本目的是相同的，即都是为了全面查清案件事实，保证国家法律的统一正确实施。当然，辩护人与公诉人的差别和对立也是同样显著的，辩护人的主要工作目标是依法为犯罪嫌疑人、被告人争取有利的结果，而不能成为犯罪嫌疑人、被告人的“第二公诉人”。

3. 辩护人独立于审判人员，但又存在协助配合的关系。辩护人提出的有利于被告人的证据、事实和适用法律的见解，可以供审判人员处理案件时加以参考，这有助于审判人员全面了解案件事实，正确对案件被告人定罪量刑。

（二）辩护人的责任

我国《刑事诉讼法》第 37 条规定：“辩护人的责任是根据事实和法律，提出证明犯罪嫌疑人、被告人无罪、罪轻或者减轻、免除其刑事责任的材料和意见，维护犯罪嫌疑人、被告人的合法权益。”《律师法》第 31 条也作出了相应的规定。对于辩护人的责任可以归纳如下：

1. 为犯罪嫌疑人、被告人进行辩护。这是辩护人的首要责任。辩护人根据事实和法律，提出证明犯罪嫌疑人、被告人无罪、罪轻或减轻、免除其刑事责任的材料和意见，反驳对犯罪嫌疑人、被告人的不正当指控，帮助司法机关全面查清案件事实，并作出正确处理，从而维护犯罪嫌疑人、被告人的合法权益。

2. 帮助犯罪嫌疑人、被告人行使诉讼权利。这包括两层具体含义：一是帮助犯罪嫌疑、被告人行使具体的诉讼权利。犯罪嫌疑人、被告人依法享有大量的诉讼权利，但限于其自身条件的限制，其权利只有有赖于辩护人帮助其行使，才会产生实际效果；二是当犯罪嫌疑人、被告人的诉讼权利受到侵犯时，辩护人应当依法要求制止和纠正，必要时向有关单位提出控诉。

3. 为犯罪嫌疑人、被告人提供其他法律帮助。这主要是指为犯罪嫌疑人、被告人提供法律问题的咨询意见，代写各种诉讼文书，征求被告人的意见并协助其提起上诉等。

（三）辩护人的权利

根据刑事诉讼法和律师法的规定，我国辩护人的权利主要包括：

1. 独立辩护与拒绝辩护的权利。

与民事诉讼中代理人诉讼地位不同，刑事诉讼中辩护人具有独立的诉讼地位，可以独立发表辩护意见而无须受制于犯罪嫌疑人、被告人及其法定代理人的意志。必要时，辩护人也有权依法拒绝为犯罪嫌疑人、被告人继续辩护。《律师法》第 32 条第 2 款规定："律师接受委托后，无正当理由的，不得拒绝辩护或者代理。但是，委托事项违法、委托人利用律师提供的服务从事违法活动或者委托人故意隐瞒与案件有关的重要事实的，律师有权拒绝辩护或者代理。"

2. 阅卷权和会见通信权。根据《刑事诉讼法》第 39 条、第 40 条的规定，辩护律师自人民检察院对案件审查起诉之日起，可以查阅、摘抄、复制本案的案卷材料，其他辩护人经人民检察院许可，也可以查阅、摘抄、复制上述材料。辩护律师可以同在押的犯罪嫌疑人、被告人会见和通信。其他辩护人经人民法院、人民检察院许可，也可以同在押的犯罪嫌疑人、被告人会见和通信。辩护律师持律师执业证书、律师事务所证明和委托书或者法律援助公函要求会见在押的犯罪嫌疑人、被告人的，看守所应当及时安排会见，至迟不得超过 48 小时。危害国家安全犯罪、恐怖活动犯罪案件，在侦查期间辩护律师会见在押的犯罪嫌疑人，应当经侦查机关许可。上述案件，侦查机关应当事先通知看守所。辩护律师会见在押的犯罪嫌疑人、被告人，可以了解案件有关情况，提供法律咨询等；自案件移送审查起诉之日起，可以向犯罪嫌疑人、被告人核实有关证据。辩护律师会见犯罪嫌疑人、被告人时不被监听。辩护律师同被监视居住的犯罪嫌疑人、被告人会见、通信，适用《刑事诉讼法》第 39 条第 1 款、第 3 款、第 4 款的规定。

3. 调查取证权。根据《刑事诉讼法》第 41 条的规定，辩护人认为在侦查、审查起诉期间公安机关、人民检察院收集的证明犯罪嫌疑人、被告人无罪或者罪轻的证据材料未提交的，有权申请人民检察院、人民法院调取。

根据《刑事诉讼法》第 43 条的规定，辩护律师经证人或者其他有关单位和个人同意，可以向他们收集与本案有关的材料，也可以申请人民检察院、人民法院收集、调取证据，或者申请人民法院通知证人出庭作证。辩护律师经人民检察院或者人民法院许可，并且经被害人或者其近亲属、被害人提供的证人同意，可以向他们收集与本案有关的材料。

此外，根据《六机关规定》第8条，对于辩护律师申请人民检察院、人民法院收集、调取证据，人民检察院、人民法院认为需要调查取证的，应当由人民检察院、人民法院收集、调取证据，不得向律师签发准许调查决定书，让律师收集、调取证据。

4. 提出意见权。首先，在案件侦查终结前，辩护律师提出要求的，侦查机关应当听取辩护律师的意见，并记录在案。辩护律师提出书面意见的，应当附卷。其次，根据《刑事诉讼法》第88条的规定，人民检察院审查批准逮捕，可以询问证人等诉讼参与人，听取辩护律师的意见；辩护律师提出要求的，应当听取辩护律师的意见。同时，《刑事诉讼法》第173条规定，人民检察院审查案件，应当听取犯罪嫌疑人委托的人的意见，并记录在案。辩护人、被害人及其诉讼代理人提出书面意见的，应当附卷。最后，根据《刑事诉讼法》第251条的规定，最高人民法院复核死刑案件，应当讯问被告人，辩护律师提出要求的，应当听取辩护律师的意见。

5. 参加法庭调查和法庭辩论的权利。根据《刑事诉讼法》关于第一审程序的规定，法庭调查阶段，辩护人经审判长许可，可以向被告人发问（第191条）；经审判长许可，可以对证人、鉴定人发问（第194条）；在法庭审理中，辩护人有权申请通知新的证人到庭，调取新的物证，申请重新鉴定或者勘验（第197条）。法庭辩论阶段，辩护人可以对证据和案件情况发表意见并且可以和控方展开辩论（第198条）。

6. 经被告人同意，提出上诉的权利。《刑事诉讼法》第227条规定，被告人的辩护人，经被告人同意，可以提出上诉。因此，一审人民法院应及时将判决书送达被告人的辩护人，以方便辩护人行使这项权利。

7. 申请变更或解除强制措施的权利。辩护律师在侦查期间可以为犯罪嫌疑人提供法律帮助；代理申诉、控告；申请变更强制措施；向侦查机关了解犯罪嫌疑人涉嫌的罪名和案件有关情况，提出意见。犯罪嫌疑人、被告人及其法定代理人、近亲属或者辩护人有权申请变更强制措施。人民法院、人民检察院和公安机关收到申请后，应当在3日以内作出决定；不同意变更强制措施的，应当告知申请人，并说明不同意的理由。

《刑事诉讼法》第99条规定："人民法院、人民检察院或者公安机关对被采取强制措施法定期限届满的犯罪嫌疑人、被告人，应当予以释放、解除取保候审、监视居住或者依法变更强制措施。犯罪嫌疑人、被告人及其法定代理人、近亲属或者辩护人对于人民法院、人民检察院或者公安机关采取强制措施法定期限届满的，有权要求解除强制措施。"

8. 获得通知权。《刑事诉讼法》第187条规定，人民法院决定开庭审判后，应当确定合议庭的组成人员，将人民检察院的起诉书副本至迟在开庭10日内以前送达被告人及其辩护人。

9. 申诉、控告权。《刑事诉讼法》第 49 条规定，辩护人、诉讼代理人认为公安机关、人民检察院、人民法院及其工作人员阻碍其依法行使诉讼权利的，有权向同级或者上一级人民检察院申诉或者控告。人民检察院对申诉或者控告应当及时进行审查，情况属实的，通知有关机关予以纠正。

10. 人身保障权。《刑事诉讼法》第 44 条第 2 款规定，违反前款规定的，应当依法追究法律责任，辩护人涉嫌犯罪的，应当由办理辩护人所承办案件的侦查机关以外的侦查机关办理。辩护人是律师的，应当及时通知其所在的律师事务所或者所属的律师协会。

现行《刑事诉讼法》对于辩护律师权利的规定，一方面在实践中避免了侦查机关、检察机关与律师在会见、通信权等方面存在的适用法律的分歧；另一方面保障了律师权利的行使，实现与《律师法》的有效衔接。

（四）辩护人的义务

辩护律师或其他辩护人在享有权利的同时，也要履行法定的义务。辩护律师或其他辩护人的主要义务是：

1. 会见在押犯罪嫌疑人、被告人时，要遵守看管场所的规定；

2. 参加法庭审判过程，要遵守法庭规则；

3. 辩护律师未经人民检察院或者人民法院许可，不得向被害人及被害人提供的证人收集与本案有关的材料；

4. 辩护律师和其他辩护人不得帮助犯罪嫌疑人、被告人串供、隐匿、毁灭、伪造证据，不得威胁、引诱证人改变证言或者作伪证及进行其他干扰司法机关诉讼活动的行为，否则应当依法追究法律责任；

5. 由于审判方式的改革，辩护人包括辩护律师应当向法庭出示物证，让当事人辨认，对未到庭的证人证言笔录、鉴定人的鉴定结论和其他作为证据的文书，应当当庭宣读。

6. 及时告知接受委托的情况。辩护人接受委托后，应当及时告知办理案件的机关及其接受委托的情况。《刑诉解释》第 52 条规定，审判期间，辩护人接受法院委托的，应当在接受委托之日起三日内，将委托手续提交人民法院。接受法律援助机构指派为被告人提供辩护的，适用前款规定。

7. 特定证据开示义务。辩护人收集的有关犯罪嫌疑人不在犯罪现场、未达到刑事责任年龄、属于依法不负有刑事责任的精神病人的证据，应当及时告知公安机关、人民检察院。

8. 保密义务及其例外。《刑事诉讼法》第 48 条规定，辩护律师对于在执业活动中知悉的委托人的有关情况和信息，有权予以保密；但是，辩护律师在执业活动中知悉委托人或者其他人，准备或者正在实施危害国家安全、公共安全以及危害他人人身安全的犯罪的，应当及时告知司法机关。

此外，根据《律师法》第 32 条第 2 款、第 38 条、第 40 条、第 41 条、第 42 条的规定，辩护律师还应恪守律师道德及职业操守：

其一，不得私自接受委托，私自向委托人收取费用，收受委托人的财物；

其二，不得违反规定会见法官、检察官；

其三，不得向法官、检察官以及其他有关工作人员请客送礼或者行贿，或者指使、诱导当事人行贿；

其四，不得提供虚假证据，隐瞒事实或者威胁、引诱他人提供虚假证据，隐瞒事实以及妨碍对方当事人合法取得证据；

其五，不得干扰法庭秩序，干扰诉讼的正常进行；

其六，保守履行辩护人职责中知悉的国家秘密和当事人的商业秘密，不得泄露当事人的隐私；

其七，曾担任法官、检察官的律师，从人民法院、人民检察院离任后 2 年内，不得担任辩护人；

其八，必须按照国家规定承担法律援助义务，尽职尽责，为受援人提供法律服务；

其九，无正当理由，不得拒绝辩护。

第五节　刑事代理制度

一、刑事代理概念

刑事代理，是指诉讼代理人接受公诉案件的被害人及其法定代理人或者近亲属、附带民事诉讼的当事人及其法定代理人、自诉案件的自诉人及其法定代理人的委托，在被代理人授权的范围内，以被代理人的名义参加诉讼，由被代理人承担代理行为的法律后果的法律制度。刑事诉讼代理制度与民事诉讼代理制度有着诸多相似之处，例如代理人必须以被代理人的名义进行活动，代理人只能在代理授权范围内活动，代理行为产生的后果由被代理人承担。但刑事代理制度突出的一个特点是刑事诉讼中有权委托代理人的主体的特定性，即委托代理人的主体只能是公诉案件被害人、自诉案件的自诉人、附带民事诉讼的当事人及他们的法定代理人，以及公诉案件中被害人的近亲属。

基于代理权限产生的根据不同，刑事诉讼中的代理可分为法定代理和委托代理两种。法定代理基于法律规定而产生，法律对代理人范围、权限、权利义务作出了明确规定。而委托代理则是基于被代理人的委托产生，委托人有权改变委托内容或者解除代理权，代理人也可以依法拒绝代理，从而导致代理权限的变更或解除。代理权变更或解除，应当用书面形式及时通知管辖的人民法院。诉讼期间，委托人要求解除代理后另行委托代理人的，人民法院应当允许。

（一）刑事代理和刑事辩护的区别

刑事辩护和刑事代理是刑事诉讼的两项重要制度，尽管二者在范围上完全相同，但仍存在一定的区别。

首先，产生根据不同。辩护人是依据犯罪嫌疑人、被告人及其法定代理人的委托而参加诉讼；而代理人则是根据被代理人及其法定代理人、近亲属的授权参加诉讼。

其次，诉讼地位不同。辩护人具有独立的诉讼地位，独立履行辩护职责，不受犯罪嫌疑人、被告人意志的左右；代理人则没有独立的诉讼地位，只能以被代理人名义进行活动，权限完全取决于法定或者授权的范围大小，且要受被代理人意志的约束。

最后，有权委托的人不同。有权委托辩护人的是犯罪嫌疑人、被告人及其法定代理人；而有权委托刑事代理人的有公诉案件被害人，自诉案件自诉人、附带民事诉讼当事人及他们的法定代理人，以及公诉案被害人的近亲属。

（二）刑事代理制度的意义

刑事诉讼中的代理是一项重要的诉讼制度，有十分重要的意义。

1. 被代理人可以通过诉讼代理获得他人的帮助，更好地维护自身的合法权益。有的被代理人在刑事诉讼中由于知识、文化、表达能力、身体或精神状况等等方面的欠缺，仅凭自己难以有效地维护合法权益，代理制度为他们提供了获得帮助的可能。

2. 有利于人民法院查明案件事实，正确处理案件。代理人参加到刑事诉讼中来，能够增强调查分析证据、论辩案件事实的力量，提出有参考价值的代理意见，为审判人员正确认定事实、适用法律提供了帮助。

3. 有利于宣传法制，提高公众的法制观念。代理人作为与案件结果没有直接利害关系的诉讼参与人，对于案件事实、适用法律等问题有着更为客观、理性的认识，这不仅有利于对被代理人的说服和引导，也能够提升向一般公众宣传法制的效果。

二、刑事代理的种类

我国《刑事诉讼法》第46条的规定，刑事诉讼中的代理可分为三种情况。

（一）公诉案件中被害人的代理

公诉案件中被害人的代理，是指代理人接受公诉案件被害人及其法定代理人或者近亲属的委托，参加诉讼，以维护被害人的合法权益。

我国《刑事诉讼法》第46条规定：公诉案件的被害人及其法定代理人或者近亲属，自案件移送审查起诉之日起，有权委托诉讼代理人。人民检察院自收到移送审查起诉的案件材料之日起3日以内，应当告知被害人及其法定代理人或者近亲属有权委托诉讼代理人。公诉案件被害人的代理，具有如下特点：

其一，公诉案件被害人委托代理人，可以由被害人本人委托，也可以由他的近亲属或法定代理人委托，其他人无权为被害人委托代理人。

其二，被害人的法定代理人或者近亲属委托的代理人是被害人的诉讼代理人，而不是被害人法定代理人或者近亲属的代理人。

其三，被害人委托诉讼代理人是从案件移送审查起诉之日开始的，也就是说，公诉案件在侦查阶段，被害人不能委托代理人。案件移送起诉之后，包括一审、二审都可以随时委托代理人。

被害人的诉讼代理人在刑事诉讼中代理权限，具体取决于被害人授权的范围。其权利主要是：有权代为向公安司法机关控告犯罪；可以收集、查阅与本案有关的材料；对于人民检察院决定不起诉的案件，被害人如果不服，其诉讼代理人有权代为提出申诉，也可以代为提起自诉；在庭审阶段，经审判长同意，可以向被告人、证人发问，可以参加法庭辩论。

（二）自诉案件的代理

自诉案件中的代理，是指律师或其他公民接受自诉人及其法定代理人的委托，以被代理人的名义参加诉讼，以维护自诉人合法权益。

我国《刑事诉讼法》第46条规定：自诉案件的自诉人及其法定代理人，有权随时委托诉讼代理人。人民法院自受理自诉案件之日起3日之内，应当告知自诉人及其法定代理人有权委托诉讼代理人。

应当指出的是，在自诉案件中，只有自诉人及其法定代理人有权委托诉讼代理人，自诉人的近亲属不能为自诉人委托代理人。

自诉人与诉讼代理人确立委托关系时，应明确规定代理事项、代理权限、代理期限等内容。如果在自诉案件中被告人提起反诉，此时自诉案件的自诉人就成为反诉案件的被告人，具有双重身份。这种情况下，征得代理人的同意，自诉人可以委托诉讼代理人作为自己在反诉案件中被告人身份的辩护人。

（三）附带民事诉讼代理

附带民事诉讼代理是指诉讼代理人接受附带民事诉讼当事人及其法定代理人的委托，参加诉讼，以维护当事人的合法权利之行为。

根据《刑事诉讼法》第46条的规定，公诉案件附带民事诉讼的当事人及其法定代理人，自案件移送审查起诉之日起，有权委托诉讼代理人。自诉案件附带民事诉讼的当事人及其法定代理人，有权随时委托诉讼代理人。人民检察院自收到移送审查起诉的案件材料之日起3日内，应当告知附带民事诉讼当事人及其法定代理人有权委托诉讼代理人。人民法院自受理自诉案件之日起3日以内，应当告知附带民事诉讼的当事人及其法定代理人有权委托诉讼代理人。

附带民事诉讼当事人及其法定代理人委托诉讼代理人的程序与要求，与自诉人委托诉讼代理人的程序与要求相同，即都要订立委托合同，并注明委托权限、代理事项、代理期限等，以使代理人依法行使代理权。

三、刑事诉讼代理人的范围、职责

在刑事诉讼中，委托诉讼代理人的范围，与辩护人的范围相同，包括：律师；人民团体或者被代理人所在单位推荐的人；被代理人的监护人、亲友。同样，不能充当辩护人的人，也不能被委托为诉讼代理人。

根据《刑诉解释》第64条规定：诉讼代理人的责任是根据事实和法律，维护被害人、自诉人或者附带民事诉讼当事人的合法权益。

诉讼代理人应当向人民法院提交由被代理人签名或者盖章的委托书，如果被代理人是附带民事诉讼当事人的，诉讼代理人应当向人民法院提交由被代理人签名或者盖章的授权委托书。

根据《刑诉解释》第65条规定的精神，律师担任诉讼代理人，有权查阅、摘抄、复制与本案有关的材料，了解案情。其他诉讼代理人经人民法院准许，也有权查阅、摘抄、复制与本案有关的材料，了解案情。需要收集、调取与本案有关的材料的，代理律师向证人或者其他有关单位和个人收集、调取与本案有关的材料，因证人、有关单位和个人不同意，申请人民法院收集、调取，人民法院认为有必要的，应当同意。代理律师直接申请人民法院收集、调取证据，人民法院认为代理律师不宜或者不能向证人或者其他有关单位和个人收集、调取，并确有必要的，应当同意。人民法院根据代理律师的申请收集、调取证据时，申请人可以在场。

第六节　值班律师制度

一、值班律师的概念

值班律师是指法律援助机构在人民法院、看守所等场所派驻的，为没有辩护人的犯罪嫌疑人、被告人提供法律咨询、程序选择建议、申请变更强制措施、对案件处理提出意见等法律帮助的律师。值班律师制度是指我国法律规定的关于值班律师权利义务、运行之际以及管理保障等法律规范的总称。我国《刑事诉讼法》第36条规定，法律援助机构可以在人民法院、看守所等场所派驻值班律师。犯罪嫌疑人、被告人没有委托辩护人，法律援助机构没有指派律师为其提供辩护的，由值班律师为犯罪嫌疑人、被告人提供法律咨询、程序选择建议、申请变更强制措施、对案件处理提出意见等法律帮助。人民法院、人民检察院、看守所应当告知犯罪嫌疑人、被告人有权约见值班律师，并为犯罪嫌疑人、被告人约见值班律师提供便利。

值班律师制度是2018年《刑事诉讼法》规定的一项新制度，与刑事代理制和刑事辩护制度相并列。值班律师制度的核心是值班律师的职权，主要包括解答法律咨询，引导和帮助犯罪嫌疑人、刑事被告人及其近亲属申请法律援助，转交申请材料，在认罪认罚从宽案件中对检察机关的定罪量刑提出意见，对刑讯逼供、非法取证情形代理申诉、控告和承办法律援助机构交办的其他任务等。但是，值班律师提供出庭辩护服务，“从制度定位来看值班律师相当于急诊科医生，而辩护律师相当于日常科医生，二者有着明显区别”。①

二、值班律师的参与环节

（一）侦查阶段

我国《刑事诉讼法》第36条第2款规定，人民法院、人民检察院、看守所应当告知犯罪嫌疑人、被告人有权约见值班律师，并为犯罪嫌疑人、被告人约见值班律师提供便利。在侦查阶段，如果犯罪嫌疑人、被告人没有辩护人的，看守所应当告知犯罪嫌疑人、被告人有权约见值班律师。在刑事司法实践中，一些对犯罪嫌疑人、被告人的权利告知工作做得比较到位的公安机关或者看守所会在第一次讯问或者采取强制措施后告知被追诉人可提出向值班律师寻求帮助的申请，由值班律师为其分析和解释。

（二）审查起诉阶段

我国《刑事诉讼法》第173条第1款规定，人民检察院审查案件，应当讯问犯罪嫌疑人，听取辩护人或者值班律师、被害人及其诉讼代理人的意见，并记录在案。辩护人或者值班律师、被害人及其诉讼代理人提出书面意见的，应当附卷。犯罪嫌疑人认罪认罚的，人民检察院应当告知其享有的诉讼权利和认罪认罚的法律规定，听取值班律师的意见，并且应当为值班律师了解案件的有关情况提供必要的便利。

认罪认罚具结书是认罪认罚从宽案件的重要文书，在签署该文书的时候，如果被追诉

---

① 熊秋红：《审判视野下的律师有效辩护》，载《当代法学》2017年第6期。

人没有辩护律师，必然要求值班律师在场。我国《刑事诉讼法》第 174 条第 1 款规定，犯罪嫌疑人自愿认罪，同意量刑建议和程序适用的，应当在辩护人或者值班律师在场的情况下签署认罪认罚具结书。

（三）审判阶段

我国《刑事诉讼法》第 190 条第 2 款规定，被告人认罪认罚的，审判长应当告知被告人享有的诉讼权利和认罪认罚的法律规定，审查认罪认罚的自愿性和认罪认罚具结书内容的真实性、合法性。在审判阶段，被告人认罪认罚亦需要值班律师的帮助。

三、值班律师的作用

（一）见证作用

见证是认罪认罚从宽制度中值班律师应当发挥的重要作用之一，在认罪认罚从宽案件中，值班律师的在场可以一定程度地减少国家专门机关的违法行为，保障犯罪嫌疑人、被告人认罪认罚的自愿性和真实性。

（二）释法说理

值班律师可以为犯罪嫌疑人、被告人解答一般性的法律问题，包括提供法律咨询、程序选择建议、变更强制措施和对案件提出处理意见等。在认罪认罚从宽案件中，为犯罪嫌疑人、被告人是否认罪认罚提供参考。

四、值班律师的特征

（一）服务的无偿性

值班律师服务的无偿性主要是指值班律师为犯罪嫌疑人、被告人提供法律服务的时候不应当收取任何费用。为被追诉者提供值班律师服务，是国家承担法律援助义务的一种方式，相关费用由国家财政直接承担。

（二）服务的及时性

犯罪嫌疑人、被告人一旦被羁押，往往处于孤立无援的境地，如果没有专业的人员提供法律帮助，无法充分保障其合法权益。在没有辩护人的案件中，值班律师犹如急诊科医生，能够第一时间提供法律咨询和意见，及时缓解犯罪嫌疑人、被告人恐惧、焦虑和对抗的心理，帮助其理性对待刑事诉讼，正确作出选择。

（三）服务的普遍性

值班律师在适用上无须审查被追诉者的经济条件，也不考察案件的性质，无论是认罪认罚从的案件还是其他案件。只要被追诉者没有辩护人，都可以申请值班律师服务。

第七节　期间和送达

一、期间的概念和意义

期间是指公、检、法机关及其诉讼参与人进行刑事诉讼活动必须遵守的期限和时间。

我国刑事诉讼法对于每一个诉讼阶段的具体活动的期间都作了明确规定，体现了法律的严肃性，如拘留期限、逮捕期限；审查起诉的期限、案件审理的期限；上诉、抗诉的期限等。刑事诉讼活动只有在法律规定的期限内进行才是合法的，无论是公安司法机关，还是诉讼参与人，都必须严格遵守法律规定的期限。

在刑事诉讼中，除了期间外，还有期日。所谓期日，是指公安司法机关和诉讼参与人共同进行刑事诉讼活动的特定时间。我国刑事诉讼法对期日也未作明确规定。但无论期间还是期日，公安司法机关和诉讼参与人都应当遵守。

（一）期间和期日的区别

二者虽然都是刑事诉讼中公安司法机关和诉讼参与人都要遵守的时间期限要求，但二者是有区别的：

其一，期间是指一段时间，具有连续性，有起止点；期日是确认开始一定诉讼行为起始点。

其二，期间一般是由法律事先明确规定，不容任意更改；而期日则是由公安司法机关根据案件情况来指定，且遇有特别情形，可以变更。

其三，期间是公安司法机关或诉讼参与人各自独立进行某种诉讼活动的时间，如公安采取刑事拘留措施的一般时间为 7 日，刑事被告人上诉时间为 10 日等；而期日则是公安司法机关和诉讼参与人共同进行某项刑事诉讼活动的时间，如某年某月某日开庭等。

（二）期间的意义

严格遵守法律规定的期间，对于保证刑事诉讼任务的完成，提高司法机关的办案效率，有重要意义：首先，它能保证及时、准确地打击犯罪。犯罪是严重破坏社会秩序、侵犯公民合法权益的行为，必须及时予以严厉打击。如果案件久拖不决，犯罪分子迟迟不受到法律的惩罚，刑事法律的上述任务就难以实现。刑事诉讼期间的规定，对公安司法人员提出了办案时间上的要求，有利于及时、准确地打击犯罪。其次，有利于保护诉讼参与人的合法权益不受侵犯。期间的规定，其出发点不仅在于案件的及时办理，也在于诉讼参与人合法权益的保护。严格遵守期间的规定，才能杜绝超期羁押、超期办案，减轻诉讼参与人的讼累，及时恢复被采取强制措施者的人身自由。最后，有利于提高诉讼效率，有效防止诉讼拖延。公安司法机关在法律规定的时间内行使权力，诉讼参与人依照法定期间行使诉讼权利，履行诉讼义务，诉讼就能顺利进行，案件就得到及时处理，从而提高诉讼效率。

二、法定期间

法定期间，是指由法律作出明确规定的诉讼期间。这种期间的开始是基于某种法律事实的发生。在法定期间内的任何时候都可以实施诉讼行为；同时，也只有在此期间内所进行的诉讼行为才是有效的诉讼行为。

我国刑事诉讼法对各种诉讼行为的期间作出了更加明确、具体的规定。概括起来，主要有：

（一）捕前侦查羁押期间

1. 传唤、拘传持续的时间不得超过 12 小时，案情特别重大、复杂，需要采取拘留、逮捕措施的，传唤、拘传持续的时间不得超过 24 小时。不得以连续传唤、拘传的刑事变相拘禁犯罪嫌疑人、被告人。传唤、拘传犯罪嫌疑人，应当保证犯罪嫌疑人的饮食和必要的休息时间。

人民检察院对直接受理的案件中被拘留的人，认为需要逮捕的，应当在 14 日以内作出决定。在特殊情况下，决定逮捕的时间可以延长 1 日至 3 日。

对于监察机关移送起诉的已采取留置措施的案件，人民检察院应当对犯罪嫌疑人先行拘留，留置措施自动解除。人民检察院应当在拘留后的 10 日以内作出是否逮捕、取保候审或者监视居住的决定。在特殊情况下，决定的时间可以延长 1 日至 4 日。人民检察院决定采取强制措施的期间不计入审查起诉期限。

2. 取保候审最长不得超过 12 个月，监视居住最长不得超过 6 个月。

3. 拘留现行犯、重大嫌疑分子或者逮捕犯罪嫌疑人、被告人后，除有碍侦查或者无法通知的情形以外，办案机关应当在 24 小时以内进行讯问，并在 24 小时以内把拘留或者逮捕的原因和羁押的处所通知被拘留人或者被逮捕人的家属或者他的所在单位。

公安机关对被拘留的人认为需要逮捕的，应当在拘留后 3 日内提请人民检察院审查批准。特殊情况下，可以将提请审查批准的时间延长 1 日至 4 日；对于流窜作案、多次作案、结伙作案的重大嫌疑分子，提请审查批准的时间可以延长至 30 日。人民检察院应当在接到公安机关提请批准逮捕书的 7 日以内，作出批准逮捕或者不批准逮捕的决定。人民检察院对直接受理的案件中被拘留的人，认为需要逮捕的，应当在 10 日以内作出决定。在特殊情况下，决定逮捕的时间可以延长 1 日至 4 日。

（二）捕后侦查羁押期间

1. 对犯罪嫌疑人逮捕后的侦查羁押期限不得超过 2 个月。

2. 案情复杂、期限届满不能终结的案件，可以经上一级人民检察院批准延长1个月。

3. 对于交通十分不便的边远地区的重大复杂案件，重大的犯罪集团案件，流窜作案的重大、复杂案件以及犯罪涉及面广、取证困难的重大复杂案件（以下简称“四类案件”），在上述的3个月侦查羁押期限内不能办结的，经省、自治区、直辖市人民检察院批准或者决定，可以延长2个月。

4. 对于犯罪嫌疑人可能判处10年有期徒刑以上刑罚，在上述的5个月内仍不能侦查终结的，经省、自治区、直辖市人民检察院批准或决定，可以再延长2个月。

5. 因为特殊原因，在较长时间内不宜交付审判的特别重大复杂的案件，由最高人民检察院报请全国人民代表大会常务委员会批准延期审理。法律规定的侦查羁押期限，既适用于公安机关负责立案侦查的案件，也适用于人民检察院直接立案侦查的案件。

（三）解除扣押、冻结期间

人民检察院、公安机关对于扣押的物品、文件、邮件、电报或者冻结的存款、汇款，经查明确实与案件无关的，应当在3日以内解除扣押、冻结，退还原主或者原邮电机关。

（四）审查起诉期间

人民检察院对于公安机关移送起诉的案件，应当在1个月以内作出决定，重大、复杂的案件，可以延长半个月。对于补充侦查的案件，应当在1个月以内补充侦查完毕。补充侦查以两次为限。

（五）对不起诉决定的申诉期间

被害人对于人民检察院作出的不起诉决定不服的，可以在收到决定书后7日内向上一级人民检察院提出申诉。被不起诉人对于人民检察院因“犯罪情节轻微，依照刑法规定不需要判处刑罚或者免除刑罚”而作出的不起诉决定不服，可以在接到决定书后7日内向人民检察院申诉。

（六）律师参与刑事诉讼期间

1. 律师介入侦查阶段的期间。犯罪嫌疑人自被侦查机关第一次讯问或者采取强制措施之日起，有权委托辩护人。在侦查期间，只能委托律师作为辩护人。被告人有权随时委托辩护人。

2. 辩护期间。公诉案件自案件移送审查起诉之日起，犯罪嫌疑人有权委托辩护人。人民检察院自收到移送审查起诉的案件材料之日起3日以内，应当告知犯罪嫌疑人有权委托辩护人。人民法院自受理自诉案件之日起3日以内，应当告知被告人有权委托辩护人。对于被告人未委托辩护人的，告知被告人可以委托辩护人，或者在必要的时候指定承担法律援助义务的律师为其提供辩护。

自诉案件的被告人有权随时委托辩护人。

3. 代理期间。公诉案件的被害人及其法定代理人或者近亲属，附带民事诉讼的当事人及其法定代理人，自案件移送审查起诉之日起，有权委托诉讼代理人。人民检察院自收到移送审查起诉的案件材料之日起3日以内，应当告知被害人及其法定代理人或者其近亲属、附带民事诉讼的当事人及其法定代理人有权委托诉讼代理人。

自诉案件的自诉人及其法定代理人，附带民事诉讼的当事人及其法定代理人，有权随时委托诉讼代理人。人民法院自受理自诉案件之日起3日以内，应当告知自诉人及其法定代理人、附带民事诉讼的当事人及其法定代理人有权委托诉讼代理人。

（七）一审程序期间

人民法院应当在开庭10日以前将人民检察院的起诉书副本送达被告人；应当在开庭3日以前将开庭的时间、地点通知人民检察院；至迟应当在开庭3日以前将传票、通知书送达当事人、辩护人、诉讼代理人、证人、鉴定人和翻译人员；公开审判的案件，在开庭3日以前先期公布案由、被告人姓名、开庭时间和地点。检察人员在庭审中发现提起公诉的案件需要补充侦查并提出建议的，人民检察院应当在1个月以内补充侦查完毕。人民法院当庭宣告判决的，应当在5日以内将判决书送达当事人和提起公诉的人民检察院；定期宣告判决的，应当在宣告后立即将判决书送达当事人和提起公诉的人民检察院。判决被告人无罪、免除刑事处罚的，如果被告人在押，在宣判后应当立即释放。人民法院审理公诉案件，应当在受理后1个月内宣判，至迟不得超过一个半月。对于“四类案件”，经省、自治区、直辖市高级人民法院批准或者决定，可以再延长1个月。人民法院审理自诉案件，适用普通程序的，应当在被告人被羁押后1个月内宣判，至迟不得超过一个半月。有《刑事诉讼法》第158条规定情形之一的，经省、自治区、直辖市高级人民法院批准或者决定，可以再延长1个月。需要延长审理期限的，应当在期满7日以前报请高级人民法院批准或者决定。人民法院适用普通程序审理被告人未被羁押的自诉案件，应当在立案后6个月内宣判。有特殊情况需要延长审理期限的，由本院院长批准，可以延长3个月。适用简易程序审理案件，人民法院应当在受理后20日以内审结。适用速裁程序审理案件，人民法院应当在受理后10日以内审结；对可能判处的有期徒刑超过1年的，可以延长至15日。

（八）上诉、抗诉期限

不服判决的上诉、抗诉的期限为10日；不服裁定的上诉、抗诉的期限为5日。被害人及其法定代理人不服地方各级人民法院一审判决，有权自收到判决书后5日内请求人民检察院提出抗诉；人民检察院应在收到请求后5日内作出是否抗诉的决定并且答复请求人。

（九）二审程序期间

通过原审人民法院提出上诉的，原审人民法院应当在3日以内将上诉状连同案卷、证据移送上一级人民法院，同时将上诉状副本送交同级人民检察院和对方当事人；直接向第二审人民法院提出上诉的，第二审人民法院应当在3日以内将上诉状交原审人民法院送交同级人民检察院和对方当事人。第二审人民法院必须在开庭10日以前通知人民检察院查阅案卷。第二审人民法院受理上诉、抗诉案件后，应当在1个月以内审结，至迟不得超过一个半月。对于“四类案件”，经省、自治区、直辖市高级人民法院批准或者决定，可以再延长1个月，但是最高人民法院受理的上诉、抗诉案件，由最高人民法院决定。

（十）再审程序期间

人民法院按照审判监督程序重新审判的案件，应当在作出提审、再审决定之日起3个月以内审结，需要延长期限的，不得超过6个月。接受抗诉的人民法院按照审判监督程序审判抗诉的案件，审理期限适用前述规定；对需要指令下级人民法院再审的，应当自接受抗诉之日起1个月以内作出决定，下级人民法院审理案件的期限适用前述规定。

（十一）执行期间

罪犯被交付执行刑罚的时候，应当由交付执行的人民法院在判决生效后10日以内将有关的法律文书送达公安机关、监狱或者其他执行机关。

下级人民法院接到最高人民法院或高级人民法院执行死刑的命令后，应当在7日以内交付执行。

人民检察院认为暂予监外执行不当的，应当自接到通知之日起1个月以内将书面意见送交批准暂予监外执行的机关，批准暂予监外执行的机关接到人民检察院的书面意见后，应当立即对该决定进行重新核查。

人民检察院认为人民法院减刑、假释的裁定不当，应当在收到裁定书副本后20日以内，向人民法院提出书面纠正意见，人民法院应当在收到纠正意见后1个月以内重新组成合议庭进行审理，作出最终裁定。

（十二）申请恢复期间的期间

当事人由于不能抗拒的原因或者其他正当理由而耽误期限的，在障碍消除后5日以内，可以申请继续进行应当在期满以前完成的诉讼活动。

三、期间的计算

（一）期间的计算单位

《刑事诉讼法》第105条第1款规定，期间以时、日、月计算。至于较长的时间单位“年”和较短的时间单位“分”“秒”不作为法定期间的计量单位。以时为计算单位的，如传唤、拘传持续的时间不得超过12小时，又比如《刑事诉讼法》第86条规定，公安机关对于被拘留的人应当在拘留后24小时内进行讯问。以日为计算单位的较多，比如刑事拘留的时间，不服一审判决、裁定的上诉、抗诉期间等。以月为单位的，有取保候审的时间、监视居住的时间、侦查、起诉、审判的期间等。

（二）期间的计算方法

《刑事诉讼法》第 105 条第 2 款规定：“期间开始的时和日不算在期间以内”，期间以时为计算单位的，应当从开始期间的下一时起算；以日为计算单位的，应当从期间开始日的次日起算。

（三）期间的计算规则

1. 期间计算中涉及节假日的。如果节假日在法定期间内的，那么节假日不予扣除；如果期间届满之日是法定节假日的，则期间应当顺延至节假日后的第一个工作日，以节假日后的第一日为期间届满日期。犯罪嫌疑人、被告人或者罪犯的在押期间，应当至期间届满之日为止，不得因节假日而延长在押期限至节假日后的第一日。2. 法定期间不包括路途上的时间。诉讼行为的在途时间，应从法定期间中扣除，不应计算在法定期间内。3. 通过邮寄的方式把上诉状或其他文件送交司法机关的，期间应以上诉状或其他文件交当地邮局盖印邮戳的时间为准，而不应以邮件到达的时间为准。

（四）依法不计入办案期限或不计入羁押期限的情形

根据我国刑事诉讼法的规定，不计入办案期限的情况有下列几种：其一，对已被羁押的犯罪嫌疑人、被告人，不能在刑事诉讼法规定的起诉、审判等期限内办结的，可采取取保候审、监视居住的办法，取保候审或监视居住的期间，不计入起诉、审判等办案期限。其二，人民检察院审查起诉和人民法院审理的案件，犯罪嫌疑人、被告人没有被采取强制措施的，不计入办案期限。其三，对犯罪嫌疑人、被告人作精神病鉴定的时间，不计入办案期限。因为精神病鉴定比较复杂，需要比较多的时间进行观察、研究。其四，不计入羁押期限的主要是指在侦查期间犯罪嫌疑人不讲真实姓名、住址、身份不明的。按照刑事诉讼法的规定，侦查羁押期限自查清其身份之日起计算。其五，因存在以下情形，时间不计入审理期限：刑事案件因另行委托、指定辩护人，法院决定延期审理的，自案件决定延期审理之日起至第 10 日止准备辩护的时间；公诉人发现案件需要补充侦查，提出延期审理建议后，合议庭同意延期审理的期间；刑事案件二审期间，检察院查阅案卷超过 7 日后的时间；因当事人、诉讼代理人、辩护人申请通知新的证人到庭、调取新的证据、申请重新鉴定或者勘验，法院决定延期审理 1 个月之内的期间。

（五）重新计算的期间

重新计算的期间是指在法定情况下，诉讼过程中的某种期限重新计算，已过的时间不计入期间内。根据刑事诉讼法的规定，应当重新计算的期间主要有：其一，侦查过程中发现犯罪嫌疑人另有重要罪行的，侦查羁押期间重新计算。其二，人民检察院或人民法院在受理案件后，在审查起诉或一审审理期间改变管辖的，为了保证案件质量，原承办案件的人民检察院或人民法院所用的办案时间，不应计入办案期限，办案期限应自改变管辖后承办案件的人民检察院或人民法院收到案件之日起重新计算。其三，补充侦查后移送起诉或审判的案件，审查起诉或审理期限应重新计算，则退回补充侦查前审查起诉或审理的时间不计入办案期限。其四，第二审人民法院发回原审人民法院重新审判的案件，原审人民法院自收到发回案件之日起，重新计算审理期限。其五，由简易程序转为普通程序的第一审刑事案件的期限，从决定转为普通程序次日起重新计算。

四、期间的耽误和恢复

期间的耽误是指司法机关或当事人没有在法定期间内进行某种诉讼行为。一般而言，诉讼行为只有在法定期限内进行才会产生法律效力，过了期间就不能进行诉讼行为。但是实践中导致期间耽误的原因往往较为复杂，其中可能包括一些有正当理由的特殊情形。

《刑事诉讼法》第 106 条规定：“当事人由于不能抗拒的原因或者有其他正当理由而耽误期限的，在障碍消除后 5 日以内，可以申请继续进行应当在期满以前完成的诉讼活动。前款申请是否准许，由人民法院裁定。”法律在给予期间恢复的机会的同时，也对其条件进行了严格的限定：

1. 从行使权利主体看，只有诉讼当事人才能提出恢复诉讼期间的申请，其他诉讼参与人无权提出这种申请。

2. 从申请理由来看，当事人提出恢复期间的申请必须要有正当的理由，或者说当事人期间的耽误必须是由于有正当理由或发生了不能抗拒的原因。不能抗拒的原因主要是指当事人本身无法抗拒的自然灾害，如车祸、洪水、地震等，有正当理由主要是指当事人突患重病等。

3. 从申请时间看，当事人应当在障碍消除后 5 日内提出恢复期间的申请，这样有利于及时处理问题。

4. 从申请的效力看，当事人提出期间恢复的申请后，是否恢复由人民法院裁定。人民法院根据当事人申请的理由，裁定是否恢复诉讼期间。

五、送达

（一）送达的概念和特点

刑事诉讼文书送达，是指公安机关、人民检察院、人民法院按照法定的程序和方式将诉讼文书送交收件人的诉讼活动。

送达有以下几个特点：其一，送达的主体是公安司法机关，即公安司法机关将诉讼文件送交收件人。至于诉讼参与人在诉讼过程中将有关法律文书送交司法机关的行为不叫送达。其二，送达的对象主要是诉讼参与人。他们一般是公民个人，但也可以是国家机关、企业、事业单位和人民团体。有时候送达的对象还可以是司法机关，比如人民法院给人民检察院送达开庭通知书等。其三，送达的内容是公安司法机关将诉讼文件送达收件人。所谓诉讼文件，是公安司法机关在办案过程中制作的法律公文，包括传票、通知书、不起诉决定书、起诉书、判决书、裁定书等。

送达是一项重要的诉讼活动，它直接关系到诉讼活动能否顺利进行，因此，司法机关应当及时、准确地送达诉讼文件。具体来说，送达有以下重要意义：首先它有助于刑事诉讼的顺利进行。收件人收到诉讼文件后，就能及时了解诉讼文件的内容，能够按照法定的时间和程序参加诉讼并进行各种诉讼行为；比如人民法院送达证人开庭的通知，证人依法按时到庭，就能保障法庭审判的顺利进行。其次，有利于诉讼参与人行使诉讼权利和承担诉讼义务。比如，给自诉人、被告人送达一审判决书，就可以保障他们行使上诉权；给辩护人送达开庭通知书，就能让辩护人按时出庭，行使辩护权。所以说送达是与诉讼参与人诉讼权利紧密相连的行为，及时送达，有利于保障诉讼参与人行使诉讼权利。再次，送达还是使某些法律文书发生法律效力的一个必要条件。比如调解书，只有依法定方式和程序送交收件人，并让收件人签收后才生效。

（二）送达回证

送达回证指公安司法机关制作的用以证明业已进行送达及其结果的诉讼文件。送达诉讼文书必须有送达回证，送达回证是检查公安司法机关是否按照法定的方式和程序送达诉讼文书的标志，是送达人完成送达任务的标志，也是受送达人接收或者拒绝接收所送达文书的证明，同时还是认定当事人和其他诉讼参与人的诉讼行为是否有效的依据。

送达回证的内容通常包括：送达机关和送达文书的名称；受送达人的姓名（名称）、职务、住所地或者经常居住地；送达方式；送达人和受送达人签名或者盖章；签收日期等。送达回证的使用方法是，公安司法机关送达诉讼文书时，向收件人出示送达回证，由收件人、代收人在送达回证上记明收到日期，并且签名或者盖章；遇到拒收或拒绝签名、盖章的，在实施留置送达时，送达人应当邀请受送达人的邻居或者其他见证人到场，说明情况，把诉讼文书留在其住处，在送达回证上记明拒绝的事由、送达的日期，并且签名或者盖章。送达程序进行完毕后，将送达回证带回入卷。采用委托送达、转交送达的也必须按照上述程序进行，并将送达回证退回承办案件的公安司法机关。邮寄送达的，应当将送达回证和诉讼文书一起挂号邮寄给收件人，送达回证由收件人退回。

（三）送达的方式和程序

送达是一项严肃的诉讼活动，它会产生相应的法律后果。因此，除必须严格按照法定的期限、要求送达外，还必须按法定的方式和程序送达。根据《刑事诉讼法》第 107 条和有关司法解释的规定，送达的方式和程序主要有以下几种：

1. 直接送达。这种方式是司法机关把传票、通知书和其他诉讼文件交给收件人本人。这是主要的送达方式，当传达机关和收件人本人距离不远时应当采用直接送达的方式。

2. 间接送达。司法机关送达诉讼文件给收件人，如果其本人不在，可以把诉讼文件交给其本人的成年家属或所在单位负责人代收。间接送达与直接送达产生同样的法律效力。一般来说，如果送达机关把诉讼文件送达收件人成年家属或所在单位负责人代收时，送达人还应当告知代收人在限定时间内将诉讼文书转送收件人本人。

3. 留置送达。当司法人员将诉讼文件送达收件人或其成年家属，收件人或其代收人拒绝接受或拒绝签名、盖章时，送达人可以邀请他的邻居或其他见证人在场，说明情况，把文件留在其住处，并在送达证上注明拒绝的理由、送达的日期，由送达人签名，即认为已经送达。

4. 委托送达。通过以上方式送达有困难的，如果收件人离送达机关较远，需要异地送达时，送达机关可以委托收件人所在地的司法机关代为送达。收件人所在地司法机关收到委托送达的诉讼文件后，应当登记，并及时送达收件人。如果受委托机关无法送达时，应当将不能送达的原因及时告知委托机关，并将诉讼文书及送达回证退回委托机关。

5. 邮寄送达。司法机关在直接送达和间接送达有困难的情况下，可以将诉讼文件、送达回证通过挂号或邮件专递邮寄给收件人。收件人收到诉讼文件后，应当填写送达回证并寄回送达机关，挂号回执上注明的日期为送达日期。

6. 转交送达。当收件人是特殊的人员时，比如军人、服刑人员、劳教人员，可以通过收件人所在机关、单位送达诉讼文件，这种送达方式就叫转交送达。转交送达有一些特殊要求。收件人是军人的，可以通过部队团级以上单位的政治部门转交；收件人是服刑人员时，可以通过所在监狱或其他执行机关转交。代为转交的机关、组织、单位在收到诉讼文件后，应立即交给收件人，并将送达回证及时退回送达的司法机关。

第八节　刑事附带民事诉讼

一、概述

刑事附带民事诉讼，是指公安司法机关在刑事诉讼过程中，在解决被告人刑事责任的同时，附带解决被害人及其他受损人①因被告人的犯罪行为而遭受物质损失的赔偿问题的

① 由于刑事附带民事诉讼的原告一方是因被告人犯罪行为而受到物质损失者，其范围较宽泛，并非仅包括刑事案件被害人，也可能包括除被害人以外的其他、法人、其他组织乃至国家。故此处采取“受损人”这一称谓，以免与刑事案件被害人相混淆。

诉讼活动。

我国《刑事诉讼法》第101条规定："被害人由于被告人的犯罪行为而遭受物质损失的，在刑事诉讼过程中，有权提起附带民事诉讼。被害人死亡或者丧失行为能力的，被害人的法定代理人、近亲属有权提起附带民事诉讼。如果是国家财产、集体财产遭受损失的，人民检察院在提起公诉的时候，可以提起附带民事诉讼。"此即附带民事诉讼制度的主要法律依据。附带民事诉讼，就其本质而言，属于民事诉讼，但它又与一般的民事诉讼有区别：①性质特殊。附带民事诉讼所要解决的是物质损害赔偿问题，是民事赔偿问题。该损害是由于犯罪行为所引起，并且在刑事诉讼过程中提出赔偿请求；因此，它又具有刑事诉讼的性质，属刑事诉讼的一部分，所以说，它是一种特殊的民事诉讼。②法律依据特殊。在解决附带民事诉讼问题时，在实体法律和程序法律适用上，均表现出双重性的特点。既要遵循刑法，也要受民事法律规范的调整；既要遵循刑事诉讼法，同时也要适用民事诉讼法的规定。③处理程序特殊。附带民事诉讼具有从属性，它以刑事诉讼成立为前提。附带民事诉讼的解决，都取决于刑事案件的情况，都必须依据刑事诉讼法，因此，附带民事诉讼在处理程序方面是依附于刑事诉讼的。

附带民事诉讼是刑事诉讼法的一项十分重要的制度，通过追究被告人刑事责任的同时解决其物质赔偿问题，有着重要的意义：①有利于受损人及时、有效地维护自己的合法权益。刑事诉讼法设立附带民事诉讼制度，当受损人因犯罪行为遭受物质损失时，就可以通过这种救济途径去弥补自己遭受的损失，使物质上的损失能够及时得到赔偿。②有利于打击犯罪，追究行为人的法律责任。对于犯了罪的人，不仅要追究其刑事责任，还应追究其给受损人造成物质损失的民事责任，从而全面完整地实现对受损人的法律救济。③有利于正确处理赔偿纠纷，节约司法资源。由同一组织、同一程序解决刑事责任和民事赔偿问题，能够在对案件事实保持统一认识的基础上，避免庭审的重复和浪费，防止裁判标准和结果的不一致。在行使刑罚裁量权的同时，对民事责任问题一并加以解决，对于当事人而言，是恢复性司法的一种体现。

二、刑事附带民事诉讼的条件

根据刑事诉讼法的规定，提起附带民事诉讼应当具备以下条件：

（一）附带民事诉讼以刑事诉讼的存在为前提

附带民事诉讼是从属于刑事诉讼而存在的，如果刑事诉讼不成立，则不能提起附带民事诉讼。即如果行为人的行为没有违法，或者有违法行为但没有达到犯罪的程度，或者刑事诉讼程序因某种原因在某个阶段无法进行或不存在，就不存在附带民事诉讼。如果行为人的行为已经给受损人造成损失的，则可通过民事诉讼来解决。

（二）被害者遭受的必须是由犯罪行为直接造成的实际的、必然的物质损失

1. 损失类型为物质损失，精神损害赔偿的请求一般不予受理

这是附带民事诉讼的赔偿范围问题。犯罪行为给受损人造成的损失包括物质损失与精神损失。从我国现行法律规定来看，受损人能提起附带民事诉讼的赔偿范围原则上仅限于物质损失，对精神损害赔偿的诉求一般不予受理。但这一规定仅是原则性的。2021 年《刑诉解释》第 175 条第 2 款规定："因受到犯罪侵犯，提起附带民事诉讼或者单独提起民事诉讼要求赔偿精神损失的，人民法院一般不予受理。"这里对待精神损害赔偿诉求的受理问题的措辞将修订前的 2012 年《刑诉解释》第 138 条的"不予受理"改为"一般不予受理"，可见态度出现了一定程度的松动，① 在刑事附带民事诉讼中提起精神损害赔偿具有了酌情予以受理并支持的空间。此外，为防止精神损害赔偿的请求方采取迂回方式，即不在刑事诉讼中提起附带民事诉讼，而是提起单独的民事诉讼索要精神损害赔偿，从而规避和架空《刑诉解释》第 175 条第 2 款这一原则性规定，《刑诉解释》第 175 条亦规定即便提起单独的民事诉讼，人民法院亦应当原则上不予受理。

2. 被害者遭受的必须是实际的、必然的物质损失

所谓"直接的"，主要依据《刑诉解释》第 175 条第 1 款的规定：被害人因人身权利受到犯罪侵犯或者财物被犯罪分子毁坏而遭受物质损失的，有权在刑事诉讼过程中提起附带民事诉讼；被害人死亡或者丧失行为能力的，其法定代理人、近亲属有权提起附带民事诉讼。通说认为，物质损失必须和犯罪行为存在直接的因果关系，即存在日常生活中与特定情境下高概率的引发与被引发关系。

所谓"实际的""必然的"，指犯罪行为造成受损者物质损失在存在意义上的状态。"实际的"这一定语所指对象为在犯罪行为发生之时已然存在的现实物质利益。而"必然的"所指对象则是在犯罪行为发生时虽尚未存在，但依社会一般情况必然会发生的期待物质利益。

3. "犯罪行为"是指被指控的犯罪行为

只要犯罪嫌疑人、被告人被公安司法机关进行刑事追诉，因其犯罪行为遭受损失的人就可以提起附带民事诉讼，而在侦查、审查起诉阶段犯罪嫌疑人（审查起诉未终结，未提起公诉不能称为被告人）尚未被人民法院定罪。故整体上附带民事诉讼所指的"犯罪行为"是指被告人在刑事诉讼过程中被指控的犯罪行为，而不要求是人民法院以生效裁判确定的犯罪行为。此外，《刑诉解释》第 197 条第 1 款规定："人民法院认定公诉案件被告人的行为不构成犯罪，对已经提起的附带民事诉讼，经调解不能达成协议的，可以一并作出

---

① 2012 年《刑诉解释》第 138 条：因受到犯罪侵犯，提起附带民事诉讼或者单独提起民事诉讼要求赔偿精神损失的，人民法院不予受理。

刑事附带民事判决，也可以告知附带民事原告人另行提起民事诉讼。”换言之，附带民事诉讼的存在需要以刑事诉讼的存在为必要条件，但并不以犯罪嫌疑人、被告人最终被判决有罪为必要条件。即便犯罪嫌疑人被宣告无罪，人民法院依然可以对附带民事诉讼作出判决。

三、刑事附带民事诉讼的当事人

（一）附带民事诉讼原告人

附带民事诉讼原告人，是指在刑事诉讼过程中，有权向司法机关提出附带民事诉讼，要求被告人赔偿因其犯罪行为而造成的物质损失的人。

根据《刑事诉讼法》第 101 条第 1 款及《刑诉解释》第 179 条第 1、2 款的规定，附带民事诉讼的原告人包括：

1. 因犯罪行为遭受物质损失的公民。这是指因犯罪行为遭到物质损失的自然人。这些人可以是中国公民，也可以是外国公民，包括无国籍人。这些人作为附带民事原告人，是实践中最常见的情形。

2. 无行为能力或限制行为能力的被害人的法定代理人。无行为能力人或限制行为能力人主要是指未成年人或者精神病人，因为这些人缺乏全面的行为能力，因此法律规定，当他们成为被害人时，为了维护其合法权益，其法定代理人可以提起附带民事诉讼。

3. 已死亡被害人的近亲属。被害人的近亲属是指被害人的配偶、父母、子女、同胞兄弟姐妹，这些人往往是被害人的财产继承人，被害人遭受的物质损失，也往往与他们有切身的利害关系；因此，当被害人死亡时，他们有权提起附带民事诉讼。

4. 被害单位。遭受犯罪行为侵犯造成物质损失的是法人或其他组织时，这些法人和其他组织可以提起附带民事诉讼。因为这些法人和组织虽然不同于自然人，但也有其自身的合法财产，也依法享有民事权利能力和民事行为能力，因此，当它们的合法财产遭受侵害时，有权提起附带民事诉讼。

5. 人民检察院。当被犯罪行为侵害遭受物质损失的是国家财产、集体财产，且受损单位没有提起诉讼的，人民检察院在提起公诉的同时，可以提起附带民事诉讼。但需要强调的是，作为附带民事原告人的检察机关无权同被告人就经济赔偿问题通过调解达成协议或自行和解。此外，《刑诉解释》第 193 条规定：“人民检察院提起附带民事诉讼的，人民法院经审理，认为附带民事诉讼被告人依法应当承担赔偿责任的，应当判令附带民事诉讼被告人直接向遭受损失的单位作出赔偿；遭受损失的单位已经终止，有权利义务继受人的，应当判令其向继受人作出赔偿；没有权利义务继受人的，应当判令其向人民检察院交付赔偿款，由人民检察院上缴国库。”

（二）附带民事诉讼被告人

附带民事诉讼被告人，是指对犯罪行为造成的物质损失负有赔偿责任的人。附带民事诉讼被告人通常是刑事诉讼的被告人（包括公民、法人和其他组织），但在有些特殊情况下，应当赔偿物质损失的附带民事诉讼被告人，可能不是承担刑事责任的被告人。根据《刑诉解释》第180条的规定，附带民事诉讼中负有赔偿责任的人包括：

1. 刑事被告人。包括公民、法人和其他组织。实施犯罪行为的公民作为刑事被告人，如果其行为给被害人造成物质损失的，他同时又成为附带民事诉讼被告人，这是附带民事被告人最常见的情况。根据《刑法》之规定，单位可以成为犯罪主体，因此，当法人和其他组织因其单位犯罪而造成他人经济损失的，单位就应当成为附带民事诉讼被告人。

2. 共同犯罪中没有被追究刑事责任的其他共同致害人。在共同犯罪中，并非所有的共同致害人都会被交付法院审判，因为所有致害人并不一定满足应当追究刑事责任的条件。但是基于客观不法行为的连带性，物质损失的结果是所有的共同加害人的加害行为所致，即使部分被告人未被追究刑事责任，各加害人对物质损失都应承担民事赔偿责任。在这种情况下，所有共同致害人，无论其是否被追究刑事责任，都可能成为附带民事诉讼被告人。

3. 未成年刑事被告人的监护人。这里所讲的未成年刑事被告人，是指年龄未满18周岁的人。未成年刑事被告人因自己的犯罪行为受到刑事追究，一旦被判决有罪将独立承担刑事责任。但是就民事赔偿责任而言，根据民法的规定应由其监护人承担。未成年人的监护人是其父母，父母死亡或者没有监护能力的，由下列人员中有监护能力的人担任监护人：祖父母、外祖父母；兄、姐；关系密切的其他亲属、朋友愿意承担监护职责，经未成年人父母的所在单位或者未成年人住所地的居民委员会、村民委员会同意后，也可以做监护人。对担任监护人有争议的，由未成年人父母所在单位或者未成年人住所地的居民委员会、村民委员会在近亲属中指定。对指定不服提起诉讼的，由人民法院裁决。

4. 已被执行死刑的罪犯的遗产继承人。犯罪分子虽然已被执行了死刑，但其犯罪行为所造成的损害赔偿应当列入其遗产清偿范围。当然，遗产继承人作为民事赔偿责任的义务人，仅以其所继承的遗产数额为限。

5. 共同犯罪案件中，案件审结前已死亡的被告人的遗产继承人。这种情况下，刑事责任不再追究，但民事责任不能免除。其处理原则与上述第4项的情形相同，以所继承的遗产为限承担赔偿责任。

6. 其他对刑事被告人的犯罪行为依法应当承担民事赔偿责任的单位和个人。

此外，应当承担赔偿责任的成年附带民事诉讼被告人，如果其亲属自愿代为承担的，人民法院应当准许。

四、刑事附带民事诉讼的启动

（一）提起附带民事诉讼的时间

《刑诉解释》第 184 条第 1 款规定："附带民事诉讼应当在刑事案件立案后及时提起。"提起附带民事诉讼的期间要求，意在促使有权提起的主体尽可能及时提出赔偿请求，以便在本案刑事部分的一审程序中一并审理查明民事责任问题。当然，如果有权提起附带民事诉讼的人在前述时间内并未起诉，而是在刑事判决生效以后另行提起民事诉讼，应当准许；赔偿责任问题可以按照《民法典》和《民事诉讼法》的规定加以解决。

二审程序中，也可以提起附带民事诉讼。《刑诉解释》第 198 条规定："第一审期间未提起附带民事诉讼，在第二审期间提起的，第二审人民法院可以依法进行调解；调解不成的，告知当事人可以在刑事判决、裁定生效后另行提起民事诉讼。"这一规定的目的在于维护两审终审制度，如果此时二审法院对附带民事诉讼作出判决，则意味着对附带民事诉讼部分一审终审，剥夺当事人上诉权。故只可调解不可判决，调解不成应当告知另诉。

（二）侦查、审查起诉阶段提起附带民事诉讼的处理

需要强调的是，在前述的时间限定以前，即无论是在侦查阶段、起诉阶段，被害人依法都可以提起附带民事诉讼。《刑诉解释》第 185 条规定："侦查、审查起诉期间，有权提起附带民事诉讼的人提出赔偿要求，经公安机关、人民检察院调解，当事人双方已经达成协议并全部履行，被害人或者其法定代理人、近亲属又提起附带民事诉讼的，人民法院不予受理，但有证据证明调解违反自愿、合法原则的除外。"可见侦查、起诉阶段当事人可以提起附带民事诉讼，但由于公安机关、人民检察院并非审判机关、不行使国家审判权，故在侦查、审查起诉阶段，公安机关、人民检察院只可组织调解但不能作出判决。当事人双方达成协议本身也不具有强制约束力，但如果履行完成则具备终局效力，当事人不得反悔，除非有证据证明违反调解违反自愿、合法原则。

（三）提起附带民事诉讼的方式

根据《刑诉解释》第 198 条第 2 款规定："提起附带民事诉讼应当提交附带民事起诉状。"故口头起诉无效，必须采取书面起诉的方式。

（四）附带民事诉讼的提起条件

根据《刑诉解释》第 182 条规定："附带民事诉讼的起诉条件是：①起诉人符合法定条件；②有明确的被告人；③有请求赔偿的具体要求和事实、理由；④属于人民法院受理附带民事诉讼的范围。"基本与《民事诉讼法》第 122 条规定的起诉条件一致。

五、刑事附带民事案件的审判

（一）附带民事诉讼的审判原则

人民法院审理刑事附带民事诉讼案件，应当遵循《刑事诉讼法》和《民事诉讼法》的一般原则。此外，《刑事诉讼法》第104条规定："附带民事诉讼应当同刑事案件一并审判，只有为了防止刑事案件审判的过分迟延，才可以在刑事案件审判后，由同一审判组织继续审理附带民事诉讼。"这是审理附带民事诉讼的一项特有的基本原则。刑事部分和附带民事部分一并审判，可以提高办案效率，方便诉讼参与人参加诉讼，实现司法资源的节约；并能避免刑事判决和民事判决互相矛盾的情形的出现。在特定情况下，案件的刑事部分与民事部分也可以分开审理，但必须符合三个要求：其一，分开审理必须符合法定条件，即只有为了防止刑事案件审判的过分迟延，才能分开审理。其二，分开审理时，必须遵守先刑后民的要求，即只能先审理刑事部分，再审理民事部分。其三，在分开审理时，附带民事诉讼原则上仍应由同一审判组织进行，只有在同一审判组织的成员确实无法参加审判时，才允许更换审判组织成员。

（二）附带民事诉讼开庭前的准备工作

1. 附带民事诉讼起诉的受理

《刑诉解释》第178条规定："人民法院受理刑事案件后，对符合刑事诉讼法第101条和本解释第175条第1款规定的，可以告知被害人或者其法定代理人、近亲属有权提起附带民事诉讼。"此外，根据《刑诉解释》第178条规定："人民法院受理附带民事诉讼后，应当在5日以内将附带民事起诉状副本送达附带民事诉讼被告人及其法定代理人，或者将口头起诉的内容及时通知附带民事诉讼被告人及其法定代理人，并制作笔录。"故人民法院在受理刑事起诉时，无论是公诉案件还是自诉案件，如果发现被告人的犯罪行为给被害人造成了物质损失的，应告知被害人有权提起附带民事诉讼。经告知，有权提起附带民事诉讼的人放弃诉讼权利的，应当准许；并记录在案。对附带民事原告人向人民法院提起附带民事诉讼的，应当根据提起附带民事诉讼的条件进行审查，并自收到附带民事诉状后7日内决定是否受理。同时，对于有权提起附带民事诉讼的人在侦查、审查起诉阶段向公安机关、人民检察院提出赔偿要求，并经记录在案的，刑事案件起诉后，人民法院应当按附带民事诉讼案件受理。如果被害人等提出的赔偿要求，已经经过公安机关、人民检察院调解，双方当事人已达成协议并已履行给付的，被害人又坚持向人民法院提起附带民事诉讼的，人民法院原则上应当依《刑诉解释》第185条的规定不予受理，但却有证据证明调解违反自愿、合法原则的除外。

2. 诉讼文书的送达

根据《刑诉解释》第187条规定："人民法院受理附带民事诉讼后，应当在5日内向附带民事诉讼的被告人送达附带民事起诉状副本，或者将口头起诉的内容及时通知附带民事起诉的被告人，并制作笔录。被告人是未成年人的，应当将附带民事起诉状副本送达其法定代理人，或者将口头起诉的内容通知其法定代理人。人民法院在送达附带民事诉讼状副本时，应当根据刑事案件审理的期限，确定被告人或者其法定代理人提交民事答辩状的时间。"

3. 财产保全措施

附带民事诉讼的财产保全是指在刑事诉讼过程中，有可能因被告人或其他人的行为导致将来发生法律效力的附带民事诉讼判决不能或难以得到执行时，司法机关对被告人或其他赔偿义务人的财产采取一定的强制措施，从而保证附带民事诉讼能够得到执行。人民法院可以采取的保全措施包括查封（不动产）、扣押（动产）、冻结（银行账户）。

保全方式分两种：诉讼前的财产保全与诉讼中的财产保全。诉讼前的财产保全的条件：①启动方式。在提起附带民事诉讼前，可以向被保全财产所在地，被申请人居住地或者对案件有管辖权的人民法院采取保全措施。②担保要求。诉前财产保全，申请人应当提供担保、不提供担保的，裁定驳回申请。③裁定时间。法院接受申请后，应当在48小时内作出裁定。④起诉要求。申请人在人民法院受理刑事案件后15日内未提起附带民事诉讼的，人民法院应当解除保全措施。

诉讼中的财产保全条件：①启动方式。一是依申请启动，即根据附带民事诉讼原告人或人民检察院的申请，可以裁定采取保全措施；二是法院依职权，即未提出申请的，必要时，人民法院可以自行采取保全措施。②担保要求。人民法院可以视情况责令申请人提供担保，申请人此时不提供担保的，裁定驳回申请。③④裁定时间。法院接受申请后，对情况紧急的，应当在48小时内作出裁定。

4. 先行调解

人民法院对附带民事诉讼可以先行调解，调解应遵循自愿、合法的原则。调解能达成协议的，应及时制作调解书，调解书送达双方当事人后即发生法律效力。调解达成协议并当场执行完毕的，可以不制作调解书，但应当记入笔录，经双方当事人、审判人员、书记员签名或者盖章即发生法律效力。如经调解无法达成协议或调解书签收前当事人反悔的，附带民事诉讼应及时通过审判来解决。

（三）开庭审判

附带民事诉讼的庭审过程中，当事人可以申请由人民法院主持调解。人民法院在对附带民事诉讼审结之前，原告人要求撤诉的，根据民事诉讼的处分原则，人民法院应当准许。

在人民法院开庭时，附带民事诉讼的原告经人民法院传票传唤，无正当理由拒不到庭，或者未经法庭许可中途退庭的，按自行撤诉处理。人民法院在对附带民事诉讼作出判决时，赔偿应当以被告人本人的财产为限，被告人是成年人，没有经济赔偿能力的，不能让被告人的家属承担被告人的赔偿责任。如果被告人无赔偿能力，而其亲属自愿代为承担赔偿责任的，人民法院应当准许。

此外，根据相关司法解释的规定，审理附带民事诉讼还应当遵循以下规定。

①附带民事诉讼案件的当事人对自己提出的主张，有责任提供证据。②人民法院在审理附带民事诉讼案件时，经审理后，公诉案件中被告人的行为不构成犯罪的，对已经提起的附带民事诉讼，如果经调解达不成协议的，应当一并作出刑事附带民事判决。③被告人已经赔偿被害人物质损失的，人民法院可以作为量刑情节予以考虑。④犯罪分子非法占有、处置被害人财产而使其遭受物质损失的，人民法院应当依法予以追缴或者责令退赔。被追缴退赔的情况，人民法院可以作为量刑情节予以考虑。⑤人民法院审理附带民事案件依法判决后，查明被告人确实没有财产可供执行的，应当裁定中止或者终结执行。⑥人民法院审理刑事附带民事诉讼案件，不收取诉讼费。

理论导读

关于回避制度，学界的研究多是关注具体制度的构建，如回避的事由细化、回避对象的扩展以及回避决定程序的优化。

关于公开审判制度，研究的热点问题在于庭审电视直播的正当性、合议庭的评议公开和裁判文书上网等。裁判文书作为司法过程的结果展示和司法活动的终端产品，构成实现司法正义的制度性工具，承载着十分重要的司法制度功能。有关裁判文书制度的改革一直是最高人民法院推进法院体制机制现代化建设的重要组成部分，并主要在两个方面发力：一是在内容方面加强和规范裁判文书释法说理，① 二是在程序方面逐步建立裁判文书公开制度并扩大公开范围、扩宽公开渠道。就后者而言，“建立生效法律文书统一上网和公开查询制度”，② 是习近平总书记对司法改革和司法公信力建设的重要指示。党的十九届三中和四中全会都明确提出要构建阳光司法机制，依法及时公开司法的依据、程序、流程、结果和生效法律文书，杜绝暗箱操作。③ 裁判文书上网制度作为规范人民法院在互联网公布裁判文书活动的实体制度和程序规范的集合，最高人民法院分别于 2010 年、2013 年和

① 参见《最高人民法院关于加强和规范裁判文书释法说理的指导意见》[法发（2018）10 号]。

② 习近平：《论坚持全面依法治国》，中央文献出版社 2020 年版，第 99 页。

③ 参见最高人民法院司法改革领导小组办公室编写：《〈最高人民法院关于全面深化人民法院改革的意见〉读本》，人民法院出版社 2015 年版，《导言》第 31 页。

2016年出台了3个都名为《关于人民法院在互联网公布裁判文书的若干规定》的文件，从而使这一制度在全国范围内实现了从建立到完善的过程。

关于二审终审，争议的焦点在于二审终审能否确保刑事审判的质量，这种“高效率”是否利于审判公正的实现。一些学者也认识到两审终审制比三审终审制减少了一道程序，减少了当事人再次上诉的机会，这样对案件的质量和当事人的合法权益有可能造成影响；不过，他们认为两审终审制完全可以保证审判质量，三审终审在案件质量保障方面不一定比两审终审更可靠。① 而更多学者认为，从我国司法实践来看，无论是第二审程序中的全面审查原则、完备的级别管辖制度和审查起诉制度，还是死刑复核与核准程序或者审判监督程序，都无法对两审终审的刑事审级制度提供足够的质量担保。②

在刑事诉讼的诸项制度中，最具争议性的制度莫过于刑事辩护制度。辩护制度在我国当前面临明显的困境，辩护律师的执业风险加大，很容易陷于被追究刑事责任的风险中。《刑法》第306条的“辩护人、诉讼代理人毁灭证据、伪造证据、妨害证据罪”，屡屡成为悬挂在执业律师头上的“达摩克利斯之剑”。实践中辩护律师的诉讼权利乃至人身权利屡遭公安司法机关的侵犯。

2018年《监察法》和《刑事诉讼法》对律师制度的调整主要体现在两个方面：一是在监察委员委会调查贪污贿赂犯罪案件中排除了律师介入的空间；另一方面是刑事诉讼法设定了值班律师制度。2018年《律师法》虽然在一定程度上强化了律师的刑事辩护权；但由于刑事诉讼法中关于律师辩护权的规定并没有相应修改，使两者之间存在一些重大区别。现行刑事诉讼法在一些层面上也相应作出了变更，使得两者有了一定程度的衔接，但是在一些规定中仍然存在不同，具体而言：

其一，律师介入刑事诉讼的时限提前。《刑事诉讼法》第34条规定，犯罪嫌疑人在被侦查机关“第一次讯问”或者采取强制措施之日起，可以聘请律师为其提供法律咨询、代理申诉、控告。同时《律师法》第33条规定，犯罪嫌疑人被侦查机关“第一次讯问”或者采取强制措施之日起，受委托的律师凭律师执业证书、律师事务所证明和委托书或者法律援助公函，有权会见犯罪嫌疑人、被告人并了解有关案件情况。律师会见犯罪嫌疑人、被告人不被监听。这意味着《律师法》和《刑事诉讼法》均承认律师有权在侦查机关第一次讯问时就介入刑事诉讼会见犯罪嫌疑人。

其二，律师会见权的强化。《律师法》第33条规定：“犯罪嫌疑人被侦查机关第一次讯问或者采取强制措施之日起，受委托的律师凭律师执业证书、律师事务所证明和委托书

① 参见陈卫东、李训虎：《公正、效率与审级制度改革——从刑事程序法的视角分析》，载《政法论坛》2003年第5期。

② 参见王超：《虚置的程序——对刑事二审功能的实践分析》，载《中外法学》2007年第2期。

或者法律援助公函，有权会见犯罪嫌疑人、被告人并了解有关案件情况。律师会见犯罪嫌疑人、被告人，不被监听。”《律师法》规定律师凭“三证”即可会见犯罪嫌疑人、被告人。

其三，辩护律师的阅卷权范围扩大。根据《刑事诉讼法》第 38 条、第 40 条的规定，律师在侦查阶段不能查阅任何案件材料，只能向侦查机关了解犯罪嫌疑人涉嫌的罪名和案件有关情况，提出意见；在审查起诉阶段才能查阅、复印“侦查机关移送的起诉意见书和技术鉴定材料”“本案的案卷材料”，在公诉后、开庭审理前，虽然由于实行全案移送的制度，律师的阅卷权也得到了一定的保障，但在 2012 年《刑事诉讼法》修改以前，辩护律师只能“查阅、复印检察机关向法院移送的证据目录、证人名单和主要证据复印件”。这使得律师很难获得检察机关手中已经掌握的全部证据资料，特别是避免了当某些证据资料检察机关不愿意主动向法院出示的情况下，辩护律师更是无从知晓的状况。而 2012 年《刑事诉讼法》《律师法》均针对阅卷范围作出了修改并延续，2018 年《刑事诉讼法》第 40 条规定：“辩护律师自人民检察院对案件审查起诉之日起，可以查阅、摘抄、复制本案的案卷材料。”《律师法》第 34 条规定：“律师担任辩护人的，自人民检察院对案件审查起诉之日起，有权查阅、摘抄、复制本案的案卷材料。”这大大扩展了辩护律师阅卷权的范围，将查阅的资料包括扩展到与案件有关的所有材料，并沿用至今。

其四，辩护律师调查取证权的强化。《刑事诉讼法》规定，辩护律师向单位或者个人调查取证时，必须取得他们同意；如果向被害人或者其近亲属、被害人提供的证人收集有关材料，除了征得被调查人本人的同意外，还需要人民检察院或者人民法院的许可。这使得辩护律师调查取证困难重重。《律师法》第 35 条规定：“受委托的律师根据案情的需要，可以申请人民检察院、人民法院收集、调取证据或者申请人民法院通知证人出庭作证。律师自行调查取证的，凭律师执业证书和律师事务所证明，可以向有关单位或者个人调查与承办法律事务有关的情况。”此条相对于刑事诉讼法，取消了律师调查取证需要征得被调查人同意以及需要经人民检察院或者人民法院许可的规定，扩展了律师的调查取证权。

其五，赋予律师言论豁免权。《律师法》第 37 条规定：“律师在法庭上发表的代理、辩护意见不受法律追究。但是，发表危害国家安全、恶意诽谤他人、严重扰乱法庭秩序的言论除外。”此条确立了律师的庭审言论豁免权，确保律师可以在法庭上充分表达自己的辩护意见，《刑事诉讼法》中并无相关规定。

《刑事诉讼法》与《律师法》在对律师参与刑事诉讼的权利规定上的不一致可能会带来法律适用冲突。《刑事诉讼法》修订在后，属于新法，且《刑事诉讼法》的制定主体是全国人民代表大会，《律师法》的制定主体是全国人大常委会，两法在层级效力上有区别，如果有所冲突，有可能依照上位法优于下位法的原则排除《律师法》的效力。为了解决好两法之间的衔接与协调问题，现行《刑事诉讼法》与《律师法》的规定作了一定的协调，避免了法律适用冲突，也避免了《律师法》势必会被架空的可能性，使得有关刑事辩护制度的修改不再形同虚设，刑事审前程序的诉讼化也不再是纸上谈兵而已。①

关于刑事附带民事诉讼制度。理论上探讨较多的一个问题是刑事附带民事诉讼的赔偿范围。2021 年《刑诉解释》第 175 条明确刑事附带民事诉讼赔偿范围仅限于赔偿物质损失，请求赔偿精神损失的，人民法院不予受理。而依照 2020 年 2 月最高人民法院《关于确定民事侵权精神损害赔偿责任若干问题的解释》规定，自然人因生命权、健康权等人格权利遭受非法侵害，向人民法院请求精神损害赔偿的，人民法院应当受理。未构成犯罪的人身侵权应承担精神赔偿民事责任，而给被害人造成的精神伤害远远大于民事案件中人身伤害的构成犯罪的人身侵权反倒不应承担精神赔偿民事责任，一般认为，被害者的精神损失可以通过对被告人的判刑来予以弥补。但在被告人死亡或者法院判决存在量刑畸轻的情况下，这一观点明显存在漏洞。② 2021 年《刑诉解释》第 175 条第 2 款虽在表达上留有了一定余地，但具体的执行尺度和对以往惯性的克服，还需要进一步探讨。

关于刑事法律援助。2017 年 10 月，最高人民法院、司法部印发《关于开展刑事案件律师辩护全覆盖试点工作的办法》，在北京等 8 个省（直辖市）开展刑事案件审判阶段律师辩护全覆盖试点工作。2018 年 12 月，最高人民法院、司法部印发通知，将试点工作扩大至全国，对于审判阶段被告人没有委托辩护人的案件，由人民法院通知法律援助机构指派律师为其提供辩护或者由值班律师提供法律帮助，切实保障被告人合法权益。2022 年 1 月 1 日起，《法律援助法》正式施行，标志着我国法律援助事业进入了高质量发展的新阶段。2022 年开始，有关机关推动进一步深化刑事案件律师辩护全覆盖试点工作，在巩固审判阶段刑事案件律师辩护全覆盖试点工作成效基础上，开展审查起诉阶段律师辩护全覆盖试点工作。这一工作对我国刑事司法人权保障有着重要意义。

真题解析

本章主要涉及刑事诉讼法的基本制度，在法律职业资格考试和过去的司法考试中多有涉及，是考试的重要内容之一。根据不完全统计，近年来考试题中涉及本章内容的题目超过 30 道，属于出题比较集中的内容，其中回避、辩护等知识点反复出现，应加以注意。

1.（2014 年卷二 67）林某盗版销售著名作家黄某的小说涉嫌侵犯著作权罪，经一审

① 参见叶青：《刑事审前程序诉讼化中律师介入问题之思考》，载《法学》2008 年第 7 期。

② 参见陶明、马建馨：《改革刑事附带民事诉讼制度若干问题研究》，载《法学杂志》2009 年第 11 期。

和二审后，二审法院裁定撤销原判，发回原审法院重新审判。关于该案的回避，下列哪些选项是正确的？

A. 一审法院审判委员会委员甲系林某辩护人妻子的弟弟，黄某的代理律师可申请其回避

B. 一审书记员乙系林某的表弟而未回避，二审法院可以此为由裁定发回原审法院重审

C. 一审合议庭审判长丙系黄某的忠实读者，应当回避

D. 丁系二审合议庭成员，如果林某对一审法院重新审判作出的裁判不服再次上诉至二审法院，丁应当自行回避

答案：AB

解析：选项A正确。《刑事诉讼法》第29条规定："审判人员、检察人员、侦查人员有下列情形之一的，应当自行回避，当事人及其法定代理人也有权要求他们回避：（一）是本案的当事人或者是当事人的近亲属的；（二）本人或者他的近亲属和本案有利害关系的；（三）担任过本案的证人、鉴定人、辩护人、诉讼代理人的；（四）与本案当事人有其他关系，可能影响公正处理案件的。"《刑诉解释》第27条规定："审判人员具有下列情形之一的，应当自行回避，当事人及其法定代理人有权申请其回避：（一）是本案的当事人或者是当事人的近亲属的；（二）本人或者其近亲属与本案有利害关系的；（三）担任过本案的证人、鉴定人、辩护人、诉讼代理人、翻译人员的；（四）与本案的辩护人、诉讼代理人有近亲属关系的；（五）与本案当事人有其他利害关系，可能影响公正审判的。"选项B正确。《刑事诉讼法》第238条规定："第二审人民法院发现第一审人民法院的审理有下列违反法律规定的诉讼程序的情形之一的，应当裁定撤销原判，发回原审人民法院重新审判：（一）违反本法有关公开审判的规定的；（二）违反回避制度的；（三）剥夺或者限制了当事人的法定诉讼权利，可能影响公正审判的；（四）审判组织的组成不合法的；（五）其他违反法律规定的诉讼程序，可能影响公正审判的。"C项中审判长丙尽管与当事人黄某有其他利害关系，但是没有达到可能影响公正审判的程度，所以选项C错误。选项D错误。《刑诉解释》第29条规定："参与过本案调查、侦查、审查起诉工作的监察、侦查、检察人员，调至人民法院工作的，不得担任本案的审判人员。在一个审判程序中参与过本案审判工作的合议庭组成人员或者独任审判员，不得再参与本案其他程序的审判。但是，发回重新审判的案件，在第一审人民法院作出裁判后又进入第二审程序、在法定刑以下判处刑罚的复核程序或者死刑复核程序的，原第二审程序、在法定刑以下判处刑罚的复核程序或者死刑复核程序中的合议庭组成人员不受本款规定的限制。"

2.（2013年卷二28）法院审理过程中，被告人赵某在最后陈述时，以审判长数次打

断其发言为理由申请更换审判长。对于这一申请，下列哪一说法是正确的？

A. 赵某的申请理由不符合法律规定，法院院长应当驳回申请

B. 赵某在法庭调查前没有申请回避，法院院长应当驳回申请

C. 如法院作出驳回申请的决定，赵某可以在决定作出后五日内向上级法院提出上诉

D. 如法院作出驳回申请的决定，赵某可以向上级法院申请复议一次

答案：A

解析：选项 A 正确。《刑诉解释》第 35 条规定："对当事人及其法定代理人提出的回避申请，人民法院可以口头或者书面作出决定，并将决定告知申请人。当事人及其法定代理人申请回避被驳回的，可以在接到决定时申请复议一次。不属于刑事诉讼法第二十九条、第三十条规定情形的回避申请，由法庭当庭驳回，并不得申请复议。"

3.（2015 卷二 68）未成年人小付涉嫌故意伤害袁某，袁某向法院提起自诉。小付的父亲委托律师黄某担任辩护人，袁某委托其在法学院上学的儿子担任诉讼代理人。本案中，下列哪些人有权要求审判人员回避？

A. 黄某

B. 袁某

C. 袁某的儿子

D. 小付的父亲

答案：ABCD

解析：选项 ABCD 正确。《刑事诉讼法》第 32 条规定："本章关于回避的规定适用于书记员、翻译人员和鉴定人。辩护人、诉讼代理人可以依照本章的规定要求回避、申请复议。"

4.（2017 年卷二 33）下列哪一选项属于两审终审制的例外？

A. 自诉案件的刑事调解书经双方当事人签收后，即具有法律效力，不得上诉

B. 地方各级法院的第一审判决，法定期限内没有上诉、抗诉，期满即发生法律效力

C. 在法定刑以下判处刑罚的判决，报请最高法院核准后生效

D. 法院可通过再审，撤销或者改变已生效的二审判决

答案：C

解析：选项 C 正确。两审终审制是我国审判制度的基本原则之一。两审终审制要求一个案件至多经过两级人民法院审判即告终结，所作判决即为生效判决。我国两审终审制度有三个例外：一是最高人民法院作为第一审的审判法院，所作判决即为终审判决；二是判处死刑的判决需要报请最高人民法院核准，判处死刑缓期两年执行的判决需要报请高级人民法院核准；三是各级地方法院在法定刑以下判处刑罚的，都必须报请最高人民法院核准

后才能生效。

5. （2013 年卷二 29）鲁某与洪某共同犯罪，洪某在逃。沈律师为鲁某担任辩护人。案件判决生效三年后，洪某被抓获并被起诉。关于沈律师可否担任洪某辩护人，下列哪一说法是正确的？

A. 沈律师不得担任洪某辩护人

B. 如果洪某系法律援助对象，沈律师可以担任洪某辩护人

C. 如果被告人洪某同意，沈律师可以担任洪某辩护人

D. 如果公诉人未提出异议，沈律师可以担任洪某辩护人

答案：A

解析：选项 A 正确。《刑诉解释》第 43 条规定："一名被告人可以委托一至二人作为辩护人。一名辩护人不得为两名以上的同案被告人，或者未同案处理但犯罪事实存在关联的被告人辩护。"鲁某与洪某系共同犯罪，未同案处理但犯罪事实存在关联，沈律师不得再担任洪某的辩护人。

6. （2013 年卷二 38）在法庭审判中，被告人翻供，否认犯罪，并当庭拒绝律师为其进行有罪辩护。合议庭对此问题的处理，下列哪一选项是正确的？

A. 被告人有权拒绝辩护人辩护，合议庭应当准许

B. 辩护律师独立辩护，不受当事人意思表示的约束，合议庭不应当准许拒绝辩护

C. 属于应当提供法律援助的情形的，合议庭不应当准许拒绝辩护

D. 有多名被告人的案件，部分被告人拒绝辩护人辩护的，合议庭不应当准许

答案：A

解析：选项 A 正确。《刑诉解释》第 311 条规定："被告人在一个审判程序中更换辩护人一般不得超过两次。被告人当庭拒绝辩护人辩护，要求另行委托辩护人或者指派律师的，合议庭应当准许。被告人拒绝辩护人辩护后，没有辩护人的，应当宣布休庭；仍有辩护人的，庭审可以继续进行。有多名被告人的案件，部分被告人拒绝辩护人辩护后，没有辩护人的，根据案件情况，可以对该部分被告人另案处理，对其他被告人的庭审继续进行。重新开庭后，被告人再次当庭拒绝辩护人辩护的，可以准许，但被告人不得再次另行委托辩护人或者要求另行指派律师，由其自行辩护。被告人属于应当提供法律援助的情形，重新开庭后再次当庭拒绝辩护人辩护的，不予准许。"

7. （2014 年卷二 68）刘某涉嫌特别重大贿赂犯罪被指定居所监视居住，律师洪某担任其辩护人。关于洪某在侦查阶段参与刑事诉讼，下列哪些选项是正确的？

A. 会见刘某应当经公安机关许可

B. 可申请将监视居住的地点变更为刘某的住处

C. 可向刘某核实有关证据

D. 会见刘某不受监听

答案：BD

解析：选项 B 正确。《刑事诉讼法》第 38 条规定："辩护律师在侦查期间可以为犯罪嫌疑人提供法律帮助；代理申诉、控告；申请变更强制措施；向侦查机关了解犯罪嫌疑人涉嫌的罪名和案件有关情况，提出意见。"选项 D 正确。《刑事诉讼法》第 39 条规定："辩护律师可以同在押的犯罪嫌疑人、被告人会见和通信。其他辩护人经人民法院、人民检察院许可，也可以同在押的犯罪嫌疑人、被告人会见和通信。辩护律师持律师执业证书、律师事务所证明和委托书或者法律援助公函要求会见在押的犯罪嫌疑人、被告人的，看守所应当及时安排会见，至迟不得超过四十八小时。危害国家安全犯罪、恐怖活动犯罪案件，在侦查期间辩护律师会见在押的犯罪嫌疑人，应当经侦查机关许可。上述案件，侦查机关应当事先通知看守所。辩护律师会见在押的犯罪嫌疑人、被告人，可以了解案件有关情况，提供法律咨询等；自案件移送审查起诉之日起，可以向犯罪嫌疑人、被告人核实有关证据。辩护律师会见犯罪嫌疑人、被告人时不被监听。辩护律师同被监视居住的犯罪嫌疑人、被告人会见、通信，适用第一款、第三款、第四款的规定。"

8. （2014 年卷二 33）关于期间的计算，下列哪一选项是正确的？

A. 重新计算期限包括公检法的办案期限和当事人行使诉讼权利的期限两种情况

B. 上诉状或其他法律文书在期满前已交邮的不算过期，已交邮是指在期间届满前将上诉状或其他法律文书递交邮局或投入邮桶内

C. 法定期间不包括路途上的时间，比如有关诉讼文书材料在公检法之间传递的时间应当从法定期间内扣除

D. 犯罪嫌疑人、被告人在押的案件，在羁押场所以外对患有严重疾病的犯罪嫌疑人、被告人进行医治的时间，应当从法定羁押期间内扣除

答案：C

解析：《刑事诉讼法》第 105 条规定："期间以时、日、月计算。期间开始的时和日不算在期间以内。法定期间不包括路途上的时间。上诉状或者其他文件在期满前已经交邮的，不算过期。期间的最后一日为节假日的，以节假日后的第一日为期满日期，但犯罪嫌疑人、被告人或者罪犯在押期间，应当至期满之日为止，不得因节假日而延长。"所以选项 C 正确。

9. （2013 年卷二 33）关于刑期计算，下列哪一说法是不正确的？

A. 甲被判处拘役六个月，其被指定居所监视居住 154 天的期间折抵刑期 154 天

B. 乙通过贿赂手段被暂予监外执行，其在监外执行的 267 天不计入执行刑期

C. 丙在暂予监外执行期间脱逃，脱逃的 78 天不计入执行刑期

D. 丁被判处管制，其判决生效前被逮捕羁押 208 天的期间折抵刑期 416 天

答案：A

解析：《刑事诉讼法》第 76 条规定："指定居所监视居住的期限应当折抵刑期。被判处管制的，监视居住一日折抵刑期一日；被判处拘役、有期徒刑的，监视居住二日折抵刑期一日。"指定居所监视居住 154 天折抵拘役 77 天。所以选项 A 错误。

10.（2013 年卷二 70）被告人徐某为未成年人，法院书记员到其住处送达起诉书副本，徐某及其父母拒绝签收。关于该书记员处理这一问题的做法，下列哪些选项是正确的？

A. 邀请见证人到场

B. 在起诉书副本上注明拒收的事由和日期，该书记员和见证人签名或盖章

C. 采取拍照、录像等方式记录送达过程

D. 将起诉书副本留在徐某住处

答案：ACD

解析：《刑诉解释》第 204 条第 2 款规定："收件人或者代收人拒绝签收的，送达人可以邀请见证人到场，说明情况，在送达回证上注明拒收的事由和日期，由送达人、见证人签名或者盖章，将诉讼文书留在收件人、代收人的住处或者单位；也可以把诉讼文书留在受送达人的住处，并采用拍照、录像等方式记录送达过程，即视为送达。"所以选项 ACD 正确。

11.（2014 年卷二 32）韩某和苏某共同殴打他人，致被害人李某死亡、吴某轻伤，韩某还抢走吴某的手机。后韩某被抓获，苏某在逃。关于本案的附带民事诉讼，下列哪一选项是正确的？

A. 李某的父母和祖父母都有权提起附带民事诉讼

B. 韩某和苏某应一并列为附带民事诉讼的被告人

C. 吴某可通过附带民事诉讼要求韩某赔偿手机

D. 吴某在侦查阶段与韩某就民事赔偿达成调解协议并全部履行后又提起附带民事诉讼，法院不予受理

答案：D

解析：《刑事诉讼法》第 101 条规定："被害人由于被告人的犯罪行为而遭受物质损失的，在刑事诉讼过程中，有权提起附带民事诉讼。被害人死亡或者丧失行为能力的，被害人的法定代理人、近亲属有权提起附带民事诉讼。如果是国家财产、集体财产遭受损失的，人民检察院在提起公诉的时候，可以提起附带民事诉讼。"所以选项 D 正确。

12.（2013年卷二32）王某被姜某打伤致残，在开庭审判前向法院提起附带民事诉讼，并提出财产保全的申请。法院对于该申请的处理，下列哪一选项是正确的？

A. 不予受理

B. 可以采取查封、扣押或者冻结被告人财产的措施

C. 只有在王某提供担保后，法院才予以财产保全

D. 移送财产所在地的法院采取保全措施

答案：B

解析：《刑诉解释》第189条规定："人民法院对可能因被告人的行为或者其他原因，使附带民事判决难以执行的案件，根据附带民事诉讼原告人的申请，可以裁定采取保全措施，查封、扣押或者冻结被告人的财产；附带民事诉讼原告人未提出申请的，必要时，人民法院也可以采取保全措施。有权提起附带民事诉讼的人因情况紧急，不立即申请保全将会使其合法权益受到难以弥补的损害的，可以在提起附带民事诉讼前，向被保全财产所在地、被申请人居住地或者对案件有管辖权的人民法院申请采取保全措施。申请人在人民法院受理刑事案件后十五日内未提起附带民事诉讼的，人民法院应当解除保全措施。人民法院采取保全措施，适用民事诉讼法第一百条至第一百零五条的有关规定，但民事诉讼法第一百零一条第三款的规定除外。"所以选项B正确。

13.（2013年卷二95、96）张一、李二、王三因口角与赵四发生斗殴，赵四因伤势过重死亡。其中张一系未成年人，王三情节轻微未被起诉，李二在一审开庭前意外死亡。

请回答第95—96题。

95. 本案依法负有民事赔偿责任的人是：

A. 张一、李二

B. 张一父母、李二父母

C. 张一父母、王三

D. 张一父母、李二父母、王三

答案：D

解析：《刑诉解释》第180条规定："附带民事诉讼中依法负有赔偿责任的人包括：（一）刑事被告人以及未被追究刑事责任的其他共同侵害人；（二）刑事被告人的监护人；（三）死刑罪犯的遗产继承人；（四）共同犯罪案件中，案件审结前死亡的被告人的遗产继承人；（五）对被害人的物质损失依法应当承担赔偿责任的其他单位和个人。附带民事诉讼被告人的亲友自愿代为赔偿的，应当准许。"所以选项D正确。

96. 在一审过程中，如果发生附带民事诉讼原、被告当事人不到庭情形，法院的下列做法正确的是：

A. 赵四父母经传唤，无正当理由不到庭，法庭应当择期审理

B. 赵四父母到庭后未经法庭许可中途退庭，法庭应当按撤诉处理

C. 王三经传唤，无正当理由不到庭，法庭应当采取强制手段强制其到庭

D. 李二父母未经法庭许可中途退庭，就附带民事诉讼部分，法庭应当缺席判决

答案：B

解析：《刑诉解释》第 195 条规定："附带民事诉讼原告人经传唤，无正当理由拒不到庭，或者未经法庭许可中途退庭的，应当按撤诉处理。刑事被告人以外的附带民事诉讼被告人经传唤，无正当理由拒不到庭，或者未经法庭许可中途退庭的，附带民事部分可以缺席判决。刑事被告人以外的附带民事诉讼被告人下落不明，或者用公告送达以外的其他方式无法送达，可能导致刑事案件审判过分迟延的，可以不将其列为附带民事诉讼被告人，告知附带民事诉讼原告人另行提起民事诉讼。"所以选项 B 正确。

14.（2019 年真题参考版）下列关于刑事诉讼中值班律师职责的表述，正确的是？

A. 值班律师是法律援助的新发展，值班律师与辩护律师的权利义务一致

B. 值班律师有权提出量刑意见

C. 值班律师属于刑事诉讼主体

D. 值班律师有权对犯罪嫌疑人、被告人提出程序适用建议

答案：BD

解析：选项 A 错误。值班律师与刑事代理制和刑事辩护制相并列。值班律师的职权主要包括解答法律咨询，引导和帮助犯罪嫌疑人、刑事被告人及其近亲属申请法律援助，转交申请材料，在认罪人从宽案件中对检察机关的定罪量刑提出意见，对刑讯逼供、非法取证情形代理申诉、控告和承办法律援助机构交办的其他任务等。但是，值班律师不能提供出庭辩护服务。选项 B、D 正确。《刑事诉讼法》第 36 条第 1 款规定："法律援助机构可以在人民法院、看守所等场所派驻值班律师。犯罪嫌疑人、被告人没有委托辩护人，法律援助机构没有指派律师为其提供辩护的，由值班律师为犯罪嫌疑人、被告人提供法律咨询、程序选择建议、申请变更强制措施、对案件处理提出意见等法律帮助。"选项 C 错误。刑事诉讼主体包括国家专门机关和诉讼参与人，值班律师不属于二者之一。

15.（2021 年真题参考版）杨某和刘某因涉嫌诈骗罪被提起公诉，二人均被逮捕。杨某委托律师谭某担任辩护人，刘某委托其在法院工作的哥哥刘甲担任辩护人。关于本案辩护人在审判阶段的权利，下列哪些是正确的？

A. 谭某和刘甲均有权独立辩护

B. 刘甲会见刘某应当经法院许可

C. 谭某和刘甲均有权向本案证人、被害人收集证据材料

D. 谭某会见杨某时可以向其核实有关证据

答案：ABD

解析：选项 A 正确。刑事诉讼中辩护人具有独立的诉讼地位，可以独立发表辩护意见。选项 B 正确。《刑事诉讼法》第 39 条第 1 款规定："辩护律师可以同在押的犯罪嫌疑人、被告人会见和通信。其他辩护人经人民法院、人民检察院许可，也可以同在押的犯罪嫌疑人、被告人会见和通信。"选项 C 错误。调查取证权专属于辩护律师，其他辩护人不享有调查取证权。选项 D 正确。《关于依法保障律师执业权利的规定》第 10 条规定："自案件移送审查起诉之日起，辩护律师会见犯罪嫌疑人、被告人，可以向其核实有关证据。

第六章　刑事诉讼管辖

第一节　刑事诉讼管辖概述

一、刑事诉讼管辖的概念

刑事诉讼中的管辖，是指侦查机关、检察机关和审判机关在直接受理刑事案件上的权限划分，以及人民法院系统内部在审判第一刑事案件上的权限划分，即依据我国现行《刑事诉讼法》规定和诉讼理论的指引，一般将管辖划分为立案管辖和审判管辖。所谓立案管辖是指公安、检察、法院三个专门机关之间直接受理刑事案件上的分工与权限；所谓审判管辖是指人民法院系统内部普通人民法院之间、普通人民法院与专门人民法院之间以及专门法院相互之间在审判第一审刑事案件上的分工与权限。审判管辖又可分为普通管辖和专门管辖；普通管辖又进一步划分为级别管辖、地区管辖和指定管辖。

管辖是任何诉讼首先必须解决的问题。与民事诉讼、行政诉讼相比较，刑事诉讼管辖更具有复杂性。民事诉讼、行政诉讼的管辖仅涉及审判权限方面的分工，而刑事诉讼管辖首先要解决立案管辖，即对不同的专门机关之间立案受理刑事案件的职权范围作出规定后，方可解决审判管辖，即确认法院系统内部对第一审刑事案件审判上的权限。

明确刑事案件的管辖对刑事诉讼的启动具有积极的意义：

1. 有利于公、检、法机关明确自己的权力与职责，确保刑事诉讼能够有序进行。明确案件管辖以后，不仅充分发挥了各部门、各单位应有的作用，也有助于各专门机关之间分工合作、相互协调、积极配合，准确、及时地办理刑事案件。

2. 可以防止刑事诉讼专门机关之间推脱塞责、推诿扯皮，避免因管辖上的不明妨碍刑事案件的有效处理。

3. 有利于单位和公民直接向有管辖权的机关报案、控告和举报，减少移送环节，便于公、检、法机关调查取证，也便于公民参加诉讼，提高诉讼效率。

二、确定刑事诉讼管辖的原则

管辖制度是刑事诉讼制度的基本内容之一，管辖的划分与确认应有利于刑事诉讼任务的实现；从这一要求出发，确定管辖应当遵循以下原则：

1. 分工合理、范围明确，发挥公安、司法机关的各自职能和办案人员积极性。分工合理是指要根据各机关的具体情况划分管辖范围。诸如根据该机关的性质与任务、级别与职权、物资配备与技术装备等，确定其管辖案件的数量与难度，使其担负的工作量与其能力相适应。范围明确是指对管辖范围的确定应当简洁、明确，不能模棱两可，使刑事案件的管辖都落到实处，避免发生管辖争议。

2. 有利于准确、及时地查明案件事实，保证案件质量，同时便于诉讼参与人参加诉讼。确定管辖应当兼顾保证办案质量和便利诉讼参与人参加诉讼两个方面，既要对公安司法机关调查取证、审理案件有利，也要提高诉讼参与人参加诉讼的便利性，减轻讼累。

3. 原则性与灵活性相结合。刑事案件千差万别，有的还具有很强的特殊性；在确定管辖时，原则性的规范是必要的；但如果在遇到特殊案件难以处理时，则应当确立具有适当灵活性的规范予以调整。应当指出，原则性是主要的，在通常的情况下确定案件管辖，必须坚持从原则性出发，防止对灵活性扩大适用。

第二节　立案管辖

一、立案管辖的概念和划分依据

立案管辖，又称职能管辖或部门管辖，是指侦查机关、检察机关和审判机关各自直接受理刑事案件的职权范围，亦即三机关之间在直接受理刑事案件范围上的权限划分。详言之，也就是确定哪些刑事案件不需要经过侦查，而由人民法院直接受理审判；哪些刑事案件由人民检察院直接受理立案侦查；哪些刑事案件由公安机关专门立案侦查。

一般而言，我国刑事诉讼法确定立案管辖的主要根据有：

1. 与案件的性质和难易、复杂程度相适应。应当根据刑事案件的性质和难易、复杂程度确定立案管辖的具体范围，即有必要区分无需侦查和需要侦查的案件交由不同机关管辖；对于需要侦查的案件，还要根据犯罪行为性质不同进一步区分。

2. 与侦查机关、检察机关、审判机关的职责、具体任务相适应，有利于三机关有效行使职权，充分发挥各自的职能作用。例如，人民法院是唯一的审判机关，直接由其立案受理的刑事案件应当限于少数特定的类型，不宜过多。既要有利于发挥侦查机关、检察机关、审判机关之间互相配合、互相制约的作用，充分保障被害人的合法权利。又要有利于诉讼的顺利进行，防止因管辖纠纷而导致诉讼延误。立案管辖的确定应当明晰，能够指导实践中的各种情形，否则就会在适用中引发混乱。

二、立案管辖具体划分

（一）公安机关立案管辖的刑事案件

《刑事诉讼法》第 19 条第 1 款规定：“刑事案件的侦查由公安机关进行，法律另有规定的除外。”这表明公安机关是最主要的刑事侦查机关，刑事案件原则上由公安机关进行侦查。公安机关是国家的治安保卫机关，肩负维护社会秩序、保障公民安全的职责，并具有同犯罪做斗争的丰富经验和必要的专门侦查手段。正是基于此，法律把绝大多数需要侦查的刑事案件交由公安机关立案侦查，这是与公安机关的性质、职能和办案条件相适应的。

所谓“法律另有规定”，一是指法律已明确规定由人民法院或人民检察院直接立案管辖的案件，二是指法律特别规定由其他机关侦查的案件。除这两类案件以外的其他一切刑事案件均由公安机关管辖。根据法律的规定，以下案件不由公安机关直接立案：①《刑事诉讼法》第 4 条规定：“国家安全机关依照法律规定，办理危害国家安全的刑事案件，行使与公安机关相同的职权。”②《刑事诉讼法》第 19 条第 2 款规定的人民检察院直接受理立案侦查的刑事案件。③《刑事诉讼法》第 308 条规定：军队保卫部门对军队内部发生的刑事案件行使侦查权。中国海警局履行海上维权执法职责，对海上发生的刑事案件行使侦查权。对罪犯在监狱内犯罪的案件由监狱进行侦查。军队保卫部门、中国海警局、监狱办理刑事案件，适用本法的有关规定。④《监察法》第 3 条规定：“各级监察委员会是行使国家监察职能的专责机关，依照本法对所有行使公权力的公职人员（以下称公职人员）进行监察，调查职务违法和职务犯罪，开展廉政建设和反腐败工作，维护宪法和法律的尊严。”

（二）人民检察院立案管辖的刑事案件

《刑事诉讼法》第 19 条第 2 款规定：“人民检察院在对诉讼活动实行法律监督中发现的司法工作人员利用职权实施的非法拘禁、刑讯逼供、非法搜查等侵犯公民权利、损害司法公正的犯罪，可以由人民检察院立案侦查。对于公安机关管辖的国家机关工作人员利用职权实施的重大犯罪案件，需要由人民检察院直接受理的时候，经省级以上人民检察院决定，可以由人民检察院立案侦查。”依照我国《刑法》第 94 条的规定，这里所说的“司法工作人员”是指有侦查、检察、审判、监管职责的工作人员。

归纳起来，人民检察院直接自行侦查的案件主要有以下两种类型：

1. 人民检察院在对诉讼活动实行法律监督中，发现司法工作人员涉嫌利用职权实施的下列侵犯公民权利、损害司法公正的犯罪案件，可以立案侦查，主要包括：非法拘禁罪（《刑法》第238条）（非司法工作人员除外），非法搜查罪（《刑法》第245条）（非司法工作人员除外），刑讯逼供罪（《刑法》第247条），暴力取证罪（《刑法》第247条），虐待被监管人罪（《刑法》第248条），滥用职权罪（《刑法》第397条）（非司法工作人员滥用职权侵犯公民权利、损害司法公正的情形除外），玩忽职守罪（《刑法》第397条）（非司法工作人员玩忽职守侵犯公民权利、损害司法公正的情形除外），徇私枉法罪（《刑法》第399条第1款），民事、行政枉法裁判罪（《刑法》第399条第2款），执行判决、裁定失职罪（《刑法》第399条第3款），执行判决、裁定滥用职权罪（《刑法》第399条第3款），私放在押人员罪（《刑法》第400条第1款），失职致使在押人员脱逃罪（《刑法》第400条第2款），徇私舞弊减刑、假释、暂予监外执行罪（《刑法》第401条），共十四种罪名。根据最高人民检察院2018年11月印发的《关于人民检察院立案侦查司法工作人员相关职务犯罪案件若干问题的规定》可知，此类犯罪案件，由设区的市级人民检察院立案侦查。基层人民检察院发现犯罪线索的，应当报设区的市级人民检察院决定立案侦查。设区的市级人民检察院也可以将案件交由基层人民检察院立案侦查，或者由基层人民检察院协助侦查。最高人民检察院、省级人民检察院发现犯罪线索的，可以自行决定立案侦查，也可以将案件线索交由指定的省级人民检察院、设区的市级人民检察院立案侦查。

2. 对于公安机关管辖的国家机关工作人员利用职权实施的重大犯罪案件，需要由人民检察院直接受理的时候，经省级以上人民检察院决定，可以由人民检察院立案侦查。对于大部分刑事案件的立案侦查活动应当严格依照刑事诉讼法的规定进行，只有当出现极个别的国家机关工作人员利用职权实施的其他重大犯罪案件，确实不宜由公安机关立案侦查，必须由人民检察院直接管辖的，经省级以上人民检察院决定，才可以由人民检察院立案侦查。上述规定应属于检察机关直接受案方面的灵活性规定，但必须在具体执行中严格掌握，不宜做任意扩大解释。

由人民检察院直接受理的上述刑事案件，其犯罪主体限于国家工作人员，而且属于国家工作人员职务上的犯罪或者利用职务上的便利进行的犯罪。人民检察院是国家的法律监督机关，法律监督的一项重要内容就是对国家工作人员是否遵守法律进行监督。因此，刑事诉讼法规定这些与国家工作人员职务有关的犯罪案件，由人民检察院立案侦查，是与检察机关的法律监督机关性质和法律监督职责相适应的。

（三）人民法院立案管辖的刑事案件

由人民法院直接受理的刑事案件，是指不需要经过公安机关或者人民检察院立案侦查，不通过人民检察院提起公诉，而由人民法院对当事人提起的诉讼直接立案和审判的刑事案件。这类刑事案件，在刑事诉讼中称为自诉案件。《刑事诉讼法》第 19 条第 3 款规定：“自诉案件，由人民法院直接受理。”所谓自诉案件，就是法律允许被害人或其他具有自诉主体资格的人直接起诉而无需经历侦查、公诉程序的刑事案件。根据《刑事诉讼法》和《刑法》的相关规定，我国的刑事自诉案件包括下列三类：

1. 告诉才处理的案件。指只有被害人或其法定代理人提出控告和起诉，人民法院才予以受理解决的案件；如果被害人因受到强制、威吓、无法告诉的，人民检察院或者被害人的近亲属也可以告诉。根据我国《刑法》的规定，告诉才处理的案件共有四种：即《刑法》分则第 246 条第 1 款规定的公然侮辱、诽谤案（但是严重危害社会秩序和国家利益的除外），第 257 条第 1 款规定的暴力干涉婚姻自由案，第 260 条第 1 款规定的虐待案和第 270 条规定的侵占他人财物案。这四种案件，犯罪情节轻微，案情都比较简单，不需要侦查即可查清案件事实，所以适宜由人民法院直接受理。依照《刑事诉讼法》第 114 条的规定，对于自诉案件，被害人有权向人民法院直接起诉。被害人死亡或者丧失行为能力的，被害人的法定代理人、近亲属有权向人民法院起诉。人民法院应当依法受理。

2. 被害人有证据证明的轻微刑事案件。此类案件是指人民检察院没有提起公诉，被害人有证据证明的，不需要进行专门调查和采取有关强制性措施即可查清案件事实的案件。根据相关司法解释的规定，这类刑事案件主要包括：①故意伤害案（轻伤）；②重婚案；③遗弃案；④妨害通信自由案；⑤非法侵入他人住宅案；⑥生产、销售伪劣商品案（严重危害社会秩序和国家利益的除外）；⑦侵犯知识产权案（严重危害社会秩序和国家利益的除外）；⑧属于《刑法》分则第 4 章、第 5 章规定的，对被告人可以判处 3 年有期徒刑以下刑罚的其他轻微刑事案件等。

被害人有证据证明的轻微刑事案件不仅犯罪行为比较轻微，而且事实明显、被告人明确，被害人掌握有能够证明案件事实的有关证据，不需要动用侦查机关的力量再行侦查，所以也适宜由人民法院直接受理。上述所列八项案件中，被害人直接向人民法院起诉的，人民法院应当依法受理，对于其中证据不足、可由公安机关受理的，应当移送公安机关立案侦查。被害人向公安机关控告的，公安机关应当受理。

3. 被害人有证据证明对被告人侵犯自己人身、财产权利的行为应当依法追究刑事责任，而公安机关或者人民检察院不予追究被告人刑事责任的案件。此类案件就是通常所说的“公诉转自诉案件”。依据《刑事诉讼法》第 210 条第 3 项的规定，这类案件从性质上说本属于公诉案件范围，但由于具备下述条件而转变为自诉案件：一是被害人有足够证据证明；二是被告人侵犯了自己的人身、财产权利，应当追究被告人刑事责任的；三是公安机关或者人民检察院不予追究，并已经作出书面决定的。这类刑事案件的范围很广，既包括公安机关或检察机关不立案侦查或撤销的案件，也包括检察机关决定不起诉的案件。这样规定的目的，是为了加强对公安、检察机关立案管辖工作的制约，维护被害人的合法权益，防止由于公安司法机关的相互推诿而使得被害人陷入告诉无门的困境。

第三节 审判管辖

刑事诉讼中的审判管辖，是指人民法院审判第一审刑事案件的职权范围，包括各级人民法院之间、普通人民法院与专门人民法院之间，以及同级人民法院之间，在审判第一审刑事案件上的权限划分。审判管辖所要解决的是某一具体的刑事案件由哪个人民法院进行第一审的问题。审判管辖的确定还有另一项作用，就是同时确定了提起公诉的人民检察院。根据《刑事诉讼法》第 176 条的规定，人民检察院认为犯罪嫌疑人的犯罪事实已经查清，证据确实、充分，依法应当追究刑事责任的，应当作出起诉决定，按照审判管辖的规定，向人民法院提起公诉，并将案卷材料、证据移送人民法院。可见，人民检察院决定公诉的案件，应当向拥有案件第一审管辖权的人民法院提起。因此，人民法院审判管辖的确定，同时也意味着承担公诉职责的人民检察院得以明确。

根据《人民法院组织法》的规定，人民法院除设有最高人民法院作为国家的最高审判机关外，还设有地方各级人民法院和军事法院等专门法院。依照《刑事诉讼法》第 19 条至第 28 条人民法院的审判管辖作出的相关规定，可以将其分为级别管辖、地区管辖和专门管辖。

一、级别管辖

级别管辖，是指不同级别的人民法院在审判第一审刑事案件上的分工和权限。级别管辖所要解决的是上下级法院之间的审判管辖划分问题，即在普通人民法院组织系统内，哪些刑事案件应由哪一级人民法院进行第一审审判。

（一）基层人民法院管辖的第一审刑事案件

《刑事诉讼法》第 20 条规定："基层人民法院管辖第一审普通刑事案件，但是依照本法由上级人民法院管辖的除外。"

基层人民法院是人民法院系统中的基层机关，距离犯罪行为的实际发生地最近，与人民群众关系最密切。因此，法律除了将少量刑事案件交由上级法院管辖外，把绝大多数案件交由基层人民法院管辖，这样既有利于人民法院就近办案，也方便了诉讼参与人参加诉讼，同时也有利于教育公民。

（二）中级人民法院管辖的第一审刑事案件

依据《刑事诉讼法》第 21 条的规定，我国中级人民法院管辖的第一审刑事案件有：

1. 危害国家安全案件。包括我国《刑法》第二编第一章所规定犯罪案件，即《刑法》第102条至第113条规定的各种犯罪。这类案件是以案件性质为划分标准的。

2. 恐怖活动案件。包括各类恐怖犯罪的行为，即《刑法》第121条规定的劫持航空器罪，第122条规定的劫持船只、汽车罪，第123条规定的暴力危及飞行安全罪等一系列罪名。

3. 可能判处无期徒刑、死刑的普通刑事案件。这是以可判刑罚轻重为划分标准的。应当注意，这里的“可能”表明在确定刑事案件的级别管辖时，对于被告人最终会被判处怎样的刑罚并未确定，而只能是依据事实和证据所作的初步评价。人民检察院对起诉案件的量刑认识或量刑建议是一种可能性的判断，最终的刑罚种类和轻重要经过审判后才能确定。加上“可能”一词，在法律用语上更加严密，逻辑更严谨。这类案件是以可判刑罚轻重为划分标准的。

在司法实践中，人民检察院在对侦查终结的案件审查起诉时，认为被告人的犯罪事实已经查清，证据确实、充分，并可能判处无期徒刑、死刑时，应当向中级人民法院提起公诉。而中级人民法院受理后，认为不够判处无期徒刑、死刑而应判处其他刑罚或者应作其他处理时，一般不再将案件交由基层人民法院审理，而仍由中级人民法院依法审判，以防止诉讼的一再拖延。同时也防止中级人民法院通过将案件管辖权向下转移的方式，控制案件终审权，规避高级人民法院的二审监督。

基层人民法院受理的公诉案件，认为案情重大、复杂或者可能判处无期徒刑、死刑的第一审刑事案件，请求移送中级人民法院审判，应当经合议庭报请院长决定后，在案件审理期满15日以前书面请求移送。中级人民法院应当在接到移送申请10日内作出决定。中级人民法院对于基层人民法院报请移送的这类案件，应当分别情形作出不同处理：认为不应判处无期徒刑、死刑的案件，决定不予接受移送；认为可能判处无期徒刑、死刑的案件，决定同意接受移送。中级人民法院不同意移送的，应当向该基层人民法院下达不同意移送决定书，由该基层人民法院依法审判；同意移送的，应当向该基层人民法院下达同意移送决定书，并书面通知同级人民检察院。基层人民法院接到上级人民法院同意移送决定书后，应当通知同级人民检察院和当事人，并将起诉材料退回同级人民检察院，由原提起公诉的基层人民检察院将起诉材料向上报送至市级人民检察院，并由市级人民检察院向中级人民法院提起公诉。①

上述三类刑事案件，属于性质严重，危害极大，案情重大、复杂，或者影响较大的案件，必须更加慎重。同时，处理这几类案件，无论在案件事实的认定上还是在适用法律

---

① 此处应当注意，基层人民法院不得直接将起诉材料上报中级人民法院，必须退回检察机关。因为基层人民法院为国家审判机关，不行使国家公诉权。

上，难度往往也比较大，这就要求办理案件的司法工作人员法律、政策水平高、业务能力强。由中级人民法院作为这三类案件的第一审法院，能够保证案件的正确处理，是一种必要的、恰当的立法选择。

（三）高级人民法院管辖的第一审刑事案件

《刑事诉讼法》第22条规定："高级人民法院管辖的第一审刑事案件，是全省（自治区、直辖市）性的重大刑事案件。"

高级人民法院在地方各级人民法院中居于最高地位，它同时也是一个省（自治区、直辖市）的最高一级的审判机关，它的主要任务是审判对中级人民法院裁判的上诉、抗诉案件，核准死刑缓期二年执行的案件，以及监督全省（自治区、直辖市）的下级人民法院的审判工作。所以，高级人民法院管辖的第一审刑事案件不宜过多。不仅如此，从审级制度的角度考虑，高级人民法院管辖第一审刑事案件的多少，又直接关系着最高人民法院第二审的负担。法律规定高级人民法院只管辖为数极少的全省（自治区、直辖市）性的重大刑事案件，既能满足少数重大案件的准确、及时处理，也有利于其集中精力完成监督、指导下级法院审判工作的任务。

（四）最高人民法院管辖的第一审刑事案件

《刑事诉讼法》第23条规定："最高人民法院管辖的第一审刑事案件，是全国性的重大刑事案件。"最高人民法院是全国的最高审判机关，除核准死刑案件外，由最高人民法院作为第一审审判的刑事案件只应当是极个别的，在全国范围内具有重大影响的，性质、情节都特别严重的刑事案件。只有这样，才有利于它充分发挥最高审判机关的应有作用。

《刑事诉讼法》第24条规定"上级人民法院在必要时候，可以审判下级人民法院管辖的第一审刑事案件；下级人民法院认为案情重大、复杂，需要由上级人民法院审判的第一审刑事案件，可以请求移送上一级人民法院审判。"这是法律在对审判级别管辖作出原则性规定后，为了保证案件正确、及时地处理，赋予人民法院在级别管辖中一定的变通处置权。

一人犯有数罪、共同犯罪的案件和其他需要并案审理的案件，应当合并一案审理，但如果其罪行可能判处的刑期分别属于不同级别的人民法院管辖时，审判实践中的一般做法是就高不就低，即只要其中一罪或者一人属于上级人民法院管辖，则全案都由上级人民法院管辖。

二、地域管辖

地域管辖，是指同级人民法院之间在审判第一审刑事案件权限上的划分。根据法律规定，确定地域管辖的原则有：

（一）以犯罪地人民法院管辖为主，被告人居住地人民法院管辖为辅的原则

我国《刑事诉讼法》第25条规定："刑事案件由犯罪地的人民法院管辖。如果由被告人居住地的人民法院审判更为适宜的，可以由被告人居住地的人民法院管辖。"刑事案件一般应由犯罪地人民法院管辖，这是确定地区管辖的首要原则。所谓犯罪地，包括犯罪行为预备地、犯罪行为实施地、犯罪结果发生地等。

《刑事诉讼法》规定刑事案件原则上由犯罪地的人民法院管辖的主要理由是：①犯罪地一般是罪证最集中存在的地方，案件由犯罪地人民法院管辖，便于及时地、全面地收集和审查核实证据，有利于迅速查明案情；②犯罪地是当事人、证人所在的地方，由犯罪地的人民法院审判，便于他们就近参加诉讼活动，有利于审判工作的顺利进行；③案件既然在犯罪地发生，当地群众自然关心案件的处理，由犯罪地人民法院审判，更能有效地发挥审判的法治教育作用，而且也有利于群众对法院审判工作的监督；④案件由犯罪地人民法院审判，便于人民法院系统地掌握和研究当地刑事案件发生的情况和规律，及时提出防范的建议，加强社会治安综合治理，预防和减少犯罪的发生。

基于犯罪地法院管辖原则之例外，刑事案件如果由被告人居住地的人民法院审判更为适宜的，可以由被告人居住地的人民法院管辖。单位犯罪的刑事案件一般由犯罪地的人民法院管辖；如果由被告单位住所地的人民法院管辖更为适宜的，也可以由被告单位住所地的人民法院管辖。这里所说的被告人居住地，包括被告人的户籍所在地、居所地。至于何谓"更为适宜"，这要根据案件和被告人的具体情况来决定。例如，被告人流窜作案，主要犯罪地难以确定，而居住地群众更为了解其犯罪情况的；案件发生在两个地区交界的地方，犯罪地的司法区交织或不明确，致使犯罪地的管辖法院难以确定的；可能对被告人适用缓刑或者判处管制，而应当在被告人居住地进行监督改造和考察的等，都属于"更为适宜"的情形，一般由被告人居住地的人民法院管辖。

（二）以最初受理的人民法院审判为主，主要犯罪地人民法院审判为辅的原则

《刑事诉讼法》第26条规定："几个同级人民法院都有权管辖的案件，由最初受理的人民法院审判。在必要的时候，可以移送主要犯罪地的人民法院审判。""主要犯罪地"包括：一人在不同地区犯一个罪，其中的犯罪行为实施地；一人在不同地区犯同一种罪，其中的主要犯罪行为的实施地；一人在不同地区犯数罪，其中的最严重犯罪行为的实施地；在共同犯罪中，主犯的犯罪行为的实施地等。

三、指定管辖

指定管辖，是指上级人民法院依照法律规定，指定其辖区内的下级人民法院对某一案件行使管辖权。《刑事诉讼法》第27条规定："上级人民法院可以指定下级人民法院审判

管辖不明的案件，也可以指定下级人民法院将案件移送其他人民法院审判。”

（一）因管辖不明而发生的指定管辖

管辖不明包括地区管辖不明和级别管辖不明。对于前者，为避免因地区管辖不明造成案件没有法院受理的情况，案件可以由它们的共同上级人民法院指定某个下级人民法院审判。对于后者，上级人民法院可以直接指定下级人民法院审判。

（二）因其他特殊原因的指定管辖

基于以下情形之一的，上级人民法院可以指定下级人民法院将案件移送其他人民法院审判：

其一，有管辖权的几个同级人民法院因移送案件发生争议的；

其二，无管辖权的人民法院错误管辖而需要移送管辖法院的；

其三，有管辖权的人民法院由于特殊原因不能行使管辖权的；

其四，上级人民法院认为由其他人民法院审判更有利于正确、及时处理案件的。

此外，对于不在同一地区抓获的共同犯罪的犯罪嫌疑人，原则上应并案处理，由主犯被抓获地人民法院就整个案件进行审判；主犯、从犯难以确认的，可由主要犯罪地人民法院审判；发生争执的，报其共同上级人民法院指定。

有管辖权的人民法院因案件涉及本院院长需要回避等原因，不宜行使管辖权的，可以请求上一级人民法院管辖；上一级人民法院也可以指定与提出请求的人民法院同级的其他人民法院管辖。

对管辖权发生争议的，应当在审限内协商解决；协商不成的，由争议的人民法院分别逐级报请共同的上一级人民法院指定管辖。上级人民法院指定管辖的，应当在开庭审判前将指定管辖决定书分别送达被指定管辖的人民法院及其他有关的人民法院。原受理案件的人民法院，在收到上级人民法院指定其他法院管辖决定书后，不再行使管辖权。对于公诉案件，应书面通知提起公诉的人民检察院，并将全部案卷材料退回，同时书面通知当事人；对于自诉案件，应当将全部案卷材料移送被指定管辖的人民法院，并书面通知当事人。根据有关司法解释规定，最高人民法院在必要时，可以指定有管辖权的下级人民法院将案件移送其他人民法院管辖。

四、特殊管辖

特殊管辖包括专门管辖和有关刑事审判管辖的特别规定。

（一）专门管辖

是指专门法院与普通人民法院之间，各类专门法院之间以及各专门法院系统内部就第一审刑事案件受理范围的分工。在我国，对刑事案件拥有管辖权的专门法院包括军事法院和铁路运输法院。

专门法院案件的管辖并未在《刑事诉讼法》中明确加以规定。在司法实践中，军事法院管辖的刑事案件，主要是现役军人和军内在编职工违反《刑法》分则第十章“军人违反职责罪”的犯罪案件。铁路运输法院管辖的刑事案件，主要是铁路运输系统公安机关负责侦破的刑事案件，如危害和破坏铁路交通和安全设施的犯罪案件，在火车上发生的犯罪案件，以及铁路职工违反规章制度、玩忽职守造成严重后果的犯罪案件等。

军地互涉的刑事案件具有一定的特殊性，一般实行分别管辖制度。原则上，地方人员犯罪的，由地方人民法院管辖；现役军人犯罪的，由军事法院管辖。司法实践中，对于特殊的军地互涉案件的管辖权，应该依据相关的司法解释，分别不同情况加以确定：

1. 现役军人（含军内在编职工，下同）和非军人共同犯罪的，分别由军事法院和地方人民法院管辖或者其他专门法院管辖；涉及国家军事秘密的，全案由军事法院管辖。

2. 地方人民法院或者军事法院以外的其他专门法院管辖以下案件：①非军人、随军家属在部队营区犯罪的；②军人在办理退役手续后犯罪的；③现役军人入伍前犯罪的（需与服役期内犯罪一并审判的除外）；④退役军人在服役期内犯罪的（犯军人违反职责罪的除外）。

与军地互涉案件的管辖权争议类似，铁路运输法院与地方人民法院也可能因管辖不明而发生争议，此类案件一般由地方人民法院管辖。

（二）刑事审判管辖的特别规定

在实践中，关于审判管辖，还存在着一些特殊情况。对这类特殊案件的审判管辖，《刑诉解释》作了明确规定：

1. 对于中华人民共和国缔结或者参加的国际条约所规定的罪行，中华人民共和国在所承担条约义务的范围内行使刑事管辖权。这类案件，由被告人被抓获地的中级人民法院管辖。

2. 在中华人民共和国领域外的中国船舶内的犯罪，由犯罪发生后该船舶最初停泊的中国口岸所在地的人民法院管辖。

3. 在中华人民共和国领域外的中国航空器内的犯罪，由犯罪发生后该航空器在中国最初降落地的人民法院管辖。

4. 在国际列车上的犯罪，按照我国与相关国家签订的有关管辖协定确定管辖。没有协定的，由犯罪发生后该列车最初停靠的中国车站所在地或者目的地的铁路运输法院管辖。

5. 中国公民在驻外的中国使（领）馆内的犯罪，由该公民主管单位所在地或者他的原户籍所在地的人民法院管辖。

6. 中国公民在中华人民共和国领域外的犯罪，由该公民离境前的居住地或者原户籍所在地的人民法院管辖。

7. 外国人在中华人民共和国领域外对中华人民共和国国家或者公民犯罪，依照刑法应受处罚的，由该外国人入境地的中级人民法院管辖。

8. 发现正在服刑的罪犯在判决宣告前还有其他犯罪没有受到审判的，由原审人民法院管辖；如果罪犯服刑地或者新发现罪的主要犯罪地的人民法院管辖更为适宜的，可以由服刑地或者新发现罪的主要犯罪地的人民法院管辖。正在服刑的罪犯在服刑期间又犯罪的，由服刑地的人民法院管辖。正在服刑的罪犯在脱逃期间的犯罪，如果是在犯罪地捕获并发现的，由犯罪地的人民法院管辖；如果是被缉捕押解回监狱后发现的，由罪犯服刑地的人民法院管辖。

理论导读

学界关于管辖问题争论的核心是刑事诉讼案件管辖权的配置，即刑事诉讼案件管辖权在不同的公安、司法、监察机关之间进行分配时，对于必然出现的管辖竞合或管辖冲突如何解决的问题。2018 年《刑事诉讼法》修正案在管辖问题上做了较大的修改，集中体现在中国海警局对海上发生的刑事案件行使侦查权和检察机关的对贪污贿赂犯罪的侦查权转隶至监察委员会两方面。

理论上，关于我国刑事诉讼法对刑事案件管辖权的界定和划分，存在如下争论：

首先，管辖权的划分标准是否恰当。我国刑事诉讼法对刑事案件的管辖划分标准主要是按犯罪行为涉及的罪名确定，但实践中有些案件究竟如何定性只有在案件事实查清之后才能进行，在刚刚发现犯罪事实时就要求准确把握罪名并以此决定案件管辖机关，确实有较大难度。如在企业改制中涉嫌犯罪的，企业性质与涉案人员的身份往往很复杂，如果开始认为是监察机关管辖的公职犯罪案件，然后在事实调查中发现并非如此，再把案件移交给公安机关重新立案，势必造成办案资源浪费。另外，如果在法庭审理过程中，控辩双方所争议的定罪涉及立案管辖事宜，一旦法院采纳对检察机关不利的意见，那么检察机关将因为缺乏管辖权而使得所有的审前活动失去法律依据；但如果依此直接判决被告人无罪，也是不合理的。

其次，如何处理实践中存在的管辖竞合情形。刑事司法实践中，许多案件存在多个可以分解的单个犯罪行为；这些犯罪行为相互交叉、互相关联，则可能产生一个案件存在多个管辖权的管辖竞合现象。其中包括以下几种情况：

第一，公安机关与人民检察院的交叉管辖。此时根据《高检规则》第 18 条第 1 款的规定，人民检察院办理直接受理的案件涉及公安机关管辖的案件，应当将属于公安机关管辖的刑事案件移送公安机关。如果涉嫌的主罪属于公安机关管辖，应由公安机关为主侦查，人民检察院予以配合；如果涉嫌的主罪属于人民检察院管辖，则由人民检察院为主侦查，公安机关予以配合。可见公检之间的管辖权竞合一般仍以固有的管辖范围为准进行各自处理，但兼顾案件的特殊情况，可以由两机关进行配合办理。

第二，公诉案件与自诉案件的交叉管辖。即人民法院与公安、检察机关之间的管辖权竞合。此时公安机关或者人民检察院在侦查过程中，如果发现被告人还犯有必须由人民法院直接受理的罪行时，一方面，针对属于告诉才处理的案件，基于不告不理的原则和人民检察院公诉权的权属范围限制，应当告知被害人向人民法院直接提起诉讼。另一方面，对于人民法院可以受理的其他类型自诉案件，公安机关可以一般立案侦查，然后在人民检察院提起公诉时，随同公诉案件由法院一并审理。最后，人民检察院在审理自诉案件过程中，如果发现被告人还犯有必须由人民检察院提起公诉的公诉罪行时，此时法院作为中立的审判机关，不享有主动追诉犯罪的侦查、起诉权，故应当将新发现的罪名移送有管辖权的公安机关或人民检察院处理。这一类案件的处理原则一般严守各个机关立案管辖的权属规定，但在先的发现机关具有对案件得到进一步处理的释明或移送义务。

第三，普通刑事案件与监察案件的交叉管辖。根据《监察法》第 34 条的规定，人民法院、人民检察院、公安机关、审计机关等国家机关在工作中中发现公职人员涉嫌贪污贿赂、失职渎职等职务违法和职务犯罪的问题线索，应当移送监察机关，由监察机关依法调查处置。被调查人既涉嫌严重职务违法或职务犯罪，又涉嫌其他犯罪的，一般应当由监察机关为主调查，其他机关予以协助。而这种监察案件与刑事案件“互涉”的情形，也是当今争议较大，研究热度较高的一个问题。

监察与刑事“互涉”案件在《监察法》第 34 条的规定下，公安机关、人民检察院所管辖的案件均有可能因“互涉”因素而使得监察机关掌握办案的主导地位。立法以及司法解释中明确指出：“互涉”案件由“监察优先”，即监察机关为主调查，刑事司法机关协助；关联案件则是以主罪与次罪作为确定管辖的基本原则。同时，对于“互涉”案件，虽然《实施条例》第 51 条规定，在监察优先的前提下，监察机关和公安司法机关分别立案处理。但是，在具体的理解和适用中，官方、学界和实务部门大多认为监察机关可以管辖只能由公安机关立案侦查的案件。

如对于《监察法》第 34 条第 2 款的规定，中央纪委、国家监察法规室的权威解释是：“根据本条规定，监察机关在调查涉嫌职务违法犯罪的被调查人其他违法犯罪案件时，需要检察机关、公安机关等其他机关协助的，其应当给予协助。”① 学界主流观点也认为：

① 参见张泽涛：《规范“互涉”案件中监察机关与刑事司法机关管辖制度》，载《当代法学》2022 年第 5 期。

“涉嫌贪污贿赂等职务犯罪行为的社会危害性更大，因此，在出现犯罪嫌疑人兼犯多罪且包含职务犯罪时，应当将其交由国家监察机关，监察机关自动被视为主管部门。”① 监察机关可以超越其职能管辖的案件范围进行合并调查。②

以上“监察优先”的处理方式，在现实中也带来了一些问题与隐忧，主要表现在：第一，压缩刑事管辖权的范围。大量刑事案案件因涉及监察案件而是事实上使得刑事管辖权被监察管辖权而侵蚀，原有的刑事诉讼机关一定程度上丧失了对整体案件把控的主导权，如龙宗智教授指出，这种做法“不仅与长期的管辖实践和相关规范相冲突，还因违背一般管辖规律会造成实践中的困难”。③ 第二，对“其他机关协助”的理解过于宽泛，易异化成为管辖不规范的兜底理由。④ 公安机关“协助”监察机关调查的法定内容主要是五项：即《监察法》第24条、第29条、第30条、第34条、第43条第3款中分别规定的协助方式：协助配合搜查、协助发布通缉令、协助限制被调查人出境、向监察机关移送职务犯罪的案件线索、协助配合采取留置措施。但实践中，不仅“其他机关予以协助”在具体适用过程中较为随意，即“由监察机关负责人直接电话联系公安机关负责人，商请实施协助配合，或者通过政法委协调公安机关予以协助，通过在公安机关的派驻纪检组要求公安机关予以协助”。⑤ 而且仅从监察机关与刑事司法机关案件管辖权（包括但不限于“互涉”案件）这个角度而言，对“其他机关予以协助”也作了过于宽泛的理解，甚至异化为管辖不规范的理由。

最后，缺乏管辖权的侦查机关已搜集到的证据以及已实施诉讼行为的法律效力如何处理。侦查机关通过其侦查行为获得了犯罪证据，但是如果后来发现该案并不属于本部门管辖时，其收集的证据是否具有证据效力？是否构成非法证据？这些法律都没有明确规定，学者的意见也不一致。对此问题域外国家建立的预审法官宣告诉讼行为无效制度可以提供一些参考。在法国，对于预审法官在预审阶段所实施的诉讼行为，上诉法院预审庭要采取各种司法监督措施。尤其是对于预审法官实施的诉讼行为，作出的诉讼决定，一旦存在违反刑事诉讼法规定的情况，或者侵犯某一方当事人的利益，这就必然面临如何纠正违法行

① 马怀德主编：《〈中华人民共和国监察法〉理解与适用》，中国法制出版社2018年版，第134页。

② 参见谢小剑：《监察委员会刑事调查管辖制度初探》，载《湖湘论坛》2019年第5期，第53~63页。

③ 参见龙宗智：《监察与司法协调衔接的法规范分析》，载《政治与法律》2018年第1期，第2~18页。

④ 参见张泽涛：《规范“互涉”案件中监察机关与刑事司法机关管辖制度》，载《当代法学》2022年第5期。

⑤ 江国华、张硕：《监察过程中的公安协助配合机制》，载《法学研究》2019年第2期，第155页。

为、撤销违法决定的问题。对此，法国刑事诉讼法典确立了双重司法监督机制：首先，对于预审法官所作的带有司法裁判权性质的决定，检察官和当事人都可以向上诉法院预审庭提起上诉。其次，对于预审法官、检察官或警察在预审过程中所实施的不具有司法裁判权性质的行为，预审法官、检察官以及当事人都可以向上诉法院预审庭申请宣告无效。从法国刑事诉讼法典所列举的无效情况来看，这些可被宣告无效。①

真题解析

1.（2014 年卷二 66）某县破获一抢劫团伙，涉嫌多次入户抢劫，该县法院审理后认为，该团伙中只有主犯赵某可能被判处无期徒刑。关于该案的移送管辖，下列哪些选项是正确的？

A. 应当将赵某移送中级法院审理，其余被告人继续在县法院审理

B. 团伙中的未成年被告人应当一并移送中级法院审理

C. 中级法院审查后认为赵某不可能被判处无期徒刑，可不同意移送

D. 中级法院同意移送的，应当书面通知其同级检察院

答案：CD

解析：《刑诉解释》第 15 条规定："一人犯数罪、共同犯罪和其他需要并案审理的案件，其中一人或者一罪属于上级人民法院管辖的，全案由上级人民法院管辖。"第 17 条规定："基层人民法院对可能判处无期徒刑、死刑的第一审刑事案件，应当移送中级人民法院审判。基层人民法院对下列第一审刑事案件，可以请求移送中级人民法院审判：（一）重大、复杂案件；（二）新类型的疑难案件；（三）在法律适用上具有普遍指导意义的案件。需要将案件移送中级人民法院审判的，应当在报请院长决定后，至迟于案件审理期限届满十五日前书面请求移送。中级人民法院应当在接到申请后十日内作出决定。不同意移送的，应当下达不同意移送决定书，由请求移送的人民法院依法审判；同意移送的，应当下达同意移送决定书，并书面通知同级人民检察院。"所以选项 CD 正确。

2.（2013 年卷二 65）周某采用向计算机植入木马程序的方法窃取齐某的网络游戏账号、密码等信息，将窃取到的相关数据存放在其租用的服务器中，并利用这些数据将齐某游戏账户内的金币、点券等虚拟商品放在第三方网络交易平台上进行售卖，获利 5000 元。下列哪些地区的法院对本案具有管辖权？

A. 周某计算机所在地

① 陈瑞华：《大陆法中的诉讼行为无效制度——三个法律文本的考察》，载《政法论坛》2003 年第 5 期。

B. 齐某计算机所在地

C. 周某租用的服务器所在地

D. 经营该网络游戏的公司所在地

答案：ABCD

解析：《刑事诉讼法》第25条规定："刑事案件由犯罪地的人民法院管辖。如果由被告人居住地的人民法院审判更为适宜的，可以由被告人居住地的人民法院管辖。"《刑诉解释》第2条规定："犯罪地包括犯罪行为地和犯罪结果地。针对或者主要利用计算机网络实施的犯罪，犯罪地包括用于实施犯罪行为的网络服务使用的服务器所在地，网络服务提供者所在地，被侵害的信息网络系统及其管理者所在地，犯罪过程中被告人、被害人使用的信息网络系统所在地，以及被害人被侵害时所在地和被害人财产遭受损失地等。"所以选项ABCD正确。

3.（2013年卷二34）卢某坠楼身亡，公安机关排除他杀，不予立案。但卢某的父母坚称他杀可能性大，应当立案，请求检察院监督。检察院的下列哪一做法是正确的？

A. 要求公安机关说明不立案理由

B. 拒绝受理并向卢某的父母解释不立案原因

C. 认为符合立案条件的，可以立案并交由公安机关侦查

D. 认为公安机关不立案理由不能成立的，应当建议公安机关立案

答案：A

解析：《刑事诉讼法》第113条规定："人民检察院认为公安机关对应当立案侦查的案件而不立案侦查的，或者被害人认为公安机关对应当立案侦查的案件而不立案侦查，向人民检察院提出的，人民检察院应当要求公安机关说明不立案的理由。人民检察院认为公安机关不立案理由不能成立的，应当通知公安机关立案，公安机关接到通知后应当立案。"所以选项A正确。

4.（2013年卷二27）检察院在查办国家机关工作人员刘某贪污贿赂案件中，发现刘某还涉嫌伙同其同事苏某利用职权实施非法拘禁犯罪。关于新发现的犯罪的处理，下列哪一选项是正确的？

A. 将刘某涉嫌的两个犯罪以及苏某涉嫌的犯罪并案处理，由检察院一并侦查

B. 将刘某涉嫌的两个犯罪并案移送公安机关处理

C. 将刘某和苏某涉嫌的非法拘禁犯罪移送公安机关处理

D. 将刘某涉嫌的两个犯罪以及苏某涉嫌的犯罪，移送公安机关一并侦查

答案：A

解析：《六机关规定》第3条规定："具有下列情形之一的，人民法院、人民检察院、

公安机关可以在其职责范围内并案处理：（一）一人犯数罪的；（二）共同犯罪的；（三）共同犯罪的犯罪嫌疑人、被告人还实施其他犯罪的；（四）多个犯罪嫌疑人、被告人实施的犯罪存在关联，并案处理有利于查明案件事实的。”《高检规则》第 8 条规定：“人民检察院立案侦查贪污贿赂犯罪、国家工作人员的渎职犯罪、国家机关工作人员利用职权实施的非法拘禁、刑讯逼供、报复陷害、非法搜查的侵犯公民人身权利的犯罪以及侵犯公民民主权利的犯罪案件。贪污贿赂犯罪是指刑法分则第八章规定的贪污贿赂犯罪及其他章中明确规定依照第八章相关条文定罪处罚的犯罪案件。国家工作人员的渎职犯罪是指刑法分则第九章规定的渎职犯罪案件。国家机关工作人员利用职权实施的侵犯公民人身权利和民主权利的犯罪案件包括：1. 非法拘禁案（刑法第 238 条）；2. 非法搜查案（刑法第 245 条）；3. 刑讯逼供案（刑法第 247 条）；4. 暴力取证案（刑法第 247 条）；5. 体罚、虐待被监管人案（刑法第 248 条）；6. 报复陷害案（刑法第 254 条）；7. 破坏选举案（刑法第 256 条）。”所以选项 A 正确。

5.（2016 年卷二 24）甲省 A 市副市长涉嫌受贿 2000 万元，为保证诉讼顺利进行，拟指定甲省 B 市管辖。关于本案指定管辖，下列哪一选项是正确的？

A. 如指定 B 市中级法院审理，应由 B 市检察院侦查并提起公诉

B. 甲省检察院可指定 B 市检察院审查起诉并指定 B 市中级法院审理

C. 可由最高检察院直接指定 B 市检察院立案侦查

D. 如甲省高级法院指定 B 市中级法院审理，A 市中级法院应将案卷材料移送 B 市中级法院

答案：C

解析：《高检规则》第 22 条规定：“对于下列案件，上级人民检察院可以指定管辖：（一）管辖有争议的案件；（二）需要改变管辖的案件；（三）需要集中管辖的特定类型的案件；（四）其他需要指定管辖的案件。对前款案件的审查起诉指定管辖的，人民检察院应当与相应的人民法院协商一致。对前款第三项案件的审查逮捕指定管辖的，人民检察院应当与相应的公安机关协商一致。”《刑诉解释》第 22 条规定：“原受理案件的人民法院在收到上级人民法院改变管辖决定书、同意移送决定书或者指定其他人民法院管辖决定书后，对公诉案件，应当书面通知同级人民检察院，并将案卷材料退回，同时书面通知当事人；对自诉案件，应当将案卷材料移送被指定管辖的人民法院，并书面通知当事人。”《六机关规定》第 23 条第 2 款规定：“人民检察院对于审查起诉的案件，按照刑事诉讼法的管辖规定，认为应当由上级人民检察院或者同级其他人民检察院起诉的，应当将案件移送有管辖权的人民检察院。人民检察院认为需要依照刑事诉讼法的规定指定审判管辖的，应当协商同级人民法院办理指定管辖有关事宜。”所以选项 C 正确，选项 ABD 错误。

6.（2019年真题参考版）检察院侦查一起司法工作人员孙某的非法搜查罪过程中，发现其还触犯了贪污罪和暴力取证罪，关于本案的管辖，说法正确的是？

A. 贪污罪应当由监察委员会调查

B. 暴力取证罪可由检察院立案侦查

C. 经检察院和监察委员会协商，认为由检察院侦查更为合适的，可全案由检察院立案侦查

D. 本案一般应当由监察委员会为主调查

答案：ABD

解析：选项AD正确。《监察法》第34条规定："人民法院、人民检察院、公安机关、审计机关等国家机关在工作中发现公职人员涉嫌贪污贿赂、失职渎职等职务违法或者职务犯罪的问题线索，应当移送监察机关，由监察机关依法调查处置。被调查人既涉嫌严重职务违法或者职务犯罪，又涉嫌其他违法犯罪的，一般应当由监察机关为主调查，其他机关予以协助。"选项B正确。《刑事诉讼法》第19条第2款规定："人民检察院在对诉讼活动实行法律监督中发现的司法工作人员利用职权实施的非法拘禁、刑讯逼供、非法搜查等侵犯公民权利、损害司法公正的犯罪，可以由人民检察院立案侦查。对于公安机关管辖的国家机关工作人员利用职权实施的重大犯罪案件，需要由人民检察院直接受理的时候，经省级以上人民检察院决定，可以由人民检察院立案侦查。"选项C错误。《高检规则》第17条规定："人民检察院办理直接受理侦查的案件，发现犯罪嫌疑人同时涉嫌监察机关管辖的职务犯罪线索的，应当及时与同级监察机关沟通。经沟通，认为全案由监察机关管辖更为适宜的，人民检察院应当将案件和相应职务犯罪线索一并移送监察机关；认为由监察机关和人民检察院分别管辖更为适宜的，人民检察院应当将监察机关管辖的相应职务犯罪线索移送监察机关，对依法由人民检察院管辖的犯罪案件继续侦查。人民检察院应当及时将沟通情况报告上一级人民检察院。沟通期间不得停止对案件的侦查。"

7.（2021年真题参考版）以下哪一案件可由检察院直接立案侦查？

A. 海警工作站站长蔡某在办理海上刑事案件询问证人时，实施殴打行为，致人重伤

B. 疫情期间官员张某隐瞒发热症状参与聚集活动，致多人感染

C. 警察王某利用办理刑事案件的职务便利为境外组织刺探情报

D. 副检察长李某在办公楼招投标过程中收受巨额财物

答案：A

解析：选项A正确。《关于人民检察院立案侦查司法工作人员相关职务犯罪案件若干问题的规定》规定了人民检察院的案件管辖范围："人民检察院在对诉讼活动实行法律监督中，发现司法工作人员涉嫌利用职权实施的下列侵犯公民权利、损害司法公正的犯罪案

件，可以立案侦查：1. 非法拘禁罪（刑法第 238 条）（非司法工作人员除外）；2. 非法搜查罪（刑法第 245 条）（非司法工作人员除外）；3. 刑讯逼供罪（刑法第 247 条）；4. 暴力取证罪（刑法第 247 条）；5. 虐待被监管人罪（刑法第 248 条）；6. 滥用职权罪（刑法第 397 条）（非司法工作人员滥用职权侵犯公民权利、损害司法公正的情形除外）；7. 玩忽职守罪（刑法第 397 条）（非司法工作人员玩忽职守侵犯公民权利、损害司法公正的情形除外）；8. 徇私枉法罪（刑法第 399 条第 1 款）；9. 民事、行政枉法裁判罪（刑法第 399 条第 2 款）；10. 执行判决、裁定失职罪（刑法第 399 条第 3 款）；11. 执行判决、裁定滥用职权罪（刑法第 399 条第 3 款）；12. 私放在押人员罪（刑法第 400 条第 1 款）；13. 失职致使在押人员脱逃罪（刑法第 400 条第 2 款）；14. 徇私舞弊减刑、假释、暂予监外执行罪（刑法第 401 条）。"《刑法》第 94 条规定："本法所称司法工作人员，是指有侦查、检察、审判、监管职责的工作人员。"选项 B 错误，检察院负责侦查的案件为职务犯罪。尽管张某具有官员身份，但其行为并非利用职权实施犯罪。选项 C 错误。《刑事诉讼法》第 4 条规定："国家安全机关依照法律规定，办理危害国家安全的刑事案件，行使与公安机关相同的职权。"王某的犯罪行为应由国家安全机关立案侦查。选项 D 错误。《监察法》第 34 条规定："人民法院、人民检察院、公安机关、审计机关等国家机关在工作中发现公职人员涉嫌贪污贿赂、失职渎职等职务违法或者职务犯罪的问题线索，应当移送监察机关，由监察机关依法调查处置。被调查人既涉嫌严重职务违法或者职务犯罪，又涉嫌其他违法犯罪的，一般应当由监察机关为主调查，其他机关予以协助。"李某的犯罪行为应由监察委员会立案调查。

8.（2021 年真题参考版）甲在 A 市某超市门口盗窃摩托车（价值约 1 万元人民币）时被车主乙发现后驾驶盗窃的摩托车逃跑，乙驾车追甲到 B 市 C 区时，甲把行人丙撞倒后逃离，后丙不治身亡。甲逃跑后在 D 市被抓获。下列关于审判管辖，正确的有？

A. 本案应当由 A 市的基层法院审理

B. 本案可由 C 区法院审理

C. 本案可由 B 市中级法院审理

D. 本案可由 D 市的法院审理

答案： B

解析： 选项 ACD 错误。《刑事诉讼法》第 21 条规定："中级人民法院管辖下列第一审刑事案件：（一）危害国家安全、恐怖活动案件；（二）可能判处无期徒刑、死刑的案件。"第 25 条规定："刑事案件由犯罪地的人民法院管辖。如果由被告人居住地的人民法院审判更为适宜的，可以由被告人居住地的人民法院管辖。"本题的犯罪地包括 A 市和 B 市 C 区，两地基层法院均有管辖权。故选项 B 正确。

9. （2018 年真题参考版）甲、乙为 A 市人，2018 年 2 月一同赴斯里兰卡务工，甲乙经过协商，在斯里兰卡通过微信的方式对住在 B 市的朋友丙进行敲诈勒索，丙向甲和乙各转账了 10 万元。丙的家人得知后报警，B 市某区公安机关对甲乙立案侦查。一年后，甲从 C 市回国并居住于 D 市，乙从 E 市回国并定居。请问哪些法院对甲乙案件具有管辖权？

A. A 市

B. C 市

C. D 市

D. E 市

答案：ABCD

解析：选项 ABCD 正确。《刑诉解释》第 10 条规定："中国公民在中华人民共和国领域外的犯罪，由其登陆地、入境地、离境前居住地或者现居住地的人民法院管辖；被害人是中国公民的，也可以由被害人离境前居住地或者现居住地的人民法院管辖。" A 市为甲乙离境前居住地，C 市为甲入境地，D 市为甲现居住地，E 市为乙入境地，四地法院均有管辖权。

第七章　刑事诉讼强制措施

第一节　刑事诉讼强制措施概述

一、刑事诉讼强制措施的概念和特点

我国刑事诉讼中的强制措施是指公安机关、人民检察院和人民法院为了保证刑事诉讼的顺利进行，依法对犯罪嫌疑人、被告人所采取的限制或剥夺其人身自由的各种强制性方法。我国《刑事诉讼法》规定了五种强制措施，即拘传、取保候审、监视居住、拘留和逮捕。

我国刑事诉讼中的强制措施，与国家的其他强制方法一样，都有强制性和预防性的功能。但刑事诉讼的强制措施是为了保障刑事诉讼的顺利进行而设立的，是国家同犯罪行为作斗争的必要手段。这就有别于刑罚，也不同于国家的其他强制措施。刑事诉讼中强制措施有以下六个主要特点：

1. 有权适用强制措施的只能是公安机关、人民检察院和人民法院等司法机关，其他任何机关、团体和个人都无权采用。当然，公、检、法等司法机关适用强制措施的权限也有所不同，比如公安机关、人民检察院有刑事拘留权，而人民法院则无此项权力。

2. 强制措施的适用对象只能是犯罪嫌疑人、被告人，除此之外，对于其他的诉讼参与人和案外人则不能采取刑事诉讼强制措施。

3. 强制措施的采用以保障刑事诉讼顺利进行为目的。无论是限制人身自由的强制措施，还是剥夺人身自由的强制措施，都是为了防止犯罪嫌疑人、被告人逃跑、隐藏，或毁灭、伪造证据，或与同案犯串供等，以保障刑事案件的侦查、起诉和审判的顺利进行。

4. 强制措施必须严格依照法律规定予以适用。强制措施的适用意味着人身自由受到限制或者被剥夺，因此必须严格依法适用。《刑事诉讼法》对五种强制措施的条件、权限、期限、程序等都作了明确规定，公安、司法机关必须严格遵守，正确适用。

5. 强制措施的实施方式和对象主要是针对犯罪嫌疑人、报告人的人身自由进行限制或剥夺，不涉及对其财产权利的限制或剥夺。

6. 强制措施具有适用上的可变性，根据刑事诉讼活动的进行，强制措施可以予以变更（包括减轻和加重）、启动和解除。

二、适用强制措施的原则

强制措施的目的是保障诉讼的顺利进行，但由于其内容涉及对犯罪嫌疑人、被告人人身自由的处分，使其在适用上就像一把双刃剑：运用得当，有利于打击犯罪、维护秩序；运用不当，势必会造成对公民基本人权的侵犯。因此在适用时，必须坚持惩治犯罪与保障人权、严肃与谨慎相结合的方针，同时遵循以下几项原则：

1. 合法性原则。《刑事诉讼法》对各种强制措施的适用均规定明确的条件、对象、期限、权限、程序等，公安、司法机关在适用时必须遵守法律规定。

2. 必要性原则。该原则有两层含义：其一，采用强制措施时要符合其目的，即为了保证诉讼的顺利进行，有必要时才采用，不是对任何案件的任何犯罪嫌疑人、被告人都采用；其二，采用何种强制措施应当考虑是否必要，不应将强制措施当作处罚手段随意使用。

3. 比例性原则。即对行为人采用何种强制措施，要与行为人的人身危险程度、案件性质和犯罪轻重相适应。

4. 可变性原则。即对行为人采取某一强制措施不是一成不变的，随着诉讼的进程及行为人情况的变化而可以变更或解除。

三、适用强制措施的意义

强制措施是一项重要的诉讼制度，是国家赋予公、检、法机关的一项重要权力，正确适用强制措施，对保证刑事诉讼的顺利进行，打击和惩罚犯罪有重要意义。

（一）防止犯罪嫌疑人、被告人逃避侦查、起诉和审判

犯罪分子实施犯罪后，往往千方百计地企图逃避法律惩罚，设法逃跑、躲藏，公安司法机关只有及时对其采用强制措施，才能把他们置于司法机关的控制之下，这样就可以最大限度地防止犯罪嫌疑人、被告人逃避侦查、起诉和审判。

（二）防止犯罪嫌疑人、被告人继续犯罪

有的犯罪分子实施犯罪后，可能恶习难改，还会继续犯罪；而有的犯罪分子在其罪行被检举揭发后，还可能对证人、检举人、被害人实施行凶报复，对其适用强制措施，限制甚至剥夺其人身自由，就可以消除他们再犯新罪的条件。

（三）防止犯罪嫌疑人、被告人进行妨碍查明案情的活动

犯罪分子实施犯罪后，往往企图掩盖罪行、逃脱惩罚，实施一些妨碍查明案情的行为，如毁灭、伪造证据，制造假象，收买或威胁证人，与其同伙订立攻守同盟等。一旦出现这些情况，就会迷惑或转移公安、司法人员的视线，影响正确查清案情。及时对犯罪嫌疑人、被告人采取强制措施，就从客观上铲除其实施妨碍查明案情的行为，保证诉讼工作的顺利进行。

（四）防止发生自杀等各种意外事故

有的犯罪分子犯罪后，感到自己罪行严重，难逃法律严惩，或者认为自己已经身败名裂，就有可能畏罪自杀。一旦出现这种情况，既不利于查清案件事实，也容易造成不良社会影响。因此，对他们采取强制措施，就可避免这些情形的发生。

（五）震慑犯罪分子，鼓励群众积极同犯罪行为作斗争，起到预防犯罪的作用

第二节　拘　　传

一、拘传的概念和特点

拘传是指公安机关、人民检察院和人民法院对于可能涉案的犯罪嫌疑人、被告人，强制其到案接受讯问的一种方法。

（一）拘传的特点

拘传是强制措施中强制力度最轻的一种，有以下特点：①拘传的对象是可能涉案、未被羁押的犯罪嫌疑人、被告人。对于已被采取拘留、逮捕等羁押措施的犯罪嫌疑人、被告人，可以随时依法讯问，无需拘传。②拘传的目的是强制犯罪嫌疑人、被告人接受讯问。因此，拘传不具有羁押的效力。③拘传具有强制性。执行拘传的人员有权强制被拘传人到指定地点接受讯问，并在讯问过程中对其形成短期的人身自由限制。

（二）拘传与传唤的区别

传唤是指公安机关、人民检察院和人民法院用传票通知当事人按照指定时间到达指定地点接受讯问或参加诉讼活动的一种诉讼手段。两者的区别主要有：①适用对象不同。拘传只能针对犯罪嫌疑人、被告人，不能针对其他人；而传唤可以适用于所有的诉讼当事人。① ②强制力不同。拘传属于刑事诉讼的强制措施，具有强制力，对于不愿到案的犯罪

① 传唤的对象仅包括诉讼当事人，其他诉讼参与人不适用传唤，适用通知。

嫌疑人、被告人，公安、司法机关可以使用戒具、强制其到案；而传唤具有通知的性质，不具有强制性。

在司法实践中，在采用拘传前，对于犯罪嫌疑人、被告人，司法机关往往先采用传唤方式通知其到案；犯罪嫌疑人、被告人无正当理由拒不到案的，即采用拘传将其强制到案。但这并不是说在采用拘传前必须要先经传唤，司法机关可以根据案情，不经传唤而直接适用拘传。

二、拘传的程序

根据《刑事诉讼法》以及相关司法解释的规定，拘传应按以下程序进行：

1. 案件的经办人填写“呈请拘传报告书”，经本部门负责人审核后，由公安机关负责人、人民检察院检察长、人民法院院长批准，签发“拘传证”（法院称为“拘传票”）。

2. 拘传应当在被拘传人所在的市、县内的地点进行。犯罪嫌疑人、被告人的工作单位、户籍地与居住地不在同一市、县的，拘传应当在犯罪嫌疑人、被告人的工作单位所在的市、县进行；特殊情况下，也可以在犯罪嫌疑人、被告人户籍地或者居住地所在的市、县内进行。公安机关、人民检察院或人民法院在本辖区以外拘传犯罪嫌疑人、被告人的，应当通知当地的公安机关、人民检察院或人民法院，当地的公安机关、人民检察院、人民法院应当予以协助。

3. 执行拘传的公安、司法人员不得少于 2 人。拘传时，应当向被拘传人出示“拘传证”，并责令其在“拘传证”上签名（盖章）、按指印。对于抗拒拘传的，可以使用戒具，强制其到案。

4. 被拘传人到案后，应当责令其在“拘传证”上填写到案时间。然后应当立即进行讯问，讯问结束后，应当由其在“拘传证”上填写讯问结束时间。被拘传人拒绝填写的，公安司法人员应当在“拘传证”上注明。

5. 讯问结束后，如果被拘传人符合其他强制措施如拘留、逮捕的条件，应当依法采取其他强制措施。如果不需要采取其他强制措施的，应当将其放回，恢复其人身自由。

6. 一次拘传的时间不得超过 12 小时，不得以连续拘传的形式变相关押犯罪嫌疑人、被告人。根据办理案件的需要，可以多次对犯罪嫌疑人进行拘传，但是两次拘传之间应当有合理的时间间隔。尽管法律对此没有作出明确的规定，但是从防止以连续拘传的方式变相羁押被拘传人的角度考虑，两次拘传之间的时间间隔应以不少于 12 小时为宜。

7. 需要对被拘传人变更为其他强制措施的，应当在拘传期间内作出批准或不批准的决定；拘传时限届满仍不能作出批准决定的，应当立即结束拘传。

第三节 取保候审和监视居住

一、取保候审

取保候审是指公安机关、人民检察院和人民法院责令犯罪嫌疑人、被告人提出保证人或交纳保证金，以保证其不逃避侦查、起诉和审判，并随传随到的一种强制方法。根据《刑事诉讼法》的规定，取保候审的决定机关包括公安机关、人民检察院和人民法院。

（一）取保候审的适用对象

综合《刑事诉讼法》以及相关司法解释等的规定，取保候审适用于以下情形：

1. 可能判处管制、拘役或者独立适用附加刑的；

2. 可能判处有期徒刑以上刑罚，采取取保候审不致发生社会危险性的；

3. 患有严重疾病、生活不能自理，怀孕或者正在哺乳自己婴儿的妇女，采取取保候审不致发生社会危险性的；

4. 羁押期限届满，案件尚未办结，需要采取取保候审的；

5. 提请批准逮捕后，检察机关不批准逮捕，需要复议、复核的；

6. 移送起诉后，检察机关决定不起诉，需要复议复核的；

7. 持有有效护照和其他有效出入境证件，可能出境逃避侦查，但不需要逮捕的。

对于取保候审的适用对象除了上述法律规定以外，《高检规则》和《公安机关规定》还对不能适用取保候审的情形作了明确规定。《高检规则》第 87 条规定：对于严重危害社会治安的犯罪嫌疑人，以及其他犯罪性质恶劣、情节严重的犯罪嫌疑人不得取保候审。《公安机关规定》第 82 条规定：对累犯、犯罪集团的主犯，以自伤、自残办法逃避侦查的犯罪嫌疑人，危害国家安全的犯罪、暴力犯罪，以及其他严重犯罪的犯罪嫌疑人，不得取保候审。但是患有严重疾病、生活不能自理，怀孕或者正在哺乳自己婴儿的妇女，采取取保候审不致发生社会危险性的以及羁押期限届满，案件尚未办结，需要继续侦查的除外。

（二）取保候审的方式

《刑事诉讼法》第 68 条规定，人民法院、人民检察院和公安机关决定对犯罪嫌疑人、被告人取保候审，应当责令犯罪嫌疑人、被告人提出保证人或者交纳保证金。由此可见，取保候审有保证人保证和保证金保证两种方式。对同一犯罪嫌疑人、被告人决定取保候审的，不能同时适用保证人保证和保证金保证。

1. 保证人保证。保证人保证又称人保，是指公安机关、人民检察院、人民法院责令犯罪嫌疑人、被告人提出保证人并出具保证书，保证被保证人在取保候审期间不逃避和妨碍侦查、起诉和审判，并随传随到的保证方式。保证人保证的本质是以保证人的信誉等来保证，不涉及金钱。保证人保证的特点在于通过保证人的监督、说服、影响，确保犯罪嫌疑人、被告人遵守取保候审的规定，主动履行配合公安、司法机关诉讼活动的义务，维护刑事诉讼顺利进行。

对于符合取保候审条件，具有下列情形之一的犯罪嫌疑人、被告人，公安、司法机关决定取保候审时，可以采用保证人保证：①无力交纳保证金的；②未成年人或者具有其他不宜收取保证金的情形。

为犯罪嫌疑人、被告人充当保证人的人，必须符合下列条件：自然人；与本案无牵连；有能力履行保证义务；享有政治权利，人身自由未受到限制；有固定的住处和收入等。公安、司法机关应当严格审查保证人是否符合法定条件，符合保证人条件的，应当告知其必须履行的义务。保证人保证承担上述义务后，应当出具取保候审保证书，并签名盖章。

保证人不愿继续保证或者丧失保证条件的，保证人或者被取保候审人应当及时报告执行机关。执行机关应当在发现或者被告知该情形之日起三日以内通知决定机关。决定机关应当责令被取保候审人重新提出保证人或者交纳保证金，或者变更强制措施，并通知执行机关。

同时，保证人应当履行以下义务：监督被保证人履行法律规定的取保候审期间的义务；发现被保证人可能实施或者已经实施违反法律规定的行为时，应当及时向执行机关报告。被保证人有违反法律规定的行为，保证人未及时报告的，经查证属实后，可依法对其处以罚款。保证人对罚款决定有权申请复核。对于保证人与被保证人串通，协助被取保候审人逃匿，以及明知藏匿地点而拒绝向公安、司法机关提供，构成犯罪的，应当依法追究保证人的刑事责任。

2. 保证金保证。保证金保证又称财产保，是指公安机关、人民检察院、人民法院责令犯罪嫌疑人、被告人交纳保证金并出具保证书，保证被保证人在取保候审期间不逃避和妨碍侦查、起诉和审判，并随传随到的保证方式。保证金保证的特点是，利用经济手段，来督促犯罪嫌疑人、被告人遵守取保候审的规定。

对犯罪嫌疑人采取保证金保证的，由决定机关根据案件具体情况确定保证金的数额。保证金的数额在最高人民法院、最高人民检察院、公安部、国家安全部《关于取保候审若干问题的规定》中规定，采取保证金形式取保候审的，保证金的起点数额为人民币一千元；被取保候审人为未成年人的，保证金的起点数额为人民币五百元。决定机关应当综合考虑保证诉讼活动正常进行的需要，被取保候审人的社会危险性，案件的性质、情节，可能判处刑罚的轻重，被取保候审人的经济状况等情况，确定保证金的数额。

（三）被取保候审人应遵守的规定

《刑事诉讼法》第 71 条规定，被取保候审的犯罪嫌疑人、被告人应当遵守下列义务：

1. 未经执行机关批准不得离开所居住的市、县。被取保候审人需要离开所居住的市、县的，应当向负责执行的派出所提出书面申请，并注明事由、目的地、路线、交通方式、往返日期、联系方式等。被取保候审人有紧急事由，来不及提出书面申请的，可以先通过电话、短信等方式提出申请，并及时补办书面申请手续。经审查，具有工作、学习、就医等正当合理事由的，由派出所负责人批准。负责执行的派出所批准后，应当通知决定机关，并告知被取保候审人遵守下列要求：保持联系方式畅通，并在传讯的时候及时到案；严格按照批准的地点、路线、往返日期出行；不得从事妨害诉讼的活动；返回居住地后及时向执行机关报告。对于因正常工作和生活需要经常性跨市、县活动的，可以根据情况，简化批准程序。人民法院、人民检察院决定取保候审的，执行机关批准被取保候审人离开所居住的市、县前，应当征得决定机关同意。

2. 住址、工作单位和联系方式发生变动的，在二十四小时以内向执行机关报告。

3. 在传讯的时候及时到案。被取保候审的犯罪嫌疑人、被告人有义务在接到传讯后及时到案。

4. 不得以任何形式干扰证人作证。被取保候审的犯罪嫌疑人、被告人在取保候审期间还有一定的人身自由，不能利用这种自由实施干扰证人作证的行为。

5. 不得毁灭、伪造证据或者串供。被取保候审的犯罪嫌疑人、被告人不得利用未被羁押的便利条件进行毁灭罪证、伪造证据、与其他同案人相互串通等活动。

6. 人民法院、人民检察院和公安机关可以根据案件情况，责令被取保候审的犯罪嫌疑人、被告人遵守以下一项或者多项规定：不得进入特定的场所；不得与特定的人员会见或者通信；不得从事特定的活动；将护照等出入境证件、驾驶证件交执行机关保存。对于本款中所规定的“特定场所”“特定的人员”以及“特定的活动”，分别通过最高人民法院、最高人民检察院、公安部、国家安全部《关于取保候审若干问题的规定》的第 7 条、第 8 条、第 9 条进行了明确细化。其中，“特定的场所”是指可能导致其再次实施犯罪的场所、可能导致其实施妨害社会秩序、干扰他人正常活动行为的场所、与其所涉嫌犯罪活动有关联的场所、可能导致其实施毁灭证据、干扰证人作证等妨害诉讼活动的场所以及其他可能妨害取保候审执行的特定场所这五种情形。“特定的人员”是指证人、鉴定人、被害人及其法定代理人和近亲属、同案违法行为人、犯罪嫌疑人、被告人以及与案件有关联的其他人员、可能遭受被取保候审人侵害、滋扰的人员、可能实施妨害取保候审执行、影响诉讼活动的人员这四类人员。“特定的活动”是指可能导致其再次实施犯罪的活动、可能对国家安全、公共安全、社会秩序造成不良影响的活动、与所涉嫌犯罪相关联的活动、可能妨害诉讼的活动、其他可能妨害取保候审执行的特定活动这五种情形。

使用保证金保证的被取保候审人违反《刑事诉讼法》第 71 条规定，依法应当没收保证金的，由公安机关作出没收部分或者全部保证金的决定，并通知决定机关。人民检察院、人民法院发现使用保证金保证的被取保候审人违反《刑事诉讼法》第 71 条规定，应当告知公安机关，由公安机关依法处理。人民法院发现使用保证金保证的被取保候审人违反刑事诉讼法第 71 条第 1 款、第 2 款规定的，应当书面通知公安机关依法处理。人民法院收到公安机关已经没收保证金的书面通知或者变更强制措施的建议后，应当区别情形，在五日以内责令被告人具结悔过，重新交纳保证金或者提出保证人，或者变更强制措施，并通知公安机关。被取保候审人没有违反法律规定的被取保候审期间的义务，但在取保候审期间涉嫌重新犯罪被公安、司法机关立案侦查的，执行机关应当暂扣其保证金，待人民法院判决生效后，决定是否没收。对故意重新犯罪的，应当没收保证金；对过失重新犯罪或者不构成犯罪的，应当退还保证金。公安机关决定没收保证金的，应当制作没收保证金决定书，在三日以内向被取保候审人宣读，告知其如果对没收保证金决定不服，被取保候审人或者其法定代理人可以在五日以内向作出没收决定的公安机关申请复议。被取保候审人或者其法定代理人对复议决定不服的，可以在收到复议决定书后五日以内向上一级公安机关申请复核一次。采取保证金方式保证的被取保候审人在取保候审期间没有违反《刑事诉讼法》第 71 条的规定，也没有故意重新犯罪的，在解除取保候审、变更强制措施或者执行刑罚的同时，公安机关应当通知银行如数退还保证金。被取保候审人或者其法定代理人可以凭有关法律文书到银行领取退还的保证金。被取保候审人不能自己领取退还的保证金的，经本人出具书面申请并经公安机关同意，由公安机关书面通知银行将退还的保证金转账至被取保候审人或者其委托的人提供的银行账户。

被取保候审人违反规定的，决定机关还可以视情形增加或变更强制出措施：责令犯罪嫌疑人、被告人具结悔过，重新交纳保证金、提出保证人或者改为适用监视居住、逮捕等强制措施。

被取保候审人违反取保候审规定，人民法院决定对被依法没收保证金的被告人继续取保候审的，取保候审的期限连续计算。但在审查起诉阶段，检察机关对犯罪嫌疑人继续取保候审的，取保候审的时间应当累计计算。

根据《刑事诉讼法》第 81 条第 1 款，对有证据证明有犯罪事实，可能判处徒刑以上刑罚的犯罪嫌疑人、被告人，采取取保候审尚不足以防止发生下列社会危险性的，应当予以逮捕：①可能实施新的犯罪的；②有危害国家安全、公共安全或者社会秩序的现实危险的；③可能毁灭、伪造证据，干扰证人作证或者串供的；④可能对被害人、举报人、控告人实施打击报复的；⑤企图自杀或者逃跑的。本条第 3 款还规定，被取保候审、监视居住的犯罪嫌疑人、被告人违反取保候审、监视居住规定，情节严重的，可以予以逮捕。

此外，《高检规则》第101条第1款同时规定了犯罪嫌疑人违反下列取保候审规定的行为，应当予以逮捕：故意实施新的犯罪；企图自杀、逃跑；实施毁灭、伪造证据，串供或者干扰证人作证，足以影响侦查、审查起诉工作正常进行；对被害人、证人、鉴定人、举报人、控告人及其他人员实施打击报复。2001年8月6日，最高人民检察院和公安部联合发布的《关于依法适用逮捕措施有关问题的规定》第1条规定，对在取保候审期间故意实施新的犯罪行为的犯罪嫌疑人，必须予以逮捕。《高检规则》第101条第3款规定，有前两款情形，需要对犯罪嫌疑人予以逮捕的，可以先行拘留；已交纳保证金的，同时书面通知公安机关没收保证金。

（四）取保候审的程序

对犯罪嫌疑人、被告人取保候审的，由公安机关、国家安全机关、人民检察院和人民法院根据案件的具体情况依法作出决定。公安机关、人民检察院、人民法院决定取保候审的，由公安机关执行。国家安全机关决定取保候审的，以及人民检察院、人民法院在办理国家安全机关移送的犯罪案件时决定取保候审的，由国家安全机关执行。

被羁押或者监视居住的犯罪嫌疑人及其法定代理人、近亲属或者辩护人向人民检察院申请取保候审，人民检察院应当在三日以内作出是否同意的答复。对符合取保候审条件并且提出了保证人或者能够交纳保证金的，公安、司法机关应当同意，并依法办理取保候审手续。对不符合取保候审法定条件的，不同意取保候审。不同意取保候审的，应当告知申请人，并说明不同意的理由。

公安司法机关对犯罪嫌疑人、被告人决定取保候审的，应当向其本人宣布，并由其本人在《取保候审决定书》上签名。执行机关应当责令被取保候审的犯罪嫌疑人、被告人定期报告有关情况并制作笔录。

公安司法机关对犯罪嫌疑人、被告人取保候审最长不得超过12个月。对犯罪嫌疑人、被告人决定取保候审的，不得中止对案件的侦查、起诉和审理。

在侦查或者审查起诉阶段已经采取取保候审的，案件移送至审查起诉或者审判阶段时，如果需要继续取保候审，或者需要变更保证方式或强制措施的，受案机关应当在七日内作出决定，并通知执行机关和移送案件的机关。受案机关作出取保候审决定并执行后，原取保候审措施自动解除，不再办理解除手续。对继续采取保证金保证的，原则上不变更保证金数额，不再重新收取保证金。受案机关变更的强制措施开始执行后，应当及时通知移送案件的机关和执行机关，原取保候审决定自动解除，不再办理解除手续，执行机关应当依法退还保证金。

取保候审期限届满，决定机关应当作出解除取保候审或者变更强制措施的决定，并送交执行机关。取保候审期限即将届满，受案机关仍未作出继续取保候审或者变更强制措施决定的，移送案件的机关应当在期限届满十五日前书面通知受案机关。受案机关应当在取保候审期限届满前作出决定，并通知移送案件的机关和执行机关。解除或者撤销取保候审，应当由办案人员提出意见，部门负责人审核，公安机关负责人、检察长或者人民法院院长决定。解除或者撤销取保候审的决定，应当及时通知执行机关，并将解除或者撤销取保候审的决定书送达犯罪嫌疑人；有保证人的，应当通知保证人解除保证义务。执行机关接到决定机关的解除取保候审决定书或者变更强制措施的通知后，应当立即执行，并将执行情况及时通知决定机关。

犯罪嫌疑人、被告人及其法定代理人、近亲属或者犯罪嫌疑人、被告人委托的律师及其他辩护人认为取保候审超过法定期限，要求解除取保候审的，决定机关应当在七日内审查决定。经审查超过法定期限的，应当解除取保候审；经审查未超过法定期限的，应当书面答复申请人。

二、监视居住

（一）监视居住的概念和适用对象

监视居住是指公安机关、人民检察院和人民法院责令未被逮捕的犯罪嫌疑人、被告人在一定期限内不得离开指定的区域，并对其行动加以监视的强制方法。

根据《刑事诉讼法》第 74 条的规定，人民法院、人民检察院和公安机关对符合逮捕条件，有下列情形之一的犯罪嫌疑人、被告人，可以监视居住：患有严重疾病、生活不能自理的；怀孕或者正在哺乳自己婴儿的妇女；系生活不能自理的人的唯一扶养人；因为案件的特殊情况或者办理案件的需要，采取监视居住措施更为适宜的；羁押期限届满，案件尚未办结，需要采取监视居住措施的。对符合取保候审条件，但犯罪嫌疑人、被告人不能提出保证人，也不交纳保证金的，可以监视居住。监视居住由公安机关执行。

（二）指定居所监视居住

指定居所监视居住是指公安机关对于没有固定住处或者涉嫌危害国家安全、恐怖活动犯罪的犯罪嫌疑人、被告人，在住处执行可能有碍侦查的，经上一级公安机关批准，在公安机关指定的犯罪嫌疑人原有住处、羁押场所、专门的办案场所以外的居所执行监视居住的制度。

1. 指定居所监视居住的适用对象

适用指定居所监视居住的对象共有两类：（1）没有固定住处的犯罪嫌疑人、被告人；（2）在住处可能有碍侦查的涉嫌危害国家安全犯罪和恐怖活动犯罪两种类型。所谓危害国家安全犯罪是指《刑法》分则第 102 条至第 113 条规定的犯罪，包括背叛国家罪，分裂国家罪，煽动分裂国家罪，武装叛乱、暴乱罪，颠覆国家政权罪，煽动颠覆国家政权罪，资助危害国家安全犯罪活动罪，投敌叛变罪，叛逃罪，间谍罪，为境外窃取、刺探、收买、非法提供国家秘密、情报罪以及资敌罪；所谓“恐怖活动犯罪”是指各类恐怖犯罪的行为，包括《刑法》第121条规定的劫持航空器罪，第122条规定的劫持船只、汽车罪，第123条规定的“暴力危及飞行安全罪”等一系列罪名。

2. 指定居所监视居住的适用条件

根据《公安机关规定》第111条的规定，有下列情形之一的，属于有碍侦查：可能毁灭、伪造证据，干扰证人作证或者串供的；可能引起犯罪嫌疑人自残、自杀或者逃跑的；可能导致同案犯逃避、妨碍侦查的；犯罪嫌疑人、被告人在住处执行监视居住有人身危险的；犯罪嫌疑人的家属或者其所在的单位的人员与犯罪有牵连的。

根据《刑事诉讼法》及相关的司法解释的规定，指定居所监视居住不得在羁押场所、专门的办案场所执行。指定居所监视居住的，不得要求被监视居住人支付费用。指定的居所应当具备正常的生活、休息条件，便于监视、管理并且能够保证办案安全。

3. 指定居所监视居的程序

对犯罪嫌疑人指定监视居住，应当制作呈请监视居住报告书，说明监视居住的理由、采取监视居住的方式以及应当遵守的规定，经县级以上公安机关负责人决定并经上一级公安机关批准后，制作监视居住决定书。监视居住决定书应当向犯罪嫌疑人宣读，由犯罪嫌疑人签名、捺指印。指定居所监视居住的，除无法通知的以外，应当制作监视居住通知书，在执行监视居住后二十四小时以内，由决定机关通知被监视居住人的家属。

4. 指定居所监视居的法律后果

指定居所监视居住的期限应当折抵刑期。被判处管制的，监视居住一日折抵刑期一日；被判处拘役、有期徒刑的，监视居住二日抵刑期一日。

5. 指定居所监居住的监督措施

根据《刑事诉讼法》第75条第2款的规定，指定居所监视居住的，除无法通知的以外，应当在执行监视居住后二十四小时以内，通知被监视居住人的家属。根据《公安机关规定》第113条的规定，所谓无法通知是指以下情形：不讲真实姓名、住址、身份不明的；没有家属的；提供的家属联系方式无法取得联系的；因自然灾害等不可抗力导致无法通知的。人民检察院对指定居所监视居住的决定和执行是否合法进行监督。根据《高检规则》第120条规定可知，人民检察院依法对指定居所监视居住的执行活动是否合法实行监督。发现下列违法情形的，应当及时提出纠正意见：①执行机关收到指定居所监视居住决定书、执行通知书等法律文书后不派员执行或者不及时派员执行的；②在执行指定居所监视居住后二十四小时以内没有通知被监视居住人的家属的；③在羁押场所、专门的办案场所执行监视居住的；④为被监视居住人通风报信、私自传递信件、物品的；⑤违反规定安排辩护人同被监视居住人会见、通信，或者违法限制被监视居住人与辩护人会见、通信的；⑥对被监视居住人刑讯逼供、体罚、虐待或者变相体罚、虐待的；⑦有其他侵犯被监视居住人合法权利或者其他违法行为的。被监视居住人及其法定代理人、近亲属或者辩护人认为执行机关或者执行人员存在上述违法情形提出控告或者举报的，人民检察院应当受理。

对于公安机关、人民法院决定指定居所监视居住的案件，由作出批准决定的公安机关、人民法院的同级人民检察院负责刑事执行检察的部门依法对决定是否合法进行监督；人民检察院决定指定居所监视居住的案件，由负责控告申诉检察的部门对决定是否合法实行监督。

（三）被监视居住人的义务

根据《刑事诉讼法》第77条的规定，被监视居住的人在监视居住期间应当遵守下列规定：

1. 未经执行机关批准不得离开执行监视居住的处所。① 固定住处，是指被监视居住人在办案机关所在的市、县内生活的合法住处；指定的居所，是指公安机关根据案件情况，在办案机关所在的市、县内为被监视居住人指定的生活居所。如果被监视居住人有正当理由要求离开住所或指定的居所，必须经过公安机关批准。人民法院、人民检察院决定监视居住的，公安机关在作出批准决定前，应当征得决定机关同意。公安、司法机关不得建立专门的监视居住场所，对犯罪嫌疑人变相羁押。不得在看守所、行政拘留所、留置室或者其他工作场所执行监视居住。

2. 未经执行机关批准不得会见他人或者通信。这里的他人是指与被监视居住人共同居住的家庭成员和聘请的律师以外的人。被监视居住人如果要会见他人，必须经过执行机关批准方能会见。

3. 在传讯的时候及时到案。

4. 不得以任何形式干扰证人作证。

5. 不得毁灭、伪造证据或者串供。

6. 将护照等出入境证件、身份证件、驾驶证件交执行机关保存。

公安机关执行监视居住时，如果发现被监视居住的犯罪嫌疑人、被告人违反上述规

---

① 2012年《刑事诉讼法》已将“固定住处”改为“处所”，但《公安机关办理刑事案件程序规定》中仍然保留了对“固定住处”的解释。《公安机关办理刑事案件程序规定》第112条固定住处，是指被监视居住人在办案机关所在的市、县内生活的合法住处；指定的居所，是指公安机关根据案件情况，在办案机关所在的市、县内为被监视居住人指定的生活居所。

定，情节严重的，可以予以逮捕；需要予以逮捕的，可以对其先行拘留。如果是人民检察院或者人民法院决定监视居住的，还应当及时向作出监视居住决定的人民法院或者人民检察院报告。

《高检规则》第111条规定，犯罪嫌疑人有下列违反监视居住规定的行为，人民检察院应当对犯罪嫌疑人予以逮捕：①故意实施新的犯罪行为的；②企图自杀、逃跑；③实施毁灭、伪造证据或者串供、干扰证人作证行为，足以影响侦查、审查起诉工作正常进行；④对被害人、证人、举报人、控告人及其他人员实施打击报复。犯罪嫌疑人有下列违反监视居住规定的行为，人民检察院可以对犯罪嫌疑人予以逮捕：①未经批准，擅自离开执行监视居住的处所，造成严重后果，或者两次未经批准，擅自离开执行监视居住的处所；②未经批准，擅自会见他人或者通信，造成严重后果，或者两次未经批准，擅自会见他人或者通信；③经传讯不到案，造成严重后果，或者经两次传讯不到案。

（四）适用监视居住的程序

对犯罪嫌疑人监视居住，应当制作呈请监视居住报告书，说明监视居住的理由、采取监视居住的方式以及应当遵守的规定，经县级以上公安机关负责人批准，制作监视居住决定书。监视居住决定书应当向犯罪嫌疑人宣读，由犯罪嫌疑人签名、捺指印。人民法院、人民检察院和公安机关对犯罪嫌疑人、被告人采取监视居住措施，应当由办案人员提出监视居住意见书，经办案部门负责人审核后，由公安局局长、人民检察院检察长、人民法院院长批准，制作监视居住决定书和执行监视居住通知书。

监视居住由公安机关负责执行。人民法院和人民检察院决定监视居住的，应当将监视居住决定书和执行监视居住通知书及时送达公安机关。

公安司法机关对犯罪嫌疑人、被告人决定监视居住的，应当向其本人宣布，并由其本人在监视居住决定书上签名或者盖章，并责令犯罪嫌疑人、被告人遵守法律规定的义务，告知其违反规定应负的法律责任。人民检察院、人民法院在宣布后应当立即将监视居住决定书、监视居住执行通知书送达负责执行的公安机关，并告知公安机关在执行期间拟批准犯罪嫌疑人、被告人离开住处、居所或者会见其他人员的，批准前应征得决定机关同意，在执行过程中应当征得执行机关同意。

人民法院、人民检察院和公安机关对犯罪嫌疑人、被告人监视居住最长不得超过6个月。人民检察院、公安机关已经对犯罪嫌疑人监视居住的，案件移送到人民检察院、人民法院后，人民检察院、人民法院对于符合监视居住条件的，应当依法对犯罪嫌疑人、被告人重新办理监视居住手续。监视居住的期限重新计算并告知犯罪嫌疑人、被告人。

在取保候审、监视居住期间，不得中断对案件的侦查、起诉和审判。监视居住期限届满或者发现不应追究犯罪嫌疑人、被告人的刑事责任的，应当及时解除或者撤销监视居住。解除或者撤销监视居住的，应当由公安机关负责人、人民检察院检察长或者人民法院院长决定。解除或者撤销监视居住的决定，应当及时通知执行机关，并将解除或者撤销监视居住的决定书送达犯罪嫌疑人、被告人。

犯罪嫌疑人、被告人及其法定代理人、近亲属或者犯罪嫌疑人、被告人委托的律师及其他辩护人认为监视居住超过法定期限的，有权向人民法院、人民检察院、公安机关提出申诉，要求解除监视居住。经审查情况属实的，应对犯罪嫌疑人、被告人解除监视居住。经审查未超过法定期限的，应当书面答复申请人。

公安司法机关对同一犯罪嫌疑人、被告人，不得重复采用取保候审、监视居住措施。

第四节　刑事拘留

一、概念与特征

刑事诉讼中的拘留是公安机关、人民检察院①依法对现行犯或者重大嫌疑分子所采取的临时剥夺其人身自由的强制方法。拘留有以下特点：

1. 有权决定采取拘留的机关一般是公安机关。人民检察院在自侦案件中，对于犯罪后企图自杀、逃跑或者在逃的以及有毁灭、伪造证据或者串供可能的犯罪嫌疑人也有权决定拘留。对于监察机关移送起诉的已采取留置措施的案件，人民检察院应当在受理案件后，及时对犯罪嫌疑人作出拘留决定，交公安机关执行。执行拘留后，留置措施自动解除。拘留一律由公安机关执行。

2. 拘留只有在紧急情况下才能采用。只有因为紧急情况，来不及办理逮捕手续而又需要马上剥夺现行犯或者重大嫌疑分子的人身自由的，才能采取拘留；如果没有紧急情况，公安机关、人民检察院有时间办理逮捕手续，就不能先行拘留。

3. 拘留是一种剥夺公民自由的强制措施。拘留的特点在于完全剥夺公民人身自由，而非限制公民人身自由。就剥夺公民自由而言，拘留与逮捕具有相似性，都属于羁押的一种，二者都只有在确有必要时才能采用。

4. 拘留具有临时性。拘留的期限较短，这与其是在紧急情况下决定采取的特点相一致。在诉讼过程中，拘留要及时予以变更，或者转为逮捕，或者变更为取保候审或监视居住，或者直接释放被拘留的人。

---

① 人民法院不能对犯罪嫌疑人、被告人采取拘留的强制措施。

5. 拘留的对象具有特定性。即拘留只在法律严格限定的情形之下才予以适用。

二、刑事拘留与行政拘留、司法拘留的区别

在我国，除刑事拘留外，还有行政拘留与司法拘留，三者都是暂时剥夺人身自由的措施，但它们之间也有重大区别。

（一）刑事拘留与司法拘留的区别

1. 适用机关不同。有权适用刑事拘留的是公安机关和人民检察院；有权适用司法拘留的是人民法院。

2. 适用对象不同。刑事拘留只适用于刑事诉讼中的现行犯或重大嫌疑分子；而司法拘留适用的对象是严重妨害人民法院审判活动的人，包括妨害民事诉讼、行政诉讼和刑事诉讼的人，不仅包括当事人，还包括其他诉讼参与人，甚至还包括案外人。

3. 法律依据不同。刑事拘留是根据刑事诉讼法来适用；而司法拘留主要是依据民事诉讼法。

4. 拘留期限不同。公安机关执行刑事拘留，最长期限是 37 天；而司法拘留最长期限是 15 天。

5. 法律性质不同。刑事拘留是一种程序措施，具有诉讼保障作用；而司法拘留是一种制裁方法，是对妨害诉讼的人的制裁。

（二）刑事拘留与行政拘留的区别

1. 适用机关不完全相同。有权适用刑事拘留的既包括公安机关，也包括人民检察院；而有权适用行政拘留的只有公安机关。

2. 适用对象不同。刑事拘留适用的对象是具有犯罪嫌疑，又具有《刑事诉讼法》规定的法定情形的现行犯或重大嫌疑分子；而行政拘留适用的对象是违反《治安管理处罚条例》的人。

3. 法律依据不同。刑事拘留依据的是《刑事诉讼法》；而行政拘留依据的是《治安管理处罚条例》。

4. 羁押期限不同。刑事拘留羁押期限如前所述，最长可达 37 天；而行政拘留羁押期限最长为 15 天。

5. 性质不同。刑事拘留是一种强制措施，不是对被拘留人的处罚；行政拘留则是一种处罚办法，属行政制裁的范畴。

三、刑事拘留的条件

刑事拘留必须同时具备两个条件：一是拘留的对象必须是现行犯或重大嫌疑分子。所

谓现行犯，是指正在进行犯罪，或犯罪后立即被发现的人；所谓重大嫌疑分子，是指有证据证明有重大犯罪嫌疑的人。二是必须具有某种法定的紧急情形。所谓法定的紧急情形，是指具有《刑事诉讼法》第 82 条规定的情形之一。因为出现法定的紧急情形，如果不先行拘留，可能就会失去罪证，或者失去抓捕犯罪嫌疑人的良机；或者会产生的危害社会的行为。

《刑事诉讼法》第 82 条规定：公安机关对于现行犯或者重大嫌疑分子，如果有下列情形之一的，可以先行拘留：①正在预备犯罪、实行犯罪或者犯罪后即时被发觉的；②被害人或者在场亲眼看见的人指认他犯罪的；③在身边或住处发现有犯罪证据的；④犯罪后企图自杀、逃跑或者在逃的；⑤有毁灭、伪造证据或者串供可能的；⑥不讲真实姓名、住址，身份不明的；⑦有流窜作案、多次作案、结伙作案重大嫌疑的。

根据《刑事诉讼法》第 165 条的规定，人民检察院对于自己直接受理的案件，当犯罪嫌疑人具有《刑事诉讼法》第 82 条第 4 项、第 5 项情形的，可以决定拘留犯罪嫌疑人，由公安机关执行。

四、刑事拘留的程序

公安机关依法需要拘留犯罪嫌疑人的，由承办单位填写《呈请拘留报告书》，由县级以上公安机关负责人批准，签发《拘留证》，然后由提请批准拘留的单位负责执行。

人民检察院决定拘留的案件，应当由办案人员提出意见，部门负责人审核，检察长决定。决定拘留的案件，人民检察院应当将拘留的决定书送交公安机关，由公安机关负责执行。公安机关应当立即执行，人民检察院可以协助公安机关执行。

此外，公安机关、人民检察院在决定拘留下列有特殊身份的人员时，需要报请有关部门批准或者备案：①县级以上各级人民代表大会的代表如果是因现行犯被拘留，决定拘留的机关应当立即向其所在的人民代表大会主席团或者常务委员会报告；因为其他原因需要拘留的，决定拘留的机关应当报请该代表所属的人民代表大会主席团或者常务委员会许可。[①] ②决定对不享有外交特权和豁免权的外国人、无国籍人采用刑事拘留时，要报有关部门审批。③对外国留学生采用刑事拘留时，在征求地方外事办公室和高教厅、局的意见后，报公安部或国家安全部审批。

公安机关执行拘留时，必须出示《拘留证》，并责令被拘留人在《拘留证》上签名（盖章）、按指印。拒绝签名（盖章）或者按指印的，执行拘留的人员应当予以注明。被

---

① 此处究竟应当报请该代表所属的人民代表大会主席团还是常务委员会，应当根据人民代表大会处于开会期间或闭会期间来决定。在人民代表大会开会期间应当报请主席团，在闭会期间应当报请常务委员会（闭会期间无主席团）。

拘留人如果抗拒拘留，执行人员有权使用强制方法，包括使用戒具。公安机关在异地执行拘留的时候，应当通知被拘留人所在地的公安机关，被拘留人所在地的公安机关应当予以配合。

拘留后，除涉嫌危害国家安全犯罪、恐怖活动犯罪通知可能有碍侦查，或者无法通知的情形，决定拘留的机关还应当将拘留的原因和羁押的处所，在24小时以内通知被拘留人的家属或者他的所在单位。对没有在24小时内通知的，应当在《拘留通知书》中注明原因。

决定拘留的机关对于被拘留的人，应当将被拘留人立即送看守所羁押，至迟不得超过24小时。此外，《公安机关规定》第126条第2款规定，异地执行拘留，无法及时将犯罪嫌疑人押解回管辖地，应当在宣布拘留决定后立即将其送抓获地看守所羁押，至迟不得超过24小时。到达管辖地后，应当立即将犯罪嫌疑人送看守所羁押。在拘留后的24小时以内进行讯问。讯问的目的是查清事实，防止错拘。同时也可以及时收集证据，查明其他同案犯。在发现不应当拘留时，必须立即释放，发给释放证明。所谓不应当拘留，主要是指以下情形：犯罪行为没有发生或者被拘留的人的行为不构成犯罪的；虽然有犯罪行为，但依法不应追究刑事责任的；虽存在犯罪事实，但并非被拘留人所为；犯罪行为虽然是被拘留人所为，但该人并不具备法定的适用拘留的情形，不需要拘留的。遇有上述情况的，应当立即将被拘留人予以释放，并发给释放证明。

对需要逮捕而证据还不充足的，可以取保候审或者监视居住。即经过讯问，认为被拘留人犯有罪行，依法需要逮捕，但在拘留期限内没能收集到足够的证据证明其犯罪事实的，如果出于办案的需要，应采取一定的强制措施以限制其人身自由的，可以对其依法改用取保候审或者监视居住。

公安机关对被拘留的人认为需要逮捕的，应当在拘留后的3日以内，提请人民检察院审查批准。在特殊情况下，经县级以上公安机关负责人批准，提请审查批准的时间可以延长1日至4日。对于流窜作案、多次作案、结伙作案的重大嫌疑分子，经县级以上公安机关负责人批准，提请审查批准的时间可以延长至30日。因此，公安机关对犯罪嫌疑人采取拘留的最长期限为37日。

人民检察院应当自接到公安机关提请批准逮捕书后的7日以内，作出批准逮捕或者不批准逮捕的决定。人民检察院不批准逮捕的，公安机关应当在接到通知后立即释放犯罪嫌疑人，并且将执行情况及时通知人民检察院。对于需要继续侦查，并且符合取保候审、监视居住条件的，依法取保候审或者监视居住。

人民检察院对直接受理的案件中被拘留的人，认为需要逮捕的，应当在10日内作出决定。在特殊情况下，决定逮捕的时间可以延长1日至4日。因此，人民检察院对犯罪嫌疑人拘留的期限最长不超过 14 日。对于不需要逮捕的，应当立即释放。对于需要继续侦查，并且符合取保候审、监视居住条件的，依法取保候审或者监视居住。

流窜作案、多次作案、结伙作案的重大嫌疑分子，拘留期限最长为 37 日。根据《公安机关规定》第 129 条规定，流窜作案，是指跨市、县范围连续作案，或者在居住地作案后逃跑到外市、县继续作案；多次作案，是指 3 次以上作案；结伙作案，是指 2 人以上共同作案。

犯罪嫌疑人及其法定代理人、近亲属或者犯罪嫌疑人委托的律师及其他辩护人认为拘留超过法定期限的，有权向公安机关、人民检察院提出申诉，要求解除拘留。经审查情况属实的，应对犯罪嫌疑人、被告人解除拘留。经审查未超过法定期限的，应当书面答复申请人。

对于监察机关移送起诉的已采取留置措施的案件，人民检察院应当对犯罪嫌疑人先行拘留，留置措施自动解除。人民检察院应当在拘留后的 10 日以内作出是否逮捕、取保候审或者监视居住的决定。在特殊情况下，决定的时间可以延长 1 日至 4 日。人民检察院决定采取强制措施的期间不计入审查起诉期限。

第五节 逮 捕

一、逮捕的概念

逮捕是指公安机关、人民检察院和人民法院为防止犯罪嫌疑人、被告人逃避侦查、起诉和审判，依法在一定期限内剥夺犯罪嫌疑人、被告人人身自由，并予以立即羁押的一项强制措施。

逮捕是最严厉的一项强制措施。逮捕完全剥夺了被逮捕人的人身自由，并且持续时间往往比较长，除对被逮捕人变更或取消逮捕措施的话，逮捕的羁押时间一般都会持续到人民法院判决生效为止。因此，对逮捕应当严格掌握条件，坚决贯彻“少捕”“慎捕”的刑事司法政策。

逮捕与拘留的目的相同，都是为了保障诉讼的顺利进行。逮捕与拘留也都剥夺人身自由，将其羁押于看守所，但二者亦有区别。一是适用情形不同。拘留是在紧急情况下适用，而逮捕则是依法在一般情况下适用；二是决定机关不同，公安机关、人民检察院都有权决定拘留，而逮捕则由人民检察院批准或决定，或由人民法院决定，公安机关仅为执行机关；三是羁押期限不同。拘留羁押期限较短，最长 37 天。而逮捕的羁押期限则要长得多，有时长达数个月，特殊情况下甚至可以无限期羁押。

二、逮捕的条件

《刑事诉讼法》第 81 条规定："对有证据证明有犯罪事实，可能判处徒刑以上刑罚的犯罪嫌疑人、被告人，采取取保候审尚不足以防止发生下列社会危险性的，应当予以逮捕。"根据这一规定，适用逮捕应当具备以下条件：

1. 证据条件，即有证据证明有犯罪事实。根据有关司法解释，这一条件包含下列含义：一是有证据证明发生了犯罪事实。这就要求查明发生的事实必须是构成犯罪的事实，而不能是其他事实，同时犯罪事实的存在已有一定证据加以证明；二是有证据证明犯罪事实是犯罪嫌疑人实施的；三是证明犯罪嫌疑人实施犯罪行为的证据已查证属实。如果一个犯罪嫌疑人有数个犯罪行为，只要有证据证明其中一个就符合"有证据证明有犯罪事实"这一条件的要求。

2. 罪责条件，即可能判处徒刑以上刑罚。逮捕作为最严厉的强制措施，应当是适用于性质严重的犯罪分子，因此法律上规定可能判处徒刑以上刑罚的才适用逮捕；而对于可能判处管制、拘役或独立适用附加刑的犯罪嫌疑人、被告人，不适用逮捕。

3. 社会危险性条件，即采取取保候审、监视居住等方法尚不足以防止其发生社会危险性，而有逮捕必要的。这一条件一般主要考虑三个方面的因素：一是案件性质是否严重、是否恶劣；二是犯罪嫌疑人、被告人的自身情况、主观恶性的大小；三是案件的其他情况。2018 年《刑事诉讼法》第 81 条规定了应当逮捕的情形：可能实施新的犯罪的；有危害国家安全、公共安全或者社会秩序的现实危险的；可能毁灭、伪造证据，干扰证人作证或者串供的；可能对被害人、举报人、控告人实施打击报复的；企图自杀或者逃跑的。批准或者决定逮捕，应当将犯罪嫌疑人、被告人涉嫌犯罪的性质、情节，认罪认罚等情况，作为是否可能发生社会危险性的考虑因素。

把握逮捕的标准，必须同时具备上述三个条件，否则不得适用逮捕这一强制措施。司法实践当中，必须坚决抵制滥捕、防止错捕。

《刑事诉讼法》还规定，对于符合以上条件，应当逮捕的犯罪嫌疑人、被告人，如果患有严重疾病，或者是正在怀孕、哺乳自己婴儿的妇女，可以采用取保候审或者监视居住的办法。但是，值得注意的是，以上这种情形是"可以"取保候审或监视居住，而不是"应当"取保候审或监视居住，是否应当逮捕，由公、检、法机关根据具体情况而定。

根据《高检规则》第 140 条的规定，犯罪嫌疑人涉嫌的罪行较轻，且没有其他重大犯罪嫌疑，具有下列情形之一的，可以作出不批准逮捕或者不予逮捕的决定：（1）属于预备犯、中止犯，或者防卫过当、避险过当的；（2）主观恶性较小的初犯，共同犯罪中的从犯、胁从犯，犯罪后自首、有立功表现或者积极退赃、赔偿损失、确有悔罪表现的；（3）

过失犯罪的犯罪嫌疑人，犯罪后有悔罪表现，有效控制损失或者积极赔偿损失的；（4）犯罪嫌疑人与被害人双方根据刑事诉讼法的有关规定达成和解协议，经审查，认为和解系自愿、合法且已经履行或者提供担保的；（5）犯罪嫌疑人认罪认罚的；（6）犯罪嫌疑人系已满 14 周岁未满 18 周岁的未成年人或者在校学生，本人有悔罪表现，其家庭、学校或者所在社区、居民委员会、村民委员会具备监护、帮教条件的；（7）犯罪嫌疑人系已满 75 周岁的人。

三、逮捕的权限和程序

逮捕是最严厉的刑事诉讼强制措施。为了体现逮捕的严肃性，刑事诉讼法对于逮捕权的行使，设置了严格的程序，公安、司法机关必须严格依法行使逮捕权。

（一）公安机关提请逮捕的程序

根据《刑事诉讼法》的规定，公安机关无权决定逮捕。对于自己侦查的案件，需要逮捕犯罪嫌疑人的，必须写出《提请批准逮捕书》，连同案卷材料、证据，一并移送同级人民检察院审查批准。必要的时候，人民检察院可以派人参加公安机关对于重大案件的讨论。《提请批准逮捕书》应当写明犯罪嫌疑人姓名、性别、年龄、籍贯、职业、民族、住址、简历、所犯罪行和主要证据，认定的罪行及提请批捕的法律依据，《提请批准逮捕书》由县级以上公安机关负责人批准。

（二）检察机关审查批捕程序

人民检察院对于公安机关提请批准逮捕的案件进行审查后，应当根据情况分别作出批准逮捕或者不批准逮捕的决定。人民检察院审查批准逮捕犯罪嫌疑人由检察长决定；重大案件应当经检察委员会讨论决定。必要的时候，人民检察院可以派人参加公安机关对于重大案件的讨论。

对公安机关提请批准逮捕的犯罪嫌疑人已被拘留的，人民检察院应当在 7 日内作出是否批准逮捕的决定；未被拘留的，应当在接到提请批准逮捕书后的 15 日以内作出是否批准逮捕的决定，重大、复杂的案件，不得超过 20 日。

检察机关经审查应当分别作出以下决定：①对于符合逮捕条件的，作出批准逮捕的决定，制作批准逮捕决定书；②对于不符合逮捕条件的，作出不批准逮捕的决定，制作不批准逮捕决定书，说明不批准逮捕的理由，需要补充侦查的，应当同时通知公安机关。

人民检察院办理审查逮捕案件，发现应当逮捕而公安机关未提请批准逮捕的犯罪嫌疑人的，应当经检察长批准，建议公安机关提请批准逮捕。如果公安机关仍不提请批准逮捕或者说明的不提请批准逮捕的理由不能成立的，人民检察院也可以直接作出逮捕决定，送达公安机关执行。

对于人民检察院批准逮捕的决定，公安机关负有立即执行的义务，并且应当在执行后将执行回执在3日以内送达作出批准决定的人民检察院。如果公安机关发现逮捕不当，经公安机关负责人批准，制作释放通知书，送看守所和原批准逮捕的人民检察院。

对于不批准逮捕的，人民检察院应当说明理由，需要补充侦查的，应当同时通知公安机关。对于人民检察院决定不批准逮捕的，公安机关在收到不批准逮捕决定书后，如果犯罪嫌疑人已经被拘留的，应当立即释放，发给释放证明书，并将执行回执在执行完毕后的3日以内送达作出不批准逮捕决定的人民检察院。对于需要继续侦查，并且符合取保候审、监视居住条件的，依法取保候审或者监视居住。公安机关对人民检察院不批准逮捕的决定，认为有错误的时候，可以向同级人民检察院要求复议，但是必须立即释放被拘留的人。如果意见不被接受，可以先向原检察机关申请复议，再向上一级人民检察院提请复核。上级人民检察院应当立即复核，作出是否变更的决定，通知下级人民检察院和公安机关执行。

（三）人民检察院直接决定逮捕的程序

人民检察院直接决定逮捕犯罪嫌疑人有两种情况：

1. 对于人民检察院自己立案侦查的案件，根据最高人民检察院2018年11月24日印发的《关于人民检察院立案侦查司法工作人员相关职务犯罪案件若干问题的规定》，人民检察院办理本规定所列犯罪案件，不再适用对直接受理立案侦查案件决定立案报上一级人民检察院备案，逮捕犯罪嫌疑人报上一级人民检察院审查决定的规定。该规定改变了此前自侦案件的批准逮捕由上一级检察院负责的做法。

2. 人民检察院对于公安机关移送起诉的案件认为需要逮捕，而公安机关并未提请逮捕的，由对应的刑事检察部门审查后，报检察长或者检察委员会决定。

人民检察院决定逮捕的，由检察长签发决定逮捕通知书，通知公安机关执行。

（四）人民法院决定逮捕的程序

人民法院决定逮捕被告人有两种情形：

1. 对于直接受理的自诉案件，认为需要逮捕被告人时，由办案人员提交法院院长决定，对于重大、疑难、复杂案件的被告人的逮捕，提交审判委员会讨论决定。

2. 对于检察机关提起公诉时未予逮捕的被告人，人民法院认为符合逮捕条件应予逮捕的，也可以决定逮捕。

人民法院决定逮捕的，由院长签发决定逮捕通知书，通知公安机关执行。如果是公诉案件，还应当通知人民检察院。

（五）逮捕的执行

无论是检察机关批准逮捕，还是人民法院决定逮捕，一律由公安机关执行。

1. 执行逮捕时，必须持有由公安机关负责人签发的《逮捕证》，并向被逮捕人出示，然后让其签名、捺指印。对犯罪嫌疑人执行逮捕过程中，应当依法使用约束性警械，遇有暴力性对抗或者暴力犯罪行为，可以依法使用制服性警械或者武器。

2. 异地执行逮捕时，应事先办理有关手续，并通知被逮捕人所在地公安机关，被逮捕人所在地公安机关应予以配合。

3. 逮捕后，应当立即将被逮捕人送看守所羁押。

4. 执行逮捕后，应当在 24 小时内进行讯问，在发现不应当逮捕的时候，必须立即释放，发给释放证明。

5. 逮捕后，除无法通知的情形外，应当把逮捕的原因和羁押的处所，在 24 小时内通知被逮捕人的家属。

（六）逮捕特殊犯罪嫌疑人的备案

根据《高检规则》第 148、149、294、295 条的规定，对几种特殊犯罪嫌疑人进行逮捕时，要经过有关部门批准或报请有关部门备案。

1. 人民检察院对担任县级以上各级人民代表大会代表的犯罪嫌疑人决定采取逮捕强制措施的，应当报请该代表所属的人民代表大会主席团或者常务委员会许可。对担任本级人民代表大会代表的犯罪嫌疑人决定采取强制措施的，应当报请本级人民代表大会主席团或者常务委员会许可。对担任上级人民代表大会代表的犯罪嫌疑人决定采取逮捕强制措施的，应当层报该代表所属的人民代表大会同级的人民检察院报请许可。对担任下级人民代表大会代表的犯罪嫌疑人采取逮捕强制措施的，可以直接报请该代表所属的人民代表大会主席团或者常务委员会许可，也可以委托该代表所属的人民代表大会同级的人民检察院报请许可。

对办案单位所在省、市、县（区）以外的其他地区人民代表大会代表的犯罪嫌疑人决定采取强制措施的，应当委托该代表所属的人民代表大会同级的人民检察院报请许可；担任两级以上人民代表大会代表的，应当分别委托该代表所属的人民代表大会同级的人民检察院报请许可。对于担任乡、民族乡、镇的人民代表大会代表的犯罪嫌疑人采取强制措施的，由县级人民检察院向乡、民族乡、镇的人民代表大会报告。

2. 外国人、无国籍人涉嫌危害国家安全犯罪的案件或者涉及国与国之间政治、外交关系的案件以及在适用法律上确有疑难的案件，需要逮捕犯罪嫌疑人的，由基层人民检察院或者设区的市级人民检察院审查并提出意见，层报最高人民检察院审查。最高人民检察院认为需要逮捕的，经征求外交部意见后，作出批准逮捕的批复。经审查认为不需要逮捕的，可以直接作出不批准逮捕的批复。外国人、无国籍人涉嫌以上犯罪以外的案件，决定批准逮捕的人民检察院应当在作出批准逮捕决定后 48 小时以内报上一级人民检察院备案，同时向同级人民政府外事部门通报。上一级人民检察院经审查发现批准逮捕决定错误的，应当依法及时纠正。

3. 人民检察院审查逮捕危害国家安全案件，应当报上一级人民检察院备案。上一级人民检察院经审查发现错误的，应当依法及时纠正。

四、逮捕的变更和撤销

（一）可以变更或解除逮捕的情形

根据《刑诉解释》第 168 条的规定，对于已经被逮捕的被告人，符合下列情形之一的，人民法院可以将逮捕措施予以变更：

1. 患有严重疾病的。

2. 正在怀孕或哺乳自己婴儿的妇女。

3. 系生活不能自理的人的唯一扶养人。

对逮捕超过法定期限的，下列人员依法有权要求解除：①犯罪嫌疑人、被告人。②犯罪嫌疑人、被告人的法定代理人或者近亲属。③犯罪嫌疑人、被告人委托的律师及其他辩护人。

对逮捕超过法定期限而要求解除的，依法应向原批准、决定的人民法院、人民检察院提出申请；原批准、决定的机关经过审查，查明逮捕确实超过法定期限的，有义务尽快纠正，予以变更或者解除逮捕措施。

（二）应当变更、撤销或解除逮捕的情形

被逮捕的被告人具有下列情形之一的，人民法院应当立即释放，必要时，可以依法变更强制措施：1. 第一审人民法院判决被告人无罪、不负刑事责任或者免予刑事处罚的；2. 第一审人民法院判处管制、宣告缓刑、单独适用附加刑，判决尚未发生法律效力的；3. 被告人被羁押的时间已到第一审人民法院对其判处的刑期期限的；4. 案件不能在法律规定的期限内审结的。

人民法院、人民检察院和公安机关如果发现对犯罪嫌疑人、被告人采取强制措施不当的，应当及时撤销或者变更。公安机关释放被逮捕的人或者变更逮捕措施的，应当通知原批准的人民检察院。

（三）应当变更为逮捕的情形

1. 已取保候审或者监视居住的犯罪嫌疑人、被告人，违反被取保候审人或者被监视居住人在取保候审或者监视居住期间的义务，情节严重的，可以予以逮捕。

2. 应当逮捕但因为患有严重疾病，或者是正在怀孕、哺乳自己婴儿的妇女而未予逮捕的犯罪嫌疑人、被告人，疾病痊愈或者哺乳期已满的，应当逮捕。

公安、司法机关决定变更强制措施，予以逮捕的，应当通知负责执行取保候审或者监视居住的公安机关。

五、羁押必要性审查

犯罪嫌疑人、被告人被逮捕后，人民检察院仍应当对羁押的必要性进行审查。

（一）审查的启动

人民检察院在办案过程中可以依职权主动进行羁押必要性审查。

犯罪嫌疑人、被告人及其法定代理人、近亲属或者辩护人可以申请人民检察院进行羁押必要性审查。申请时应当说明不需要继续羁押的理由，有相关证据或者其他材料的应当提供。

看守所根据在押人员身体状况，可以建议人民检察院进行羁押必要性审查。

（二）审查的主体

负责捕诉的部门依法对侦查和审判阶段的羁押必要性进行审查。经审查认为不需要继续羁押的，应当建议公安机关或者人民法院释放犯罪嫌疑人、被告人或者变更强制措施。

审查起诉阶段，负责捕诉的部门经审查认为不需要继续羁押的，应当直接释放犯罪嫌疑人或者变更强制措施。

负责刑事执行检察的部门收到有关材料或者发现不需要继续羁押的，应当及时将有关材料和意见移送负责捕诉的部门。

（三）审查的内容和形式

人民检察院可以采取以下方式进行羁押必要性审查：1. 审查犯罪嫌疑人、被告人不需要继续羁押的理由和证明材料；2. 听取犯罪嫌疑人、被告人及其法定代理人、辩护人的意见；3. 听取被害人及其法定代理人、诉讼代理人的意见，了解是否达成和解协议；4. 听取办案机关的意见；5. 调查核实犯罪嫌疑人、被告人的身体健康状况；6. 需要采取的其他方式。

必要时，可以依照有关规定进行公开审查。

（四）审查的结果

人民检察院发现犯罪嫌疑人、被告人具有下列情形之一的，应当向办案机关提出释放或者变更强制措施的建议：1. 案件证据发生重大变化，没有证据证明有犯罪事实或者犯罪行为系犯罪嫌疑人、被告人所为的；2. 案件事实或者情节发生变化，犯罪嫌疑人、被告人可能被判处拘役、管制、独立适用附加刑、免予刑事处罚或者判决无罪的；3. 继续羁押犯罪嫌疑人、被告人，羁押期限将超过依法可能判处的刑期的；4. 案件事实基本查清，证据已经收集固定，符合取保候审或者监视居住条件的。

人民检察院发现犯罪嫌疑人、被告人具有下列情形之一，且具有悔罪表现，不予羁押不致发生社会危险性的，可以向办案机关提出释放或者变更强制措施的建议：1. 预备犯或者中止犯；2. 共同犯罪中的从犯或者胁从犯；3. 过失犯罪的；4. 防卫过当或者避险过当的；5. 主观恶性较小的初犯；6. 系未成年人或者已满 75 周岁的人；7. 与被害方依法自愿达成和解协议，且已经履行或者提供担保的；8. 认罪认罚的；9. 患有严重疾病、生活不能自理的；10. 怀孕或者正在哺乳自己婴儿的妇女；11. 系生活不能自理的人的唯一扶养人；12. 可能被判处一年以下有期徒刑或者宣告缓刑的；13. 其他不需要继续羁押的情形。

理论导读

刑事诉讼强制措施是刑事司法机关履行各种职能的重要手段，充分体现了国家公权力的强制色彩，对于犯罪嫌疑人和被告人意义重大，也是刑事诉讼法学研究的热门话题。

我国现行《刑事诉讼法》规定了五种强制力不同的刑事诉讼强制措施，有学者对我国刑事诉讼强制措施适用中存在一些问题进行了较中肯的分析：其一，立法对于强制措施适用条件的规定较为宽泛，侦查机关的自由裁量权过大。典型如对逮捕的适用过于随意，《刑事诉讼法》虽然规定了逮捕的三个条件，但实践中对“有逮捕必要”往往做了宽泛理解。侦查机关为了追诉犯罪以及方便调查，往往倾向于采取较严厉的强制措施。其二，刑事诉讼强制措施适用中，犯罪嫌疑人缺乏必要的救济性权利。我国刑事诉讼强制措施具有显著的职权主义色彩，适用强制措施时，除批准逮捕以外，基本没有设置犯罪嫌疑人的救济措施。并且，包括逮捕在内的所有刑事诉讼强制措施的变更均由侦查机关自己决定，不受其他机关的监督和制约。现行《刑事诉讼法》在逮捕条件的细化以及逮捕之后的羁押必要性审查方面作出了一些规定，避免在实践中出现的侵害犯罪嫌疑人正当权利的做法，也有利于改变侦查机关倾向于采取较严厉的强制措施的做法。现行刑事诉讼法还对逮捕、羁押和羁押之后的必要性审查做了明确的划分，在很大程度上保障了犯罪嫌疑人的权利。

我国刑事司法实践中的突出问题是超期羁押现象较为严重，这已经是我国强制措施制度改革的核心议题。尽管 2003 年最高人民法院、最高人民检察院、公安部以通知形式要求集中清理超期羁押问题，公安司法机关着手大规模整治超期羁押现象，但是这并未从根本上杜绝超期羁押的发生，仍有大量案件超期羁押、久拖不决。其弊害是显而易见的，首先，过高的未决羁押率容易导致侦查机关过度依赖逮捕羁押手段获取犯罪嫌疑人的口供，甚至出现侵害在押犯罪嫌疑人的人格尊严和诉讼权利的现象，还可能因此而错失及时收集固定客观证据的良机。其次，过高的未决羁押率不合理地限制了没有羁押必要的犯罪嫌疑人、被告人准备辩护的能力和条件，不仅给法院的公正审判带来不必要的压力，还可能给在押犯罪嫌疑人、被告人的身心健康带来不可逆转的损害。再次，过高的未决羁押率不适当地剥夺了没有逮捕羁押必要的犯罪嫌疑人、被告人为经济社会发展继续做贡献以及持续照顾家庭的机会。这既浪费了宝贵的人力资源，同时又人为地推高了国家的刑事司法成本，浪费了有限的司法资源。对此，2019年《高检规则》确立了检察机关"捕诉合一"的体制改革，2021年我国提出"少捕、慎捕、慎诉"的刑事政策。①

对于指定监视居住制度也存在较大的争议，有学者甚至认为指定监视居住在法律性质上不同于通常所谓的监视居住，已成为现有五种强制措施都不能涵括的第六种强制措施。② 对于指定监视居住的批评主要集中在犯罪嫌疑人的人权保障方面，虽然《刑事诉讼法》对于指定监视居住规定了一些监督保障措施，比如强调不能在羁押场所、专门的办案场所执行等，《高检规则》同时也细化了人民检察院对于指定监视居住予以监督的情形和范围，但是由于刑事诉讼法在这一方面的规定并不详细，导致其在适用对象、适用机制、适用成本以及公平性方面都存在隐忧，因此，有必要在肯定其现实合理性的同时，秉持打击犯罪与保障人权相平衡的理念，对其进行公正化改造。主要应当完善的配套措施包括：其一，应当明确指出指定监视居住适用《国家赔偿法》的相关规定，使得被指定监视居住之后决定撤销案件、不起诉或者判决宣告无罪终止追究刑事责任的人可以得到国家赔偿的救济；其二，应当尽快落实人民检察院对指定监视居住监督措施的实施程序，使得这种监督可以做到有法可依，而非一个笼统的规定；其三，考虑到适用的成本问题，对于指定监视居住应当有专门的财政保障。2018年修订的《刑事诉讼法》对指定居所监视居住的范围有所调整。随着监察体制改革的尘埃落定，检察机关的职务犯罪侦查权已经几乎转隶至监察委员会。之前，由于贪污贿赂犯罪案件属于检察机关自侦的案件范围，对于特大贪污贿赂犯罪案件的指定居所监视居住由检察机关决定，并交由公安机关执行。由于贪污贿赂犯罪案件属于监察委员会调查的范围，且监察委员会的调查不属于刑事侦查不受刑事诉讼法的调整。因此，2018年《刑事诉讼法》没有规定特大贪污贿赂犯罪案件的指定居所监视居住。

关于拘留。在2018年《刑事诉讼法》修订之前，拘留主要是针对现行法和重大嫌疑分子，并且需要满足特定的七种情形。为了有效地促进监察委员会监察留置案件与检察机关的衔接，我国2018年《刑事诉讼法》增加一种拘留的情形。2018年《刑事诉讼法》第170条第2款的规定："对于监察机关移送起诉的已采取留置措施的案件，人民检察院应当对犯罪嫌疑人先行拘留，留置措施自动解除。人民检察院应当在拘留后的10日以内作

① 参见孙长永：《少捕慎诉慎押刑事司法政策与人身强制措施制度的完善》，载《中国刑事法杂志》2021年第4期。

② 参见左卫民：《指定监视居住的制度性思考》，载《法制资讯》2012年第7期。

出是否逮捕、取保候审或者监视居住的决定。在特殊情况下，决定的时间可以延长1日至4日。人民检察院决定采取强制措施的期间不计入审查起诉期限。”不难看出，对于监察留置的案件移送检察机关审查起诉的，检察机关都应当先行拘留。

关于逮捕。随着认罪从宽原则的确立和制度的逐渐深入，程序上的从宽与缓和化、律师的依法介入机制均得到了完善和推动。之前，检察机关在审查逮捕的时候没有将认罪认罚作为逮捕的社会危险性要件进行规定。2018年修订的《刑事诉讼法》第81条第2款规定：“批准或者决定逮捕，应当将犯罪嫌疑人、被告人涉嫌犯罪的性质、情节，认罪认罚等情况，作为是否可能发生社会危险性的考虑因素。”该条款直接将认罪认罚作为了审查逮捕时社会危险性要件的考虑因素，体现了认罪认罚的程序从轻效果。

真题解析

本章涉及强制措施，是法律职业资格考试和过去的司法考试重点考查的内容之一。考试题目较多涉及各种强制措施的决定和执行机关、适用条件、措施的变更和解除。

1.（2015年卷二27）郭某涉嫌报复陷害申诉人蒋某，侦查机关因郭某可能毁灭证据将其拘留。在拘留期限即将届满时，因逮捕郭某的证据尚不充足，侦查机关责令其交纳2万元保证金取保候审。关于本案处理，下列哪一选项是正确的？

A. 取保候审由本案侦查机关执行

B. 如郭某表示无力全额交纳保证金，可降低保证金数额，同时责令其提出保证人

C. 可要求郭某在取保候审期间不得进入蒋某居住的小区

D. 应要求郭某在取保候审期间不得变更住址

答案：C

解析：《刑诉解释》第150条规定：“被告人具有刑事诉讼法第六十七条第一款规定情形之一的，人民法院可以决定取保候审。对被告人决定取保候审的，应当责令其提出保证人或者交纳保证金，不得同时使用保证人保证与保证金保证。”《刑事诉讼法》第71条第2款规定：“人民法院、人民检察院和公安机关可以根据案件情况，责令被取保候审的犯罪嫌疑人、被告人遵守以下一项或者多项规定：（一）不得进入特定的场所；（二）不得与特定的人员会见或者通信；（三）不得从事特定的活动；（四）将护照等出入境证件、驾驶证件交执行机关保存。”所以选项C正确。

2.（2013年卷二31）关于取保候审的程序限制，下列哪一选项是正确的？

A. 保证金应当由决定机关统一收取，存入指定银行的专门账户

B. 对于可能判处徒刑以上刑罚的，不得采取取保候审措施

C. 对同一犯罪嫌疑人不得同时使用保证金担保和保证人担保两种方式

D. 对违反取保候审规定，需要予以逮捕的，不得对犯罪嫌疑人、被告人先行拘留

答案：C

解析：《刑事诉讼法》第68条规定："人民法院、人民检察院和公安机关决定对犯罪嫌疑人、被告人取保候审，应当责令犯罪嫌疑人、被告人提出保证人或者交纳保证金。"第72条规定："取保候审的决定机关应当综合考虑保证诉讼活动正常进行的需要，被取保候审人的社会危险性，案件的性质、情节，可能判处刑罚的轻重，被取保候审人的经济状况等情况，确定保证金的数额。提供保证金的人应当将保证金存入执行机关指定银行的专门账户。"所以选项C正确。

3. （2014年卷二30）未成年人郭某涉嫌犯罪被检察院批准逮捕。在审查起诉中，经羁押必要性审查，拟变更为取保候审并适用保证人保证。关于保证人，下列哪一选项是正确的？

A. 可由郭某的父亲担任保证人，并由其交纳1000元保证金

B. 可要求郭某的父亲和母亲同时担任保证人

C. 如果保证人协助郭某逃匿，应当依法追究保证人的刑事责任，并要求其承担相应的民事连带赔偿责任

D. 保证人未履行保证义务应处罚款的，由检察院决定

答案：B

解析：《关于取保候审若干问题的规定》第4条规定："对犯罪嫌疑人、被告人决定取保候审的，应当责令其提出保证人或者交纳保证金。对同一犯罪嫌疑人、被告人决定取保候审的，不得同时使用保证人保证和保证金保证。对未成年人取保候审的，应当优先适用保证人保证。"对于保证人没有人数要求，郭某的父亲和母亲可以同时担任郭某保证人。所以选项B正确。《刑诉解释》第157条规定："根据案件事实和法律规定，认为已经构成犯罪的被告人在取保候审期间逃匿的，如果系保证人协助被告人逃匿，或者保证人明知被告人藏匿地点但拒绝向司法机关提供，对保证人应当依法追究责任。"所以选项C错误。

4. （2014年卷二70）关于讯问犯罪嫌疑人，下列哪些选项是正确的？

A. 在拘留犯罪嫌疑人之前，一律不得对其进行讯问

B. 在拘留犯罪嫌疑人之后，可在送看守所羁押前进行讯问

C. 犯罪嫌疑人被拘留送看守所之后，讯问应当在看守所内进行

D. 对于被指定居所监视居住的犯罪嫌疑人，应当在指定的居所进行讯问

答案：BC

解析：《刑事诉讼法》第85条规定："公安机关拘留人的时候，必须出示拘留证。拘

留后，应当立即将被拘留人送看守所羁押，至迟不得超过二十四小时。除无法通知或者涉嫌危害国家安全犯罪、恐怖活动犯罪通知可能有碍侦查的情形以外，应当在拘留后二十四小时以内，通知被拘留人的家属。有碍侦查的情形消失以后，应当立即通知被拘留人的家属。”《刑事诉讼法》第 86 条规定：“公安机关对被拘留的人，应当在拘留后的二十四小时以内进行讯问。在发现不应当拘留的时候，必须立即释放，发给释放证明。”所以选项 BC 正确。

5. （2015 年卷二 28）章某涉嫌故意伤害致人死亡，因犯罪后企图逃跑被公安机关先行拘留。关于本案程序，下列哪一选项是正确的？

A. 拘留章某时，必须出示拘留证

B. 拘留章某后，应在 12 小时内将其送看守所羁押

C. 拘留后对章某的所有讯问都必须在看守所内进行

D. 因怀疑章某携带管制刀具，拘留时公安机关无需搜查证即可搜查其身体

答案：D

解析：《刑事诉讼法》第 85 条规定：“公安机关拘留人的时候，必须出示拘留证。拘留后，应当立即将被拘留人送看守所羁押，至迟不得超过二十四小时。除无法通知或者涉嫌危害国家安全犯罪、恐怖活动犯罪通知可能有碍侦查的情形以外，应当在拘留后二十四小时以内，通知被拘留人的家属。有碍侦查的情形消失以后，应当立即通知被拘留人的家属。”所以选项 D 正确。

6. （2013 年卷二 67）检察机关审查批准逮捕，下列哪些情形存在时应当讯问犯罪嫌疑人？

A. 犯罪嫌疑人的供述前后反复且与其他证据矛盾

B. 犯罪嫌疑人要求向检察机关当面陈述

C. 侦查机关拘留犯罪嫌疑人 36 小时以后将其送交看守所羁押

D. 犯罪嫌疑人是聋哑人

答案：ABCD

解析：《高检规则》第 382 条规定：“人民检察院办理审查逮捕案件，可以讯问犯罪嫌疑人；具有下列情形之一的，应当讯问犯罪嫌疑人：（一）对是否符合逮捕条件有疑问的；（二）犯罪嫌疑人要求向检察人员当面陈述的；（三）侦查活动可能有重大违法行为的；（四）案情重大、疑难、复杂的；（五）犯罪嫌疑人认罪认罚的；（六）犯罪嫌疑人系未成年人的；（七）犯罪嫌疑人是盲、聋、哑人或者是尚未完全丧失辨认或者控制自己行为能力的精神病人的。讯问未被拘留的犯罪嫌疑人，讯问前应当听取公安机关的意见。办理审查逮捕案件，对被拘留的犯罪嫌疑人不予讯问的，应当送达听取犯罪嫌疑人意见书，由犯

罪嫌疑人填写后及时收回审查并附卷。经审查认为应当讯问犯罪嫌疑人的，应当及时讯问。”所以选项 ABCD 正确。

7.（2014 年卷二 31）关于犯罪嫌疑人的审前羁押，下列哪一选项是错误的？

A. 基于强制措施适用的必要性原则，应当尽量减少审前羁押

B. 审前羁押是临时性的状态，可根据案件进展和犯罪嫌疑人的个人情况予以变更

C. 经羁押必要性审查认为不需要继续羁押的，检察院应及时释放或变更为其他非羁押强制措施

D. 案件不能在法定办案期限内办结的，应当解除羁押

答案：C

解析：《刑事诉讼法》第 95 条规定：“犯罪嫌疑人、被告人被逮捕后，人民检察院仍应当对羁押的必要性进行审查。对不需要继续羁押的，应当建议予以释放或者变更强制措施。有关机关应当在十日以内将处理情况通知人民检察院。”所以选项 C 错误。

8.（2013 年卷二 69）在侦查过程中，下列哪些行为违反我国刑事诉讼法的规定？

A. 侦查人员拒绝律师讯问时在场的要求

B. 公安机关变更逮捕措施，没有通知原批准的检察院

C. 公安机关认为检察院不批准逮捕的决定有错误，提出复议前继续拘留犯罪嫌疑人

D. 侦查机关未告知犯罪嫌疑人家属指定居所监视居住的理由和处所

答案：BC

解析：我国《刑事诉讼法》并未规定侦查讯问时的律师在场权，所以选项 A 不当选。《刑事诉讼法》第 96 条规定：“人民法院、人民检察院和公安机关如果发现对犯罪嫌疑人、被告人采取强制措施不当的，应当及时撤销或者变更。公安机关释放被逮捕的人或者变更逮捕措施的，应当通知原批准的人民检察院。”所以选项 B 当选。《刑事诉讼法》第 92 条规定：“公安机关对人民检察院不批准逮捕的决定，认为有错误的时候，可以要求复议，但是必须将被拘留的人立即释放。如果意见不被接受，可以向上一级人民检察院提请复核。上级人民检察院应当立即复核，作出是否变更的决定，通知下级人民检察院和公安机关执行。”所以选项 C 当选。《刑事诉讼法》第 75 条第 2 款规定：“指定居所监视居住的，除无法通知的以外，应当在执行监视居住后二十四小时以内，通知被监视居住人的家属。”所以选项 D 存在例外情形，不当选。

9.（2020 年真题参考版）检察院依法开展羁押必要性审查，发现下列哪些情节可以建议变更强制措施？

A. 被告人年满 65 周岁，体弱

B. 犯罪嫌疑人已自愿认罪认罚

C. 被告人与被害方达成和解协议，约定解除羁押后予以履行

D. 犯罪嫌疑人身患严重传染病，且生活不能自理

答案：BD

解析：《高检规则》第580条规定："人民检察院发现犯罪嫌疑人、被告人具有下列情形之一，且具有悔罪表现，不予羁押不致发生社会危险性的，可以向办案机关提出释放或者变更强制措施的建议：（一）预备犯或者中止犯；（二）共同犯罪中的从犯或者胁从犯；（三）过失犯罪的；（四）防卫过当或者避险过当的；（五）主观恶性较小的初犯；（六）系未成年人或者已满七十五周岁的人；（七）与被害方依法自愿达成和解协议，且已经履行或者提供担保的；（八）认罪认罚的；（九）患有严重疾病、生活不能自理的；（十）怀孕或者正在哺乳自己婴儿的妇女；（十一）系生活不能自理的人的唯一扶养人；（十二）可能被判处一年以下有期徒刑或者宣告缓刑的；（十三）其他不需要继续羁押的情形。"故选项BD正确。

10.（2020年真题参考版）检察院在审查批捕时，下列哪些属于应当批准逮捕的社会危险性因素？

A. 涉嫌多次盗窃的犯罪嫌疑人没有正当生活来源

B. 涉嫌抢劫罪的犯罪嫌疑人在被拘留时以暴力抗拒抓捕

C. 涉嫌赌博罪的犯罪嫌疑人有吸毒史

D. 涉嫌敲诈勒索罪的犯罪嫌疑人有能力提供数额较高的保证金

答案：ABC

解析：《高检规则》第128条第1款规定："人民检察院对有证据证明有犯罪事实，可能判处徒刑以上刑罚的犯罪嫌疑人，采取取保候审尚不足以防止发生下列社会危险性的，应当批准或者决定逮捕：（一）可能实施新的犯罪的；（二）有危害国家安全、公共安全或者社会秩序的现实危险的；（三）可能毁灭、伪造证据，干扰证人作证或者串供的；（四）可能对被害人、举报人、控告人实施打击报复的；（五）企图自杀或者逃跑的。"故选项ABC正确。

11.（2021年真题参考版）李某、黄某因涉嫌生产、销售不符合安全标准的食品罪，被刑事拘留并报请检察院审查逮捕。关于本案审查逮捕的程序，下列选项正确的是？

A. 李某认罪认罚，检察院应对其进行讯问

B. 因本案在当地有重大影响，检察院可采取当面听取侦查人员、犯罪嫌疑人、辩护人等意见的方式进行公开审查

C. 因本案案情重大复杂，检察院可在收到提请批准逮捕书后20日内作出决定

D. 发现黄某未满16周岁，检察院对其作出不批捕及终止侦查的决定

答案：AB

解析：选项 A 正确。犯罪嫌疑人认罪认罚的，检察院在审查批捕时应当讯问犯罪嫌疑人。选项 B 正确。《高检规则》第 281 条规定：“对有重大影响的案件，可以采取当面听取侦查人员、犯罪嫌疑人及其辩护人等意见的方式进行公开审查。”选项 C 错误。《高检规则》第 282 条规定：“对公安机关提请批准逮捕的犯罪嫌疑人，已经被拘留的，人民检察院应当在收到提请批准逮捕书后七日以内作出是否批准逮捕的决定；未被拘留的，应当在收到提请批准逮捕书后十五日以内作出是否批准逮捕的决定，重大、复杂案件，不得超过二十日。”选项 D 错误。《高检规则》第 287 条第 2 款规定：“对于有犯罪事实需要追究刑事责任，但不是被立案侦查的犯罪嫌疑人实施，或者共同犯罪案件中部分犯罪嫌疑人不负刑事责任，人民检察院作出不批准逮捕决定的，应当同时告知公安机关对有关犯罪嫌疑人终止侦查。”

第二编　证 据 论

第八章　刑事诉讼中的证据

第一节　刑事诉讼证据概述

一、刑事诉讼证据的概念和基本属性

（一）刑事证据的概念

刑事诉讼证据的概念，学理上有不同界定。目前大体上可分为以下三种定义方法：

1. 事实说。我国 1996 年《刑事诉讼法》第 42 条第 1 款规定："证明案件真实情况的一切事实，都是证据"，该规定正是事实说的立法体现。《牛津法律大词典》对证据一词解释为："事实，从事实中推断出的结果及陈述。这些事实、结论和陈述有助于法院或其他调查主体确信某些尚不知道但正在调查之中的事实和情况。"① 于是有学者将刑事诉讼证据即视为："是指以法律规定的形式表现出来的，能够证明案件真实情况的一切事实。"② 在 2012 年《刑事诉讼法》之前，事实说几乎是我国刑事诉讼证据概念的通说，支持者众多。

2. 根据说。这一学说从证据的作用出发，将证据作为证明的根据。有学者解释："证据是正确进行刑事诉讼活动的事实根据，从立案、侦查、起诉到审判，每一个诉讼阶段和诉讼程序，都离不开运用证据。"③

3. 材料说。我国此派学说主张刑事诉讼证据是调查而来的用以证明案件事实真实与否的有关材料。2012 年《刑事诉讼法》即从材料说的观点出发，在第 48 条规定："可以用于证明案件事实的材料，都是证据。"从此，材料说取代了事实说成为了刑事诉讼证据的立法界定。2012 年《刑事诉讼法》第 48 条第 2 款还进一步明确了证据的八种形式，并强调：以上证据必须经过查证属实，才能作为定案的根据。不过，也有学者对材料说提出了

① 《牛津法律大辞典》，法律出版社 2003 年版，第 399 页。

② 陈光中主编：《刑事诉讼法》，北京大学出版社、高等教育出版社 2016 年版，第 164 页。

③ 樊崇义主编：《证据法学》，法律出版社 2017 年版，第 130 页。

质疑，指出材料说“既无法全面反映证据的表现形式，忽略了言辞陈述的证据价值，也混淆了‘证据事实’与‘案件事实’的区别”。因而认为证据的概念“应有包容性”，从而倾向于将刑事诉讼证据定义为“用来证明证据事实的载体。这里所说的载体既可以指实物、笔录也可以指各类言辞陈述。但这些记载着证据事实的载体并不是事实本身，更不是法院定案的根据。同时，这里所说的‘证据事实’也不同于原有的‘案件事实’，而最多属于证据所提供的一些事实信息而已。”①

有关刑事诉讼证据概念各派学说存在争议显示了其内涵的丰富性，同时也表明其下定义绝非易事。这也正可以看出学者们所作努力之可贵。

那么，到底什么是刑事诉讼证据呢？本书同意立法采用的“材料说”。所谓刑事诉讼证据，是指刑事诉讼中的法定主体依法调查收集并用以证明案件事实的符合法定形式的相关材料。

（二）刑事诉讼证据的基本属性

综合上述定义来看，刑事证据具有以下三个基本属性：

1. 证据的客观性。客观性是指刑事证据必须是一种不依人们的主观意志为转移的客观存在的事实。一方面，证据必须具有客观的外在表现形式，并且这种形式可以为人的认识所感知。如果不具有能为人们在现有条件下所感知的客观形式，它就无法被人们认识并被用以证明案件事实。另一方面，证据的内容必须是客观的，必须是对客观事物的反映；一切主观臆断、想象、推测都不可以作为证据。

2. 证据的关联性。关联性是指证据事实必须同案件事实及其相关事实有实质性关联。客观存在的事实是很多的，但是只有那些同案件事实存在着客观联系的现实材料，才可能成为诉讼证据。应当注意，证据事实与案件事实的联系也不可以是任意的、随机的，它要求证据必须对证明案件事实具有实质性意义。如果没有这样的联系，不能证明案件任何情况，那么它仍旧不能成为刑事诉讼的证据。

3. 证据的合法性。合法性是指证据的收集主体、收集方法、过程以及证据的形式都要符合法律的规定。证据的合法性具体表现在以下三个方面：其一，提出和收集证据的主体必须符合法律规定。不符合法律要件的主体所提出或收集的事实材料是不能作为证据的。其二，收集和提取证据的程序、方法必须符合法律的有关规定。根据《刑事诉讼法》第52条的规定，审判人员、检察人员、侦查人员必须依照法定程序，收集能够证实犯罪嫌疑人、被告人有罪或者无罪、犯罪情节轻重的各种证据。严禁刑讯逼供和以威胁、引诱、欺骗以及其他非法方法收集证据，不得强迫任何人证实自己有罪。必须保证一切与案件有关或者了解案情的公民，有客观地充分地提供证据的条件，除特殊情况外，可以吸收他们协

① 陈瑞华：《证据的概念和法定种类》，载《法律适用》2012年第1期。

助调查。根据《刑事诉讼法》第 122 条的规定，讯问笔录应当交犯罪嫌疑人核对，对于没有阅读能力的，应当向他宣读。如果记载有遗漏或者差错，犯罪嫌疑人可以提出补充或者改正。犯罪嫌疑人承认笔录没有错误后，应当签名或者盖章。侦查人员也应当在笔录上签名。犯罪嫌疑人请求自行书写供述的，应当准许。必要的时候，侦查人员也可以要犯罪嫌疑人亲笔书写供词。其三，证据的形式必须符合有关法律规定。我国刑事诉讼法规定了八个证据种类，除此之外其他证据形式，原则上不得采纳。

刑事诉讼证据的客观性、关联性和合法性是相互统一的，这三者之间相互依存、相互渗透。客观性，反映了刑事诉讼证据中主观和客观因素的紧密结合；关联性是客观存在的证据与案件事实之间的关联，是客观的关联性；合法性建立在客观性、关联性的基础上，包容了证据的客观性和关联性，是其重要保障。对于进入刑事诉讼的证据而言，这三个属性必须同时具备缺一不可。

二、证据能力与证明能力

证据能力是指证据材料在法律上被允许作为证据的资格。证据能力也可以称为证据资格；在英美证据法上又称为证据的可采性，即指控辩双方提交的证据符合了法律规定的采用标准，法官在审判中可以予以采用。我国刑事诉讼法上对证据能力的要求就是证据的三个属性，凡符合证据三属性的事实都具有证据能力。

证明能力又被称为证明力或证据价值，它是指被采用的证据在认定案件事实上发生的作用。证明力的有无及大小，应当还原到具体的诉讼程序中加以确定，而不宜事先以一定的标准硬性规定。在现代刑事诉讼中，证明力原则上由裁判者自由判断。

证据能力与证明力的区别在于：证据能力的作用是确定某证据是否可以在诉讼或证明活动中采用，而不是必须要采信；至于是否采信某证据，则由该证据的证明能力决定。证据能力是从形式上解决证据资格问题，证明能力则是从实质上解决证据有无价值以及有多大价值的问题。作为定案根据的证据必须既有证据能力，又有证明能力；欠缺任何一方面，相关证据对于案件事实的认定就变得毫无意义。

三、刑事证据的意义

刑事证据的意义是指证据在刑事诉讼活动中所起的作用。在实行证据裁判制度的现代诉讼中，证据对诉讼活动具有极其重要的意义，具体表现为：

1. 证据是正确认定案件事实的依据。案件事实是发生在过去的事实，对承办案件的司法人员来说，既没有亲眼所见，也无法让其重演。司法人员要想正确认识过去发生的事实，把这种事实真实地再现出来，就只能通过现存的材料和犯罪分子遗留下的各种犯罪证据。离开了证据，要想查清案件事实是不可能的。

2. 证据是刑事诉讼活动的推进基础。刑事诉讼活动的过程，不论立案、侦查、起诉、审判，还是采取各种强制措施，都少不了证据。如果缺少证据，立案、侦查、逮捕、起诉、审判等诉讼活动都不能进行。

3. 证据是使犯罪者认罪伏法的决定因素。犯罪分子一般不会轻易承认自己的犯罪事实。但如果在大量的、确凿的证据面前，他们只有低头认罪，无可抵赖，老实服判。

4. 证据是使无罪的人不受刑事追究的保障。在刑事诉讼中，司法机关既要使犯罪分子受到应有的法律制裁，又要保障无罪的人不受刑事追究。但是刑事诉讼中，犯罪分子与无辜的公民一时是难分清楚的。要正确区分，就要依靠充分、确实的证据。无充分的证据证明犯罪嫌疑人、被告人是有罪的，就不能进行有罪认定。

第二节　刑事诉讼证据的种类

我国《刑事诉讼法》第 50 条第 2 款明确列出了 8 种证据的种类。只有符合法定表现形式的材料，才能成为证据，具有法律上的约束力。不具备法定表现形式的材料不是证据，而证据亦须经法定程序查证属实后，方可成为定案依据。

一、物证

物证即实物证据，指能够证明案件真实情况和其他待证事实的实物和物质痕迹。常见的物证主要有：①犯罪分子准备犯罪和实施犯罪所使用的工具、器械，比如抢劫用的凶器。②现场遗留物，比如犯罪分子遗留在现场的手套。③犯罪行为侵犯的客体物，比如尸体等。④犯罪过程所产生的痕迹。作为物证的痕迹是指犯罪分子在犯罪过程中使两个物体相互作用所产生的印痕，如手印、足迹、车痕等。物证在刑事诉讼中是使用最广泛的证据之一，它对查清案件事实有着重要的作用。

物证是以其外部特征、存在的状况、内在属性等来证明待证事实的，具有较强的客观性和稳定性。但物证本身并不会“说话”，它不能自己表明它的证明作用，只能通过人意识的能动作用，结合其他证据进行分析判断，才能在诉讼中起到证据的作用。

二、书证

书证是以文字、符号、图画所记载内容或表达的思想来证明案件事实的书面文件或其他物品。在刑事诉讼中，经常使用的书证有证实经济犯罪的账册、单据、合同；诬告案中的诬告信；反映犯罪主体身份的工作证、身份证、户口簿等。书证一经收集并查证属实，就可以比较直观地证明案件中的一定事实，因而在诉讼中具有重要意义。

书证与物证的区别是：书证以其内容证明案件事实，物证则以其物质属性和外观特征证明案件事实。如果一个物体同时以上述两种方式发挥证明作用，它就既是书证又是物证。例如，案发现场收集到一本日记，内容与被害人死亡原因有关，属于书证；同时又需要鉴定是否为被害人本人所写，则为物证。这在理论上有时称为物证书证同体。

三、证人证言

证人证言，是指证人就其所感知的案件情况，向侦查、检察、审判人员所作的陈述。证人证言一般是口头陈述，以笔录加以固定；办案人员同意由证人亲笔书写的书面证词，也是证人证言。

证人证言来源于证人，证人是证人证言的主体。根据法律规定，证人应当是在刑事诉讼开始前便了解案件情况的人。不了解案件情况，或者在刑事诉讼过程中通过诉讼活动才了解案件情况的，就不能作为证人。此外，证人还必须是能够辨别是非和能够正确表达的人。《刑事诉讼法》第 62 条第 2 款规定：“生理上、精神上有缺陷或者年幼，不能辨别是非、不能正确表达的人，不能作证人。”在司法实践中，如果确实需要他们提供证言，也只能把他们提供的证言作为认定案件事实的参考，而不能直接作为定案的依据。

证人应该是自然人。法律没有明确规定单位可以作为证人的主体。但在我国司法实践中，常常有单位提供的证据材料。对单位应否作为证人这一问题，理论认识上尚未达成一致。

证人证言的内容应是证人所直接感知的对查清案件事实有意义的情况。与案件无关的事实，或者证人对案件事实的分析、判断或猜测等都不能作为证言的内容。证人证言的形式可以是口头的，也可以是书面的。

证人证言具有以下特点：①它只是证人对案件有关情况的感知，而不是个人的推测或分析判断意见。②它是证人对感知或传闻情况的反映，所以不可避免地会受到证人的主观和客观条件的影响，即使善意证人也可能提供不真实或不够真实的证言。③证人证言的来源和证明的范围十分广泛，所以，它是刑事诉讼中最常见的证据。④由于证人是当事人以外的第三人，与案件和案件处理结果的利害关系相对较小，所以，一般来说，证人证言较犯罪嫌疑人、被告人供述和辩解或被害人的陈述更客观，真实性和可靠性也较大。证人如果转述他人所了解的案件情况，必须说明来源。

收集证人证言的方法是询问证人。收集证人证言必须依法定程序进行，必须保证一切与案件有关或者了解案情的公民，有客观地、充分地提供证据的条件，以保证证人提供证言的真实性。询问证人，应当首先告知他一定要如实提供证言，如有意作伪证或者隐匿罪证要负法律责任。询问证人应当个别和口头进行。严禁对证人采用拘留、刑讯、威胁、利诱、欺骗等非法方法收集证言；也不得先由办案人员具体介绍案情，再暗示证人如何提供证言。询问时，应当全面、如实地对证言内容进行客观记录，不能加入办案人员的主观臆想和个人理解；证言中的矛盾，应当由证人自己作出解释。

根据《刑诉解释》第87条的规定，人民法院应当着重审查以下有关证人证言的内容：①证言的内容是否为证人直接感知；②证人作证时的年龄，认知、记忆和表达能力，生理和精神状态是否影响作证；③证人与案件当事人、案件处理结果有无利害关系；④询问证人是否个别进行；⑤询问笔录的制作、修改是否符合法律、有关规定，是否注明询问的起止时间和地点，首次询问时是否告知证人有关作证的权利义务和法律责任，证人对询问笔录是否核对确认；⑥询问未成年证人时，是否通知其法定代理人或者《刑事诉讼法》第281条第1款规定的合适成年人到场，有关人员是否到场；⑦有无以暴力、威胁等非法方法收集证人证言的情形；⑧证言之间以及与其他证据之间能否相互印证，有无矛盾；存在矛盾的，能否得到合理解释。

四、被害人陈述

被害人陈述，是指被害人就其所遭受犯罪行为侵害的情况和其他与案件有关的情况，向公安司法机关所作的陈述。这里的被害人既包括公诉案件的被害人，又包括自诉案件的被害人；既包括自然人被害人，又包括受犯罪行为侵害的法人。被害人陈述的形式，一般是口头的，有时也可以是书面的。

被害人陈述的内容一般都是揭露犯罪事实，检举犯罪人，要求追究犯罪人的刑事责任。因为被害人是直接遭受犯罪行为侵害的人，所以在一般情况下对犯罪事实了解得比较详细、具体，因此他们的陈述，对公安司法人员正确确定侦查、调查方向、及时收集犯罪证据，准确地查清案件事实具有重要的意义。特别是那些强奸、抢劫、诈骗等案件中，被害人同犯罪分子有过直接的、面对面的接触，了解案件发生的时间、地点、手段、过程等情况，并且还了解犯罪分子的许多具体特征，有的甚至可以直接指认出犯罪分子。对这些案件，被害人陈述就具有更重要的作用。但由于被害人与案件有直接利害关系，可能夸大事实、虚构情节，因此对其陈述要认真审查，辨别真伪。

在单位成为刑事被害人时，一般认为其法定代表人或部门负责人的陈述包括单位中对被侵害财产或权利的经营人的陈述就都属于被害人陈述。因为这些人的陈述可以较为详细地叙述遭受损失的具体情况，指出被侵害的财产或权利的具体特征，这些都远非证人证言可以比拟，而且这些人的陈述往往是受维护单位和自身合法权益的要求所驱使，与证人作证的动机也不相同。总而言之，对于单位被害人的陈述，需要严肃认真地对待，审慎地分析，注意它与自然人被害人陈述的不同之处。

五、犯罪嫌疑人、被告人的供述和辩解

犯罪嫌疑人、被告人的供述和辩解，通常也称犯罪嫌疑人、被告人口供。它是指犯罪嫌疑人、被告人在刑事诉讼过程中就案件情况向侦查、检察、审判人员所作的有罪供述或无罪、罪轻的辩解。犯罪嫌疑人、被告人供述和辩解的形式，一般为口头形式，但在特定情况下，犯罪嫌疑人、被告人也可以采取书面形式。

犯罪嫌疑人、被告人供述和辩解的内容主要可概括为两方面：一是承认自己的罪行，叙述自己犯罪的情节和经过；二是否认自己有犯罪行为，或者认为虽有罪行，但具有不应追究刑事责任或应从轻、减轻、免除刑事处罚的情节。犯罪嫌疑人、被告人的辩解是犯罪嫌疑人、被告人行使辩护权的一种方式，保障犯罪嫌疑人、被告人的辩护权，就要认真听取犯罪嫌疑人、被告人辩解。因此，不论是犯罪嫌疑人、被告人的供述，还是辩解，都必须认真听取。

犯罪嫌疑人、被告人供述和辩解是刑事诉讼中较为重要的证据，因为犯罪嫌疑人、被告人对是否实施了所指控的犯罪知道得最清楚，他的陈述对查清案件事实有重要的意义。同时因为犯罪嫌疑人、被告人同案件处理结果有直接的利害关系，所以犯罪嫌疑人、被告人口供虚假的可能性较大，因此必须通过认真查证核实之后，才能作为定案的根据。在定案中，如果只有被告人供述，没有其他证据的，不能认定被告人有罪和处以刑罚。

我国《刑事诉讼法》第 55 条第 1 款规定了审查和采信犯罪嫌疑人、被告人的供述和辩解的原则，即重证据、重调查研究，不轻信口供。在收集口供中要严禁刑讯逼供，禁止以欺骗、引诱等方法套取口供。在定案中必须坚持只有被告人供述，没有其他证据的，不能认定被告人有罪和处以刑罚；没有被告人供述，证据确实充分的，可以认定犯罪嫌疑人、被告人有罪和处以刑罚。

共犯口供的证明力问题。一般认为，共犯口供的性质仍然是口供，共犯不能互为证人，对待共犯口供的原则仍是《刑事诉讼法》第 55 条第 1 款规定的“重证据、重调查研究，不轻信口供”的原则。司法实践中，在审理重大、恶性的共同故意犯罪时，当确实无法取得其他证据的情况下，如果同时具备下列条件，可以在非常谨慎的前提下以共犯口供作为定案的根据：①各被告人分别关押，能够排除串供的可能性；②各被告人的口供都是在没有任何违法的条件下取得的，能够排除刑讯逼供或引诱、欺骗的因素；③各共犯供述的犯罪事实细节上基本一致；④共犯只有 2 人时，原则上不能仅凭口供的相互印证定案，共犯为 3 人以上时，才可慎重行事；⑤必须有其他种类的证据加以补强。

六、鉴定意见

鉴定意见是指经公安司法机关指派或聘请具有专门知识的人，对案件中某些专门性问题，进行科学技术鉴定后所作的书面意见。鉴定意见的种类很多，主要有：法医鉴定、司法精神病鉴定、痕迹鉴定、指纹鉴定、笔迹鉴定、化学鉴定、司法会计鉴定、血液鉴定、DNA 鉴定等。

鉴定意见是鉴定人对案件中的专门性问题，从科学、技术角度提出的分析判断意见，而不是直接或间接感受的案件事实。因此，它同证人证言是不同的。证人也不能同时兼作鉴定人。如果被指派或聘请的鉴定人事前了解案件情况，就应当作证人，不作鉴定人。因为证人具有不可替代性，而鉴定人则可以更换。

鉴定意见是鉴定人从科学的角度提出的分析判断意见，而且鉴定人必须与案件事实和当事人没有利害关系，鉴定人适用回避制度。鉴定意见的客观性比较强，是上升到理性认识的结论性意见，是建筑在科学研究基础上的证据形式。鉴定结论对于揭露和证实犯罪、认定案情有十分重要的意义。特别是对于案件中的专门性问题，是必备的证明手段，对于鉴别其他证据的真伪，提示物证、书证的证明作用，都是其他证据无法取代的。

用作定案根据的鉴定结论必须告知被告人，被告人有权提出重新鉴定和补充鉴定。鉴定结论必须当庭宣读，鉴定人一般应当出庭，对鉴定过程和内容、结论作出说明，接受质证。

运用鉴定意见还应当注意以下两个方面问题：①鉴定结论的形式必须是书面《鉴定书》，由鉴定人本人签名，单位公章只能用于证明鉴定人身份，不能代替个人签名；②要注意肯定性意见和倾向性意见两种鉴定结论的区别。实践中大多数的《鉴定书》都是对鉴定问题提出肯定性结论意见，有时因为材料不充分或鉴定条件不能满足等原因，鉴定人只能提出倾向性意见而不能作出肯定性结论。后者不是严格意义上的鉴定结论，不能作为定案的根据使用，只供办案人员参考。当多名鉴定人对鉴定结论持不同态度时，应当将不同态度如实注明，由审判人员综合全案证据进行最后定夺，鉴定人不得越俎代庖，更不可以少数服从多数的方式达成鉴定结论。

七、勘验、检查、辨认、侦查实验等笔录

勘验、检查笔录是指司法人员对与犯罪有关的场所、物品、人身、尸体等进行勘验、检查所作的记载。这种记载的形式以文字记录为主，但也包括绘图、照相、录象等形式。

勘验、检查笔录一般包括现场勘验笔录、人身检查笔录、尸体检验笔录、物证检验笔录以及侦查实验笔录等。勘验、检查笔录也是刑事诉讼中的一种重要证据形式，通过这种

证据，可以帮助司法人员进一步了解犯罪情况，正确确定侦查方向；勘验、检查笔录又是固定、保全证据的重要手段，必要时，根据勘验、检查笔录的内容，可以恢复现场原状，以便对案件情况进行具体分析研究。勘验、检查笔录对核实其他证据，正确认定案件事实和性质，也都有着重要的意义。

勘验、检查笔录与鉴定意见是两种不同的证据，不能混淆。二者的主要区别有：①勘验、检查笔录由办案人员制作，鉴定结论则由办案机关指派或聘请的鉴定人制作；②勘验、检查笔录是对所见情况的客观记载，鉴定结论的主要内容是科学的分析判断意见；③勘验、检查笔录大多是解决一般性问题，鉴定结论则是解决案件中的专门性问题。

辨认是指在刑事侦查活动中，侦查机关根据案件侦查需要，在侦查人员或检察人员的主持下，由证人、被害人或者犯罪嫌疑人对与案件有关的物品、尸体、犯罪现场或者犯罪嫌疑人进行识别、确认的一种诉讼活动。辨认笔录，是指犯罪嫌疑人、被害人、证人按照法定程序对可能与案件相关的人、物或者场所进行辨认时由司法人员所作的笔录。根据辨认主体的不同，辨认笔录可以分为证人的辨认笔录、被害人的辨认笔录和犯罪嫌疑人的辨认笔录。制作辨认笔录时必须遵循以下要求：辨认必须在侦查人员、调查人员的主持下进行，主持辨认的侦查人员、调查人员不得少于二人；组织辨认前，不得让辨认人看到辨认对象；几名辨认人对同一辨认对象进行辨认时，必须个别进行；辨认时，应当将辨认对象混杂在其他对象中，不得给辨认人以任何提示；供辨认的对象数量应当符合相关的规定。对于严重违反辨认程序，不能确保辨认结论真实性的，辨认结论不能作为定案的根据。从证明力的角度来讲，辨认结论一般都是作为补强证据与其他证据综合使用，不能单独作为定案的根据。辨认对于查明特定人员是否与案件有联系以及具有何种联系，特定物品属于何人所有，特定场所是否是案发现场或与案件有关联的场所等情况，具有特殊的作用。《最高人民法院、最高人民检察院、公安部、国家安全部、司法部印发〈关于办理死刑案件审查判断证据若干问题的规定〉和〈关于办理刑事案件排除非法证据若干问题的规定〉的通知》（以下简称“《两个规定》”，前一规定简称“《死刑规定》”，后一规定简称“《排非规定》”）中专门规定了辨认的程序规范和注意事项，在侦查实践中需要严格遵守。

而侦查实验是指侦查人员在刑事诉讼过程中按照科学的原则和方法，在模拟案件原有条件的基础上所设计、实施的，旨在查明和案件有关的事实的存在、发生的可能性或其状态、过程的法科学活动。侦查实验笔录是侦查实验过程及结论的载体，是侦查人员按照法定格式制作的、用于描述和证明实验过程中发生的具有法律意义的事实状况的书面记录。为了确保侦查实验的可靠性，侦查实验也需要遵循规范的程序和科学的方法。实践中主要应当注意以下问题：侦查实验必须经过县级以上公安机关负责人批准，才可以进行；侦查实验应尽量使用原有工具和物品，如果原物损坏，则应使用同等规格、型号的物品；侦查实验应尽可能在发生案件的原地进行，以保持原有条件；在条件允许的情况下，侦查实验要反复多次地进行，以避免各种偶然因素的干扰使实验结果的准确性受到影响；侦查实验的经过和结果，必须制作侦查实验笔录，并由参加实验的侦查人员签名或者盖章。与辨认笔录类似，侦查实验笔录只能作为补强证据使用，不能单独作为定案的根据。①

除了上述在条文中直接列举的笔录之外，《刑事诉讼法》第 50 条第 2 款第（七）项还有一个体现开放性的“等”字，表明未被罗列的诸如搜查笔录、庭审笔录等，在必要时也能成为刑事诉讼中的证据。

八、视听资料、电子数据

视听资料，是指利用高科技的声像载体或数据、信息等载体保存的能够证明案件事实的音像信息资料。视听资料的种类主要包括：录音资料、录像资料、电子计算机贮存的资料，以及运用其他专门技术设备得到的信息资料等。

视听资料是一种采用现代科技手段获得的证据，是一种新兴的独立的证据形式。它具有客观性比较强，内容直观、丰富、具体等特点。但如果保管不善，它也容易被销毁或伪造。不论录音带、录像带还是计算机中储存的信息，都可以很容易地被编辑或删改，而且不留痕迹。根据视听资料这些特点，既要重视视听资料的证据作用，又要注意对它的审查判断，不能盲目相信；经查证无删节、剪接、篡改、伪造情形的，且与其他证据形式能相互印证的，才能作为定案的根据。

电子数据是指以计算机系统和网络信息系统及其传输、储存介质为载体，运用电子、光学、磁性或者类似物理手段生成、发送、接收或者储存的数据信息资料，包括以数字、字母、文字、图形、符号、音频等形式记录信息内容的资料。

电子数据是依托高科技存在的新型证据材料，与其他证据材料相比具有如下特征：①具有易变性，电子数据易于被删除、修改、伪造、变造、覆盖、抹擦且表面上不留痕迹；②具有再生成性，电子数据可以原意演示、再现、复制、恢复和传输，如利用特殊技术设备可以将被删除、修改、抹擦的电子数据恢复原样；③具有储存稳定性，原始生成在计算机信息系统和网络信息系统中的电子数据可以长久固定在系统的储存装置中，非经技术处理原始生成数据不易丢失、原始生成状态不易失真；④具有智能识别性，如经过特殊编程的电子数据具有加密、比对、检索、防御、指令执行等智能识别功能，这是其他证据材料所不具有的；⑤具有相对的时效性，由于数据系统设置了固定的保留期限，很多电子数据的收集、提取有很强的时效性，超过了一定期限，数据系统会自动删除，这就要求侦

① 参见戴长林：《新刑事诉讼法对证据制度的改革》，载《江西警察学院学报》2012 年第 4 期。

查机关对这类电子数据要及时发现、及时收集提取和及时固定；⑥具有对储存介质的依附性，任何案件事实信息都存在于一定的载体之中，如书证记录的信息要依附在可书写的纸张等物质上，而电子数据是以电子、光学和磁性的物理形式依附在电子储存介质上的信息材料，电子储存介质就是其载体，这种载体本身就是具有高科技含量的物质。由此可见，电子数据是一种融动态性与静态性、易变性与稳定性、再生性与时效性、独立性与依附性以及可见性与无形性为一体的高科技证据材料。正是因为电子数据具有了这些特征，也给其收集、提取、分析、甄别和审查判断带来专业性、技术性难题。如怎样确定收集提取流程、路径，如何恢复破坏的数据，如何破译加密文件，如何反编辑设置有破坏性程序的执行指令等都有较强的高科技性。

随着现代网络信息技术的普及应用，越来越多的犯罪呈现出高科技、信息化、智能化、非传统性的特点，电子数据也在侦办这类刑事案件中发挥着越来越重要的作用。电子数据的收集、提取和固定与其他证据材料相比有着明显的不同，根据《刑诉解释》第 110 条的规定，人民法院对电子数据的真实性主要审查以下内容：①是否移送原始存储介质；在原始存储介质无法封存、不便移动时，有无说明原因，并注明收集、提取过程及原始存储介质的存放地点或者电子数据的来源等情况；②是否具有数字签名、数字证书等特殊标识；③收集、提取的过程是否可以重现；④如有增加、删除、修改等情形的，是否附有说明；⑤完整性是否可以保证。

《刑诉解释》第 111 条规定，人民法院对电子数据的完整性进行以下审查、验证：①审查原始存储介质的扣押、封存状态；②审查电子数据的收集、提取过程，查看录像；③比对电子数据完整性校验值；④与备份的电子数据进行比较；⑤审查冻结后的访问操作日志；⑥其他方法。

《刑诉解释》第 112 条规定，人民法院对电子数据收集、提取的合法性着重审查以下内容：①收集、提取电子数据是否由两名以上调查人员、侦查人员进行，取证方法是否符合相关技术标准；②收集、提取电子数据，是否附有笔录、清单，并经调查人员、侦查人员、电子数据持有人、提供人、见证人签名或者盖章；没有签名或者盖章的，是否注明原因；对电子数据的类别、文件格式等是否注明清楚；③是否依照有关规定由符合条件的人员担任见证人，是否对相关活动进行录像；④采用技术调查、侦查措施收集、提取电子数据的，是否依法经过严格的批准手续；⑤进行电子数据检查的，检查程序是否符合有关规定。

《刑诉解释》第 113 条对瑕疵电子数据的收集、提取规定，下列瑕疵，经补正或者作出合理解释的，可以采用；不能补正或者作出合理解释的，不得作为定案的根据：①未以封存状态移送的；②笔录或者清单上没有调查人员或者侦查人员、电子数据持有人、提供人、见证人签名或者盖章的；③对电子数据的名称、类别、格式等注明不清的；④有其他瑕疵的。

《刑诉解释》第 114 条规定，如下情形不得作为定案的根据：①系篡改、伪造或者无法确定真伪的；②有增加、删除、修改等情形，影响电子数据真实性的；③其他无法保证电子数据真实性的情形。对视听资料、电子数据，还应当审查移送文字材料是否抄清以及对绰号、暗语、俗语、方言等不易理解内容的说明。未移送的，必要时，可以要求人民检察院移送。

第三节　刑事诉讼证据的学理分类

刑事证据的分类，是指在理论上按照不同的标准对证据形式进行的类别划分。证据在理论上的分类，主要是为了帮助公安司法人员正确认识证据，掌握各类不同证据的特征，以便正确收集证据和审查判断证据，提高运用各类证据查清案件事实的能力。证据从理论的角度可作多种类，以下是常见的几种分类形式。

一、原始证据与传来证据

根据证据来源不同，可将证据划分为原始证据与传来证据。原始证据是指直接来源于案件事实的第一手证据材料。比如目击证人的证言、被害人陈述、被告人的供述和辩解、书证原件、物证原件等，均属于原始证据。传来证据是经复制、转述、转抄等中间环节形成的第二手证据材料，如证人转述他人告知的案情、书证的复印件、物证的复制品等，均属传来证据。

原始证据的可靠性一般较大、证明力相对较强，因为原始证据直接来源于案件事实，没有经过传抄、复制、转述等中间环节，作为第一手材料，保持了证据的原形、原貌和真实性。但原始证据通常是孤本，如保存不当，便有可能灭失。比如风吹日晒雨淋而使证物灭失，证人、被害人死亡或迁徙而不能作证等，都极易使原始证据失去其证据的价值。

由于传来证据经过了转述、复制、传抄等中间环节，因而有可能出现误传、漏抄等差错而使证据失真的可能性较大，降低或失去了原来证据的价值。转述、复制、传抄的次数越多，失真的可能性越大。但传来证据可以作为线索帮助发现原始证据，并且容易固定和保全。此外，传来证据还可以作为固定和保全原始证据重要手段，比如容易腐烂和不易移动的物证、书证等，可以用照相、复制、复印的方法固定下来，以便长期保存。

基于原始证据和传来证据的特点，在收集证据时要努力收集原始证据，切不可放弃原始证据去收集传来证据；但也不可忽视传来证据，传来证据虽然没有原始证据证明力强，但它可以作为发现原始证据的线索，可以作为审核原始证据是否真实的手段，并且在无法得到原始证据的情况下可作为证明案件事实的证据形式。

二、直接证据和间接证据

根据证据与主要案件事实间相互联系的性质，证据可分为直接证据和间接证据。凡是能单独直接揭示案件主要事实的某一证据为直接证据；不能单独直接说明案件主要事实，而只能间接证明某些相关事实的证据为间接证据。

在理解直接证据与间接证据的分类标准时要注意以下三个问题：①分类的范围只涉及证明案件主要事实的证据，如犯罪事实是否存在等；其余与案件主要事实无关，但对量刑有作用的证据并不纳入这种分类方法之中。②在直接证据中有肯定性直接证据和否定性直接证据。肯定性直接证据的内容必须具备能够证明发生了犯罪案件和谁是犯罪人这两个要素，否则就不是直接证据。否定性直接证据则不然，只要一项证据足以否定其中的一个要素，就是直接证据。因为只要有一项否定性直接证据成立，就可以断定案件的主要事实不存在，或者不是刑事案件，或者犯罪嫌疑人、被告人无罪。③直接证据和间接证据都可以是原始证据或传来证据。

（一）直接证据的主要特点

①对案件主要事实的证明方法简单，无须经过推理过程。在存在肯定性直接证据时，只要查证属实，就可以认定存在犯罪或被告人有罪。否定性直接证据与何人实施了犯罪行为是对立和排斥关系，只要存在否定性直接证据并查证属实，就足以排除某人实施了犯罪行为，或否定发生了刑事案件，案件的主要事实也就清楚了。②肯定性直接证据在一般情况下是目睹犯罪活动的证人证言、犯罪嫌疑人、被告人的供述和辩解、与犯罪人有接触的被害人的陈述等言词证据；否定性直接证据则不然，它可以是七种证据种类中的任何一种。因为它并不要求证明犯罪构成的各个方面。③肯定性直接证据的使用是关系到被告人定罪和处罚的大问题，所以，在只有一个直接证据的情况下不能对被告人定罪，即孤证不能定案。

（二）间接证据的主要特点

①与案件主要事实的关联方式是间接的，一个间接证据只能证明案件主要事实的个别情节或片段。所以，任何一个间接证据都必需与其他证据结合才能证明案件主要事实。②间接证据与案件主要事实关联方式间接性决定了间接证据证明的方法必须经过逻辑推理。在只有间接证据没有直接证据时，推理证明的过程更为复杂。③间接证据的表现形式呈多样化，它可以表现为任何一种证据材料。

直接证据与间接证据在诉讼中的作用均不可忽视。有了直接证据材料，一经查证属实，案件的主要事实即可清楚，因此在办案中应当首先努力收集直接证据。同时，也绝不能忽视对间接证据的收集运用。具体而言，间接证据的特殊作用突出表现在以下几个方面：其一，在侦查中，间接证据往往是发现犯罪分子的先导。其二，间接证据是获得直接证据的有力手段。其三，间接证据是鉴别直接证据真伪的有效方法，许多情况下甚至可以加强证据的证明力。其四，必要时，完全依靠间接证据可以认定案件的主要事实。

（三）运用间接证据定案的要件

根据诉讼理论和司法实践经验，在没有直接证据可用于证明犯罪事实的情况下，也可以完全运用间接证据认定被告人有罪，但认定时必须符合相关要求：

首先，必须严格遵守运用证据的一般规则。即：①一切证据材料所表现的事实都必须是客观存在的事实，否则不能作为定案的根据。②一切间接证据都必须与案件事实存在客观联系。由于这种联系的多样化和复杂性，必须查明其联系的性质和方式才能作为定案的根据。③间接证据的收集程序必须合法，方法必须科学。

其次，间接证据必须形成完整的证明体系。即对犯罪的目的、动机、时间、过程、手段、工具、后果、犯罪嫌疑人、被告人的身份等所有涉及案情的各个方面都有相应的证据予以证明。

再次，间接证据与案件事实之间以及间接证据相互之间必须协调一致，没有矛盾，能够形成完整的证据链。如果存在矛盾，应当继续收集新的证据，使矛盾得到合理排除。在证据之间存在矛盾的时候，切忌随意避开矛盾证据勉强定案。

最后，间接证据的证明体系必须足以排除其他的可能性，得出的结论必须是唯一的。

以上四项要件必须同时具备，才能依据间接证据作出有罪的认定。

三、控诉证据和辩护证据

根据证据所证明的事实对犯罪嫌疑人、被告人有利还是不利，证据可划分为控诉证据和辩护证据。所谓控诉证据，即证明的事实是说明犯罪嫌疑人、被告人有犯罪行为或犯罪情节严重的证据；所谓辩护证据，即证明的事实说明犯罪嫌疑人、被告人没有犯罪事实或犯罪情节轻微的证据。

控诉证据，是追究犯罪嫌疑人、被告人刑事责任的根据。在诉讼中这种证据主要是由控诉方提出的。控诉方提出的控诉证据，应达到“证据确实充分、犯罪事实清楚”的证明要求。如果控诉证据不充分，即使没有辩护证据存在，也不能认定所指控的事实。所以控诉证据在用它来证明案件事实时，必须经过查证属实，证据之间不能有矛盾，能有机地结合，形成一个完整的证明体系，才能对被告人定罪、判刑。

辩护证据，是不追究犯罪嫌疑人、被告人刑事责任或从轻、减轻被告人刑事责任的根据。在诉讼中这种证据一般由辩护方提出，其应达到的证明要求比控诉证据低得多。在一个案件中，只要存在同案件事实有关的确实可靠的辩护证据，就可以推翻控诉方的指控，它没有数量的要求，也不要求证据间形成完整的证明体系。

在收集证据时，司法人员既要收集控诉证据，也要收集辩护证据，防止在收集证据时先入为主、主观片面；在运用证据时，应注意控诉证据和辩护证据这两类证据的不同特点以及在运用时所具有的不同要求，明确有罪证据与无罪证据是互相排斥的，只有当有罪证据确实、充分，并对无罪证据作出合理的排除，才能认定犯罪嫌疑人、被告人有罪。

理论导读

关于刑事诉讼证据的定义，理论上有“材料说”和“事实说”两种不同的学说。早期《刑事诉讼法》规定“证明案件真实情况的一切事实，都是证据”，就是对证据事实说的采纳。但是司法实践中对于这种事实说存在的疑问，主要体现在：其一，该说模糊了证据的含义，淡化了证据的内在功能。“证据”一词并没有真假善恶的价值取向，但是采纳事实说的一个现实问题就是出现“证据就是证明的事实”的歧义解释，进而把证据与事实简单地等同起来。这样不仅突出了“事实”的真实性价值取向还掩盖了“案件真实情况”需要证明的过程，显然，“用具有真假价值取向的‘事实’代替本来没有真假价值取向的‘根据’，就会背离该词的原意并造成使用上的混乱和矛盾。”① 其二，事实说容易混淆证据事实与案件事实的界限。如果证据是证明案件真实情况的事实，那么，证据本身就是真实的事实；案件的真实情况是案件事实，也是真实的事实。这种所谓“真实的事实”是一个事实还是两个不同的事实的问题易于产生思维和视觉偏差，导致证据定义的条理和界限含混。其三，事实说框架下的证据既然是“证明案件真实情况的一切事实”，那么在法律条文中再规定“以上证据必须经过查证属实，才能作为定案的根据”就难免有自相矛盾的嫌疑。

2012 年《刑事诉讼法》对于证据的概念采用了材料说的合理内核，其优点具体而言有：(1) 把“证明”修改为“可以用于证明”，表明了证明案件事实是一个相对的、渐进的认识过程。获取作为“可以用于证明案件事实的材料”是一个动态的、开放的、认真谨慎的发现、收集、固定、甄别的过程；而“可以”则说明了证据材料具有相对性、开放性和选择性、派生性的特点。(2) 把“案件真实情况”修改为“案件事实”主要有三方面意义：其一，使用“案件事实”准确统一了法律术语；其二，删除“真实”二字说明在诉讼活动中是由“可以用于证明案件事实的材料”的质与量统一来决定案件事实是从待定

① 何家弘、刘品新：《证据法学》，法律出版社 2019 年版，第 106 页。

到确定的过程，避免先入为主、主观臆断，对证据不甄别、不研判、不审查，片面地认定证据效力与证明力；其三，增加了法律条文结构的系统性、协调性，使得证据定义与“证据必须经过查证属实，才能作为定案的根据”的规定前后条文相互呼应。(3)“可以用于证明案件事实的材料，都是证据”的法律条文表述清晰、贴切地厘清和展现了证据、案件事实、材料三者的区别与联系，阐释了证据是以证明“案件事实”为核心内容的“材料”。这种“材料”本身不是“案件事实”，而是记载、解读并展现出“案件事实”信息的证据材料，① 这就可以避免认证过程中的先入为主。

对我国法定证据种类划分的合理性，学界一直存在较大的争议。传统解释选择了一种“大诉讼”场域的解释视角导致法定证据种类传统解释的一系列困境。有学者认为想要突破传统解释所面临的困境，须将解释视角转向审判场域，以便实现证据种类解释的场域恒定②。

“鉴定意见”在1996年《刑事诉讼法》中被称为“鉴定结论”，鉴定结论，是指具有专门知识的或技能的人接受委托或聘请，运用自己的专门知识或技能对案件中的专门性问题进行分析、判断后所作的论断和提出的意见。“结论”一词过于绝对化，而“意见”相对于“结论”而言则更加体现了鉴定人的主观判断，其结果尚有待进一步考证和核查。由于这种证据形式是一种专家的看法，司法鉴定给人的印象是不可动摇的权威性，极易导致法官对鉴定的结果深信不疑，以至于在实践中对于“鉴定结论”过分相信，完全不经过审查和认定，如果鉴定的结果有误那么就容易造成错案，并且一个刑事案件中往往有多个“鉴定结论”，容易导致当事人的多次申诉，由此可见，“结论”一词在刑事司法实践中会带来诸多问题。司法鉴定是指在诉讼活动中，鉴定人运用科学技术或者专门知识对诉讼涉及的专门性问题进行鉴别和判断并提供鉴定意见的活动。司法鉴定是判断证据是否属实的手段之一，虽然借助于科学技术，但通过鉴定得出的结果未必是绝对客观的，因为鉴定活动实际上是鉴定人进行逻辑推断的主观思维活动，并非对客观事物的描述和记录，它不同于勘验、检查笔录，而是鉴定人根据自身的知识对特定问题所作出的判断，对同一问题，不同的鉴定人会得出不同的鉴定意见。正因如此，“鉴定意见”的表述更为科学合理。

在司法实践中，大量的关于专门性问题的报告被用于证明案件事实，有些还被用于证明与定罪量刑直接相关的构成要件的事实，发挥着与鉴定意见同等重要的作用。司法实务的操作中，由于司法鉴定的范围有限，无法一一涵盖，使得允许出具专门性报告成为常态。基于此，《刑诉解释》第100条规定，因无鉴定机构，或者根据法律、司法解释的规

① 参见孟昭武：《论我国刑事证据定义、种类和形式的新变化》，载《法治研究》2012年第5期。

② 参见林劲松：《法定证据种类的解释视角反思——以刑事诉讼为中心的分析》，载《浙江大学学报》（人文社会科学版）2016年第4期。

定，指派、聘请有专门知识的人就案件的专门性问题出具的报告，可以作为证据使用。对前款规定的报告的审查与认定，参照适用本节的有关规定。经人民法院通知，出具报告的人拒不出庭作证的，有关报告不得作为定案的根据。

电子数据作为法定证据形式具有相当的积极意义：第一，有利于增强证据意识，由于电子数据具有两面性，易被人为地删减、篡改，这就要求侦查人员规范取证程序，重视证据收集的合法性，树立依法办案、文明办案、规范办案的工作作风和良好司法习惯，从而进一步增强侦查人员的证据意识。第二，有利于提高技术侦查破案的效率，利用电子数据就能更好地收集相关证据，能够更快地揭露犯罪、证实犯罪；而且由于电子数据是在计算机或计算机系统运行过程中产生的电磁记录物，其准确性是其他纸质证据所难以企及的，电子数据还具有修改保存的便利性，便于司法人员收集、审查、判断和运用证据，从而全面提升办案水平。第三，有利于办案机关提高执法公信力，将电子数据作为独立存在的一种证据类型，使得办案机关可以根据电子数据的法定地位确立相应的审查判断标准，更好地把握标准，提高司法实践的科学性，提高执法机关的工作水平，从而提升执法公信力。当然，电子数据的运用过程中会出现很多困难和问题，比如在收集过程中如何控制收集范围、不侵犯当事人隐私权，如何最大限度地排除修改、变造电子数据的可能性，如何做好电子数据的取证工作等，这些问题成为运用电子数据的难题，如果不能得到有效解决，那么电子数据这种证据形式将势必不能发挥其应有作用。

关于侦查机关的办案经过和说明，现行《刑事诉讼法》将“勘验、检查、辨认、侦查实验等笔录”规定为法定证据形式，其中的“等”字可以理解为侦查机关的办案经过和说明，即侦查机关或检察机关的侦查部门就案件事实情况或证据情况所作的补充或是特别说明。应当说，办案情况说明在刑事司法实践中作为一种证据形式已被广泛使用，但是理论上对其证据属性以及采信规则的认识较模糊，直接导致了办案情况说明在使用上的混乱以及使用形式上的不规范。应当说，办案情况说明作为证据形式存在是有其必要性的。根据其作用的不同，作为证据的办案说明可以大致分为三类：一类是证据补充性办案说明，对原证据材料起补充作用；一类是证明侦查行为合法性的办案说明，尤其是证明取证行为的合法性；还有一类是直接对量刑有影响的办案说明，如关于犯罪嫌疑人自首、立功情节的说明。也就是说，并非所有的办案说明都可以作为证据使用，是否可以作为证据还应当根据其具体内容和形式等方面进行考察。

专门机关的事故调查报告在司法实务中被广泛运用，此类证据的特点是：（1）以行政机关或者事故调查组名义出具，且很多时候是集体讨论的结果。（2）内容多涉及单位就其职权范围，依照一定的程序对某一事实进行审查、认定。（3）技术性强，具有不可替代性。基于此，《刑诉解释》第101条规定，有关部门对事故进行调查形成的报告，在刑事诉讼中可以作为证据使用；报告中涉及专门性问题的意见，经法庭查证属实，且调查程序符合法律、有关规定的，可以作为定案的根据。

证人出庭作证问题是刑事诉讼证据法学中的热点问题。针对目前我国刑事诉讼司法实践中证人出庭作证率很低。主要原因有：一是我国目前仍未建立证人无正当理由拒不作证的制裁制度；二是我国的法律法规对证人出庭作证缺乏相应的保障性措施，现行《刑事诉讼法》作出了一些制度方面的建构，至于解决证人出庭率低难题的方案，主要从三方面入手：一是规定举证特权，通过立法赋予部分人作证豁免权；二是规定证人无正当理由拒不履行作证义务的制裁措施；三是规定对证人作证的补偿措施，如误工费、交通费的补贴。但是根据《刑诉解释》第 91 条的规定，证人当庭作出的证言与其庭前证言矛盾，证人能够作出合理解释，并有相关证据印证的，应当采信其庭审证言；不能作出合理解释，而其庭前证言有相关证据印证的，可以采信其庭前证言。

真题解析

1.（2014 年卷二 27）关于证据的关联性，下列哪一选项是正确的?

A. 关联性仅指证据事实与案件事实之间具有因果关系

B. 具有关联性的证据即具有可采性

C. 证据与待证事实的关联度决定证据证明力的大小

D. 类似行为一般具有关联性

答案：C

解析：证据的关联性是指刑事诉讼证据必须同案件事实及其相关事实存在实质性关联，即证据必须与证明对象之间具有证明关系。证明力又称为证据力，是指证据对案件中证明对象的证明价值之有无及大小。一般来说，如果证据与案件事实之间的联系紧密，则该证据的证明力较强，在诉讼中所起的作用也较大。所以选项 C 正确。

2.（2014 年卷二 28）下列哪一选项所列举的证据属于补强证据?

A. 证明讯问过程合法的同步录像材料

B. 证明获取被告人口供过程合法，经侦查人员签名并加盖公章的书面说明材料

C. 根据被告人供述提取到的隐蔽性极强，并能与被告人供述和其他证据相印证的物证

D. 对与被告人有利害冲突的证人所作的不利被告人的证言的真实性进行佐证的书证

答案：D

解析：补强证据规则是指为了防止误认事实或发生其他危险性，而在运用某些证明力

显然薄弱的证据认定案情时，必须有其他证据补强其证明力，才能被法庭采信为定案根据。选项 D 中的书证是为了补强与被告人有利害冲突的证人所作的不利于被告人的证言的证明力，所以选项 D 正确。

3.（2014 年卷二 93）赵某、石某抢劫杀害李某，被路过的王某、张某看见并报案。赵某、石某被抓获后，2 名侦查人员负责组织辨认。关于辨认笔录的审查与认定，下列选项正确的是：

A. 如对尸体的辨认过程没有录像，则辨认结果不得作为定案证据

B. 如侦查人员组织辨认时没有见证人在场，则辨认结果不得作为定案的根据

C. 如在辨认前没有详细向辨认人询问被辨认对象的具体特征，则辨认结果不得作为定案证据

D. 如对赵某的辨认只有笔录，没有赵某的照片，无法获悉辨认真实情况的，也可补正或进行合理解释

答案：D

解析：《刑诉解释》第 104 条规定：“对辨认笔录应当着重审查辨认的过程、方法，以及辨认笔录的制作是否符合有关规定。”第 105 条规定：“辨认笔录具有下列情形之一的，不得作为定案的根据：（一）辨认不是在调查人员、侦查人员主持下进行的；（二）辨认前使辨认人见到辨认对象的；（三）辨认活动没有个别进行的；（四）辨认对象没有混杂在具有类似特征的其他对象中，或者供辨认的对象数量不符合规定的；（五）辨认中给辨认人明显暗示或者明显有指认嫌疑的；（六）违反有关规定，不能确定辨认笔录真实性的其他情形。”《死刑规定》第 30 条规定：“侦查机关组织的辨认，存在下列情形之一的，应当严格审查，不能确定其真实性的，辨认结果不能作为定案的根据：（一）辨认不是在侦查人员主持下进行的；（二）辨认前使辨认人见到辨认对象的；（三）辨认人的辨认活动没有个别进行的；（四）辨认对象没有混杂在具有类似特征的其他对象中，或者供辨认的对象数量不符合规定的；尸体、场所等特定辨认对象除外。（五）辨认中给辨认人明显暗示或者明显有指认嫌疑的。有下列情形之一的，通过有关办案人员的补正或者作出合理解释的，辨认结果可以作为证据使用：（一）主持辨认的侦查人员少于二人的；（二）没有向辨认人详细询问辨认对象的具体特征的；（三）对辨认经过和结果没有制作专门的规范的辨认笔录，或者辨认笔录没有侦查人员、辨认人、见证人的签名或者盖章的；（四）辨认记录过于简单，只有结果没有过程的；（五）案卷中只有辨认笔录，没有被辨认对象的照片、录像等资料，无法获悉辨认的真实情况的。”所以选项 D 正确。

4.（2014 年卷二 29）关于鉴定人与鉴定意见，下列哪一选项是正确的？

A. 经法院通知，鉴定人无正当理由拒不出庭的，可由院长签发强制令强制其出庭

B. 鉴定人有正当理由无法出庭的，法院可中止审理，另行聘请鉴定人重新鉴定

C. 经辩护人申请而出庭的具有专门知识的人，可向鉴定人发问

D. 对鉴定意见的审查和认定，受到意见证据规则的规制

答案： C

解析：《刑事诉讼法》第 197 条第 2 款规定："公诉人、当事人和辩护人、诉讼代理人可以申请法庭通知有专门知识的人出庭，就鉴定人作出的鉴定意见提出意见。"所以选项 C 正确。

5.（2016 年卷二 29）公安机关发现一具被焚烧过的尸体，因地处偏僻且天气恶劣，无法找到见证人，于是对勘验过程进行了全程录像，并在笔录中注明原因。法庭审理时，辩护人以勘验时没有见证人在场为由，申请排除勘验现场收集的物证。关于本案证据，下列哪一选项是正确的？

A. 因违反取证程序的一般规定，应当排除

B. 应予以补正或者作出合理解释，否则予以排除

C. 不仅物证应当排除，对物证的鉴定意见等衍生证据也应排除

D. 有勘验过程全程录像并在笔录中已注明理由，不予排除

答案： D

解析：《刑诉解释》第 80 条规定："下列人员不得担任见证人：（一）生理上、精神上有缺陷或者年幼，不具有相应辨别能力或者不能正确表达的人；（二）与案件有利害关系，可能影响案件公正处理的人；（三）行使勘验、检查、搜查、扣押、组织辨认等监察调查、刑事诉讼职权的监察、公安、司法机关的工作人员或者其聘用的人员。对见证人是否属于前款规定的人员，人民法院可以通过相关笔录载明的见证人的姓名、身份证件种类及号码、联系方式以及常住人口信息登记表等材料进行审查。由于客观原因无法由符合条件的人员担任见证人的，应当在笔录材料中注明情况，并对相关活动进行全程录音录像。"第 103 条规定："勘验、检查笔录存在明显不符合法律、有关规定的情形，不能作出合理解释的，不得作为定案的根据。"《公安机关刑事案件现场勘验检查规则》第 24 条第 2 款规定："勘验、检查现场时，应当邀请一至二名与案件无关的公民作见证人。由于客观原因无法由符合条件的人员担任见证人的，应当在笔录材料中注明情况，并对相关活动进行录像。"所以选项 D 正确，选项 ABC 错误。

6.（2016 年卷二 67）甲驾车将昏迷的乙送往医院，并垫付了医疗费用。随后赶来的乙的家属报警称甲驾车撞倒乙。急救中，乙曾短暂清醒并告诉医生自己系被车辆撞倒。医生将此话告知警察，并称从甲送乙入院时的神态看，甲应该就是肇事者。关于本案证据，下列哪些选项是正确的？

A. 甲垫付医疗费的行为与交通肇事不具有关联性

B. 乙告知医生“自己系被车辆撞倒”属于直接证据

C. 医生基于之前乙的陈述，告知警察乙系被车辆撞倒，属于传来证据

D. 医生认为甲是肇事者的证词属于符合一般生活经验的推断性证言，可作为定案依据

答案：AC

解析：甲垫付医疗费的行为和交通肇事不存在因果关系，也不间接反映犯罪发生的时间、条件、方法、手段等方面的事实。所以甲垫付医疗费的行为与交通肇事之间不存在关联性，选项 A 正确。乙告知医生“自己被车辆撞到”只是陈述了自己被车辆撞到的事实，无法判断系何人所为，因此不属于直接证据，选项 B 错误。医生基于之前乙的陈述告知警察乙系被车辆撞倒，该证言并不直接来源于医生对案发情况的了解和感知，故而属于传来证据，所以选项 C 正确。医生称从甲送乙到医院时的神态看甲应该是肇事者，只是一种推断性言论，而不是出于一般生活经验对案件事实的判断，所以该证言不得作为定案依据，选项 D 错误。

7. （2017 年卷二 26）下列哪一证据规则属于调整证据证明力的规则？

A. 传闻证据规则

B. 非法证据排除规则

C. 关联性规则

D. 意见证据规则

答案：C

解析：选项 C 正确。《刑诉解释》第 139 条第 2 款规定：“对证据的证明力，应当根据具体情况，从证据与待证事实的关联程度、证据之间的联系等方面进行审查判断。”

8. （2021 年真题参考版）黄某因网络诈骗多人被立案侦查。关于本案电子数据的收集与运用，下列哪一选项是正确的？

A. 黄某的硬盘数据未以封存状态移送，应作为非法证据予以排除

B. 侦查人员提取黄某的手机银行数据时应制作笔录并附电子数据清单

C. 黄某的服务器数据存在局部篡改，应先判断是否属于瑕疵证据

D. 侦查人员提取黄某电脑数据时应有见证人员在场并全程录像

答案：B

解析：选项 A 错误。《刑诉解释》第 113 条规定：“电子数据的收集、提取程序有下列瑕疵，经补正或者作出合理解释的，可以采用；不能补正或者作出合理解释的，不得作为定案的根据：（一）未以封存状态移送的；（二）笔录或者清单上没有调查人员或者侦

查人员、电子数据持有人、提供人、见证人签名或者盖章的；（三）对电子数据的名称、类别、格式等注明不清的；（四）有其他瑕疵的。”选项 B 正确。《关于办理网络犯罪案件适用刑事诉讼程序若干问题的意见》第 16 条规定：“收集、提取电子数据应当制作笔录，记录案由、对象、内容，收集、提取电子数据的时间、地点、方法、过程，电子数据的清单、规格、类别、文件格式、完整性校验值等，并由收集、提取电子数据的侦查人员签名或者盖章。远程提取电子数据的，应当说明原因，有条件的，应当对相关活动进行录像。通过数据恢复、破解等方式获取被删除、隐藏或者加密的电子数据的，应当对恢复、破解过程和方法作出说明。”选项 C 错误。《刑诉解释》第 114 条规定：“电子数据具有下列情形之一的，不得作为定案的根据：（一）系篡改、伪造或者无法确定真伪的；（二）有增加、删除、修改等情形，影响电子数据真实性的；（三）其他无法保证电子数据真实性的情形。”选项 D 错误。《关于办理网络犯罪案件适用刑事诉讼程序若干问题的意见》第 14 条规定：“收集、提取电子数据，能够获取原始存储介质的，应当封存原始存储介质，并制作笔录，记录原始存储介质的封存状态，由侦查人员、原始存储介质持有人签名或者盖章；持有人无法签名或者拒绝签名的，应当在笔录中注明，由见证人签名或者盖章。有条件的，侦查人员应当对相关活动进行录像。”

第九章 刑事诉讼证明

第一节 刑事诉讼证明概述

一、刑事诉讼证明的概念和特征

在刑事诉讼法律制度中，证据制度是其核心问题；证据法律制度及其科学已成显学。在证据法学研究中，证明论是备受青睐的理论。① 证明是人们用已知的、可靠的事实材料表明或推断未知事实的活动。这种活动在人们生活、工作或科学研究中，被广泛地应用；它已成为人们认识事物、认识世界的基本方法。刑事诉讼中的证明即刑事诉讼主体依据已知的证据事实揭示、推断、确认待证的犯罪事实的活动。作为一种诉讼行为，具有以下特点：

1. 证明的主体是诉讼主体。诉讼主体是指在诉讼中通过实施有目的的诉讼行为而享有一定诉讼权利，承担一定诉讼义务的人。它包括司法机关、当事人、诉讼代理人和辩护人。这些主体为了实现其特定的诉讼目的，都需要通过证据加以推理说明，这种说明都是具有证明性质的。

2. 证明的对象是待证事实。待证事实是指法律规定司法机关为了正确作出裁判、决定必须查明的事实；包括实体法事实和程序法事实。并非全部的案件事实都需要证明，对于那些不证自明的或者与本案无关的事实并不构成证明对象。

3. 证明的方法是逻辑推断、事实推断和比对印证的结合。证明有逻辑推断和事实推断两种方法。逻辑推断是从逻辑结构方面进行证明，事实推断是从案件的内容实质方面进行证明，二者既有联系，又有区别。诉讼证明的逻辑推断只有与事实推断相结合，才具有生命力，才能发挥其重要作用，因为诉讼证明并不是单纯的思维活动。证明活动还应当结合

---

① 以此为主题的专著有：吴宏耀、魏晓娜：《诉讼证明原理》，法律出版社 2002 年版；卞建林主编：《刑事证明理论》，中国人民公安大学出版社 2004 年版。相关的主要论文可参阅：沈德咏主编：《刑事证据制度与理论》（第八章、第九章），法律出版社 2002 年版；罗玉珍、高委主编：《民事证明制度与理论》，法律出版社 2003 年版。

比对印证方法，比对印证是以已查证属实的证据通过比对的具体方法来印证待证事实的要求，从而检验有关推断是否正确。

4. 证明的方式和程序受到法律的约束。有些方式虽然客观上有助于收集到证据，但采用刑讯逼供、骗供、诱供等方法获取的“证据”并不符合诉讼证据的基本属性的要求，依法不具备证据能力。审查判断证据应当实事求是，不能随意夸大、缩小或者捏造。

二、刑事诉讼证明的意义

如果说证据是诉讼理论的核心问题，那么，证明则是证据理论核心的核心。刑事案件事实的查清，法律的正确适用，诉讼任务的顺利完成，都有待于证明任务的实现。因而诉讼证明在刑事诉讼中具有极为重要的意义。

（一）证明是司法人员查明案件事实真相的唯一途径

案件事实都是发生在过去的，其具有不可回复性，任何人都不可能将其再次真实重演。因此，要查明案件事实，就需要努力收集证据，正确审查判断证据，并运用真实的证据去推测和判断案件事实。只有如此，才能准确地发现案件事实真相。

（二）证明是正确适用法律的基础

查清案件事实与正确适用法律这两个方面联系得十分密切。如果没有查清案件事实，适用法律就无从谈起，案件也就不可能得到公正、正确的处理。而证明是查明案情的唯一途径，所以证明是正确适用法律的基础。

（三）各诉讼阶段的完成都依靠证明活动推动

证明活动贯穿于诉讼活动的各个阶段。如立案要有犯罪事实存在，要确定这种犯罪事实，就离不开证明活动；侦查离不开逻辑推理和事实推断等证明活动；起诉则要以有效的证明作为依据；作出有罪判决则更需要运用确实、充分的证据加以证明。

第二节 刑事诉讼证明主体

一、证明主体与证明责任主体

刑事诉讼中，证明主体是指对待证事实提供证据加以证明的机关和当事人。证明主体与证明责任主体密切相关。证明责任主体是指在诉讼中提出了自己的事实主张及相应的证据，且当证据不足、待证事实处于真伪不明状态时，由其承担相应败诉风险的诉讼专门机关和当事人。证明责任主体必须提出自己的事实主张，对于该事实主张，必须提供证据加以证明，更主要的是这些证据的证明力必须达到证明标准，否则将承担事实主张不能成立的不利后果。根据证明责任主体的特点，我国刑事诉讼中证明责任主体为刑事诉讼专门机关中的侦查人员、公诉人及其诉讼当事人。

证明责任主体与证明主体存在交叉之处，但同时也有着较大区别：首先，两者的范围不同。证明主体的范围要远远大于证明责任主体的范围，它包括在诉讼中进行证明活动的各类诉讼参与者；而证明责任主体仅限于有事实主张义务的诉讼主体，证明主体包括证明责任主体以及非证明责任主体。其次，两者的证明目的不同。证明责任主体所追求的目的是使自己主张的事实得到法官的认可；而其他证明主体的目的更加多元，总体上是为了查明事实。最后，两者的法律后果不同。证明责任主体如果不能履行证明义务，就不得不承担事实主张不能成立的不利法律后果；而其他证明主体如果不履行证明义务，不一定在案件实体上败诉。

必须注意的是，在刑事公诉案件中，虽然被害人也具备诉讼主体地位，但控方证明责任的主体通常是国家公诉人。此时，传统意义上控方当事人的证明责任出现了分化，即行为责任（事实主张）与结果责任（败诉风险）出现了分离：如果国家公诉人错误或怠于行使其行为责任，诉讼的结果责任会由国家（以国家赔偿方式）和被害人（承受伤害的结果）承担。在此情形下，证明主体与证明责任主体地位存在兼担和调整。

二、证明主体的范围

（一）自诉人

我国《刑事诉讼法》第 211 条第 1 款第 2 项规定：“缺乏罪证的自诉案件，如果自诉人提不出补充证据，应当说服自诉人撤回自诉，或者裁定驳回。”说明自诉人未履行证明责任将导致被裁定驳回的不利后果，因此自诉人属于证明责任主体之一。

（二）国家公诉机关和公诉人

在公诉案件中，检察人员以公诉人身份出席法庭支持公诉，在法庭上与被告人之间展开举证、质证等活动，各自阐明其主张的争议事实，以说服作为裁判者的法官确认或接受自己的事实主张。一方面，公诉人作为控方在诉讼中有自己明确的诉讼主张，即指控被告人的行为构成犯罪，并要求法院依法追究其刑事责任；另一方面，如果公诉人未能证明被告人犯有所指控的罪行，就要（通过国家赔偿的方式）承担起诉失败的后果。由于公诉人出庭均受检察长指派，代表国家支持公诉；因此，无论从本质还是从外在形式上来说，国家公诉机关和公诉人都属于证明责任主体。

（三）被告人

被告人虽为诉讼证明主体，但并非证明责任主体，依照无罪推定原则，一般情况下被告人不负证明责任；但在一些特别罪名的案件中，被告人也要承担一定程度的证明责任。

如巨额财产来源不明罪的适用，在被告人财产来源的说明中，即存在刑事诉讼证明责任倒置的情形；此时被告人就成为证明责任主体。

（四）侦查机关、侦查员

侦查机关在侦查阶段向检察院提出逮捕犯罪嫌疑人的申请时，实际上提出了一种事实主张，即犯罪嫌疑人实施了某种犯罪行为。如果侦查机关不能举证，则要承担其申请被检察机关拒绝的不利后果。因此侦查机关也是证明责任主体之一。

（五）附带民事诉讼当事人

附带民事诉讼基本上按照民事诉讼法有关规定确认举证责任（证明责任）的分担，所以各当事人均是证明责任主体。

在刑事诉讼中，还有一些诉讼参与人虽不是证明责任的主体，但仍需要用证据来证明自己的主张，从而构成了诉讼证明主体；如证人、鉴定人等，需要向法庭证明自己所作证言或者鉴定结论的真实性。

应当注意的是，在刑事诉讼中人民法院并没有自己独立的事实主张，人民法院在诉讼中审查判断证据、认定事实，虽然离不开推理、证明，但这是行使其审判权的表现形式。即便证明达不到法定的证明标准或内心确信的程度，法院自可依照证据作出判决。所以人民法院并不构成诉讼证明责任主体。

第三节 刑事诉讼证明对象

一、刑事诉讼证明对象的概念

证明对象即为待证事实，是指诉讼中需要运用证据加以证明的问题。刑事诉讼证明对象，即刑事诉讼中诉讼主体需要运用证据证明的犯罪事实，包括实体法事实和程序法事实。

明确刑事诉讼证明对象具有解决刑事诉讼方向的重要意义。首先明确了证明对象，才能确定证明的方向和内容，才可以使证明主体围绕具体的证明对象，有目的、有重点、有步骤地去收集证据，运用证据，进行证明活动。避免因证明对象不明确而遗漏了应该证明的事实，或者本不需要证明的问题却花费精力去证明，造成人力和时间的浪费，影响案件的及时、正确处理。其次，刑事诉讼所要解决的问题是犯罪嫌疑人、被告人的行为是否构成犯罪，犯何罪，罪重还是罪轻，应否处以刑罚，处以何刑罚的问题。所以确定刑事证明对象，方能确认刑事诉讼证明对象的范围。

二、刑事诉讼证明对象的范围

根据法律的规定和司法实践，下列情形应该构成刑事诉讼证明对象主要方面。

(一) 犯罪构成要件事实

犯罪构成要件是指被指控的行为成立犯罪的必要条件。刑法规定的各种犯罪之所以成立并且相互区别，盖因它们要件不同。每一种犯罪行为都有自己的构成要件，相关的要件事实的差异也对应着不同的罪名。相应地，被指控的罪名不同，证明对象所包含的要件事实范围也就不同。一般认为，犯罪构成要件一般有四个：一是犯罪客体，即刑法所保护的、犯罪行为所侵害的具体的社会关系、政治关系、经济关系等；二是犯罪主体，指实施了危害社会的行为、依法应负刑事责任的人；三是犯罪的客观方面，指犯罪嫌疑人、被告人所实施了危害社会的犯罪行为，以及与犯罪行为有关的各项客观事实，如犯罪的时间、地点、手段、危害社会的结果等；四是犯罪的主观方面，指犯罪嫌疑人、被告人实施犯罪行为时所持的主观心理态度，如故意、过失等。

《刑事诉讼法》第 54 条第 2 款还规定，行政机关在行政执法和查办案件过程中收集的物证、书证、视听资料、电子数据等证据材料，在刑事诉讼中可以作为证据使用。对于行政机关收集的实物证据材料，应当以“核实”的方式进行转化，① 这说明在刑事诉讼过程中，司法机关不仅要审查和依据侦查、检察机关收集的证据，还需要对行政机关收集的证据进行审查核实，并根据案件需要作为刑事诉讼中的证据使用。对这里的“行政机关”应当做扩大解释，即不仅包括有行政处罚权的行政机关、综合执法机关、法律法规授权的组织和行政机关委托的组织，还应当包括先期查处贪污贿赂等渎职行为的纪检监察机关。可转化的证据均为实物证据，这是由实物证据的可靠性来决定的，即进入刑事诉讼程序的行政执法主体证据不应当随着环境、取证主体、取证程序等因素的变动致使证据本身产生动摇，实物证据恰恰具有这方面的特点。《刑事诉讼法》第 54 条第 2 款虽然只列举了四种实物证据，但是又加以“等”字则表示，物证、书证、现场笔录、勘验笔录、检查笔录、视听资料、电子数据等实物证据均可核实后转化为刑事证据材料。《高检规则》第 64 条便规定，行政机关在行政执法和查办案件过程中收集的物证、书证、视听资料、电子数据等证据材料，经人民检察院审查符合法定要求的，可以作为证据使用。行政机关在行政执法和查办案件过程中收集的鉴定意见、勘验、检查笔录，经人民检察院审查符合法定要求的，可以作为证据使用。

---

① 参见黄世斌：《行政执法与刑事司法衔接中的证据转化问题初探——基于修正后的〈刑事诉讼法〉第 52 条第 2 款的思考》，载《检察理论》2012 年第 5 期。

（二）量刑要件事实

量刑是定罪基础上进一步产生的问题。要正确定罪量刑，除了查清犯罪构成要件方面的事实，还要查明有无从重或者从轻、减轻、免除处罚的情节。

根据我国《刑法》的规定，量刑情节分为法定情节和酌定情节，具体包括：

1. 法定从重处罚的事实。如盗伐、滥伐国家级自然保护区内的森林或者其他林木的，教唆不满 18 周岁的人犯罪，累犯等。

2. 法定从轻、减轻处罚或者免除处罚的事实。如犯罪未遂、犯罪中止，在共同犯罪中起次要或者辅助作用的从犯，或者系被胁迫、诱骗参加犯罪的胁从犯等，犯罪人在犯罪时不满 18 周岁的，犯罪人是又聋又哑的人，或者是盲人，犯罪以后自首等其他可以从轻、减轻、免除处罚的事实或情节。

3. 酌定情节事实。主要包括犯罪的手段、环境、对象、结果、动机、态度等。

（三）犯罪嫌疑人、被告人的基本情况

犯罪嫌疑人、被告人的基本情况包括：姓名、性别、年龄、籍贯、家庭出身、文化程度、民族、职业、住址、工作经历、是否受过刑事处罚或其他处分、政治面貌、一贯表现等。

全面查明被告人的个人情况，可以准确地确定真正的犯罪人，防止出现张冠李戴的情况，避免错案。同时，查清被告人个人情况，还有利于正确定罪量刑：如不是国家工作人员就不构成贪污罪；犯罪时不满 18 岁的人，不适用死刑；怀孕的女性罪犯，不适用死刑等。

（四）排除犯罪违法性和可罚性的事实

1. 排除行为违法性的事实。某些行为在形式上符合犯罪构成要件，但由于客观条件或支配这些行为的目的、动机主观意志等方面具有正当性，《刑法》明确规定这类行为不具有违法性，不属于犯罪性质。这类行为主要有正当防卫、紧急避险等。查清这类事实有利于案件的正确定性，避免那些不具备违法性的“犯罪行为”错误地受刑事追究。

2. 排除行为可罚性的事实。某些行为尽管构成犯罪，但如果存在刑法规定的排除可罚性的因素，也不会产生相应的刑事处罚责任。如犯罪行为已过《刑法》所规定的追诉时效。由于排除可罚性的事实关系着是否应当追究被告人的刑事责任，因此其必须纳入证明对象的范围。

（五）排除或减轻刑事责任的事实

如果犯罪嫌疑人、被告人没有达到法定的刑事责任年龄，或者行为人在实施犯罪行为时，处于精神不正常的主观状态；根据刑法的规定，行为人即属无刑事责任能力人。对于他们的行为所造成的危害结果，刑法规定不追究刑事责任。根据我国《刑法》的有关规定，行为人不满 16 周岁，不负刑事责任；已满 14 周岁但不满 16 周岁，只有在所犯罪行属于故意杀人、故意伤害致人重伤或死亡、强奸、抢劫、贩卖毒品、放火、爆炸、投放危险物质罪的，应当负刑事责任。已满 12 周岁不满 14 周岁的人，犯故意杀人、故意伤害罪，致人死亡或者以特别残忍手段致人重伤造成严重残疾，情节恶劣，经最高人民检察院核准追诉的，也应当负刑事责任。可判处死刑处罚的责任年龄，必须是行为人在实施犯罪的时候已年满 18 周岁。

（六）诉讼程序事实

刑事诉讼程序事实是指有关刑事诉讼程序是否合法进行的事实。具体包括：有关管辖的事实；有关回避的事实；有关对犯罪嫌疑人、被告人采取强制措施的事实；司法机关侵犯犯罪嫌疑人、被告人诉讼权利的事实；有关诉讼程序的进行是否超越法定期限的事实等。

诉讼程序事实虽然同定罪、量刑没有直接关系，但事关诉讼活动是否合法、是否有效，以及是否依法保障了诉讼参与人的合法权利，体现诉讼公平、公正等，如果相关诉讼行为的推进存在程序不当甚至程序违法的评价，则行为无效；基于该行为获得的实体法要件事实或证据亦不具备证据能力。因此应当将程序事实作为诉讼证明对象。

第四节　刑事诉讼证明责任

一、刑事诉讼证明责任的概念

证明责任是证据制度中极为重要的、同时也是在学理解释上歧义纷呈的一项制度。

（一）证明责任含义的历史发展

早在古罗马时期，就对举证责任确定了两个基本原则：一是“原告有举证责任之义务”，二是“原告不举证证明，被告即获胜诉”。罗马法上没有客观举证概念，只有主观的举证责任概念，故而罗马法时代的法官所面临的问题在于：法官应命令哪一方提出证据来证明其所主张的事实问题，而不是我们现在所强调的因当事人均无力证明导致事实真相不明时，法官应如何作出判决的问题。

证明责任制度在德国普通法时代得到了新的发展。根据 1847 年汉诺威王国的诉讼立法规定，当时盛行的裁判宣示制度被称为“通常必要的宣示”。宣示分为两种情况：一种是补充宣示，一种是雪冤宣示。前者适用于承担证明义务的当事人，后者适用于不负证明义务的当事人。化解疑案的宣示制度突破了罗马法时代法官各行其是的做法，为其断定是非、解决疑难提供了明确可循的同一规则。由此，就形成了证明责任制度和宣示制度的双轨机制。

进入19世纪，德国学者率先提出了证明责任概念的分层理论，即将证明责任分为两个层次：主观证明责任和客观证明责任。主观证明责任，又称行为责任或形式责任，是当事人承担的负有提供证据证明其主张的事实存在的责任；客观证明责任，又称结果责任或实质上的证明责任，是当争议事实最后处于真伪不明状态时，主张该事实的人所要承担的不利后果。根据该层意义上的证明责任，在诉讼程序结束的时候，如果案件事实处于真伪不明的状态，法官既不得下判，也不得拒绝下判，而必须根据证明责任的负担来确定案件的胜败结果。由于这层意义上的证明责任与诉讼结果有关，所以又称结果责任。

（二）证明责任与举证责任

证明责任与举证责任应是两个具有种属关系的概念。从广泛意义上讲，证明责任是指运用证据揭示、证明案件待证事实的义务。证明责任包含举证责任。由于提出充分、有效的证据是诉讼中的关键问题，因此，证明责任制度研究的核心是举证责任制度。同时随着诉讼制度尤其是刑、民事诉讼模式的分野与演进，导致证明责任制度产生了较大的变化：在当事人主义诉讼模式中，基于辩论主义、无罪推定、消极裁决的要求，举证责任制度成为其核心；当事人承担举证责任及举证不力的相应的诉讼风险。虽然在刑事诉讼、民事诉讼及行政诉讼中证明标准存在差异，但是英、美等国在诉讼中并不排斥法官的证明责任，相反地通过司法认知等方式来减轻当事人的举证责任以达到提高诉讼效率的目的；在职权主义诉讼模式中，强调检察官在刑事诉讼中的举证责任，同时确认法官具有通过证据调查等方式查清案件事实的权利。我国相关司法解释甚至规定法院对于罪名不当的指控可以变更罪名推进诉讼；这种做法明显强化了法官的查明义务，表明法官运用证据行为已远非证明主体的证明活动，实际演变成了诉讼责任主体的行为。

不难看出，无论职权主义诉讼模式还是当事人主义诉讼模式，亦无论刑事诉讼还是民事诉讼或行政诉讼中，都同时存在着证明责任及举证责任。这两者应该是互有差异又紧密联系的制度，且举证责任包含于证明责任制度。举证责任是指诉讼主体依法承担的提出证据证明其主张的义务，它着重于证据的提出，即立证，否则，诉讼主体便要承担举证不力而可能导致的不利于其的后果；证明责任是指诉讼主体运用证据证明案件待证事实的义务。它着重于证明及推理，关注于解决纠纷与争议。承担证明责任的主体一般不预先设定其诉讼主张，只凭自己的经验、意识、良心、知识去分析、判断，去寻求一个公正的结果。因此，在选择当事人主义诉讼模式的民事诉讼中，举证责任一般由当事人双方承担。证明责任对于法官、陪审团而言是极其轻微的，除司法认知等情形外，法官、陪审团不对其判决结果承担责任，除非恶意错判。在职权主义诉讼模式中，举证责任由检察官及被告人或其相对方当事人承担，法官出于国家利益、公益等考虑，会依职权采用证据调查等方法来履行自己的证明责任，从而减轻诉讼当事人及检察官（公诉人）的举证责任。

考虑到我国刑事诉讼中控辩力量不平衡的特点，我国一些刑事诉讼法学者还主张，应在主观意义上的证明责任的范畴之内区分证明责任和举证责任，认为“证明责任是指公安司法机关应当收集证据、运用证据证明案件事实的责任。举证责任有两种情况：一是指控诉主体和辩护主体在审判阶段负有向人民法院提出证据证明自己主张的义务；另一种是指诉讼当事人承担的向公安机关、人民检察院和人民法院提出证据证明自己主张的义务”。①根据这一观点，证明责任只由公安司法机关承担，而当事人只承担举证责任。有的学者则将证明责任分为职责证明责任和举证责任，前者是指公安司法机关基于职责在诉讼证明中所负的责任；后者是指庭审中控辩双方提出证据证明自己主张的责任。②

笔者认为，基于我国刑事诉讼法确认的现行刑事诉讼模式，在我国刑事诉讼中公安及司法机关（包括侦查人员、检察人员、审判人员）都应当相应地承担或履行一定的证明责任（一般意义上的证明主体的义务），但举证责任一般由控辩双方的专门机关（工作人员）和当事人承担。

二、公诉案件的证明责任分担

刑事诉讼中证明责任的承担与无罪推定的原则密切联系。无罪推定原则最早是由意大利学者贝卡利亚提出的，它不是一项孤立的原则，而包括与有罪推定现象相对立的一系列内容。无罪推定既然假定被告人在判决前是无罪的人，那么，在任何具体案件中要推翻这一假定，就必须有充分确凿的证据；相应地，提出证据并予以证明的责任必须由控诉一方承担，通过刑讯逼供及其他非法手段获取证据应被禁止。对法院来说，这就意味着对被告人作出的有罪判决，应建立在控诉方确凿、充分的证据基础上。对被告人来说，既不应承担自认有罪的义务，也不应承担证明自己无罪的义务。由此，无罪推定原则就推导出刑事诉讼证明责任分配的一般规则：在刑事诉讼中，被告人不负举证责任，证明责任应由公诉人负担。

（一）侦查机关的证明责任

侦查机关向检察机关申请批准逮捕犯罪嫌疑人和移送审查起诉时，分别要承担相应的证明责任（含举证责任）。侦查机关如果要提出逮捕犯罪嫌疑人、起诉犯罪嫌疑人的主张，必须要收集并提出相应证据予以证明。检察机关经审查判断，侦查机关提出的证据达到一

① 陈光中、徐静村主编：《刑事诉讼法学》，中国政法大学出版社 2002 年版，第 180 页。

② 陈光中主编：《刑事诉讼法学》，中国人民公安大学出版社、人民法院出版社 2004 年版，第 195 页。

定证明标准后才可采纳其主张，作出批准逮捕或提起公诉的决定，否则侦查机关就要承受其主张不能成立的不利后果。

（二）检察机关的证明责任

检察机关的证明责任（含举证责任）的承担主要发生在审判阶段。作为公诉机关应当承担指控犯罪主要的证明责任。根据《刑事诉讼法》规定，在公诉案件中人民检察院应当负责向人民法院提供相关证据，以证明所主张的各犯罪要件事实的存在。在开庭审理期间，公诉人必须通过讯问被告人，向被害人、附带民事诉讼原告人、被告人发问，申请传唤证人、鉴定人出庭作证，出示证据、宣读、播放未到庭的证人书面证言、鉴定人的鉴定结论等方式，提出证明犯罪事实成立的证据。凡未在庭审阶段提出的证据或经庭审质证未能查证属实的证据，一律不能作为法院裁判的依据。如果公诉人提供的证据不足，未能达到犯罪事实清楚、证据确实、充分的证明标准的，将承担其控诉主张得不到法院认定的不利后果。

（三）刑事被害人证明责任

对于刑事被害人的证明责任，各国规定虽有差异，但一般均认为刑事被害人实际上处于控方当事人的地位，起着协助公诉人完成控诉职能的作用。一般来说，由于被害人属于传统意义上的控告人，所以自立案时起便担负着控告、申诉的天然责任；当公诉人根据被害人的控告及侦查机关的初步侦查结论而决定提起公诉时，刑事被害人证明责任方会“让渡”给公诉人，由公诉人承担着主要的控诉证明责任。

同时由于被害人与案件的处理结果存在着法律上的直接利害关系，决定着被害人的控诉愿望与公诉人的控诉主张可能存在差异。因此，法律许可刑事被害人处于独立诉讼地位并有权出庭参加诉讼。

我国《刑事诉讼法》规定，如果公诉人举证不足，被害人有责任予以补充；如果被害人的控诉主张与公诉机关的主张不同，他可以依法起诉或申诉；刑事被害人对于其起诉或申诉的主张应承担证明责任。在有些国家，由于刑事起诉权并未完全统一或集中，刑事控告、起诉权可由当事人直接行使；此时，刑事被害人便须承担完全的举证责任。

（四）被告人的证明责任

基于无罪推定的原则和被告人不得被强迫自证其罪原则的指引，刑事被告人（犯罪嫌疑人）不承担证明责任的。这既是联合国《保护公民政治权利及人身权利国际公约》的基本规定，又是宪政国家公民权利之底线。刑事被告人、犯罪嫌疑人不能因为无法证明自己无罪而受到刑事追究或承担无罪证明不力的后果。

同时出于对刑事诉讼复杂性的考虑，各国法律均确认：刑事诉讼中存在犯罪嫌疑人、刑事被告人承担证明责任的例外情形。即犯罪嫌疑人、刑事被告人应对与刑事追究密切相关的积极主张的事项承担证明责任。如英美法系国家均确认，被告方依照法律规定的情节，提出积极抗辩的，应承担证明责任；如认为存在正当防卫、紧急避险、刑事豁免权、职务行为、无行为能力等情形的，均须举证证明这些情形的存在。大陆法系许多国家亦有类似的规定。如法国刑事诉讼法典规定，在被告人提出正当防卫、家庭豁免权、无行为能力等不能归罪的主张时，刑事被告人必须承担相应的证明责任。

我国刑事诉讼立法虽然原则规定了刑事被告人“未经人民法院判决，不得认定有罪”的条款，以此确认了无罪推定原则的合理内核。但我国现行立法并未确认犯罪嫌疑人、刑事被告人有沉默权，相反我国刑事诉讼法一直保留有犯罪嫌疑人、刑事被告人应如实陈述的法律规定。由此可见，我国司法界对犯罪嫌疑人、刑事被告人自证无罪的行为一直持积极、肯定的态度。如 1996 年《刑事诉讼法》修正案便通过修正律师辩护权的规定，确认辩护方应提供证明被告无罪的证据。并且针对一些特殊的犯罪，我国《刑法》明文规定犯罪嫌疑人、刑事被告人应承担证明责任。如《刑法》第 395 条对巨额财产来源不明罪的规定，第 282 条第 2 款对非法持有国家绝密、机密文件资料、物品罪的规定，均表现出强化犯罪嫌疑人、刑事被告人的证明责任的直接法律内容。应该说，特殊情形下犯罪嫌疑人、刑事被告人承担证明责任的规定有其必然性及合理性。

应当明确的是，特定情形下刑事被告人证明责任的分担，并不意味着卸除了控诉方应承担的全部要件事实的证明责任，相应地控诉方仍需就前置事实承担全面的证明责任。如巨额财产来源不明罪的案件中，控诉方须先证明被告人确有与其正常收入不相称的巨额财产存在，否则控诉方应直接承担败诉的后果，特定情形下刑事被告人证明责任的分担会因控诉方已败诉而无必要。

三、自诉案件的证明责任承担

我国《刑事诉讼法》第 211 条第 1 款第 1 项规定：“犯罪事实清楚，有足够证据的案件，应当开庭审判”；第 1 款第 2 项规定：“缺乏罪证的自诉案件，如果自诉人提不出补充证据，应当说服自诉人撤回自诉，或者裁定驳回。”由此可见，我国刑事自诉案件的自诉人在提起诉讼阶段就要承担证明责任，并要达到一定的标准，否则起诉将被驳回。

实行刑事追究兼容主义的国家，坚持刑事控诉国家公诉的同时，大多也赋予刑事被害人在轻微刑事案件中的刑事自诉权。当自己的合法权益遭到他人损害可能导致损害方被追究刑事责任时，可由被害人自行追诉。我国刑事诉讼法明确规定了刑事自诉案件的处理原则。刑事自诉人的证明责任及举证、证明及责任后果等相关规定与民事诉讼中原告当事人的情形是基本一致的。对于缺乏罪证的自诉案件，如果自诉人提不出补充证据，法院便会说服自诉人撤回自诉，或裁定驳回。

第五节 刑事诉讼证明标准

一、证明标准的概念

证明标准与证明责任是紧密相连的。“在证明责任属于谁，在什么情形下发生的问题得到解决之后，应该进一步提出的问题为：证明应达到什么样的标准（standard）？即证明水平（level）、程度（degree）、量（quantum）。”① 只有达到了这样的标准，争议的解决便有可能。因此应该为法官及当事人等制定一个解决争议必须达到的证明标准。这是一个拟制的标准，它包括对证据的质和量两方面的要求。证明标准对当事人、法官有着不同的意义。对当事人而言，要证明自己的主张或避免对自己不利的裁判，必须提供充分的证据以满足证明标准所要求达到的质和量；对于法官而言，只有当事人提供的证据或为法官所采信的证据达到一定的质和量，符合预先设立的证据准则的要求，使其形成了内心确信，如此法官才能形成裁决。当然，由于大陆法系国家和英美法系国家对诉讼制度、证据制度的规定各不相同，由此证明标准的适用影响也必然存在着差异。“对证明标准问题，大陆法系和英美法系国家和地区立法均有明确的规定，且确立的标准大致一致，均以盖然性作为民事诉讼的证明标准，存在的不同是对盖然性的要求程度不同。”②

另外，由于刑事诉讼与民事诉讼的价值目标的不同，决定了各国对刑事案件、民事案件的证明标准的确认也存在差异：在刑事案件中，基于刑事案件所涉及的国家利益及客观需要，同时考虑到对刑事被告人的合法利益的保护，刑事证明责任的标准被确认为客观真实或排除合理存疑；而对于民事案件，诉讼的息讼解纷的目标使其证明标准明显区别于刑事诉讼。民事案件的证明标准以法律真实为要求，或为优势证明标准或为相对合理标准。

那么，究竟什么是证明标准？我国刑事诉讼、民事诉讼、行政诉讼中应该制定、适用什么样的证明标准呢？

我国刑事诉讼法学、证据法学界对证明标准的认识是有着差异的。一部分学者认为，③ 证明标准又称证明要求、证明任务、法定的证明程度，是指按照法律规定认定一定的事实或者形成一定的诉讼关系对诉讼证明所要求达到的程度或标准。这一种观点实际上强调了证明标准的法定性，更多地从法定制度上对法官及诉讼当事人加以约束。它要求对何种诉讼决定需要什么样的证明标准、达到什么样的证明标准才可以采取何种诉讼行为，

① 沈达明编著：《英美证据法》，中信出版社 1996 年版，第 42 页。

② 毕玉谦主编：《最高人民法院新民事诉讼证据理解与适用（下）》，人民法院出版社 2020 年版，第 740 页。

③ 刘金友主编：《证据法学》，中国政法大学出版社 2001 年版，第 312 页。

作出何种诉讼决定等均必须遵从证明标准的法律规定。如当事人提起诉讼，需要有一定的证据及明确的被告；法院或相关决定机关作出逮捕的令状，必须有证据证明犯罪事实存在，某人实施了某一犯罪行为，应该追究其刑事责任等。

笔者认为，法律预先设定的证明标准即是法官或者当事人证明某一事实或法律关系存在，并为了解决这一法律争议或确认当事人的相关责任所需要达到的证据的质与量的要求。

二、证明标准的内容

证明标准具体包括这样几个方面的内容：

1. 证明标准是法律上对解决一定的争议、确认相关当事人的责任所需要达到的证据的质与量的要求。也就是说，这些证据在量与质方面的统一能证明案件的争议并借以确认当事人之间的权利与义务。同时，对于证据的质与量均不可偏废，必须能证明待证的事实，解决待证的争议。

2. 证明标准对于法官、当事人是同一的。虽然在具体的案件中，每个个案的证明标准存在差别；但就同一个案件而言，有关作出决定或裁判的证明标准则应是同一的。例如，在审理某个刑事被告人是否构成盗窃罪的案件过程中，通过令状决定逮捕犯罪嫌疑人的标准，即法律确认的盗窃罪的犯罪构成要件及逮捕条件是唯一的。对刑事被告人是如此，对法官或其他令状决定者亦是如此。不存在法官处分令状的条件，与被告人、被害人知悉的标准不一致的情况，这是由法律的统一性所决定的。

3. 证明标准是法律预先设置的，对诉讼参加人产生同样的效力。虽然对于任何个案而言，证明标准会因涉案的证据、争点不同而存在差异；但是法律事先均确立了该种类案件的证明标准即证据在质与量方面的要求。如刑事立法中对每一种犯罪均明确规定了其犯罪构成，即事先设立了证明标准。而且，为了防止司法专横，刑法规定了法无明文规定不为罪原则，对有社会危害性而无法定罪名的犯罪形式作出了禁止司法追究的限制。在民事立法中，法律也预先划分了争议的性质、种类，并通过原则性的规定来统一解决争议、确认责任的证明标准。

由于法律文化传统、诉讼体制等的差异，各国对证明标准的规定各具特色。从法律研究角度而言，依法官对证据采信的方式不同，可以将诉讼证明标准区分为：自由心证的证明标准、排除合理存疑的证明标准、优势证明标准、客观真实的证明标准以及法律真实的证明标准等。

三、法律真实与客观真实的分歧、论争

对于证明行为最终要达到怎样的标准，国内外法学界众说纷纭，我国主要存在着以下

几种不同的学说。

（一）主观真实说

西方传统的诉讼理论认为，法院在诉讼中认定的案件事实，是法官依照证据对当事人主张的事实作出的判断，不可能达到与诉讼前的特定时间、地点发生的客观事实完全一致的程度，最多不过是与案件的真实情况接近。因此，法院认定的事实并非客观真实，而是法官依照法律素养、逻辑规律、经验法则而发现的主观真实；只要证明达到盖然性要求，法官就可据之裁判。

（二）客观真实说

客观真实，即人们的认识符合客观实际。也即是人们对现存世界的真实性、客观性的正确的认知与判断。从本质上讲，作为哲学概念的客观真实与主观真实是对立统一的哲学范畴。它们确认了人们的主观世界对现存的客观世界认知的一致性。如果人们的认知未能正确揭示现有的客观世界，表明人们的认知与判断偏离了对客观世界的真实反映。

我国传统证据法学界坚持认为，客观真实是我国应该坚持的证明标准。许多学者认为“我国诉讼证明的根本要求与标准是达到案件的客观真实”。① 把达到案件的客观真实作为诉讼的证明要求与标准，实际上是要求法官在形成判决时，必须做到自己对案件的认识与案件的真实状况相一致。将客观真实作为证明标准存在三个方面的问题，具体表现为：

1. 客观真实实际上是一个哲学命题。将客观真实作为法律范畴的证明标准，实际上是将哲学范畴的概念错误地引入到法律世界的异化的结果。客观真实作为与主观真实相对应的一对哲学范畴，主要在于帮助人们正确认知客观世界，使人的认识能够真正地揭示客观真实的世界。

我国一些学者将自由心证的合理内核“内心确信”主观上认定为主观真实。② 实际上是对自由心证或内心确信的曲解；同时，这种观点错误地将哲学命题法律化。因为任何一种证明标准在舍弃了法定证据制度的形式规定之后，必然存在诉讼主体对诉讼证据的主观分析，诉讼活动本身便贯穿了诉讼主体围绕争议对证据进行判断、确认的过程。由于客观真实属于哲学范畴，哲学范畴的研究是对客观世界进行探索和总结的学科，属于形而上的世界，它永远包含着人的认识的有限性与客观世界的无限性的矛盾。而法律世界是人类对现实世界加以制度规范的世界，它必然体现人类对物质世界的改造活动和其中的矛盾。这就决定了法律世界与哲学世界的差异。哲学家可以“坐而论道”，而法律要求法官不得拒绝裁决，公正与效率是法律的生命，迟到的公正是最大的不公正。因此，哲学世界的标准必然不同于法律世界，用客观真实作为证据标准显然是不适当的。

① 刘金友主编：《证据法学》，中国政法大学出版社 2001 年版，第 315 页。
② 刘金友主编：《证据法学》，中国政法大学出版社 2001 年版，第 316 页。

2. 证明要求与证明标准是两个不同的法律范畴。从哲学意义上讲，证明要求是人们主观对待证命题进行揭示的期望，不具有确定性；而证明标准是人们对待证命题揭示的确认，具有预先设定性。证明要求有时高于证明标准，有时又低于证明标准。从法律意义上讲，对客观真实世界的揭示是一个永远的证明要求，其证明标准最终是与案件事实的客观真实性相一致的。以刑事案件中的侦查、破案为例进行分析，不难看出证明要求与标准之间存在差异：立案的条件是法律确认的证明标准，达到这一标准，即可立案；而在立案的证明要求上其条件是愈多愈好，最好能超过立案的标准。

在法律人的生活中，证明标准是证明要求的最低表现形式，达到法定的证明标准便符合了确认争议的最低要求。在这种意义上证明标准与证明要求具有一致性。

3. 客观真实作为证明标准是一个不能实现的伪命题。如前所述，客观真实是人们对客观世界的真实本质完全一致的反映，是人们对客观世界的正确认知与判断。因此，如果把客观真实作为诉讼的证明标准，就意味着要求法官或当事人对待证事实的揭示、认知达到与案件的本来面目分毫不差的程度。然而，由于时间的不可逆性以及人的认识的有限性，使得有关案件的信息不可避免地会逐渐衰减，无论法官、当事人都不可能取得与案件的待证事实相关的所有证据及资料。因而，要求法官形成判断时对所认知的案件事实达到与客观真实完全吻合，是非常困难的。

同时，由于证明标准的确立是为了帮助法官或当事人等解决现存的法律争议，使法官、当事人在解决争议时有一个法律上公正、合理的参照系数，如果将客观真实作为证明标准，会使法官处于二难之中：其一，即不可能达到客观真实的证明标准。如果明确告知当事人，判决的形成与案件争议的客观世界不可能完全一致，必然令当事人对判决的公正性产生疑义；其二，明知不可能达到客观真实的证明标准，但仍然形成一个有疑义的判决，却不告知当事人，无疑会导致审判中的神秘主义。上述无论何种情形，都不利于通过司法审判倡导司法公正。

（三）法律真实说

主张“法律真实”论者认为，遵循辩证唯物主义的认识论，在诉讼活动中办案人员与证据事实、案件事实的关系彰显着认识主体与客体的对应关系，表现为认识主体（办案人员）认识客观事物（待证事实）的能动活动。由于我国刑事诉讼法学界对诉讼证明的研究一开始便将其主观方面与客观方面对立起来或割裂开来，不承认或回避诉讼主体尤其是专门机关（办案人员）在诉讼证明中的能动作用；以致直接把“客观真实”作为证明标准，对诉讼证明的主观方面的研究很少涉及。刑事证据事实作为一种经验事实，是刑事证明活动的产物；是法官主观意识（包含逻辑推理和经验判断）能动地作用于证据材料、待证事实的结果。

因此，基于辩证唯物主义的认识论要求，笔者认为，在我国司法证明中，应将法律真实作为诉讼证明要求，坚持法律真实学说。所谓法律真实说，即认为审判活动是使主观与客观相统一的过程，法官对待证事实的判断与证据的确认是基于法律素养、逻辑知识、生活经验对诉讼客体和证据材料的能动反应。因此，生效判决形成于控辩双方已开示的证据，判决所确认的事实是法官基于诉讼证据综合判断而心证的结果；法官生活在法律世界中，只对基于诉讼证据而形成的事实判断即法律事实判断负责任。

关于法律真实与客观真实的关系，何家弘教授进行了较系统的归纳：(1) 法律真实不属于主观真实的范畴，而是建立在客观真实基础之上的真实，是含有客观真实内容的真实。(2) 法律真实虽然包含有客观真实的内容，但法律真实并不等于客观真实。(3) 法律真实在一定意义上是以概率为基础的事实，而这里所说的概率本身也具有客观的属性。就客观真实与法律真实的关系来说，客观真实是司法证明的目的，而司法证明的标准则不能是难以实现的客观真实，只能是切实可行的、司法证明活动必须达到的法律真实。①

从法院裁判等诉讼实践的视角分析，客观真实说关注的是案件事实的客观性，主观真实说强调的是人的思维或者认识活动的主观性，均有偏颇之处；而法律真实说注意到案件事实是通过诉讼证明得出的，是法官法律意识见之于案件待证事实的法律创造；法律真实说体现了诉讼证明主观方面与客观方面的统一，是辩证唯物主义认识论在刑事诉讼证明中的具体应用。

四、我国刑事诉讼的证明标准

根据我国《刑事诉讼法》第55条、第169条、第176条的规定，人民检察院对犯罪嫌疑人提起公诉，人民法院对被告人作出有罪判决，必须达到犯罪事实清楚，证据确实充分的要求。

所谓犯罪事实清楚，是指与定罪量刑有关的全部犯罪事实和情节，以及同案件有关的犯罪嫌疑人、被告人的个人情况，都必须查对清楚。这些事实和情节主要指：犯罪事实是否发生，犯罪人是谁，犯罪的目的、动机、手段、后果等是什么，是否故意或过失，是否属于正当防卫或紧急避险，是否有不应追究刑事责任的情况，有无从重、从轻、减轻或免除刑罚的情节。

所谓证据确实、充分，是对作为定案根据的证据在质和量方面的要求。证据确实，是指证据真实、可靠，这是对证据质量要求。证据充分，是指证据要达到一定的数量。证据充分以证据确实为前提；如果证据不充分，证据的确实性往往也难以查清；所以证据确实

---

① 何家弘：《论司法证明的目的和标准——兼论司法证明的基本概念和范畴》，载《法学研究》2001年第6期。

和充分是一个统一的标准，即要求证据质与量的统一。

根据现行《刑事诉讼法》第 55 条第 2 款的规定，“证据确实、充分”就是要求利用确实的证据构成一个完整的证据体系，对主要犯罪事实（即被告人实施了犯罪行为）的证明达到唯一性（或称排他性）的程度，对其具体要求是：定罪量刑的事实都有证据证明；据以定案的每一个证据都经过法定程序查证属实；综合全案证据，对所认定事实已排除合理怀疑。所谓“定罪量刑的事实都有证据证明”，是指证据之间、证据与事实之间、各事实要素之间环环相扣，不出现断裂，以保证各个事实环节均有足够的证明，实现全案事实清楚。其中的“证据”既应当包括证明被告人有罪的证据，也应当包括证明被告人无罪或罪轻的证据。所谓“据以定案的证据均经法定程序查证属实”是指在发现和认定案件事实的过程中，必须尊重体现一定价值的刑事程序的要求，在对证据的采用和对案件事实的认识达到法律要求的标准时，即可作出肯定的结论，否则，应当排除该证据或宣布被追诉人无罪。所谓“排除合理怀疑”，是指各证据之间应当相互印证，能够互相支撑、互相说明；证据之间、证据与已证实的事实之间、证据与情理之间，不应当存在不能解释、无法解决的矛盾；证据之间、证据与事实之间、各事实要素之间环环相扣，不出现断裂，以保证各个事实环节均有足够的证明，实现全案事实清楚；在对事实的综合认定上，结论应当是唯一的，合理排除了其他可能。

犯罪事实清楚，证据确实充分，是审判机关对刑事案件进行定案处理时的证明标准。由于刑事诉讼具有阶段性，刑事诉讼过程是从侦查阶段过渡到起诉阶段、再推进至审判阶段，每向前推进一个阶段都以证明责任主体的证明活动达到法定的证明标准作为前提。这就决定了每个诉讼阶段的证明标准具有差异性，根据我国刑事诉讼法的规定，在刑事立案阶段，证明标准为是否有犯罪事实需要追究刑事责任；在提请批捕时证明标准则必须要达到有证据证明犯罪嫌疑人“有犯罪事实”“可能判处徒刑以上刑罚”“采取取保候审、监视居住等方法不足以防止发生社会危险性，而有逮捕必要的”等；在决定提起公诉时或作出刑事判决时证明标准要求达到全部犯罪事实情节清楚，证据确实、充分的证明要求。

五、疑罪及其处理

所谓疑罪，是指控方证据能证明犯罪事实存在、被告人有一定的犯罪嫌疑，但诉讼证据尚不足以支持作出被告人有罪的事实认定结论的案件。诉讼作为一种对过去发生的事实的认知活动，受各种主客观条件限制，决定了达不到证明标准的“疑罪”的现象的经常存在。承认“疑罪”是辩证唯物主义认识论要求的科学态度的体现。因为诉讼不像科学研究，可以一直探究下去直到发现真理；法律世界的诉讼具有时空限制性，受制于各种外在条件，许多案件难以侦破，犯罪事实难以认定，甚至有些刑事犯罪无追诉的必要，均符合刑事诉讼规律内在要求。

不同的社会制度有着不同的诉讼证据制度。对于“疑罪”也采用了不同的处理原则。我国古代实行“罪疑从赎”的处理原则，对“疑罪”实行按有罪从轻处罚。在封建专制社会里，对犯罪采取宁枉毋纵的严格追诉精神，对“疑罪”实行“疑罪从有”的处理原则。在现代法治社会的刑事诉讼法制中，根据无罪推定原则，对“疑罪”实行有利于被告人的处理：即被告人有罪无罪难以确定时，按无罪处理；被告人罪重罪轻难以确定时，按罪轻处理。

我国 1979 年《刑事诉讼法》中强调法官在审判中应该发现“客观真实”，一定程度上回避了对“疑罪”情形的规定。对于事实不清、证据不足的案件，则要求本着实事求是的原则继续调查或退回补充侦查，直到案件事实彻底查清，证据达到确实、充分的程度才能作出裁判，这使得“疑案”往往久拖不决；对疑罪的处理实际不利于犯罪嫌疑人、被告人。随着改革开放政策的推进，我国对刑事司法政策作出了重大调整。1989 年 11 月 4 日最高人民法院在《关于一审判决宣告无罪的公诉案件如何适用法律问题的批复》中指出：对于因主要事实不清，证据不足，经多次追查后，检察院仍未查清犯罪事实，法院自己调查也无法查证清楚，不能认定被告人有罪的，可直接宣告无罪。1996 年《刑事诉讼法》第 12 条确立了未经人民法院依法判决，对任何人都不得确定有罪的原则；第 140 条规定人民检察院在审查起诉阶段，经过两次补充侦查，仍然认为证据不足，不符合起诉条件的，可以作出不起诉决定；第 162 条第 3 项规定人民法院经过法庭审理，合议庭对“证据不足，不能认定被告人有罪的，应当作出证据不足、指控的犯罪不能成立的无罪判决”。2018 年《刑事诉讼法》第 175 条规定，对于二次补充侦查的案件，人民检察院仍然认为证据不足，不符合起诉条件的，应当作出不起诉的决定。这表明我国现行法律上确立了“疑罪从无”的处理原则，体现出国家在处理犯罪时的谨慎态度和对待刑事被告人的谦抑原则。

理论导读

对于行政执法与查办案件中证据的转化适用。根据现行《刑事诉讼法》第 54 条，“行政机关在行政执法和查办案件过程中收集的物证、书证、视听资料、电子数据等证据材料，在刑事诉讼中可以作为证据使用。”在刑事审判中，特别是在经济犯罪案件的审判中，由于相当一部分案件是由行政案件转化而来，如涉税案件、扰乱市场秩序案等，其中很多是先由行政机关进行查处，发现有犯罪嫌疑之后才移送给公安机关作为刑事案件办理，这就尤其要适用到行政执法证据与刑事证据的衔接问题。现行《刑事诉讼法》规定行政机关在行政执法中的证据可以转化为刑事诉讼中的证据，这对于刑事诉讼来讲，既有其优势，也存在一定的风险。将行政执法中取得的证据运用到刑事诉讼的证明活动中，可以减少侦查机关的取证成本，有利于及时揭发犯罪，但是前提必须是这些行政执法证据的收集途径与手段应当是合法的，尽管并非完全符合刑事诉讼的取证要求，但是至少应确保其来源的正当性。从我国规定的证据形式来看，物证、书证、视听资料与电子数据和证人证言、犯罪嫌疑人的陈述不同，这些证据材料具有很强的客观性，不因调取证据的执法机关的不同而发生改变，其本身就是一种客观存在的原始资料，因此收集的实物证据可以转化适用，但言词证据不可以。同时，由于刑事证据的合法性要求证据应当在法定的程序下获得，而行政机关在行政执法和查办案件过程中收集的上述证据并不是依刑事诉讼程序的规定收集的，因此对此类证据应当要求合法主体通过正当方式收集，直接转化适用则是存在风险的。对此，有学者主张，行政机关在行政调查中获取的实物证据，可以直接移交给侦查机关使用，但是这也仅仅是肯定了其证据资格，并不意味其具备刑事证据能力，更不意味着可以直接作为定案根据。而证人证言、被害人陈述、被告人供述、鉴定意见等言词证据及勘验、检查、辨认、实验笔录等言词证据，由于带有较强主观性，不能直接使用，而原则上应当重新收集。①

对于我国刑事诉讼中的证明方式，有学者曾提出著名的“印证证明模式”，印证证明模式建立在“四个依赖”的基础上，即证明的他向性、证明的一致性、证明的口供性和证明的充分性。印证证明模式是我国刑事司法机关为回应刑事诉讼法上的客观真实原则而采取的证明措施，印证证明试图排除事实认定的不确定状态，否认证据之间的矛盾、模糊之处，强调事实认定结论的高度确定性与可靠性。但是，一些研究者指出，这种印证证明模式已经严重影响了我国现代刑事证据规则的构建和法官专业化素质的提升，难以胜任日益复杂的诉讼证明任务。因此，应实现证明理念和证明模式的转型，吸收和借鉴西方自由心证的证明方式。这不仅有利于缓解诉讼证明的困难，而且对建立科学合理的证明标准、促进直接言词原则的实施、培养法官的理性判断能力都具有积极的现实意义②。

证明是从证据到待证事实的思维过程。一方面，证明活动首先具有主观性，法官对于证据的认定和判断是其内心思考的结果，另一方面，由于证明有赖于经验法则，而经验法则又具有一定的确定性，因此证明活动又表现出一定程度的客观性和可预期性。刑事诉讼中的证明，本质上是人类的认识活动在刑事诉讼领域的反映。而认识是否具有客观性、认识能否达到真理、正确认识的判断标准如何确定，皆是哲学认识论的基本问题。刑事证明

① 陈瑞华：《刑事证据法的理论问题》，法律出版社 2018 年第 2 版。

② 韩旭：《论我国刑事诉讼证明模式的转型》，载《甘肃政法学院学报》2008 年第 2 期。

理论的延伸，必然触及哲学认识论的基本内核。

真题解析

1.（2016 年卷二 30）关于《刑事诉讼法》规定的证明责任分担，下列哪一选项是正确的？

A. 公诉案件中检察院负有证明被告人有罪的责任，证明被告人无罪的责任由被告方承担

B. 自诉案件的证明责任分配依据“谁主张，谁举证”的法则确定

C. 巨额财产来源不明案中，被告人承担说服责任

D. 非法持有枪支案中，被告人负有提出证据的责任

答案：D

解析：《刑事诉讼法》第 51 条规定：“公诉案件中被告人有罪的举证责任由人民检察院承担，自诉案件中被告人有罪的举证责任由自诉人承担。”第 52 条规定：“审判人员、检察人员、侦查人员必须依照法定程序，收集能够证实犯罪嫌疑人、被告人有罪或者无罪、犯罪情节轻重的各种证据。严禁刑讯逼供和以威胁、引诱、欺骗以及其他非法方法收集证据，不得强迫任何人证实自己有罪。必须保证一切与案件有关或者了解案情的公民，有客观地充分地提供证据的条件，除特殊情况外，可以吸收他们协助调查。”所以选项 D 正确。

2.（2016 年卷二 69）下列哪些选项属于刑事诉讼中的证明对象？

A. 行贿案中，被告人知晓其谋取的系不正当利益的事实

B. 盗窃案中，被告人的亲友代为退赃的事实

C. 强奸案中，用于鉴定的体液检材是否被污染的事实

D. 侵占案中，自诉人申请期间恢复而提出的其突遭车祸的事实，且被告人和法官均无异议

答案：AB

解析：《刑诉解释》第 72 条规定：“应当运用证据证明的案件事实包括：（一）被告人、被害人的身份；（二）被指控的犯罪是否存在；（三）被指控的犯罪是否为被告人所实施；（四）被告人有无刑事责任能力，有无罪过，实施犯罪的动机、目的；（五）实施犯罪的时间、地点、手段、后果以及案件起因等；（六）是否系共同犯罪或者犯罪事实存在关联，以及被告人在犯罪中的地位、作用；（七）被告人有无从重、从轻、减轻、免除处罚情节；（八）有关涉案财物处理的事实；（九）有关附带民事诉讼的事实；（十）有关

管辖、回避、延期审理等的程序事实；（十一）与定罪量刑有关的其他事实。认定被告人有罪和对被告人从重处罚，适用证据确实、充分的证明标准。”所以选项 AB 正确。

3.（2017 年卷二 70）关于我国刑事诉讼的证明主体，下列哪些选项是正确的？

A. 故意毁坏财物案中的附带民事诉讼原告人是证明主体

B. 侵占案中提起反诉的被告人是证明主体

C. 妨害公务案中就执行职务时目击的犯罪情况出庭作证的警察是证明主体

D. 证明主体都是刑事诉讼主体

答案：ABD

解析：刑事诉讼中证明的主体是专门机关和当事人，故选项 AB 正确。目击犯罪情况出庭作证的警察是证人，不是证明主体，故选项 C 错误。刑事诉讼主体是参与诉讼活动，在诉讼中行使诉讼权利、承担诉讼义务的专门机关和诉讼参与人，所有的证明主体都是刑事诉讼主体，故选项 D 正确。

4.（2019 年真题参考版）下列关于刑事证明责任分配理论的表述，正确的有？

A. 检察院指控被告人犯强奸罪，辩护人发现案发时被告人在外地的证据，应当向法庭承担被告人不在犯罪现场的证明责任

B. 被告人申请法庭排除自己的供述，声称遭受刑讯逼供并向法庭提供了被打掉牙的 X 光片，检察院应当向法庭承担侦查机关没有对被告人实施刑讯逼供的证明责任

C. 被告人申请法庭排除自己的供述，声称在羁押期间，侦查人员将自己带出看守所进行讯问并实施了刑讯逼供，被告人应当向法庭承担自己遭受刑讯逼供的证明责任

D. 自诉人向法院起诉被告人犯侵占罪，被告人提出被侵占的财产属于自己所有，被告人应当向法庭承担财产归自己所有的证明责任

答案：BD

解析：选项 A 错误。在公诉案件中人民检察院应当负责向人民法院提供相关证据，以证明所主张的各犯罪要件事实的存在。如果公诉人提供的证据不足，未能达到犯罪事实清楚、证据确实、充分的证明标准的，将承担其控诉主张得不到法院认定的不利后果。选项 B 正确，选项 C 错误。在排除非法证据的程序中，应由公诉人证明取证的合法性。选项 D 正确。《刑事诉讼法》第 211 条第 1 款规定：“人民法院对于自诉案件进行审查后，按照下列情形分别处理：（一）犯罪事实清楚，有足够证据的案件，应当开庭审判；（二）缺乏罪证的自诉案件，如果自诉人提不出补充证据，应当说服自诉人撤回自诉，或者裁定驳回。”

5.（2021 年真题参考版）崔某系县环境监察部门负责人，负责当地水源保护区的污

染防治工作，因不认真履行监管职责，在日常检查中多次发现某企业排放污水未加制止，导致当地水源严重污染，关于崔某涉嫌的渎职犯罪，下列哪一选项是正确的？

A. 崔某在行政执法时询问排污企业负责人的笔录在本案中不能作为证据使用

B. 在崔某被留置期间，检察院的刑事执行检察部门可对监管活动进行监督

C. 检察院应就崔某的失职行为与水源污染之间的因果关系加以证明

D. 监委会可在调查阶段告知崔某本案移送审查起诉后才能适认罪认罚从宽制度

答案：C

解析：选项 A 错误。该笔录可以作为书证来证明崔某是否存在渎职犯罪行为。选项 B 错误。《监察法》第 22 条第 3 款规定："留置场所的设置、管理和监督依照国家有关规定执行。"检察院对监察机关的留置措施无监督权。选项 C 正确。《刑事诉讼法》第 51 条规定："公诉案件中被告人有罪的举证责任由人民检察院承担，自诉案件中被告人有罪的举证责任由自诉人承担。"选项 D 错误。认罪认罚制度不仅适用于刑事诉讼各阶段，还适用于监察机关的调查活动。

第十章　刑事诉讼证据规则

诉讼活动的中心是证明。为防止主观臆断，保证判断的准确性，各国法律均从制度上来确保法官查明、分析、确认案件争议、真相过程的合法、有序。证明活动更应该秉承一定的规则来进行，这就要求证明活动的进行必须遵循一定的规则，即证据规则。

所谓证据规则，一般是指法律规定的法官及其他诉讼参加人分析、判断、确认证据的准则。也有学者指出："规定证据搜集、证据运用、证据判断的法律准则即证据规则。"①无论采取何种表述方式，一般均确认证据规则包含如下两个方面的内容：其一，证据规则是有关证据搜集、运用、判断的规则，尤其应该是确认证据的规则；其二，证据规则的遵循主体首先应该是法官，此外还包括一定的诉讼参加人，如公诉人、侦查人员、当事人及其他诉讼参加人员等。证据规则的确立，使诉讼案件在一定规则的制约下围绕案件争议或被告人的刑事责任而进行，避免讼争要点的混乱，同时也节约了诉讼时间。

第一节　非法证据排除规则

一般而言，非法证据排除规则（Exclusionary Rule of Illegally Obtained Evidence）即指非法取得的证据不得在刑事审判中采纳的规则。② 非法证据排除规则是英美普通法中最常见的证据规则之一。诉讼模式中确立的辩论主义制度的要求，使得当事人的举证及证明均置于法官的审查之下，即凡是证据资料须经开示；凡经开示的证据须经法官、陪审团的审查、确认，方能成为定案的根据。在这样的制度规定中，法官主要的工作是排除虚假甚至伪造的证据，从而发现真实可信的证据，最终采信一部分证据，形成最终裁决。因此，非法证据的排除总是最先为控辩双方及法官所关注。非法证据排除规则也因此最先成为证据法学理论的成果与制度的内容。

① 徐静村主编：《刑事诉讼法学》（上），法律出版社 1997 年版，第 164 页。
② 刘善春、毕玉谦、郑旭著：《诉讼证据规则研究》，中国法制出版社 2000 年版，第 174 页。

一、形成与发展

在普通法的证据制度中，证据法通常被单独确立，成为与诉讼制度并存的重要法律制度。出于对法官审判公允立场的考虑，证据排除规则作为一种逻辑学的成果最先被吸纳进证据法中。所谓证据排除法则，在普通法上含义广泛，包括传闻证据规则、意见证据规则、最佳证据规则等。① 当然这种观点仅为一家之言。就其本质而言，非法证据排除规则的法律根据主要来自于1791年《美国宪法第四修正案》的规定，即公民个人的人身、财物、文件、住所不受非法搜查、扣押。

所谓非法证据排除规则源出于美国联邦宪法第4条修正案的精神的刑事司法化。即联邦政府如违反宪法第四条修正案的规定采取不合理的搜查、扣押等非法手段获取到的证据，不得在刑事审判中作为有罪的证据被采纳。一旦被告方提出对适用该类证据的异议，法官可依规定将之排除。

（一）非法证据排除规则的形成②

非法证据排除规则实际上是对证据的可采性（Admissibility）提出了更严格的要求，从而创导出了采信证据的一个原则。由于在英国早期的普通法中，取得证据的方法并不影响证据本身的可采性，因此，我们可以断言，非法证据排除规则不是英国人的传统，而是美国人的独创。美国人在确立非法证据排除规则时，经历了三个阶段：即Boyad原则、Weeks原则、Mapp原则直至最终形成。在Boyad原则作为一种诉讼规则形成之前，美国虽然于1791年确立有个人的人身、财物、文件、住所不受非法搜查、扣押的宪法规定，但对于可能发生的非法搜查、扣押等行为，却并不会因之而排除相关的证据，只是确认受害人可以通过对非法搜查等行为提起侵权之诉以实现司法救济。但这一情形在1885年Boyad V. U. S一案中得到了改变。联邦最高法院在审判这一案件时宣布：凡联邦政府官员违反联邦宪法第4条修正案的规定，未经法律许可对公民的住所、文件、人身搜查、扣押而获取的证据资料，不得作为对该公民提起公诉的有罪证据。由此非法证据排除规则得以确立。

Weeks原则进一步确立了非法证据排除规则在联邦法院的适用范围。Boyad原则形成后曾经在美国联邦及各州的适用中出现反复。在1914年Weeks V. U. S一案中，联邦最高法院指出了非法证据排除规则的适用范围，即：（1）该规则需要排除的证据仅限于违反“联邦搜查与扣押法”（Federal Search and Seixure Laws）所获得的证据，并不及于其他可能运用的违法手段所获取的证据。（2）该规则禁止州或其他地方官员非法搜集的证据在联邦法院系统适用，同时禁止联邦官员在州法院出庭时提供通过违法手段所收集的证据。可

① 卞建林译：《美国刑事诉讼规则和证据规则》，中国政法大学出版社1996年版，第18页。

② 参见李心鉴著：《刑事诉讼构造论》，中国政法大学出版社1992年版，第284页。

见，Weeks 原则确立以后，基于联邦宪法修正案的要求与 Weeks 案中确立的原则的差异，使得非法证据排除规则在各州的效力出现了不一致。极少数州在数量有限的案件中有条件地适用这一规则，而大部分州则听凭州法院系统法官自由裁量。

到了 20 世纪中后期，随着新自由主义思潮在美国的风行，时任美国联邦法院首席大法官的厄尔·沃伦倡导了一场深刻而广泛的美国刑事司法改革运动，即严格贯彻宪法第 4 条及第 14 条修正案，限制警察等政府权力，崇尚并保护个体自由。非法证据排除规则成为第一个自上而下推行的司法改革法则。在此期间的 1957 年 5 月 23 日，Ohio 州发生了一起爆炸案。为了搜捕爆炸案的嫌疑犯，警方在没有搜查证的情况下，非法搜查了 Mapp 的住宅。Mapp 由于抗议警方的非法搜查行为而与警方发生争执，最终被警方铐上了手铐。后来，警方在 Mapp 住宅的地下室里意外地发现了足以对 Mapp 定罪的猥亵、淫秽物品。于是，警方扣押了这些物品，并最终使检察官以拥有猥亵物品罪对 Mapp 提起公诉。虽然警方并未提供搜查证，但 Ohio 州最高法院在对 Mapp 进行刑事审判时，最终以有关猥亵罪的物证的取得并非由于警方采用了不当的逼供、暴力手段，而是属于自然、意外的获取而由州最高法院判定 Mapp 有罪。Mapp 案上诉至美国联邦最高法院后，有关 Mapp 是否有罪的争论非常激烈。时任联邦最高法院法官的克拉克认为："当我们一旦认识到宪法修正案第 4 条所包含的关于私生活秘密的权利应实施于各州，并且认识到，保护公民不受州官员粗暴侵犯私人生活秘密的权利是来自于宪法的，我们就不应该允许宪法确认的权利是空洞的承诺。"① 大多数联邦最高法院的法官支持了克拉克法官的观点，于是 Mapp 被判决无罪。Mapp V Ohio 案中确立的判例成为了非法证据排除规则在各州强制适用的规则，从而使该规则在美国联邦及各州全面生效。自此，联邦最高法院通过该案判例的方式使非法证据排除规则在美国各州法院系统具备了既判力，于是联邦宪法修正案的条款及其确认的相关规则被逐渐贯彻到各州的司法审判之中，从而拉开了美国正当程序革命的序幕，使宪法司法化的浪潮波及全国乃至全世界。Mapp 一案因而成为美国判例法史中著名的案例之一。

（二）非法证据排除规则的发展

非法证据排除规则的提出离不开当事人主义诉讼模式的制度要求。正因如此，该证据规则的发展必然离不开各国审判方式尤其是刑事审判方式改革的进程。

20 世纪 50 年代，日本在其宪政制度及相关司法制度上实施了重大变革，其突出表现就是日本宪法确认了法官、检察官、律师在宪政中的支柱地位，从而使日本从皇权至上的国家步入了司法独立的宪政改革之路。就司法体制而言，日本在保持传统的职权主义诉讼模式的同时兼备了当事人主义的刑事司法的特征。在对非法证据排除规则的处理上，理论

① 参见李心鉴著：《刑事诉讼构造论》，中国政法大学出版社 1992 年版，第 286~287 页。

界与司法部门开始表现出的态度并不一致。日本非法证据排除规则的形成基于两部法律：其一，《日本国宪法》第35条之规定，违反令状主义进行搜查、扣押而取得的证据就是违法收集的证据，必须排除；其二，日本刑事诉讼法规定，无效的搜查与扣押不应该作为取得刑事证据的手段，也符合证据排除规则的要求。对这些法律上的规定，日本法学界一直持积极的态度，以平野龙一教授为代表的学者积极支持日本司法界严格执行非法证据排除规则。但日本司法界对该规则的适用实际上是极其缓慢的。一直到20世纪70年代末才在一定范围内适用该规则。日本最高法院在1978年（昭和53年）的相关判例中指出，在物证的收集中，违反宪法第53条以及刑事诉讼法第218条第1款所规定的令状主义的精神构成重大违法时，如果该证据的采信不利于抑制违法侦查的情形，则应该否认该证据的证明力。

在1996年《刑事诉讼法》修改之前，我国并没有文字上的有关非法证据排除规则的法律规定。在现行其后的立法与司法解释中，则体现了非法证据排除规则的精神。我国将证据的合法性的要求确认为合法性规则，有些学者称之为非法证据排除规则。1998年《刑诉解释》中明确规定，“严禁以非法的方法收集证据。凡经查证属实确是属于采用刑讯逼供、利诱、欺骗等非法的方法取得的证人证言、被害人陈述、被告人供述，不能作为定案的根据”。此即我国非法证据排除规则的法律根据。当然，此时我国非法证据排除规则尚未明确，仍需完善。如对违法手段获取的物证便没有排除；同时，既未规定被告人有沉默权，对言词证据排除的具体程序亦不明确等。① 现行《刑事诉讼法》与两个证据规定则明确规定了非法证据排除规则：“采用刑讯逼供等非法方法收集的犯罪嫌疑人、被告人供述和采用暴力、威胁等非法方法收集的证人证言、被害人陈述，应当予以排除。收集物证、书证不符合法定程序，可能严重影响司法公正的，应当予以补正或者作出合理解释；不能补正或者作出合理解释的，对该证据应当予以排除。在侦查、审查起诉、审判时发现有应当排除的证据的，应当依法予以排除，不得作为起诉意见、起诉决定和判决的依据。”其中，补正是指对取证程序上的非实质性瑕疵进行补救，合理解释是指对取证程序的瑕疵作出符合常理及逻辑的解释。

二、非法证据排除规则的争议与评价

非法证据排除规则自其形成之初便处于争议之中。盖因许多非法证据其客观性及关联性不容置疑，对许多争点问题具有证明能力。对具有证明能力而违法获取的证据如何处理，便会因立法意图及诉讼价值目标的抉择的差异而得出不同的结论。

1. 支持适用非法证据排除规则的主要理由。非法证据排除规则的核心在于通过诉讼规

① 刘金友主编：《证据法学》，中国政法大学出版社2001年版，第346页。

则的适用来维护公民的宪法权利。世界上采取宪政体制的国家均明确了对公民的人身、财产权利的宪法保护。公民自己通过民选方式选择的政府必须将维护宪法作为政府的主要职责，因而宪法条款必须得到政府的遵循。而政府执法部门之一的警察机关及其工作人员如果在执法中有非法搜查或扣押的行为，即便其目的是打击犯罪，其行为本身仍是违宪的。因此，作为公民权利最终救济者的法院，必须对政府的违法行为予以排除，更不应该采纳其用违法手段所获取的证据。如果法院不排除这些非法证据，实际上是等于参与到政府的共同违法行为之中，最终乃是以一种违法手段来处置另一种犯罪行为而已。使司法权屈从于行政权从根本上不利于公正与民主的司法形象的建立。正如日本学者平野龙一所说，排除非法证据的目的并非为了制裁某个警察的个体行为，而最终是为了通过司法来规范政府的整体行为，倡导良好的行政执法的秩序。

2. 反对适用非法证据排除规则的主要理由。非法证据排除规则虽然在日本、美国、中国有条件地、部分地适用，但反对适用这一规则的观点一直在影响着各国的理论界与司法界。反对的最主要的理由不外乎两个方面：其一，从刑事诉讼的价值目标分析。刑事诉讼的价值目标就是追求安全与自由，即通过对犯罪的打击、对犯罪人的惩戒达到保障社会整体安全、保护大多数人的自由权利。因此，只要违法取得的证据确能证明、揭示犯罪，那么该证据应该予以使用，而不应被排除。“不能因警察犯错，让犯罪人逍遥法外。”这是一些美国学者反对使用非法证据排除规则的主要理由。他们认为非法证据排除会打击警察的士气，可能使犯罪行为失控。一般而言，正当的公民不会担心警察违法。一旦出现特定场合下警察违法的可能性，受害人可以通过损害赔偿之诉而获得救济。同时，在理解联邦宪法有关公民人身、财产等自由权利的保障上，不能片面地强调对个体权益的保护。无论如何，警察的违法行为不能成为犯罪人犯罪行为免责的依据。其二，美国联邦最高法院通过判例的方式使其关于正当程序的规则在全联邦、各州适用，使宪法条款司法化，会损害立法权及各州立法的选择权。非法证据排除规则作为联邦最高法院的判例法则，在联邦法院适用并无不当。其规则适用之初，联邦最高法院一直将该规则是否适用的权利交由各州自行酌定，也体现了对各州立法权的充分尊重。但是为了整顿警察风纪，规范政府执法行为之缘由，在未以宪法授权的情形下强使该规则在各州适用，实际上是在宪法司法化的进程中，剥夺了各州的立法选择权。

日本学者中对该规则持批评态度也不乏其人。日本学者铃木茂嗣就指出，如果某一个警察的违法行为与其所取得的证据之间并不存在密切的因果关系，而该证据具有客观性、关联性，那么可以不排除该证据的证明力。因为从一定意义上讲，在司法警察人员实施违法行为时，对其进行惩戒、处罚或责令其进行损害赔偿便足够了。如果因排除某一违法取得的证据从而使犯罪嫌疑人逃脱了其应受的惩罚，则可能存在矫枉过正之嫌。

三、我国刑事诉讼中的非法证据排除规则

（一）我国非法证据排除规则的适用

我国在 1996 年《刑事诉讼法》之后的立法与司法解释中，则逐渐体现出了非法证据排除规则的精神。我国将证据的合法性要求确认为合法性规则，有些学者称之为违法证据排除规则。

1. 非法证据的范围

非法证据有广义和狭义之分。广义的非法证据包括取证主体不合法的证据、形式不合法的证据、程序不合法的证据以及取证方法、手段不合法的证据。① 广义的非法证据覆盖范围较广，法官在审查判断证据的合法性的时候都会涉及是否将某一证据归为非法证据的问题，而且法律和司法解释也提供了明确的参考标准。对于广义的非法证据，法官可以选择不同的处理方式，对于因取证主体不合法而获得的证据不能直接采纳，对于来源不合法的证据可以选择不予采信，对于取证方法和程序不合法的证据可以选择排除。狭义的非法证据是广义非法证据概念的组成部分，并且与被控诉人的权利直接相关，仅指通过非法方法、手段而获得的证据。

《刑事诉讼法》第 56 条规定："采用刑讯逼供等非法方法收集的犯罪嫌疑人、被告人供述和采用暴力、威胁等非法方法收集的证人证言、被害人陈述，应当予以排除。收集物证、书证不符合法定程序，可能严重影响司法公正的，应当予以补正或者作出合理解释；不能补正或者作出合理解释的，对该证据应当予以排除。"由此可以看出，我国现行立法将非法证据排除规则区分为非法言词证据和非法实物证据。《排非规定》以及《刑诉解释》等法律文件对于非法言词证据也适用最严格的排除方式，即一旦使用刑讯逼供以及暴力、限制人身自由、威胁等方式，则犯罪嫌疑人、被告人的供述以及证人证言、被害人陈述及其在同一阶段向相同的办案人员所做的重复性供述均应当绝对排除；而对于非法实物证据，现行立法则采取了裁量排除的方式，允许先对不符合法定程序收集的物证、书证进行补正或作出合理解释，只有当不能补正或作出合理解释的时候才应当予以排除。

那么应当如何区分非法证据与违法证据、瑕疵证据呢？在《死刑案件证据规定》中，将违反法律规定的证据分为三类，第一类是采取严重侵犯人权的方法获取的非法言词证据；第二类是虽未侵犯人权但取证程序明显违法应当予以排除的证据（违法证据）；第三类是取证程序不符合规范性要求但经过补正或者作出合理解释后可以采用的瑕疵证据。从广义来看，上述三类证据都可以因为取证主体、取证程序或证据形式等证据要素不符合法律规定而统称为"非法证据"；但是，从现行《刑事诉讼法》的立法精神来看，非法证据

① 张军主编：《刑事证据规则理解与适用》，法律出版社 2010 年版，第 290 页。

仅限于严重侵犯相对人基本人权的言词证据和可能严重影响司法公正的物证书证；因此只有上述第一类证据才是严格意义上的非法证据，非法证据与违法证据虽然都属于应当予以排除的无证据能力的证据，但排除的原因和适用的规则并不相同。非法证据因为严重侵犯人权或者严重影响司法公正，所以不论证据内容真实与否都应当予以排除；而违法证据并没有严重侵犯人权，只是因取证程序严重违法导致证据内容丧失了客观真实性，如询问证人没有个别进行将导致证人之间互相影响而无法保证证据的客观真实性，所以应当予以排除。至于瑕疵证据因为可通过补正或者作出合理解释的方式转化为合法证据，所以更不是非法证据。①

2. 非法证据排除的阶段

在侦查、审查起诉、审判时发现有应当排除的证据的，应当依法予以排除，不得将其作为起诉意见、起诉决定和判决的依据。可见在侦查、起诉、审判阶段各机关均有义务发现并排除非法证据。

（1）侦查阶段

根据《排非规定》第 14 条的规定，犯罪嫌疑人及其辩护人在侦查期间可以向人民检察院申请排除非法证据。对犯罪嫌疑人及其辩护人提供相关线索或者材料的，人民检察院应当调查核实。调查结论应当书面告知犯罪嫌疑人及其辩护人。对确有以非法方法收集证据情形的，人民检察院应当向侦查机关提出纠正意见。

侦查机关对审查认定的非法证据，应当予以排除，不得作为提请批准逮捕、移送审查起诉的根据。

对重大案件，人民检察院驻看守所检察人员应当在侦查终结前询问犯罪嫌疑人，核查是否存在刑讯逼供、非法取证情形，并同步录音录像。经核查，确有刑讯逼供、非法取证情形的，侦查机关应当及时排除非法证据，不得作为提请批准逮捕、移送审查起诉的根据。

（2）审查起诉阶段

根据《排非规定》第 17 条，审查逮捕、审查起诉期间，犯罪嫌疑人及其辩护人申请排除非法证据，并提供相关线索或者材料的，人民检察院应当调查核实。调查结论应当书面告知犯罪嫌疑人及其辩护人。

人民检察院在审查起诉期间发现侦查人员以刑讯逼供等非法方法收集证据的，应当依法排除相关证据并提出纠正意见，必要时人民检察院可以自行调查取证。

人民检察院对审查认定的非法证据，应当予以排除，不得作为批准或者决定逮捕、提起公诉的根据。被排除的非法证据应当随案移送，并写明为依法排除的非法证据。

---

① 杨小宁：《非法证据排除规则适用的几个问题》，载《江西警察学院学报》2012 年第 3 期。

（3）审判阶段

根据《排非规定》第23条，人民法院向被告人及其辩护人送达起诉书副本时，应当告知其有权申请排除非法证据。

被告人及其辩护人申请排除非法证据，应当在开庭审理前提出，但在庭审期间发现相关线索或者材料等情形除外。人民法院应当在开庭审理前将申请书和相关线索或者材料的复制件送交人民检察院。

3. 非法证据排除的申请主体、举证责任的分配及证明标准

（1）非法证据排除的申请主体。《刑事诉讼法》第58条第2款规定："当事人及其辩护人、诉讼代理人有权申请人民法院对以非法方法收集的证据依法予以排除。申请排除以非法方法收集的证据的，应当提供相关线索或者材料。"确定了申请人可以是当事人及其辩护人、诉讼代理人。

（2）非法证据排除的举证责任分配。《刑事诉讼法》第59条第1款规定："在对证据收集的合法性进行法庭调查的过程中，人民检察院应当对证据收集的合法性加以证明。"确定由人民检察院对证据收集的合法性加以证明。由于承担证明责任的是控诉方而非辩护方，控方需要提供证据证明取证行为合法，所以有权启动非法证据排除的主体在提供相关线索或材料的时候并不要求其承担证明责任，而仅仅是提出线索或材料，作出必要的说明以启动程序，此外，人民法院审判人员认为可能存在需要排除非法证据的情形时，也可以依职权启动非法证据排除程序。根据《高检规则》的规定，人民检察院可以采取以下方式对非法取证行为进行调查核实：讯问犯罪嫌疑人；询问办案人员；询问在场人员及证人；听取辩护律师意见；调取讯问笔录、讯问录音、录像；调取、查询犯罪嫌疑人出入看守所的身体检查记录及相关材料；进行伤情、病情检查或者鉴定；其他调查核实方式。

（3）非法证据排除的证明标准。《刑事诉讼法》第60条规定："对于经过法庭审理，确认或者不能排除存在本法第56条规定的以非法方法收集证据情形的，对有关证据应当予以排除。"由此可见，确定非法证据的证明标准应达到"确实、充分"的程度，这一证明为最高的证明标准，反映出立法机关要求审判人员通过证据之间的相互印证排除非法证据，同时也可以促使侦查观念与侦查模式的转型。

4. 非法证据排除的程序

根据《刑事诉讼法》第56条、57条以及58条的规定，在刑事诉讼的侦查、审查起诉以及审判阶段，发现有应当排除的证据的，应当依法予以排除，不得作为起诉意见、起诉决定和判决的依据。

（1）侦查阶段的非法证据排除。根据《刑事诉讼法》第57条的规定，人民检察院接到报案、控告、举报或者发现侦查人员以非法方法收集证据的，应当进行调查核实。对于

确有以非法方法收集证据情形的，应当提出纠正意见；构成犯罪的，依法追究刑事责任。

（2）审查起诉阶段的非法证据排除。《刑事诉讼法》对于审查起诉阶段的非法证据排除并没有作出详细的规定，仅在第56条第2款中规定，在审查起诉阶段发现有应当排除的证据的，应当依法予以排除，不得作为起诉决定的依据。在实践中，检察机关调查核实非法证据应当采取以下方式：讯问犯罪嫌疑人，询问讯问人员，询问有关在场人员及证人，调取讯问笔录、讯问录音录像，调取、查询犯罪嫌疑人出入看守所的身体检查记录及相关材料，以及听取辩护人意见等其他方式，对于犯罪嫌疑人及其辩护人所提出的非法证据的线索应当记录在卷，同时要求其提供相关的线索或材料。对于发现的线索，检察机关应当进行初步的价值评估；对于提不出任何具体线索或材料、明显属于无理辩解的，不必启动下一步程序；对于提供了一定的线索和材料，使检察人员产生可能存在非法证据的合理怀疑的，应启动进一步的调查核实程序，通过调取同步录音录像、调取犯罪嫌疑人在看守所的健康检查记录或对其进行人身检查、要求侦查机关说明情况、询问侦查人员等方法进行核实。经过审查并报检察委员会研究，对于确认属于非法证据或者不能排除存在非法证据的合理怀疑的，决定对相关证据进行排除，不得作为起诉决定的根据，同时决定进行监督纠正的方式；对于确认属于合法证据或者证据瑕疵经过补正或者作出合理解释的，决定不予排除。对于非法证据材料，应当制作排除非法证据决定书，将其从案卷中撤除并装入检察内卷，不得向下一阶段移送，以免非法证据对审判人员认定案件事实造成实质上的影响；对于非法证据所涉及的侦查机关和侦查人员，根据非法取证方法的严重程度和非法证据被证明的程度，提出纠正意见直至追究刑事责任。

（3）非法证据排除的法庭调查程序。对于非法证据排除的法庭调查程序有三种方式：其一，《刑事诉讼法》第187条第2款规定，在开庭以前，审判人员可以召集公诉人、当事人和辩护人、诉讼代理人，对回避、出庭证人名单、非法证据排除等与审判相关的问题，了解情况，听取意见。这是以庭前会议的方式对非法证据作出排除，是法院主动行使职权。其二，《刑事诉讼法》第58条规定，在法庭审理过程中，审判人员认为可能存在以非法方法收集证据情形的，应当对证据收集的合法性进行法庭调查。当事人及其辩护人、诉讼代理人也有权申请人民法院排除以非法方法收集的证据。这也使得非法证据的证明对象由“是否存在非法取证行为”转变为“证据收集程序是否合法”，在当事人提出证据或线索并启动非法证据调查程序之后，控方仅需要提出证据证明收集证据的全过程符合法律规定，并达到确实、充分的程度，这也有助于法官准确地听取控辩双方的证据和诉求，形成心证。这是在法庭审理过程中进行非法证据排除的程序，既可以由法院主动为之，也可以由当事人申请为之。其三，《刑事诉讼法》第59条规定，在现有证据材料不能证明证据收集的合法性时，人民检察院可以提请人民法院通知有关侦查人员或者其他人员出庭说明情况；人民检察院也可以通知有关侦查人员或其他人员出庭说明情况。此处的“出庭说明情况”实质上就是出庭作证。这是人民检察院主动或申请法院通知侦查人员出庭作证以说明相关非法证据的方式。

综上所述，非法证据排除规则以其对当事人权益及时保护的特点已为许多宪政国家所吸纳。当然，有关该规则的适用的争论也仍在持续之中。

（二）我国非法证据排除规则使用之不足与完善

我国一直采取职权主义模式来解决刑事犯罪及被告人刑事责任的问题。在我国的刑事诉讼中，对国家及社会整体权益、安全的关注程度远远超过了对个体自由权益的保障。在这样一种诉讼模式中，发现真实、证实犯罪是其中最核心、最为司法机构和官员所关注的事情。一直以来，人们普遍认为，只要拥有的证据足以证实犯罪、能够证明案件的待证事实，使犯罪人受到追究，国家安全及整体利益得到了保障；那么，在搜集、发现证据的过程中存在着的程序上的不足或失当是完全可以通过其他方式予以救济的。然而，随着我国对相关国际司法条约的批准及对WTO的加入，我国的经济、政治包括司法行为必然需要遵从同一的标准及准则。近十几年来，我国对重要的国内司法准则作出了重大的调整：即加快了其民主化、法制化的进程；公民的人身、财产和自由权利的保护受到司法制度的严密关注；国家在加强对政府行为严格约束的同时，更进一步强调行政行为程序化、法制化的进程。因此，在司法改革中，司法权受到更进一步的重视。过去那种重实体、轻程序的观点与做法正逐步得到纠正，取而代之的是符合正当程序的司法要求。在这样的背景下，我国采用非法证据排除规则应该说是对国家司法改革的契合。以前存在的警察执法中违法取证的做法，应该从制度上加以排除。抛开这一点而奢谈所谓非法证据排除规则适用的利弊，则意义不大。而从现行立法来看，我国的《刑事诉讼法》中对证据合法性的规定是从肯定的方面加以规范的，非法证据排除规则不过是对未遵从刑事诉讼法的取证行为从否认方面的补充规定而已。现行《刑事诉讼法》对非法证据排除作出了明确的规定，但是仍然存在一定的问题，主要包括：其一，对非法取证方式的规定不够具体，虽然第56条将非法取证的方式规定为刑讯逼供、暴力、威胁等方式，但其在列举上较之《排非规定》更少，规定不够具体，有些非法取证方式容易产生歧义；① 其二，缺乏制裁性条款，虽然规定了严禁以非法方法收集证据，但没有规定如果违反将承担何种后果，虽然规定了有关侦查人员或者其他人员出庭说明情况的义务，但没有进一步规定如果有关人员不出庭说明情况应承担什么后果，或者对于证据的采信与否有无影响；其三，缺乏可操作性条款，虽然

① 最高人民检察院《规则》第65条指出，刑讯逼供是指使用肉刑或者变相使用肉刑，使犯罪嫌疑人在肉体或者精神上遭受剧烈疼痛或者痛苦以逼取供述的行为。其他非法方法是指违法程度和对犯罪嫌疑人的强迫程度与刑讯逼供或者暴力、威胁相当而迫使其违背意愿供述的方法。这一条作出了一些解释，但是仍然不具体。

规定了当事人及其辩护人、诉讼代理人有权申请人民法院对以非法方法收集的证据依法予以排除，但是没有进一步规定审查的期限、如何进行审查、对审查的结果不服如何进行救济等，同时，虽然规定了人民检察院应当对证据收集的合法性加以证明，但是对证明方式没有进一步要求，在实践中容易使这一规定流于形式，不利于非法证据排除规则的适用。所以，我国完善非法证据排除规则应当明确非法取证的方式，规范侦查人员的取证程序，建立侦查人员的取证监控制度，同时细化程序性规定，增强可操作性，并且应当完善相关制度设计及技术装备，提高法院的查证能力。

第二节　传闻证据排除规则

传闻证据排除规则即传闻法则或传闻证据规则。所谓传闻证据排除规则，即法律排除传闻证据作为认定案件事实的根据之规则。根据这一规则，尤其在刑事诉讼中，如无法定理由，任何人在庭审准备期间及庭审期间以外的陈述，不得作为认定嫌疑人有罪的证据。即便是司法部门的勘验记录及鉴定机关的鉴定结论，非经当庭质证，亦不具备证据能力。

一、形成与发展

（一）传闻证据排除规则的形成

传闻证据排除规则形成于英国普通法时代。传闻证据排除规则的形成实际上是英国法在历史进程中对许多传闻证据在例外情形下可以作为定案根据的归纳、总结。在这一过程中，通过列举法和排除法，法律确认了许多传闻证据的例外情况，规定凡出现这些情况便不得作为传闻证据排除。

（二）传闻证据排除规则的发展

传闻证据排除规则的发展主要依赖于美国证据法律制度的完善。美国《联邦证据规则》第801条（C）规定，传闻证据是指陈述者不在审判或听证中的陈述，被诉讼当事人作为证明待证事实或案件真相的证据。传闻证据通常被认为是陈述的一种情形，是一种不能被质证的陈述。事实上，在美国司法制度中，传闻通常被分为三大类：口头陈述；文字；确定的行为。口头传闻一般指行为人将道听途说的情况予以陈述或转述，类似于我国证据法上的间接证人证言，如证人在法庭上陈述“甲说他曾听乙讲要杀死被害人”。文字传闻一般指某一书面文字上载明的内容可能是传闻，类似于我国证人证言之一种，如证人在庭审中出示一封来自甲的信，信中写道“曾听说乙讲要杀死被害人”，这种用以作为指控乙的证据便是文字传闻。关于确认的行为属于传闻，是指行为人的意图或身体语言表达的意思在一定情形下也构成传闻。例如，证人向法庭陈述，当甲问乙是否要杀死被害人时，乙点头。此时证人用点头的方式表述的意图即属行为构成的传闻。

（三）传闻证据排除规则的例外

1. 关于例外的具体规定

一旦某一陈述等情形被确认为传闻证据，从立法意图上讲，必须依照排除规则否定其证据能力。但是在许多情况下，如果绝对适用传闻证据排除规则也会存在拖延诉讼或导致诉讼不能而背离了立法的初衷。因此，在英美证据法中规定了较多的传闻证据排除规则的例外。例如，美国联邦证据规则中便规定有两类情形不受传闻证据排除规则的限制：其一大类为陈述者能否出庭作证无关紧要。该规则第 803 条列举了二十四种情形，即：表达感觉或印象；刺激的发泄；当时存在的精神、感情、身体状态；出于医疗诊断中治疗目的的陈述；被记录的回忆；关于日常行为、活动的记录；在日常行为、活动记录中未予载明的情形；公共记录或报告；重要统计资料；缺乏公共记录或没有记载；宗教组织的记录；婚姻、洗礼和类似证明；家庭记录；反映财产利益的文件记录；文件中反映财产利益的陈述；在历史文件中的陈述；市场报告、商业出版物；学术论文；关于个人或家庭的名声；关于边界和一般历史的名声；性格方面的名声；有罪的判决；关于个人、家庭或一般边界或历史的判决；其他例外。① 其二大类是陈述者不能出庭作证。在这种情形下，亦不受传闻证据排除规则的约束。美国联邦证据规则第 804 条将这种情况列举为五种：生前证词；临终陈述；对己不利的陈述；关于个人或家史的陈述；其他例外。

2. 例外的适用条件

从上述规定中可以看出，若要作为传闻证据排除规则的例外，从理论上讲应具备两个条件：一是该证据具备高度的可信度。从综合角度来分析判断，该证据即使不经过当事人之质证，也不至于损害当事人的利益；二是具有必要性。即存在无法对原始证人进行询问的情形，只有适用传闻证据。如原始证人死亡、病重、去向不明等。日本刑事诉讼法还规定传闻证据可以基于当事人双方的同意或合意而取得证据能力。② 依据这一规定，日本《刑事诉讼法》规定，刑事被告人以外的陈述或笔录，可经法官、检察官、或警察、律师的有条件的确认而成为证据。具体包括：（1）在法官面前作出的陈述。陈述人可能因为死亡、去向不明或精神上、身体上出现故障，不能在庭审准备期间或庭审期间到庭陈述时，或者陈述人在庭审期间或准备期间的陈述与以前的陈述不同，可以作为证据。（2）在检察官面前所作的笔录。陈述人可能由于死亡、精神上或身体上的故障、所在不明或现在国外，而不能在庭审准备期间到场陈述；或者陈述人在庭审准备、庭审期间的陈述与以前的陈述相反或存在实质性的差别时，或者较以前的陈述更具备可信度时，可以作为证据使

① 卞建林译：《美国联邦刑事诉讼规则与证据规则》，中国政法大学出版社 1996 年版，第 28 页。

② 徐静村主编：《刑事诉讼法学》（上），法律出版社 1997 年版，第 166~167 页。

用。（3）前述两类情形的陈述笔录或陈述，必须同时具备以下三个条件，才具备证据能力：其一，陈述人因为死亡或精神、身体上的故障（疾病）而不能在庭审准备期间或庭审期日到场陈述；其二，陈述人的陈述对证明本案的关键事实极为重要且必不可少；其三，陈述人的陈述必须具备可信度。属于这类传闻证据的，主要有两种类型：一种是被告人以外的人在法官、检察官以外的人面前所作的陈述，如接受司法警察或律师或外国法官等人员的调查、会见时制作的笔录；另一种是被告人以外的人自行书写的书面陈述，如被害人的报案书、控告书、检举书等。

由此，我们不难看出，日本法律许可传闻规则的例外情形更为宽泛，只不过对其中的例外条件存在不同的法律限制而已。法官询问制作的笔录作为证据使用时的限制条件最少，检察官的次之，警察、律师等制作的笔录又在其次，涉案当事人的陈述或笔录受到最为严格的条件限制。

二、传闻证据排除规则的评价

传闻证据排除规则作为一项证据规则被使用一直属于当事人主义诉讼制度的内容，在英美等国得到集中体现。美国采用了以辩论主义、法官独立、自由心证等为代表的资本主义革命初期法律文明的三大成果而发展了其两造对抗、法官居中的诉讼模式。在这一模式中明确提出了法官在庭审中对证据采信的若干规则，也建立了与证明规则相应的当事人举证规则，传闻证据排除规则就是其内容之一。

（一）确立传闻证据排除规则的理由

确立传闻证据排除规则的主要理由在于：

1. 排除传闻证据在诉讼中的使用是辩论主义的直接要求。辩论主义的核心就在于要求当事人证据必须举于法庭、证据必须开示、法官须当庭听审、判决须当庭作出。传闻证据的出现是由于当事人或涉案人员的原因而导致其无法亲自出庭举证。显然，这样的证据资料无法经过开示、质证，不能使之得到采信。

2. 排除传闻作为证据使用是法官自由心证的要求。传闻如果一旦不经庭审质证而直接进入法官的卷宗，并要求法官对之作出判断，势必影响法官自由判断证据时的心态，致使法官不可能形成正确的心证。

3. 排除传闻作为证据使用是对抗制的基本精神与直接审理原则的基本要求。一旦允许传闻证据直接进入庭审，则诉讼双方当事人无法对证人进行质证，双方当事人之间的举证进行交叉询问等流于形式，最终必然使得对抗制无法落实。

（二）传闻证据排除规则适用的例外

传闻被排除作为证据的原则一经提出便遭遇到了理论上的批评与制度上的掣肘。其中，最突出的问题便是诉讼中存在证人的意外丧失证人资格与证人能力（作证能力）的情况。因此，该规则确立之初便承认了适用该规则的例外，承认在某些特殊情形下一些证人证言或陈述未经质证而供法官采信，不自始排除其证据能力。同时，为了保证诉讼的及时与效率，避免因证据的“意外”缺失而造成的诉讼不能，日本等国家采用了类似于我国的证据保全的制度，允许证人在庭审前由法官、检察官、律师、警察进行询问并将其内容制作成询问笔录，以供意外出现之时的需要。

三、我国刑事诉讼法对传闻证据排除规则的适用

我国在证据立法中并未完全采纳传闻证据排除规则。1996 年《刑事诉讼法》修正案我国对传闻证据并未从法律上加以排除，而且立法将证人证言确定为证据种类之一种，对证人因死亡或精神上、身体上的疾患可能导致的出庭不能规定了证据保全的相关制度，类似日本法律中特殊的传闻证据排除规则的例外。现行立法经过修订之后部分地体现了传闻证据排除规则的精神：

（一）证人、鉴定人出庭作证的规定

现行《刑事诉讼法》则明确规定了证人、鉴定人应当出庭作证，这种规定部分吸纳了传闻证据排除规则的合理内核。关于证人、鉴定人出庭作证制度，有责任说和义务说两种理论。责任说以美国证据制度为代表，在实行对抗式诉讼模式的美国，普遍采用陪审团方式审理案件，陪审员必须通过在法庭上控辩双方的交叉询问、举证、质证等对事实作出裁断，而对证人的交叉询问是判断证言真实性的最有效的方法，也是对抗式诉讼的关键所在，因而口供原则在英美证据法中有着非常重要的意义。所谓“无证人则无正义”（no witness，no justice），美国的庭审制度几乎以证人为中心而建立起来的。此外，证人出庭作证也是程序正义的根本要求，证人不出庭作证，会使对方当事人对证人当面质证、交叉询问的权利受到损害，不符合平等对抗原则的要求。要求证人出庭作证可使证人证言得到严格检验，从而避免书面证言中可能存在的又难以察觉的错误陈述、虚伪陈述等。美国宪法第六修正案规定“所有刑事被告有与证人对质诘问的权利”，也体现了这一点。

我国《刑事诉讼法》则是按照义务说来规定的，根据第 192 条的规定，公诉人、当事人或者辩护人、诉讼代理人对证人证言或人民警察就其执行职务时目击的犯罪情况而做的证言有异议，且该证人证言对案件定罪量刑有重大影响，人民法院认为证人有必要出庭作证的，证人应当出庭作证；公诉人、当事人或者辩护人、诉讼代理人对鉴定意见有异议，人民法院认为鉴定人有必要出庭的，鉴定人应当出庭作证。

（二）证人、鉴定人出庭作证的保障制度

为了落实这一制度，《刑事诉讼法》第 64 条和第 65 条分别规定了在特殊案件中保护

出庭证人、鉴定人的措施以及证人出庭作证的经济补偿。

《刑事诉讼法》同时还规定证人没有正当理由拒绝出庭或者出庭后拒绝作证的，予以训诫，情节严重的，经院长批准，处以十日以下的拘留；鉴定人拒不出庭作证的，鉴定意见不得作为定案的根据。

当然，从立法意图上讲，我国并没有完全否认确立传闻证据排除规则。因为根据《刑事诉讼法》的规定，对证人出庭作证的保护仅限于三种特定的情形，即危害国家安全犯罪、恐怖活动犯罪、黑社会性质的组织犯罪、毒品犯罪案件，强制证人出庭作证也仅是在符合一定条件的情形下，“人民法院认为证人有必要出庭作证”时，证人才有强制出庭的义务。但是同时，从我国的法律制度及司法实践的实际情况来看，如果以法律的形式禁止传闻（证人证言）的使用，有可能导致诉讼成本的增加，从而影响诉讼的公正及效率。不过，我们可以肯定地说，诉讼证据保全制度与传闻证据排除规则的例外无疑存在着立法精神与司法效率的一致性。

第三节　自白排除规则

根据现代汉语词典的定义，自白，就是自己表白自己的意思。刑事诉讼中的自白是刑事犯罪嫌疑人或被告人对自己的犯罪事实的陈述，又称被告人口供。自白必须是当事人的自愿供述，违背当事人的意愿或强制其作出的供述不是自白，而是逼供。逼供不能作为证据。因为它既违背了自白自愿的法则，也不符合非法证据排除规则的基本要求。

所谓自白排除规则，一般指当事人的自白非自愿作出，或自白虽系当事人自愿供述，但该项自白取得的程序违法，则自白因违背当事人不得自证其罪的宪法原则而被排除的规则。

一、形成与发展

自白排除法则最早诞生于英国，即著名的“考门罗原则”①。该原则规定：基于不当的自白或不自由的自白，必须从证据中排除出去，不得作为定案的根据使用。

美国继承了这一原则，并以最高法律的形式予以肯定下来。《美国宪法第四修正案》第5条规定：“任何人……在刑事案件中，都不得被迫成为不利于己的证人。”这便是美国宪法中著名的“不得强迫自证其罪”的宪法原则。该宪法原则经过多次判例的确认，最终司法化为自白排除法则。自白排除法则最早的衡量标准为自白是否为自愿，即与非法证据排除标准有异；而后发展为即使自白为自愿，但倘若取得程序上存在不当，依然要排除其

① 李心鉴著：《刑事诉讼构造论》，中国政法大学出版社1992年版，第271页。

作为证据的可能，使其适用标准与非法证据排除规则趋于一致。

（一）自愿性标准的自白排除规则

在美国，自白排除规则最初的根据来自于宪法的规定，其目的在于防止当事人基于自我保护不当而出现的虚伪陈述，最终是为了防止冤假错案的产生。如果自白出于被告或犯罪嫌疑人的自愿，则该项自白可以作为证据使用，不予排除。在当时，取得程序是否存在不当，并没有被当作考查自白能否作为证据的标准。坚持以自愿性作为自白排除规则的标准在美国占有一定的理论地位与司法市场。虽然在 1943 年 Mcnabb V. U. S 一案中，出现了程序合法性为标准的自白排除规则的观点及相关判例，但在联邦及各州的许多判例中，仍然存在着以自愿为标准的声音。其中，最关键的便是 Ominibus Crime Control and Safe Streets Act 的颁布实施。该法案的第 2 条规定，如果自白属于自愿，则不论该被告是否被告知具有沉默权或其律师是否到场，只要法官认定该自白出于自愿，具备自白的形式要件，就可以对之予以采信作为证据使用。在随后的 Harris V. N. Y 案及 Oregon V. Hass 案中，联邦最高法院便遵循了这一法案的规定，在犯罪嫌疑人坚持律师未到场不作供述的情形下，警方坚持对该嫌疑人进行讯问后取得了供述，且该供述被确认为定案的根据。1984 年 6、7 月间，自白排除规则适用中自愿性标准最终确立——联邦最高法院对排除法则增加了两项例外规定，即“最终或必然发现的例外”及“善意例外”。前者指即使政府执法人员确实违法取证，但某一证明被告有罪的证据最终会被发现，那么该证据亦可使用；后者指某一搜查行为获取的证据，能证明某一犯罪，虽然该搜查依据的搜查令是无效的，但只要搜查行为是善意的，那么该证据亦可使用。

由此可见，自白排除规则的自愿性标准一直存在其合理内核。虽然在美国刑事司法判例中，自愿性标准已受到了合法性标准的冲击，甚至在立法上已被取代；但许多情形下，坚持以自愿性为标准来考虑自白的证明能力仍不无意义。

（二）合法性标准的自白排除规则

以自白的自愿性作为采信自白证据的标准的时代随着 1943 年 Mcnabb V. U. S 一案判例的作出而退出了主流时代。在 Mcnabb 一案中，尽管律师不在场并且处于超期羁押中，Mcnabb 依然自愿地对犯罪作出了供述。联邦最高法院认为，虽然这一自白证据出于被告人自愿，但是由于警察的行为已明显违背了宪法修正案第六条公民有权获得律师帮助的规定，背离了美国刑事诉讼法的基本精神，因此这一自白应该被排除。经由此案，美国进入了合法性为标准的自白排除规则的时代。美国司法界最著名的以合法性为标准的自白排除规则的案例，即是“米兰达”上诉案（Miranda V. Arizona）。在 1963 年发生的这起案件中，亚利桑那州（Arizona）凤凰城警方在对墨西哥裔犯罪嫌疑人 Miranda 侦讯时，通过有技巧的留置盘问，顺利获得了 Miranda 承认强奸白人姑娘的自白。亚利桑那州法院系统以

Miranda 的自白属于其自愿而确认该自白具有证据能力，并判决 Miranda 有罪。随后，Miranda 以侦讯时警方未告知相关律师帮助权利、律师不在场为由向联邦最高法院提起了上诉。1966 年 6 月 13 日，联邦最高法院九名法官对此进行了表决，其结果是五名法官主张排除该证据。其理由是，虽然警方获取的自白确系被告自愿作出，但其取得途径在程序上违法。自此，违法性标准取代自愿性标准成为适用自白排除法则更为严格的要求。通过这一判例，联邦最高法院首席法官沃伦确认了适用自白证据排除规则的要件：（1）犯罪嫌疑人被拘禁期间，警方必须明确告知其享有沉默权及律师协助权，否则不得展开讯问；（2）犯罪嫌疑人在表示要保持沉默权时，讯问必须停止；（3）犯罪嫌疑人明示要律师协助时，在其聘请或指定的律师到场之前，讯问应当中止；（4）如果讯问时律师不在场，且犯罪嫌疑人已有陈述，那么警方便必须证明犯罪嫌疑人明知自己的权利并且明确地放弃了上述权利；同时，这一放弃不得成为警方以犯罪嫌疑人沉默而推定其放弃权利的基础。

沃伦大法官的理论阐释构成了自白排除规则的合法性标准的主要内容。当然，Miranda 上诉案的判例的作出同时也为非法证据排除规则的确定提供了适用的准则。可以说，自白排除规则与非法证据排除规则在证据合法性标准的前提下渐趋一致。

二、自白排除规则的争议与评价

自白排除规则自诞生之日起便存在支持与反对两大学派。其中支持者的主要理由即应以正当程序来保障公民的合法权益。而反对派的理由则着重于对社会安全的法律保护，因而限制或反对自白排除规则的适用：其一，初次讯问犯罪嫌疑人时律师不应在场，否则影响警方的初次侦破。当一件刑事案件发生后，警方如果控制了犯罪嫌疑人，从心理学的角度看，此时较为容易获取对破案有利的证据线索与资料。如果要求律师在场，一般犯罪嫌疑人均会行使其沉默权，使警方的侦缉工作难以顺利进行。其二，拘留时间的长短应以警方侦破情况的变化而便宜行事，不应以超期拘留而排除自白，更不应因此而处分当事警察。其三，自白的获取程序不当不影响证据的可采性。

毋庸置疑，自白排除与否的关键并非在于自白的真伪，而是在于自白是否属于自愿、是否属于合法条件下出于真心悔罪的内心自白。因此，自白排除规则是为了预先防止警方的不当执法，从制度上保护公民的宪政权利。因此，同非法证据排除规则的设置一样，自白排除规则的预防功能重于其司法实践中的适用功能。

三、我国刑事诉讼法对自白排除规则的适用

如前所述，自白即口供。我国在刑事司法体制中虽然确立了口供的法律地位，并且在刑事诉讼法中明确规定了口供即被告人的供述属于证据的一种。但对于口供的使用，我国

一直采取的是谨慎的态度。《刑事诉讼法》第 55 条第 1 款规定，对一切案件的判处都要重证据，重调查研究，不轻信口供，只有被告人供述，没有其他证据的，不能认定被告人有罪和处以刑罚；没有被告人供述，证据确实、充分的，可以认定被告人有罪和处以刑罚。从中我们不难看出，我国对自白（供述）并不排除。对之虽不予以轻信，但经查证属实，仍可作为定案的根据。因此自白排除规则作为一项证据规则在我国目前的司法理论及实践中并未占主导地位。虽然我国从保障被告人合法权益的角度，也强调被告人口供（自白）获得的正当性，即“严禁刑讯逼供和以威胁、引诱、欺骗以及其他非法的方法收集证据”以及“不得强迫任何人证实自己有罪”（《刑事诉讼法》第 52 条）。但由于未规定犯罪嫌疑人第一次接受讯问时的律师在场权，并且同时保留了犯罪嫌疑人如实供述自己罪行的义务，同时规定“侦查人员在讯问犯罪嫌疑人的时候，应当告知犯罪嫌疑人如实供述自己罪行可以从宽处理的法律规定”，可见，我国刑事诉讼中，未规定犯罪嫌疑人、被告人在接受讯问时的并不享有沉默权，所以，我国对被告人供述（自白）的可采性标准实质上是与非法证据排除规则的采证标准一致的：即“对违法获取的口供应当排除”。① 因而，对自白的处理不是排斥，而是有条件地采信：（1）自白（犯罪嫌疑人、被告人供述）出于自愿，而非经由刑讯逼供或其他非法手段获取；（2）自白须经查证属实；（3）自白与其他证据形式能互相印证。只要这个三条件能彼此印证，则自白就能够成为定案的根据。

第四节 举证特免权规则

根据《现代汉语词典》，特权指某人享有的一般民众或他人不享有的权利。法律上的特权是指法律规定的特定条件下某人具有的权利。诉讼法上的特权规则举证特免权又称拒证特免权规则或特免权规则，是指某一特权享有者基于法定的情形，具有拒绝提供证言或阻止他人对特定事项提供证言或证明的企图的权利。Salmoad 指出，特权是指从缺乏法律上的义务而得到的好处。在普通法系中，特权规则举证特免权是一项传统的证据规则，其目的在于保护社会交涉中业已存在的特定的利益与关系。在大陆法系的法律规定中，特权规则举证特免权的适用则避免了特定关系之间被要求提供不利证据的可能。

一、形成与发展

特权规则举证特免权最早形成于英国普通法的规定之中。当法律赋予某一当事人在特定情形下享有特别权利，则该当事人即被免除承担某些特定义务。在英国的普通法中，对证人作证的能力及资格规定得较为明确。依照特权规则举证特免权，即使证人具备作证资

① 徐静村主编：《刑事诉讼法学》，法律出版社 1997 年版，第 168 页。

格及作证能力并且依法应当作证，但有权依照法律许可的某种理由而拒绝回答某种问题；从结果来看，某一证人在一定情形下因有关联性且具有证据资格，并且他所提出的证言能证明待证事实，但法律许可证人可以拒绝证明。

（一）英国关于特权规则举证特免权的规定

在英国普通法中，特权被分为两类：即以公共政策为根据的特权（public privilege）和私人的特权（private privilege）。

1. 以公共政策为根据的举证特免权

该项特权最早由 Swinfen Eady 法官于 1916 年在一个相关的判例中作出，“公共利益应远远高于诉讼当事人的利益……如果有关联性的证据一旦披露将直接损害公共利益的，那么该项证据则可以不予证明或予以排除”。以公益为根据的特权一般可能涉及三个层面：（1）涉及国家安全或其他有关国计民生的重要国是。这一层面的核心在于政府的行政权与司法权之间的权衡、制约问题。在 1968 年 Convay V. Rinner 案之前，政府的行政权对司法权有着绝对制衡的作用。政府有关公共利益的问题涉讼，只要是政府作出了相关的决定，那么司法只有服从的义务。对于作出这一涉及公共利益的决定的理由与依据，当事人虽可提出异议，但政府利益可受特权保护而免遭质证。不过法官依然保留有对相关文件进行查阅的权力。由于政府权力普遍坐大，司法权对行政权的制约必须加强。因此在随后的司法判例中，英国法院逐渐加强了对政府特权规则适用的限制。在 1968 年 Convay 案的判例中，上诉法院指出，如果当事人对政府提出的具有特权的相关书证（文件）的关联性表示异议时，法院可以要求政府对当事人的异议作出说明，并且政府需向法院提供文件，由法院作不公开的查阅，从而使法院能对异议作出裁定。之后，随着原告对政府行政权的质疑日益增加，基于对公民行政行为知情权的保护，英国法院对涉及政府公共利益的特权保护的适用提出了限制性的条款，其目的在于加强对政府行政权的制约。他们认为司法利益应高于政府特权保护的公共利益，从而实现真正的社会公正。（2）警方侦查犯罪行为的情报及措施。依据英国普通法的规定，警方是控辩式诉讼中的控方证人。对于犯罪的侦查、揭露的具体过程，警方需作为或协助控方予以证明。但这些仅限于发现犯罪的具体过程。对于在侦查中涉及的警方的情报的收集、特情（卧底、线人）使用等内容，一般属于政府特权应予保护的范畴，不得在审判时纳入质证的范围。但是，为了充分保护刑事被告人的合法权益，英国证据法中对警方侦情特权的使用，在该侦情可能涉及证明被告无罪时，应予限制—即以适当的方式强制警方予以披露。（3）对法官审判及评议的案件事实所作的说明或记录。对法官审判中知悉的案件事实提出特权保护，是为了维护司法独立以保证法官公正执法。在英国判例法中，1952 年就 Word 案的裁决确认：特权保护规则有条件地适用于仲裁案件的仲裁员，即不得迫使仲裁员就仲裁裁决的讨论经过、理由作出披露。但该判例同时确认：如果仲裁当事人就仲裁裁决的过程中涉及的相关问题提出异议，而要求仲裁员予以披露的，则不受此限。同时，1966 年的 Boslon 案判例中确认：特权规则有条件地适用于陪审员。对于陪审员在评议中的观点及其经过，受特权规则的保护，不受当事人质疑，可以不予披露。

2. 私人举证特免权

私人举证特免权的提出最早与沉默权原则同时。并与自白排除规则的法律精神相一致。对于刑事被告人的责任，在法院正式判决之前，应确认其无罪。因此，在作出裁判之前的整个侦、控、审过程中，举证特免权要求任何公民个人不得自证其罪（self-incrimination）。在英国普通法中，私人特权规则主要体现在两个方面：（1）涉及可能自证其罪或披露不利于己的材料。英国普通法传统上确认的非法证据排除规则、自白排除规则均一致要求证据取得的手段或方法必须合法，这是宪法权利的司法化保护。同时基于沉默权的要求，公民在披露或揭示某一事实时，如果该揭示或披露于己不利或于配偶不利，则公民可以请求特权保护。如果某一公民在接受调查时，必须回答某一问题或就某一问题作出解释，而对该问题作出解释后，有可能使自己或其配偶受到刑事指控，那么该公民可以就此问题提出特权规则的适用，拒绝进行披露。（2）律师职业的特权。一般与第一类情形相对应，律师职业中的特权指在民事诉讼中或可能出现诉讼的业务咨询中，当事人与其委托律师之间的信息或资料属于特权保护的范畴，当事人可以不作披露，律师未经当事人同意也不得作为证据提出。相对方当事人如果请求披露，则当事人及其律师可以主张特权保护，不予证明。律师特权保护的条件亦包括两个方面。其一是当事人与律师之间信息或资料的沟通，是为了便于当事人作出正确的决断，便于律师作出合法或正确的法律意见；其二是该资料或证据涉及诉讼或可能出现的诉讼。但是，倘若当事人与律师之间的证据或信息的披露能使刑事被告人获得无罪的判决，则不受此限。同时律师特权保护对以下情况不予适用：其一，律师的信息目的在于方便客户作出民事欺诈行为或诱导当事人违约；其二，律师与当事人关系存续期间律师自行发现的某些事实。

私人的特权与公共政策的特权之间存在着两种差别：其一，私人特权可以由主张特权的人提出适用或表示放弃，而政府公共政策特权则只能由英国政府决定行使或放弃；其二，公共政策特权保护的法律关系排除一切不利证据的适用；而主张私人特权保护的事实，可以用其他相关证据予以证明。

政府或公民作为诉讼当事人适用举证特免权提出保护的请求，一般可以采用明示或默示的方式。当然，也可以采用同样的方式放弃适用该规则。特权保护的请求可以是当事人自己提出或授权律师代自己提出，律师无权自行提出适用特权规则。在诉讼进行中，如果政府作为诉讼当事人决定对相关文书的异议提出特权保护，那么须在中间裁决作出之前或在审理中提出；在非诉讼的争议中，政府或当事人如果决定提出保护申请，则可以在审理之前或收到传票及其他文书时作出决定。

3. 不损害权利陈述的举证特免权

在英国普通法中，除政府公共政策及私人利益可以作为特权保护的根据之外，法律规定还可确认以不损害权利为条件而作出的陈述也应适用特权规则。不损害权利（without prejudice）指陈述的方式、内容不得用来损害陈述者法律上的权利。这一规定目的在于方便和保护当事人自行解决争议时的沟通信息，如信件、传真、邮件等，其内容未经双方当事人同意，不得作为证据。其作出的陈述只用于诉前或诉讼中的和解。如果在双方交换信息的过程中，明示该信息的交换以不损害当事人的法律权利为前提，那么即便和解不能达成，则一方当事人仍不得以这些交换的信息作为证据来证明不利于对方的情况。当然，在信息交换的过程中，必须以一定的条件为前提，文字诽谤即使注明不损害（without prejudice）同样也可以作为指控诽谤的证据。

（二）美国关于举证特免权的规定

举证特免权作为一项旨在保护国家根本权益（重大国事）及私人亲密情感及信任关系的证据规则，其存在具有合理性。因为从社会安全及公共利益考虑，特权所保护的某种利益或关系比证言的披露更为重要。美国《联邦证据规则》第 501 条对特权作出了原则性的规定：除联邦宪法、国会制定法和联邦最高法院根据授权确定的规则另有规定外，关于证人、当事人、政府、州或有关政治组织在司法中的特权适用普通法原则，由联邦法院根据理性与经验加以解释。同时，美国普通法确认了受特权规则保护的七种类型的交往（privileged communication）：委托人与律师之间的特权；不作对配偶不利证言的特权；维护夫妻关系信任的特权；医生与病人之间的特权；心理医生与病人之间的特权；牧师与信徒之间的特权；为情报提供者身份保密的特权，比如污点证人的身份。美国普通法在特权规则的规定上比英国普通法的内容更加广泛，而且适用的情形更为具体。这一点突出体现在为了维护一定的社会关系，国家从法律的角度特许一定的关系人可以拒绝提供某一情形或阻止相关知情人披露某一情形。

二、举证特免权规则的评价

举证特免权的适用不同于证人的不适格性或胁迫作证。因为证人的不适格性所指在于证人的作证能力，而被胁迫作证的证人属于违背其本人意愿。特权规则却是基于特定利益保护的需要，法律许可特权享有者（比如委托人）可以拒绝提供情况或阻止他人提供相关的情况。私人特权的享有者可以放弃其权利。政府特权的享有者则不然。

（一）政府举证特免权的适用及发展

在政府或州作为案件当事人或知情人的许多案件中，英国普通法最早提出了对政府行政权的特权保护。美国等相关国家的法律也作出了类似的规定。从政府作为公益代表的意义上讲，许可政府或州在知情的情形下的特权保护，其基点便在于政府公益高于一般公民或其他团体的利益，因此必须对其予以一定的司法保护。然而，随着现代政府的行政行为日益公众化、阳光化的需要，各国要求政府行政行为必须公正、透明、公开。因此除了涉及国防、国家重大安全等情形外，必须从立法、司法等层面制约、限制政府的行政行为。相应地，政府特权适用的范围将愈来愈小。

（二）私人举证特免权的适用及发展

私人特权的保护最早是基于职业关系与亲属关系。英国普通法中最早确认的私人特权是律师（法律职业）特权。其立法理由在于，涉及诉讼或非诉讼的法律事务具有复杂性，由于当事人各方在财富、权力、智慧、能力等各个方面存在着不平衡性，为真正依公正、客观的情况来解决争议，律师的帮助是必不可少的。因此，给予当事人与律师之间成立委托关系时具有交流的特权，才能使当事人把与案件相关的事实全面、客观地告知被委托人，不会因存在顾虑而有所保留。只有这样，才能帮助律师在诉前或诉讼期间作出正确的判断或决策：或和解或诉讼或撤诉。如果委托人没有特权保护，那么他与被委托人之间将不可避免地出现“保留、隐瞒、忧虑、猜疑、害怕”等情形，不利于诉讼公正和纠纷的及时解决。

法律职业中当事人的举证特免权，不仅适用于诉讼之前及诉讼之中，而且依据英国普通法的规定，即便当事人与律师之间的相关事件没有形成案件，该特权规则同样予以适用。并且，在相关案件的诉讼结束后，当事人同样受特权规则的保护，可以阻止律师披露委托双方交流的具体情况。

（三）不损害权利陈述的适用

不损害权利陈述类似于附条件的民事行为，在证据法律制度应属于一种附条件的自认。英国普通法规定，诉讼当事人之一过去提出的和解协议草案或建议，在特定的条件下可以构成自认。但是，建议一方如果明确表达了协议草案的内容不以损害自己权利为前提，即便该协议草案确属起草方的真实意思表示，只要未经建议者与收到建议者双方的同意，不得作为证据采纳。即使其内容已经披露，建议者亦可以提出特权保护的要求。如果附条件的和解协议生效，那么本特权保护也就不再需要了。

（四）举证特免权的适用目的

不难看出，政府举证特免权的适用目的在于保护国家重大权益或政府机密；个人举证特免权的适用在于保护特定的社会关系及私密关系；而特权规则对不损害权利陈述的保护其目的在于鼓励和解、息讼解纷。总而言之，在以公正、效率为价值目标的诉讼中，特权规则的适用有其存在的合理性，其最终目的在于构建诚信的社会基础，维护和谐私密的家庭关系，以期达到社会安全与稳定。

美国普通法不仅扩展了举证特免权的适用范围，而且将其合理内核引入刑事案件的辩诉交易（plea bargaining）程序之中。美国的联邦诉讼规则和联邦证据规则规定：辩控双方律师可以就犯罪嫌疑人的犯罪问题进行磋商和谈判，起诉方以撤销部分指控、降格控诉或建议法官从轻量刑等许诺以换取被告人的有罪答辩，以便节约人、财、物力，并且避免审判的不确定性。由于控辩双方辩诉交易的协议最终须由法官确认，因此，在实践中存在法官拒绝确认辩诉交易协议的可能。为了消除被告人的顾虑，增加辩诉交易的成功率，联邦法律规定，有关被告人与检察官在辩诉交易中的陈述或认罪答辩及与认罪相关的证据，一旦法官拒绝确认交易协议，则在正式庭审中均不得作为不利于被告人的证据采信。实际上，这正是举证特免权精神的体现。

三、我国刑事诉讼法对举证特免权规则的适用

（一）政府举证特免权

尽管我国也强调司法对政府的制衡作用，但是，司法同样确认了对政府特权的保护。尽管我国法律上并没有明确规定政府特权规则。但是我国宪法等相关法律确认对国家、政府安全与权益的保护。在国家安全与个体权益权衡取舍时，国家安全与社会整体权益就成为我国诉讼保护的第一序位的权益。我国《刑事诉讼法》第 188 条第 1 款就规定：“人民法院审判第一审案件应当公开进行。但是有关国家秘密或者个人隐私的案件，不公开审理；涉及商业秘密的案件，当事人申请不公开审理的，可以不公开审理。”同样地，类似于英国普通法中对侦查、审判、仲裁等过程中的特权保护，在我国的相关法律中也有着同样的规定，如法官进行合议庭评议的过程及观点便属于保密范畴。

（二）私人举证特免权

我国 2012 年修订的《刑事诉讼法》在立法上明确肯定了举证特免权。该法第 188 条指出不得强迫被告人的配偶、父母、子女出庭作证。当然，这一规定较为粗疏且存在着一些明显的缺陷，如其并没有直接免除上述主体的作证义务，只是规定不得强迫其“出庭”作证。

理论导读

非法证据排除规则历来是刑事诉讼法学研究的重点和难点问题之一。目前，对于非法取得的人证（包括犯罪嫌疑人供述、被害人陈述、证人证言）应当排除，最高人民法院、最高人民检察院的司法解释已经作了确认，这符合国际通行的做法。但对于非法取得的物

证应如何处理却分歧很大，对通过非法手段取得的派生证据的可采性问题我国也尚未予以明确。从其他国家的立法与实践来看，对非法取得的物证的处理也并非完全一致：美国在严格排除的同时保留了“最终和必然发现的例外”“善意例外”等例外情形；英国并未确立严格排除的规则，而是交由法官依情况裁量；德国没有明确规定非法物证的效力，但是对侵犯人的尊严和人格自由所得的证据予以禁用，除非所涉犯罪行为系重大犯罪；日本的规定较为宽松，通常只有该物证为重大违法所获取时，方得排除。

关于非法证据的排除模式，理论上有两种不同的模式，一种是绝对排除言词证据，裁量排除实物证据；另一种是裁量排除言词证据，绝对排除实物证据。我国现行《刑事诉讼法》采取的是第一种模式，而《两个规定》采用的是第二种模式。

2012 年修订的《刑事诉讼法》在非法排除的程序中作出了一些改进，例如明确了“非法证据”排除程序的启动者、受动者及裁决者，非法证据排除的举证责任问题、认定非法证据并予以排除的具体方式等，但其在实践中的应用还有待司法解释对相关规则的进一步完善。

关于警察出庭作证制度，我国 1996 年《刑事诉讼法》并没有明确确立警察出庭作证制度，尤其是在公安机关开展的侦查行为以及实施的强制措施是完全封闭、秘密的状态的背景下，基本不受任何控制，这种侦查行为缺乏司法授权、司法审查、司法救济，是带有明显缺陷的制度，这也难免会造成刑讯逼供等违法现象的产生。虽然 2010 年出台的《排非规定》明确了讯问人员或其他人员应当出庭作证，但是并没有在刑事诉讼法中将其作为一种制度加以确定。建立警察出庭作证制度对于提高警察的取证能力，增强警察的证据观念，防范刑讯逼供等非法取证行为的发生，制约警察权的扩张，保障犯罪嫌疑人的权利有着重要的作用。① 此外，司法实践中的警察不出庭作证导致了警察的书面证言直接在法庭上作为定案证据使用，使控辩双方的质证形同虚设，庭审流于形式，严重影响了司法的公信力。因此，将警察出庭作证制度真正作为一项诉讼制度确立下来在理论上和实践中都具有极大的积极意义。

自白补强规则是刑事诉讼中的证明规则之一，很多国家的法律对该规则已经有明确的规定，如日本宪法第 38 条第 3 款规定：“任何人在对自己不利的唯一证据是本人的自白时，不得被定罪判刑。”日本刑事诉讼法第 318 条第 2 款规定：“无论是否被告人在公审庭上的自白，当该是对其本人不利的唯一证据时，不得认定被告人有罪。”我国《刑事诉讼法》第 53 条规定：“对一切案件的判处都要重证据，重调查研究，不轻信口供。只有被告人供述，没有其他证据的，不能认定被告人有罪和处以刑罚；没有被告人供述，证据确

① 参见陈卫东主编：《刑事诉讼法修改条文理解与适用》，中国法制出版社 2012 年版，第 139~140 页。

实、充分的，可以认定被告人有罪和处以刑罚。”这是自白补强规则在我国刑事立法中的体现。采用补强规则不仅有利于正确发现案件事实，而且有利于防止误判、保障人权，不仅可以促使侦查观念和侦查方式的转变，而且可以切实保障犯罪嫌疑人、被告人的权利。

瑕疵证据主要是指不符合法定程序而获得的证据，包括证据笔录存在的记录上的错误、证据笔录遗漏了重要内容、证据笔录缺少有关人员的签名或盖章、侦查活动存在“技术性手续上的违规”等情形。瑕疵证据补强规则主要解决的是证据能力问题。长期以来，在证据法学领域，一直存在一种误解，认为只有“合法性”才是判断有无证据能力的唯一标准。因此瑕疵证据有无证据能力，也只以“合法性”为标准。正如有学者提出，瑕疵证据的特征是客观性、关联性与违法性，即瑕疵证据具备客观性、关联性，但同时不具备合法性，仅具备违法性，而没有达到非法性程度，所以称其为瑕疵证据。① 对于瑕疵证据的处理方法是，法律授权有关机关可以对某些“瑕疵证据”进行“补正或者作出合理解释”且经过法官审查通过的就可以视为适格证据，如果同时具有证明力，就可以作为定案的证据。反之，对于经过补救，仍然不具备证据基本属性的，法官可视其为不适格证据将其排除。瑕疵证据程序补正制度的建立，一方面可以督促办案人员消除原来在侦查程序方面存在的瑕疵和缺陷，另一方面对那些经过补正的瑕疵证据，也避免了排除于法庭之外的结局，维护了公诉方证据体系的完整性。不仅有利于诉讼程序的实施，也有利于准确惩治犯罪行为。②

真题解析

1.（2013 年卷二 68）在法庭审理过程中，被告人屠某、沈某和证人朱某提出在侦查期间遭到非法取证，要求确认其审前供述或证言不具备证据能力。下列哪些情形下应当根据法律规定排除上述证据？

A. 将屠某“大”字型吊铐在窗户的铁栏杆上，双脚离地

B. 对沈某进行引诱，说“讲了就可以回去”

C. 对沈某进行威胁，说“不讲就把你老婆一起抓进来”

D. 对朱某进行威胁，说“不配合我们的工作就把你关进来”

答案： AD

解析：《刑诉解释》第 123 条规定：“采用下列非法方法收集的被告人供述，应当予以排除：（一）采用殴打、违法使用戒具等暴力方法或者变相肉刑的恶劣手段，使被告人遭

① 参见刘万奇主编：《刑事诉讼法学》，中国人民公安大学出版社 2011 年版，第 143 页。

② 参见陈瑞华：《论瑕疵证据补正规则》，载《法学家》2012 年第 2 期。

受难以忍受的痛苦而违背意愿作出的供述；（二）采用以暴力或者严重损害本人及其近亲属合法权益等相威胁的方法，使被告人遭受难以忍受的痛苦而违背意愿作出的供述；（三）采用非法拘禁等非法限制人身自由的方法收集的被告人供述。”所以选项 AD 正确。

2.（2019 年真题参考版）甲因涉嫌组织、领导黑社会性质组织罪被某县公安机关立案侦查并被拘留羁押于某县看守所。在刑事拘留期间，甲受到侦查人员的刑讯逼供，申请排除非法证据，下列表述正确的是？

A. 在拘留期间，甲只能向某县公安机关申请排除非法证据

B. 甲只能说清遭受殴打的时间，但无法说清侦查人员的姓名，甲属于提供了相关的线索

C. 甲被殴打后作出了有罪供述，甲有权申请排除因遭受殴打出于恐惧作出的与该有罪供述相同的后续供述

D. 若甲在审判阶段申请排除非法证据，法庭开展调查，检察院若不能证明取证合法性，应当排除相关证据

答案：BCD

解析：选项 A 错误。《关于办理刑事案件严格排除非法证据若干问题的规定》第 14 条第 1 款规定：“犯罪嫌疑人及其辩护人在侦查期间可以向人民检察院申请排除非法证据。对犯罪嫌疑人及其辩护人提供相关线索或者材料的，人民检察院应当调查核实。调查结论应当书面告知犯罪嫌疑人及其辩护人。对确有以非法方法收集证据情形的，人民检察院应当向侦查机关提出纠正意见。”选项 B 正确。《高检规则》第 265 条第 1 款规定：“犯罪嫌疑人及其辩护人申请排除非法证据，并提供相关线索或者材料的，人民检察院应当调查核实。发现侦查人员以刑讯逼供等非法方法收集证据的，应当依法排除相关证据并提出纠正意见。”选项 C 正确。《刑诉解释》第 123 条规定：“采用刑讯逼供方法使被告人作出供述，之后被告人受该刑讯逼供行为影响而作出的与该供述相同的重复性供述，应当一并排除，但下列情形除外：（一）调查、侦查期间，监察机关、侦查机关根据控告、举报或者自己发现等，确认或者不能排除以非法方法收集证据而更换调查、侦查人员，其他调查、侦查人员再次讯问时告知有关权利和认罪的法律后果，被告人自愿供述的；（二）审查逮捕、审查起诉和审判期间，检察人员、审判人员讯问时告知诉讼权利和认罪的法律后果，被告人自愿供述的。”选项 D 正确。《刑诉解释》第 137 条规定：“法庭对证据收集的合法性进行调查后，确认或者不能排除存在刑事诉讼法第五十六条规定的以非法方法收集证据情形的，对有关证据应当排除。”

3.（2020 年真题参考版）关于对非法证据排除规则中“非法”的理解，下列表述正确的有？

A. 侦查人员询问女证人，以公开其隐私相威胁，证人因担心隐私被公开造成家庭矛盾被迫提供的证言

B. 侦查人员首次讯问犯罪嫌疑人时通过暴力方式获取了供述，第二次讯问时没有采用暴力方式，犯罪嫌疑人作出了同样的供述

C. 侦查人员对犯罪嫌疑人连续讯问 22 小时，但期间保持其正常饮食

D. 侦查人员威胁犯罪嫌疑人不如实供述就让他正在准备法考的儿子作为证人接受询问，犯罪嫌疑人担心影响其儿子考试作出的供述

答案：ABC

解析：选项 AC 正确。《刑诉解释》第 123 条规定："采用下列非法方法收集的被告人供述，应当予以排除：（一）采用殴打、违法使用戒具等暴力方法或者变相肉刑的恶劣手段，使被告人遭受难以忍受的痛苦而违背意愿作出的供述；（二）采用以暴力或者严重损害本人及其近亲属合法权益等相威胁的方法，使被告人遭受难以忍受的痛苦而违背意愿作出的供述；（三）采用非法拘禁等非法限制人身自由的方法收集的被告人供述。"选项 B 正确。《刑诉解释》第 123 条规定："采用刑讯逼供方法使被告人作出供述，之后被告人受该刑讯逼供行为影响而作出的与该供述相同的重复性供述，应当一并排除，但下列情形除外：（一）调查、侦查期间，监察机关、侦查机关根据控告、举报或者自己发现等，确认或者不能排除以非法方法收集证据而更换调查、侦查人员，其他调查、侦查人员再次讯问时告知有关权利和认罪的法律后果，被告人自愿供述的；（二）审查逮捕、审查起诉和审判期间，检察人员、审判人员讯问时告知诉讼权利和认罪的法律后果，被告人自愿供述的。"选项 D 错误。犯罪嫌疑人的合法权益未受侵害。

第三编　审前程序论

第十一章　刑事审前程序概述

第一节　刑事审前程序一般理论

一、刑事审前程序的概念

刑事审前程序是刑事诉讼中的一个重要程序。狭义上的刑事审前程序，也称为刑事庭前程序，是指刑事案件从起诉后到法院开庭前的程序，包括庭前审查程序和庭前准备程序。它是刑事追诉活动承上启下的一个主要阶段。广义上的刑事审前程序则是指刑事诉讼案件进入审判阶段以前的立案、侦查以及起诉的三大阶段。

域外各国多确立了刑事诉讼中的审判中心主义制度，因此多从狭义上理解刑事审前程序。而我国在立案、侦查和公诉阶段并没有审判职能的介入的制度安排，因此多从案件进入法院审理之前的角度理解审前程序。即是从广义的视角分析刑事审前程序，把刑事诉讼中的立案、侦查、起诉作为审前程序的主要内容。

二、刑事审前程序的意义

（一）审前程序为法院的审判提供依据

刑事审前程序的发端与形成是诉审分离的必然要求。现代国家通常都会设立专门的机构代表“公共利益”行使对犯罪的追诉职能。在审前程序中，作为控方的公诉机关（侦查机关）通过各种证据收集活动以及初步审查，为法官审判提供了必要的证据材料，并为法院的最终裁判提供依据。

（二）审前程序疏导分流刑事诉讼案件，缓解诉讼压力

通过审前程序中各种制度设计，将部分对社会危害性较小的案件通过其他方式予以解决，不必一定要进入庭审程序，以缓解法院的案件压力。如美国的辩诉交易制度的确立。

（三）刑事审前程序是刑事诉讼中保障人权的核心领域

为打击和控制犯罪，审前阶段的公安机关和检察机关均有权对犯罪嫌疑人采取各种刑

事强制措施，而这些措施直接关系到犯罪嫌疑人的各种基本人权。法律规定严格的审前程序，确保对审前侦查、起诉的严格规制和司法控制，以实现对犯罪嫌疑人权利的保障，避免审前程序中的违法取证、违法追诉现象的发生。

三、刑事审前程序的模式

又称刑事审前程序的结构或构造。是指法律规定的刑事诉讼专门机关与诉讼当事人在刑事侦查、刑事起诉阶段的地位、职权、权利范围及相互关系。

审判程序中存在由控诉、辩护、审判三方组成的三角形程序结构，已经成为学术界的共识，现代各国较认同审判阶段适用三角形诉讼模式。但在刑事审前模式的制度设计上各国存在较大的差异。

在《刑事诉讼法》修改前，我国刑事诉讼一直采取的是职权主义模式。表现为刑事诉讼专门机关以打击犯罪、确认犯罪嫌疑人的刑事责任为中心，以履行侦查、起诉、审判为阶段的线性推进模式。1996 年《刑事诉讼法》修改后，刑事审判程序确立了以审判权为中心、控辩对抗为基础的控、辩、审三角模式；但刑事侦查、起诉的审前程序的模式未作大的调整。有学者将其总结为刑事诉讼“两重结构”理论，即审前程序的线性结构和审判程序的三角结构。此后，随着《刑事诉讼法》于 2012 年、2018 年的修改及相关一系列配套司法解释等规范性文件的修改、出台，我国审前程序逐渐出现强化审判中心主义，淡化单纯行政色彩、加强司法审查和监督与实质化掌控案件进程的趋势。尤其是 2018 年认罪认罚从宽制度的出台，以及检察听证制度和律师介入机制的完善等，使得审前程序的意义与重要性被进一步提升，成为我国刑事诉讼制度的重要组成部分，也成为保障审判中心主义与刑事司法公正的重要制度优势。

第二节　我国刑事审前程序的改革

一、我国刑事审前程序的特点

我国刑事审前模式决定了我国刑事诉讼专门机关在审前程序中的地位与职能，相应地形成了我国刑事审前程序的特点。

（一）刑事审前程序由刑事诉讼专门机关主导和推进

公安机关、检察机关拥有刑事案件立案、侦查、审查起诉的决定权；诉讼当事人包括刑事犯罪嫌疑人和刑事被害人虽对诉讼过程会产生影响，但不能发动或直接推进刑事诉讼。

（二）公安机关和检察机关作出审前程序决定时不受法院司法审查的制约

只有在侦查程序终结、检察机关向法院提起公诉后，法院才开始行使审判权，检、警机关对立案、侦查和审查起诉等审前活动的拥有不受制约的决定权。

（三）刑事诉讼当事人的诉讼权利受到抑制

在我国的刑事诉讼的制度安排中，公诉案件的被害人不具备独立的刑事控诉权，其相关权利依附于国家检察机关；刑事被告人在审前程序中被称作刑事犯罪嫌疑人不具备完整的辩护权。我国刑事审前程序的特点相应地体现出我国审前制度的局限性。一方面，由于法院在刑事审前程序的缺位，导致缺乏一个中立的司法机构对侦查机关的刑事诉讼行为进行事先审查和授权，中国的侦查程序不具有诉讼形态，而完全属于一种超职权主义的、行政化的追诉程序，① 从而使公安、检察机关的侦查、起诉行为和采取相关的强制措施不受司法审查的制约。另一方面，相对于公安、检察机关的强势地位，刑事犯罪嫌疑人的诉讼主体地位受到抑制；刑事犯罪嫌疑人及其律师的诉讼权利得不到相应的保障。根据《刑事诉讼法》的规定，在侦查阶段，犯罪嫌疑人可以聘请律师。但聘请律师的身份并不明确，与刑事诉讼中的辩护人权利还有一定的区别；职能仅限于了解涉嫌的罪名、会见犯罪嫌疑人、代办取保候审、代理申诉和控告等。加之，我国《刑法》第 306 条规定了“帮助毁灭证据、伪造证据、妨害作证罪”，相关的立法目的是防止律师同犯罪嫌疑人串供或实施其他违法取证行为。但客观上对律师的辩护权的行使形成了很大的压力，也相应地影响了犯罪嫌疑人辩护权的行使。

二、我国刑事审前程序改革的方向

（一）确立审前程序的司法控制原则

刑事审前程序中的司法控制原则，也称为司法审查原则或令状原则。1994 年通过的《世界刑法学协会第 15 届代表大会关于刑事诉讼法的人权问题的决议》提出：“根据无罪推定原则，审前羁押必须根据法官命令才能实施，而且应根据案件的具体情况来作出决定。”“影响被告人基本权利的任何政府措施，包括警察采取的措施，必须有法官授权，并且接受司法审查。”许多国家确立了刑事侦查阶段的司法控制原则。如《美国联邦刑事诉讼规则》第 41 条亦规定：“警察以合理根据向法官申请签发搜查和扣押令状后，法官签发的令状应当交给国家授权执法或协助执法的公务人员或总统授权人员。”德国、日本也有相应的规定，俄罗斯在刑事诉讼法修正案中也确立该原则。

审前程序的司法控制原则具体包括以下几方面内容：（1）主要适用于刑事审前程序中的侦查阶段。（2）行使主体是法官。（3）内容是审查决定侦查、追诉机关是否应当实施

① 陈瑞华：《刑事诉讼的前沿问题》，中国人民大学出版社 2016 年版，第 334 页。

那些涉及公民基本权利的侦查行为或者追诉行为。(4) 司法的控制具有被动性。一般先由侦查、追诉机关提出申请并提交相应的证据材料，法官依据法律及证据作出是否应当逮捕或搜查等决定。

(二) 强化犯罪嫌疑人及律师在审前程序中的辩护权

审前程序中极易出现侵犯犯罪嫌疑人合法权益的现象。因此，设立相应的程序性保障措施，强化犯罪嫌疑人的辩护权，以提高犯罪嫌疑人在审前程序的防御能力。具体而言，应当增加犯罪嫌疑人及其辩护律师的辩护权，并对辩护权的行使提供法律上的保障；规定侦查、公诉机关违反法律规定限制或剥夺犯罪嫌疑人及其辩护人的诉讼权利时应当承担的不利法律后果。在国家追诉与公民基本权利保障之间实现有效平衡。

首先，确认犯罪嫌疑人在审前程序中的诉讼主体地位。规定犯罪嫌疑人应有不自证其罪的权利和讯问时有沉默权。其次，应明确律师在侦查阶段的主体地位。明确律师以辩护人身份介入刑事审前程序，赋予辩护律师在刑事审前程序中的调查取证权、讯问在场权、秘密会见权等。

三、我国刑事审前程序改革的实践

(一) 预侦一体化

我国制度语境下的预审不同于西方预审制度。从广义上而言，当下的预审和侦查是一体化的，皆由公安机关负责。但是，从狭义上而言，预审和侦查的关系随着历史更替而变迁。新中国成立后，侦查预审制度在革命根据时期的侦查预审制度的基础上逐渐完善、发展起来。1949 年至 1959 年间，侦查预审机构在全国初步建立。1954 年，公安部发布了《关于逮捕及预审工作暂行条例（草案）》，明确规定“人民公安机关对反革命案件的预审工作是公安工作的一个专门业务，是侦查保卫工作中不可缺少的组成部分”。随着反革命任务的基本完成，公安部决定将政治保卫机关的预审机构转移出去，建立起公安预审制度。1955 年公安部将政治保卫局直属处划分出来，建立公安部预审局，全国各级公安机关亦逐步建立起预审部门。1958 年，第一次全国预审工作会议制定《预审工作守则》，明确预审是公安机关的一项专门业务。随着 1958 年大跃进运动开始，各地公安机关的预审机构被废除，1962 年虽重新制定了《预审工作细则》，预审制度得到了短期恢复，但是随着”文化大革命“的爆发，预审制度再次毁于一旦。“文化大革命”结束后，随着我国法制建设的重启，我国预审制度日益被恢复。1979 年，《刑事诉讼法》以立法的形式将预审确定为公安机关的职权之一。同年，公安部修订的《预审工作规则》规定，侦查破案和预审办案由公安机关内设的侦查部门与专门预审部门负责，“预侦分设”制度正式建立。1996 年修订刑事诉讼法时，增加的第 90 条规定“公安机关经过侦查，对有证据证明有犯罪事实的案件，应当进行预审，对收集、调取的证据材料予以核实”。1997 年 6 月，公安部基于提高侦查办案效率的考虑，在全国刑侦工作会议上提出废除侦审分设的侦查预审模式，撤销预审部门，将预审部门负责的预审职权转交给侦查部门，构建了“预侦合一”制度。2012 年，2018 年修改刑事诉讼法时，保留了有关预审制度的规定，因此“预侦合一”制度沿革至今。①

（二）捕诉合一

自 1978 年检察机关复建以来，就检察机关而言，捕诉关系经历了由合到分，分合并立的历程。1978 年至 1999 年间，各级人民检察院和专门人民检察院设立刑事检察部门统一行使批捕权和审查起诉权。1996 年，最高人民检察院提出批捕、起诉分设两个机构，于 1999 年将刑事检察厅分设为审查逮捕厅和审查起诉厅，又于次年分别更名为侦查监督厅和公诉厅。与此同时，部分地方检察机关开始捕诉合一改革，如深圳市人民检察院于 2000 年试行捕诉合一，将原起诉、批捕部门更名为三个刑检部门，每个刑检部门负责不同案件的批捕和起诉。2005 年，该院将三个刑检部门整合为刑事检察局。部分非改革试点地区通过“捕诉衔接”“两个办案部门一班人马”等形式变相地推行捕诉合一。最高人民检察院副检察长朱孝清于 2005 年强调除改革试点地区外一律不准捕诉合一，改革试点单位将捕诉合署办公的，在审查逮捕和公诉环节必须由不同承办人办理。最高人民检察院“叫停”全面捕诉合一后，除部分改革试点地区外全国绝大部分检察院仍然捕诉分离。2018 年 7 月 25 日，最高人民检察院检察长张军在大检察官研讨班上提出，要以检察机关内设机构改革为突破口；重组办案机构；以案件类别划分；实行捕诉合一。②

理论导读

我国刑事审前程序中存在一个重要的结构性问题，即检察机关与公安机关的职权配置问题。通常认为，我国检警关系的主要内容包含检察机关与公安机关基于刑事立案监督、审查逮捕、羁押活动的监督、侦查监督、羁押必要性审查、审查起诉等职能运行所产生的相互关系。传统“分工、配合、制约”模式下的检警关系在特定历史时期内对于维护社会稳定发挥了有效作用。③ 我国检警关系的主要特点表现为：一是强调检警协作，二是强调检警分工。

对于我国检警关系应当采用的模式，有的学者主张借鉴大陆法系的检警一体模式，在

① 洪浩：《从“侦查权”到“审查权”——我国刑事预审制度改革的一种进路》，载《法律科学（西北政法大学学报）》2018 年第 1 期。

② 洪浩：《我国“捕诉合一”模式的正当性及其局限性》，载《中国刑事法杂志》2018 年第 4 期。

③ 刘计划：《检警一体化模式再解读》，载《法学研究》2013 年第 6 期。

中国实行“检警一体化”，即侦查隶属于起诉，检察官有权指挥、领导公安机关对案件进行侦查，对重大案件可以直接介入侦查，公安机关在理论上只被看作检察机关的辅助机关。① 有的学者反对检警一体化，主张改革的相对合理主义，认为调整检警关系的关键是加强对刑事侦查活动的监督。该观点认为适合我国的检警关系的模式有两种方案，一种是双重领导制，即对公安机关的刑事侦查活动实行公安和检察双重领导制；另一种是实行一重领导和一重监督体制，但强调将监督落在实处。公安侦查活动由其上级领导，同时服从检察机关的监督②。

基于审判中心主义的需要，检警关系具体而言，一方面，以审判为中心的刑事诉讼制度改革要求进一步强化庭审实质化。这意味着审判程序将充满不确定因素，检察机关应通过加强与侦查机关的沟通交流，尽力完善证据体系。另一方面，以审判为中心的刑事诉讼制度改革将进一步强化办案的证据意识，倒逼检警关系有效调整。从诉讼职能看，侦查机关与检察机关分别通过侦查和起诉实现对犯罪行为的追诉，二者共同的诉讼价值追求是检警协作的基础。为保证有效追诉犯罪，检察机关势必更加重视侦查行为的合法性和规范性要求，更加严格地把握审查起诉标准，确保相关证据能够经得起实质性庭审的检验。③

---

① 陈卫东：《侦检一体化与刑事审前程序的重构》，载《国家检察官学院学报》2002 年第 1 期。

② 龙宗智：《评“检警一体化”兼论我国的检警关系》，载《法学研究》2000 年第 2 期。

③ 韩锦霞：《以审判为中心视域下检警关系之重构》，载《人民检察》2020 年第 17 期。

第十二章　刑 事 立 案

第一节　刑事立案概述

一、刑事立案的概念

刑事诉讼中的立案，是指公安机关、人民检察院、人民法院对于报案、控告、举报和犯罪嫌疑人自首的材料，以及自诉人起诉的材料，按照各自的管辖范围进行审查，根据事实和法律规定，决定是否作为刑事案件进行侦查或审判的一项诉讼活动。

立案权是公安机关、人民法院和人民检察院的法定职权，其他任何机关、团体、个人都不得对刑事案件进行立案侦查。立案不仅是刑事诉讼中的一个独立的诉讼阶段，而且也是一个必经阶段，它包括对立案材料的接受、审查、处理以及立案监督等。

立案的任务是对控告、检举或自首材料进行审查，确定有无犯罪事实存在以及应否追究刑事责任。作为刑事诉讼的开始阶段，立案的任务只是对案件的犯罪事实的存在进行判断，不要求查清案件的全部事实。

二、刑事立案的特点

刑事立案具有以下几个特点：

1. 立案是刑事诉讼活动的开始和必经阶段。完整的刑事诉讼程序一般要经过立案、侦查、起诉、审判、执行五个阶段，诉讼的各个阶段是依次进行的。一般刑事诉讼活动都是从立案开始的，不经过立案程序，公安、司法机关不能对案件进行侦查、起诉、审判等其他诉讼行为。但是，并不是所有的刑事案件都必须经过五个诉讼阶段，例如，自诉案件由被害人直接向人民法院起诉，因此没有侦查阶段；还有些犯罪情节轻微的公诉案件，依法不需要判处刑罚或者免除刑罚，人民检察院可以在审查起诉阶段作出不起诉的决定，诉讼程序至此终结，无须经过审判和执行程序。但是，立案是任何刑事案件进入刑事诉讼程序的必经阶段。只有经过立案，公安司法机关进行侦查、起诉和审判活动才有法律依据，才能产生法律效力，其他诉讼阶段才能依次进行。

2. 立案是法定的刑事诉讼独立阶段。其独立性表现在：立案是与侦查、提起公诉、审判等并列的诉讼阶段；刑事诉讼法明确规定了其特定的诉讼任务和实现方式，诉讼主体间形成了特定的诉讼法律关系。

3. 立案是刑事诉讼法定机关的一项专门性活动。只有公安机关、人民检察院、人民法院才能对刑事案件进行立案，其他任何单位和个人都无权立案。立案机关必须在各自立案管辖的范围内依照法定的条件和程序进行立案活动。公安机关、人民检察院发现犯罪事实或者犯罪嫌疑人，应当按照管辖范围，立案侦查；人民法院对于自诉案件应依法受理，符合立案条件的应当立案审理。

第二节　刑事立案的启动

一、刑事立案材料的来源

刑事立案材料的来源，是指司法机关获得犯罪信息的来源，包括犯罪线索的来源和有关犯罪证据材料的来源。根据刑事诉讼法的规定，立案材料的来源主要有以下几个方面：

1. 司法机关自行发现的犯罪事实或犯罪材料。这种立案材料，可能是公安、检察或者审判机关在办案过程中发现的与本案无关的其他犯罪事实或犯罪分子的材料；可能是公安机关在日常的社会治安保卫工作中直接发现的犯罪事实或线索材料，如危害国家安全的活动线索，走私集团的活动线索，交通肇事报案线索等等；也可能是检察机关在进行其他检察业务工作，如监所检察工作中发现的犯罪事实材料。《刑事诉讼法》第 109 条规定：“公安机关或者人民检察院发现犯罪事实或者犯罪嫌疑人，应当按照管辖范围，立案侦查。”

2. 单位和个人的报案、控告、举报。这是立案材料最主要的来源。这里所说的报案是指发现有犯罪事实或者犯罪嫌疑人的公民和单位向司法机关报告、揭发犯罪事实或者犯罪嫌疑人的行为。控告是指遭受犯罪行为侵害的被害人（包括公民和单位）及其法定代理人、近亲属等，为了维护自身的合法权益，向司法机关控诉、告发犯罪嫌疑人并要求其追究刑事责任的行为。举报是指公民或单位对违反国家法律、法规以及国家有关政策的人和事，向有关国家机关检举、报告的行为。报案、控告和举报都是同犯罪作斗争的一种手段，任何单位或个人发现有犯罪事实或犯罪嫌疑人都应当立即向司法机关报案或者举报。实践证明，许多案件特别是一些重大案件，都是通过广大人民群众积极报案、控告或者举报而被揭发、侦破的。因此，单位和个人的报案、控告和举报，是立案材料来源的重要渠道。

3. 犯罪嫌疑人自首。自首是指犯罪嫌疑人作案后，在犯罪行为未被司法机关发觉前，自动投案，如实交代自己的罪行，并将自己主动置于司法机关的控制之下。自动投案，通常是指犯罪事实或者犯罪嫌疑人未被司法机关发觉，或者虽被发觉，但犯罪分子尚未到案受到讯问、未被施以强制措施时而自动到公安司法机关说明案情的。自动投案，一般应是犯罪嫌疑人本人直接向公安、检察或审判机关主动投案。但对于犯罪嫌疑人向所在单位、城乡基层组织或者其他有关负责人员投案的；犯罪嫌疑人因病、伤，或者为了减轻犯罪后果，而委托他人先代为投案，或者先以电信投案的，也应视为自动投案。犯罪嫌疑人自首是立案的重要来源之一。《刑事诉讼法》第 110 条第 4 款明确规定："犯罪人向公安机关、人民检察院和人民法院自首的，适用第 3 款规定。"即公安机关、人民检察院或者人民法院对于犯罪人的自首，都应当接受。对于不属于自己管辖的，应当移送主管机关处理，并且通知报案人、控告人、举报人；对于不属于自己管辖而又必须采取紧急措施的，应当先采取紧急措施，然后移送主管机关。

二、刑事立案的条件

刑事立案条件，也就是立案的根据。仅有控告、检举和自首等材料，司法机关还不能立案。只有对这些材料进行审查和判断，认为符合立案的条件时，才能立案。《刑事诉讼法》第 112 条规定："人民法院、人民检察院或者公安机关对于报案、控告、举报和自首的材料，应当按照管辖范围，迅速进行审查，认为有犯罪事实需要追究刑事责任的时候，应当立案；认为没有犯罪事实，或者犯罪事实显著轻微，不需要追究刑事责任的时候，不予立案，并且将不立案的原因通知控告人。控告人如果不服，可以申请复议。"据此规定，立案必须同时具备下列两个条件：

（一）有犯罪事实存在

犯罪事实的存在是立案的事实要件。认为有犯罪事实，是指根据已掌握的立案材料，能够证明某种犯罪行为已经发生或正在进行。有犯罪事实，包括以下两个方面的内容：

1. 必须符合刑法对犯罪构成相关要件的规定。立案的前提是必须有犯罪行为发生。具有社会危害性的行为，不一定都是犯罪行为，只有社会危害性达到触犯刑法的程度，才能认为是犯罪行为。犯罪事实包括正在预备犯罪、正在实施的犯罪和已经实施终了的犯罪。要立案追究的，必须是依照刑法的规定构成犯罪的行为。如果不是犯罪行为，或者根据《刑事诉讼法》第 16 条第 1 项的规定，有危害社会的违法行为，但是情节显著轻微，危害不大，不认为是犯罪的，就不应立案。不能把一些属于违反道德规范的行为，违反党纪、政纪的行为，或者一般的违法行为当作犯罪，立案追究。

2. 必须有证据能够证明犯罪事实确实已发生。立案所要求的犯罪事实的存在，必须有足够的证据材料来证明，不能凭办案人员的推测、假设等主观臆断。立案只要求证明犯罪事实确实存在，至于犯罪的目的、动机、手段以及犯罪的具体情节和犯罪人等，是立案以后的侦查和审判的任务，立案阶段并不要求查清。需要指出的是，由于立案是追究犯罪的开始，此时所说的有犯罪事实，仅是指发现有某种危害社会而又触犯《刑法》的犯罪行为发生。在立案阶段不必要也不可能掌握证实犯罪事实和犯罪人的全部证据，而只要掌握了足以证明犯罪事实已经发生的一定证据材料就可以了。至于整个犯罪的过程、犯罪的具体情节、犯罪人是谁等，并不要求在立案时就全部弄清楚。这些问题应当通过立案后的侦查或审理活动来解决。

（二）需要依法追究刑事责任

即涉嫌犯罪的行为具有刑法要求的可罚性。仅有犯罪事实，尚不足以立案，还必须具备需要依法追究刑事责任的条件，这是立案的法律要件。只有二者同时具备时，才能立案。刑事诉讼的目的之一就是追究犯罪人的刑事责任，因此，法律规定不追究刑事责任的，就不应该立案。根据我国《刑事诉讼法》第 16 条的规定，除情节显著轻微、危害不大，不认为是犯罪的，不应该立案外；其他虽有犯罪事实，但是有下列五种不予追究犯罪嫌疑人刑事责任的情形，也不应予以立案，也不应该立案：

1. 犯罪行为已过追诉时效的。《刑法》第 87 条对追诉时效的期限规定为：法定最高刑为 5 年有期徒刑的，经过 5 年；法定最高刑为 5 年以上不满 10 年有期徒刑的，经过 10 年；法定最高刑为 10 年以上有期徒刑的，经过 15 年；法定最高刑为无期徒刑、死刑的，经过 20 年，如果 20 年以后认为必须追诉的，须报请最高人民检察院核准；

2. 经特赦令免除刑罚的；

3. 依照刑法告诉才处理的犯罪，没有告诉或者撤回告诉的；

4. 犯罪嫌疑人、被告人死亡的。

5. 其他法律规定免予追究刑事责任的。

为了统一执行国家的刑事法律，正确把握立案的条件，公安部、最高人民检察院和最高人民法院根据刑事诉讼法的有关规定，对各自管辖的刑事案件，分别或者联合制定了一些具体的立案标准，如 1999 年 9 月 16 日最高人民检察院发布的《关于人民检察院直接受理立案侦查案件立案标准的规定（试行）》，2000 年最高人民检察院出台的《最高人民检察院关于行贿罪立案标准的规定》，2006 年最高人民检察院颁布的《最高人民检察院关于渎职侵权犯罪案件立案标准的规定》，2013 年最高人民检察院、中国人民解放军总政治部联合出台的《最高人民检察院、解放军总政治部印发〈军人违反职责罪案件立案标准的规定〉》等。

需要指出的是，立案的上述两个条件是针对公安机关和人民检察院的立案而言的。人民法院的立案条件则应有所不同，因为公安机关和人民检察院的立案仅仅是启动侦查程序，而人民法院的立案则自动启动审判程序。因此，对于人民法院的立案，自诉案件的立案条件除了应当具备公诉案件的两个立案条件以外，根据《刑诉解释》第316条的规定，还应当具备下列条件：①属于刑事自诉案件的范围；②属于该人民法院管辖；③刑事案件的被害人告诉；④有明确的被告人、具体的诉讼请求和能证明被告人犯罪事实的证据。

关于立案标准，《刑事诉讼法》第109条规定的只是一个原则性的条件。但在司法实践中，案件的具体情况千差万别，刑事诉讼专门机关往往根据办案的需要，针对具体的罪名，制定相应的立案标准，以细化量化立案条件；如最高人民检察院《关于人民检察院直接受理立案侦查案件立案标准的规定（试行）》（高检发［1999］10号），最高人民检察院《关于行贿罪立案标准》（2000年10月22日），《最高人民检察院 公安部 关于公安机关管辖的刑事案件立案追诉标准的规定》（2022年5月12日）等。这些立案标准作为立案的操作细则，使人为的因素得以排除，既便利了立案工作，且便于发现侦查机关滥用权力的行为，有效地维护了犯罪嫌疑人的权利。

第三节　刑事立案程序

一、立案的程序

立案的程序，是指刑事诉讼专门机关办理立案工作的步骤、方式以及方法。它包括对立案材料的接受，对立案材料的审查，对立案材料审查后的处理以及对立案活动的监督。

（一）对立案材料的接受

公安机关、人民检察院或者人民法院对于书面的或者口头提出的报案、控告、检举和犯罪人的自首，都应当及时接受，不得拒绝和推诿。对于不属于自己管辖的也应当先行接受，再移送有管辖权的主管机关处理；并且将管辖变更的情形通知报案人、控告人、举报人或自首人；对于不属于自己管辖，但需要采取紧急措施的，应当先采取紧急措施，再移送主管机关。司法机关接受立案材料，应当注意以下几点：

1.《刑事诉讼法》第110条第3款规定："公安机关、人民检察院或者人民法院对于报案、控告、举报，都应当接受。对于不属于自己管辖的，应当移送主管机关处理，并且通知报案人、控告人、举报人；对于不属于自己管辖而又必须采取紧急措施的，应当先采取紧急措施，然后移送主管机关。"这里"紧急措施"是指保护现场、先行拘留嫌疑人、扣押证据等措施。对于犯罪人的自首，也适用前述规定。另外对于自诉案件，被害人有权向人民法院直接起诉，被害人死亡或者丧失行为能力的，被害人的法定代理人、近亲属有权向人民法院起诉，人民法院应当依法受理。这些规定清楚地表明，司法机关对于公民的报案、控告和举报以及犯罪人的自首，不管是否属于自己管辖的范围，都应当接受，然后再依法定程序进行处理，而不得以任何借口拒绝或推诿。否则，便是违法失职。由此而造成严重后果的，应受法律追究。

2. 报案、控告和举报可以用书面或口头形式提出。《刑事诉讼法》第 111 条第 1 款规定："报案、控告、举报可以用书面或口头提出。接受口头报案、控告和举报的工作人员，应当写成笔录，经宣读无误后，由报案人、控告人、举报人签名或者盖章。"用口头形式同以书面形式提出的报案、控告、举报，在法律上具有同等的效力，司法机关都应当接受，以便于公民行使报案、控告、举报的权利。不过，办案人员接受口头报案、控告、举报时，应当尽量详细地将有关犯罪事实的具体情节，如犯罪的时间、地点、方法、手段、过程、后果，或者犯罪嫌疑人的特征，以及材料的来源等询问清楚。对于匿名报案、控告、举报的情况，有的可能是由于害怕遭到打击报复而不敢具名；有的可能是因为怕负责任而不愿署名；也有的则是利用匿名检举诬告陷害他人。因此对匿名报案、控告、举报应当认真地、细致地进行审查，以确定是否真有犯罪事实发生。匿名报案、控告、举报，未经查证属实，不能作为立案的根据。

3. 公安司法机关应当为报案人、控告人、举报人保密，并保障他们及其近亲属的安全。根据《刑事诉讼法》第 111 条第 3 款的规定，公安机关、人民检察院或者人民法院应当保障报案人、控告人、举报人及其近亲属的安全。在他们的安全受到威胁时，公安司法机关应当主动采取相应的措施，给予安全保障。该款还规定，报案人、控告人、举报人如果不愿公开自己的姓名和报案、控告、举报的行为，应当为他们保密；以防止事后对报案人、控告人、举报人及其近亲属的打击报复。

（二）对立案材料的审查

根据《刑事诉讼法》第 112 条的规定，人民法院、人民检察院或者公安机关对于报案、控告、举报和自首的材料，应当按照管辖范围，迅速进行审查。迅速审查，有利于及时地收集证据和查明犯罪嫌疑人，还可以及时地制止犯罪。

对立案材料的审查，是指对接受的报案、控告、举报自首的材料，进行调查和核实的活动。审查的内容仅限于是否符合立案的条件，立案审查是立案程序的核心内容；通过立案审查，决定是否立案。

公安机关、人民检察院、人民法院立案前对案件的调查，原则上只能使用一般的调查方法。只有在调查过程中发现必须采取紧急措施时，才可以采取某些侦查性质的诉讼手段和作为临时限制人身自由的拘留强制措施。

司法实践中，立案审查的主要方法有以下几种：

1. 向报案、控告、举报的单位或公民调取能够证明犯罪事实的其他材料或者与犯罪嫌疑人有关的材料，认为需要补充证据的，发还给原报案人、控告人、检举人补充。

2. 委托报案、控告、举报的机关、团体、企事业单位，对某些问题代为调查。

3. 司法机关也可以派人进行必要的调查，也可采取某些侦查方法，如勘验、鉴定等。

（三）对立案材料审查后的处理

公安机关、人民检察院、人民法院对立案材料审查后，根据事实和法律，针对不同情况，分别作出以下处理决定：

1. 决定立案。公安机关、人民检察院、人民法院对控告检举、自首的材料审查后，认为有犯罪事实，并且需要追究刑事责任，且属于自己主管、管辖的范围的，应当及时作出立案的决定。

公安机关决定立案的案件，应由承办人员填写立案报告表及制作立案请示报告，经主管领导批准后，制作立案决定书。

人民检察院决定立案的案件，应由承办人员制作立案报告书，经检察长批准后予以立案。在决定立案之日起 3 日以内，将立案备案登记表、提请立案报告和立案决定书一并报送上一级人民检察院备案。上一级人民检察院认为不应当立案的，制作纠正案件错误通知书，通知下级人民检察院撤销案件。下级人民检察院如有不同意见，可以申请复议。

被害人或其法定代理人、近亲属直接向人民法院起诉的自诉案件，人民法院经审查决定立案时，应填写立案审批表。

2. 决定不立案。经审查认为不具备立案条件的，应当作出不立案的决定，制作不立案决定书。根据刑事诉讼法以及相关规定，公安司法机关决定不立案的，应当将不立案的原因通知控告人。控告人如果不服，可以申请复议。对于那些虽然不具备立案条件，但有严重错误或一般的违法乱纪行为需要其他部门处理的，应当移送有关部门处理。

二、立案监督

狭义的立案监督，是指人民检察院对公安机关应当立案而不立案的案件，依法行使其法律监督权，要求公安机关立案的诉讼活动。广义的立案监督，还包括其他国家机关、单位和个人对立案活动的监督。如刑事诉讼法规定，控告人对公安、司法机关不立案决定不服的，可以申请复议，即属于广义的监督。这里主要讨论对公安机关立案活动的监督。

1. 被害人对公安机关不立案的监督。被害人认为公安机关对应当立案侦查的案件而不立案侦查，向人民检察院提出的，人民检察院应当要求公安机关说明不立案的理由。被害人有证据证明被告人侵犯自己人身财产权利的行为应当依法追究刑事责任的，而公安机关或者人民检察院不立案的，被害人可以直接向人民法院起诉。

2. 人民检察院对公安机关不立案的监督。人民检察院对公安机关不立案的监督的材料来源主要有两方面：(1) 通过人民检察院自身的业务活动发现公安机关有应当立案而不立案的情况；(2) 通过被害人的申诉获得，被害人认为公安机关应当立案而不立案的，有权向人民检察院提出，人民检察院接到申诉后应当受理，并根据事实和法律进行审查，不得以任何理由拒绝接受。人民检察院认为公安机关对应当立案侦查的案件不立案，或被害人认为公安机关应当立案侦查的案件不立案侦查，向人民检察院提出的，人民检察院应当要求公安机关说明不立案的理由。人民检察院认为不立案的理由不成立的，应当通知公安机关立案，公安机关接到通知后应当立案。

公安机关在收到人民检察院《要求说明不立案理由通知书》后7日内应当将说明情况书面答复人民检察院。人民检察院认为公安机关不立案理由不能成立，发出《通知立案书》时，应当将有关证明与材料同时移送公安机关。公安机关在收到《通知立案书》后，应当在15日内决定立案，并将立案决定书送达人民检察院。

人民检察院在立案监督中，不得进行侦查，但可对通知公安机关所依据的相关材料进行必要的调查核实。

对公安机关管辖的国家机关工作人员利用职权实施的重大犯罪案件，人民检察院通知公安机关立案，公安机关不予立案的，经省级以上人民检察院决定，人民检察院可以直接立案侦查。

理论导读

刑事立案程序是刑事诉讼的启动程序，它构成了侦查等后续阶段的诉讼活动的基础。司法实践中立案程序的最大问题是程序被虚置，即违背先立案后侦查的诉讼阶段划分范式，采取“先破后立”“不破不立”的倒推式做法，以此达到保证破案率等目的。虚置立案程序会产生严重的法律后果，不仅使得随后开展的侦查行为陷于非法境地，也在一定程度上人为制造了隐案，严重违反了刑事诉讼程序。此外，立案程序在实践当中还存在其他不正常问题：其一，表现为有案不立。如部分立案机关为了追求政绩，通过“不破不立”来提高破案率；还有部分侦查员违法办理“关系案”“人情案”，将达到立案标准的刑事案件作为一般治安案件处理，大案化小，重罪化轻，以罚代刑。其二，表现为对不该立案的却予以立案。例如有的地方实行保护主义，通过刑事手段解决经济纠纷，对本不属于刑事案件范围的经济纠纷非法予以立案，侵害了公民、法人的合法权益。其三，表现为推诿或争抢立案。例如，某些立案机关出于趋利避害的考虑，对于有经济利益可图的案件争抢立案，而对于办理难度大的案件则推诿塞责等。

有学者主张刑事诉讼法再修改时，应当弱化立案在刑事诉讼程序的起始地位，立案不再作为一个独立的诉讼阶段而只是作为启动侦查程序的一道手续，以便解决侦查机关立案前取证的合法性问题。但也有学者认为，实践中立案原本就只是作为启动侦查的手续，弱化立案的程序价值没有实际意义，刑事诉讼法再修改时仍然可以保留立案作为一个独立的诉讼程序。

刑事立案制度已经逐渐融入我国公民的文化、观念当中，成为了刑事诉讼法不可分割的一部分。一旦将刑事立案制度完全废除，可能会导致已经稳固的刑事诉讼体系面临崩塌的风险。因此，刑事立案制度未来的改良必须根植于刑事司法实践，在确保刑事立案改良有效的前提下，达到一种相对的合理性。①

真题解析

本章介绍立案，主要知识点包括立案的启动和立案的程序，其中立案的材料来源、立案的条件、立案的监督等知识点曾在司法考试中反复考查。

1.（2016 年卷二 33）甲乙二人在餐厅吃饭时言语不合进而互相推搡，乙突然倒地死亡，县公安局以甲涉嫌过失致人死亡立案侦查。经鉴定乙系特殊体质，其死亡属意外事件，县公安局随即撤销案件。关于乙的近亲属的诉讼权利，下列哪一选项是正确的？

A. 就撤销案件向县公安局申请复议

B. 就撤销案件向县公安局的上一级公安局申请复核

C. 向检察院侦查监督部门申请立案监督

D. 直接向法院对甲提起刑事附带民事诉讼

答案：D

解析：《公安机关规定》第 179 条第 1、2 款规定：“控告人对不予立案决定不服的，可以在收到不予立案通知书后 7 日以内向作出决定的公安机关申请复议；公安机关应当在收到复议申请后 30 日以内作出决定，并将决定书送达控告人。控告人对不予立案的复议决定不服的，可以在收到复议决定书后 7 日以内向上一级公安机关申请复核；上一级公安机关应当在收到复核申请后 30 日以内作出决定。对上级公安机关撤销不予立案决定的，下级公安机关应当执行。”可见，在公安机关不立案时，控告人可以通过复议或复核的方式得到救济。但本案公安机关已经立案，随后撤销案件，控告人无法通过复议或复核的方式得到救济。所以选项 AB 错误。《高检规则》第 557 条规定：“被害人及其法定代理人、

① 参见龙宗智：《论司法改革中的相对合理主义》，载《中国社会科学》1999 年第 2 期，第 113 页。

近亲属或者行政执法机关，认为公安机关对其控告或者移送的案件应当立案侦查而不立案侦查，或者当事人认为公安机关不应当立案而立案，向人民检察院提出的，人民检察院应当受理并进行审查。人民检察院发现公安机关可能存在应当立案侦查而不立案侦查情形的，应当依法进行审查。人民检察院接到控告、举报或者发现行政执法机关不移送涉嫌犯罪案件的，应当向行政执法机关提出检察意见，要求其按照管辖规定向公安机关或者人民检察院移送涉嫌犯罪案件。”第558条规定：“人民检察院负责控告申诉检察的部门受理对公安机关应当立案而不立案或者不应当立案而立案的控告、申诉，应当根据事实、法律进行审查。认为需要公安机关说明不立案或者立案理由的，应当及时将案件移送负责捕诉的部门办理；认为公安机关立案或者不立案决定正确的，应当制作相关法律文书，答复控告人、申诉人。”所以选项C错误。《刑诉解释》第1条规定：“人民法院直接受理的自诉案件包括：（一）告诉才处理的案件：1. 侮辱、诽谤案（刑法第246条规定的，但严重危害社会秩序和国家利益的除外）；2. 暴力干涉婚姻自由案（刑法第257条第1款规定的）；3. 虐待案（刑法第260条第1款规定的，但被害人没有能力告诉或者因受到强制、威吓无法告诉的除外）；4. 侵占案（刑法第270条规定的）。（二）人民检察院没有提起公诉，被害人有证据证明的轻微刑事案件：1. 故意伤害案（刑法第234条第1款规定的）；2. 非法侵入住宅案（刑法第245条规定的）；3. 侵犯通信自由案（刑法第252条规定的）；4. 重婚案（刑法第258条规定的）；5. 遗弃案（刑法第261条规定的）；6. 生产、销售伪劣商品案（刑法分则第三章第一节规定的，但严重危害社会秩序和国家利益的除外）；7. 侵犯知识产权案（刑法分则第三章第七节规定的，但严重危害社会秩序和国家利益的除外）；8. 刑法分则第四章、第五章规定的，可能判处3年有期徒刑以下刑罚的案件。本项规定的案件，被害人直接向人民法院起诉的，人民法院应当依法受理。对其中证据不足、可以由公安机关受理的，或者认为对被告人可能判处3年有期徒刑以上刑罚的，应当告知被害人向公安机关报案，或者移送公安机关立案侦查。（三）被害人有证据证明对被告人侵犯自己人身、财产权利的行为应当依法追究刑事责任，且有证据证明曾经提出控告，而公安机关或者人民检察院不予追究被告人刑事责任的案件。”所以选项D正确。

2.（2017年卷二30）环卫工人马某在垃圾桶内发现一名刚出生的婴儿后向公安机关报案，公安机关紧急将婴儿送医院成功抢救后未予立案。关于本案的立案程序，下列哪一选项是正确的？

A. 确定遗弃婴儿的原因后才能立案

B. 马某对公安机关不予立案的决定可申请复议

C. 了解婴儿被谁遗弃的知情人可向检察院控告

D. 检察院可向公安机关发出要求说明不立案理由通知书

答案： D

解析： 选项 A 错误。《刑事诉讼法》第 112 条规定："人民法院、人民检察院或者公安机关对于报案、控告、举报和自首的材料，应当按照管辖范围，迅速进行审查，认为有犯罪事实需要追究刑事责任的时候，应当立案；认为没有犯罪事实，或者犯罪事实显著轻微，不需要追究刑事责任的时候，不予立案，并且将不立案的原因通知控告人。控告人如果不服，可以申请复议。"选项 B 错误。《刑事诉讼法》第 110 条规定："任何单位和个人发现有犯罪事实或者犯罪嫌疑人，有权利也有义务向公安机关、人民检察院或者人民法院报案或者举报。被害人对侵犯其人身、财产权利的犯罪事实或者犯罪嫌疑人，有权向公安机关、人民检察院或者人民法院报案或者控告。公安机关、人民检察院或者人民法院对于报案、控告、举报，都应当接受。对于不属于自己管辖的，应当移送主管机关处理，并且通知报案人、控告人、举报人；对于不属于自己管辖而又必须采取紧急措施的，应当先采取紧急措施，然后移送主管机关。犯罪人向公安机关、人民检察院或者人民法院自首的，适用第三款规定。"选项 C 错误。《刑事诉讼法》第 110 条第 1 款规定："任何单位和个人发现有犯罪事实或者犯罪嫌疑人，有权利也有义务向公安机关、人民检察院或者人民法院报案或者举报。"选项 D 正确。《刑事诉讼法》第 113 条规定："人民检察院认为公安机关对应当立案侦查的案件而不立案侦查的，或者被害人认为公安机关对应当立案侦查的案件而不立案侦查，向人民检察院提出的，人民检察院应当要求公安机关说明不立案的理由。人民检察院认为公安机关不立案理由不能成立的，应当通知公安机关立案，公安机关接到通知后应当立案。"

3. （2015 年卷二 32）甲公司以虚构工程及伪造文件的方式，骗取乙工程保证金 400 余万元。公安机关接到乙控告后，以尚无明确证据证明甲涉嫌犯罪为由不予立案。关于本案，下列哪一选项是正确的？

A. 乙应先申请公安机关复议，只有不服复议决定的才能请求检察院立案监督

B. 乙请求立案监督，检察院审查后认为公安机关应立案的，可通知公安机关立案

C. 公安机关接到检察院立案通知后仍不立案的，经省级检察院决定，检察院可自行立案侦查

D. 乙可直接向法院提起自诉

答案： D

解析：《刑事诉讼法》第 112 条规定："人民法院、人民检察院或者公安机关对于报案、控告、举报和自首的材料，应当按照管辖范围，迅速进行审查，认为有犯罪事实需要追究刑事责任的时候，应当立案；认为没有犯罪事实，或者犯罪事实显著轻微，不需要追究刑事责任的时候，不予立案，并且将不立案的原因通知控告人。控告人如果不服，可以

申请复议。”所以选项 A 错误。《刑事诉讼法》第 113 条规定：“人民检察院认为公安机关对应当立案侦查的案件而不立案侦查的，或者被害人认为公安机关对应当立案侦查的案件而不立案侦查，向人民检察院提出的，人民检察院应当要求公安机关说明不立案的理由。人民检察院认为公安机关不立案理由不能成立的，应当通知公安机关立案，公安机关接到通知后应当立案。”所以选项 B 错误。《高检规则》第 13 条规定：“人民检察院在对诉讼活动实行法律监督中发现的司法工作人员利用职权实施的非法拘禁、刑讯逼供、非法搜查等侵犯公民权利、损害司法公正的犯罪，可以由人民检察院立案侦查。对于公安机关管辖的国家机关工作人员利用职权实施的重大犯罪案件，需要由人民检察院直接受理的，经省级以上人民检察院决定，可以由人民检察院立案侦查。”所以选项 C 错误。《刑诉解释》第 1 条规定：“人民法院直接受理的自诉案件包括：（一）告诉才处理的案件：1. 侮辱、诽谤案（刑法第 246 条规定的，但严重危害社会秩序和国家利益的除外）；2. 暴力干涉婚姻自由案（刑法第 257 第 1 款规定的）；3. 虐待案（刑法第 260 条第 1 款规定的，但被害人没有能力告诉或者因受到强制、威吓无法告诉的除外）；4. 侵占案（刑法第 270 条规定的）。（二）人民检察院没有提起公诉，被害人有证据证明的轻微刑事案件：1. 故意伤害案（刑法第 234 条第 1 款规定的）；2. 非法侵入住宅案（刑法第 245 条规定的）；3. 侵犯通信自由案（刑法第 252 条规定的）；4. 重婚案（刑法第 2588 条规定的）；5. 遗弃案（刑法第 261 条规定的）；6. 生产、销售伪劣商品案（刑法分则第三章第一节规定的，但严重危害社会秩序和国家利益的除外）；7. 侵犯知识产权案（刑法分则第三章第七节规定的，但严重危害社会秩序和国家利益的除外）；8. 刑法分则第四章、第五章规定的，可能判处 3 年有期徒刑以下刑罚的案件。本项规定的案件，被害人直接向人民法院起诉的，人民法院应当依法受理。对其中证据不足，可以由公安机关受理的，或者认为对被告人可能判处三年有期徒刑以上刑罚的，应当告知被害人向公安机关报案，或者移送公安机关立案侦查。（三）被害人有证据证明对被告人侵犯自己人身、财产权利的行为应当依法追究刑事责任，且有证据证明曾经提出控告，而公安机关或者人民检察院不予追究被告人刑事责任的案件。”所以选项 D 正确。

4.（2016 年卷二 72）公安机关获知有多年吸毒史的王某近期可能从事毒品制售活动，遂对其展开初步调查工作。关于这一阶段公安机关可以采取的措施，下列哪些选项是正确的？

A. 监听

B. 查询王某的银行存款

C. 询问王某

D. 通缉

答案：BC

解析：《公安机关规定》第 174 条规定："对接受的案件，或者发现的犯罪线索，公安机关应当迅速进行审查。发现案件事实或者线索不明的，必要时，经办案部门负责人批准，可以进行调查核实。调查核实过程中，公安机关可以依照有关法律和规定采取询问、查询、勘验、鉴定和调取证据材料等不限制被调查对象人身、财产权利的措施。但是，不得对被调查对象采取强制措施，不得查封、扣押、冻结被调查对象的财产，不得采取技术侦查措施。"所以选项 B、选项 C 正确。

第十三章　刑 事 侦 查

第一节　刑事侦查概述

一、侦查的概念

侦查是刑事案件立案后、起诉前的一个独立的诉讼阶段，是公诉案件的必经程序。侦查机关只有经过侦查才能收集证据材料，查明案情并确定是否对犯罪嫌疑人提请逮捕或移送起诉。侦查是起诉和审判的基础。《刑事诉讼法》第 108 条第 1 项规定："侦查是指公安机关、人民检察院对于刑事案件，依照法律进行的收集证据、查明案情的工作和有关的强制性措施。"

据此规定，我国刑事诉讼中的侦查具有以下两层含义：

1. 侦查是公安机关、人民检察院等法定机关的专门职权。侦查是一种专属性权力。根据刑事诉讼法的规定，公安机关主要负责刑事案件的侦查，法律另有规定的除外；人民检察院对其直接受理的案件进行侦查；国家安全机关对危害国家安全的刑事案件进行侦查；军队内部刑事案件的侦查由军队保卫部门进行；罪犯在监狱内部的犯罪由监狱进行侦查；中国海警局履行海上维权执法职责，对海上发生的刑事案件行使侦查权。只有上述刑事诉讼专门机关才有权在各自的管辖范围内对刑事案件进行侦查，其他任何机关、团体和个人，都无权对案件进行侦查。

2. 侦查是法律规定的收集证据、查明案情的工作和具有强制性措施的活动，是公安机关和人民检察院依法收集证据、查明案情的工作。不同于一般的工作，侦查是一种专门的收集证据、查明案情的工作，是指我国刑事诉讼法规定的讯问犯罪嫌疑人、询问证人和被害人以及勘验、检查、搜查、鉴定、通缉等活动。

在侦查过程中强制性措施的适用，对于查明案情、收集证据是必不可少的。刑事诉讼的强制性措施也是侦查的内容，主要包括拘传、取保候审、监视居住、拘留、逮捕等为确保证据的收集而采取的带有强制性的方法。

二、侦查的任务

1. 收集证据，查明犯罪事实，抓获犯罪嫌疑人，是侦查工作的主要内容，又是其基本任务。收集证据，是指收集能证明犯罪嫌疑人有罪与无罪、罪重与罪轻的各种证据；查明案情，是指要查明属于何种性质的犯罪，以及犯罪的目的、动机、手段、犯罪造成的危害后果等基本情况；与此同时还应当根据实际情况，依法采用适当措施使实施犯罪嫌疑人到案接受讯问。

2. 制止和预防犯罪。在侦查中，如果发现犯罪分子继续进行犯罪活动，必须坚决予以制止。对具有社会危险性，可能继续进行犯罪活动的重大嫌疑人，要依法限制或剥夺其人身自由。同时，还要注意发现并堵塞某些管理制度方面存在的漏洞，加强法治教育，以减少和预防犯罪。

三、侦查的意义

1. 侦查是刑事诉讼中的一个独立阶段，是提起公诉案件的必经程序。立案虽是刑事诉讼的开始，但是关于犯罪行为的实施情形以及谁是犯罪人，负有何罪责等实质性问题，一般需通过侦查才能解决。所以，对于需要侦查的刑事案件，侦查阶段起着承上启下的重要作用。

2. 侦查是同犯罪作斗争的重要手段。犯罪嫌疑人作案后一般都会想方设法逃避惩罚，因此，要准确及时地查明犯罪事实，抓获犯罪嫌疑人，就必须依靠强有力的侦查，实施一系列专门的调查工作和采取有关的强制性措施。

3. 侦查是提起公诉和审判的基础与前提。侦查是批准逮捕、起诉和审判的基础及前提条件。侦查工作的成效决定批准逮捕、提起公诉的进程。

4. 侦查是预防犯罪和进行社会治安综合治理的有力措施。制止和预防犯罪的过程，也是教育和发动群众与犯罪作斗争的过程。通过对刑事案件侦查，有利于促使群众和某些单位提高警惕，对社会不稳定分子也有教育和震慑作用。所以，通过侦查，有利于预防和制止犯罪活动，加强社会治安的综合治理。

第二节 刑事侦查行为

一、侦查行为概述

在我国侦查行为既包括侦查人员依法进行的收集证据、查明案情的工作，又包括为防止现行犯、犯罪嫌疑人继续犯罪、逃跑、毁灭证据或自杀等而采取的强制措施。

根据刑事诉讼法的规定，我国侦查行为的体系包含以下内容：讯问犯罪嫌疑人，询问证人、被害人，勘验、检查，搜查，查封、扣押物证、书证，鉴定和通缉等。

这些侦查行为根据实施方法的不同可分为两大类：任意侦查和强制侦查。所谓任意侦查，是指不使用强制力或强制处分而进行的侦查，如询问证人、被害人等。强制侦查则是以强制力处分所进行的侦查，如查封、扣押书证物证、搜查、讯问犯罪嫌疑人、通缉等。强制侦查会更多地触及公民的自由和权利，因而，相比之下，其适用条件应比任意侦查更为严格。

二、讯问犯罪嫌疑人

侦查中的讯问嫌疑人，是指侦查人员依照法定程序，以言词的方式，就案件事实对犯罪嫌疑人进行讯问的一种侦查行为。讯问犯罪嫌疑人是每个刑事案件必须进行的一项重要的侦查行为及侦查手段。讯问犯罪嫌疑人同时又是一项十分复杂而又艰巨的工作。讯问犯罪嫌疑人，对于收集、核实证据，查明案件事实有重要的意义。一方面，有利于查明案件事实，扩大收集证据的线索，发现新的犯罪以及其他应当追究刑事责任的犯罪嫌疑人；另一方面，给犯罪嫌疑人以申辩的机会，维护自身的合法权益。

刑事诉讼法对讯问犯罪嫌疑人的程序作了明确规定，主要有以下几个方面：

1. 讯问的主体。讯问犯罪嫌疑人必须由公安机关或者人民检察院的侦查人员负责进行。其他任何机关、团体和个人都没有这项权利。讯问时侦查人员不得少于 2 人。

2. 讯问的时间、地点。对于不需要逮捕、拘留的犯罪嫌疑人，可以传唤到犯罪嫌疑人所在市、县内的指定地点或者到他的住处进行讯问，但是应当出示公安机关或者人民检察院的证明文件。对于不需要逮捕、拘留的犯罪嫌疑人不能异地讯问。传唤、拘传持续的时间最长不得超过 12 小时；案情特别重大、复杂，需要采取拘留、逮捕措施的，传唤、拘传持续的时间不得超过 24 小时。不得以连续传唤、拘传的形式变相拘禁犯罪嫌疑人。对于已经被拘留或者逮捕的犯罪嫌疑人，应当在拘留或者逮捕后的 24 小时以内讯问，在发现不应当拘留或者逮捕的时候，必须立即释放。

3. 讯问的步骤、方法。侦查人员在讯问犯罪嫌疑人的时候，应当首先讯问犯罪嫌疑人是否有犯罪行为，让他陈述有罪的情节和无罪的辩解，然后向他提出问题。并且应当告知犯罪嫌疑人享有的诉讼权利，如实供述自己罪行可以从宽处理和认罪认罚的法律规定。

4. 讯问聋、哑犯罪嫌疑人，应当有通晓聋、哑手势的人参加，并且将这种情况记入笔录。讯问未成年的犯罪嫌疑人，应当通知其法定代理人到场。无法通知、法定代理人不能到场或者法定代理人是共犯的，也可以通知未成年犯罪嫌疑人的其他成年亲属，所在学校、单位、居住地基层组织或者未成年人保护组织的代表到场，并将有关情况记录在案。到场的法定代理人可以代为行使未成年犯罪嫌疑人的诉讼权利。到场的法定代理人或者其他人员提出办案人员在讯问中侵犯未成年人合法权益的，公安机关应当认真核查，依法处理。如果犯罪嫌疑人不通晓当地通用的语言文字，应当为其提供翻译。

5. 讯问笔录的制作。讯问犯罪嫌疑人应当制作讯问笔录。笔录应当交犯罪嫌疑人核对，对于没有阅读能力的，应当向他宣读。如果记载有遗漏或差错，犯罪嫌疑人可以提出补充或改正。犯罪嫌疑人承认笔录没有错误后，应当签名或者盖章。侦查人员也应当在笔录上签名。犯罪嫌疑人要求自行书写供述，侦查机关应当准许。必要时，侦查人员也可以要求犯罪嫌疑人亲笔书写供词。

6. 讯问犯罪嫌疑人的禁止性规定。讯问犯罪嫌疑人，严禁刑讯逼供，也不准诱供、骗供、指名问供。根据《刑事诉讼法》第 56 条、第 57 条的规定，采用刑讯逼供等非法方法收集的犯罪嫌疑人、被告人供述和采用暴力、威胁等非法方法收集的证人证言、被害人陈述，应当予以排除。收集物证、书证不符合法定程序，可能严重影响司法公正的，应当予以补正或者作出合理解释；不能补正或者作出合理解释的，对该证据应当予以排除。在侦查、审查起诉、审判时发现有应当排除的证据的，应当依法予以排除，不得作为起诉意见、起诉决定和判决的依据。人民检察院接到报案、控告、举报或者发现侦查人员以非法方法收集证据的，应当进行调查核实。对于确有以非法方法收集证据情形的，应当提出纠正意见；构成犯罪的，依法追究刑事责任。

7. 犯罪嫌疑人聘请律师。根据《刑事诉讼法》第 38 条，辩护律师在侦查期间可以为犯罪嫌疑人提供法律帮助；代理申诉、控告；申请变更强制措施；向侦查机关了解犯罪嫌疑人涉嫌的罪名和案件有关情况，提出意见。

8. 讯问犯罪嫌疑人应当个别进行。一个案件有几个犯罪嫌疑人时，侦查人员应当分别讯问，未被讯问的犯罪嫌疑人不得在场，以防止同案犯罪嫌疑人之间相互串供。

三、询问证人、被害人

询问证人，是指侦查人员依照法定程序对证人就其知悉的案件情况，以言词方式进行调查询问的一种侦查行为。证人是了解案件情况的自然人，证人证言是最普遍的一种证据。通过询问证人，既可以全面了解案件的情况，又能够取得作为证据的证言，有助于查明案情，查获犯罪嫌疑人。

根据《刑事诉讼法》的规定，询问证人的程序主要有：

1. 询问前准备。询问证人只能由侦查人员进行。在询问前，侦查人员应当做好充分准备，熟悉案件的有关情况和材料，了解证人的身份及其同案件事实、犯罪嫌疑人的关系，明确询问的目的，确定需要查清的问题。

2. 询问的地点和人数。侦查人员询问证人，可以在现场进行，也可以到证人的所在单位、住处或者证人提出的地点进行，在必要的时候，也可以通知证人到公安机关或者人民检察院提供证言。在现场询问证人，应当出示工作证件，到证人所在单位、住处或者证人提出的地点询问证人，应当出示人民检察院或者公安机关的证明文件。侦查人员询问证人，必须两人以上同时进行。

3. 询问证人应当个别进行。这是指同一案件有多个证人需要询问的时候，应当对每个证人分别进行询问，并分别制作询问笔录。不能同时询问几个证人，这样做有利于避免证人之间互相影响，保证证言的真实性。

4. 询问证人的步骤、方法。为了保证证人如实提供证据，询问证人时，应告知他相关的权利和义务：应当如实地提供证据、证言；有意作伪证或者隐匿罪证要负的法律责任；证人及其近亲属的安全会受到保障。

5. 询问未成年证人的特殊要求。询问不满 18 岁的证人，应当通知其法定代理人到场。针对未成年人遇到不熟悉的环境或人员容易紧张等特点，在询问的时候，应选择在他们所习惯的场所，如学校或他们的家里。

6. 询问聋、哑证人，应当有通晓聋、哑手势的人参加，并且将这种情况记入笔录。如果不通晓当地通用的语言文字的人、外国人，应当为其聘请翻译人员。

7. 询问笔录的制作。询问证人应当制作笔录，笔录要如实记载。笔录制成后应交证人阅读，没有阅读能力的应当向他宣读。如果证人认为记载有错误或者有遗漏的地方，应当允许改正或补充。证人认为无误后，要让其在笔录上签名、盖章。询问的侦查人员也应当签名。证人要求自己书写证言的应当允许。在必要的时候，侦查人员可以要求证人自己书写证言。

询问被害人适用询问证人的程序。但是，由于被害人与证人的诉讼地位不同，与案件及犯罪嫌疑人存在利害关系，因此，对其陈述既要认真听取，还要注意分析是否合乎情理，有无夸大情节。对特殊被害人进行询问，则要注意采用适当方法及相应的措施。例如：询问生命垂危的被害人，既要设法抢救，又要及时进行询问；对于被害人的个人隐私情况，应当为他保守秘密；对于被害人的人身安全，应当给予保护，对于未成年人被害人的询问应当以“一次询问”为原则；在询问女性未成年被害人时，应当有女性侦查人员在场等。

四、勘验、检查

勘验、检查，是指侦查人员对与犯罪有关的场所、物品、尸体或者人身进行勘查、检验、检查，以发现和固定犯罪活动所遗留下来的各种痕迹、物品的一种侦查活动。勘验、检查是侦查中经常采用的一种侦查行为，是发现和获取证据、查明案情的有效手段。勘验、检查的正确性如何，直接关系到对证据的正确判断，并最终影响到侦查的顺利进行。

1. 勘验、检查应当遵循以下程序：

（1）勘验、检查应由侦查人员进行，在必要时，可以指派或者聘请具有专门知识的人参加。根据《刑事诉讼法》第128条规定："侦查人员对于与犯罪有关的场所、物品、人身、尸体应当进行勘验或者检查。在必要的时候，可以指派或者聘请具有专门知识的人，在侦查人员的主持下进行勘验、检查。"勘验、检查的主要任务是发现、收集和研究犯罪的痕迹和物证，是一项技术性较强的工作。因此，必须由侦查人员进行，在特定情况下，指派或聘请具有专门知识的人也是必要的。

（2）勘验、检查应当有见证人参加。进行现场勘验时，应当邀请见证人在场。见证人应当是与案件无利害关系，为人公正的公民。这有利于保证现场勘验的客观性、公正性。

（3）根据《刑事诉讼法》第133条规定，现场勘验的情况应制成笔录，参加勘验的人和见证人应当签名或盖章。

2. 勘验、检查的方法可分为：现场勘验、物证检验、尸体检验、人身检查和侦查实验。

（1）现场勘验。是侦查人员对发生刑事案件的地点和留有犯罪痕迹的场所，进行专门调查的活动。侦查人员进行现场勘验，必须持有刑事犯罪现场勘查证。勘验现场，可以邀请有关专业人员参加。勘验现场，应当制作勘验笔录，拍摄现场照片和绘制现场图。重大案件的现场，有条件的，还应当录像。在笔录中应当记明勘验的时间，现场所在的地点、位置及其周围的环境，现场物品变动、破坏的情况，犯罪分子遗留的各种痕迹和物品及其存留的位置和特征，以及进行提取的情况等。现场勘验笔录应当由侦查人员、其他参加勘验的人员和见证人签名或者盖章。

（2）物证检验。是侦查人员对已经收集到的物品和痕迹进行检查和验证，以确定其与案件有无关系的一种侦查活动。物证检验应当制作笔录，记明检验的过程、物证或者痕迹的特征（如物品的大小、形状、重量、颜色、商标等和痕迹的位置、大小、深度、长度、形态）等。参加检验的人员和见证人应在笔录末尾签名或者盖章，并记明年月日。

（3）尸体检验。是通过对尸表进行检验或者对尸体进行解剖，确定死亡的原因、时间判明致死的工具、手段和方法，为侦查破案提供线索和根据的一种侦查活动。检验尸体，应当在侦查人员的主持下，由法医或医师进行。《刑事诉讼法》第131条规定："对于死因不明的尸体，公安机关有权决定解剖，并且通知死者家属到场。"在解剖尸体前，应由侦查人员查明死者的年龄、面貌、体格特征和尸体的来源等。解剖后，应就其死因提出尸体解剖报告，由参加检验的法医或者医师签名、盖章。

（4）人身检查。是指为了确定被害人、犯罪嫌疑人的某些特征、伤害情况或者生理状态，对他们的人身进行检验、查看的一种侦查活动。进行人身检查必须注意：

第一，人身检查只能由侦查人员进行。必要时，可以指派或者聘请有专门知识的人员在侦查人员主持下进行；也可以聘请法医或医师检查，但必须按侦查人员根据案情提出的要求进行。

第二，人身检查只适用于犯罪嫌疑人和被害人，对证人不能进行人身检查。犯罪嫌疑人如果拒绝检查，侦查人员认为必要的时候，可以强制检查；而被害人如果拒绝检查，则不能强制检查，只能通过说服教育解决。

第三，检查妇女的身体，应当由女工作人员或者医师进行。对强奸案件中的被害人，一般不得进行生殖器官检查，特殊需要检查的，应当征得本人及其家属的同意，经地（市）公安处（局）长批准，在指定的医院由女医师或女法医进行。

第四，人身检查应当依法制作笔录，详细记载检查的情况和结果，参加检查的人员和见证人应当在笔录上签名或盖章。

（5）侦查实验。是指在侦查中为了查明案件在某种条件下的某种情况或者某种行为能否发生，而按照原来的条件进行模拟实验的一种侦查行为。侦查实验应当注意以下问题：

第一，侦查实验应经县以上公安机关负责人批准。

第二，侦查实验的条件应与原来的条件相同或相似，并且尽量对同一情况重复试验，以保证侦查实验的科学性和准确性。

第三，禁止一切足以造成危险、侮辱人格或者有伤风化的行为。

第四，侦查实验应当邀请见证人在场，必要时也可以商请人民检察院派员参加和邀请具有专门知识的人员参加。

第五，侦查实验应当制作笔录，写明实验目的、时间和地点、实验的条件及实验的经过和结果，并由进行实验的人员、其他参加人员和见证人签名或者盖章。实验的照片、绘图应附入侦查实验笔录。

五、搜查

搜查，是指侦查人员对犯罪嫌疑人以及可能隐藏罪犯或者犯罪证据的人的身体、物品、住处和其他有关的地方进行搜索、检查的一种侦查行为。

搜查是一种强制性的侦查行为，直接关系到公民的人身自由和住宅不受侵犯的权利。

刑事诉讼法对搜查作了严格的规定：

1. 搜查只能由公安机关或者人民检察院的侦查人员进行，其他任何机关、单位和个人都无权对公民人身和住宅进行搜查。搜查的目的必须是为了破获案件而搜集相关犯罪证据，不得因其他目的滥用搜查措施。

2. 搜查是法律赋予侦查机关的一项职权。根据《刑事诉讼法》第137条的规定，任何单位和个人，有义务按照公安机关和人民检察院的要求，交出可以证明犯罪嫌疑人有罪或者无罪的物证、书证、视听资料。

3. 进行搜查，必须向被搜查人出示搜查证，否则，被搜查人有权拒绝搜查。公安机关的搜查证，要由县级以上公安机关负责人签发。人民检察院的搜查证，要由检察长签发。但是侦查人员“在执行逮捕、拘留的时候，遇有紧急情况，不另用搜查证也可以进行搜查”。所谓紧急情况，包括：（1）可能随身携带凶器的；（2）可能隐藏爆炸、剧毒等危险物品的；（3）可能隐匿、毁弃、转移犯罪证据的；（4）可能隐匿其他犯罪嫌疑人的；（5）其他突然发生的紧急情况。在这些紧急情况下，来不及办理搜查的审批手续，所以，允许凭借拘留证、逮捕证进行搜查。

4. 搜查的时候，应当有被搜查人或者他的家属、邻居或者其他见证人在场。搜查到的与案件有关的物品，应当让见证人过目。对国家机关、团体或企业、事业的工作处所进行搜查时，应当有该机关、团体、企业、事业的代表参加。需要对外国驻我国的外交机构或住宅进行搜查，必须经该外交机构的同意。搜查时还应有人民检察院和我国的外事机构的代表参加。

5. 搜查妇女的身体，应当由女工作人员进行。

6. 搜查的情况应制作搜查笔录，并写明发现何种证据，以及提取和扣押的物证、书证的名称、牌号、数量、特征等，最后由侦查人员和被搜查人或者他的家属、邻居或者其他见证人签名或者盖章。如果被搜查人或者他的家属在逃或者拒绝签名、盖章，应当在笔录上注明拒绝签字盖章的原因和理由。

7. 进行搜查的人员不得少于2人。搜查的对象和范围，既可以是犯罪嫌疑人，也可以是其他可能隐匿罪犯或者犯罪证据的人；既可以对人身进行，也可以对被搜查人的住处、物品和其他有关场所进行。

六、查封、扣押物证、书证

查封、扣押物证、书证，是指侦查机关对与案件有关的物品或文件等依法强制扣押的一种侦查行为。查封、扣押物证、书证的目的是提取和保全诉讼证据。侦查机关查封、扣押与案件有关的物品、文件，可以获取和保全物证、书证，防止物品被损毁和被隐匿，从而用以认定案情，查明犯罪事实，同时保障刑事诉讼活动的顺利进行。

查封、扣押物证、书证，直接关系到公民的财产及通信自由等权利，因此必须严格依照法定程序进行。

1. 查封、扣押物证、书证通常是在勘验、搜查时进行。根据《刑事诉讼法》第 141 条的规定，在侦查活动中发现的可用以证明犯罪嫌疑人有罪或者无罪的各种财物、文件，应当查封、扣押；与案件无关的财物、文件，不得查封、扣押。

2. 对查封、扣押的财物、文件，要妥善保管或者封存，不得使用、调换或者损毁。

3. 对查封、扣押的财物和文件，应当会同在场见证人和被查封、扣押财物、文件持有人查点清楚，当场开列清单一式两份，由侦查人员、见证人和持有人签名或者盖章，一份交给持有人，另一份附卷备查。扣押的如果是国家或者集体的财产或文件，还应当有该单位的代表在场。物品持有人或者他的家属在逃或拒绝签字的，应在扣押清单上注明，不影响扣押的执行。

4. 侦查人员认为需要扣押犯罪嫌疑人的邮件、电报的时候，经公安机关或者人民检察院批准，即可通知邮电机关将有关的邮件、电报检交扣押。不需要继续扣押的时候，应即通知邮电机关。

5. 人民检察院、公安机关根据侦查犯罪的需要，可以依照规定查询、冻结犯罪嫌疑人的存款、汇款、债券、股票、基金份额等财产。有关单位和个人应当配合。已被冻结的存款、汇款、债券、股票、基金份额等财产不得重复冻结。

6. 对查封、扣押的财物、文件、邮件、电报或者冻结的存款、汇款、债券、股票、基金份额等财产，经查明确实与案件无关的，应当在 3 日以内解除查封、扣押、冻结，予以退还。

七、鉴定

侦查中的鉴定，是指侦查机关指派或聘请有专门知识的人，对案件中的某些专门性的问题进行检验鉴别和判断的一种侦查行为。鉴定的种类有法医鉴定、司法精神病鉴定、刑事科学技术鉴定、会计鉴定和其他各项技术鉴定等。

根据刑事诉讼法的规定，鉴定应当遵守以下程序和要求：

1. 有关机关指派或者聘请鉴定人进行鉴定的时候，应当向鉴定人提出需要鉴定的问题，并为鉴定人提供足够的鉴定材料。必要的时候，还可以向鉴定人介绍某些案情，以帮助鉴定人正确作出鉴定。如果提供的鉴定材料不足，或者鉴定人认为自己的知识、技术水平不够，可以要求补充材料或者更换鉴定人。

2. 鉴定人进行鉴定后，应当写出鉴定意见。鉴定意见应当对提出鉴定的问题作出明确的回答，并说明其科学或技术上的根据。确实难以作出鉴定意见的，应当实事求是地加以注明。一案有几个鉴定人的，可以共同研究，提出共同的鉴定意见。如果意见不一致，可以分别写出自己的鉴定意见。司法实践中，鉴定意见一般用鉴定书的形式制作。鉴定书要文字简练，描述确切，照片要真实清晰，特征要标划鲜明。最后鉴定人要在鉴定书上签名，并且注明其技术职称，加盖刑事鉴定专用章，或者鉴定人所在单位公章，以示负责。

3. 人身伤害的医学鉴定有争议，需要重新鉴定或者对精神病的医学鉴定，由省级人民政府指定的医院进行。鉴定人进行鉴定后，也应当写出鉴定意见，并且由鉴定人签名，医院加盖公章。

4. 侦查机关应当将用作证据的鉴定意见告知犯罪嫌疑人、被害人。如果犯罪嫌疑人、被害人提出申请，可以补充鉴定或者重新鉴定。

八、辨认

辨认，是指在侦查人员的主持下由被害人、证人或犯罪嫌疑人对与犯罪有关的物品、文件、场所、尸体或者犯罪嫌疑人进行指认的一种侦查行为。

辨认，是查证犯罪嫌疑人、核实证据的一种有效侦查方式。刑事诉讼法没有明确规定辨认，仅在《公安机关规定》和《高检规则》中作出了专门规定。

根据《公安机关规定》和《高检规则》的有关要求，辨认应当遵循下列程序：

1. 公安机关在侦查过程中是否需要进行辨认，由侦查部门负责人审查决定。人民检察院决定对犯罪嫌疑人进行辨认的，应当经检察长批准。

2. 辨认应当在侦查人员的主持下进行。在公安机关侦查的案件中，主持辨认的侦查人员不得少于 2 人。在辨认前，应当向辨认人详细询问被辨认对象的具体特征，避免辨认人在辨认前见到被辨认对象；并且告知辨认人有意做虚假辨认应当承担的法律责任。

3. 多个辨认人对同一辨认对象进行辨认时，应当让每位辨认人单独进行辨认。为保证辨认的客观性和合法性，侦查人员应当聘请证人参加辨认。

4. 辨认时，应当将辨认对象混杂在其他人员或物品中，不得在辨认前向辨认人展示辨认对象及其影像资料，不得给辨认人任何暗示。公安机关侦查刑事案件辨认犯罪嫌疑人时，被辨认的人数不得少于 7 人；对犯罪嫌疑人照片进行辨认的，不得少于 10 人的照片。

辨认物品时，混杂的同类物品不得少于五件；对物品的照片进行辨认的，混杂的同类物品的照片不得少于 10 个。人民检察院侦查刑事案件实施辨认时，对人的辨认，混杂的辨认对象应当不少于 7 人；对物的辨认，混杂的辨认对象应当不少于 5 个；对照片的辨认，如果辨认对象是人，则混杂对象不少于10张照片，如果辨认对象是物，则混杂对象不得少于5张照片。对场所、尸体等特定辨认对象进行辨认，或者辨认人能够准确描述物品独有特征的，陪衬物不受数量的限制。

5. 对犯罪嫌疑人的辨认，辨认人不愿公开进行的，可以在不暴露辨认人的情况下进行，侦查人员应当为其保密。

6. 对辨认经过和结果，应当制作辨认笔录，由侦查人员、辨认人、见证人签名。必要时，应当对辨认过程进行录音录像。

7. 人民检察院主持进行辨认，可以请公安机关参加或者协助。

九、通缉

通缉，是指公安机关通令缉拿依法应当逮捕而在逃犯罪嫌疑人的一种侦查行为。通缉的任务是通过公安系统的通力合作，并动员社会的一切力量，共同把在逃的犯罪嫌疑人缉拿归案。

根据刑事诉讼法的规定，采取通缉这种侦查方法时，应遵守以下规定：

1. 通缉决定只能由公安机关、人民检察院作出，并由公安机关执行，其他任何机关、单位和个人都无权发布通缉令。人民检察院需要追捕在逃的犯罪嫌疑人时，应当由公安机关发布通缉令；并经过公安机关负责人批准。

2. 通缉的对象是应当逮捕而又在逃的犯罪嫌疑人或刑事被告人。包括有证据证明其犯罪事实、应当逮捕而在逃的犯罪嫌疑人，已被执行逮捕又脱逃的犯罪嫌疑人以及服刑期间逃跑的犯罪分子等。

3. 通缉令中应当写明被通缉人的姓名、别名、曾用名、绰号、性别、年龄、籍贯、出生地、户籍所在地、居住地、职业、身份证号码、衣着和体貌特征、口音、行为习惯，并附被通缉人近期照片，可以附指纹及其他物证的照片。除了必须保密的事项外，应当写明发案的时间、地点和简要案情。通缉令必须加盖发布机关的印章。

4. 各级公安机关在自己管辖的地区以内，可以直接发布通缉令；超出自己管辖的地区，应当报请有权决定的上级机关发布。

5. 接到通缉令的各级公安机关，应当立即采取有效措施，积极进行缉查，围追堵截。对车站、码头、机场等交通场所，以及被通缉人可能隐藏或出入的地方，都要严格加以控制。一切公民都有义务协助公安机关追捕在逃的犯罪嫌疑人。发现被通缉的犯罪嫌疑人，任何人都有权将其扭送公安机关、人民检察院或人民法院处理。

6. 被通缉的人已经归案、死亡或者通缉的原因已经消失而无通缉必要的，发布通缉令的公安机关应当在原发布范围内立即通知撤销通缉令。

第三节　人民检察院行使侦查权的特殊规定

一、人民检察院侦查的权限

人民检察院对直接受理的案件的侦查，是指人民检察院对自己立案受理的案件，依法进行的专门调查工作和实施有关的强制性措施。《刑事诉讼法》第 19 条第 2 款规定："人民检察院在对诉讼活动实行法律监督中发现的司法工作人员利用职权实施的非法拘禁、刑讯逼供、非法搜查等侵犯公民权利、损害司法公正的犯罪，可以由人民检察院立案侦查。对于公安机关管辖的国家机关工作人员利用职权实施的重大犯罪案件，需要由人民检察院直接受理的时候，经省级以上人民检察院决定，可以由人民检察院立案侦查。"该条直接赋予了人民检察院享有一定的侦查权。

二、人民检察院行使侦查权限的范围

根据《刑事诉讼法》第 19 条第 2 款的规定，人民检察院享有的职务犯罪侦查权具有一定范围限制。首先，从主体角度而言，人民检察院享有的职务犯罪侦查权仅适用于人民检察院在对诉讼活动实行法律监督中发现的职务犯罪案件。可见人民检察院享有的职务犯罪侦查权必须立足于特定的诉讼活动，具有很强的法律监督色彩。其次，在职务犯罪主体上，仅限于司法工作人员利用职权实施的职务犯罪行为。

最高人民检察院于 2018 年 11 月 24 日印发的《关于人民检察院立案侦查司法工作人员相关职务犯罪案件若干问题的规定》（以下简称"《职务犯罪若干规定》"）对检察机关享有侦查权的案件进行了详细规定。人民检察院在对诉讼活动实行法律监督中，发现司法工作人员涉嫌利用职权实施的下列侵犯公民权利、损害司法公正的犯罪案件，可以立案侦查：（1）非法拘禁罪（《刑法》第 238 条）（非司法工作人员除外）；（2）非法搜查罪（《刑法》第 245 条）（非司法工作人员除外）；（3）刑讯逼供罪（《刑法》第 247 条）；（4）暴力取证罪（《刑法》第 247 条）；（5）虐待被监管人罪（《刑法》第 248 条）；（6）滥用职权罪（《刑法》第 397 条）（非司法工作人员滥用职权侵犯公民权利、损害司法公正的情形除外）；（7）玩忽职守罪（《刑法》第 297 条）（非司法工作人员玩忽职守侵犯公民权利、损害司法公正的情形除外）；（8）徇私枉法罪（《刑法》第 399 条第 1 款）；（9）民事、行政枉法裁判罪（《刑法》第 399 条第 2 款）；（10）执行判决、裁定失职罪（《刑法》第 399 条第 3 款）；（11）执行判决、裁定滥用职权罪（《刑法》第 399 条第 3 款）；（12）私放在押人员罪（《刑法》第 400 第 1 款）；（13）失职致使在押人员脱逃罪（《刑法》第400条第2款)；(14)徇私舞弊减刑、假释、暂予监外执行罪(《刑法》第401条)。

三、人民检察侦查权具体行使者

根据《职务犯罪若干规定》的规定，人民检察院管辖的职务犯罪案件由设区的市级人民检察院立案侦查。基层人民检察院发现犯罪线索的，应当报设区的市级人民检察院决定立案侦查。设区的市级人民检察院也可以将案件交由基层人民检察院立案侦查，或者由基层人民检察院协助侦查。最高人民检察院、省级人民检察院发现犯罪线索的，可以自行决定立案侦查，也可以将案件线索交由指定的省级人民检察院、设区的市级人民检察院立案侦查。

人民检察院负责刑事检察工作的专门部门负责此类案件的侦查。设区的市级以上人民检察院侦查终结的案件，可以交有管辖权的基层人民法院相对应的基层人民检察院提起公诉；需要指定其他基层人民检察院提起公诉的，应当与同级人民法院协商指定管辖；依法应当由中级人民法院管辖的案件，应当由设区的市级人民检察院提起公诉。

四、人民检察院侦查的程序

人民检察院对直接受理的案件的侦查，除法律明确规定的以外，适用刑事诉讼法有关公安机关侦查的规定，适用《刑事诉讼法》第115条至第163条的相关规定。

根据《刑事诉讼法》第165条的规定，需要逮捕、拘留犯罪嫌疑人的，人民检察院有权作出决定，由公安机关执行。

对已经拘留的犯罪嫌疑人，根据《刑事诉讼法》第166条、第167条的规定，应当在拘留后的24小时以内进行讯问。在发现不应当拘留的时候，必须立即释放，发给释放证明。认为需要逮捕的，应当在14日以内作出决定。在特殊情况下，决定逮捕的时间可以延长1日至3日。对不需要逮捕的，应当立即释放；对需要继续侦查，并且符合取保候审、监视居住条件的，依法取保候审或者监视居住。

与普通刑事案件不同，人民检察院办理职务犯罪案件时，在讯问过程中必须实行全程同步录音录像。2006年1月17日，在浙江宁波召开的全国检察机关推行讯问职务犯罪嫌疑人全程同步录音录像工作现场会要求，人民检察院办理职务犯罪案件每一次讯问犯罪嫌疑人时，都应当对讯问全过程实施不间断的录音录像。这项工作分“五步走”：第一步，从2006年3月1日开始，全国检察机关办理职务犯罪案件讯问职务犯罪嫌疑人必须实行全程同步录音，最高人民检察院、省级人民检察院、省会(首府)市人民检察院和东部地区分州市人民检察院办理贿赂案件和其他职务犯罪要案，还必须实行讯问犯罪嫌疑人全程同步录像。第二步，从2006年底开始，中西部地区分州市人民检察院和东部地区县区级人民检察院办理贿赂案件和其他职务犯罪要案，必须实行讯问犯罪嫌疑人全程同步录像。第三步，从2007年10月1日开始，全国检察机关办理职务犯罪案件讯问犯罪嫌疑人必须实行全程同步录音录像。第四步，2012年《刑事诉讼法》修改时，第121条规定："侦查人员在讯问犯罪嫌疑人的时候，可以对讯问过程进行录音或者录像；对于可能判处无期徒刑、死刑的案件或者其他重大犯罪案件，应当对讯问过程进行录音或者录像。录音或者录像应当全程进行，保持完整性。"2012年10月8日，最高人民检察院、公安部印发《关于在看守所设置同步录音录像讯问室的通知》，规定各级人民检察院在直接立案侦查的案件中讯问在押职务犯罪嫌疑人应当在看守所进行，并实行全程同步录音录像。第五步，2014年最高人民检察院颁布的《关于人民检察院讯问职务犯罪嫌疑人实行全程同步录音录像的规定》将这一项制度进一步细化。

省级（含省级）以上人民检察院对直接受理的案件中被拘留的人，认为需要逮捕的，应当在10日以内作出决定，在特殊情况下，决定逮捕的时间可以延长1日至4日。但是《职务犯罪若干规定》废止了省级以下人民检察院对直接受理的案件中被拘留的人，认为需要逮捕的，应当报请上一级人民检察院决定的制度。至此，在人民检察院办理职务犯罪案件中，认为需要逮捕犯罪嫌疑人的，由相应的刑事检察部门审查，报检察长或者检察委员会决定。有决定权的检察院认为不需要逮捕的，应当立即释放；对于需要继续侦查，符合取保候审、监视居住条件的，应当依法取保候审或者监视居住。最高人民检察院直接立案侦查的案件，符合《刑事诉讼法》第157、158条和第160条规定的条件，需要延长犯罪嫌疑人侦查羁押期限的，由最高人民检察院依法决定。人民检察院不能在法定羁押期限内侦查终结的，应当依法释放犯罪嫌疑人或者变更强制措施。

第四节 侦查终结

一、侦查终结的概念

侦查终结，是指公安机关或者人民检察院对刑事案件进行一系列的侦查活动以后，根据已经查明的事实、证据和有关的法律规定，足以作出犯罪嫌疑人是否犯罪、犯什么罪、犯罪情节轻重以及是否应当追究刑事责任的结论时，决定结束侦查并对案件作出处理决定的诉讼活动。

根据刑事诉讼法的规定，侦查终结有以下两种情形：第一，经过侦查，取得了能够证实犯罪嫌疑人有罪以及犯罪情节轻重的证据，没有发现遗漏罪行和其他应当追究刑事责任的同案犯罪嫌疑人时，即应及时终结侦查。第二，经过侦查，发现不应对犯罪嫌疑人追究刑事责任时，也应及时终结侦查。这种侦查终结的情况可能是没有犯罪事实存在或者犯罪嫌疑人的行为不构成犯罪，或者犯罪嫌疑人具有法定的不追究刑事责任的情形。

侦查终结是侦查程序的最后一项工作，也是侦查的必经阶段。侦查机关通过对已收集证据的审查判断，确定犯罪嫌疑人是否有罪并向检察机关提出起诉意见或作出撤销案件的决定。因此对于准确及时追究犯罪嫌疑人，有效保护无辜具有重要意义。

二、侦查终结后的处理

（一）公安机关对侦查终结案件的处理

首先，主办的侦查机关应出具侦查终结报告；其次，对撤销案件或提起诉讼的建议，报领导审批后，依法制作撤销案件决定书或起诉意见书。对于犯罪嫌疑人自愿认罪的，应当记录在案，随案移送，并在起诉意见书中写明有关情况。

需要说明的是，撤销案件不是必须等到侦查终结后才能作出，这样有利于及时保护无辜的人不受刑事追究。公安机关作出撤销案件的决定后，应当立即释放被逮捕的犯罪嫌疑人，发给释放证明，并通知原批准逮捕的人民检察院。

依照《刑事诉讼法》第 162 条规定，如果决定对案件侦查终结，则需要符合以下条件。

1. 犯罪事实清楚。指对于犯罪人、犯罪时间和地点、犯罪动机和目的、犯罪手段、犯罪后果都已经查清，并且没有遗漏犯罪罪行，没有遗漏应当追究刑事责任的其他人，这是侦查终结的首要条件。

2. 案件的证据确实、充分。是指案件的证据材料来源可靠，并已查证属实。证据与案件事实之间的联系，案内各种证据之间能够相互印证，形成完整的证明体系，足以确定犯罪嫌疑人有罪和犯罪情节的轻重。

3. 法律手续完备。侦查终结时，各种法律手续必须齐全、完备。法律手续是侦查机关办案的依据，也是对侦查工作的一种监督，是侦查工作质量的保证。

4. 在案件侦查终结前，辩护律师提出要求的，侦查机关应当听取辩护律师的意见，并记录在案。辩护律师提出书面要求的，应当附卷。

（二）人民检察院对侦查终结案件的处理

《刑事诉讼法》第 168 条规定：人民检察院侦查终结的案件，应当作出提起公诉、不起诉或者撤销案件的决定。

根据《高检规则》第 237、245、246 条的规定，人民检察院直接受理的案件，经侦查认为犯罪事实清楚，证据确实、充分，依法应当追究刑事责任的案件，应当及时终结侦查；由办案人员制作侦查终结报告，并且制作起诉意见书。对于犯罪情节轻微，依照刑法规定不需要判处刑罚或免除刑罚的案件，侦查人员应当制作侦查终结报告，并且制作不起诉意见书，连同其他案卷材料，报请检察长批准。

经侦查，发现不应当对犯罪嫌疑人追究刑事责任时，应当终止侦查；由侦查人员制作撤销案件意见书，报经侦查部门负责人同意后，报经检察长或者检察委员会决定。对决定撤销的案件，应当填写撤销案件决定书，分别送达犯罪嫌疑人所在单位和犯罪嫌疑人。犯罪嫌疑人死亡的，应当送达犯罪嫌疑人原所在单位。如果犯罪嫌疑人在押的，应当制作决定释放通知书，通知公安机关依法释放；公安机关应当立即释放，并发给释放证明。

三、补充侦查

补充侦查，是指公安机关或者人民检察院依照法定程序，在原有侦查工作的基础上继续进行调查、收集补充证据的一种侦查活动。补充侦查，并不是每一个案件都必须经过的诉讼程序，它只适用于没有完成原有侦查任务，部分事实、情节尚未查明的某些刑事案件。进行补充侦查，对查清全部案情，达到侦查终结的要求，保证办案质量，具有重要意义。

根据我国《刑事诉讼法》的规定，补充侦查的发生有三种情形，即审查批准逮捕时的补充侦查、审查起诉时的补充侦查和法庭审理时的补充侦查。

（一）审查批准逮捕时的补充侦查

根据《刑事诉讼法》第 90 条的规定，人民检察院对于公安机关提请批准逮捕的案件进行审查后，应当根据情况分别作出批准逮捕或者不批准逮捕的决定。对于批准逮捕的决定，公安机关应当立即执行，并且将执行情况及时通知人民检察院。对于不批准逮捕的，人民检察院应当说明理由，需要补充侦查的，应当同时通知公安机关。

（二）审查起诉阶段的补充侦查

1. 补充侦查的形式。包括退回补充侦查和自行侦查。

2. 补充侦查的期限和次数。根据《刑事诉讼法》第 175 条第 3 款的规定，对于补充侦查的案件，应当在 1 个月以内补充侦查完毕，补充侦查以两次为限。既包括退回公安机关补充侦查的案件，也包括人民检察院自侦案件中决定退回补充侦查的案件，还包括监察机关移送的人民检察院自行补充侦查的案件。

3. 人民检察院捕诉部门认为犯罪事实不清，证据不足或者存在遗漏罪行、遗漏同案犯罪嫌疑人等情形需要补充侦查的，应当制作补充侦查提纲，连同案卷材料一并退回公安机关（或人民检察院自侦部门）补充侦查。人民检察院捕诉部门也可以自行侦查，必要时可以要求公安机关（或人民检察院自侦部门）提供协助。

4. 补充侦查完毕移送人民检察院后，人民检察院重新计算审查起诉期限。经过一次退回补充侦查的案件，人民检察院仍然认为证据不足，不符合起诉条件的，可以作出不起诉决定。如果案件经过两次退回补充侦查，仍然证据不足，不符合起诉条件的，人民检察院应当作出不起诉决定。

（三）法庭审理阶段的补充侦查

1. 公诉人在法庭审理过程中认为需要补充侦查而建议延期审理的，法院应当接受。检察院建议的次数不得超过两次，每次补充侦查的期限是 1 个月。

2. 补充侦查期限届满未提请法庭恢复庭审的，按照检察院撤诉处理。

3. 补充侦查完毕，移送法院后，人民法院重新计算审理期限。

4. 补充侦查只能由检察机关主动提出，人民法院无权直接将案件退回人民检察院补充侦查。

5. 人民检察院应当自行侦查，必要时可以要求公安机关予以协助。

6. 合议庭在审理过程中，发现被告人可能有自首、坦白、立功等法定量刑情节，而起诉和移送的证据材料中没有相关证据材料的，应当通知人民检察院在指定时间内移送。审判期间，被告人提出新的立功线索的，人民法院可以建议人民检察院补充侦查。

第五节　侦查监督

一、侦查监督的概念

侦查监督是指人民检察院依法对侦查机关的侦查活动是否合法进行的监督。根据刑事诉讼法的规定，除公安机关外，国家安全机关、监狱、军队保卫部门、中国海警局以及人民检察院的侦查部门也依法行使侦查权。

侦查监督是人民检察院刑事诉讼法律监督的重要组成部分，侦查监督在刑事诉讼中具有十分重要的意义。

（一）侦查监督有利于保证国家刑事法律的统一、正确实施，保证办案质量

人民检察院对侦查机关的侦查活动实行监督，可以使侦查机关在侦查活动中违反法律规定的行为得到及时、有效的发现和纠正，从而保证侦查活动严格依照法定程序和要求进行；从诉讼程序上保障犯罪嫌疑人的合法权益，防止和避免出现冤假错案，保证案件的正确处理。

（二）侦查监督有利于保障公民的合法权益

侦查监督可有效避免侦查人员在侦查活动中违反法定程序的行为和刑讯逼供、贪赃枉

法、敲诈勒索等违法犯罪行为，从而切实维护和保障公民的合法权益。

（三）侦查监督有利于提高侦查人员的执法水平，督促其严格依法办事，更好地维护社会主义法制的权威

通过侦查监督，及时纠正少数侦查人员滥用职权的违法行为，提高对严格依法办案的认识和执法水平。同时通过侦查监督，及时纠正侦查活动中的违法乱纪行为，提高对公安司法机关办理案件公正性、合法性的认识，从而更好地维护社会主义法治的权威。

二、侦查监督的范围

根据《刑事诉讼法》和《高检规则》的规定，人民检察院对公安机关的侦查活动是否合法实行监督，主要是发现和纠正以下违法行为：（1）采用刑讯逼供以及其他非法方法收集犯罪嫌疑人供述的；（2）讯问犯罪嫌疑人依法应当录音或者录像而没有录音或者录像，或者未在法定羁押场所讯问犯罪嫌疑人的；（3）采用暴力、威胁以及非法限制人身自由等非法方法收集证人证言、被害人陈述，或者以暴力、威胁等方法阻止证人作证或者指使他人作伪证的；（4）伪造、隐匿、销毁、调换、私自涂改证据，或者帮助当事人毁灭、伪造证据的；（5）违反刑事诉讼法关于决定、执行、变更、撤销强制措施的规定，或者强制措施法定期限届满，不予释放、解除或者变更的；（6）应当退还取保候审保证金不退还的；（7）违反刑事诉讼法关于讯问、询问、勘验、检查、搜查、鉴定、采取技术侦查措施等规定的；（8）对与案件无关的财物采取查封、扣押、冻结措施，或者应当解除查封、扣押、冻结而不解除的；（9）贪污、挪用、私分、调换、违反规定使用查封、扣押、冻结的财物及其孳息的；（10）不应当撤案而撤案的；（11）侦查人员应当回避而不回避的；（12）依法应当告知犯罪嫌疑人诉讼权利而不告知，影响犯罪嫌疑人行使诉讼权利的；（13）对犯罪嫌疑人拘留、逮捕、指定居所监视居住后依法应当通知家属而未通知的；（14）阻碍当事人、辩护人、诉讼代理人、值班律师依法行使诉讼权利的；（15）应当对证据收集的合法性出具说明或者提供证明材料而不出具、不提供的；（16）侦查活动中的其他违反法律规定的行为。

三、侦查监督的措施

根据《刑事诉讼法》和最高人民检察院《高检规则》的有关规定，人民检察院通过采取以下途径和措施，对公安机关的侦查活动实行法律监督：

1. 人民检察院通过审查逮捕、审查起诉，审查公安机关的侦查活动是否合法。发现违法情况应当提出意见，通知公安机关纠正。构成犯罪的，移送有关部门依法追究刑事责任。人民检察院发现侦查中违反法律规定的羁押和办案期限规定的，也应当依法提出纠正

意见。

2. 人民检察院根据案件需要，通过派员参加公安机关对于重大案件的讨论和其他侦查活动，发现公安机关在侦查活动中的违法行为的时候，应当及时通知纠正。对于监察机关调查的案件，经监察机关商请，人民检察院可以派员介入监察机关办理的职务犯罪案件。

3. 诉讼参与人对于侦查机关或侦查人员侵犯其权利和人身侮辱的行为提出控告的，人民检察院应当受理，及时审查依法处理。

4. 人民检察院通过审查公安机关执行人民检察院批准或不批准逮捕决定的情况，以及释放被逮捕的犯罪嫌疑人或者变更逮捕措施的情况，发现侦查活动中的违法行为，应当及时通知纠正。

5. 人民检察院发现公安机关在侦查或决定、执行、变更、撤销强制措施的活动中有违法情形的，应当及时提出纠正意见。

对于情节较轻的违法行为，由检察人员以口头方式向侦查人员或者公安机关负责人提出纠正，并及时向本部门负责人汇报；必要的时候，由部门负责人提出。对于情节较重的违法行为，应当报请检察长批准后，向公安机关发出纠正违法通知书。人民检察院发出纠正违法通知书的，应当监督落实情况；没有回复的，应当督促公安机关回复。人民检察院提出的纠正意见不被接受的，应当向上一级人民检察院报告。上级人民检察院认为下级人民检察院纠正意见正确的，应当及时通报被监督公安机关的上级机关或者主管机关，并建议其督促被监督单位予以纠正；上级人民检察院认为下级人民检察院纠正违法的意见错误的，应当书面通知下级人民检察院予以撤销，下级人民检察院应当执行，并及时向被监督公安机关说明情况。

人民检察院发现侦查活动中的违法情形已涉嫌犯罪，属于人民检察院管辖的，依法立案侦查；不属于人民检察院管辖的，依照有关规定移送有管辖权的机关。人民检察院负责捕诉的部门发现本院负责侦查的部门在侦查活动中有违法情形，应当提出纠正意见。需要追究相关人员违法违纪责任的，应当报告检察长。

上级人民检察院发现下级人民检察院在侦查活动中有违法情形，应当通知其纠正。下级人民检察院应当及时纠正，并将纠正情况报告上级人民检察院。

理论导读

理论界对于侦查程序的研究主要集中于犯罪嫌疑人的权利保障问题。

我国的侦查程序中，侦查机关处于主导地位，犯罪嫌疑人对其制约极为有限。尽管《刑事诉讼法》和修订后的《律师法》均规定，律师在案件的侦查阶段有权接受犯罪嫌疑人的委托介入刑事诉讼，并行使部分权利。但是对于律师在侦查阶段的角色定位和具体职能却没有明确的规定，由此引起理论界和实务界的争论。主要的观点有辩护人说、法律帮助人说、诉讼代理人说等。辩护人说认为，侦查阶段接受聘请为犯罪嫌疑人提供法律帮助的律师实际上就是辩护人，具有辩护人的诉讼地位。只有把该阶段律师的诉讼身份界定为辩护人，才能够在理论上和实践上合理地阐释律师在侦查阶段所发挥的职能作用。① 法律帮助人说认为，从侦查阶段律师的权利来看，提供法律咨询、代理申诉、控告等，并不具备辩护性质，属于一般的法律帮助行为；从诉讼职能来看，辩护是刑事诉讼中与控诉职能相对而存在的职能，没有控诉何谈辩护。诉讼代理人说认为，律师在侦查阶段向犯罪嫌疑人提供的法律帮助服务等，只能属于一般的法律行为，从这个意义上说，侦查阶段的律师可以称为“诉讼代理人”。

域外的刑事诉讼程序非常重视对侦查程序的监督制约。目的在于防止追诉机关肆意侵害被追诉者的人身、财产等基本权利，并且间接地保护一般社会成员的基本权益不受潜在的威胁。各国大多通过司法审查和授权机制来实现上述目标，即由不承担追诉职能的中立机构——通常是法院，对追诉机关的刑事诉讼行为进行审查，特别是对其中涉及人身自由和个人隐私的强制措施予以严格的司法控制，只有经过法院的审查和授权，侦查机关才能根据令状执行逮捕、搜查、窃听等侦查行为。这样的侦查控制方式即令状主义。

令状主义源于英国普通法，现已发展成为当事人主义刑事诉讼模式的重要特点，其要旨在于通过司法审查防止侦查权滥用。侦查机关在刑事诉讼中承担的是追诉职能，与犯罪嫌疑人处于对立状态，天然具有追诉倾向。因此，为了防止侦查机关滥施侦查行为，不当限制被追诉者的基本权利，应当将侦查措施的决定权赋予中立的法官。司法对于侦查阶段的介入既是正当程序向侦查阶段扩展的要求，也是进一步实现控、辩、审三方格局的需要。

鉴于我国侦查程序长期存在恣意性较为严重的现象，并引发一系列问题的情况，在十八届四中全会提出全面推进以审判为中心的刑事诉讼制度改革，破除长期以来的“侦查中心”主义的背景下。我国有学者提出对侦查权进行程序性控制。具体来说，我国的侦查制度存在的问题主要表现为，第一，分工的线性，这一模式如同一条流水线，公安机关、人民检察院和人民法院之间并无所谓的权力中心，而分别是流水线上的一条线段，各条线段都有自己的“射程”，刑事案件则沿着这条流水线如流水作业般由一道工序进入下一道工序。② 第二，控制模式较为功利，主要表现为控制模式偏向自我控制、审批流程行政化及

① 陈光中主编：《刑事诉讼法》，高等教育出版社 2002 年版，第 267 页。
② 参见陈瑞华：《刑事诉讼的前沿问题》，中国人民大学出版社 2000 年版，第 231 页。

启动条件不明确、缺乏救济机制等。① 针对此，应当推进的改革进路主要以司法审查制度的建立为主轴，具体包括：第一，以分工负责为根基建立司法审查制度的基底，侦查措施的启用，如无紧迫事由，应经中立的司法机关审查并签发令状后方可进行。较之内部审批程序，由中立第三方主持的事前审查无形中给侦查机关运用强制侦查措施设置了障碍。这会促使侦查机关以细致、冷静、理性的态度论证运用强制侦查措施的正当性，从而打消其对强制侦查措施的依赖心理，迫使其放弃一些不必要的强制侦查措施的采用。第二，检察机关与法院司法审查的二分制，即废除侦查机关的自我审批机制，划分法院和检察机关对侦查机关侦查行为的审查范围，一方面，把监视居住、逮捕、羁押以及搜查、查封、扣押、冻结、鉴定、留置等对公民自由权和财产权干预程度较高的强制侦查措施纳入法院审查的范围，侦查机关若需动用以上措施，必须向管辖法院申请令状。另一方面，拘留、勘验、身体检查、技术侦查措施等强制侦查措施则为检察机关的审批事项，当检察机关成为侦查机关时，上述强制侦查措施的审批权归法院行使。而且，为维护审判的中心地位，在审判阶段如需采用以上强制侦查措施，则皆由法院审批。第三，检警关系的调整，检察机关拥有的侦查引导权包括一般指示权和个案指挥权。一方面，检察机关有权对公安机关发布一般指示。这种一般指示是通过发布常态性的指引规则实现的，即检察机关根据受理申诉控告和案件公诉过程中发现的有关情况，定期向公安机关发布“公诉反馈信息”和“侦查指引意见”，以引导其依照法定程序富有成效地开展侦查工作。同时，为方便检察引导侦查，检察机关需对侦查进行“两端控制”。在侦查的开端，检察机关有权知悉侦查启动信息并决定是否介入侦查；在侦查的终端，检察机关有权控制案件的诉讼进程，作出中止程序、移送其他管辖部门、撤销案件、起诉或不起诉等决定。最后，赋予检察机关对违法侦查人员的惩戒建议权。为保证检察引导侦查机制的有效运行，应保证检察机关在惩戒违法侦查人员方面能有所作为。

真题解析

本章涉及刑事侦查程序，无论在司法实践中，还是在司法考试中，本章都具有重要地位。相关知识点是刑事诉讼法司法考试的重要内容，出题频率高，应加以注意。

1.（2015 年卷二 94）鲁某与关某涉嫌贩卖冰毒 500 余克，B 省 A 市中级法院开庭审理后，以鲁某犯贩卖毒品罪，判处死刑立即执行，关某犯贩卖毒品罪，判处死刑缓期二年执行。一审宣判后，关某以量刑过重为由向 B 省高级法院提起上诉，鲁某未上诉，检察院

① 参见詹建红、张威：《我国侦查权的程序性控制》，载《法学研究》2015 年第 3 期。

也未提起抗诉。关于本案侦查，下列选项正确的是：

A. 本案经批准可采用控制下交付的侦查措施

B. 对鲁某采取技术侦查的期限不得超过9个月

C. 侦查机关只有在对鲁某与关某立案后，才能派遣侦查人员隐匿身份实施侦查

D. 通过技术侦查措施收集到的证据材料可作为定案的依据，但须经法庭调查程序查证属实或由审判人员在庭外予以核实

答案：ACD

解析：《刑事诉讼法》第153条规定："为了查明案情，在必要的时候，经公安机关负责人决定，可以由有关人员隐匿其身份实施侦查。但是，不得诱使他人犯罪，不得采用可能危害公共安全或者发生重大人身危险的方法。对涉及给付毒品等违禁品或者财物的犯罪活动，公安机关根据侦查犯罪的需要，可以依照规定实施控制下交付。"所以选项A正确。《刑事诉讼法》第151条规定："批准决定应当根据侦查犯罪的需要，确定采取技术侦查措施的种类和适用对象。批准决定自签发之日起三个月以内有效。对于不需要继续采取技术侦查措施的，应当及时解除；对于复杂、疑难案件，期限届满仍有必要继续采取技术侦查措施的，经过批准，有效期可以延长，每次不得超过三个月。"所以选项B错误。《刑事诉讼法》第150条第1款规定："公安机关在立案后，对于危害国家安全犯罪、恐怖活动犯罪、黑社会性质的组织犯罪、重大毒品犯罪或者其他严重危害社会的犯罪案件，根据侦查犯罪的需要，经过严格的批准手续，可以采取技术侦查措施。"所以选项C正确。《刑事诉讼法》第154条规定："依照本节规定采取侦查措施收集的材料在刑事诉讼中可以作为证据使用。如果使用该证据可能危及有关人员的人身安全，或者可能产生其他严重后果的，应当采取不暴露有关人员身份、技术方法等保护措施，必要的时候，可以由审判人员在庭外对证据进行核实。"所以选项D正确。

2.（2014年卷二69）某地法院审理齐某组织、领导、参加黑社会性质组织罪，关于对作证人员的保护，下列哪些选项是正确的？

A. 可指派专人对被害人甲的人身和住宅进行保护

B. 证人乙可申请不公开真实姓名、住址等个人信息

C. 法院通知侦查人员丙出庭说明讯问的合法性，为防止黑社会组织报复，对其采取不向被告人暴露外貌、真实声音的措施

D. 为保护警方卧底丁的人身安全，丁可不出庭作证，由审判人员在庭外核实丁的证言

答案：ABD

解析：《刑事诉讼法》第64条规定："对于危害国家安全犯罪、恐怖活动犯罪、黑社

会性质的组织犯罪、毒品犯罪等案件，证人、鉴定人、被害人因在诉讼中作证，本人或者其近亲属的人身安全面临危险的，人民法院、人民检察院和公安机关应当采取以下一项或者多项保护措施：(一) 不公开真实姓名、住址和工作单位等个人信息；(二) 采取不暴露外貌、真实声音等出庭作证措施；(三) 禁止特定的人员接触证人、鉴定人、被害人及其近亲属；(四) 对人身和住宅采取专门性保护措施；(五) 其他必要的保护措施。证人、鉴定人、被害人认为因在诉讼中作证，本人或者其近亲属的人身安全面临危险的，可以向人民法院、人民检察院、公安机关请求予以保护。人民法院、人民检察院、公安机关依法采取保护措施，有关单位和个人应当配合。”所以选项 AB 正确。《刑事诉讼法》第 154 条规定：“依照本节规定采取侦查措施收集的材料在刑事诉讼中可以作为证据使用。如果使用该证据可能危及有关人员的人身安全，或者可能产生其他严重后果的，应当采取不暴露有关人员身份、技术方法等保护措施，必要的时候，可以由审判人员在庭外对证据进行核实。”所以选项 D 正确。

3. (2015 年卷二 31) 关于办案期限重新计算的说法，下列哪一选项是正确的?

A. 甲盗窃汽车案，在侦查过程中发现其还涉嫌盗窃 1 辆普通自行车，重新计算侦查羁押期限

B. 乙受贿案，检察院审查起诉时发现一笔受贿款项证据不足，退回补充侦查后再次移送审查起诉时，重新计算审查起诉期限

C. 丙聚众斗殴案，在处理完丙提出的有关检察院书记员应当回避的申请后，重新计算一审审理期限

D. 丁贩卖毒品案，二审法院决定开庭审理并通知同级检察院阅卷，检察院阅卷结束后，重新计算二审审理期限

答案：B

解析：《刑事诉讼法》第 160 条规定：“在侦查期间，发现犯罪嫌疑人另有重要罪行的，自发现之日起依照本法第 156 条的规定重新计算侦查羁押期限。犯罪嫌疑人不讲真实姓名、住址，身份不明的，应当对其身份进行调查，侦查羁押期限自查清其身份之日起计算，但是不得停止对其犯罪行为的侦查取证。对于犯罪事实清楚，证据确实、充分，确实无法查明其身份的，也可以按其自报的姓名起诉、审判。”所以选项 B 正确。

4. (2014 年卷二 92) 赵某、石某抢劫杀害李某，被路过的王某、张某看见并报案。赵某、石某被抓获后，2 名侦查人员负责组织辨认。关于辨认的程序，下列选项正确的是：

A. 在辨认尸体时，只将李某尸体与另一尸体作为辨认对象

B. 在 2 名侦查人员的主持下，将赵某混杂在 9 名具有类似特征的人员中，由王某、张某个别进行辨认

C. 在对石某进行辨认时，9名被辨认人员中的4名民警因紧急任务离开，在2名侦查人员的主持下，将石某混杂在5名人员中，由王某、张某个别进行辨认

D. 根据王某、张某的要求，辨认在不暴露他们身份的情况下进行

答案：ABD

解析：《公安机关规定》第260条第4款规定："对场所、尸体等特定辨认对象进行辨认，或者辨认人能够准确描述物品独有特征的，陪衬物不受数量的限制。"所以选项A正确。《公安机关规定》第260条第1~3款："辨认时，应当将辨认对象混杂在特征相类似的其他对象中，不得在辨认前向辨认人展示辨认对象及其影像资料，不得给辨认人任何暗示。辨认犯罪嫌疑人时，被辨认的人数不得少于7人；对犯罪嫌疑人照片进行辨认的，不得少于10人的照片。辨认物品时，混杂的同类物品不得少于5件；对物品的照片进行辨认的，不得少于10个物品的照片。"所以选项B正确，C选项错误。《公安机关规定》第261条规定："对犯罪嫌疑人的辨认，辨认人不愿意公开进行时，可以在不暴露辨认人的情况下进行，并应当为其保守秘密。"所以选项D正确。

5. （2017年卷二31）关于侦查辨认，下列哪一选项是正确的？

A. 强制猥亵案，让犯罪嫌疑人对被害人进行辨认

B. 盗窃案，让犯罪嫌疑人到现场辨认藏匿赃物的房屋

C. 故意伤害案，让犯罪嫌疑人和被害人一起对凶器进行辨认

D. 刑讯逼供案，让被害人在4张照片中辨认犯罪嫌疑人考点直击辨认程序

答案：B

解析：《公安机关规定》第258条规定："为了查明案情，在必要的时候，侦查人员可以让被害人、证人或者犯罪嫌疑人对与犯罪有关的物品、文件、尸体、场所或者犯罪嫌疑人进行辨认。"所以选项A错误。《公安机关规定》第260条第4款规定："对场所、尸体等特定辨认对象进行辨认，或者辨认人能够准确描述物品独有特征的，陪衬物不受数量的限制。"所以选项B正确。《公安机关规定》第259条规定："辨认应当在侦查人员的主持下进行。主持辨认的侦查人员不得少于2人。几名辨认人对同一辨认对象进行辨认时，应当由辨认人个别进行。"所以选项C错误。《高检规则》第226条第1~3款规定："辨认时，应当将辨认对象混杂在其他对象中。不得在辨认前向辨认人展示辨认对象及其影像资料，不得给辨认人任何暗示。辨认犯罪嫌疑人时，被辨认的人数不得少于7人，照片不得少于10张。辨认物品时，同类物品不得少于5件，照片不得少于5张。"所以选项D错误。

6. （2020年真题参考版）儿科医生宋某在接诊时发现一8周岁女童身上有被长期虐打的伤痕，女童父亲郭某闪烁其词，称这些伤痕是孩子玩耍时不慎从高处摔下来所致，宋

某认为从高处摔下来不可能产生这些伤痕，遂报警。关于本案处理，下列表述正确的有？

A. 侦查人员到医院后，可以口头传唤郭某到派出所接受调查

B. 侦查人员到医院后，紧急情况下可以现场讯问郭某

C. 因郭某有故意伤害女童的重大嫌疑，侦查人员到医院后可以单独就身体伤痕情况询问女童

D. 宋某的报警行为属于控告

答案：AB

解析：《刑事诉讼法》第 119 条规定："对不需要逮捕、拘留的犯罪嫌疑人，可以传唤到犯罪嫌疑人所在市、县内的指定地点或者到他的住处进行讯问，但是应当出示人民检察院或者公安机关的证明文件。对在现场发现的犯罪嫌疑人，经出示工作证件，可以口头传唤，但应当在讯问笔录中注明。传唤、拘传持续的时间不得超过 12 小时；案情特别重大、复杂，需要采取拘留、逮捕措施的，传唤、拘传持续的时间不得超过 24 小时。不得以连续传唤、拘传的形式变相拘禁犯罪嫌疑人。传唤、拘传犯罪嫌疑人，应当保证犯罪嫌疑人的饮食和必要的休息时间。"所以选项 A、选项 B 正确。《刑事诉讼法》第 281 条规定："对于未成年人刑事案件，在讯问和审判的时候，应当通知未成年犯罪嫌疑人、被告人的法定代理人到场。无法通知、法定代理人不能到场或者法定代理人是共犯的，也可以通知未成年犯罪嫌疑人、被告人的其他成年亲属，所在学校、单位、居住地基层组织或者未成年人保护组织的代表到场，并将有关情况记录在案。到场的法定代理人可以代为行使未成年犯罪嫌疑人、被告人的诉讼权利。到场的法定代理人或者其他人员认为办案人员在讯问、审判中侵犯未成年人合法权益的，可以提出意见。讯问笔录、法庭笔录应当交给到场的法定代理人或者其他人员阅读或者向他宣读。讯问女性未成年犯罪嫌疑人，应当有女工作人员在场。审判未成年人刑事案件，未成年被告人最后陈述后，其法定代理人可以进行补充陈述。询问未成年被害人、证人，适用第 1 款、第 2 款、第 3 款的规定。"所以选项 C 错误。控告的主体是被害人（包括被害单位），本题中宋某不是被害人，宋某的报警行为属于"报案"。

7.（2020 年真题参考版）甲打伤乙，致乙轻伤害，某县公安机关对甲立案侦查，下列表述正确的有？

A. 若侦查机关对甲采取取保候审措施，为了核实案情，侦查人员可以将甲传唤到本县指定地点进行讯问

B. 若侦查机关对甲拘留并羁押于某县看守所，侦查人员应当在看守所讯问甲

C. 在对乙的伤情鉴定意见出来前，某县公安机关不得对甲采取拘留措施

D. 若某县公安机关撤销案件，乙向法院提自诉，他可以委托在检察院工作的母亲担

任诉讼代理人

答案：BD

解析：《刑事诉讼法》第 119 条第 1 款规定：“对不需要逮捕、拘留的犯罪嫌疑人，可以传唤到犯罪嫌疑人所在市、县内的指定地点或者到他的住处进行讯问，但是应当出示人民检察院或者公安机关的证明文件。对在现场发现的犯罪嫌疑人，经出示工作证件，可以口头传唤，但应当在讯问笔录中注明。”所以选项 A 错误。《刑事诉讼法》第 118 条第 2 款规定：“犯罪嫌疑人被送交看守所羁押以后，侦查人员对其进行讯问，应当在看守所内进行。”所以选项 B 正确。《刑事诉讼法》第 82 条规定：“公安机关对于现行犯或者重大嫌疑分子，如果有下列情形之一的，可以先行拘留：（一）正在预备犯罪、实行犯罪或者在犯罪后即时被发觉的；（二）被害人或者在场亲眼看见的人指认他犯罪的；（三）在身边或者住处发现有犯罪证据的；（四）犯罪后企图自杀、逃跑或者在逃的；（五）有毁灭、伪造证据或者串供可能的；（六）不讲真实姓名、住址，身份不明的；（七）有流窜作案、多次作案、结伙作案重大嫌疑的。”所以选项 C 错误。《刑诉解释》第 40 条规定：“人民法院审判案件，应当充分保障被告人依法享有的辩护权利。被告人除自己行使辩护权以外，还可以委托辩护人辩护。下列人员不得担任辩护人：（一）正在被执行刑罚或者处于缓刑、假释考验期间的人；（二）依法被剥夺、限制人身自由的人；（三）被开除公职或者被吊销律师、公证员执业证书的人；（四）人民法院、人民检察院、监察机关、公安机关、国家安全机关、监狱的现职人员；（五）人民陪审员；（六）与本案审理结果有利害关系的人；（七）外国人或者无国籍人；（八）无行为能力或者限制行为能力的人。前款第 3 项至第 7 项规定的人员，如果是被告人的监护人、近亲属，由被告人委托担任辩护人的，可以准许。”第 63 条规定：“当事人委托诉讼代理人的，参照适用刑事诉讼法第 33 条和本解释的有关规定。”所以选项 D 错误。

8.（2018 年真题参考版）甲涉嫌贩卖毒品罪被立案侦查，关于侦查机关对甲适用的技术侦查手段，下列表述正确的是？

A. 对于有可能向甲购买毒品的人，不能进行跟踪

B. 采取监听和诱惑侦查均须报省公安机关批准

C. 侦查人员对甲实施监听后，发现内容涉及国家秘密的，该证据在审判时不得采用

D. 如对甲采取诱惑侦查 3 个月后，侦查人员打算改为对甲跟踪，需要重新办理审批手续

答案：D

解析：《公安机关规定》第 264 条第 2 款规定：“技术侦查措施的适用对象是犯罪嫌疑人、被告人以及与犯罪活动直接关联的人员。”所以选项 A 错误。《公安机关规定》第 265

条第 1 款规定："需要采取技术侦查措施的，应当制作呈请采取技术侦查措施报告书，报设区的市一级以上公安机关负责人批准，制作采取技术侦查措施决定书。"所以选项 B 错误。《刑诉解释》第 81 条规定："公开审理案件时，公诉人、诉讼参与人提出涉及国家秘密、商业秘密或者个人隐私的证据的，法庭应当制止；确与本案有关的，可以根据具体情况，决定将案件转为不公开审理，或者对相关证据的法庭调查不公开进行。"所以选项 C 错误。《公安机关规定》第 267 条规定："采取技术侦查措施，必须严格按照批准的措施种类、适用对象和期限执行。在有效期限内，需要变更技术侦查措施种类或者适用对象的，应当按照本规定第 265 条规定重新办理批准手续。"所以选项 D 正确。

第十四章　刑事起诉

第一节　刑事起诉概述

一、刑事起诉的概念

刑事起诉，是指享有控诉权的国家机关和公民，依法向法院提起诉讼，请求法院对指控的内容进行审判，以确定被告人刑事责任并依法予以刑事裁判的诉讼行为。起诉是刑事诉讼的重要程序之一。

按照行使追诉权的主体不同，刑事起诉可分为公诉和自诉两种方式。公诉是指依法享有刑事追诉权的国家专门机关（检察机关），代表国家向法院起诉，要求审判机关追究被告人的刑事责任的行为。自诉是指刑事被害人及其法定代理人、近亲属等，以个人的名义向法院起诉，要求保护被害人的合法权益，追究被告人刑事责任的行为。

公诉对自诉的取代是刑事司法制度发展到一定历史阶段的产物。最早的起诉方式是自诉，通常由被害人及其法定代理人等有起诉权的个人直接向有管辖权的司法机关控告犯罪人。随着社会经济条件的变化和司法经验的积累，统治者逐步认识到，任何一种犯罪尤其是一些严重的犯罪，不仅危害了被害人个人的利益，而且从根本上危害了国家安全和社会秩序，成为对整个统治阶级的犯罪。如果对犯罪人的追诉权仅限于被害人个人，则既不利于保护被害人的利益，也不利于维护统治阶级的统治。

同时，追究犯罪是十分复杂的活动；在现代社会情形下，犯罪行为日益隐蔽、手段更加恶劣，特别是一些重大、复杂的犯罪案件，只凭被害人个人的力量是难以收集到必要的证据的，个人也很难承担起诉的任务。如果由国家设立专门的机构和官员对犯罪人进行追诉，就可以克服单纯自诉的不足，更有利于同犯罪做斗争，以维护国家安全和社会秩序。于是，公诉制度应运而生。

目前，在世界各国的起诉方式中，公诉制度占主导地位。但是，由于各国政治、经济、文化传统的不同，其法律制度和刑事诉讼制度的产生、发展历史也不同。这就形成了不同法系之间、不同国家之间在起诉制度上的差异。从起诉权的行使上看，各国的起诉制度大致可以分为两类：一是公诉垄断主义。刑事案件由检察官向法院起诉，不允许私人自诉，如日本。二是公诉与自诉相结合主义。刑事案件的起诉，大多由检察机关代表国家实行公诉，部分案件允许公民个人自诉，国家不主动干预，大多数国家都采取这种方式。

我国刑事诉讼，实行公诉为主，自诉为辅的方式。即除了刑事诉讼法规定由人民法院直接受理的少数案件由被害人等自诉以外，对绝大多数刑事案件都实行公诉，即由行使国家公诉权的专门机关——人民检察院这项国家权力，其他任何机关、团体和个人都不能行使。人民检察院公诉活动的内容，包括审查起诉、提起公诉、出庭支持公诉以及由提起公诉所派生出来的不起诉等活动。其中提起公诉是人民检察院公诉活动的核心内容，审查起诉是提起公诉的准备和基础，出庭支持公诉则是提起公诉活动在人民法院审判阶段的延伸。

二、刑事起诉的意义

起诉在刑事诉讼中具有重要意义。具体表现为：

1. 起诉是审判程序之前的必经程序。起诉是刑事审判的前提，没有起诉活动，也就没有审判程序。审判权为消极中立的权力，并受制于不告不理的原则，没有法定的公诉机关或个人向审判机关求刑，审判权即不能主动启动。

2. 当社会主体的权益受到犯罪行为侵害时，需要借助国家审判力量予以保护，惩罚犯罪，恢复权益的正常状态和被破坏的社会秩序。而起诉正是向审判提供对象的活动。未经起诉的人员和事项，法院不得审判。因此，起诉对于有效地惩罚犯罪，维护社会和公民权益具有重要意义。

3. 起诉程序对于保证准确惩罚犯罪，保障无辜，实现程序公正都有重要意义。在公诉案件中，人民检察院通过审查起诉和起诉活动，可以对侦查机关侦查终结后移送起诉的案件从认定事实到适用法律进行全面审查，监督侦查工作依法进行；可以将符合起诉条件的人起诉到人民法院，保证准确惩罚犯罪，而尽快使无辜的人及依法不受到刑事追究的人从刑事程序中解脱出来。在自诉案件中，通过提起自诉和对自诉的审查，可以保证案件处理的准确性，实现诉讼公正与效率。

第二节 检察机关审查起诉

一、审查起诉的概念

审查起诉，是指人民检察院对于侦查终结或者调查终结的案件依法进行审查，以决定是否提起公诉的诉讼行为。

《刑事诉讼法》第 169 条规定，凡需要提起公诉的案件，一律由人民检察院审查决定。这表明，对公诉案件提起公诉的决定权只能由人民检察院行使；无论是公安机关侦查终结的案件，监察机关调查终结的案件，还是人民检察院自行侦查终结的案件，决定提起公诉之前，都必须经过审查起诉的程序。

二、审查起诉的内容

根据《刑事诉讼法》第 171 条和《高检规则》的相关规定，人民检察院审查起诉，必须查明：

1. 犯罪嫌疑人身份状况是否清楚，包括姓名、性别、国籍、出生年月、职业和单位等；单位犯罪的，单位的相关情况是否清楚。

2. 犯罪事实、情节是否清楚，证据是否确实、充分，犯罪性质和罪名的认定是否正确。

3. 认定犯罪性质和罪名的意见是否正确；有无法定的从重、从轻、减轻或者免除处罚情节及酌定从重、从轻情节；共同犯罪案件的犯罪嫌疑人在犯罪活动中的责任认定是否恰当。

4. 犯罪嫌疑人是否认罪认罚。

5. 证明犯罪事实的证据材料是否随案移送；证明相关财产系违法所得的证据材料是否随案移送；不宜移送的证据的清单、复制件、照片或者其他证明文件是否随案移送。

6. 证据是否确实、充分，是否依法收集，有无应当排除非法证据的情形。

7. 采取侦查措施包括技术侦查措施的法律手续和诉讼文书是否完备。

8. 有无遗漏罪行和其他应当追究刑事责任的人。

9. 是否存在不应当追究刑事责任的情况。根据《刑事诉讼法》第 16 条的规定，不应当追究刑事责任的情形是指：情节显著轻微、危害不大，不认为是犯罪的；犯罪已过追诉时效期限的；经特赦令免除罚的；依照刑法告诉才处理的犯罪，没有告诉或者撤回告诉的；犯罪嫌疑人、被告人死亡的；其他法律规定免予追究刑事责任的。

10. 有无附带民事诉讼，对于国家财产、集体财产遭受损失的，是否需要由人民检察院提起附带民事诉讼；对于破坏生态环境和资源保护，食品药品安全领域侵害众多消费者合法权益，侵害英雄烈士的姓名、肖像、名誉、荣誉等损害社会公共利益的行为，是否需要由人民检察院提起附带民事公益诉讼。

11. 采取的强制措施是否适当，对于已经逮捕的犯罪嫌疑人，有无继续羁押的必要。

12. 侦查活动是否合法。

13. 涉案财物是否查封、扣押、冻结并妥善保管，清单是否齐备；对被害人合法财产的返还和对违禁品或者不宜长期保存的物品的处理是否妥当，移送的证明文件是否完备。

三、审查起诉的步骤和方法

（一）对起诉意见书以及全部案卷材料和证据进行全面、认真审查

办案人员应阅卷审查，将起诉意见书认定的犯罪事实与证据相对照，审查犯罪事实的每个环节是否都有相应证据予以证明；将犯罪嫌疑人的各次口供相对照，以及口供与其他证据相对照，审查口供与口供之间，口供与其他证据之间是否一致；将犯罪事实与侦查机关认定的犯罪性质、罪名相对照，审查犯罪性质与罪名的认定是否正确；将犯罪嫌疑人的犯罪行为与有关法律规定相对照，审查犯罪嫌疑人的行为应否负刑事责任以及侦查机关的处理意见是否正确。阅卷审查后，应制作阅卷笔录。

（二）讯问犯罪嫌疑人，听取被害人和犯罪嫌疑人、被害人委托的人的意见

《刑事诉讼法》第 173 条规定，人民检察院审查案件，应当讯问犯罪嫌疑人，听取辩护人或者值班律师、被害人及其诉讼代理人的意见，并记录在案。辩护人或者值班律师、被害人及其诉讼代理人提出书面意见的，应当附卷。犯罪嫌疑人认罪认罚的，人民检察院应当告知其享有的诉讼权利和认罪认罚的法律规定，听取犯罪嫌疑人、辩护人或者值班律师、被害人及其诉讼代理人对下列事项的意见，并记录在案：（1）涉嫌的犯罪事实、罪名及适用的法律规定；（2）从轻、减轻或者免除处罚等从宽处罚的建议；（3）认罪认罚后案件审理适用的程序；（4）其他需要听取意见的事项。人民检察院听取值班律师意见的，应当提前为值班律师了解案件有关情况提供必要的便利。

讯问犯罪嫌疑人，听取被害人和犯罪嫌疑人、被害人委托的人的意见是审查起诉的必经程序和法定方法。审查起诉阶段讯问犯罪嫌疑人，主要是为了直接听取犯罪嫌疑人的供述和辩解，进一步核实口供的可靠性，分析口供与其他证据之间有无矛盾，以便正确认定犯罪性质和罪名。同时了解和掌握犯罪嫌疑人的思想动态和认罪态度，告知其享有的诉讼权利及认罪认罚产生的法律效果，为出庭公诉作好准备。通过讯问，还可以发现遗漏罪行、遗漏罪犯，发现侦查人员侦查活动中有无违法情形。讯问犯罪嫌疑人，应当依照《刑事诉讼法》第 118 条至第 123 条的规定进行。

犯罪嫌疑人委托的人是辩护人，被害人委托的人是代理人。人民检察院审查起诉，应当听取犯罪嫌疑人、被害人委托的人的意见。直接听取辩护人、被害人及其诉讼代理人的意见有困难的，可以通过电话、视频等方式听取意见并记录在案，或者通知辩护人、被害人及其诉讼代理人提出书面意见。无法通知或者在指定期限内未提出意见的，应当记录在案。

讯问、听取意见应由 2 名以上的检察人员进行，并制作笔录。讯问犯罪嫌疑人或者询问被害人时、应告知其在审查起诉阶段享有的权利。

（三）调查核实其他证据

在阅卷和讯问犯罪嫌疑人、听取被害方和辩护方的意见之后，如果发现有疑问，办案人员可以调查核实其他证据。人民检察院对证人证言笔录存在疑问或认为对证人询问不全或有遗漏的，可以对证人询问并制作笔录。对犯罪嫌疑人或被害人需要对案件中某些专门性问题进行鉴定而监察机关或者公安机关没有鉴定的，应当要求监察机关或者公安机关进行鉴定；必要时也可以由人民检察院进行鉴定；或者由人民检察院聘请有鉴定资格的人进行鉴定。人民检察院自行进行鉴定的，可商请监察机关或者公安机关派员参加，必要时可聘请有鉴定资格或有专门知识的人参加。发现犯罪嫌疑人可能患有精神病的，人民检察院应当依法对其进行精神病鉴定。犯罪嫌疑人的辩护人或者近亲属以犯罪嫌疑人可能患有精神病而申请对犯罪嫌疑人进行鉴定的，人民检察院也可以依法对犯罪嫌疑人进行鉴定。人民检察院对物证、书证、视听资料、电子数据及勘验、检查、辨认、侦查实验等笔录存在疑问的，可以要求调查人员或者侦查人员提供获取、制作的有关情况。必要时也可以询问提供相关证据材料的人员和见证人并制作笔录附卷，对物证、书证、视听资料、电子数据进行鉴定。根据《刑事诉讼法》第 134 条及《高检规则》第 335 条的规定，人民检察院审查案件时，对监察机关或者公安机关的勘验、检查，认为需要复验、复查的，可以要求其复验、复查，并且可以派检察人员参加；也可以自行复验、复查，商请监察机关或者公安机关派员参加，必要时也可以指派检察技术人员聘请其他有专门知识的人参加。

（四）补充侦查

根据《刑事诉讼法》第 175 条及《高检规则》的相关规定，人民检察院审查案件，如果认为犯罪事实不清、证据不足或者存在遗漏罪行、遗漏同案犯罪嫌疑人等情形需要补充侦查的，应当制作补充侦查提纲，连同案卷材料一并退回公安机关补充侦查。人民检察院也可以自行侦查，必要时可以要求公安机关提供协助。对于批准逮捕后要求公安机关继续侦查、不批准逮捕后要求公安机关补充侦查或者审查起诉阶段退回公安机关补充侦查的案件，人民检察院应当分别制作继续侦查提纲或者补充侦查提纲，写明需要继续侦查或者补充侦查的事项、理由、侦查方向、需补充收集的证据及其证明作用等，送交公安机关。

人民检察院负责捕诉的部门对本院负责侦查的部门移送起诉的案件进行审查后，认为犯罪事实不清、证据不足或者存在遗漏罪行、遗漏同案犯罪嫌疑人等情形需要补充侦查的，应当制作补充侦查提纲，连同案卷材料一并退回负责侦查的部门补充侦查。必要时，也可以自行侦查，可以要求负责侦查的部门予以协助。

人民检察院对于监察机关移送起诉的案件，认为需要补充调查的，应当退回监察机关补充调查。必要时，可以自行补充侦查。需要退回补充调查的案件，人民检察院应当出具补充调查决定书、补充调查提纲，写明补充调查的事项、理由、调查方向、需补充收集的证据及其证明作用等，连同案卷材料一并送交监察机关。人民检察院决定退回补充调查的案件，犯罪嫌疑人已被采取强制措施的，应当将退回补充调查情况书面通知强制措施执行机关。监察机关需要讯问的，人民检察院应当予以配合。

对于补充侦查的案件，应在 1 个月以内补充侦查完毕。补充侦查以 2 次为限。对在审查起诉期间改变管辖的，改变管辖前后退回补充侦查的次数总共不得超过 2 次。

四、审查起诉的期限

人民检察院对于监察机关、公安机关移送起诉的案件，应当在 1 个月以内作出决定，重大、复杂的案件，可以延长 15 日；犯罪嫌疑人认罪认罚，人民检察院经审查，认为符合速裁程序适用条件的，应当在 10 日以内作出决定，对可能判处的有期徒刑超过 1 年的，可以延长至 15 日。

第三节　提起公诉

一、提起公诉概念

提起公诉，是指人民检察院对公安机关侦查终结移送起诉的案件以及自行侦查终结的案件；经过全面审查，认为犯罪事实已经查清，证据确实、充分，依法应当追究刑事责任时，向人民法院提起诉讼并要求给被告人以刑事处罚的行为。

我国《刑事诉讼法》第 3 条规定："检察、批准逮捕、检察机关直接受理的案件的侦查、提起公诉，由人民检察院负责。"这一规定表明，在我国，提起公诉是国家法律赋予人民检察院专有的一项重要职能。《刑事诉讼法》第 176 条第 1 款规定，人民检察院认为犯罪嫌疑人的犯罪事实已经查清，证据确实、充分，依法应当追究刑事责任的，应当作出起诉决定，按照审判管辖的规定，向人民法院提起公诉，并将案卷材料、证据移送人民法院。犯罪嫌疑人认罪认罚的，人民检察院应当就主刑、附加刑、是否适用缓刑等提出量刑建议，并随案移送认罪认罚具结书等材料。

提起公诉作为特定的追诉方式，可以保证国家对犯罪行为的主动追究权，实现国家通过刑事司法活动，打击犯罪，维护社会秩序的目的。作为一个独立的诉讼阶段，提起公诉程序的正确进行，对整个刑事诉讼活动及其结果均具有重要意义。

二、提起公诉的条件

根据《刑事诉讼法》第 176 条规定，提起公诉须具备下列条件：

1. 犯罪嫌疑人的犯罪事实已经查清。原则上，起诉时应当尽量将全部案件事实一一查清。但是，在缺乏条件的情况下，可以只将已查清的部分犯罪嫌疑人起诉或起诉已查清的部分事实。具有下列情形之一的，可以确认犯罪事实已经查清：

其一，属于单一罪行的案件，查清的事实足以定罪量刑或者与定罪量刑有关的事实已经查清，不影响定罪量刑的事实无法查清的。

其二，属于数个罪行的案件。部分罪行已经查清并符合起诉条件，其他罪行无法查清的。

其三，无法查清作案工具、财物去向，但有其他证据足以对被告人定罪量刑的。

其四，证人证言、犯罪嫌疑人供述和辩解、被害人陈述的内容中主要情节一致，只有个别情节不一致但不影响定罪的。对于符合第 2 项情形的，应以已经查清的罪行起诉。

2. 证据确实、充分。即已经查清的犯罪事实，有确实、充分的证据予以证明。证据确实与充分是相互联系、不可分割的两个方面，证据确实必须以证据充分为条件，如果证据不充分，证据确实也无法达到；反之，如果证据不确实，而证据再充分，也不能证明案件真实。因此，证据确实、充分是提起公诉的一个必要条件。

3. 公诉机关将犯罪嫌疑人交付审判的目的，是追究其刑事责任并使之受到应有的刑罚制裁。如果在提起公诉时发现犯罪嫌疑人虽然构成犯罪，但属于法律明确规定不应追究刑事责任的情形的，就没有交付审判的必要。

三、起诉书的制作和移送

人民检察院决定提起公诉的，必须制作起诉书。起诉书是人民检察院代表国家向人民法院提出追究被告人刑事责任的诉讼请求的重要法律文书，是人民法院受理案件并对被告人进行审判的依据，也是进行法庭调查和辩论的基础。制作起诉书，应当根据刑事诉讼法和最高人民检察院刑事检察文书格式样本的规定进行。

起诉书的内容，应当包括下列几个部分：

1. 被告人的基本情况。包括姓名、性别、出生年月日、出生地、身份证号码、民族、文化程度、职业、工作单位及职务、住址，是否受过刑事处分及处分的种类和时间，采取强制措施的情况等；如果是单位犯罪，应写明犯罪单位的名称和组织机构代码、所在地址、联系方式，法定代表人和诉讼代表人的姓名、职务、联系方式；如果还有应当负刑事责任的直接负责的主管人员或其他直接责任人员，应当按上述被告人基本情况的内容叙写。

2. 案由和案件来源。

3. 案件事实，包括被指控的犯罪的时间、地点、经过、手段、动机、目的、危害后果等与定罪量刑有关的事实要素。起诉书中所指控的犯罪事实必备要素应当明晰、准确。被告人被控有多项犯罪事实的，应当逐一列举，对于犯罪手段相同的同一犯罪可以概括叙写。

4. 起诉的根据和理由，包括被告人被指控的犯罪行为所触犯的刑法条款、犯罪的性质及认定的罪名、处罚条款、法定从轻、减轻或者从重处罚的情节，共同犯罪各被告人应负的罪责等。

5. 被告人认罪认罚情况，包括认罪认罚的内容、具结书签署情况等。

人民检察院针对具体案件移送起诉时，“主要证据”的范围由办案人员根据法律规定和各个证据在具体案件中的实际证明作用加以确定。主要证据是对认定犯罪构成要件的事实起主要作用，对案件定罪量刑有重要影响的证据。包括：

其一，起诉书中涉及的各种证据种类中的主要证据；

其二，多个同种类证据中被确定为“主要证据”的；

其三，作为法定量刑情节的自首、立功、累犯、中止、未遂、正当防卫的证据。

对于主要证据为书证、证人证言笔录、被害人陈述笔录、被告人供述与辩解笔录或者勘验、检查笔录的，可以只复印其中与证明被告人构成犯罪有关的部分，鉴定书可以只复印鉴定结论部分。

人民检察院提起公诉的案件，应当按照审判管辖的规定向同级人民法院提起公诉，提起公诉时应向人民法院移送起诉书、案卷材料、证据等材料。犯罪嫌疑人认罪认罚的，人民检察院应当就主刑、附加刑、是否适用缓刑等提出量刑建议，并随案移送认罪认罚具结书等材料。

第四节　不　起　诉

一、不起诉的概念

不起诉，是指人民检察院对公安机关侦查终结、移送起诉的案件和自行侦查终结的案件进行审查后，依法作出不将犯罪嫌疑人交付人民法院审判的一种处理决定。

不起诉是人民检察院审查起诉后所作的处理方式之一，具有终止刑事诉讼的效力。

二、不起诉的种类

（一）法定不起诉

《刑事诉讼法》第 177 条第 1 款规定，犯罪嫌疑人没有犯罪事实，或者有刑事诉讼法第 16 条规定的情形之一的，人民检察院应当作出不起诉的决定。依照法律规定，人民检察院审查起诉时发现具有《刑事诉讼法》第 16 条规定的情形之一的，必须作出不起诉决定，一般称为法定不起诉。具体说来，法定不起诉适用的情形是：

其一，情节显著轻微、危害不大，不认为是犯罪的；

其二，犯罪已过追诉时效的；

其三，经特赦令免除刑罚的；

其四，依照刑法告诉才处理的犯罪，没有告诉或者撤回告诉的；

其五，犯罪嫌疑人、被告人死亡的；

其六，其他法律规定免予追究刑事责任的。

符合以上情形之一必须作出不起诉处理的，须由检察长批准决定。

除上述法定的六种情形以外，对于犯罪事实并非犯罪嫌疑人所为的情形，人民检察院也应对该犯罪嫌疑人作出法定不起诉的决定。

（二）酌定不起诉

《刑事诉讼法》第 177 条第 2 款规定，对于犯罪情节轻微，依照刑法规定不需要判处刑罚或者免除刑罚的，人民检察院可以作出不起诉决定。本条的规定一般称作酌定不起诉。人民检察院作出酌定不起诉，必须同时具备两个条件：一是犯罪嫌疑人的行为已经构成犯罪；二是犯罪嫌疑人的犯罪情节轻微，依照刑法规定不需要判处刑罚或者免除刑罚。《刑法》第 37 条规定，对于犯罪情节轻微不需要判处刑罚的，可以免予刑事处罚，但是根据案件的不同情况，予以训诫或责令具结悔过、赔礼道歉、赔偿损失，或者由主管部门予以行政处罚或者行政处分。《刑法》规定免除刑罚的情形有：①犯罪嫌疑人在中华人民共和国领域外犯罪，依照我国刑法规定应当负刑事责任，但在外国已经受过刑事处罚的；②犯罪嫌疑人又聋又哑，或者是盲人犯罪的；③犯罪嫌疑人因防卫过当或紧急避险超过必要限度，并造成危害而犯罪的；④为犯罪准备工具制造条件的；⑤在犯罪过程中自动中止或自动有效地防止犯罪结果发生的；⑥在共同犯罪中，起次要或辅助作用的；⑦被胁迫、被诱骗参加犯罪的；⑧犯罪嫌疑人自首或者在自首后有立功表现的。人民检察院根据案件情况，酌定作出选择不起诉决定的，经检察长批准，可以作出不起诉决定。

（三）疑罪不起诉

又称证据不足的不起诉。《刑事诉讼法》第 175 条第 4 款规定，对于补充侦查的案件，人民检察院仍然认为证据不足，不符合起诉条件的，应当作出不起诉的决定。根据《高检规则》，具有下列情形之一，不能确定犯罪嫌疑人构成犯罪和需要追究刑事责任的，可以作出证据不足的不起诉决定。(1) 犯罪构成要件事实缺乏必要的证据予证明的；(2) 据以定罪的证据存在疑问，无法查证属实的；(3) 据以定罪的证据之间、证据与案件事实之间的矛盾不能合理排除的；(4) 根据证据得出的结论具有其他可能性的，不能排除合理怀疑的；(5) 根据证据认定案件事实不符合逻辑和经验法则，得出的结论明显不符合常理的。

作出证据不足的不起诉，应当经检察长批准。

根据《刑事诉讼法》第 175 条的规定，人民检察院审查案件，对于需要补充侦查的，可以退回公安机关补充侦查，也可以自行侦查。补充侦查以 2 次为限。据此，人民检察院审查起诉时，对于证据不足不符合起诉条件的，可以退回侦查机关进行补充侦查；第二次补充侦查结束后，如果人民检察院仍认为证据不足不符合起诉条件的，应当作出不起诉决定，不可以再退回补充侦查。

人民检察院根据《刑事诉讼法》第 175 条第 4 款规定决定不起诉的，如果发现了新的证据，证明案件符合起诉条件时，可以撤销不起诉决定，提起公诉。

(四) 核准不起诉

核准不起诉，即最高人民检察院核准不起诉。《刑事诉讼法》第 182 条规定，犯罪嫌疑人自愿如实供述涉嫌犯罪的事实，有重大立功或者案件涉及国家重大利益的，经最高人民检察院核准，公安机关可以撤销案件，人民检察院可以作出不起诉决定，也可以对涉嫌数罪中的一项或者多项不起诉。核准不起诉是 2018 年《刑事诉讼法》修正案确立的一项新的不起诉制度，其适用条件及程序与法定不起诉、酌定不起诉、证据不足不起诉不同。核准不起诉的适用须满足如下几个要件：一是实体性要件，即犯罪嫌疑人自愿如实供述涉嫌犯罪的事实，有重大立功或者案件涉及国家重大利益的；二是程序性要件，即需由拟核准不起诉的人民检察院向最高人民检察院报告，经最高人民检察院核准后方能适用。

三、不起诉的程序

(一) 制作不起诉决定书

人民检察院决定不起诉的案件，应当制作不起诉决定书。不起诉决定书的主要内容包括：

其一，被不起诉人的基本情况；包括姓名、性别、出生年月日、出生地和户籍地、公民身份号码、民族、文化程度、职业、工作单位及职务、住址，是否受过刑事处罚，采取强制措施的情况以及羁押处所等；如果是单位犯罪，应当写明犯罪单位的名称和组织机构代码、所在地址、联系方式，法定代表人和诉讼代表人的姓名、职务、联系方式；

其二，案由和案件来源；

其三，案件事实，包括否定或者指控被不起诉人构成犯罪的事实以及作为不起诉决定根据的事实；

其四，不起诉的法律根据和理由，写明作出不起诉决定适用的法律条款；

其五，查封、扣押、冻结的涉案财物的处理情况；

其六，有关告知事项。

人民检察院根据《刑事诉讼法》第 175 条第 4 款、第 177 条第 2 款对直接立案侦查的案件，以及监察机关移送起诉的案件，拟作决定不起诉决定的，审查起诉部门应当将不起诉决定书副本以及案件审查报告报送上一级人民检察院备案。

（二）不起诉决定书的宣读和送达

不起诉决定书，人民检察院应当公开宣布。不起诉决定书一经宣布立即产生法律效力，检察院应当将不起诉决定书分别送达下列机关和人员：

其一，被不起诉人和他的所在单位。如果被不起诉人在押的，应当立即释放；

其二，对于公安机关移送起诉的案件，应当将不起诉决定书送达公安机关；

其三，对于有被害人的案件，应当将不起诉决定书送达被害人。

（三）作出其他附带处分或者移送主管机关处理

根据《刑事诉讼法》第 177 条和《高检规则》第 373 条规定，人民检察院决定不起诉的案件，可以根据案件的不同情况，对被不起诉人予以训诫或者责令具结悔过、赔礼道歉、赔偿损失。对被不起诉人需要给予行政处罚、政务处分或者需要没收违法所得的，经检察长批准，人民检察院应当提出检察意见，连同不起诉决定书一并移送有关主管机关处理。有关主管机关应当将处理结果及时通知人民检察院。

（四）解除扣押、冻结

如果被不起诉人的财物在侦查中被扣押、冻结的，人民检察院在宣布不起诉决定时，应解除扣押、冻结。对于公安机关作出的扣押、冻结，人民检察院应当以书面通知的形式通知公安机关或者执行机关解除扣押、冻结。

（五）对监察机关、公安机关的意见进行复议、复核

监察机关认为不起诉的决定有错误，向上一级人民检察院提请复议的，上一级人民检察院应当在收到提请复议意见书后 30 日以内，经检察长批准，作出复议决定，通知监察机关。公安机关认为不起诉决定有错误要求复议的，人民检察院负责捕诉的部门应当另行指派检察官或者检察官办案组进行审查，并在收到要求复议意见书后 30 日以内，经检察

长批准，作出复议决定，通知公安机关。如果公安机关认为复议决定有错误的，可以向上一级人民检察院提请复核。上级人民检察院应在收到提请复核意见书后的30日内，经检察长批准，作出复核决定，通知提请复核的下级人民检察院和公安机关。经复核认为下级人民检察院不起诉决定错误的，应当指令下级人民检察院纠正，或者撤销、变更下级人民检察院作出的不起诉决定。

四、对不起诉的监督和救济

根据《刑事诉讼法》第180条和第181条的规定，对于有被害人的案件，决定不起诉的，人民检察院应当将不起诉决定书送达被害人。被害人如果不服人民检察院的不起诉决定，可以自收到决定书后7日以内向上一级人民检察院申诉，请求提起公诉。人民检察院应当将复查决定告知被害人。被害人在申诉期限内提出申诉的，由上一级人民检察院负责捕诉的部门受理。被害人在申诉期满后提出申诉的，由作出不起诉决定的人民检察院控告申诉检察的部门受理，经审查后决定是否立案复查。经审查，认为不起诉决定正确的，出具审查结论直接答复申诉人，并做好释法说理工作；认为不起诉决定可能存在错误的，移送负责捕诉的部门进行复查。上一级人民检察院复查后，应当在立案后3个月内报经检察长批准作出复查决定。案情复杂的，最长不得超过6个月。复查决定书应送达被害人、被不起诉人和作出不起诉决定的人民检察院。如果上一级人民检察院经复查作出起诉决定的，应当撤销下级人民检察院的不起诉决定，交由下级人民检察院提起公诉，并将复查决定抄送移送起诉的监察机关或者公安机关。

对人民检察院维持不起诉决定的，被害人可以向人民法院起诉；被害人也可以不经申诉，直接向人民法院起诉。人民检察院收到人民法院受理被害人对被不起诉人起诉的通知后，应当终止复查，并将作出不起诉决定所依据的有关案件材料移送人民法院。

对于人民检察院依照《刑事诉讼法》第177条第2款规定作出的不起诉决定，被不起诉人如果不服，可以自收到决定书后7日以内向人民检察院申诉。被不起诉人在申诉期限内提出申诉，应当由作出决定的人民检察院负责捕诉的部门进行复查；被不起诉人自收到不起诉决定后7日以后提出申诉的，由负责控告申诉检察的部门进行审查。经审查，认为不起诉决定正确的，出具审查结论直接答复申诉人，并做好释法说理工作；认为不起诉决定可能存在错误的，移送负责捕诉的部门复查。复查后，撤销不起诉决定，变更不起诉的事实或者法律依据的，应当同时将复查决定书抄送移送起诉的监察机关或者公安机关。人民检察院发现不起诉决定确有错误，符合起诉条件的，应当撤销不起诉决定，提起公诉。

第五节　自　　诉

一、提起自诉的条件

自诉案件，是被害人及其法定代理人或近亲属，为追究被告人的刑事责任，自行向人民法院起诉，由人民法院直接受理的刑事案件。

根据刑事诉讼法有关规定和司法解释，提起自诉必须具备以下条件：

1. 自诉人是本案的被害人或者其法定代理人、近亲属。根据《刑事诉讼法》第 114 条规定，对于自诉案件，被害人有权向人民法院直接起诉。

被害人死亡或者丧失行为能力的，被害人的法定代理人、近亲属有权向人民法院起诉，人民法院应当依法受理。《刑诉解释》在此规定的基础上进一步具体规定，对于自诉案件，如果被害人因受到强制、威吓等原因无法告诉，或者是限制行为能力以及由于年老、患病、盲、聋、哑等原因不能亲自告诉，其法定代理人、近亲属代为告诉的，人民法院应当依法受理。

2. 属于《刑事诉讼法》第 210 条和相关司法解释确定的案件范围。我国的刑事自诉案件包括：

其一，告诉才处理的案件，包括：①《刑法》第 246 条规定的侮辱、诽谤案。②《刑法》第 257 条第 1 款规定的暴力干涉婚姻自由案。③《刑法》第 260 条第 1 款规定的虐待案。④《刑法》第 270 条规定的侵占案。前三种案件情节严重时，可成为公诉案件，侵占案为绝对自诉案件。

其二，被害人有证据证明的轻微刑事案件。

其三，公诉转自诉案件。被害人有证据证明被告人侵犯自己人身、财产权利的行为应当依法追究刑事责任，且有证据证明曾经提出控告，而公安机关或者人民检察院不予追究被告人刑事责任的案件。此类案件性质上原本属于公诉案件，若要成为自诉案件，必须具备：①被害人有足够证据。②被告人侵犯了自己人身、财产权利，应当追究被告人刑事责任。③有证据证明曾经提出控告。④公安机关或者人民检察院不予追究，并作出书面决定。

此外，被害人对人民检察院不起诉决定不服而向人民法院起诉的案件，也属于自诉案件。

3. 受诉人民法院有管辖权。自诉人提起自诉，应当依据刑事诉讼法关于级别管辖和地区管辖的规定，向有管辖权的人民法院提出。

根据有关司法解释的规定，刑事自诉案件的自诉人、被告人一方或者双方是在我国香港特别行政区、澳门特别行政区、台湾地区居住的中国公民或者其住所地是在我国香港特别行政区、澳门特别行政区、台湾地区的，由犯罪地的基层人民法院审判。香港特别行政区、澳门特别行政区、台湾地区同胞告诉的，应当出示香港特别行政区、澳门特别行政区、台湾地区居民身份证、回乡证或者其他能够证明本人身份的证明。

4. 有明确的被告人、具体的诉讼请求和证明被告人犯罪事实的证据。提起自诉时，自诉人必须有具体的诉讼请求，并附有相应证据。诉讼请求指自诉人对被告人应否承担刑事责任以及承担何种刑事责任的态度，应尽可能明确、具体，有理有据。由于自诉案件的举证责任由自诉人负担，因此，自诉人起诉时应附有证据，以证明自己的诉讼请求和主张。

被害人不能告诉，由其法定代理人、近亲属代为告诉的，代为告诉人应当提供与被害人关系的证明和被害人不能亲自告诉的原因的证明。

二、提起自诉的程序

自诉人应当向人民法院提交刑事自诉状。若提起附带民事诉讼的，还应当提交刑事附带民事自诉状。为便于告诉，自诉人书写自诉状确有困难的，可以口头告诉，由人民法院工作人员作出告诉笔录，向自诉人宣读，自诉人确认无误后，应当签名或者盖章。

自诉状或者告诉笔录应当包括以下内容：

1. 自诉人（代为告诉人）、被告人的姓名、性别、年龄、民族、出生地、文化程度、职业、工作单位、住址、联系方式等。
2. 被告人实施犯罪的时间、地点、手段、情节和危害后果等。
3. 具体的诉讼请求。
4. 致送的人民法院及具状时间。
5. 证据的名称、来源等。
6. 证人的姓名、住址、联系方式等。

如果被告人是 2 人以上的，自诉人在自诉时须按照被告人的人数提供自诉状副本。

理论导读

在公诉制度中，学理上存在起诉法定主义和起诉便宜主义之分。起诉法定主义，要求对于凡构成犯罪即具备法定起诉条件的刑事案件，不论犯罪嫌疑人及其罪行有何具体情况，公诉机关都必须毫无例外地提起公诉，而不得作出不予起诉的决定。起诉便宜主义就是允许公诉机关对于已构成犯罪，具备起诉条件的刑事案件，根据被告人及其罪行等具体情况以及刑事政策，作出不起诉的决定。目前，世界上多数国家都采取起诉便宜主义，但在具体情形上又各有不同。一般说来，起诉法定主义可以避免公诉机关滥用公诉权，保证法律的严肃性。但是，它不问案件的具体情况，硬性要求一律起诉，过于刻板，缺乏灵活性，可能使一些不应开庭审判的人受到开庭审判，不符合诉讼经济原则。起诉便宜主义则便于公诉机关根据刑事政策和具体案情，灵活决定是否起诉，对于实际上无追诉必要者，可以不提起公诉；从而可以免除许多不必要的诉讼程序。但是，在起诉便宜主义制度下，也存在公诉机关滥用公诉权的可能，因此许多国家都规定了对公诉权力的监督机制。

我国 1979 年《刑事诉讼法》确立了以公诉为主、以自诉为辅的刑事起诉制度。所谓“以公诉为主”是指绝大多数刑事案件由人民检察院代表国家和社会向法院提起诉讼；“以自诉为辅”则是指少量犯罪性质不太严重、情节较为简单、加害人与被害人之间存在特殊关系的轻微刑事案件，由被害人及其法定代理人、近亲属等，以个人名义直接向人民法院提起诉讼。1979 年《刑事诉讼法》将自诉案件分为告诉才处理和不需要进行侦查的轻微刑事案件两类。1996 年《刑事诉讼法》将自诉案件分为三类：一是告诉才处理的案件；二是被害人有证据证明的轻微刑事案件；三是被害人有证据证明对被告人侵犯自己人身、财产权利的行为应当依法追究刑事责任，而公安机关或者人民检察院不予追究被告人刑事责任的案件。增加第三类自诉案件的规定，是为了解决司法实践中存在的有案不立、有罪不究的现象，但“公诉转自诉”是否合适，引发了理论界和实务界的广泛争议。2021 年初浙江杭州的郎某、何某涉嫌诽谤案，是一起恶意制作视频材料在网络上传播，通过捏造聊天记录损害被害人名誉的案件，此案的被害人谷某向法院提起自诉后，公安机关根据检察机关的建议又对郎某、何某涉嫌诽谤立案侦查。该案由“自诉转公诉”再次引起了理论界和实务界的广泛争议。上述“公诉转自诉”和“自诉转公诉”所引发的争议，涉及对公诉与自诉关系的认识问题。在公诉与自诉并存的制度设计下，不少人在潜意识中认为公诉与自诉二者泾渭分明，故“公诉转自诉”和“自诉转公诉”均不合适。但是，细究起来，公诉与自诉的关系十分复杂，德国学者称自诉与公诉“二者之关系既非排他性，亦非补充关系”；在比较法层面以及在关于公诉与自诉关系的学术讨论中，关于二者关系的描述，有分立、竞合、承继、担当、接管、协助、干预、协调等多种说法。在我国，在理论层面对公诉与自诉的关系研究不足，导致在立法和司法实践中聚讼不断。因此，如何正确看待和处理公诉与自诉的关系，成为一个有待深入研究的理论和实践问题。①

---

① 熊秋红：《论公诉与自诉的关系》，载《中国刑事法杂志》2021 年第 1 期。

真题解析

本章主要涉及起诉，包括自诉和公诉。以往司法考试题目主要涉及检察机关审查起诉的内容和程序、不起诉的种类、适用情形和救济、自诉案件的种类和程序等。

1.（2020 年真题参考版）区检察院认为犯罪嫌疑人防卫过当涉嫌故意伤害罪，但犯罪情节轻微，决定对其酌定不起诉。下列表述正确的是：

A. 被不起诉人对酌定不起诉不服，可以向区检察院申诉

B. 检察院作出酌定不起诉后应当将不起诉决定书送达被害人

C. 省检察院可以指令市检察院复查

D. 市检察院复查后认为不是防卫过当，而是正当防卫，可以让区检察院撤销原来酌定不起诉的决定，重新作出正当防卫的法定不起诉的决定

答案：ABCD

解析：《刑事诉讼法》第 181 条规定："对于人民检察院依照本法第 177 条第 2 款规定作出的不起诉决定，被不起诉人如果不服，可以自收到决定书后 7 日以内向人民检察院申诉。人民检察院应当作出复查决定，通知被不起诉的人，同时抄送公安机关。"所以选项 A 正确。《刑事诉讼法》第 180 条规定："对于有被害人的案件，决定不起诉的，人民检察院应当将不起诉决定书送达被害人。被害人如果不服，可以自收到决定书后 7 日以内向上一级人民检察院申诉，请求提起公诉。人民检察院应当将复查决定告知被害人。对人民检察院维持不起诉决定的，被害人可以向人民法院起诉。被害人也可以不经申诉，直接向人民法院起诉。人民法院受理案件后，人民检察院应当将有关案件材料移送人民法院。"所以选项 B 正确。《高检规则》第 9 条第 1 款规定："最高人民检察院领导地方各级人民检察院和专门人民检察院的工作，上级人民检察院领导下级人民检察院的工作。检察长统一领导人民检察院的工作。"所以选项 C、D 正确。

2.（2019 年真题参考版）甲涉嫌盗窃罪被检察机关审查起诉审查期间甲逃跑，1 年后归案，此 1 年间法律发生变化，按照最新法律规定甲的盗窃数额没有达到定罪条件，于是检察院对甲作出不起诉决定。下列说法正确是：

A. 人民检察院对甲的不起诉属于酌定不起诉

B. 人民检察院发现新的证据后可以对甲再次起诉

C. 被害人对不起诉决定不服可以向人民法院提起自诉

D. 甲不服该不起诉决定可以向同级人民检察院申诉

答案：C

解析：《刑事诉讼法》第 177 条第 1、2 款规定："犯罪嫌疑人没有犯罪事实，或者有

本法第16条规定的情形之一的，人民检察院应当作出不起诉决定。对于犯罪情节轻微，依照刑法规定不需要判处刑罚或者免除刑罚的，人民检察院可以作出不起诉决定。”所以选项A错误。《高检规则》第369条规定：“人民检察院根据刑事诉讼法第175条第四款规定决定不起诉的，在发现新的证据，符合起诉条件时，可以提起公诉。”所以选项B错误。《刑事诉讼法》第180条规定：“对于有被害人的案件，决定不起诉的，人民检察院应当将不起诉决定书送达被害人。被害人如果不服，可以自收到决定书后7日以内向上一级人民检察院申诉，请求提起公诉。人民检察院应当将复查决定告知被害人。对人民检察院维持不起诉决定的，被害人可以向人民法院起诉。被害人也可以不经申诉，直接向人民法院起诉。人民法院受理案件后，人民检察院应当将有关案件材料移送人民法院。”所以选项C正确。《刑事诉讼法》第181条规定：“对于人民检察院依照本法第177条第2款规定作出的不起诉决定，被不起诉人如果不服，可以自收到决定书后7日以内向人民检察院申诉。人民检察院应当作出复查决定，通知被不起诉的人，同时抄送公安机关。”所以选项D错误。

3.（2017年卷二32）叶某涉嫌飞车抢夺行人财物被立案侦查。移送审查起诉后，检察院认为实施该抢夺行为的另有其人。关于本案处理，下列哪一选项是正确的？

A. 检察院可将案卷材料退回公安机关并建议公安机关撤销案件

B. 在两次退回公安机关补充侦查后，检察院应作出证据不足不起诉的决定

C. 检察院作出不起诉决定后，被害人不服向法院提起自诉，法院受理后，不起诉决定视为自动撤销

D. 如最高检察院认为对叶某的不起诉决定确有错误的，可直接撤销不起诉决定

答案： D

解析：《刑事诉讼法》第177条第1款规定：“犯罪嫌疑人没有犯罪事实，或者有本法第16条规定的情形之一的，人民检察院应当作出不起诉决定。”所以选项A错误。最高人民检察院《高检规则》第365条规定：“人民检察院对于监察机关或者公安机关移送起诉的案件，发现犯罪嫌疑人没有犯罪事实，或者符合刑事诉讼法第16条规定的情形之一的，经检察长批准，应当作出不起诉决定。对于犯罪事实并非犯罪嫌疑人所为，需要重新调查或者侦查的，应当在作出不起诉决定后书面说明理由，将案卷材料退回监察机关或者公安机关并建议重新调查或者侦查。”所以选项B错误。《刑事诉讼法》第180条规定：“对于有被害人的案件，决定不起诉的，人民检察院应当将不起诉决定书送达被害人。被害人如果不服，可以自收到决定书后7日以内向上一级人民检察院申诉，请求提起公诉。人民检察院应当将复查决定告知被害人。对人民检察院维持不起诉决定的，被害人可以向人民法院起诉。被害人也可以不经申诉，直接向人民法院起诉。”所以选项C错误。最高人民检

察院《高检规则》第389条规定："最高人民检察院对地方各级人民检察院的起诉、不起诉决定，上级人民检察院对下级人民检察院的起诉、不起诉决定，发现确有错误的，应当予以撤销或者指令下级人民检察院纠正。"所以选项D正确。

4.（2019年真题参考版）徐某因涉嫌贪污被某县监察委员会立案调查，某县监察委员会对徐某采取留置措施。调查终结后移送某县检察院审查起诉，下列表述正确的有？

A. 对徐某留置需要由某县监察委员会主任决定

B. 某县检察院应当对徐某先行拘留

C. 某县检察院经过审查若认为有证据证明徐某实施了贪污行为且可能被判处10年以上有期徒刑，有权径行决定逮捕徐某

D. 在C中，某县检察院有权对徐某执行逮捕

答案：BC

解析：《监察法》第43条第1款规定："监察机关采取留置措施，应当由监察机关领导人员集体研究决定。设区的市级以下监察机关采取留置措施，应当报上一级监察机关批准。省级监察机关采取留置措施，应当报国家监察委员会备案。"所以选项A错误。《刑事诉讼法》第170条第2款规定："对于监察机关移送起诉的已采取留置措施的案件，人民检察院应当对犯罪嫌疑人先行拘留，留置措施自动解除。人民检察院应当在拘留后的10日以内作出是否逮捕、取保候审或者监视居住的决定。在特殊情况下，决定的时间可以延长1日至4日。人民检察院决定采取强制措施的期间不计入审查起诉期限。"所以选项B正确。《刑事诉讼法》第81条第3款规定："对有证据证明有犯罪事实，可能判处10年有期徒刑以上刑罚的，或者有证据证明有犯罪事实，可能判处徒刑以上刑罚，曾经故意犯罪或者身份不明的，应当予以逮捕。"所以选项C正确。《刑事诉讼法》第80条规定："逮捕犯罪嫌疑人、被告人，必须经过人民检察院批准或者人民法院决定，由公安机关执行。"所以选项D错误。

5.（2021年真题参考版）陈某利用职务便利收受贿赂50万元，监察机关依法将其留置，调查终结后移送检察机关审查起诉。下列说法正确的有？

A. 经过检察机关决定，陈某被先行拘留时，检察机关应告知其有权委托辩护人

B. 检察机关认为本案事实不清，将案件退回监察机关补充调查，检察机关可商请监察机关重新留置陈某

C. 因怀疑口供真实性，检察机关商请监察机关调取陈某留置时的讯问录像

D. 监察机关可商请检察机关派员在调查阶段介入本案

答案：ACD

解析：《高检规则》第145条规定："人民检察院应当自收到移送起诉的案卷材料之日

起三日以内告知犯罪嫌疑人有权委托辩护人。对已经采取留置措施的，应当在执行拘留时告知。”所以选项 A 正确。《高检规则》第 343 条第 3 款规定：“人民检察院决定退回补充调查的案件，犯罪嫌疑人已被采取强制措施的，应当将退回补充调查情况书面通知强制措施执行机关。监察机关需要讯问的，人民检察院应当予以配合。”所以选项 B 错误。《高检规则》第 263 条第 2 款规定：“对于监察机关移送起诉的案件，认为需要调取有关录音、录像的，可以商请监察机关调取。”所以选项 C 正确。《高检规则》第 256 条第 2 款规定：“经监察机关商请，人民检察院可以派员介入监察机关办理的职务犯罪案件。”所以选项 D 正确。

6.（2020 年真题参考版）赵某为制止李某伤害他人而致李某重伤，A 省 B 市 C 区检察院在认定赵某防卫超过必要限度的基础上，对赵某故意伤害李某一案作出不起诉决定，下列正确的有？

A. 赵某对不起诉决定不服提出申诉的，应当由 B 市检察院处理

B. C 区检察院向李某送达不起诉决定书时应当告知其可以向法院自诉

C. A 省检察院可以指令 B 市检察院对本案不起诉决定是否正确进行审查

D. 若 B 市检察院在监督工作中发现本案赵某的行为没有超出防卫限度，可以指令 C 区检察院撤销原不起诉决定，并重新作出不起诉决定

答案：BCD

解析：《高检规则》第 385 条第 1 款规定：“对于人民检察院依照刑事诉讼法第 177 条第 2 款规定作出的不起诉决定，被不起诉人不服，在收到不起诉决定书后 7 日以内提出申诉的，应当由作出决定的人民检察院负责捕诉的部门进行复查；被不起诉人在收到不起诉决定书 7 日以后提出申诉的，由负责控告申诉检察的部门进行审查。经审查，认为不起诉决定正确的，出具审查结论直接答复申诉人，并做好释法说理工作；认为不起诉决定可能存在错误的，移送负责捕诉的部门复查。”所以选项 A 错误。

第四编 审判程序论

第十五章　审判程序概述

第一节　审判程序的概念与特征

一、审判程序的概念

审判是国家解决纠纷的一种专门活动，也是一种专门的国家权力。根据现代法治原则，法院独立行使审判权。所谓审判，是指控辩双方和其他诉讼参与人在法庭上各自提出自己的主张和证据并进行辩论，法官站在第三方的地位上，基于国家权力依法进行审理并作出裁判的一种诉讼活动。现代审判大致分为刑事审判、民事审判、行政审判三种。

刑事诉讼中的审判，是指人民法院对人民检察院提起公诉或者自诉人提起自诉的案件进行审理和裁判的诉讼活动。审理是人民法院通过开庭或书面形式对案件事实情节和证据等问题进行全面审查、核实并听取控辩双方的意见的诉讼活动；裁判是人民法院在对案件进行审理的基础上，根据刑事法律对案件的实体和部分程序问题所作的判决和裁定。审理和裁判是审判活动的两个有机组成部分。审理为裁判提供事实依据，是正确裁判的前提和基础；裁判是根据事实适用法律的结论，是审判活动的归宿。

二、审判程序的特征

在整个刑事诉讼过程中，审判是一个居于中心地位，是具有决定意义的诉讼阶段。它决定着案件的最终处理结果，决定着刑事追诉的成功与否以及国家具体刑罚权能否实现。人民法院行使刑事审判权具有以下几个基本特征：

1. 审判程序启动的被动性。这是指人民法院审判案件奉行“不告不理”原则，即没有起诉，就没有审判。审判程序启动的被动性表现在很多方面：没有检察机关或者自诉人的起诉，不能主动审判某个案件；不能审判控方未指控的犯罪事实；自诉案件的被告人没有提起反诉，不能主动审理反诉案件；没有被告人一方的上诉或检察机关的抗诉，上一级法院不得启动第二审程序等。

2. 独立性和中立性。独立性是指人民法院依法独立行使审判权，不仅如此，审判人员也具有独立性，在评议时有权独立地、平等地发表意见。正如马克思所言，法官"除了法律没有别的上司"。中立性是指相对于控辩双方，法官站在第三方的立场上。法院在社会利益和个人利益之间保持中立，只忠诚于法律。审判中立，是被告人获得公正审判的重要保证。中立性有一些具体要求，如与案件有牵连的人不能担任该案件的法官，法官不得与案件的结果或纠纷各方有利益上或其他方面的关系，法官不应存有支持或反对某一方诉讼参与者的偏见等。

3. 职权性和程序性。职权性是指刑事案件一经起诉到法院，就产生诉讼系属的法律效力；法院就有义务、有权力进行审理并作出裁判。程序性是指审判活动应当严格遵循法定的程序，违反诉讼程序可能导致审判活动无效并需要重新进行的法律后果。

4. 亲历性。是指案件的法官必须自始至终直接参与审理，审查所有证据；对案件作出判决必须以充分听取控辩双方的意见为前提。

5. 公开性和公正性。公开性是指审判活动应当公开进行，判决应当公开宣告。除了为了保护特定的社会利益依法不公开审理的案件外，都应当公开审理，将审判活动置于公众和社会的监督之下。即使依法不公开审理的案件，宣告判决也应当公开。公正是诉讼的终极目标。审判应严格依照公正的程序进行，从而最大限度地实现实体上的公正。

6. 终局性和权威性。终局性表现在刑事案件一旦被提交法院审判，法院必须对被告人是否有罪的问题作出裁判，而且法院对被告人刑事责任的裁判具有最终的效力；判决一旦生效，控辩双方不得就同一案件再向法院提出重新审判的请求，任何其他机关也不得再受理此案件。权威性表现在法院的裁判对诉讼当事人乃至整个社会具有普遍的约束力，控辩双方对生效的裁判都必须遵守和服从，并由国家强制力予以保证实施，是"司法最终解决"直接规定和体现。

第二节　刑事审判的基本原则

基于刑事审判的规范性要求，刑事诉讼专门主体和其他诉讼参与人在法庭审判期间应当遵守一定的诉讼原则。

一、直接言词原则

直接、言词原则，是指法官必须在法庭上亲自听取当事人、证人及其他诉讼参与人的口头陈述，案件待证事实和证据必须由控辩双方当庭口头提出并以口头辩论和质证的方式进行调查。直接言词原则包括直接原则和言词原则两项原则。

（一）直接原则

直接原则是指法官必须参与并主持法庭审理，直接听取控辩双方和诉讼参与人质证、辩论意见，直接审查案件待证事实材和采信证据。直接原则又可分为直接审理原则和直接采证原则。

1. 直接审理原则，亦称在场原则。是指法官在审理案件时，公诉人、当事人及其他诉讼参与人除法律有特殊规定外，必须在场，否则审判活动无效。

2. 直接采证原则，是指刑事程序中证据的调查与采集，应由法官亲自进行，只有直接调查并经衡量、评判后采信的证据，才能作为判决依据。

（二）言词原则

言词原则是指法庭审理中如无法律特别规定的情况，在法庭上的质证、辩论应以口头陈述方式进行，即要求被告人、被害人以口头方式陈述，证人、鉴定人以口头方式作证，控诉机关与被告人及其辩护人以口头方式进行辩论。

从刑事诉讼原理上讲，直接言词原则应包括以下三方面的内容：

其一，法官审理案件时，公诉人、当事人及其他诉讼参与人应当在场。上述人员不在场时，除法律有特别规定外，法官不得进行法庭审理，否则该审理无效。

其二，法官审理案件时应以言词陈述的方式进行，即控辩双方口头进行举证、质证辩论，被告人、证人、鉴定人等口头进行陈述或作证，法官口头进行讯问和审判。除法律有特别规定的以外，凡是未经当庭以言词方式调查、质证的证据材料视同未曾发生或不存在，不得作为判决的根据。

其三，法官对证据的调查与认定，必须亲自直接进行；不得委托其他法院或法官进行；法官在查证中，必须与被告人、被害人、证人、鉴定人等直接接触，不能仅就文书、卷宗的记载资料，从事间接的调查工作。

以英、美为代表的英美法系国家，基于当事人主义诉讼模式的要求，在刑事审判中奉行严格意义上的直接言词原则。法庭审判活动以控辩双方的积极活动为核心内容，证明对象的设定及举证活动都要委诸当事人。控、辩双方就诉讼主张及证据展开攻防活动，程序展开的主动权归属当事人。大陆法系国家的刑事诉讼立法也在一定程度上吸取了直接、言词原则的合理内核。如德国《刑事诉讼法》第 249 条规定："证书及其他作为证据的文书如果是建立在一个人的五官感觉之上的时候，要在审判中对他询问。询问不允许以宣读以前的询问笔录或者书面证言而代替。"奥地利《刑事诉讼法》第 258 条规定："法庭在作出判决时，只应考虑在法庭审判时提出的问题。在审判时宣读过的案卷方可用作证据。"

我国刑事诉讼法没有明确规定这一原则，但部分地体现了该原则的精神。如：关于通知证人、鉴定人出庭的规定；关于证人证言必须在法庭上经公诉人、被害人和被告人、辩护人双方询问、质证的规定；关于公诉人、当事人和辩护人经审判长许可可以直接对证人、鉴定人发问的规定；关于经审判长许可，当事人、辩护人可以对证据和案件情况发表意见且可以相互质证、辩论的规定；关于公诉人、辩护人应向法院出示物证让当事人辨认的规定等。但应当注意的是，我国法律并不排除被告人口供、证人证言、被害人陈述和鉴定结论等审前书面证据形式的效力，加之法院审判过程在司法行政化情形仍较普遍，直接言词原则的适用尚有赖于刑事诉讼制度改革的继续推进。

二、辩论原则

辩论原则，是指在法庭审理中，控诉方和被告方应当以公开的、口头的、对立性的方式进行充分的辩论；未经充分的辩论，不得进行裁判。

辩护是派生于控诉而又具有相对独立性的权能，与控诉相始终，没有辩护的刑事诉讼是纠问式或武断专横的诉讼。控、辩双方的本能对抗和辩论，可以促使审判结果客观公正。

辩论原则的内容包含以下几点：

其一，刑事审判中辩论的主体是控诉方和被告方。其中，控诉方即为检察官或自诉人及其代理人，被告方即为被告人及其辩护人。

其二，辩论的内容既包括认定案件事实和适用法律问题，也可能涉及案件处理的有关程序问题。

其三，控、辩双方既可以在法庭审判中的辩论阶段进行辩论即集中辩论，也可以在法庭审判的调查阶段进行辩论即分散辩论或称质证辩论。在集中辩论阶段，先由控诉方发表意见，然后由辩护方发表意见，接着由双方进行相互辩论；在分散辩论阶段，则由控诉方或辩护方在对方提出某一证据或事实、情节后立即予以辩驳、反击，并且可以相互辩论。

世界各国刑事审判制度中普遍采用辩论原则。如在英国，当控、辩双方举证后，两者均有权向陪审团作第二次陈述，即总结陈词，提出有利于本方的结论。辩护律师在陈述中，可以对证据发表评论，也可以就被告人有利的事实提出辩护；但不能把未经证据证实的任何事情作为肯定的事实向陪审团陈述。在大陆法系国家，由于刑事诉讼实行职权主义，因此，辩论原则主要体现在法庭审判中的专门辩论阶段，而且法官可以对辩论的范围、方式、时间等进行必要限制。如日本《刑事诉讼法》第 294 条规定："审判长对当事人的辩论发言重点或涉及案件无关的事项等，可以加以限制。"

我国的刑事审判制度也有辩论原则基本规定。《刑事诉讼法》第 198 条第 2 款规定："经审判长许可，公诉人、当事人和辩护人、诉讼代理人可以对证据和案件情况发表意见并且可以互相辩论。"在我国刑事审判中，法庭辩论是一个独立阶段，控、辩双方可以就案件事实认定和法律适用展开充分辩论；同时，也许可控辩双方在法庭调查阶段进行质证辩论。

三、集中审理原则

集中审理原则，是指法庭对每一刑事案件的审理，除了必要的休息时间外，原则上应持续进行；亦即法庭审理案件从开庭到判决应尽可能地集中审理，不得中断。集中审理原则的内容主要包括：

1. 一案一庭不中断审理。每起案件自始至终亦应由同一法庭进行审判，并且在案件审理尚未结束以前不允许法庭再审理任何其他案件。这是为了防止因交叉审理而使法官、陪审员在不同案件之间造成混淆，保证合议庭对每个案件都能够形成系统完整的印象并作出准确的判断，从而保证裁判质量。法庭审理应不中断地进行，法庭因故延期审理较长时间者，应重新进行以前的庭审。法庭审理结束后，应迅速作出裁判并予以宣告。

2. 法庭成员不可更换。法庭成员（包括法官和陪审员）必须始终在场参加审理。对于法庭成员因故不能继续参加审理的，应由始终在场的候补法官、候补陪审员替换。如果没有足够的法官、陪审员可以替换，则应重新审判。因为参与裁判制作的法官、陪审员必须参与案件的全部审理活动，接触所有的证据，全面听取法庭辩论，否则无以对案件形成全面的认知并作出公正的裁判。

3. 集中证据调查与法庭辩论。证据调查必须在法庭或合议庭成员与控辩双方以及有关诉讼参与人均在场的情况下进行，证据调查与辩论应在法庭内集中完成。

最高人民法院于 2002 年 8 月 12 日公布的《关于人民法院合议庭工作的若干规定》第 3 条关于合议庭成员不得更换的规定、第 9 条关于合议庭评议案件时限的规定以及第 14 条关于裁判文书制作期限的规定，体现了集中审理原则的精神，对于实现审判公正、提高审判效率具有重要意义。但与集中审理原则的基本要求仍有一定的距离。为充分发挥合议庭的作用，进一步强化法庭审理功能，刑事诉讼法应确立并贯彻集中审理原则。

第三节 审判组织

一、陪审制度

陪审制度，是指从公民中产生陪审员参加法院对案件审判的制度。陪审制度起源于奴隶制国家雅典和罗马。雅典每年由执政官用抽签方法从 30 岁以上的公民（奴隶主和自由民）中选出 6000 名陪审官，组成陪审法院，每一案件由 500 名陪审官共同审理。罗马则是由最高裁判官从元老院的贵族、骑士和富裕的奴隶主中挑选300—450人组成陪审法院，每一案件由抽签决定的30—40名陪审官审理。在封建君主专制时期，纠问式诉讼占统治地位，陪审制度被取消了。

资本主义制度形成后，先后在法律中确立了陪审制。一般的大陆法系资本主义国家采用共同审判的形式，即由专业法官和陪审员组成合议庭，共同审判，共同承担事实认定和法律适用的责任。这一形式又称参审制。如法国，重罪法院审判刑事案件，除法律有特殊规定以外，均由3名法官和9名陪审员组成的法庭进行。英美法系国家则采用事实审与法律审分离审判的形式，即由非法律专业人员组成的陪审团参加法庭审理判活动；对被告人是否构成犯罪由陪审团作出决定，量刑则由法官负责决定。在美国，根据联邦法院规则的规定，不论发生在联邦或州的刑事案件，只要被告人有可能被判处6个月以上的监禁，被告人就享有受到陪审团审判的权利。

我国的刑事审判中也采取陪审制。《刑事诉讼法》第13条规定："人民法院审判案件，依照本法实行人民陪审员陪审的制度。"第183条规定："基层人民法院、中级人民法院审判第一审案件，应当由审判员三人或者由审判员和人民陪审员共三人或者七人组成合议庭进行，但是基层人民法院适用简易程序、速裁程序的案件可以由审判员一人独任审判。高级人民法院审判第一审案件，应当由审判员三人至七人或者由审判员和人民陪审员共三人或者七人组成合议庭进行。最高人民法院审判第一审案件，应当由审判员三人至七人组成合议庭进行。"这表明，人民法院审判第一审案件，可以根据具体情况实行陪审员陪审，也可以不实行陪审。

实行人民陪审，是吸收人民群众参加国家管理的一种形式，是司法民主化的体现。2004年8月25日，第十届全国人民代表大会常务委员会第十一次会议通过《全国人民代表大会常务委员会关于完善人民陪审员制度的决定》，自2005年5月1日起施行。2018年4月27日，《人民陪审员法》正式施行，进一步完善了人民陪审员制度，有利于保障公民依法参加审判活动，促进司法公正。其主要内容包括：

1. 人民陪审员的法律地位。人民陪审员依法参加人民法院的审判活动，除法律另有规定外，同法官有同等权利。参加审判活动，受法律保护。人民法院应当依法保障人民陪审员履行审判职责。人民陪审员所在单位、户籍所在地或者经常居住地的基层群众性自治组织应当依法保障人民陪审员参加审判活动。

2. 陪审案件适用范围。人民法院审判第一审刑事、民事、行政案件，有下列情形之一的，由人民陪审员和法官组成合议庭进行：①涉及群体利益、公共利益的；②人民群众广泛关注或者其他社会影响较大的；③案情复杂或者有其他情形，需要由人民陪审员参加审判的。人民法院审判前款规定的案件，法律规定由法官独任审理或者由法官组成合议庭审理的，从其规定。人民法院审判下列第一审案件，由人民陪审员和法官组成七人合议庭进行：①可能判处十年以上有期徒刑、无期徒刑、死刑，社会影响重大的刑事案件；②根据民事诉讼法、行政诉讼法提起的公益诉讼案件；③涉及征地拆迁、生态环境保护、食品药品安全，社会影响重大的案件；④其他社会影响重大的案件。

3. 人民陪审员的条件。公民担任人民陪审员，应当具备下列条件：①拥护中华人民共和国宪法；②年满二十八周岁；③遵纪守法、品行良好、公道正派；④具有正常履行职责的身体条件。担任人民陪审员，一般应当具有高中以上文化程度。

4. 不得担任人民陪审员的情形。下列人员不能担任人民陪审员：①人民代表大会常务委员会的组成人员，监察委员会、人民法院、人民检察院、公安机关、国家安全机关、司法行政机关的工作人员；②律师、公证员、仲裁员、基层法律服务工作者；③其他因职务原因不适宜担任人民陪审员的人员。有下列情形之一的，不得担任人民陪审员：①受过刑事处罚的；②被开除公职的；③被吊销律师、公证员执业证书的；④被纳入失信被执行人名单的；⑤因受惩戒被免除人民陪审员职务的；⑥其他有严重违法违纪行为，可能影响司法公信的。

5. 人民陪审员的任职要求及权利。人民陪审员参加审判活动，应当遵守法官履行职责的规定，保守审判秘密，注重司法礼仪，维护司法形象。人民陪审员依法参加人民法院的审判活动，除不得担任审判长外，同法官有同等的权利。人民陪审员参加合议庭审判案件，对事实认定、法律适用独立行使表决权。人民陪审员和法官组成合议庭审判案件时，合议庭中人民陪审员所占比例应当不少于三分之一。合议庭评议案件时，实行少数服从多数原则。人民陪审员同合议庭其他组成人员意见分歧的，应当将其意见写入笔录，必要时，人民陪审员可以要求合议庭将案件提请院长决定是否提交审判委员会讨论决定。

二、审判组织形式

依照《刑事诉讼法》和《人民法院组织法》的规定，具体代表人民法院依法行使国家审判权，对刑事案件进行审理和裁判的组织形式，是审判组织。审判组织是人民法院内部对具体案件行使审判职能的组织。我国人民法院审判案件的组织形式有三种，即独任制、合议制和审判委员会。

（一）独任制

独任制，是指由一名审判人员代表人民法院对案件进行审判的组织形式。独任制是一种与合议制相对应的审判组织形式，其适用范围和条件有一定的限制。根据《刑事诉讼法》第183条第1款的规定，独任制仅限于基层人民法院适用简易程序、速裁程序的案件。因为这类案件案情比较简单，情节比较轻微，由审判员1人进行审判，既可以保证办案质量，又可以节省司法资源。

独任审判必须由一名审判人员进行审理，不能由人民陪审员进行。独任审判仅适用于基层人民法院第一审程序中的简易程序、速裁程序，普通程序和其他审判程序并不适用。

（二）合议制

合议制，是指由审判员或者由审判员、人民陪审员组成审判集体，对具体案件进行审判的制度。合议制是一种审判人员集体审判案件的组织形式。《人民法院组织法》第29条、第30条规定，人民法院审理案件，由合议庭或者法官一人独任审理。合议庭由法官组成，或者由法官和人民陪审员组成，成员为三人以上单数。合议制是人民法院审判各类案件的基本组织形式。

1. 合议制的组成方式

合议制的组成方式因审理案件的人民法院的级别、审判程序的差异而有所区别，根据《刑事诉讼法》第183条的规定：

其一，基层人民法院和中级人民法院审判第一审刑事案件的合议庭，应当由审判员三人或者由审判员和人民陪审员共三人或者七人组成。

其二，高级人民法院审判第一审案件的合议庭，应当由审判员三人至七人或者由审判员和人民陪审员共三人或者七人组成。

其三，最高人民法院审判第一审案件的合议庭，应当由审判员三人至七人组成合。

其四，人民法院审判上诉和抗诉案件的合议庭，由审判员三人或者五人组成。

合议庭的成员人数应当是单数。

2. 合议庭的工作原则

其一，合议庭的成员人数应当是单数。该原则有利于合议庭在评议意见分歧时作出决定。

其二，合议庭只能由经过合法任命的审判员或者经审判委员会通过的代理审判员组成，或者由在本院执行职务的人民陪审员组成。

其三，合议庭进行评议时，应按照多数人的意见作出决定的原则。评议时，合议庭的每个成员都有发言权和表决权。合议庭评议案件的情况应当保密，评议应当制作笔录，由合议庭签名。评议中的不同意见，也必须如实记入笔录。

其四，不得随意更换合议庭成员。合议庭组成人员确定后，除因回避或者其他特殊情况，不能继续参加案件审理的之外，不得在案件审理过程中更换。更换合议庭成员，应当报请院长或者庭长决定。合议庭成员的更换情况应当及时通知诉讼当事人。

其五，对重大、疑难、复杂的案件提交审判委员会讨论的原则。对于疑难、复杂、重大的案件，合议庭认为难以作出决定的，由合议庭提请院长决定提交审判委员会讨论决定。审判委员会的决定，合议庭应当执行。

（三）审判委员会

审判委员会，是指我国各级人民法院内部设立的对审判工作实行集体领导的组织形式。根据《人民法院组织法》的规定，我国各级人民法院内部都设立审判委员会。审判委员会的任务是总结审判经验，讨论重大或者疑难的案件和其他有关审判工作的问题。

审判委员会与合议庭虽然都是人民法院内部审判组织形式，但存在明显的区别。

1. 组成人员和方式不同。审判委员会的委员是由法院院长提名，同级人民代表大会常务委员会任免的，各级人民法院只能有一个审判委员会。因此，审判委员会的人员比较固定。合议庭人员的组成是根据案件的具体情况而变化，合议庭的审判人员是由院长或者庭长指派，参加合议庭的人民陪审员由人民法院聘请或群众选举，可见，合议庭的组成是不固定的。

2. 任务不同。审判委员会的任务是讨论重大的或者疑难的案件和其他的审判工作，不直接参加具体案件的审判，也不以自己的名义发出判决书或裁定书；合议庭的任务是直接审理案件，并作出判决。

3. 职权不同。审判委员会的职权是特定的，对整个人民法院的审判工作进行集体领导，以审判委员会的形式进行。合议庭根据案件的具体需要，临时组成的，对具体案件进行审理。

根据《刑事诉讼法》第 185 条的规定，对于疑难、复杂、重大的案件，合议庭认为难以作出决定的，由合议庭提请院长决定提交审判委员会讨论决定。根据《关于人民法院合议庭工作的若干规定》的要求，对于下列案件，合议庭应当提请院长决定提交审判委员会讨论决定：①拟判处死刑的；②疑难、复杂、重大或者新类型的案件，合议庭认为有必要提交审判委员会讨论决定的；③合议庭在适用法律方面有重大意见分歧的；④合议庭认为需要提请审判委员会讨论决定的其他案件，或者本院审判委员会确定的应当由审判委员会讨论决定的案件。

审判委员会与合议庭的关系是领导与被领导的关系。但是，审判委员会讨论案件，应在合议庭对案件进行审理并提出处理意见的基础上进行，而不应当在合议庭对案件审理之前进行。审判委员会成员在讨论案件中，应当详细了解案件的审理情况，包括控辩双方提出的意见和理由，听取合议庭的意见，然后综合全案情况，发表自己的意见。对于审判委员会作出的决定，合议庭应当执行。但是，如果有不同意见，可以向审判委员会提出复议建议，由院长提交审判委员会再次讨论决定。

第四节　判决、裁定与决定

一、判决

判决是人民法院依法对案件的实体问题所作的处理决定。判决是人民法院代表国家行使审判权的具体体现，是国家法律的具体化。与裁定、决定相比，判决具有不可替代的社会交涉、经济交往的指引功能。

（一）判决的特点

1. 强制性。判决的强制性是指判决一经发生法律效力，就必须按照判决确认的内容强制执行。这种强制性具有普遍的约束力，不仅当事人应当遵守。如果判决在认定事实或者适用法律上确有错误，人民法院应当依照刑事诉讼法所规定的审判监督程序进行再审，进而予以变更或撤销纠正。刑事判决的强制性是判决的本质特征。

2. 稳定性。判决的稳定性是指生效判决不能随意地更改和撤销。当事人及其法定代理人、近亲属，对已经发生法律效力的判决，可以向人民法院或者人民检察院提出申诉。但这种申诉，不能停止判决的执行；只有申诉符合法定的条件时，人民法院才能进行再审，继而确认是否对原判予以变更。由此可见，判决一旦作出，它便具有稳定性。非经法定程序，任何机关、团体和公民，不得变更。

3. 排他性。判决的排他性是指生效判决确认的事实及法律关系，禁止再行起诉、审理；即当事人和人民检察院对判决所确认的事实不得再行提起诉讼，法院也不得再行审理、判决。

（二）判决书的制作要求和内容

判决书是人民法院判决的书面表现形式和重要的法律文书，也是监狱和其他执行机关执行刑罚的依据。因此，必须认真制作。根据法律规定和最高人民法院的要求，制作判决书应当做到：内容全面、叙事清楚、结论明确、证据充分；针对控诉、辩护观点和分歧意见，表明态度并说明理由；繁简得当；引用法律条款准确无误；行文逻辑严谨。《刑事诉讼法》第 53 条的规定，审判人员制作判决书时，必须忠实于事实真相。故意隐瞒事实真相的，应当追究责任。

具体而言，判决书的制作要求和内容有以下几方面：

其一，首部。即判决书的开头部分。应当写明：人民法院的名称；判决书的类别、案号；公诉机关（自诉人姓名、性别、出生年月日、民族、籍贯、职业或工作单位和职务、住址等）；被告人姓名、性别、出生年月日、民族、籍贯、职业或工作单位和职务、住址和对其适用强制措施情况等；辩护人姓名、性别、工作单位和职务；案件来源；依法组成合议庭（或独任审判）；公开（或不公开）审理；公诉人、辩护人等到庭情况。

其二，事实部分。是判决书的重要组成部分。首先要概括叙述指控的基本内容，其次写明被告人供述、辩解和辩护人辩护的要点。重点写明“经审理查明”的事实，即详细写明本院认定的事实情节和证据。如果控、辩双方对事实情节、证据有异议，应当予以否定或肯定。在此，不仅要列举证据，而且要通过对重要证据的分析论证，说明本判决认定事实是正确无误的。不能仅用“证据确凿”几个字来代替认定犯罪事实所依据的具体证据。但是，对于涉及国家秘密、秘密侦查手段和个人隐私细节，以及被害妇女的姓名等不能写在判决书内。

其三，理由部分。是人民法院认定犯罪和处以刑罚的依据，首先要写上“本院认为”字样；然后根据查证属实的事实情节和法律规定，论证被告人是否犯罪，犯什么罪（一案多人的，还要分清各被告人的地位、作用和刑事责任）；应否从重、加重或从轻、减轻、免除处罚；对于起诉方和辩护方提出的关于适用法律的意见和理由，应当有分析地表示采纳或予以批驳；最后写明：依照《刑法》第××条、《刑事诉讼法》第××条的规定“判决如下”。

其四，判决。即判决书的结论，在这部分应当写明被告人所犯罪行和所判处的刑罚；有赃款、赃物的，应写明对这些财物的处理；数罪并罚的，写明数罪并罚情况和决定执行的刑罚；被告人已被羁押的，写明应折抵的刑期和刑期的起止日期；有附带民事诉讼的，应写明处理结果。

其五，结尾。主要写明上诉的期限、法院以及对上诉状的要求；合议庭组成人员署名；判决书发出日期；加盖人民法院印章；书记员署名。

二、裁定

刑事裁定，是指人民法院在审理案件过程中或判决执行过程中，就案件的程序问题和部分实体问题所作的决定。裁定主要适用于解决诉讼过程中的程序问题，如，是否恢复诉讼期限、中止审理、维持原判、撤销原判并发回重审、驳回公诉或自诉、核准死刑等。裁定也适用于解决部分实体问题，如减刑、假释、撤销缓刑、减免罚金等。

按照裁定的形式可分为口头裁定和书面裁定，刑事裁定的书面形式就是刑事裁定书。

刑事判决和刑事裁定都是人民法院进行诉讼过程中所作的决定，但二者之间存在下列区别：

1. 适用的范围不同。判决是人民法院对案件实体问题上的决定，也就是解决被告人是否有罪，应否判刑以及判处何种刑罚的问题；而裁定主要是解决诉讼过程中的程序问题及部分实体问题。

2. 表现的形式不同。判决只能用书面的形式；裁定既可以是书面形式，也可以是口头形式。

3. 使用的次数不同。一个案件只有一个判决；而裁定可以有若干个。

4. 上诉、抗诉的期限不同。不服一审判决的上诉、抗诉期限为10日。不服一审裁定的上诉、抗诉期限为期5日。

三、决定

决定，是人民法院在审判过程中为了解决诉讼程序中的某些问题，而作出的一种处理方式。

人民法院的决定，只适用于程序问题。根据《刑事诉讼法》的规定，决定的适用情形主要包括：是否同意申请回避的决定；适用强制措施或变更强制措施的决定；是否同意当事人、辩护人申请新的证人到庭、调取新的证据、重新鉴定或者勘验的决定；是否同意延期审理的决定。

决定的形式，有口头的和书面的两种。在法庭审判中，一般用口头宣布记录在卷的形式，也有的用书面决定，即制作决定书的方式。决定书应写明对某一程序问题的处理决定及其理由。口头决定与书面决定具有同等效力。

决定一经作出，除驳回申请回避的决定，当事人可以申请复议一次以外，均立即发生法律效力，不得上诉或者抗诉。司法实践中，为解决诉讼程序问题，允许上诉、抗诉的用裁定；不允许上诉、抗诉的用决定，以便及时、迅速地进行刑事诉讼。

决定与判决、裁定的区别如下：

1. 适用对象不同。判决用于解决实体问题，裁定部分用于解决程序问题，部分用于解决实体问题，而决定只用于解决程序问题。

2. 有权作出法律文书的主体不同。判决和裁定只有人民法院有权作出，而决定可以由人民法院、人民检察院、公安机关分别作出。

3. 效力不同。第一审人民法院所作的判决或者裁定，有关机关和人员依法可以上诉或者抗诉，并不立即发生法律效力。而决定一经作出，均立即发生法律效力，不得上诉和抗诉。

理论导读

在职权主义刑事诉讼模式和当事人主义刑事诉讼模式之间，我国应该何去何从？

我国刑事诉讼制度是在职权主义诉讼模式的基础上，借鉴吸收当事人主义诉讼因素形成的，带有明显的混合色彩。对于我国刑事诉讼模式的改革方向，学界争议的焦点在于是否引入英美法学当事人主义模式，强化审判的对抗色彩。有学者指出，从强化犯罪嫌疑人、被告人诉讼权利的角度理解当事人主义，进一步提升被告人的诉讼主体地位，是无可厚非的。从20世纪90年代开始的庭审方式改革，到2012年刑事诉讼法修改增加庭前会议、非法证据排除等制度，特别是十八届四中全会提出推进以审判为中心的诉讼制度改革，都是强化诉辩对抗、强化辩方参与举措，庭审程序愈加精细，权利保障更加精密。① 但是，如果主张在我国建立由当事人主导的英美法学式刑事诉讼模式，则值得商榷。首先，英美法系特有的判例法制度对其审判模式的形成具有非常重要的意义，而我国与欧洲大陆法系国家并没有相关的制度。其次，对抗式诉讼模式的发达与律师的强大作用密不可分。可以说律师成就了对抗式诉讼模式。而我国关于辩护方的权利保护制度的建立尚未达到与控方平衡对抗的层面；辩护律师队伍的整体规模也尚难以满足对抗式诉讼模式的需求。再次，我国尚未形成相互尊重、相互信任、相互支持的法律共同体。法官、检察官和律师彼此分离，相互认同度较低。最后，对抗制诉讼模式的标志之一为交叉询问，而交叉询问是控辩双方向陪审团证明己方主张的事实的过程。我国的程序构造以法庭为中心，控诉方与辩护方被预设为处于平等的诉讼地位，法官居中裁断，采用规范化的诉讼程序予以审理并严格适用刑法规范定罪量刑，② 尚未建立起法官与陪审团在审判中事实认定与法律适用的分工。

我国学者在近些年也做了一些尝试，企图跳出西方传统的职权主义/当事人主义的划分模式，总结并发展我国特色的刑事审判模式的划分标准和前进方向。主要包括以下内容：

第一，传统型/现代型模式。基于对当事人主义/职权主义分析框架的反思左卫民和万毅借用现代化理论提出传统型/现代型诉讼模式的划分。他们将弹劾式和纠问式纳入传统型范围并归纳出三个主要特点：一是人权保障理念的缺位；二是诉讼职能缺乏分化和独立；三是程序运作的非理性色彩浓厚。与此对应的是现代型诉讼模式包括当代英美的当事人主义和欧陆的职权主义其共同特点：一是通过扩展被追诉人权利确立庭前程序的司法审查机制来保障人权优先理念的实现；二是借助控审分离、控辩平等、审判中立来实现诉讼职能的分化和独立；三是保障裁判根据和裁判结果的理性化以及诉讼程序的人道化和经济性。③ 传统型/现代型理论模式的最大价值当在于拨开职权主义/当事人主义的迷雾促使中国学者更加清醒地认识到中国刑事司法的非理性因素以及和法治国家的真正差异从而避免

---

① 樊崇义，何东青：《刑事诉讼模式转型下的速裁程序》，载《国家检察官学院学报》2020年第3期。

② 谭世贵：《论刑事诉讼模式及其中国转型》，载《法制与社会发展》2016年第3期。

③ 参见左卫民、万毅：《我国刑事诉讼制度改革若干基本理论问题研究》，载《中国法学》2003年第4期。更为全面的分析还可参见左卫民、周长军：《变迁与改革——法院制度现代化研究》法律出版社2000年版。

将中国视为职权主义的盲目乐观以及认为中国应当改革为当事人主义的草率判断。与此同时作为一种历史主义的进路传统型/现代型模式也有助于规划中国刑事司法改革的具体步骤并且为兼采职权主义/当事人主义的现代性特征扫清了理论障碍。不过正如万毅本人此后的反思所示传统型/现代型模式“难以摆脱固化时序格局的理论嫌疑‘线性发展观’和‘单极进化论’的痕迹较为显明……似乎也暗含了现代必然优于传统传统必然走向现代的理论论断”。不仅如此传统型/现代型模式似乎有“贴标签”的嫌疑即武断地标定“西方之先进”与“中国之落后”来“显现传统与现代之共时性对立”。①转而言之传统型/现代型框架似乎内含一种“现代化崇拜”草率肯定后发制度特别是西方制度的优越性和可欲性既不免有将中国传统乃至中国现实“一竿子打倒”的妄自菲薄之嫌，也导致难以客观且务实地分析并解决中国司法的历史遗产和特殊现实。②

第二，宪政型/集权型模式。万毅以“底限正义”理论为基础结合对当事人主义/职权主义和传统型/现代型模式的批判提出以宪政理念为标准划分宪政型/集权型模式。前者在理念上以人权保障为先在程序架构上实行分权制衡在诉讼方式上讲究人道化和理性化强调程序的自治性和程序本位。与此相对应后者则以打击犯罪为至上目标以程序为纠审罪犯之工具通过高度集中的权力结构和非人道、反理性的诉讼方式追求犯罪之控制。因此在具体范围上除了传统的弹劾式和纠问式诉讼近现代专制国家、独裁国家的刑事诉讼也可纳入集权型模式。具体到中国语境下万毅认为现行刑事诉讼可视为一种过渡性、带有部分集权主义特征的模式。③ 相比传统型/现代型的分析框架宪政型/集权型模式体现出以下进步：一是摒弃了纯粹以历史阶段为划分标准的笼统做法；二是更为直接地考察诉讼模式背后的权力结构和政治理念；三是意图确立一种普适性的底线正义标准——尽管这更大程度上只是一种理论姿态而非现实目标。这样一种理论尝试无疑值得高度肯定。但是仔细对照宪政型/集权型与传统型/现代型可以发现两者的具体标准和适用范围基本相似。最为明显的区别可能仅在于是否将历史时序作为划分标准即是否将近代专制主义和现代独裁主义刑事诉讼从所处历史区间独立出来一概按照理念、结构和程序的特征予以归类。然而正如邓正来所言所谓“专政与权利”的分析框架同样是以“传统与现代”这一基本语式作为支撑。④

---

① 万毅：《超越当事人/职权主义——底线正义视野下的审判程序》，中国检察出版社 2008 年版，第 6~7 页。

② 关于中国法学研究的“现代化范式”及其批判可参见邓正来：《中国法学向何处去（中）：建构“中国法律理想图景”时代的论纲》，载《政法论坛》2005 年第 2 期。

③ 参见万毅：《超越当事人/职权主义——底线正义视野下的审判程序》，中国检察出版社 2008 年版，第 8~39 页；万毅、林喜芬：《宪政型与集权型——刑事诉讼模式的导向性分析》，载《政治与法律》2006 年第 1 期。

④ 邓正来：《中国法学向何处去（上）：建构“中国法律理想图景”时代的论纲》，载《政法论坛》2005 年第 1 期。

因此在相当意义上宪政型/集权型仅仅是对传统型/现代型的轻微改进虽然有其独立之理论价值但如此大张旗鼓地“独立门户”不免有借用宪政、集权等时代“热词”吸引眼球之嫌疑。

第三，对抗型/合作型模式。陈瑞华认为传统刑事诉讼理论都是以国家与被告人相互对立为基础因此不妨通称为对抗型诉讼。但是如果被告人自愿认罪对抗性司法将不再具有存在的基础控辩双方因而获得合作的可能。一种是公力合作即追诉机关与被告人进行诉讼合作；另一种是私力合作即被害人与被告人协商和解。就理论基础而言对抗型模式源于传统的程序正义和司法竞技理念；合作型模式则以实用主义为基础将合作视为一种司法正义寻求独立于实体正义和程序正义之外的第三种法律价值观。①

真题解析

本章涉及审判程序的一般知识，从历年司法考试考题看，审判原则、审判组织、审级制度、陪审制度都是司法考试的常考内容。

1.（2015年卷二35）罗某作为人民陪审员参与D市中级法院的案件审理工作。关于罗某的下列哪一说法是正确的？

A. 担任人民陪审员，必须经D市人大常委会任命

B. 同法官享有同等权利，也能担任合议庭审判长

C. 可参与中级法院二审案件审理，并对事实认定、法律适用独立行使表决权

D. 可要求合议庭将案件提请院长决定是否提交审委会讨论决定

答案：D

解析：《人民陪审员法》第23条规定：“合议庭评议案件，实行少数服从多数的原则。人民陪审员同合议庭其他组成人员意见分歧的，应当将其意见写入笔录。合议庭组成人员意见有重大分歧的，人民陪审员或者法官可以要求合议庭将案件提请院长决定是否提交审判委员会讨论决定。”所以选项D正确。

2.（2014年卷二36）刑事审判具有亲历性特征。下列哪一选项不符合亲历性要求？

A. 证人因路途遥远无法出庭，采用远程作证方式在庭审过程中作证

B. 首次开庭并对出庭证人的证言质证后，某合议庭成员因病无法参与审理，由另一人民陪审员担任合议庭成员继续审理并作出判决

C. 某案件独任审判员在公诉人和辩护人共同参与下对部分证据进行庭外调查核实

① 参见陈瑞华：《司法过程中的对抗与合作——一种新的刑事诉讼模式理论》，载《法学研究》2007年第3期。

D. 第二审法院对决定不开庭审理的案件，通过讯问被告人，听取被害人、辩护人和诉讼代理人的意见进行审理

答案：B

解析：刑事审判的亲历性，是指案件的裁判者必须自始至终参与审理，审查所有证据，对案件作出判决以充分听取控辩双方的意见为前提。所以选项B当选。

3.（2016年卷二36）法院在审理胡某持有毒品案时发现，胡某不仅持有毒品数量较大，而且向他人出售毒品，构成贩卖毒品罪。关于本案，下列哪一选项是正确的？

A. 如胡某承认出售毒品，法院可直接改判

B. 法院可在听取控辩双方意见基础上直接改判

C. 法院可建议检察院补充或者变更起诉

D. 法院可建议检察院退回补充侦查

答案：C

解析：选项A和B错误。基于控审分离的原则，检察机关未对胡某的贩卖毒品行为起诉，则法院不可以直接对该贩卖毒品的犯罪行为作出判决。选项C正确。《刑诉解释》第297条规定："审判期间，人民法院发现新的事实，可能影响定罪量刑的，或者需要补查补证的，应当通知人民检察院，由其决定是否补充、变更、追加起诉或者补充侦查。人民检察院不同意或者在指定时间内未回复书面意见的，人民法院应当就起诉指控的事实，依照本解释第295条的规定作出判决、裁定。"选项D错误。《刑诉解释》第277条第2款规定："审判期间，被告人提出新的立功线索的，人民法院可以建议人民检察院补充侦查。"

4.（2017年卷二74）《关于推进以审判为中心的刑事诉讼制度改革的意见》第13条要求完善法庭辩论规则，确保控辩意见发表在法庭。法庭应当充分听取控辩双方意见，依法保障被告人及其辩护人的辩论辩护权。关于这一规定的理解，下列哪些选项是正确的？

A. 符合我国刑事审判模式逐步弱化职权主义色彩的发展方向

B. 确保控辩意见发表在法庭，核心在于保障被告人和辩护人能充分发表意见

C. 体现了刑事审判的公开性

D. 被告人认罪的案件的法庭辩论，主要围绕量刑进行

答案：ABD

解析：我国原有刑事诉讼模式是超职权主义特点的诉讼模式。以审判为中心的刑事诉讼制度改革要求，完善法庭辩论规则，确保控辩意见发表在法庭，一是有利于强化当事人主体地位，充分发挥辩护方在庭审中的辩护职能；二是通过促进法庭控辩积极对抗，法官居中裁判，逐步弱化法官积极主动调查取证的行为，从而弱化原有的强职权主义色彩；三是平衡控辩关系，保证庭审实质化，而不是走过场，充分发挥审判在犯罪事实的认定和刑

事责任确定上的程序中心作用。选项 A 和 B 符合以审判为中心的刑事诉讼制度改革的理解与要求；选项 C 与题干的主旨不符；选项 D 正确，对被告人自愿认罪的案件，法庭审理主要围绕量刑和其他有争议的问题进行。

5. （2017 卷二 33）下列哪一选项属于两审终审制的例外？

A. 自诉案件的刑事调解书经双方当事人签收后，即具有法律效力，不得上诉

B. 地方各级法院的第一审判决，法定期限内没有上诉、抗诉，期满即发生法律效力

C. 在法定刑以下判处刑罚的判决，报请最高法院核准后生效

D. 法院可通过再审，撤销或者改变已生效的二审判决

答案： C

解析： 我国两审终审制有三种例外：（1）最高人民法院审理的第一审案件为一审终审；（2）判处死刑的案件，必须经过死刑复核程序核准后，判处死刑的裁判才能发生法律效力；（3）地方各地人民法院在法定刑以下判处刑罚的案件，必须经过最高人民法院的核准，此裁判才能发生法律效力。所以选项 C 正确。

6. （2021 年真题参考版）人民陪审员闵某系审判某起故意杀人案的 7 人合议庭成员，关于闵某享有的权利，下列哪一选项是正确的？

A. 案件审结后，裁判文书副本及时送交闵某

B. 合议庭评议时，闵某可以对法律适用问题发表意见

C. 闵某可以在庭前进行阅卷

D. 庭审中经审判长许可，闵某可以向证人发问

答案： ABD

解析：《人民陪审员法》第 22 条规定："人民陪审员参加七人合议庭审判案件，对事实认定，独立发表意见，并与法官共同表决；对法律适用，可以发表意见，但不参加表决。"所以选项 A 正确。《人民陪审员法解释》第 8 条规定："人民法院应当在开庭前，将相关权利和义务告知人民陪审员，并为其阅卷提供便利条件。"所以选项 B 正确。《人民陪审员法解释》第 11 条规定："庭审过程中，人民陪审员依法有权向诉讼参加人发问，审判长应当提示人民陪审员围绕案件争议焦点进行发问。"所以选项 C 错误。《人民陪审员法解释》第 16 条规定："案件审结后，人民法院应将裁判文书副本及时送交参加该案审判的人民陪审员。"所以选项 D 正确。

第十六章　第一审程序

第一节　第一审程序概述

一、第一审程序的概念

第一审程序，是指人民法院对人民检察院提起公诉、自诉人提起自诉的案件进行初次审判时所必须遵守的步骤和方式、方法。第一审程序包括公诉案件的第一审程序、自诉案件的第一审程序和简易程序。

各级人民法院审理刑事案件都可以适用第一审程序。完整的第一审程序包括庭前审查程序、庭前准备程序、开庭审理程序等，通常也有将庭前审查程序、庭前准备程序合并称作庭前程序或刑事庭前程序。

第一审程序的任务是人民法院通过开庭审理，在公诉人、当事人以及其他诉讼参与人的参加下，客观、全面地审查证据，查明案件事实，对被告人是否犯罪，应否处以刑罚以及处以何种刑罚等，作出正确的判决；从而使罪犯受到应得的法律制裁，保障无罪的人不受刑事惩罚，并使到庭旁听的人及其他公民受到生动的法治教育。

二、第一审程序的意义

第一审程序是人民法院审判刑事案件的发端。作为人民法院审理刑事案件的必经程序，第一审程序是全部审判程序的基础，在整个刑事诉讼审判程序中具有十分重要的意义。

1. 从整个刑事诉讼程序的全部活动来看，审判是具有决定意义的阶段，第一审程序又是审判的法定的必经程序。无论是公诉案件还是自诉案件，都是从第一审开始，由人民法院进行实体审理。第一审程序以后的各个阶段，都是对第一审审判质量的检查和监督。因此，第一审程序是刑事诉讼的中心环节和主要阶段，是人民法院正确行使审判权的关键。

2. 第一审程序集中体现《刑事诉讼法》的各项基本原则。如司法机关独立行使职权，审判公开，被告人有权获得辩护等，从而集中地体现我国刑事诉讼的民主性和法制精神；保证正确地惩治犯罪，保护无辜，直接、具体、生动地对群众进行法治教育。

3. 从诉讼效率来看，正确地进行第一审审判，还可以减少上诉、申诉案件，减轻法院和当事人不必要的负担，以提高诉讼效率，缩短审理周期。

第二节　庭 前 程 序

一、庭前程序概念

刑事庭前程序，是指刑事案件从人民法院受理人民检察院的起诉之后到法院正式进行开庭审判之前的所有程序。

一般认为，刑事庭前程序又包括刑事庭前审查程序和刑事庭前准备程序。刑事庭前审查的主要目的是审查检察机关提起公诉的案件是否有必要进入庭审程序；而刑事庭前准备程序的主要目的是人民法院为保障审判的顺利进行所做的各项准备活动，包括依法组成审判组织、送达起诉书、通知当事人的权利和指定的辩护人、开庭前的传唤和通知等。

二、庭前程序的功能

（一）案件分流功能

不同性质的案件适用不同的审判程序能够有效节约司法资源，是现代诉讼审判程序多元化的要求。通过庭前审查程序能够对案件性质进行分类，然后根据案件特点决定采取不同的审判程序，以达到繁简分流、提高效率的目的。

（二）庭前司法审查功能

设置庭前审查的目的之一就是对检察机关的起诉进行审查，从而对不符合开庭审判条件的案件予以过滤。除日本外，大部分国家的《刑事诉讼法》都有刑事庭前程序的相关规定，即法官在开庭审判以前有权对检察机关的指控进行审查，只有在法官认为控方确有证据证明被告人的行为构成犯罪时，才会交付法庭进行开庭审判。

（三）证据交换功能

证据交换是各国刑事庭前准备程序的重要内容之一。其功能在于通过证据开示促使控辩双方在庭审之前了解对方之诉讼主张及所提交的证据。刑事庭前证据交换程序通常由法官主持，控辩双方均到场；控方必须展示其掌握的用以指控被告人的证据，被告人以及辩护人必要时也可出示其反驳控方主张相关的证据。通过庭前的证据开示、确认争点，达到防止诉讼突袭，提高开庭审判效率的目的。

三、公诉案件庭前审查程序

刑事庭前审查程序，也称为公诉审查程序，在西方一些国家也称为预审程序，是指法院在正式审判之前，对检察机关（公诉人）提起公诉的案件进行初步审查，并决定是否将案件交付审判程序的诉讼活动。庭前审查程序是提起公诉之后和进入审前之前的衔接性的诉讼阶段。

我国《刑事诉讼法》中的公诉案件庭前审查程序经历了一个较大的变化。在《刑事诉讼法》修改前（1979年—1996年），检察机关提起公诉案件的全部案卷材料都要随起诉书移送至法院，法官在开庭前应当全面阅卷，对起诉书和证据进行调查，并对程序和实体问题进行全面审查。经审查后法官如果认为“犯罪事实清楚、证据确实充分的”，决定开庭审判；如果认为“主要事实不清、证据不足的”，可以退回人民检察院补充侦查；如果认为对被告人“不需要判刑的”，可以要求人民检察院撤回起诉。必要时，人民法院还可以进行勘验、检查、搜查、扣押和鉴定等搜集证据的工作。是一种较为典型的预审程序。

1996年《刑事诉讼法》修改时，对庭前审查程序做了重大调整。1996年《刑事诉讼法》修正案第150条规定：“人民法院对提起公诉的案件进行审查后，对于起诉书中有明确的指控犯罪事实并且附有证据目录、证人名单和主要证据复印件或者照片的，应当决定开庭审判。”将修正案以前的规定的全部案卷移送变成只移送“证据目录、证人名单、主要证据的复印件或照片”，刑事庭前审查的内容和方式出现了原则性的变化。

2012年《刑事诉讼法》恢复了全案卷宗移送制度。1996年《刑事诉讼法》实施后出现了一些新的问题，突出表现为：检察机关起诉时移送的主要证据多为有罪证据，不仅没有阻断反而增强了法官的有罪预断；辩护人的阅卷权受到限制，不能全面阅卷，影响了被追诉人权利保障，等等。为了解决上述问题，2012年《刑事诉讼法》恢复了全案卷宗移送制度，但仍维持了庭前审查程序的形式化特征。其第180条规定：人民法院对提起公诉的案件进行审查后，对于起诉书中有明确的指控犯罪事实并且附有证据的，应当决定开庭审判。可见，《刑事诉讼法》虽然将公诉案件移送方式回归全部案卷移送制度，但对于对公诉案件的庭前审查程序是程序性审查的立场没有改变。①

（一）审查的范围

根据《六机关规定》第25条的规定，对于人民检察院提起公诉的案件，人民法院都应当受理。人民法院对提起公诉的案件进行审查后，对于起诉书中有明确的指控犯罪事实并且附有案卷材料、证据的，应当决定开庭审判，不得以上述材料不充足为由而不开庭审

① 江必新：《最高人民法院关于适用〈中华人民共和国刑事诉讼法〉的解释理解与适用》，中国法制出版社2013年版，第181页。

判。如果人民检察院移送的材料中缺少上述材料的，人民法院可以通知人民检察院补充材料，人民检察院应当自收到通知之日起3日内补送。

（二）审查的内容

根据《刑诉解释》第218条的规定，人民法院对人民检察院提起的公诉案件，应当在收到起诉书（一式八份，每增加一名被告人，增加起诉书五份）和案卷、证据后，审查以下内容：①案件是否属于本院管辖。②起诉书是否写明被告人的身份，是否受过或者正在接受刑事处罚、行政处罚、处分，被采取留置措施的情况，被采取强制措施的时间、种类、羁押地点，犯罪的时间、地点、手段、后果以及其他可能影响定罪量刑的情节；有多起犯罪事实的，是否在起诉书中将事实分别列明。③是否移送证明指控犯罪事实及影响量刑的证据材料，包括采取技术调查、侦查措施的法律文书和所收集的证据材料。④是否查封、扣押、冻结被告人的违法所得或者其他涉案财物，查封、扣押、冻结是否逾期；是否随案移送涉案财物、附涉案财物清单；是否列明涉案财物权属情况；是否就涉案财物处理提供相关证据材料。⑤是否列明被害人的姓名、住址、联系方式；是否附有证人、鉴定人名单；是否申请法庭通知证人、鉴定人、有专门知识的人出庭，并列明有关人员的姓名、性别、年龄、职业、住址、联系方式；是否附有需要保护的证人、鉴定人、被害人名单。⑥当事人已委托辩护人、诉讼代理人或者已接受法律援助的，是否列明辩护人、诉讼代理人的姓名、住址、联系方式。⑦是否提起附带民事诉讼；提起附带民事诉讼的，是否列明附带民事诉讼当事人的姓名、住址、联系方式等，是否附有相关证据材料。⑧监察调查、侦查、审查起诉程序的各种法律手续和诉讼文书是否齐全。⑨被告人认罪认罚的，是否提出量刑建议、移送认罪认罚具结书等材料。⑩有无刑事诉讼法第16条第2项至第6项规定的不追究刑事责任的情形。

“主要证据”包括：①起诉书中涉及的《刑事诉讼法》第50条规定的证据种类中的主要证据。②同种类多个证据中被确定为主要证据的；如果某一种类证据中只有一个证据，该证据即为主要证据。③作为法定量刑情节的自首、立功、累犯、中止、未遂、防卫过当等证据。是否附有起诉前提供了证言的证人名单；证人名单应当分别列明出庭作证和拟不出庭作证的证人的姓名、性别、年龄、职业、住址和通讯处；已委托辩护人、代理人的，是否附有辩护人、代理人的姓名、住址、通讯处明确的名单；提起附带民事诉讼的，是否附有相关证据材料；侦查、起诉程序的各种法律手续和诉讼文书复印件是否完备；有无《刑事诉讼法》第16条第2至6项规定的不追究刑事责任的情形等。

（三）审查的方法，应为书面审查

人民法院对刑事案件的审查方法只能是书面审查，即通过审阅起诉书及所附的证据目录、证人名单和主要证据复印件等材料进行；不得提审被告人，询问证人、被害人，防止因为进行这些工作而对案件产生预断力以保证人民法院的中立性。同时，人民法院对刑事案件进行的庭前审查，只是一种程序性的审查，以决定人民检察院提起的公诉案件是否具备开庭审判的条件。

（四）审查后的处理

人民法院对公诉案件审查后，对于起诉书有明确的指控犯罪事实，所需材料齐备，并属于本院管辖的，应当开庭审判。

根据《刑诉解释》第 219 条规定，人民法院对提起公诉的案件审查后，应当按照下列情形分别处理：①不属于本院管辖的，应当退回人民检察院。②属于《刑事诉讼法》第 16 条第 2 项至第 6 项规定情形的，应当退回人民检察院；属于告诉才处理的案件，应当同时告知被害人有权提起自诉。③被告人不在案的，应当退回人民检察院；但是，对人民检察院按照缺席审判程序提起公诉的，应当依照本解释第 24 章的规定作出处理。④不符合前条第 2 项至第 9 项规定之一，需要补充材料的，应当通知人民检察院在 3 日以内补送。⑤依照《刑事诉讼法》第 200 条第 3 款规定宣告被告人无罪后，人民检察院根据新的事实、证据重新起诉的，应当依法受理。⑥依照本解释第 296 条规定裁定准许撤诉的案件，没有新的影响定罪量刑的事实、证据，重新起诉的，应当退回人民检察院。⑦被告人真实身份不明，但符合《刑事诉讼法》第 162 第 2 款规定的，应当依法受理。

对公诉案件是否受理，应当在 7 日以内审查完毕。

四、庭前准备程序

各国刑事庭前准备程序虽有差异，但都包括组成审判组织、送达起诉书、通知当事人的权利和指定的辩护人、开庭前的传唤和通知等内容。庭前准备程序的主要功能是为庭审程序的开始做好全面的准备。

根据《刑事诉讼法》第 187 条和《刑诉解释》的规定，人民法院对公诉案件决定开庭审判后，应当进行下列各项准备工作：

1. 确定审判长及合议庭组成人员。《刑事诉讼法》没有明确规定组成合议庭的具体时间。根据审判实践经验，应当以保证合议庭的全体成员有足够的时间做好开庭审判的一切准备工作为宜。组成合议庭时，还应当确定书记员，负责担任审判记录和其他有关工作。

2. 将人民检察院的起诉书副本至迟在开庭 10 日以前送达被告人、辩护人。对于被告人未委托辩护人的，告知被告人可以委托辩护人，或者在必要的时候指定承担法律援助义务的律师为其提供辩护。

3. 通知当事人、法定代理人、辩护人、诉讼代理人于开庭3日前提供证人、鉴定人名单，以及拟当庭出示的证据；申请证人、鉴定人、有专门知识的人出庭的，应当列明有关人员的姓名、性别、年龄、住址、职业、联系方式。

4. 在开庭3日以前应将开庭的时间、地点通知人民检察院。人民检察院应当派员出庭支持公诉。

5. 开庭前3日以前将传唤当事人的传票和通知辩护人、诉讼代理人、法定代理人、证人、鉴定人等出庭的通知书送达；通知有关人员出庭，也可以采取电话、短信、传真、电子邮件、即时通讯等能够确认对方收悉的方式；对被害人人数众多的涉众型犯罪案件，可以通过互联网公布相关文书，通知有关人员出庭。

人民法院通知公诉机关或者辩护人提供的证人时，如果该证人表示拒绝出庭作证或者按照所提供的证人通讯地址未能通知该证人的，应当及时告知申请通知该证人的公诉机关或者辩护人。被害人、诉讼代理人、证人、鉴定人经人民法院传唤或者通知未到庭，不影响开庭审判的，人民法院可以开庭审理。

6. 公开审理的案件，在开庭3日以前，应以公告形式先期公布案由、被告人姓名、开庭时间和地点，以便人民群众到庭旁听。

7. 根据《刑诉解释》第220条规定，对一案起诉的共同犯罪或者关联犯罪案件，被告人人数众多、案情复杂，人民法院经审查认为，分案审理更有利于保障庭审质量和效率的，可以分案审理。分案审理不得影响当事人质证权等诉讼权利的行使。对分案起诉的共同犯罪或者关联犯罪案件，人民法院经审查认为，合并审理更有利于查明案件事实、保障诉讼权利、准确定罪量刑的，可以并案审理。

8. 根据《刑诉解释》第224条规定，被害人人数众多，且案件不属于附带民事诉讼范围的，被害人可以推选若干代表人参加庭审。

开庭前所进行的上述各项准备活动情况，应当写入笔录，由审判人员和书记员签名。如果案件采取简易程序或速裁程序，不受上述庭前送达期限的限制。

五、庭前会议

在开庭以前，审判人员可以召集公诉人、当事人和辩护人、诉讼代理人，对回避、出庭证人名单，非法证据排除等与审判相关的问题，了解情况，听取意见的一种程序性会议。

（一）召开情形

1. 依职权召开。根据《刑诉解释》第226条的规定，案件具有下列情形之一的，人民法院可以决定召开庭前会议：①证据材料较多、案情重大复杂的；②控辩双方对事实、证据存在较大争议的；③社会影响重大的；④需要召开庭前会议的其他情形。

2. 依申请召开。根据《刑诉解释》第 227 条的规定，控辩双方可以申请人民法院召开庭前会议，提出申请应当说明理由。人民法院经审查认为有必要的，应当召开庭前会议；决定不召开的，应当告知申请人。

（二）会议内容

庭前会议可以就下列事项向控辩双方了解情况，听取意见：①是否对案件管辖有异议；②是否申请有关人员回避；③是否申请不公开审理；④是否申请排除非法证据；⑤是否提供新的证据材料；⑥是否申请重新鉴定或者勘验；⑦是否申请收集、调取证明被告人无罪或者罪轻的证据材料；⑧是否申请证人、鉴定人、有专门知识的人、调查人员、侦查人员或者其他人员出庭，是否对出庭人员名单有异议；⑨是否对涉案财物的权属情况和人民检察院的处理建议有异议；⑩与审判相关的其他问题。

庭前会议中，人民法院可以开展附带民事调解。对第一款规定中可能导致庭审中断的程序性事项，人民法院可以在庭前会议后依法作出处理，并在庭审中说明处理决定和理由。控辩双方没有新的理由，在庭审中再次提出有关申请或者异议的，法庭可以在说明庭前会议情况和处理决定理由后，依法予以驳回。

庭前会议情况应当制作笔录，由参会人员核对后签名。①

（三）证据异议

根据《刑诉解释》第 229 条规定，庭前会议中，审判人员可以询问控辩双方对证据材料有无异议，对有异议的证据，应当在庭审时重点调查；无异议的，庭审时举证、质证可以简化。

（四）参会人员

根据《刑诉解释》第 230 条的规定，庭前会议由审判长主持，合议庭其他审判员也可以主持庭前会议。召开庭前会议应当通知公诉人、辩护人到场。

庭前会议准备就非法证据排除了解情况、听取意见，或者准备询问控辩双方对证据材料的意见的，应当通知被告人到场。有多名被告人的案件，可以根据情况确定参加庭前会议的被告人。②

（五）会议方式及会议结果

庭前会议一般不公开进行。根据案件情况，庭前会议可以采用视频等方式进行。

---

① 庭前会议的任务就是归纳事实、证据和争议焦点，但是不对实体问题进行裁判。第 1 款规定中可能导致庭审中断的程序性事项，人民法院可以在庭前会议后依法作出处理，并在庭审中说明处理决定和理由。

② 庭前会议的主持人员限定为“审判长或合议庭其他审判员”，人民陪审员可以参加庭前会议，但不能主持庭前会议。

根据《刑诉解释》第232、233条的规定，人民法院在庭前会议中听取控辩双方对案件事实、证据材料的意见后，对明显事实不清、证据不足的案件，可以建议人民检察院补充材料或者撤回起诉。建议撤回起诉的案件，人民检察院不同意的，开庭审理后，没有新的事实和理由，一般不准许撤回起诉。对召开庭前会议的案件，可以在开庭时告知庭前会议情况。对庭前会议中达成一致意见的事项，法庭在向控辩双方核实后，可以当庭予以确认；未达成一致意见的事项，法庭可以归纳控辩双方争议焦点，听取控辩双方意见，依法作出处理。

控辩双方在庭前会议中就有关事项达成一致意见，在庭审中反悔的，除有正当理由外，法庭一般不再进行处理。

第三节 庭审程序

开庭审判是审判人员以开庭的方式，在公诉人、当事人以及其他诉讼参与人的参加下，通过法庭调查、法庭辩论等活动，全面听取控、辩双方对案件事实和定罪量刑的意见，确定被告人是否应负刑事责任及何种刑罚的诉讼活动。依据《刑事诉讼法》第190条至第203条的规定，法庭审判程序可以依次分为五个阶段：开庭、法庭调查、法庭辩论、被告人最后陈述、评议和宣判。

一、开庭

根据《刑诉解释》的规定，开庭阶段的活动程序是：

（一）庭审预备工作

由书记员进行。依次做好下列工作：①受审判长委托，查明公诉人、当事人、辩护人、诉讼代理人、证人及其他诉讼参与人是否已经到庭；②核实旁听人员中是否有证人、鉴定人、有专门知识的人；③请公诉人、辩护人、诉讼代理人及其他诉讼参与人入庭；④宣读法庭规则；⑤请审判长、审判员、人民陪审员入庭；⑥审判人员就座后，向审判长报告开庭前的准备工作已经就绪。需要指出的是，根据《刑事诉讼法》第190条规定，开庭的时候，当事人是否到庭应由审判长查明。

（二）审判长宣布开庭

传被告人到庭后，应当查明被告人的下列情况：①姓名、出生日期、民族、出生地、文化程度、职业、住址，或者被告单位的名称、住所地、法定代表人、实际控制人以及诉讼代表人的姓名、职务；②是否受过刑事处罚、行政处罚、处分及其种类、时间；③是否被采取留置措施及留置时间，是否被采取强制措施及强制措施的种类、时间；④收到起诉书副本的日期；有附带民事诉讼的，附带民事诉讼被告人收到民事诉状的日期。附带民事诉讼被告人收到附带民事起诉状的日期。被告人较多的，可以在开庭前查明上述情况，但开庭时审判长应当作出说明。

（三）审判长公布、告知有关事项

其一，公布案件的来源、起诉的理由、附带民事诉讼原告人和被告人的姓名及是否公开审理。对于不公开审理的案件，当庭公布不公开审理的理由。

其二，宣布合议庭组成人员、书记员、公诉人、辩护人、鉴定人和翻译人员的名单。

其三，告知当事人、法定代理人、辩护人、诉讼代理人在法庭审理过程中依法享有下列诉讼权利：可以申请合议庭组成人员、书记员、公诉人、鉴定人和翻译人员回避；可以提出证据，申请通知新的证人到庭；被告人可以在法庭辩论终结后作最后陈述；被告人认罪认罚的，审判长应当告知被告人享有的诉讼权利和认罪认罚的法律规定，审查认罪认罚的自愿性和认罪认罚具结书内容的真实性、合法性。

其四，分别询问当事人、法定代理人是否申请回避，申请何人回避和申请回避的理由。如果当事人、法定代理人申请回避，对符合法定情形的，应当依照有关规定处理。对于不具有法定应当回避情形的，应当驳回，继续法庭审理。

对于共同犯罪案件，应将各被告人同时传唤到庭，逐一查明身份及基本情况后，集中宣布上述事项和被告人在法庭审理过程中享有的权利，询问是否申请回避，以避免重复，节省开庭时间。

二、法庭调查

法庭调查是指在公诉人、当事人和其他诉讼参与人的参加下，由合议庭主持对案件事实和证据进行调查核对的诉讼活动。法庭调查是案件进入实体审理的一个重要阶段，是法庭审判的中心环节。案件事实能否确认，被告人是否承担刑事责任，关键在于法庭调查的结论如何。

根据《刑事诉讼法》第 191 条至第 197 条的规定，法庭调查的程序是：

（一）公诉人宣读起诉书

审判长宣布法庭调查开始后，先由公诉人宣读起诉书；公诉人宣读起诉书后，审判长应当询问被告人对起诉书指控的犯罪事实和罪名有无异议。有附带民事诉讼的，再由附带民事诉讼原告人或者其法定代理人、诉讼代理人宣读附带民事诉状。宣读起诉书时，如果一案有数名被告人，应同时在场。①

---

① 起诉书是人民法院审判的合法依据，没有起诉就没有辩护和审判；起诉书又是法庭审判的基础，法庭对案件审判的事实范围仅限于起诉的事实内容和范围。

根据《刑诉解释》第289条的规定，公诉人当庭发表与起诉书不同的意见，属于变更、追加、补充或者撤回起诉的，人民法院应当要求人民检察院在指定时间内以书面方式提出；必要时，可以宣布休庭。人民检察院在指定时间内未提出的，人民法院应当根据法庭审理情况，就起诉书指控的犯罪事实依法作出判决、裁定。

人民检察院变更、追加、补充起诉的，人民法院应当给予被告人及其辩护人必要的准备时间。

（二）被告人、被害人就起诉书指控的犯罪事实分别陈述

公诉人宣读起诉书后，在审判长主持下，被告人、被害人可以就起诉书指控的犯罪事实分别进行陈述。被告人如果承认起诉书指控的犯罪事实，则应就自己的犯罪行为进行陈述；如果否认指控，应允许其陈述辩解意见。被告人陈述之后，应允许被害人根据起诉书对犯罪的指控陈述自己受害的经过。

（三）讯问、发问被告人、被害人

其一，公诉人讯问被告人。在审判长主持下，公诉人应当就起诉书中所指控的犯罪事实讯问被告人。讯问的目的是揭露、证实犯罪，支持其指控，使审判人员对其指控的犯罪事实清楚明了，采纳其指控意见。如果被告人已经承认或者部分承认了起诉书所指控的犯罪事实，公诉人应该让他供述实施犯罪的全部事实和过程，然后就犯罪的时间、地点、手段、参与人数、受害对象、造成的后果，赃款的走向、犯罪动机、目的，犯罪时的心理，犯罪后的表现等相关内容进行讯问。讯问被告人，应当避免可能影响陈述客观真实的诱导性讯问以及其他不当讯问。

其二，被害人、附带民事诉讼的原告人和辩护人、诉讼代理人，经审判长许可，可以向被告人发问。被害人及其诉讼代理人经审判长准许，可以就公诉人讯问的情况进行补充性发问。附带民事诉讼的原告人及其法定代理人或者诉讼代理人经审判长准许，就附带民事诉讼部分的事实向被告人发问，可以证实被告人的犯罪行为给自己造成的物质损失、精神损害和应承担的赔偿责任。被告人的辩护人及法定代理人或者诉讼代理人可以在控诉一方就某一具体问题讯问完毕后向被告人发问。

其三，控辩双方经审判长准许，可以向被害人、附带民事诉讼原告人发问。起诉书指控的被告人的犯罪事实为两起以上的，一般应当就每一起犯罪事实分别进行讯问与发问。审判长对于控辩双方讯问、发问的内容与本案无关或者讯问、发问的方式不当的，应当制止。对于控辩双方认为对方讯问或发问的方式不当并提出异议的，审判长应当判明情况予以支持或者驳回。

其四，审判人员讯问、发问被告人、被害人及附带民事诉讼原告人、被告人。审判人员在认为有必要时，可以向被告人、被害人及附带民事诉讼原告人、被告人讯问或者发

问。“必要时”一般是指审判人员对审理过程中有疑问的地方或者当事人在陈述时有表述不清的地方。

（四）出示、核实证据

证据只有经过查证属实才能成为定案依据。因此，在讯问、发问当事人以后，应当核查各种证据。核实证据应当从控方向法庭举证开始。

1. 提出证据

根据《刑诉解释》第246条的规定，公诉人可以提请法庭通知证人、鉴定人、有专门知识的人、调查人员、侦查人员或者其他人员出庭，或者出示证据。被害人及其法定代理人、诉讼代理人，附带民事诉讼原告人及其诉讼代理人也可以提出申请。在控诉方举证后，被告人及其法定代理人、辩护人可以提请法庭通知证人、鉴定人、有专门知识的人、调查人员、侦查人员或者其他人员出庭，或者出示证据。

除去当庭提出的证据以外，《刑诉解释》第248条还规定，已经移送人民法院的案卷和证据材料，控辩双方需要出示的，可以向法庭提出申请，法庭可以准许。案卷和证据材料应当在质证后当庭归还。需要播放录音录像或者需要将证据材料交由法庭、公诉人或者诉讼参与人查看的，法庭可以指令值庭法警或者相关人员予以协助。

2. 证人出庭

第一，出庭条件。根据《刑事诉讼法》第192条第1款的规定，公诉人，当事人或者辩护人、诉讼代理人对证人证言有异议，且该证人证言对案件定罪量刑有重大影响，人民法院认为证人有必要出庭作证的，证人应当出庭作证。

第二，证人出庭的例外情况。《刑诉解释》第253条规定，证人具有下列情形之一，无法出庭作证的，人民法院可以准许其不出庭：（1）庭审期间身患严重疾病或者行动极为不便的；（2）居所远离开庭地点且交通极为不便的；（3）身处国外短期无法回国的；（4）有其他客观原因，确实无法出庭的。此外，《刑诉解释》第558条还规定，开庭审理涉及未成年人的刑事案件，未成年被害人、证人一般不出庭作证；必须出庭的，应当采取保护其隐私的技术手段和心理干预等保护措施。

3. 拒绝出庭

根据《刑事诉讼法》第193条的规定，经人民法院通知，证人没有正当理由不出庭作证的，人民法院可以强制其到庭，但是被告人的配偶、父母、子女除外。① 证人没有正当理由拒绝出庭或者出庭后拒绝作证的，予以训诫，情节严重的，经院长批准，处以十日以下的拘留。被处罚人对拘留决定不服的，可以向上一级人民法院申请复议。复议期间不停止执行。

---

① 注：同胞兄弟姐妹属于刑事诉讼中的近亲属范畴，但不享有拒绝出庭作证权。

执行强制证人出庭作证，依据《刑诉解释》第 255 条的规定，强制证人出庭的，应当由院长签发强制证人出庭令，由法警执行。必要时，可以商请公安机关协助。

4. 发问证人

根据《刑诉解释》第 258 条、第 259 条规定，证人出庭的，法庭应当核实其身份、与当事人以及本案的关系，并告知其有关权利义务和法律责任。证人应当保证向法庭如实提供证言，并在保证书上签名。

证人出庭后，一般先向法庭陈述证言；其后，经审判长许可，由申请通知证人出庭的一方发问，发问完毕后，对方也可以发问。法庭依职权通知证人出庭的，发问顺序由审判长根据案件情况确定。

5. 鉴定人出庭

第一，出庭条件。《刑事诉讼法》第 192 条第 3 款的规定，公诉人、当事人或者辩护人、诉讼代理人对鉴定意见有异议，人民法院认为鉴定人有必要出庭的，鉴定人应当出庭作证。经人民法院通知，鉴定人拒不出庭作证的，鉴定意见不得作为定案的根据。

第二，鉴定人拒绝出庭的后果。根据《刑诉解释》第 99 条的规定，鉴定人拒不出庭作证的，鉴定意见不得作为定案的根据。鉴定人由于不能抗拒的原因或者有其他正当理由无法出庭的，人民法院可以根据情况决定延期审理或者重新鉴定。鉴定人无正当理由拒不出庭作证的，人民法院应当通报司法行政机关或者有关部门。

6. 侦查、调查人员出庭

根据《刑诉解释》第 249 条第 2 款的规定，控辩双方对侦破经过、证据来源、证据真实性或者合法性等有异议，申请调查人员、侦查人员或者有关人员出庭，人民法院认为有必要的，应当通知调查人员、侦查人员或者有关人员出庭。

7. 有专门知识的人出庭

根据《刑诉解释》第 250 条的规定，公诉人、当事人及其辩护人、诉讼代理人申请法庭通知有专门知识的人出庭，就鉴定意见提出意见的，应当说明理由。法庭认为有必要的，应当通知有专门知识的人出庭。申请有专门知识的人出庭，不得超过二人。有多种类鉴定意见的，可以相应增加人数。

8. 出示宣读其他证据

公诉人，辩护人应当向法庭出示对物证，让当事人辨认，对未到庭的证人的证言笔录、鉴定人的鉴定意见、勘验笔录和其他作为证据的文书，应当当庭宣读。审判人员应当听取公诉人、当事人和辩护人、诉讼代理人的意见。

9. 质证

根据《刑诉解释》第 267 条、第 268 条的规定，举证方当庭出示证据后，由对方发表质证意见。对可能影响定罪量刑的关键证据和控辩双方存在争议的证据，一般应当单独举证、质证，充分听取质证意见。对控辩双方无异议的非关键证据，举证方可以仅就证据的名称及拟证明的事实作出说明。召开庭前会议的案件，举证、质证可以按照庭前会议确定的方式进行。根据案件和庭审情况，法庭可以对控辩双方的举证、质证方式进行必要的指引。

（五）证据突袭

根据《刑诉解释》第272条的规定，公诉人申请出示开庭前未移送或者提交人民法院的证据，辩护方提出异议的，审判长应当要求公诉人说明理由；理由成立并确有出示必要的，应当准许。辩护方提出需要对新的证据作辩护准备的，法庭可以宣布休庭，并确定准备辩护的时间。辩护方申请出示开庭前未提交的证据，参照适用前两款规定。

（六）调取新证据和补充侦查

根据《刑诉解释》第273条的规定，法庭审理过程中，控辩双方申请通知新的证人到庭，调取新的证据，申请重新鉴定或者勘验的，应当提供证人的基本信息、证据的存放地点，说明拟证明的事项，申请重新鉴定或者勘验的理由。法庭认为有必要的，应当同意，并宣布休庭；根据案件情况，可以决定延期审理。人民法院决定重新鉴定的，应当及时委托鉴定，并将鉴定意见告知人民检察院、当事人及其辩护人、诉讼代理人。

根据《刑诉解释》第274条的规定，审判期间，公诉人发现案件需要补充侦查，建议延期审理的，合议庭可以同意，但建议延期审理不得超过两次。人民检察院将补充收集的证据移送人民法院的，人民法院应当通知辩护人、诉讼代理人查阅、摘抄、复制。补充侦查期限届满后，人民检察院未将补充的证据材料移送人民法院的，人民法院可以根据在案证据作出判决、裁定。

根据《刑诉解释》第277条规定，审判期间，合议庭发现被告人可能有自首、坦白、立功等法定量刑情节，而人民检察院移送的案卷中没有相关证据材料的，应当通知人民检察院在指定时间内移送。审判期间，被告人提出新的立功线索的，人民法院可以建议人民检察院补充侦查。人民法院作为消极中立的裁判者，一般不会主动建议人民检察院补充侦查，非被告人提出新的立功线索，考虑到被告人的利益，人民法院可以建议人民检察院补充侦查。

司法实践中，检察机关以补充证据为由建议延期审理的，案件通常仍在法院并未退回。补充侦查期限届满后，经通知，人民检察院未将补充的证据材料移送人民法院的，人民法院原则上应当根据在案证据作出判决、裁定。但是，如果人民检察院未将补充侦查时的案卷移送人民法院，或者拒不派员出席法庭的，可以按人民检察院撤诉处理。

（七）合议庭调查核实证据

根据《刑事诉讼法》第196条的规定，法庭审理过程中，合议庭对证据有疑问的，可以宣布休庭，对证据进行调查核实。人民法院调查核实证据，可以进行勘验、检查、查封、扣押、鉴定和查询、冻结。①

法庭对证据有疑问的，可以告知公诉人、当事人及其法定代理人、辩护人、诉讼代理人补充证据或者作出说明；必要时，可以宣布休庭，对证据进行调查核实。对公诉人、当事人及其法定代理人、辩护人、诉讼代理人补充的和审判人员庭外调查核实取得的证据，应当经过当庭质证才能作为定案的根据。但是，对不影响定罪量刑的非关键证据、有利于被告人的量刑证据以及认定被告人有犯罪前科的裁判文书等证据，经庭外征求意见，控辩双方没有异议的除外。

有关情况，应当记录在案。

（八）量刑程序独立

根据《刑诉解释》第276条的规定，法庭审理过程中，对与量刑有关的事实、证据，应当进行调查。人民法院除应当审查被告人是否具有法定量刑情节外，还应当根据案件情况审查以下影响量刑的情节：①案件起因；②被害人有无过错及过错程度，是否对矛盾激化负有责任及责任大小；③被告人的近亲属是否协助抓获被告人；④被告人平时表现，有无悔罪态度；⑤退赃、退赔及赔偿情况；⑥被告人是否取得被害人或者其近亲属谅解；⑦影响量刑的其他情节。

对被告人认罪的案件，在确认被告人了解起诉书指控的犯罪事实和罪名，自愿认罪且知悉认罪的法律后果后，法庭调查可以主要围绕量刑和其他有争议的问题进行。对被告人不认罪或者辩护人作无罪辩护的案件，法庭调查应当在查明定罪事实的基础上，查明有关量刑事实。

（九）对查封、扣押、冻结财物的调查

根据《刑诉解释》第279条的规定，庭审理过程中，应当对查封、扣押、冻结财物及其孳息的权属、来源等情况，是否属于违法所得或者依法应当追缴的其他涉案财物进行调查，由公诉人说明情况、出示证据、提出处理建议，并听取被告人、辩护人等诉讼参与人的意见。

案外人对查封、扣押、冻结的财物及其孳息提出权属异议的，人民法院应当听取案外人的意见；必要时，可以通知案外人出庭。经审查，不能确认查封、扣押、冻结的财物及其孳息属于违法所得或者依法应当追缴的其他涉案财物的，不得没收。

---

① 注：人民法院在调查时不能实施搜查行为。

三、法庭辩论

合议庭认为案件事实已经调查清楚的，应当由审判长宣布法庭调查结束，开始就定罪、量刑、涉案财物处理的事实、证据、适用法律等问题进行法庭辩论。

（一）辩论顺序

法庭辩论应当在审判长的主持下，按照下列顺序进行：①公诉人发言；②被害人及其诉讼代理人发言；③被告人自行辩护；④辩护人辩护；⑤控辩双方进行辩论。对附带民事诉讼部分的辩论应当在刑事诉讼部分的辩论结束后进行，其辩论顺序是：先由附带民事诉讼原告人及其诉讼代理人发言，然后由被告人及其诉讼代理人答辩。在法庭辩论过程中，如果合议庭发现了新的事实，认为有必要调查的，审判长可以宣布暂停辩论，恢复法庭调查，待查清事实后再继续辩论。

（二）量刑辩论、附带民事诉讼部分辩论

根据《刑诉解释》第283、284条的规定，对被告人认罪的案件，法庭辩论时，应当指引控辩双方主要围绕量刑和其他有争议的问题进行。对被告人不认罪或者辩护人作无罪辩护的案件，法庭辩论时，可以指引控辩双方先辩论定罪问题，后辩论量刑和其他问题。

附带民事部分的辩论应当在刑事部分的辩论结束后进行，先由附带民事诉讼原告人及其诉讼代理人发言，后由附带民事诉讼被告人及其诉讼代理人答辩。

四、被告人最后陈述

被告人最后陈述，是法律赋予被告人的一项独特诉讼权利，在法庭辩论结束后，由审判长宣布由被告人进行最后陈述。在此阶段，被告人可以就自己是否犯罪、罪行轻重当庭进行最后的辩护和发言。

审判长宣布法庭辩论终结后，合议庭应当保证被告人充分行使最后陈述的权利。在被告人最后陈述过程中，审判长发现属于多次重复自己的意见，或者陈述的内容是蔑视法庭、公诉人、损害他人及社会公共利益或者与本案无关的，应当制止；在公开审理的案件中，被告人最后陈述的内容涉及国家秘密或者个人隐私的，应当制止。被告人在最后陈述中提出新的事实、证据，合议庭认为可能影响正确裁判的，应当恢复法庭调查；被告人提出新的辩解理由，合议庭认为可能影响正确裁判的，应当恢复法庭辩论。

法庭审理的全部活动，应当由书记员制作笔录，经审判长审阅后，分别由审判长和书记员签名。

庭审笔录，应当在庭审后分别交当事人、法定代理人、辩护人、诉讼代理人阅读或者

向他们宣读。法庭笔录中的出庭证人、鉴定人、有专门知识的人、调查人员、侦查人员或者其他人员的证言、意见部分，应当在庭审后分别交由有关人员阅读或者向其宣读。他们认为记录有遗漏或者差错的，可以请求补充或者改正，经确认无误后，应当签名；拒绝签名的，应当记录在案；要求改变庭审中陈述的，不予准许。

五、合议庭评议与宣判

（一）评议

在被告人最后陈述后，审判长宣布休庭，合议庭进行评议。合议庭评议应当秘密进行，评议的任务是在法庭审理的基础上，对案件事实和适用法律问题进行全面的分析、评断，并作出结论。进行评议时，合议庭成员有平等的发言权，意见有分歧时，采取表决的方式，按少数服从多数的原则，形成判决，但少数人的意见应当记入评议笔录。

根据《刑事诉讼法》第200条和《刑诉解释》第295条的有关规定，合议庭经过评议，有权根据案件的不同情况分别作出如下处理：

其一，起诉指控的事实清楚，证据确实、充分，依据法律认定被告人的罪名成立的，应当作出有罪判决。

其二，起诉指控的事实清楚，证据确实、充分，但指控的罪名不当的，应当依据法律和审理认定的事实作出有罪判决。

其三，案件事实清楚，证据确实、充分，依据法律认定被告人无罪的，应当判决宣告被告人无罪。

其四，证据不足，不能认定被告人有罪的，应当以证据不足，指控的犯罪不能成立，判决宣告被告人无罪。

其五，案件事实部分清楚，证据确实、充分的，应当依法作出有罪或者无罪的判决；事实不清，证据不足部分，依法不予认定。

其六，被告人因未达刑事责任年龄，不予刑事处罚的，应当判决宣告被告人不负刑事责任。

其七，被告人是精神病人，在不能辨认或者不能控制自己行为的时候造成危害结果，不予刑事处罚的，应当判决宣告被告人不负刑事责任；被告人符合强制医疗条件的，应当依照本解释第26章的规定进行审理并作出判决。

其八，犯罪已过追诉时效期限且不是必须追诉，或者经特赦令免除刑罚的，应当裁定终止审理。

其九，属于告诉才处理的案件，应当裁定终止审理，并告知被害人有权提起自诉。

其十，被告人死亡的，应当裁定终止审理；对于根据已查明的案件事实和认定的证据材料，能够确认被告人无罪的，应当判决宣告被告人无罪。

审判期间，人民法院发现新的事实，可能影响定罪量刑的，或者需要补查补证的，应当通知人民检察院，由其决定是否补充、变更、追加起诉或者补充侦查。人民检察院不同意或者在指定时间内未回复书面意见的，人民法院应当就起诉指控的事实，依照本解释第295条的规定作出判决、裁定。

（二）宣判

即宣告判决，指人民法院将判决的内容公开宣布告知的诉讼活动。

宣判分为当庭宣判和定期宣判两种形式。当庭宣判，就是法庭审理完毕，合议庭利用休庭后的短暂时间，退庭进行评议并作出判决后，立即复庭，由审判长口头宣告判决主文或主要内容的活动。当庭宣告判决的，应当在5日以内送达判决书。定期宣告判决的，应当在宣判前，先期公告宣判的时间和地点，传唤当事人并通知公诉人、法定代理人、辩护人和诉讼代理人；判决宣告后，应当立即送达判决书。

根据《刑事诉讼法》第200条的规定，合议庭评议后，可作出以下三种判决：

其一，案件事实清楚，证据确实、充分，依据法律认定被告人有罪的，作出有罪判决；

其二，依据法律认定被告人无罪的，应当作出无罪判决；

其三，证据不足，不能认定被告人有罪的，应当作出证据不足、指控的犯罪不能成立的无罪判决。

根据《刑事诉讼法》第201条的规定，对于认罪认罚案件，人民法院依法作出判决时，一般应当采纳人民检察院指控的罪名和量刑建议，但有下列情形的除外：①被告人的行为不构成犯罪或者不应当追究其刑事责任的；②被告人违背意愿认罪认罚的；③被告人否认指控的犯罪事实的；④起诉指控的罪名与审理认定的罪名不一致的；⑤其他可能影响公正审判的情形。

人民法院经审理认为量刑建议明显不当，或者被告人、辩护人对量刑建议提出异议的，人民检察院可以调整量刑建议。人民检察院不调整量刑建议或者调整量刑建议后仍然明显不当的，人民法院应当依法作出判决。

宣告判决，应当一律公开进行。宣告判决时，法庭内全体人员应当起立。宣判时，公诉人、辩护人、被害人、自诉人或者附带民事诉讼的原告人未到庭的，不影响宣判的进行。

第四节 法庭审理中的特殊情形

一、撤诉的处理

（一）撤回公诉

根据《刑诉解释》第296条的规定，开庭后、宣告判决前，人民检察院要求撤回起诉的，人民法院应当审查撤回起诉的理由，① 作出是否准许的裁定。

（二）撤回自诉

判决宣告前，自诉案件的当事人可以自行和解，自诉人可以撤回自诉。人民法院经审查，认为和解、撤回自诉确属自愿的，应当裁定准许；认为系被强迫、威吓等，并非自愿的，不予准许。

二、发现新事实后的处理

（一）人民法院发现新事实的处理

根据《刑诉解释》第297条的规定，审判期间，人民法院发现新的事实，可能影响定罪量刑的，或者需要补查补证的，应当通知人民检察院，由其决定是否补充、变更、追加起诉或者补充侦查。②

人民检察院不同意或者在指定时间内未回复书面意见的，人民法院应当就起诉指控的事实，依照《刑诉解释》第295条的规定作出判决、裁定。

---

① 《高检规则》第424条规定：人民法院宣告判决前，人民检察院发现具有下列情形之一的，经检察长批准，可以撤回起诉：（一）不存在犯罪事实的；（二）犯罪事实并非被告人所为的；（三）情节显著轻微、危害不大，不认为是犯罪的；（四）证据不足或证据发生变化，不符合起诉条件的；（五）被告人因未达到刑事责任年龄，不负刑事责任的；（六）法律、司法解释发生变化导致不应当追究被告人刑事责任的；（七）其他不应当追究被告人刑事责任的。

对于撤回起诉的案件，人民检察院应当在撤回起诉后30日以内作出不起诉决定。需要重新调查或者侦查的，应当在作出不起诉决定后将案卷材料退回监察机关或者公安机关，建议监察机关或者公安机关重新调查或者侦查，并书面说明理由。对于撤回起诉的案件，没有新的事实或者新的证据，人民检察院不得再行起诉。

新的事实是指原起诉书中未指控的犯罪事实。该犯罪事实触犯的罪名既可以是原指控罪名的同一罪名，也可以是其他罪名。新的证据是指撤回起诉后收集、调取的足以证明原指控犯罪事实的证据。

② 《高检规则》第425条规定：在法庭审理过程中，人民法院建议人民检察院补充侦查、补充起诉、追加起诉或者变更起诉的，人民检察院应当审查有关理由，并作出是否补充侦查、补充起诉、追加起诉或者变更起诉的决定。人民检察院不同意的，可以要求人民法院就起诉指控的犯罪事实依法作出裁判。

（二）人民检察院变更、补充、追加起诉

人民法院宣告判决前，人民检察院发现被告人的真实身份或者犯罪事实与起诉书中叙述的身份或者指控犯罪事实不符的，或者事实、证据没有变化，但罪名、适用法律与起诉书不一致的，可以变更起诉。发现遗漏同案犯罪嫌疑人或者罪行的，应当要求公安机关补充移送起诉或者补充侦查；对于犯罪事实清楚，证据确实、充分的，可以直接追加、补充起诉。

三、单位犯罪案件的审理程序

（一）诉讼代表人的确定

根据《刑诉解释》第336条第1款的规定，被告单位的诉讼代表人，应当是法定代表人、实际控制人或者主要负责人；法定代表人、实际控制人或者主要负责人被指控为单位犯罪直接责任人员或者因客观原因无法出庭的，应当由被告单位委托其他负责人或者职工作为诉讼代表人。但是，有关人员被指控为单位犯罪直接责任人员或者知道案件情况、负有作证义务的除外。

依据第1款的规定难以确定诉讼代表人的，可以由被告单位委托律师等单位以外的人员作为诉讼代表人。

诉讼代表人不得同时担任被告单位或者被指控为单位犯罪直接责任人员的有关人员的辩护人。因为将诉讼代表职责与辩护、代理职责合二为一，由诉讼代表人兼任辩护人，有程序不正义之嫌，容易引发对司法公信力的质疑。

（二）诉讼代表人的出庭和权限

根据《刑诉解释》第337条的规定，开庭审理单位犯罪案件，应当通知被告单位的诉讼代表人出庭；诉讼代表人不符合前条规定的，应当要求人民检察院另行确定。被告单位的诉讼代表人不出庭的，应当按照下列情形分别处理：（1）诉讼代表人系被告单位的法定代表人、实际控制人或者主要负责人，无正当理由拒不出庭的，可以拘传其到庭；因客观原因无法出庭，或者下落不明的，应当要求人民检察院另行确定诉讼代表人；（2）诉讼代表人系其他人员的，应当要求人民检察院另行确定诉讼代表人。

被告单位的诉讼代表人享有《刑事诉讼法》规定的有关被告人的诉讼权利。开庭时，诉讼代表人席位置于审判台前左侧，与辩护人席并列。

（三）遗漏单位当事人的处理

根据《刑诉解释》第341条的规定，被告单位的违法所得及其他涉案财物，尚未被依法追缴或者查封、扣押、冻结的，人民法院应当决定追缴或者查封、扣押、冻结。

为保证判决的执行，人民法院可以先行查封、扣押、冻结被告单位的财产，或者由被告单位提出担保。

采取查封、扣押、冻结等措施，应当严格依照法定程序进行，最大限度降低对被告单位正常生产经营活动的影响。

（四）被告单位注销、变更的处理

根据《刑诉解释》第 344 条的规定，审判期间，被告单位被吊销营业执照、宣告破产但尚未完成清算、注销登记的，应当继续审理；被告单位被撤销、注销的，对单位犯罪直接负责的主管人员和其他直接责任人员应当继续审理。

审判期间，被告单位合并、分立的，应当将原单位列为被告单位，并注明合并、分立情况。对被告单位所判处的罚金以其在新单位的财产及收益为限。

第五节　简易程序

一、简易程序概念

简易程序是基层人民法院对某些简单轻微的刑事案件，依法适用比普通审判程序相对简易的一种审判程序。

简易程序的设置在当今世界各国十分普遍，而且适用范围有不断扩大的趋势。为合理分配有限的司法资源，提高审判效率，1996 年我国修正《刑事诉讼法》时增设了简易程序。

简易程序的设置对于正确及时地审结那些事实清楚、情节简单、犯罪轻微的刑事案件，以及提高诉讼效率、降低诉讼成本、促成纠纷的尽快解决等，都具有重大的意义。

二、简易程序的适用范围

明确地界定适用简易程序的案件范围，是准确、有效地适用简易程序的前提。《刑事诉讼法》第 214 条规定，下列案件可以适用简易程序：

1. 案件事实清楚、证据充分的。

2. 被告人承认自己所犯罪行，对指控的犯罪事实没有异议的。

3. 被告人对适用简易程序没有异议的。

此外，人民法院审理具有以下情形之一的案件，不适用简易程序：①被告人是盲、聋、哑人的；②被告人是尚未完全丧失辨认或者控制自己行为能力的精神病人的；③案件有重大社会影响的；④共同犯罪案件中部分被告人不认罪或者对适用简易程序有异议的；⑤辩护人作无罪辩护的；⑥被告人认罪但经审查认为可能不构成犯罪的；⑦不宜适用简易程序审理的其他情形。

三、程序特点

根据《刑事诉讼法》第214条至第219条的规定，适用简易程序审判案件具有以下特点：

（一）审判组织

适用简易程序审理案件，对可能判处3年有期徒刑以下刑罚的，可以组成合议庭进行审判，也可以由审判员一人独任审判；对可能判处的有期徒刑超过3年的，应当组成合议庭进行审判。

（二）公诉人、辩护人的出庭

《刑事诉讼法》第216条规定：适用简易程序审理公诉案件，人民检察院应当派员出席法庭。被告人可以就起诉书指控的犯罪进行陈述和辩护。人民检察院派员出席法庭的，经审判人员许可，被告人及其辩护人可以同公诉人相互辩论。

适用简易程序审理案件，被告人有辩护人的，应当通知其出庭。辩护人经通知未到庭，被告人同意的，法院可以开庭审理，但属于应当提供法律援助的情形除外。

（三）审级及法院限制

简易程序只适用于基层人民法院审理的第一审刑事案件。

（四）法庭调查、法庭辩论程序大大简化

《刑事诉讼法》第219条规定："适用简易程序审理案件，不受本章第一节关于讯问被告人、询问证人、鉴定人、出示证据、法庭辩论程序规定的限制。但在判决宣告前应当听取被告人的最后陈述意见。"这些诉讼环节的简化能够提高法庭审判效率，尽快解决被告人的定罪量刑问题，迅速化解矛盾，有利于社会的安定团结。

（五）简易程序可以变更为第一审普通程序

《刑事诉讼法》第221条规定，人民法院在审理的过程中，发现不宜适用简易程序的，应当按照普通程序的规定重新审理。根据这一规定，人民法院在适用简易程序审理的过程中，发现不得或不宜以简易程序审理的情形，即应转换第一审普通程序进行审判。所谓不得或不宜用简易程序之情形，是指与《刑事诉讼法》第214条所规定的简易程序审判的案件范围和条件不相符者，即发生程序转换问题。关于简易程序的变更或转换问题，原起诉状视为有效，即公诉人或自诉人不必另行起诉，只需人民法院将适用第一审普通程序的决定通知公诉人或自诉人即可，但人民法院应指定审判日期，传唤当事人及其他诉讼参与人。同时，转为普通程序审理的案件，公诉人需要为出席法庭做进行准备的，可以建议人民法院延期审理。决定转为普通程序审理的案件，审理期限应当从作出决定之日起计算，且转为普通程序审理的案件，不得再次转换为简易程序。

（六）当庭宣判

适用简易程序的案件，裁判文书可以简化。适用简易程序审理案件，一般应当当庭宣判。

依据有关规定，适用简易程序审理的案件，在法庭审理过程中，发现以下不适用简易程序情形的，人民法院应当决定中止审理，并按照公诉案件或者自诉案件的第一审普通程序重新审理：①被告人的行为可能不构成犯罪的；②被告人可能不负刑事责任的；③被告人当庭对起诉指控的犯罪事实予以否认的；④事实不清或者证据不足的；⑤其他依法不应当或者不宜适用简易程序的。人民检察院未派员出庭的，人民法院应当将上述决定书面通知人民检察院。

根据《刑事诉讼法》第 220 条规定，适用简易程序审理的案件应当在受理后 20 日以内审结；对可能判处的有期徒刑超过 3 年的，可以延长至 1 个半月。

第六节 速 裁 程 序

速裁程序是 2018 年《刑事诉讼法》修正案新创立的一项制度。对于普通程序审理的刑事案件，为保证案件裁判准确，防止发生冤假错案，保障刑事诉讼过程中被告人和其他诉讼参与人的合法权益，通常会通过严格刑事立法规定诉讼程序和证据规则，明确各参与个体的权利、义务、责任等法律关系，目的是保障刑事诉讼各阶段法律程序的正当性。近年来不断曝光的冤假错案，更使人们认识到正当程序对于保证案件公正性的重要性，因而立法对于各法律的严格规范性和强制性进行了严密、细致地规定。

我国在 1996 年对《刑事诉讼法》修改时，正式规定在刑事诉讼程序中适用简易程序，这也是第一次以基本法的形式确立，在刑事诉讼普通程序符合一定条件下，可以适用快速审判程序审理刑事案件。1996 年《刑事诉讼法》简易程序的规定在一定程度上缓解了当时刑事案件数量高位运行和司法资源有限的矛盾。但是，由于理论研究跟进不足，立法技术尚不成熟，导致司法实践中简易程序的诉讼程序并未得到实质性简化。因此，诉讼程序适用简易程序积极性有限，实际运用率较低，没有发挥立法预期功能。2012 年我国《刑事诉讼法》再次修改，对简易程序在 1996 年《刑事诉讼法》的确立、运行进行理论总结和系统梳理的前提下进行了完善，主要是扩大了简易程序的适用范围，重新规定了简易程序审理普通程序刑事案件的适用条件。“相较于 1996 年《刑事诉讼法》的简易程序，2012 年《刑事诉讼法》的简易程序在适用范围、前置条件、二元审判组织区分等方面的修改可谓是根本性的。从立法者的解读来看，改革的主要目的在于扩张简易程序的适用范围、提升适用比例，进而推动案件的繁简分流、提升诉讼效率。”但是，简易程序并不能满足现实需要，因此，从2014年开始我国开始进行刑事速裁程序模式的试点。经过为期4年的时间，在2018年修订《刑事诉讼法》时，刑事速裁程序正式作为一种诉讼程序，被纳入刑事诉讼程序中。它对于提高刑事诉讼效率，依法维护被告人的合法权益、确保司法公正，具有十分重要的意义。2018年《刑事诉讼法》修正案确立的速裁程序与普通程序、简易程序在适用范围及条件等方面不同。

一、速裁程序的适用范围和条件

《刑事诉讼法》第222条第1款规定，基层人民法院管辖的可能判处三年有期徒刑以下刑罚的案件，案件事实清楚，证据确实、充分，被告人认罪认罚并同意适用速裁程序的，可以适用速裁程序，由审判员一人独任审判。根据该条的规定，可从如下三个方面把握速裁程序适用的案件范围和条件：第一，基层人民法院管辖的可能判处三年有期徒刑以下刑罚的案件。该规定从管辖法院和可能判处的刑期上对适用速裁程序的案件范围作了规定。管辖的法院仅仅限于基层人民法院，中级、高级人民法院不得适用速裁程序，而且必须是能判处三年有期徒刑以下刑罚的案件。第二，案件事实清楚，证据确实、充分。速裁程序的庭审比简易程序更加简化，一般不进行法庭调查、辩论。为了确保司法公正，人民法院决定适用速裁程序的案件必须达到《刑事诉讼法》第55条第2款的规定。第三，被告人认罪认罚并同意适用速裁程序的。

根据《刑诉解释》第370条的规定，下列案件不适用速裁程序：①被告人是盲、聋、哑人；②被告人是尚未完全丧失辨认或者控制自己行为能力的精神病人的；③被告人是未成年人的；④案件有重大社会影响的；⑤共同犯罪案件中部分被告人对指控的犯罪事实、罪名、量刑建议或者适用速裁程序有异议的；⑥被告人与被害人或者其法定代理人没有就附带民事诉讼赔偿等事项达成调解或者和解协议的；⑦辩护人作无罪辩护的；⑧其他不宜适用速裁程序审理的。

二、速裁程序的提出主体

根据《刑事诉讼法》第222条的规定，基层人民法院管辖的可能判处三年有期徒刑以下刑罚的案件，案件事实清楚，证据确实、充分，被告人认罪认罚并同意适用速裁程序的，可以适用速裁程序，由审判员一人独任审判。人民检察院在提起公诉的时候，可以建议人民法院适用速裁程序。2018年修改《刑事诉讼法》时增加了人民检察院对犯罪嫌疑人认罪认罚的案件就有关事项听取意见、组织签署认罪认罚具结书、提出量刑建议的规定。犯罪嫌疑人在审查起诉阶段已经认罪认罚，人民检察院认为符合适用速裁程序的，可以在提起公诉时建议人民法院适用速裁程序。最终是否适用速裁程序审理该案件，由人民法院根据案件情况及被告人的意愿依职权作出决定。

三、速裁程序的庭审程序及审限

速裁程序创立的目的就是在2012年《刑事诉讼法》确立的简易程序基础上进一步简化诉讼程序，以期提高诉讼效率，实现案件繁简分流。2012年规定简易程序相较于普通程序而言，在如下几个方面进行了简化：一是在开庭前准备的期限上，简易程序不受《刑事诉讼法》关于普通程序的规定中关于送达期限的限制，明显缩短了有关法律文书和开庭审判之间的间隔；二是在庭审过程中，对讯问被告人、询问证人、鉴定人、出示证据、法庭辩论等程序，可以进行简化，但不能完全省略。速裁程序就是在简易程序的规定基础上进一步简化程序，实现简案快审的目标。但为了司法公正，庭审中有些事关犯罪被告人、辩护人基本诉讼权利的程序不能省略。因此，《刑事诉讼法》第224条规定，适用速裁程序审理案件，不受公诉案件第一审程序的送达期限的限制，一般不进行法庭调查、法庭辩论，但在判决宣告前应当听取辩护人的意见和被告人的最后陈述意见，并且应当当庭宣判。与此同时，为了实现速裁程序的预设制度价值，《刑事诉讼法》第225条规定，适用速裁程序审理案件，人民法院应当在受理后10日以内审结；对可能判处的有期徒刑超过一年的，可以延长至15日。

四、速裁程序转普通程序或简易程序

速裁程序是不同于普通程序、简易程序的审理程序，其对被告人及律师诉讼权利有所克减，因此必须严格把握其适用范围和条件，防止因适用不当而对被告人的合法权益造成损害，当发现案件不满足适用速裁程序的条件，或不是适用速裁程序案件时，应该适用普通程序或简易程序审理该案件。《刑事诉讼法》第226条的规定，人民法院在审理过程中，发现有被告人的行为可能不构成犯罪或者不应当追究刑事责任、被告人违背意愿认罪认罚、被告人否认指控的犯罪事实或者其他不宜适用速裁程序审理的情形的，应当适用普通程序或者简易程序重新审理。《刑诉解释》第375条规定适用速裁程序审理案件，在法庭审理过程中，具有下列情形之一的，应当转为普通程序或者简易程序审理：①被告人的行为可能不构成犯罪或者不应当追究刑事责任的；②被告人违背意愿认罪认罚的；④被告人否认指控的犯罪事实的；⑤案件疑难、复杂或者对适用法律有重大争议的；⑥其他不宜适用速裁程序的情形。根据该条规定，为了防止速裁程序被搁置不用，速裁程序转普通程序或简易程序的条件也给予了严格限定：一是速裁程序转换至普通程序或者简易程序须在人民法院审理案件过程中，即对于没有到法院审理过程中的案件，不存在速裁程序转换至普

通程序或简易程序的情形。但在人民法院审理过程中，只要发现存在不宜适用速裁程序的情形，都要转换至普通程序或简易程序进行审理。二是不宜速裁程序审理的案件皆是须转换的案件。发现有被告人的行为不构成犯罪或者不应当追究其刑事责任、被告人违背意愿认罪认罚、被告人否认指控的犯罪事实或者其他不宜适用速裁程序审理的情形的皆应该转换至普通程序或简易程序。三是人民法院在审理过程中发现不宜适用速裁程序审理的，应当转换至公诉案件的普通程序或简易程序。

第七节　自诉案件第一审程序

一、自诉案件的受理条件

1. 属于法律规定的自诉案件范围。主要包括：①告诉才处理的案件；②被害人有证据证明的轻微刑事案件；③被害人有证据证明对被告人侵犯自己人身、财产权利的行为应当依法追究刑事责任，而公安机关或者人民检察院不予追究被告人刑事责任的案件。

2. 属于受诉人民法院管辖。

3. 刑事案件的被害人告诉的。

4. 有明确的被告人、具体的诉讼请求。

5. 有证明被告人犯罪事实的证据。

二、自诉案件的受理程序

（一）起诉方式

提起自诉应当提交刑事自诉状，同时提起附带民事诉讼的，应当提交刑事附带民事自诉状。

（二）案件审查

对自诉案件，人民法院应当在 15 日内审查完毕。符合受理条件的，应当决定立案，并书面通知自诉人或者代为告诉人。

（三）不予受理的情形

根据《刑诉解释》第 320 条第 2 款的规定，具有下列情形之一的，应当说服自诉人撤回起诉；自诉人不撤回起诉的，裁定不予受理：①不属于本解释第 1 条规定的案件的；②缺乏罪证的；③犯罪已过追诉时效期限的；④被告人死亡的；⑤被告人下落不明的；⑥除因证据不足而撤诉的以外，自诉人撤诉后，就同一事实又告诉的；⑦经人民法院调解结案后，自诉人反悔，就同一事实再行告诉的；⑧属于本解释第 1 条第 2 项规定的案件，公安机关正在立案侦查或者人民检察院正在审查起诉的；⑨不服人民检察院对未成年犯罪嫌疑人作出的附条件不起诉决定或者附条件不起诉考验期满后作出的不起诉决定，向人民法院起诉的。

（四）驳回起诉的情形

对已经立案，经审查缺乏罪证的自诉案件，自诉人提不出补充证据的，人民法院应当说服其撤回起诉或者裁定驳回起诉。自诉人撤回起诉或者被驳回起诉后，又提出了新的足以证明被告人有罪的证据，再次提起自诉的，人民法院应当受理。

（五）不予受理和裁定驳回起诉的救济

自诉人对不予受理和驳回起诉的裁定不服的，可以提起上诉：①第二审人民法院查明第一审人民法院作出的不予受理裁定有错误的，应当在撤销原裁定的同时，指令第一审人民法院立案受理；②查明第一审人民法院驳回起诉裁定有错误的，应当在撤销原裁定的同时，指令第一审人民法院进行审理。

三、审判程序

第一，自诉人经过2次依法传唤，无正当理由拒不到庭，或者未经法庭许可中途退庭的，人民法院应当裁定按撤诉处理。附带民事诉讼的原告人经过传唤无正当理由拒不到庭的，按撤诉处理，没有次数要求。

第二，自诉案件自诉人承担证明责任。自诉案件当事人因客观原因不能取得的证据，申请人民法院调取的，应当说明理由，并提供相关线索或者材料。人民法院认为有必要的，应当及时调取。

第三，被告人实施两个以上犯罪行为，分别属于公诉案件和自诉案件，人民法院可以一并审理。对自诉部分的审理，适用自诉案件的相关规定。如果正在审理自诉案件，发现还有尚未起诉的公诉案件，法院不能直接审理，只能移送公安机关立案侦查。

第四，根据《刑诉解释》第332条的规定，被告人在自诉案件审判期间下落不明的，人民法院可以裁定中止审理；符合条件的，可以对被告人依法决定逮捕。

第五，根据《刑诉解释》第333条的规定，对自诉案件，应当参照刑事诉讼法第200条和本解释第295条的有关规定作出判决。对依法宣告无罪的案件，有附带民事诉讼的，其附带民事部分可以依法进行调解或者一并作出判决，也可以告知附带民事诉讼原告人另行提起民事诉讼。

四、自诉案件第一审程序的特点

自诉案件第一审程序，一般参照《刑事诉讼法》关于公诉案件第一审程序的规定进行。此外，《刑事诉讼法》对自诉案件的审判程序作了一些特殊规定。主要包括：

（一）可以调解

人民法院对于告诉才处理和被告人有证据证明的轻微刑事案件，可以在查明事实、分清是非的基础上进行调解。对于被害人有证据证明对被告人侵犯自己人身、财产权利的行为应当依法追究刑事责任，而公安机关或者人民检察院不予追究被告人刑事责任的案件，由于其本质上属于公诉案件，故不适用调解。

（二）可以反诉

告诉才处理和被告人有证据证明的轻微刑事案件的被告人或其法定代理人在诉讼过程中，可以对自诉人提起反诉。但同样，对于被害人有证据证明对被告人侵犯自己人身、财产权利的行为应当依法追究刑事责任，而公安机关或者人民检察院不予追究被告人刑事责任的案件，由于其本质上属于公诉案件，故不适用调解。在有反诉发生的自诉案件中，诉讼双方当事人都同时具有双重身份，即既是自诉人又是被告人，形成互诉。反诉案件适用自诉案件的规定，即在反诉的审理和处理程序上，适用自诉的所有规定。反诉人的诉讼地位，诉讼权利与自诉人完全相同。反诉案件与自诉案件应当一并审理。由于反诉是一个独立的诉，自诉人撤诉的，不影响反诉案件的继续审理。如果对双方当事人都必须判处刑罚，应根据各自应负的罪责分别判处，不能相互抵消。

（三）可以适用简易程序

自诉案件，符合简易程序适用条件的，可以适用简易程序。但自诉案件不能适用速裁程序。因为自诉案件由自诉人直接向法院提起，案件没有经过侦查、审查起诉，人民法院在开庭前很难判断事实是否清楚。① 同时，自诉案件自诉人与被告人往往对案件事实存在较大争议。此外，由于没有检察机关等国家机关主持，无法在审前提出量刑建议、签署认罪认罚具结书。从这些情况来看，自诉案件是不适用速裁程序审理的。

（四）可以和解和撤诉

判决宣告前，自诉案件的当事人可以自行和解，自诉人可以撤回自诉。人民法院经审查，认为和解、撤回自诉确属自愿的，应当裁定准许；认为系被强迫、威吓等，并非自愿的，不予准许。裁定准许撤诉的自诉案件，被告人被采取强制措施的，人民法院应当立即解除。

（五）可分性

1. 被告人可分。自诉人明知有其他共同侵害人，但只对部分侵害人提起自诉的，人

---

① 《刑诉解释》第 369 条规定：对人民检察院在提起公诉时建议适用速裁程序的案件，基层人民法院经审查认为案件事实清楚，证据确实、充分，可能判处三年有期徒刑以下刑罚的，在将起诉书副本送达被告人时，应当告知被告人适用速裁程序的法律规定，询问其是否同意适用速裁程序。被告人同意适用速裁程序的，可以决定适用速裁程序，并在开庭前通知人民检察院和辩护人。

民法院应当受理，并告知其放弃告诉的法律后果；自诉人放弃告诉，判决宣告后又对其他共同侵害人就同一事实提起自诉的，人民法院不予受理。

2. 自诉人可分。共同被害人中只有部分人告诉的，人民法院应当通知其他被害人参加诉讼，并告知其不参加诉讼的法律后果。被通知人接到通知后表示不参加诉讼或者不出庭的，视为放弃告诉。第一审宣判后，被通知人就同一事实又提起自诉的，人民法院不予受理。但是，当事人另行提起民事诉讼的，不受《刑诉解释》限制。

（六）审限特殊

1. 被告人未羁押。适用普通程序审理的被告人未被羁押的自诉案件，应当在立案后 6 个月内宣判。

2. 被告人已羁押。如果被告人被羁押的，审理期限与公诉案件的审理期限相同。

第八节　延期审理、中止审理与终结审理

一、延期审理

延期审理，是指因出现了妨碍法庭继续审理的法定事由，人民法院将正在进行审理的案件，推延至另一日期再审理的制度。

根据《刑事诉讼法》第 204 条及相关规定，在法庭审判过程中，遇有下列情形之一，影响审判进行的，可以决定延期审理：

1. 需要通知新的证人到庭，调取新的物证，重新鉴定或者勘验的。

2. 检察人员发现提起公诉的案件需要补充侦查，提出建议的。

3. 由于申请回避而不能进行审判的。

4. 对于辩护人依照有关规定当庭拒绝继续为被告人辩护的，合议庭应当允许。如果被告人要求另行委托辩护人的，合议庭应当宣布延期审理。

5. 被告人当庭拒绝辩护人为其辩护，要求另行委托辩护人的，合议庭应当宣布延期审理。

6. 人民检察院变更、追加起诉而需要给辩护人必要的时间准备辩护意见的，合议庭应当延期审理。

7. 在庭审中，公诉人发现案件需要补充侦查，提出延期审理建议的，合议庭应当同意。法庭宣布延期后，人民检察院再补充侦查的期限内没有提请人民法院恢复审理的，人民法院应按人民检察院撤诉处理。

二、中止审理

中止审理，是指人民法院在审理过程中，因特殊情况的发生，使案件在较长时间内无法继续审理而决定中途停止审理的一种审判制度。

根据《刑事诉讼法》第206条的规定，在审判过程中，有下列情形之一，致使案件在较长时间内无法继续审理的，可以中止审理：①被告人患有严重疾病，无法出庭的；②被告人脱逃的；③自诉人患有严重疾病，无法出庭，未委托诉讼代理人出庭的；④由于不能抗拒的原因。中止审理的原因消失后，应当恢复审理。中止审理的期间不计入审理期限。

中止审理与延期审理不同。二者的主要区别是：①时间不同。延期审理仅适用于法庭审理过程中，而中止审理适用于人民法院受理案件后至作出判决前。②原因不同。导致延期审理的原因是诉讼自身出现了障碍，其消失依赖于某种诉讼活动的完成，因此，延期审理不能停止法庭审理以外的诉讼活动；而导致中止审理的原因是出现了不能抗拒的情况，其消除与诉讼本身无关，因此，中止审理将暂停一切诉讼活动。③再行开庭的可预见性不同。延期审理的案件，再行开庭的时间可以预见，部分情形下当庭即可决定；但中止审理的案件，再行开庭的时间往往无法预见。

三、终结审理

终结审理，是指人民法院在案件审理过程中，因特殊情况的发生而结束正在进行的诉讼程序的法律制度。具有下列情况的，应当终止审理：①犯罪已过追诉时效期限且不是必须追诉的；②经特赦令免除刑罚的；③被告人死亡的；④自诉人死亡而又没有法定代理人承担诉讼的；⑤对第一审公诉案件，人民法院审理后发现属于自诉案件的；⑥其他法律规定免予追究刑事责任的情形。

终结审理与中止审理不同。二者的主要区别是：①原因不同。终结审理缘于审理中出现不应当或者不需要继续进行的情形，而中止审理则是因为出现了使得案件无法继续审理的不可抗拒的情况。②法律后果不同。终结审理后，诉讼即告终结，不再恢复，而中止审理只是暂停诉讼活动，一旦中止原因消失，即应恢复审理。

理论导读

关于庭前准备程序。其中一项重要内容是证据开示，即庭审调查前在双方当事人之间进行证据的展示，以获取彼此有关案件的信息。在证据开示程序中，开示的内容包括三个方面：其一，一方当事人已经获得的或将在诉讼中使用的证据材料。如已作出的鉴定意见、检查报告，已收集的物证、书证等。其二，与案件有关的其他信息。其三，为诉讼相对方提供搜集己方掌握和控制的某些情况的机会。我国目前的庭前准备程序未形成完善的证据开示制度。法律仅原则性地规定了起诉阶段“自人民检察院对案件审查起诉之日起，应当允许辩护律师查阅、摘抄、复制本案的案卷材料。案卷材料包括案件的诉讼文书和证据材料”；审判阶段“辩护律师自人民法院受理案件之日起，可以查阅、摘抄、复制本案所指控的犯罪事实的材料”，对于查阅、摘抄、复制的具体范围等重要的细节性问题付之阙如。这种局面有碍于证据开示程序的完善，不利于辩护职能充分发挥作用。但在认罪认罚从宽制度所带来的认罪协商机制的适用不断深化的今天，证据开示制度必将被赋予重要的价值。迄今为止，我国理论界、学术界也对我国的证据开示制度进行了一定程度的探索与实践。有学者在宏观层面指出，从制度运行的逻辑上来看，主要包括权力行使逻辑和权利保障逻辑。前者是指检察机关在适用认罪认罚从宽制度时，将对辩方的证据开示作为一种依职权行使的追诉性活动看待，而非对被追诉人的权利保障活动。申言之，检察机关将证据开示作为促使被追诉人签署认罪认罚具结书并在判决生效前不至于反悔、上诉的一种策略，使其意识到即便不认罪或不认罚，检察机关也有足够的证据在法庭上证明其有罪或者使法院接受量刑建议，从而使之放弃抵抗；而后者主要是指是检察机关在适用认罪认罚从宽制度时，将对辩方的证据开示作为一种保障被追诉人权利的活动看待。在权利保障的视野下，证据开示制度致力于让控辩双方拥有平等谈判的信息条件，并使被追诉人在充分信息知悉的基础上作出是否认罪认罚的理性选择。①

关于庭前审查程序，可以作为一个制度移植效果的标本。早期《刑事诉讼法》中的卷宗移送制度的改革，使得法院庭前审查由先前的实质性审查改为程序性审查，这种修正的“起诉一本状主义”的改革初衷是防止法官产生先入为主的预断，强化控辩双方的法庭对抗，符合法官中立和程序公正的要求。但这种改革的利弊得失确存在争议。有学者认为，这种改革有可能是失败的，一方面，此种改革在确保法官中立性方面的效果值得怀疑。其实际效果无非是使法官将庭前阅卷改为了“庭后阅卷”，即在第一次开庭之后，再详细查阅检察院移送的全部案卷材料。另一方面，这一改革反而在不经意间舍弃了原有制度的某些积极功能。庭前实质性审查尽管可能造成法官先入为主，但它也有一种积极功能，即对检察官的公诉权形成制约，防止滥诉，分流或者剔除不必要进入庭审程序的公诉案件。改革之后，我国庭前准备程序中只移送“起诉书、证据目录、证人名单、主要证据复印件和照片”，这不利于发挥庭前审查程序的过滤作用。但此问题在 2019 年《高检规则》和 2021 年《刑诉解释》出台后，得到了一定程度的改观。在过去，检察院只要提起公诉，法院就必须进入审理程序，既不能以证据资料不足为由退回检察机关补充侦查，也不能直

① 参见陈子奇：《论认罪认罚案件证据开示的两种逻辑》，载《法律科学》2022 年第 4 期。

接驳回起诉，使得庭前审查程序丧失了案件分流功能，不利于提高刑事诉讼的效率。更为重要的是被告人在庭前审查程序中不享有任何权利，处于完全被动的地位，既不能表达意愿，也无法采取行动，使得庭前审查程序沦为形式化的环节。在2019年《高检规则》和2021年《刑诉解释》出台后，案卷全部移送制度得到确立，人民法院发现检察机关移送的案卷材料出现《刑诉解释》第219条的规定的若干情形，可以退回人民检察院。

《刑诉解释》的修订强化了人民法院在第一审程序上的中立地位，进一步厘清了检法之间的控诉者、裁决者的角色定位。主要体现在法院在发现新事实时的处理。此时法院仅承担通知的义务，将追诉工作的主导权更加彻底地交予检察机关。同时，进一步厘清了案件处理阶段，即便检察机关不同意对新事实的追诉，法院也可以对在案事实和证据作出判决。

学界对于被告人认罪案件适用普通程序简易审也多有争论。主要集中在两个问题：其一，普通程序简易审的性质定位不明，究竟是普通程序、简易程序还是独立的程序？对此，理论上的理解莫衷一是，并且该程序在实践中也是与简易程序、普通程序交织混用。其二，普通程序简易审的规定过于笼统，对于如何界定被告人认罪、如何保证被告人认罪的自愿性和真实性、如何与普通程序和简易程序互相衔接和补充等重要问题并未详加规定，导致了适用层面上的困境。基于此，要真正发挥普通程序简易审对于提高审理效率的促进作用，必须在法律规范的层面明确区分被告人认罪案件与不认罪案件的审理程序，并对二者的具体操作性规则予以细化。

真题解析

第一审程序是刑事诉讼法的重要内容，也是司法考试的重点内容。从以往真题的分布看，本章考点密集，各个知识点均有涉及。庭前审查、简易程序、自诉案件范围和程序、审判障碍及其处理等都需重点掌握。

1.（2015年卷二72）高某利用职务便利多次收受贿赂，还雇凶将举报他的下属王某打成重伤。关于本案庭前会议，下列哪些选项是正确的？

A. 高某可就案件管辖提出异议

B. 王某提起附带民事诉讼的，可调解

C. 高某提出其口供系刑讯所得，法官可在审查讯问时同步录像的基础上决定是否排除口供

D. 庭前会议上出示过的证据，庭审时举证、质证可简化

答案：AB

解析：最高人民法院《刑诉解释》第228条第1、2款规定："庭前会议可以就下列事项向控辩双方了解情况，听取意见：（一）是否对案件管辖有异议；（二）是否申请有关人员回避；（三）是否申请不公开审理；（四）是否申请排除非法证据；（五）是否提供新的证据材料；（六）是否申请重新鉴定或者勘验；（七）是否申请收集、调取证明被告人无罪或者罪轻的证据材料；（八）是否申请证人、鉴定人、有专门知识的人、调查人员、侦查人员或者其他人员出庭，是否对出庭人员名单有异议；（九）是否对涉案财物的权属情况和人民检察院的处理建议有异议；（十）与审判相关的其他问题。庭前会议中，人民法院可以开展附带民事调解。"所以选项AB正确。

2. （2014年卷二72）方某涉嫌在公众场合侮辱高某和任某，高某向法院提起自诉。关于本案的审理，下列哪些选项是正确的？

A. 如果任某担心影响不好不愿起诉，任某的父亲可代为起诉

B. 法院通知任某参加诉讼并告知其不参加的法律后果，任某仍未到庭，视为放弃告诉，该案宣判后，任某不得再行自诉

C. 方某的弟弟系该案关键目击证人，经法院通知其无正当理由不出庭作证的，法院可强制其到庭

D. 本案应当适用简易程序审理

答案：BC

解析：最高人民法院《刑诉解释》第225条规定："被害人、诉讼代理人经传唤或者通知未到庭，不影响开庭审理的，人民法院可以开庭审理。辩护人经通知未到庭，被告人同意的，人民法院可以开庭审理，但被告人属于应当提供法律援助情形的除外。"第255条规定："强制证人出庭的，应当由院长签发强制证人出庭令，由法警执行。必要时，可以商请公安机关协助。"所以选项BC正确。

3. （2015年卷二37）某国有银行涉嫌违法发放贷款造成重大损失，该行行长因系直接负责的主管人员也被追究刑事责任，信贷科科长齐某因较为熟悉银行贷款业务被确定为单位的诉讼代表人。关于本案审理程序，下列哪一选项是正确的？

A. 如该案在开庭审理前召开庭前会议，应通知齐某参加

B. 齐某无正当理由拒不出庭的，可拘传其到庭

C. 齐某可当庭拒绝银行委托的辩护律师为该行辩护

D. 齐某没有最后陈述的权利

答案：C

解析：最高人民法院《刑诉解释》第337条规定："开庭审理单位犯罪案件，应当通知被告单位的诉讼代表人出庭；诉讼代表人不符合前条规定的，应当要求人民检察院另行

确定。被告单位的诉讼代表人不出庭的，应当按照下列情形分别处理：（一）诉讼代表人系被告单位的法定代表人、实际控制人或者主要负责人，无正当理由拒不出庭的，可以拘传其到庭；因客观原因无法出庭，或者下落不明的，应当要求人民检察院另行确定诉讼代表人；（二）诉讼代表人系其他人员的，应当要求人民检察院另行确定诉讼代表人。”所以选项 C 正确。

4. （2021 年真题参考版）公安机关在审讯犯罪嫌疑人张某时，张某作出第一次供述后，侦查人员通过暴力、威胁等非法手段取得第二次供述，以下说法正确的是？

A. 审查起诉阶段，检察院在告知张某诉讼权利和认罪后果后，张某自愿作出了与第二次供述内容相同的供述，该供述无需排除

B. 庭前会议中，检察院可决定撤回张某第二次供述

C. 庭前会议中，法院可排除与张某第二次供述内容相同的第三、四次重复性供述

D. 经过审理，法院排除非法证据后，应在判决书中写明并说明理由

答案：ABD

解析：《关于办理刑事案件严格排除非法证据若干问题的规定》第 5 条规定：“采用刑讯逼供方法使犯罪嫌疑人、被告人作出供述，之后犯罪嫌疑人、被告人受该刑讯逼供行为影响而作出的与该供述相同的重复性供述，应当一并排除，但下列情形除外：（一）侦查期间，根据控告、举报或者自己发现等，侦查机关确认或者不能排除以非法方法收集证据而更换侦查人员，其他侦查人员再次讯问时告知诉讼权利和认罪的法律后果，犯罪嫌疑人自愿供述的；（二）审查逮捕、审查起诉和审判期间，检察人员、审判人员讯问时告知诉讼权利和认罪的法律后果，犯罪嫌疑人、被告人自愿供述的。”所以选项 A 正确。《关于办理刑事案件严格排除非法证据若干问题的规定》第 25 条第 2 款规定：“人民检察院可以决定撤回有关证据，撤回的证据，没有新的理由，不得在庭审中出示。”所以选项 B 正确。《刑诉解释》第 228 条第 1 款第 4 项规定：“庭前会议可以就下列事项向控辩双方了解情况，听取意见：（四）是否申请排除非法证据”所以选项 C 错误。《关于办理刑事案件严格排除非法证据若干问题的规定》第 36 条规定：“人民法院对证据收集合法性的审查、调查结论，应当在裁判文书中写明，并说明理由。”所以选项 D 正确。

5. （2021 年真题参考版）张某和徐某通过网上交友小程序相识，张某通过虚构工程项目的方式诈骗徐某 10 万元现金，检察院以此提起公诉，后法院在审理过程中发现在扣押的财物中有块价值 2 万元的手表也是张某以同样的方式从马某处骗取的，以下说法正确的是？

A. 马某就该手表提出权属异议的，法院应当听取马某意见

B. 张某此前就已被取保候审的，合议庭可以直接决定逮捕

C. 合议庭应将新发现的张某诈骗马某手表事实通知同级检察院

D. 合议庭应一并审理张某诈骗徐某现金和诈骗马某手表的事实

答案：AC

解析：《刑诉解释》第 279 条第 2 款规定："案外人对查封、扣押、冻结的财物及其孳息提出权属异议的，人民法院应当听取案外人的意见；必要时，可以通知案外人出庭。"所以选项 A 正确。《刑诉解释》第 164 条规定："被取保候审的被告人具有下列情形之一的，人民法院应当决定逮捕：（一）故意实施新的犯罪的；（二）企图自杀或者逃跑的；（三）毁灭、伪造证据，干扰证人作证或者串供的；（四）打击报复、恐吓滋扰被害人、证人、鉴定人、举报人、控告人等的；（五）经传唤，无正当理由不到案，影响审判活动正常进行的；（六）擅自改变联系方式或者居住地，导致无法传唤，影响审判活动正常进行的；（七）未经批准，擅自离开所居住的市、县，影响审判活动正常进行，或者两次未经批准，擅自离开所居住的市、县的；（八）违反规定进入特定场所、与特定人员会见或者通信、从事特定活动，影响审判活动正常进行，或者两次违反有关规定的；（九）依法应当决定逮捕的其他情形。"所以选项 B 错误。《刑诉解释》第 297 条规定："审判期间，人民法院发现新的事实，可能影响定罪量刑的，或者需要补查补证的，应当通知人民检察院，由其决定是否补充、变更、追加起诉或者补充侦查。人民检察院不同意或者在指定时间内未回复书面意见的，人民法院应当就起诉指控的事实，依照本解释第 295 条的规定作出判决、裁定。"所以选项 C 正确，选项 D 错误。

6.（2021 年真题参考版）王某承包工程后逃避支付工人劳动报酬且数额较大，检察院以拒不支付劳动报酬罪提起公诉，下列说法正确的是？

A. 王某的辩护人向法庭补充新的对被告人有利的量刑证据，法院可自行调查核实后作为量刑根据

B. 检察院提起公诉时，可建议法院对王某宣告从业禁止

C. 检察院在法庭审理结束后想要调整量刑建议，法院可以准许

D. 本案适用速裁程序审理后，法院可不在裁判文书中说明量刑理由

答案：B

解析：《刑诉解释》第 271 条第 2 款规定："对公诉人、当事人及其法定代理人、辩护人、诉讼代理人补充的和审判人员庭外调查核实取得的证据，应当经过当庭质证才能作为定案的根据。但是，对不影响定罪量刑的非关键证据、有利于被告人的量刑证据以及认定被告人有犯罪前科的裁判文书等证据，经庭外征求意见，控辩双方没有异议的除外。"所以选项 A 错误。《关于规范量刑程序若干问题的意见》第 4 条第 2 款规定："人民检察院在提起公诉时，可以提出宣告禁止令和从业禁止的建议。被告人及其辩护人、被害人及其

诉讼代理人可以就是否对被告人宣告禁止令和从业禁止提出意见，并说明理由。”所以选项B正确。《关于规范量刑程序若干问题的意见》第23条第2款规定：“人民法院经审理认为，人民检察院的量刑建议不当的，可以告知人民检察院。人民检察院调整量刑建议的，应当在法庭审理结束前提出。人民法院认为人民检察院调整后的量刑建议适当的，应当予以采纳；人民检察院不调整量刑建议或者调整量刑建议后仍不当的，人民法院应当依法作出判决。”所以选项C错误。《关于规范量刑程序若干问题的意见》第25条第2款规定：“对于适用速裁程序审理的案件，可以简化量刑说理。”所以选项D错误。

7.（2021年真题参考版）下列关于刑事庭审中休庭、延期审理和中止审理的适用，正确的是？

A. 孟某故意杀人案，在审判阶段，孟某在看守所自杀，法庭决定休庭

B. 蔡某诈骗案，检察院当庭口头补充指控起诉书中没有的新的犯罪事实，法院裁定中止审理

C. 赵某自诉王某诽谤案，赵某因接触新型冠状病毒感染者被隔离，因未委托代理人出庭，法院决定延期审理

D. 关某强奸案，被告人以公诉人在法院工作为由当庭申请其回避，法院决定休庭

答案：D

解析：《刑诉解释》第36条规定：“当事人及其法定代理人申请出庭的检察人员回避的，人民法院应当区分情况作出处理：（一）属于刑事诉讼法第29条、第30条规定情形的回避申请，应当决定休庭，并通知人民检察院尽快作出决定；（二）不属于刑事诉讼法第29条、第30条规定情形的回避申请，应当当庭驳回，并不得申请复议。”所以选项D正确。

8.（2019年真题参考版）张三因醉酒驾车涉嫌危险驾驶罪在某县法院受审，法院决定用速裁程序进行审理，下列关于速裁程序说法错误的是？

A. 法官经过审理认为案情复杂，决定择日宣判

B. 指派值班律师帮助张三进行辩护

C. 法官经过审理认为案件不符合速裁程序适用条件，决定改用合议庭继续审理

D. 若张三构成危险驾驶罪，本案审理期限应当是10日

答案：ABC

解析：《刑事诉讼法》第224条第2款规定：“适用速裁程序审理案件，应当当庭宣判。”所以选项A错误。《刑事诉讼法》第36条规定：“法律援助机构可以在人民法院、看守所等场所派驻值班律师。犯罪嫌疑人、被告人没有委托辩护人，法律援助机构没有指派律师为其提供辩护的，由值班律师为犯罪嫌疑人、被告人提供法律咨询、程序选择建

议、申请变更强制措施、对案件处理提出意见等法律帮助。人民法院、人民检察院、看守所应当告知犯罪嫌疑人、被告人有权约见值班律师，并为犯罪嫌疑人、被告人约见值班律师提供便利。”所以选项 B 错误。《刑事诉讼法》第 226 条规定：“人民法院在审理过程中，发现有被告人的行为不构成犯罪或者不应当追究其刑事责任、被告人违背意愿认罪认罚、被告人否认指控的犯罪事实或者其他不宜适用速裁程序审理的情形的，应当按照本章第 1 节或者第 3 节的规定重新审理。”所以选项 C 错误。《刑事诉讼法》第 225 条规定：“适用速裁程序审理案件，人民法院应当在受理后 10 日以内审结；对可能判处的有期徒刑超过 1 年的，可以延长至 15 日。”所以选项 D 正确。

9.（2021 年真题参考版）谷某诽谤李某从事淫秽色情行业，对李某造成不良影响，李某对谷某向某县法院提起自诉，某县法院进行审理。之后，由于谷某通过网络诽谤多人，在社会上影响恶劣，对网络环境造成严重破坏，某县公安机关对谷某以诽谤罪立案侦查，并由某县检察院向某县法院提起公诉。关于本案自诉和公诉的说法，哪个是正确的？

A. 在自诉案件中，若谷某承认指控并同意适用速裁程序进行审理，可以适用速裁程序

B. 在提起公诉案件后，可以将自诉与公诉案件一并审理

C. 在公诉案件中，若谷某认罪认罚并同意适用速裁程序进行审理，即可适用速裁程序

D. 若谷某真心悔过，双方达成和解，无论是自诉案件还是公诉案件，谷某都可以被判无罪

答案：B

解析：《刑事诉讼法》第 222 条第 1 款规定：“基层人民法院管辖的可能判处 3 年有期徒刑以下刑罚的案件，案件事实清楚，证据确实、充分，被告人认罪认罚并同意适用速裁程序的，可以适用速裁程序，由审判员一人独任审判。”所以选项 AC 错误。《刑诉解释》第 324 条规定：“被告人实施两个以上犯罪行为，分别属于公诉案件和自诉案件，人民法院可以一并审理。对自诉部分的审理，适用本章的规定。”所以选项 B 正确。《刑诉解释》第 596 条第 2 款规定：“对达成和解协议的案件，人民法院应当对被告人从轻处罚符合非监禁刑适用条件的，应当适用非监禁刑；判处法定最低刑仍然过重的，可以减轻处罚综合全案认为犯罪情节轻微不需要判处刑罚的，可以免予刑事处罚。”所以选项 D 错误。

第十七章　第二审程序

第一节　第二审程序概述

一、第二审程序的概念和特点

第二审程序又称上诉审程序，是第二审人民法院根据上诉人的上诉或者人民检察院的抗诉，就第一审人民法院尚未发生法律效力的判决或者裁定是否正确进行审理，从而决定维持、撤销或者改判的一种审判程序。

第二审程序和第一审程序，都是审判刑事案件的普通程序，两者既相互联系，又各自独立。第二审程序和第一审程序相比，存在着明显的区别。首先，第一审程序是由人民检察院提起公诉或自诉人提起自诉而引起的；第二审程序是由合法的上诉或抗诉而引起的。其次，第一审程序是审判刑事案件的必经程序，各级人民法院都有权按照第一审程序审判属于自己管辖的刑事案件；而第二审程序不是刑事审判的必经程序，没有合法的上诉或抗诉案件，就不会产生二审程序的适用问题。再次，适用第一审程序审理案件的法院是第一审案件的受理法院；而有权按照第二审程序审判刑事案件的法院是第一审人民法院的上一级人民法院。

二、第二审程序的功能

第二审程序是我国刑事审判阶段一个独立的诉讼程序。第二审程序的适用是对第一审未生效的判决、裁定在认定事实和适用法律上是否正确、诉讼程序是否合法进行全面审查和审理，依法作出判决或裁定。第二审程序具有以下功能：

1. 通过第二审程序的适用，纠正一审错误的裁判。审理案件的正确标准应当是事实清楚、证据确凿、定性准确、处理恰当、程序合法。第二审人民法院通过审判，可以纠正一审错误的裁判，保证生效裁判的正确性，准确地惩罚犯罪，保障无罪的人不受刑事追究，保护公民的合法权益。

2. 通过第二审程序的适用，维护一审正确的裁判。通过二审审判，可以进一步揭露和证实犯罪，驳回无理的上诉和错误的抗诉，依法维护一审的正确裁判，保证人民法院正确行使审判权。

3. 通过第二审程序的适用，指导和监督下级人民法院的审判工作。第二审法院通过对上诉、抗诉案件的审理，可以深入细致地了解下级法院的审判工作情况，充分发挥指导和监督作用，促使下级人民法院提高审判业务水平和审判工作质量，改进审判作风。

第二节　第二审程序的提起

一、上诉和抗诉的概念

上诉是指有上诉权的人不服地方各级人民法院的一审裁判，在法定期限内依法定程序提请上级人民法院对案件进行重新审判的诉讼活动。

抗诉是指人民检察院以判决、裁定确有错误为由，在法定期限内依法定程序提请上级人民法院对案件进行重新审判的诉讼活动。

上诉和抗诉是引起第二审程序发生的两种不同的诉讼机制，但在引起第二审程序的作用上具有同等效力。

二、上诉人的范围

《刑事诉讼法》第227条规定："被告人、自诉人和他们的法定代理人，不服地方各级人民法院第一审的判决、裁定，有权用书状或者口头向上一级人民法院上诉。被告人的辩护人和近亲属，经被告人同意，可以提出上诉。附带民事诉讼的当事人和他们的法定代理人，可以对地方各级人民法院第一审的判决、裁定中的附带民事诉讼部分，提出上诉。对被告人的上诉权，不得以任何借口加以剥夺。"依照规定，我国刑事诉讼中有权提起上诉的人员可分为三类：

1. 被告人、自诉人及其法定代理人。被告人、自诉人在刑事诉讼中分别处于被告与原告的诉讼地位，人民法院审理案件所作出的判决、裁定，对他们都有切身的直接利害关系，所以，法律赋予他们独立的上诉权。只要他们之中有人依法提出上诉，就能启动第二审程序。被告人、自诉人在案件发生时，如果是未成年人或者是生理上、精神上有缺陷而不能正常进行诉讼的人，其法定代理人也应享有独立的上诉权。

2. 被告人的辩护人及近亲属。被告人的辩护人及近亲属征得被告人同意，可以代被告人提出上诉。之所以要以征得被告人同意为条件，是因为判决、裁定所针对的对象是被告人，被告人对自己是否犯罪和案件具体情况最了解，案件处理结果与他有切身的利害关系，是否上诉，应由他最后决定。

3. 附带民事诉讼的当事人和他们的法定代理人。附带民事诉讼的当事人和他们的法定代理人对判决、裁定中的附带民事诉讼部分享有独立上诉权。但其上诉的内容，仅限于附带民事诉讼部分。一审刑事判决如果没有其他合法的上诉或者抗诉存在，上诉期满后即发生法律效力。但为了方便第二审法院对附带民事判决的审理，刑事判决可暂不交付执行。此外，附带民事诉讼当事人所委托的诉讼代理人，经附带民事诉讼当事人同意所提出的对附带民事诉讼部分的上诉，也应视为有效上诉。

需要指出的是，我国刑事诉讼法中没有规定被害人有上诉权，但为了保障被害方的合法权益，刑事诉讼法赋予了其请求抗诉权。《刑事诉讼法》第229条规定，被害人及其法定代理人不服地方各级人民法院第一审的判决的，自收到判决书后5日以内，有权请求人民检察院提出抗诉。人民检察院自收到被害人及其法定代理人的请求后5日以内，应当作出是否抗诉的决定并且答复请求人。应当指出的是，被害人及其法定代理人只对未生效的第一审判决享有请求抗诉权，而对未生效的第一审裁定则不享有这项权利。

三、行使抗诉权的专门机关

抗诉是国家赋予法律监督机关（人民检察院）的特定诉讼权利。能启动第二审程序的抗诉主体是地方各级人民检察院。根据抗诉对象的不同，抗诉可以分为两种：一种是对尚未生效的判决、裁定的抗诉；另一种是对生效判决、裁定的抗诉。这里所讲的抗诉，是前一种。人民检察院的抗诉权并不只限于一次，对于第二审人民法院发回重审的案件，仍然可以提出二审抗诉。《刑事诉讼法》第228条规定："地方各级人民检察院认为本级人民法院第一审的判决、裁定确有错误的时候，应当向上一级人民法院提出抗诉。"人民检察院作为国家法律监督机关，对于人民法院的审判活动是否合法，应当实行监督。无论对被告人有利或不利的错误判决、裁定，人民检察院都应当提起抗诉。与上诉的效力相同，抗诉的效力首先是阻断第一审刑事判决、裁定的效力，同时启动第二审程序的适用。但是最高人民检察院对其同级人民法院即最高人民法院的裁判，只能适用审判监督程序抗诉，不能按二审程序抗诉。

四、上诉、抗诉的理由

刑事诉讼法对于提出上诉的理由没有规定任何限制。因此，上诉人在法定期限内提出上诉，不论理由是否充分，均应允许。人民法院不得以上诉人的上诉理由不正确或不充分为由而拒绝接受其上诉。

抗诉则不同。对于抗诉的理由，《刑事诉讼法》第228条作了严格的规定，即必须是认为同级人民法院的一审判决、裁定确有错误的时候，才能提出抗诉。抗诉的理由主要有以下几个方面：

1. 一审判决、裁定在事实认定上有错误或者缺乏确实充分的证据。如事实不清，对案件具有重大意义的情况尚未查明；认定的事实比客观事实有明显的扩大或缩小；认定的事实与裁判结论有矛盾；某些重要证据未经法庭核实就作为定案根据；定案证据是伪造的、虚假的或者是已被法庭审理所否定的；证据之间存在较大矛盾，不足以证明所认定的犯罪事实等。

2. 一审判决、裁定在适用法律上有错误或量刑不当。这是指人民检察院认为同级人民法院混淆了罪与非罪、此罪与彼罪、一罪与数罪的界限，确定犯罪性质和罪名不准确；或者在量刑上畸轻畸重，重罪轻判、轻罪重判，主从犯不分；或者对人民检察院提起的附带民事诉讼的解决有严重不当之处等。

3. 一审法院严重违反了法定的诉讼程序。如果审判活动严重违反法定诉讼程序，剥夺或限制诉讼参与人依法享有的诉讼权利，妨害法庭客观全面地审理案件，已经影响或者可能影响作出合法、正确的判决时，人民检察院应据此提出抗诉。

五、上诉、抗诉的方式

上诉可以采用书面或口头形式，采取书面形式需同时提供正本和副本。人民检察院抗诉只能采用提交抗诉书的方式，也就是说只能采用书面方式。

被告人、自诉人、附带民事诉讼的原告人或被告人上诉可以向原审人民法院提出，也可以直接向原审法院的上一级法院即第二审法院提出。通过原审人民法院提出上诉，原审人民法院应当在三日以内将上诉状连同案卷、证据移送上一级人民法院。同时还要将上诉状副本送交同级人民检察院和对方当事人。当事人直接向第二审人民法院提出上诉的，第二审人民法院应当在三日以内将上诉状交第一审人民法院，第一审人民法院将上诉状副本送交同级人民检察院和对方当事人，并将全部案卷、证据材料报送上一级人民法院，以便人民检察院和对方当事人在以后的二审程序中做好应诉准备。

被告人、自诉人、附带民事诉讼的原告人和被告人及其法定代理人在上诉期限内要求撤回上诉的，应当准许。被告人、自诉人、附带民事诉讼的原告人和被告人及其法定代理人在上诉期满后要求撤回上诉的，应当由第二审人民法院进行审查。如果认为原判决认定事实和适用法律正确，量刑适当，应当裁定准许被告人撤回上诉；如果认为原判决事实不清，证据不足或者将无罪判为有罪、轻罪重判等确有错误的，应当不准许撤回上诉，并按照上诉程序进行审理。此外，被判处死刑的被告人提出上诉，在第二审开庭后，裁判宣告前撤回上诉的，应当不予准许，继续按照上诉程序审理。

《刑事诉讼法》第 232 条规定，地方各级人民检察院对同级人民法院第一审判决、裁定的抗诉，应当通过原审人民法院提出抗诉书，并且将抗诉书抄送上一级人民检察院。原审人民法院应当将抗诉书连同案卷、证据移送上一级人民法院，并且将抗诉书副本送交当事人。上级人民检察院如果认为抗诉不当，可以向同级人民法院撤回抗诉，并且通知下级人民检察院。上一级人民检察院在上诉、抗诉期限内，发现下级人民检察院应当提出抗诉而没有提出抗诉的案件，可以指令下级人民检察院依法提出抗诉。上一级人民检察院支持或者部分支持抗诉意见的，可以变更、补充抗诉理由，及时制作支持抗诉意见书，并通知提出抗诉的人民检察院。上一级人民检察院对下级人民检察院按照第二审程序提出抗诉的案件，认为抗诉正确的，应当支持抗诉。人民检察院在抗诉期限内撤回抗诉的，第一审人民法院不再向上一级人民法院移送案件；如果是在抗诉期满后撤回抗诉的，第二审人民法院可以裁定准许，但是认为原判存在将无罪判为有罪、轻罪重判等情形的，应当不予准许，继续审理。

第三节　第二审案件的审判

一、第二审程序审理原则

（一）全面审理原则

根据《刑事诉讼法》第 233 条的规定，第二审人民法院审判上诉和抗诉案件实行全面审理的原则。即对第一审判决所认定的事实和适用法律进行全面审查，不受上诉或者抗诉范围限制。共同犯罪的案件只有部分被告人上诉的，应当对全案进行审查，一并处理。全面审理的原则具体要求是：

1. 既要审查一审判决认定的事实是否正确，证据是否确实、充分，又要审查一审判决适用法律有无错误。

2. 既要审查一审判决中已被提出上诉或者抗诉的部分，又要审查其中没有被提出上诉或者抗诉的部分。

3. 既要从实体上审查一审判决的正确性，又要从程序上审查一审法院审判活动的合法性。

4. 在共同犯罪的案件中，若只有部分被告人上诉或者人民检察院仅对其中部分被告人提出抗诉，第二审人民法院也应当对一审判决认定的每个共同犯罪人的事实和适用的法律进行全面的审查。

在二审程序进行中，如果提出上诉的被告人死亡的，二审法院仍应对全案进行审查。该被告人不构成犯罪的，应当宣告无罪；构成犯罪的，对其宣告终止审理。对其同案的被告人，应当根据事实和法律作出二审判决或者裁定。此外，在第二审程序中被告人之一死亡不影响二审法院对本案的继续审理。

5. 审理附带民事诉讼的上诉、抗诉案件，应当对全案进行审查，以便正确确定民事责任的归属。第二审人民法院审理附带民事上诉、抗诉案件，如果发现刑事和附带民事部分均有错误需依法改判的，应当一并改判；第二审人民法院审理对刑事部分提出上诉、抗诉，附带民事诉讼部分已经发生法律效力的案件，如果发现第一审判决或者裁定中的民事部分确有错误，应当对民事部分按照审判监督程序予以纠正。第二审人民法院审理对附带民事诉讼部分提出上诉、抗诉，刑事部分已经发生法律效力的案件，如果发现第一审判决或者裁定中的刑事部分确有错误，应当对刑事部分按照审判监督程序进行再审，并将附带民事诉讼部分与刑事部分一并审理。如果在附带民事诉讼案件中，只有附带民事诉讼的当事人和他们的法定代理人提出上诉，第一审刑事部分的判决，在上诉期满后立即生效。如果应当送监执行的第一审刑事被告人是第二审附带民事诉讼被告人的，在第二审附带民事诉讼案件审理结束之前，可以暂缓送监执行。

全面审理原则充分体现了我国《刑事诉讼法》的实事求是、以事实为依据、以法律为准绳的基本原则和对人民高度负责的精神。其精神实质是要求第二审人民法院在审理上诉或者抗诉案件时，不要被动地应付上诉或者抗诉，孤立地就事论事，而应该充分发挥主动性，对整个案件的事实、证据、定罪量刑和一审程序进行综合审查、通盘考虑，使上诉或者抗诉中已经指出和没有指出的一审判决中的错误都能得到纠正，确保终审裁判作出时，案件获得彻底的、正确的处理。

（二）上诉不加刑原则

根据《刑事诉讼法》第237条的规定，上诉不加刑原则是指第二审人民法院在审判仅有被告人或者他的法定代理人、辩护人、近亲属上诉的案件时，不得加重被告人刑罚的一项审判原则。但如果人民检察院提出抗诉或者自诉人提出上诉的，则不受该原则的限制。此外，上诉不加刑原则只适用于二审法院的审判，对于被二审法院发回重审的案件，除有新的犯罪事实，人民检察院补充起诉的以外，不适用该原则。

1. 适用上诉不加刑原则的意义

在刑事诉讼中贯彻执行上诉不加刑原则具有重要意义。主要表现在以下三个方面：

首先，上诉不加刑原则有利于保障被告人依法行使上诉权。上诉权是法律赋予被告人的一项基本权利。被告方上诉的目的，是为了保护被告人的合法权益，如果允许对被告方上诉的案件加刑，这就意味着这项权利的行使不但没有保护被告人的合法权益，反而使被告人因为上诉而遭致更为不利的结果，这从根本上违背了上诉制度设计的初衷。因此，实行上诉不加刑原则，就可以消除被告人的顾虑，使他敢于按照自己的意志依法行使上诉权。

其次，上诉不加刑原则，有利于促使第一审人民法院增强责任心，不断提高办案质量。根据上诉不加刑原则，一审判刑太轻的案件即使到了二审也不能任意改判加刑，这就对第一审人民法院的审判工作提出了更严格的要求，促使一审审判人员充分认识到自己肩负的重任，使他们在审判一审案件时更加认真、负责，正确运用法律武器准确定罪量刑，做到不枉不纵，以期经得起实践的检验和上级人民法院的监督检查。

最后，上诉不加刑原则有利于促使人民检察院履行法律监督职责。由于人民检察院提出抗诉的案件，不受上诉不加刑原则的限制；如果原判决量刑确属畸轻，可以改判加重被告人的刑罚，这就可以促使第一审人民法院的同级人民检察院及时审查一审判决，以便发现错误时依法提出抗诉。

2. 适用上诉不加刑原则应注意的问题

根据法律规定和司法实践经验，贯彻执行上诉不加刑原则应当注意以下几个方面的问题：①被告人或者他的法定代理人、辩护人、近亲属上诉的案件，不得加重被告人的刑罚。②人民检察院提出抗诉或者自诉人提出上诉的，不受上诉不加刑的限制。既有被告人一方上诉，又有人民检察院提出抗诉或者自诉人提出上诉的，同样不受上诉不加刑原则的限制。③同案审理的案件，只有部分被告人上诉的，既不能加重提出上诉人的刑罚，也不能加重其他同案被告人的刑罚。④共同犯罪案件中，人民检察院只对部分被告人的判决提出抗诉的，对其他第一审被告人不得加重刑罚。⑤对原判认定事实清楚、证据充分，只是认定的罪名不当的，可以在不加重原判刑罚或者对刑罚执行产生不利影响的情况下改变罪名。⑥对被告人实行数罪并罚的，可以改变罪数并调整刑罚，但不得加重决定执行的刑罚或者对刑罚执行产生不利影响。⑦对被告人判处拘役或者有期徒刑宣告缓刑的，不得撤销原判决宣告的缓刑或者延长缓刑考验期。⑧对事实清楚、证据充分，但判处的刑罚不当，或者应当适用附加刑而没有适用的案件，不得撤销第一审判决、直接加重被告人的刑罚或者适用附加刑，也不得以事实不清或者证据不足发回原审人民法院重新审理。判处的刑罚畸轻，必须依法改判的，应当在第二审判决、裁定生效后，按照审判监督程序重新审理。⑨对被告人没有宣告职业禁止、禁止令的，不得增加宣告，对被告人宣告职业禁止、禁止令的，不得增加内容、延长期限。⑩对被告人判处死刑缓期执行没有限制减刑、决定终身监禁的，不得限制减刑、决定终身监禁；提出上诉或者抗诉的理由属于第一审人民法院严重违反法律规定诉讼程序的情形之一的，第二审人民法院应当裁定撤销原判，发回第一审人民法院重新审判。

二、第二审程序审理方式

根据我国《刑事诉讼法》第234条的规定，适用第二审程序审判案件的方式有开庭审理和不开庭审理两种。

（一）开庭审理方式

开庭审理又叫直接审理，是指第二审人民法院在合议庭的主持下，由检察人员和诉讼参与人参加，通过法庭调查和辩论、评议、宣判的方式审理案件。开庭审理的具体地点，根据实际需要可以在第二审人民法院所在地进行，也可以由合议庭成员到刑事犯罪案件发生地或者原审人民法院所在地进行。

根据《刑事诉讼法》第234条的规定，下列案件应当开庭审理：①被告人、自诉人及其法定代理人对第一审认定的事实、证据提出异议，可能影响定罪量刑的上诉案件；②被告人被判处死刑（含死刑立即执行及死刑缓期二年执行）的上诉案件；③人民检察院抗诉的案件；④应当开庭审理的其他案件。

被判处死刑的被告人没有上诉，同案的其他被告人上诉的案件，第二审法院应当开庭审理。

（二）不开庭审理方式

不开庭审理是指第二审人民法院的合议庭对上诉案件，经过阅卷，讯问被告人，在听取其他当事人、辩护人、诉讼代理人的意见后，认为案件事实清楚的，可以不开庭审理即作出判决或裁定的审理方式。这种审理方式只适用于事实清楚的案件，合议庭如果发现案件事实不清或者适用法律不当，就应当开庭审理。

对上诉、抗诉案件，第二审人民法院经审查，认为原判事实不清、证据不足，或者违反法定诉讼程序情形，或者具有《刑事诉讼法》第238条的规定违反法定诉讼程序情形，需要发回重新审判的，可以不开庭审理。

不开庭审理的案件必须要对被告人进行讯问，听取被告人的陈述与辩解；还应当尽量直接听取其他当事人、辩护人、诉讼代理人的意见。不开庭审理还应当接受检察机关的监督，并应将不开庭审理的裁判结果及时通知检察机关。

不开庭审理方式比直接开庭审理简便易行，节省人力、物力和时间，减少了审判的投入，效率较高。但由于这种审判方式不开展法庭调查和法庭辩论，当事人和其他诉讼参与人的诉讼权利受到一定限制，而且一些基本的诉讼原则和制度也不能执行。所以司法实践中应尽量减少不开庭审理的案件。

三、对上诉、抗诉案件的处理

（一）二审审理程序

1. 开庭地点。第二审人民法院开庭审理上诉、抗诉案件时可以到案件发生地或原审人民法院所在地进行。

2. 检察机关阅卷及出庭。第二审人民法院应当在决定开庭审理后及时通知人民检察院查阅案卷。人民检察院阅卷时间不计入案件审理期限。同时，人民法院开庭审理上诉、抗诉案件，应当通知人民检察院派员出庭。在抗诉案件中，人民检察院接到通知后不派员出庭，且未说明理由的，人民法院可以裁定按照人民检察院撤回抗诉处理。

3. 二审辩护。根据《刑诉解释》第 392 条规定，第二审期间，被告人除自行辩护外，还可以继续委托第一审辩护人或者另行委托辩护人辩护。共同犯罪案件，只有部分被告人提出上诉，或者自诉人只对部分被告人的判决提出上诉，或者人民检察院只对部分被告人的判决提出抗诉的，其他同案被告人也可以委托辩护人辩护。

4. 新证据处理。第二审期间，人民检察院或者被告人及其辩护人提交新证据的，人民法院应当及时通知对方查阅、复制、摘抄。

5. 同案被告人出庭。对同案审理案件中未上诉的被告人，未申请出庭或人民法院认为没有必要到庭的，可以不再传唤到庭。

（二）对上诉、抗诉案件审理后的处理

根据《刑事诉讼法》第 236 条和第 238 条的规定，第二审人民法院对不服一审判决的上诉、抗诉案件，经过审理后，应当分别作出如下处理：

1. 裁定驳回上诉、抗诉，维持原判。作出这种处理的前提是：原审判决认定的事实和适用法律正确、量刑适当、程序合法。

2. 直接改判。作出这种处理的前提是：原判决认定事实没有错误，但适用法律有错误，或者量刑不当的；或者原判决事实不清或者证据不足，但第二审人民法院自行调查能查清改判的。

3. 裁定撤销原判，发回原审人民法院重新审判。作出这种处理的前提是：①原判决事实不清，证据不足，第二审人民法院自行调查难以查清的；②一审严重违反法定诉讼程序的。包括违反刑事诉讼法有关公开审判的规定的；违反回避制度的；剥夺或者限制当事人的法定诉讼权利，可能影响公正审判的；审判组织不合法的；其他违反法律规定的诉讼程序，可能影响公正审判的。

原审人民法院对于发回重新审判的案件，应当另行组成合议庭，依照第一审程序进行审判。重新审判后所作的判决，仍属于一审判决，当事人可以上诉，同级人民检察院可以

抗诉。

根据2003年11月12日最高人民法院、最高人民检察院、公安部联合发出的《关于严格执行〈刑事诉讼法〉，切实纠防超期羁押的通知》第4条的规定，第二审人民法院经过审理后认为事实不清或者证据不足的案件，只能一次裁定撤销原判、发回原审人民法院重新审判；对于经过查证，只有部分犯罪事实清楚、证据充分的案件，只就该部分罪行进行认定和宣判；对于查证以后，仍然事实不清或者证据不足的案件，要依法作出证据不足、指控的犯罪不能成立的无罪判决，不得拖延不决，迟迟不判。

（三）二审的效力和期限

第二审的判决、裁定（死刑案件以及在法定刑以下判处刑罚的必须报经最高人民法院核准的除外）和最高人民法院的判决、裁定，都是终审的判决、裁定，一经宣告即发生法律效力，不得对其再行上诉或按二审程序提起抗诉。

第二审人民法院受理上诉、抗诉案件，应当在二个月以内审结。对于可能判处死刑的案件或者附带民事诉讼的案件，以及属于交通十分不便的边远地区的重大复杂案件、重大的犯罪集团案件、流窜作案的重大复杂案件、犯罪涉及面广且取证困难的重大复杂案件的，经省、自治区、直辖市高级人民法院批准或者决定，可以延长二个月；因特殊情况还需要延长的，报请最高人民法院批准。最高人民法院受理上诉、抗诉案件的审理期限，由最高人民法院决定。

四、二审对特殊案件的处理

（一）刑事附带民事案件的二审程序

第二审人民法院审理对刑事部分提出上诉、抗诉，附带民事部分已经发生法律效力的案件，发现第一审判决、裁定中的附带民事部分确有错误的，应当依照审判监督序对附带民事部分予以纠正。

刑事附带民事诉讼案件，只有附带民事诉讼当事人及其法定代理人上诉的，第一审刑事部分的判决在上诉期满后即发生法律效力。应当送监执行的第一审刑事被告人是第二审附带民事诉讼被告人的，在第二审附带民事诉讼案件审结前，可以暂缓送监执行。

第二审人民法院审理对附带民事部分提出上诉，刑事部分已经发生法律效力的案件，应当对全案进行审查，并按照下列情形分别处理：①第一审判决的刑事部分并无不当的，只需就附带民事部分作出处理；②第一审决的刑事部分确有错的，依照审判监督程序对刑事部分进行再审，并将附带民事部分与刑事部分一并审理。

对附带民事判决、裁定的上诉、抗诉期限，应当按照刑事部分的上诉、抗诉期限确定。附带民事部分另行审判的，上诉期限也应当按照刑事诉讼法规定的期限确定。

（二）自诉案件的二审程序

自诉案件在第二审期间提出反诉的，人民法院应当告知其另行起诉。

人民法院对第二审自诉案件，必要时可以调解，当事人也可以自行和解。调解结案的，应当制作调解书，第一审判决、裁定视为自动撤销。当事人自行和解的，依照《刑诉解释》第 329 条的规定处理；裁定准许撤回自诉的，应当撤销第一审判决、裁定。

理论导读

从理论研究的角度来看，目前对刑事二审程序的争论意见集中在以下五个方面：

1. 两审终审制度不利于最高人民法院发挥统一法律适用的作用。现有审级制度下，上诉案件基本上集中于中级人民法院，最高人民法院审理的上诉审案件与一审案件一样少之又少，这就难以发挥其通过审判活动统一法律适用的功能。

2. 上、下级法院之间的行政依附性不利于二审功能的发挥。在目前的法院组织体系中，上、下级法院之间具有较强的行政依附性，下级法院往往通过各种形式向上级法院就案件审理进行请示，使得二审法院的审理流于形式，危及两审终审制度的正常运行。

3. 二审审理原则有悖司法被动性原则。所谓司法的被动性，是指司法机关行使司法权解决纠纷，应当以纠纷被提交到司法机关为前提，并且司法权只能限于对当事人提出的诉讼请求和理由进行裁决，而不能超出当事人的诉讼主张以外主动行使。司法的被动性也可以简单概括为“不告不理”。我国刑事二审程序的审理原则是全面审查，不受当事人上诉以及检察机关抗诉范围的限制，这一原则体现了实事求是、有错必纠的追求，但是却与司法的被动性原则存在冲突。

4. 二审发回重审易被滥用。《刑事诉讼法》第 238 条规定的二审发回重审的条件是“可能影响公正审判”，如此规定失之粗疏，为法官裁量是否发回重审留下了过于任意的空间。

5. 人民检察院“抗重求轻”与上诉不加刑原则的冲突。根据上诉不加刑原则，仅有被告人一方提出上诉时不得改判重于原判刑罚。但人民检察院提出抗诉的，则不受此限制。上诉不加刑制度在我国的刑事程序中发挥着重要的作用，其能够促使被告人积极地行使上诉权，而不用担心在二审程序中遭遇更严重的刑罚。但是在实践中仍然存在着不足，影响着上诉不加刑原则的价值发挥，其中有关上诉不加刑原则的争议焦点在于检察院抗诉（抗重求轻）的情况下，是否属于上诉不加刑原则涵盖的情况。在余金平交通肇事案中，被告人对于一审判决结果不服，因此提起了上诉，同时检察院认为一审法院的判决结果存在过重的情况，因此也通过抗诉的方式进入到二审程序中，二审法院面对两方主体进行上诉的情况在审理过程中发现被告人的刑罚存在过轻的情况，因而在最后的二审判决中，加重了被告人需要承担的责任。法律的目的是保护社会利益和公共利益，上诉不加刑原则的立法本意是为了保障被告人的上诉的权利，这一规定让上诉人可以勇于上诉，维护自己的合法权益。二审法院认为检察院的抗诉行为可以使得判决不受上诉不加刑的限制，属于例外情形，结果便是使得二审判决结果加重了被告人的刑罚，损害了上诉不加刑的立法宗旨。

真题解析

本章涉及二审程序。从历年司法考试题看，上诉的条件、全面审查、上诉不加刑、二审裁判的种类等知识点是常考内容。对上诉中的一些特别情况的处理，如共同犯罪案件上诉等问题，出题频率较高，应加以重视。此外，全面审查和上诉不加刑往往综合起来考查。

1.（2015 年卷二 66）关于刑事诉讼当事人中的被害人的诉讼权利，下列哪些选项是正确的?

A. 撤回起诉、申请回避

B. 委托诉讼代理人、提起自诉

C. 申请复议、提起上诉

D. 申请抗诉、提出申诉

答案：BD

解析：《刑事诉讼法》第 46 条第 1 款规定：“公诉案件的被害人及其法定代理人或者近亲属，附带民事诉讼的当事人及其法定代理人，自案件移送审查起诉之日起，有权委托诉讼代理人。自诉案件的自诉人及其法定代理人，附带民事诉讼的当事人及其法定代理人，有权随时委托诉讼代理人。”第 114 条规定：“对于自诉案件，被害人有权向人民法院直接起诉。被害人死亡或者丧失行为能力的，被害人的法定代理人、近亲属有权向人民法院起诉。人民法院应当依法受理。”所以选项 B 正确。《刑事诉讼法》第 180 条规定：“对于有被害人的案件，决定不起诉的，人民检察院应当将不起诉决定书送达被害人。被害人如果不服，可以自收到决定书后 7 日以内向上一级人民检察院申诉，请求提起公诉。人民检察院应当将复查决定告知被害人。对人民检察院维持不起诉决定的，被害人可以向人民法院起诉。被害人也可以不经申诉，直接向人民法院起诉。人民法院受理案件后，人民检察院应当将有关案件材料移送人民法院。”第 229 条规定：“被害人及其法定代理人不服地方各级人民法院第一审的判决的，自收到判决书后 5 日以内，有权请求人民检察院提出抗诉。人民检察院自收到被害人及其法定代理人的请求后 5 日以内，应当作出是否抗诉的决定并且答复请求人。”所以选项 D 正确。

2.（2016 年卷二 38）龚某因生产不符合安全标准的食品罪被一审法院判处有期徒刑 5 年，并被禁止在刑罚执行完毕之日起 3 年内从事食品加工行业。龚某以量刑畸重为由上诉，检察院未抗诉。关于本案二审，下列哪一选项是正确的？

A. 应开庭审理

B. 可维持有期徒刑 5 年的判决，并将职业禁止的期限变更为 4 年

C. 如认为原判认定罪名不当，二审法院可在维持原判刑罚不变的情况下改判为生产有害食品罪

D. 发回重审后，如检察院变更起诉罪名为生产有害食品罪，一审法院可改判并加重龚某的刑罚

答案：C

解析：《刑事诉讼法》第 234 条第 1 款规定：“第二审人民法院对于下列案件，应当组成合议庭，开庭审理：（一）被告人、自诉人及其法定代理人对第一审认定的事实、证据提出异议，可能影响定罪量刑的上诉案件；（二）被告人被判处死刑的上诉案件；（三）人民检察院抗诉的案件；（四）其他应当开庭审理的案件。”所以选项 A 错误。《刑诉解释》第 401 条第 1 款规定：“审理被告人或者其法定代理人、辩护人、近亲属提出上诉的案件，不得对被告人的刑罚作出实质不利的改判，并应当执行下列规定：（一）同案审理的案件，只有部分被告人上诉的，既不得加重上诉人的刑罚，也不得加重其他同案被告人的刑罚；（二）原判认定的罪名不当的，可以改变罪名，但不得加重刑罚或者对刑罚执行产生不利影响；（三）原判认定的罪数不当的，可以改变罪数，并调整刑罚，但不得加重决定执行的刑罚或者对刑罚执行产生不利影响；（四）原判对被告人宣告缓刑的，不得撤销缓刑或者延长缓刑考验期；（五）原判没有宣告职业禁止、禁止令的，不得增加宣告；原判宣告职业禁止、禁止令的，不得增加内容、延长期限；（六）原判对被告人判处死刑缓期执行没有限制减刑、决定终身监禁的，不得限制减刑、决定终身监禁；（七）原判判处的刑罚不当、应当适用附加刑而没有适用的，不得直接加重刑罚、适用附加刑。原判判处的刑罚畸轻，必须依法改判的，应当在第二审判决、裁定生效后，依照审判监督程序重新审判。”所以选项 B 错误，选项 C 正确。《刑诉解释》第 403 条第 1 款规定：“被告人或者其法定代理人、辩护人、近亲属提出上诉，人民检察院未提出抗诉的案件，第二审人民法院发回重新审判后，除有新的犯罪事实且人民检察院补充起诉的以外，原审人民法院不得加重被告人的刑罚。”所以选项 D 错误。

3.（2017 年卷二 36）段某因贩卖毒品罪被市中级法院判处死刑立即执行，段某上诉

后省高级法院维持了一审判决。最高法院复核后认为，原判认定事实清楚，但量刑过重，依法不应当判处死刑，不予核准，发回省高级法院重新审判。关于省高级法院重新审判，下列哪一选项是正确的？

A. 应另行组成合议庭

B. 应由审判员 5 人组成合议庭

C. 应开庭审理

D. 可直接改判死刑缓期 2 年执行，该判决为终审判决

答案：D

解析：最高人民法院《刑诉解释》第 429 条规定："最高人民法院复核死刑案件，应当按照下列情形分别处理：（一）原判认定事实和适用法律正确、量刑适当、诉讼程序合法的，应当裁定核准；（二）原判认定的某一具体事实或者引用的法律条款等存在瑕疵，但判处被告人死刑并无不当的，可以在纠正后作出核准的判决、裁定；（三）原判事实不清、证据不足的，应当裁定不予核准，并撤销原判，发回重新审判；（四）复核期间出现新的影响定罪量刑的事实、证据的，应当裁定不予核准，并撤销原判，发回重新审判；（五）原判认定事实正确、证据充分，但依法不应当判处死刑的，应当裁定不予核准，并撤销原判，发回重新审判；根据案件情况，必要时，也可以依法改判；（六）原审违反法定诉讼程序，可能影响公正审判的，应当裁定不予核准，并撤销原判，发回重新审判。"第 430 条规定："最高人民法院裁定不予核准死刑的，根据案件情况，可以发回第二审人民法院或者第一审人民法院重新审判。对最高人民法院发回第二审人民法院重新审判的案件，第二审人民法院一般不得发回第一审人民法院重新审判。第一审人民法院重新审判的，应当开庭审理。第二审人民法院重新审判的，可以直接改判；必须通过开庭查清事实、核实证据或者纠正原审程序违法的，应当开庭审理。"第 432 条规定："最高人民法院裁定不予核准死刑，发回重新审判的案件，原审人民法院应当另行组成合议庭审理，但本解释第 429 条第 4 项、第 5 项规定的案件除外。"第 431 条规定："高级人民法院依照复核程序审理后报请最高人民法院核准死刑，最高人民法院裁定不予核准，发回高级人民法院重新审判的，高级人民法院可以依照第二审程序提审或者发回重新审判。"《刑事诉讼法》第 183 条第 4 款规定："人民法院审判上诉和抗诉案件，由审判员三人或者五人组成合议庭进行。"所以选项 D 正确。

4.（2019 年真题参考版）甲驾车在路口等红灯时被乙驾驶的汽车追尾，遂发生争执，乙用车中携带的棒球棒击打甲，甲转身回车中拿出一把匕首刺中乙腹部，致乙重伤。某市公安局对甲立案侦查，某市检察院向某市中级法院以故意伤害罪提起公诉。某市中级法院经过审理判处甲无期徒刑。甲不服上诉，某省高级法院进行二审。下列表述不正确的有？

A. 在二审过程中，某市检察院认为本案认定故意伤害罪正确，但有新证据能够证明甲属于防卫过当，可以提出补充抗诉

B. 某市检察院若认为某市中级法院的第一审判决确有错误，应当向某市中级法院抗诉

C. 某省高级法院开庭进行二审时，某市检察院和某省检察院都应当派员出庭

D. 若某市检察院抗诉，最高人民检察院发现本案系疑难案件，可以派员出席某市检察院抗诉的二审审理程序

答案：ABC

解析：《高检规则》第 9 条第 2 款："上级人民检察院可以依法统一调用辖区的检察人员办理案件，调用的决定应当以书面形式作出。被调用的检察官可以代表办理案件的人民检察院履行出庭支持公诉等各项检察职责。"所以选项 D 正确。

5. （2021 年真题参考版）为勒索钱财，左某绑架王某之女并将其杀害，一审法院判处左某死缓，并赔偿附带民事诉讼原告人王某人民币 35 万元。检察院未提起抗诉，左某和王某均对附带民事部分提起上诉。关于本案的审理，下列说法正确的有？

A. 二审法院应将刑事部分和附带民事部分一并审理

B. 二审审结前可暂缓将左某送监执行

C. 二审期间王某增加独立诉讼请求，法院可以调解

D. 二审法院不得增加左某的赔偿数额

答案：BC

解析：《刑诉解释》第 408 条规定："刑事附带民事诉讼案件，只有附带民事诉讼当事人及其法定代理人上诉的，第一审刑事部分的判决在上诉期满后即发生法律效力。应当送监执行的第一审刑事被告人是第二审附带民事诉讼被告人的，在第二审附带民事诉讼案件审结前，可以暂缓送监执行。"所以选项 B 正确。《刑诉解释》第 410 条规定："第二审期间，第一审附带民事诉讼原告人增加独立的诉讼请求或者第一审附带民事诉讼被告人提出反诉的，第二审人民法院可以根据自愿、合法的原则进行调解；调解不成的，告知当事人另行起诉。"所以选项 C 正确。

6. （2019 真题参考版）赵某因琐事故意伤害李某，李某向某县法院对赵某提起自诉，同时提起附带民事诉讼。某县法院经过审理判处赵某有期徒刑 1 年，附带民事诉讼赔偿李某 3 万元，赵某不服，认为判处 1 年有期徒刑过重，提出上诉。下列表述不正确的是？

A. 某县法院立案后，发现李某缺乏罪证，某县法院应当说服李某撤回起诉

B. 在一审程序中，李某要求撤回自诉，某县法院应当准许

C. 在二审程序中，李某对刑事部分提出反诉，法院可以进行调解

D. 李某对刑事部分不服上诉，案件进入二审程序后，附带民事部分也不生效

答案：ABCD

解析：《刑诉解释》第 321 条规定："对已经立案，经审查缺乏罪证的自诉案件，自诉人提不出补充证据的，人民法院应当说服其撤回起诉或者裁定。驳回起诉自诉人撤回起诉或者被驳回起诉后，又提出了新的足以证明被告人有罪的证据，再次提起自诉的，人民法院应当受理。"所以选项 A 错误。《刑诉解释》第 407 条规定："第二审人民法院审理对刑事部分提出上诉、抗诉，附带民事部分已经发生法律效力的案件，发现第一审判决、裁定中的附带民事部分确有错误的，应当依照审判监督程序对附带民事部分予以纠正。"《刑诉解释》第 410 条规定："第二审期间，第一审附带民事诉讼原告人增加独立的诉讼请求或者第一审附带民事诉讼被告人提出反诉的，第二审人民法院可以根据自愿、合法的原则进行调解；调解不成的，告知当事人另行起诉。"所以选项 C 错误。

7. （2021 年真题参考版）刘某因挪用资金罪被大江市龙平区法院判处有期徒刑 2 年，龙平区人民检察院以量刑畸轻为由抗诉，大江中院以事实不清，证据不足为由将本案发回重审，龙平区法院改判挪用公款罪但刑期不变。刘某不服提起上诉，再次上诉后二审法院哪些行为是正确的?

A. 如大江市检察院认为抗诉不当，应要求龙平区检察院撤回抗诉

B. 如大江市中院重审发现龙平区法院违反回避制度，应将本案再次发回重审

C. 大江市中院不得改判刘某重于有期徒刑 2 年的刑罚

D. 大江市中院曾参与本案审判的合议庭人员应回避

答案：BC

解析：《高检规则》第 589 条第 2 款规定："上一级人民检察院认为抗诉不当的，应当听取下级人民检察院的意见。听取意见后，仍然认为抗诉不当的，应当向同级人民法院撤回抗诉，并且通知下级人民检察院。"所以选项 A 错误。《刑事诉讼法》第 238 条规定："第二审人民法院发现第一审人民法院的审理有下列违反法律规定的诉讼程序的情形之一的，应当裁定撤销原判，发回原审人民法院重新审判：（一）违反本法有关公开审判的规定的；（二）违反回避制度的；（三）剥夺或者限制了当事人的法定诉讼权利，可能影响公正审判的；（四）审判组织的组成不合法的；（五）其他违反法律规定的诉讼程序，可能影响公正审判的。"所以选项 B 正确。《刑事诉讼法》第 237 条第 1 款规定："第二审人民法院审理被告人或者他的法定代理人、辩护人、近亲属上诉的案件，不得加重被告人的刑罚。第二审人民法院发回原审人民法院重新审判的案件，除有新的犯罪事实，人民检察院补充起诉的以外，原审人民法院也不得加重被告人的刑罚。"所以选项 C 正确。《刑诉

解释》第 29 条第 2 款规定："在一个审判程序中参与过本案审判工作的合议庭组成人员或者独任审判员，不得再参与本案其他程序的审判。但是，发回重新审判的案件，在第一审人民法院作出裁判后又进入第二审程序、在法定刑以下判处刑罚的复核程序或者死刑复核程序的，原第二审程序、在法定刑以下判处刑罚的复核程序或者死刑复核程序中的合议庭组成人员不受本款规定的限制。"所以选项 D 错误。

第十八章　死刑复核与核准程序

第一节　死刑复核与核准程序概述

一、死刑复核与核准程序概念

死刑复核程序是指有核准权的人民法院对已经判处被告人死刑的案件，依照法律规定的程序再次进行审查，决定是否核准死刑的一种特别审判程序。包括对判处死刑立即执行案件的复核程序和对判处死刑缓期二年执行案件的复核程序。死刑复核程序是我国贯彻慎用死刑政策的程序保障措施，其任务是对死刑判决或裁定所认定的事实和适用的法律是否正确进行全面审查，然后核准正确的死刑判决或裁定，纠正不适当或错误的死刑判决或裁定。

二、死刑复核与核准程序特点

作为死刑案件适用的专门法律程序，死刑复核程序有着与刑事第二审程序、审判监督程序不同的制度安排和法律规定。

（一）与第二审程序的区别

第二审程序是因为被告人不服第一审人民法院作出的判决而提起上诉或检察院认为第一审判决有错误而提起抗诉所引起的，并不是任何刑事案件的必经程序。而死刑复核程序是判处死刑案件的必经诉讼程序，无需通过被告人上诉或检察院抗诉来启动。只要是判处死刑的案件，作出死刑判决或裁定的人民法院（最高人民法院除外）都必须主动报请有复核权的法院复核。

（二）与审判监督程序的区别

其一，审判监督程序的提起，必须由原裁判法院院长认为原裁判有错误而提交审判委员会讨论决定，或者由上级人民法院决定提审、指令再审，或者由有权提起审判监督程序的人民检察院提出抗诉。而死刑复核程序是人民法院对判处死刑的案件主动报请复核。其二，审判监督程序是在判决、裁定生效后进行的，是为了纠正有错误的已生效的判决、裁定；而死刑复核程序是在判决、裁定生效前进行的，其目的是确保死刑判决、裁定的正确。其三，审判监督程序有诉讼（审判）期间的限制；而死刑复核程序则无此相关的法律要求。

（三）死刑复核程序的特点

与其他程序相比，死刑复核程序还具有以下自身的特点：

其一，审理对象特定。死刑复核程序审理的对象仅是按照其他审判程序审结的判处被告人死刑的案件。死刑复核程序发生在刑事案件的其他审判程序终结以后，引起死刑复核程序的是人民法院已经判处死刑的终审判决或裁定。如果不具备这样的条件，就不能引起死刑复核程序。

其二，核准权属特定。死刑复核的法院只能是最高人民法院或高级人民法院。由于案件的性质、审结案件的人民法院不同，高级人民法院和最高人民法院在死刑复核程序中的地位和权限也不同。对判处被告人死刑缓期二年执行的案件，高级人民法院有复核权，可以审核批准中级人民法院作出的死刑缓期执行判决；对于判处被告人死刑立即执行的案件，核准权属于最高人民法院。

其三，死刑复核程序是由作出死刑判决、裁定的法院主动报请而引起的。因此，死刑复核程序是法院依职权而启动的一项程序，而不是依当事人请求而启动的程序，无论当事人是否有此请求都必须进行死刑复核程序。

其四，死刑复核程序的内容包括审查、核准两个方面。一是审查，即对判处死刑裁决认定的事实是否清楚，证据是否确凿充分，适用法律是否准确，判处死刑是否得当等进行全面审查。二是核准，即有核准权的人民法院经过审核以后，决定是否核准已经判处死刑的判决或者裁定。这两个方面的内容是互相联系的，审查是核准的前提，是否核准又是审查的必然结果。有核准权的人民法院通过对已经判处死刑的判决进行全面审查以后，才能决定是否应予核准死刑的判决。

三、死刑复核与核准程序的意义

实行死刑复核制度，对于统一死刑标准、保证死刑案件的质量、正确地适用死刑，以及坚持少杀、防止错杀、严厉打击极少数罪大恶极的犯罪分子、切实保障公民的人身权利、维护社会治安秩序、净化社会环境、维护社会主义法制的尊严等方面，都具有重要意义。

（一）死刑复核程序有利于保证死刑案件的办案质量，防止错杀

死刑是一种同严重犯罪行为作斗争的有力武器。如果运用得当，可以严厉打击犯罪分

子的嚣张气焰，平息民愤，伸张正义，巩固国家政权，稳定社会秩序。如果运用不当，就会伤及无辜，造成无法挽回的损失。死刑复核程序专门以死刑判决、裁定为复核对象，它可以全面审查死刑判决、裁定在认定事实和适用法律上是否正确，及时发现并纠正死刑判决和裁定的错误，因而能够防止出现错杀无辜者和罪不当死的罪犯被执行死刑等情形，保证死刑案件的办案质量。

（二）死刑复核程序有利于贯彻少杀方针

我国对死刑适用的政策历来是坚持“少杀、慎杀”。实践证明，死刑复核程序在很大程度上控制着刑法中关于死刑适用范围规定的贯彻执行，有利于保证稳、准、狠地判处少数罪大恶极、非杀不可的犯罪分子的死刑，使之受到最严厉的法律制裁。同时，又有利于正确把握“可杀可不杀的坚决不杀；对罪该处死，但又不是必须立即执行的犯罪分子，判处其死缓”的标准，将死刑范围减少到最低限度。

（三）死刑复核程序有利于统一死刑的适用标准

我国立法规定死刑立即执行案件的核准权由最高人民法院统一行使，死刑缓期执行案件的核准权由高级人民法院行使。这使死刑案件得到统一和规范的复核，进而使死刑的标准得到统一。

第二节　死刑复核与核准程序的历史发展

新中国成立以来，死刑核准权经历了一个复杂的变化过程。以镇压反革命活动开始，到1979年刑事诉讼法的颁布及1996年的修正为标志，我国死刑复核与核准程序的适用经历了三个重大转变、发展时期。

一、刑事诉讼法颁布前时期（1949—1979）

1950年7月20日经政务院政务会议通过，中央人民政府主席批准，由政务院和最高人民法院联合发表的关于镇压反革命活动的指示，对判处死刑的权限规定为：县（省辖市）人民法庭及其分庭判处死刑的，由省人民政府或省人民政府特令指定的专员公署批准；大行政区、直辖市人民法院及其分庭判处死刑的，由大行政区人民政府（军政委员会）批准；中央直辖市判处死刑的，由最高人民法院院长批准。该种死刑核准权的各自为政，主要是为适应当时形势需要而确立的，这对于维护刚刚成立的各级人民政权，镇压猖獗活动的反革命残余势力，保障人民政府土地改革运动的顺利进行均起了重要作用。

1954年人民法院组织法规定，死刑案件由最高人民法院和高级人民法院核准。1957年第一届全国人民代表大会第四次会议讨论通过修改的人民法院组织法则进一步具体规定，判处死刑立即执行的案件，统一由最高人民法院复核和核准；判处死刑缓期二年执行的案件，由高级人民法院复核和核准。1957 年 7 月 15 日，第一届全国人大第四次会议决定：今后一切死刑案件，须由最高人民法院判决或者核准，地方各级人民法院和中国人民解放军军事法院判决的案件，不论被告人是否申请复核，都必须报请最高人民法院核准后才能执行，核准死刑的权限由此开始集中于最高人民法院。

二、刑事诉讼法实施与修正时期（1979—2000）

1979 年 7 月 1 日，新中国第一部刑事诉讼法正式颁布。该法第 144 条要求，死刑立即执行必须由最高人民法院核准。但这一规定实施不到两个月，国家有关部门就不断调整，作出相应例外规定：

1. 第一次调整。1980 年 2 月，第五届全国人大常委会第十三次会议批准最高人民法院和最高人民检察院的建议，同意在 1980 年内对现行的杀人、强奸、抢劫、放火等犯有严重罪行应当判处死刑的案件，最高人民法院可以授权省、自治区、直辖市高级人民法院核准。

2. 第二次调整。1981 年 6 月，第五届全国人大常委会第十九次会议通过了《关于死刑案件核准权问题的决定》，规定在 1981—1983 年，对犯有杀人、抢劫、强奸、爆炸、投毒、决水和破坏交通、电力等设备的罪行，由高级人民法院终审判处死刑的，或者中级人民法院一审判处死刑后被告人不上诉、经高级人民法院核准的，以及由高级人民法院一审判处死刑、被告人不上诉的，都不必报最高人民法院核准。

3. 第三次调整。1983 年 9 月，第六届全国人大常委会第二次会议通过了《关于修改〈中华人民共和国人民法院组织法〉的决定》，将该法第 13 条修改为：死刑案件除由最高人民法院判决的以外，应当报请最高人民法院核准。杀人、抢劫、强奸、爆炸以及其他严重危害公共安全和社会治安判处死刑案件的核准，最高人民法院在必要的时候，得授权省、自治区、直辖市的高级人民法院行使。鉴于我国当时严峻的社会治安形势，为了从快从重打击严重危害社会秩序的刑事犯罪分子，最高人民法院依据《人民法院组织法》第 13 条的规定于 1983 年 9 月 7 日发布了《关于授权高级人民法院核准部分死刑案件的通知》，规定：在当前严厉打击刑事犯罪活动期间，为了及时严惩严重危害公共安全和社会治安的罪大恶极的刑事犯罪分子，除由最高人民法院判处死刑的案件以外，各地对反革命案件和贪污等严重经济犯罪案件判处死刑的，仍应由高级人民法院复核同意后，报最高人民法院核准；对杀人、抢劫、强奸、爆炸以及其他严重危害公共安全和社会治安判处死刑案件的核准权，最高人民法院依法授权由省、自治区、直辖市高级人民法院和解放军军事法院行使。

4. 第四次调整。1991—1997 年，最高人民法院以《通知》的形式分别授予云南、广东、广西、甘肃、四川和贵州高级人民法院对毒品犯罪判处死刑案件（本院判决的和涉外的毒品犯罪死刑案件除外）的核准权。

5. 第五次调整。1996 年前后，刑事诉讼法修正案和刑法修正案都要求死刑立即执行案件的核准权必须由最高人民法院核准，但在 1997 年 9 月 26 日，最高人民法院又发出通知，规定：除本院判处的死刑案件外，各地对刑法分则第 1 章规定的危害国家安全罪，第 3 章规定的破坏社会主义市场经济秩序罪，第 8 章规定的贪污贿赂罪判处死刑的案件，高级人民法院、解放军军事法院二审或复核同意后，仍应报本院核准。对刑法分则第 2 章、第 4 章、第 5 章、第 6 章（毒品犯罪除外）、第 7 章、第 10 章规定的犯罪，判处死刑的案件（本院判决的和涉外的除外）的核准权，本院依据人民法院组织法第 13 条的规定，仍授权由各省、自治区、直辖市高级人民法院和解放军军事法院行使。但涉港澳台地区死刑案件在一审宣判前仍须报本院内核。对于毒品犯罪死刑案件，除已获得授权的高级人民法院可以行使部分案件核准权外，其他高级人民法院和解放军军事法院在二审或复核同意后，仍应报本院核准。

死刑立即执行案件的核准权一定范围内下放给高级人民法院和解放军军事法院，体现了原则性和灵活性的统一；对于及时打击最严重的犯罪，保护公民的合法权益，维护社会秩序具有积极意义。但相应地也存在一些问题：其一，下放的时间太长。自 1980 年 2 月 12 日第五届全国人大常委会第十三次会议第一次批准下放以来，死刑案件的核准权就从来没有收回最高人民法院，最高人民法院自此从未完整地行使过死刑立即执行案件的核准权。其二，下放的范围太广。按照最高人民法院于 1997 年 9 月 26 日发布的通知的规定，绝大多数死刑案件的核准权被授予高级人民法院，应当由最高人民法院核准的死刑案件在全部死刑案件中只占少数。其三，授权高级人民法院核准的死刑案件的核准程序名存实亡。由于高级人民法院通常是死刑案件的二审法院，因而司法实践中高级人民法院通常将二审程序与死刑复核程序合二为一；在作出二审裁定后，直接在裁定书上标明“根据最高人民法院依法授权高级人民法院核准部分死刑案件的规定，本裁定即为核准死刑的裁定”，而不再进行死刑复核，导致死刑复核程序实际上被取消。这种状况不利于确保死刑的正确适用和防止错杀。

三、最高人民法院统一集中行使死刑核准权时期（2006 年至今）

在社会各界的大力呼吁和推动下，2006 年 10 月 31 日，第十届全国人民代表大会常务委员会第二十四次会议讨论通过了《关于修改〈中华人民共和国人民法院组织法〉的决定》（本章简称《决定》），《决定》将《人民法院组织法》第 13 条规定的“杀人、强奸、抢劫、爆炸以及其他严重危害公共安全和社会治安判处死刑的案件的核准权，最高人民法院在必要的时候，得授权省、自治区、直辖市的高级人民法院行使”修改为：“死刑除依法由最高人民法院判决的以外，应当报请最高人民法院核准。”

随着《决定》的施行，2007 年 1 月 1 日起，死刑立即执行案件的核准权由最高人民法院统一行使。为了落实《决定》的要求，最高人民法院颁布了《关于统一行使死刑案件核准权有关问题的决定》，对涉及死刑立即执行案件核准权的法律适用问题进行规范和统一。第一，自 2007 年 1 月 1 日起，最高人民法院根据全国人民代表大会常务委员会有关决定和《人民法院组织法》原第 13 条的规定发布的关于授权高级人民法院和解放军军事法院核准部分死刑案件的通知，一律予以废止。第二，自 2007 年 1 月 1 日起，死刑除依法由最高人民法院判决的以外，各高级人民法院和解放军军事法院依法判处和裁定的，应当报请最高人民法院核准。第三，2006 年 12 月 31 日以前，各高级人民法院和解放军军事法院已经核准的死刑立即执行的判决、裁定，依法仍由各高级人民法院、解放军军事法院院长签发执行死刑的命令。至此，我国判处死刑立即执行案件的核准权开始统一由最高人民法院集中行使。

第三节　死刑立即执行案件的复核与核准程序

一、死刑立即执行案件的报请复核

根据我国刑事诉讼法的规定，将死刑案件报请复核的人民法院有两种情形，即中级人民法院报请复核和高级人民法院报请复核。《刑诉解释》第 425 条规定，报请复核应当一案一报。报送的材料包括报请复核的报告，第一、二审裁判文书，案件综合报告各五份以及全部案卷、证据。案件综合报告，第一、二审裁判文书和审理报告应当附送电子文本。同案审理的案件应当报送全案案卷、证据。曾经发回重新审判的案件，原第一、二审案卷应当一并报送。

（一）中级人民法院报请复核

中级人民法院报请复核的死刑立即执行案件，是由其审结的判处被告人死刑的第一审刑事案件。中级人民法院判处被告人死刑的第一审案件，当事人未上诉、人民检察院未抗诉的，应将全部案卷在上诉、抗诉期满后 10 日内，报请高级人民法院复核。

高级人民法院复核后，如果同意判处被告人死刑，应当连同中级人民法院移送来的案卷在作出裁定后 10 日内一并报请最高人民法院核准。高级人民法院如果认为原判认定的某一具体事实或者引用的法律条款等存在瑕疵，但判处被告人死刑并无不当的，可以在纠正后作出核准的判决、裁定；如果不同意对被告人判处死刑，可以按照第二审程序提审或者撤销原判，发回中级人民法院重新审判。高级人民法院提审改判所作的判决是终审的判决，被告人不能上诉，人民检察院不能抗诉。提审后，如果仍然判处死刑的，则还须报请最高人民法院核准；发回原审人民法院重新审判的，原审人民法院应当依一审程序重新审理，所作的判决、裁定可以上诉、抗诉。

中级人民法院判处死刑的第一审案件，被告人上诉或者人民检察院抗诉，高级人民法院裁定维持的，应当在作出裁定后十日以内报请最高人民法院核准。

（二）高级人民法院报请复核

中级人民法院判处被告人死刑的第一审案件，被告人上诉或者人民检察院抗诉的，高级人民法院终审裁定维持死刑判决的，报请最高人民法院核准。高级人民法院判处死刑的第一审案件，被告人未上诉、人民检察院未抗诉的，应当在上诉、抗诉期满后十日以内报请最高人民法院核准；如果被告人提出上诉的，应当按照第二审程序的规定，将全部案卷材料报送最高人民法院审理。

最高人民法院对不服高级人民法院第一审死刑判决的上诉案件应依照第二审程序进行审判，根据案件情况可以裁定撤销原判发回重审或者维持原判以及直接改判。最高人民法院维持原死刑判决的裁定，立即生效，不必再经过死刑复核程序，可直接由最高人民法院院长签发执行死刑的命令。最高人民法院直接改判的判决是终审的判决，也立即发生法律效力。最高人民法院裁定撤销原判发回重审的，高级人民法院则另行组成合议庭按照第一审程序重新进行审判，所作的判决被告人可以上诉，人民检察院可以抗诉。

（三）报请复核材料的基本要求

根据《刑诉解释》的规定，中级人民法院或高级人民法院报请复核死刑案件，应当一案一报。报送的材料应当包括报请复核报告、死刑案件综合报告和第一、二审裁判文书及对应的审理报告各 5 份以及全部诉讼案卷和证据。共同犯罪的案件，应当报送全案的诉讼案卷和证据。具体内容应包括：①报请复核报告，应当载明案由、简要案情、审理结果和判决结果。②死刑（死刑缓期两年执行）案件综合报告包括下列内容：第一，被告人、被害人的基本情况。被告人有前科或者曾受过行政处罚、处分的，应当写明。第二，案件的由来和审理经过。案件曾经发回重新审判的，应当写明发回重新审判的原因、时间、案号等。第三，案件侦破情况。通过技术调查、侦查措施抓获被告人、侦破案件，以及与自首、立功认定有关的情况，应当写明。第四，第一审审理情况。包括控辩双方意见，第一审认定的犯罪事实，合议庭和审判委员会意见。第五，第二审审理或者高级人民法院复核情况。包括上诉理由、人民检察院的意见，第二审审理或者高级人民法院复核认定的事实，证据采信情况及理由，控辩双方意见及采纳情况。第六，需要说明的问题。包括共同犯罪案件中另案处理的同案犯的处理情况，案件有无重大。第七，处理意见。写明合议庭和审判委员会的意见。③第一、二审裁判文书及对应的审理报告，并应当附送电子文本。

二、死刑立即执行案件的复核程序

我国《刑事诉讼法》第249条的规定，最高人民法院复核死刑案件，应当由审判员三人组成合议庭进行。最高人民法院《解释》以及最高人民法院、最高人民检察院、公安部、司法部2007年联合颁布的《关于进一步严格依法办案确保办理死刑案件质量的意见》等规定中都包含有关死刑立即执行案件复核程序的内容。

根据相关规定，复核死刑案件一般要遵循以下程序：

1. 复核庭的组成。最高人民法院复核死刑立即执行、高级人民法院复核死刑缓期二年执行案件，应当由审判员3人组成合议庭进行。

2. 听取辩护人的意见。死刑复核期间，被告人委托的辩护人提出听取意见要求的，应当听取辩护人的意见，并制作笔录附卷。辩护人提供书面意见的，应当附卷。

3. 阅卷。阅卷即查阅报请复核法院报送的所有法律文书、诉讼材料及证据。它是最重要的复核方式。死刑复核案件，合议庭成员应当阅卷。通过全面审查案卷，可以发现原判认定犯罪事实是否清楚，证据是否确实、充分，定性是否准确，法律手续是否完备，对被告人判处死刑是否正确，以便结合提审被告人对案件作出正确的处理。审阅案卷应当全面审查以下内容：①被告人的年龄，有无刑事责任能力，是否系怀孕的妇女；②原判决认定的事实是否清楚，证据是否确实、充分；③犯罪情节、后果及危害程度；④原审判决适用法律是否正确，是否必须判处死刑，是否必须立即执行；⑤有无法定、酌定从轻或者减轻处罚的情节；⑥诉讼程序是否合法；⑦应当审查的其他情况。

4. 讯问被告人。讯问被告人是死刑复核程序的重要环节。讯问被告人不仅有利于使其得到最后辩解的机会，而且有利于查明案件真实情况，发现和纠正错判，切实保障被告人的辩护权。因此，讯问被告人是最高人民法院复核死刑案件的必经程序。

5. 调查核实证据。对证据有疑问的，应当对证据进行核实，必要时到案发现场调查。

6. 制作复核审理报告。人民法院对报请复核的死刑案件进行全面审查后，合议庭应当进行评议并写出复核审理报告。报告应当包括下列内容：①案件的由来和审理的经过；②被告人和被害人简况；③案件的侦破情况；④原案判决要点和控辩双方意见；⑤对事实和证据复核后的分析和认定；⑥合议庭评议意见和审判委员会讨论决定意见；⑦其他需要说明的问题。

7. 检察监督。在复核死刑案件过程中，最高人民检察院可以向最高人民法院院提出意见。最高人民法院应当将死刑案件的复核结果通报最高人民检察院。死刑复核期间，最高人民检察院提出意见的，最高人民法院应当审查，并将采纳结果及理由及时反馈最高人民检察院。最高人民法院应当根据有关规定向最高人民检察院通报死刑案件复核结果。

8. 共犯审查。共同犯罪案件中，部分被告人被判处死刑的，最高人民法院或者高级人民法院复核时，应当对全案进行审查，但不影响对其他被告人已经发生法律效力的裁判的执行。但发现对其他被告人已经发生法律效力的判决、裁定确有错误时，可以指令原审人民法院再审。

三、判处死刑立即执行案件复核后的处理

最高人民法院复核死刑立即执行案件，应当作出核准的裁定、判决，或者作出不予核准的裁定。最高人民法院核准或者不予核准死刑的，裁判文书应当引用相关法律和司法解释条文，并说明理由。

（一）核准的裁定、判决

根据《刑诉解释》第429条的规定，包括以下情形：

1. 原判认定事实和适用法律正确、量刑适当、诉讼程序合法的，应当裁定核准；

2. 原判认定的某一具体事实或者引用的法律条款等存在瑕疵，但判处被告人死刑并无不当的，可以在纠正后作出核准的判决、裁定。

（二）不予核准的裁定

根据《刑诉解释》第429条的规定，包括以下情形：

1. 原判事实不清、证据不足的，应当裁定不予核准，并撤销原判，发回重新审判；

2. 复核期间出现新的影响定罪量刑的事实、证据的，应当裁定不予核准，并撤销原判，发回重新审判；

3. 原判认定事实正确、证据充分，但依法不应当判处死刑的，应当裁定不予核准，并撤销原判，发回重新审判，根据案件情况，必要时，也可以依法改判；改判不得加重被告人刑罚。

4. 原审违反法定诉讼程序，可能影响公正审判的，应当裁定不予核准，并撤销原判，发回重新审判。

（三）不予核准后的处理：

其一，最高人民法院裁定不予核准死刑的，根据案件具体情形可以发回第二审人民法院或者第一审人民法院重新审判。第一审人民法院重新审判的，应当开庭审理。第二审人民法院重新审判的，可以直接改判。必须通过开庭查明事实、核实证据或者纠正违法程序的，应当开庭审理。

其二，发回第二审人民法院重新审判的案件，第二审人民法院一般不得发回第一审人民法院审理。

其三，高级人民法院依照复核程序审理后报请最高人民法院核准死刑，最高人民法院裁定不予核准，发回高级人民法院重新审判的，高级人民法院可以依照第二审程序提审或者发回重审。①

其四，根据《刑诉解释》第432条的规定，最高人民法院裁定不予核准死刑，发回重新审判的案件，原审人民法院应当另行组成合议庭进行审理。但有两个例外，发回不需要另行组成合议庭：第一，复核期间出现新的影响定罪、量刑的事实、证据发回重新审判的；第二，原判认定事实正确、证据充分，但依法不应当判处死刑，发回重新审判的。

第四节 死刑缓期二年执行案件的复核与核准程序

死刑缓期二年执行又简称“死缓”，是指对应当判处死刑但又不是必须立即执行的犯罪分子，判处死刑同时宣告缓期二年执行的刑罚制度。由于死刑缓期二年执行制度仍然属于死刑的范畴，也是一种很严厉的刑罚方法，所以对运用死刑缓期二年执行的，也应当采取十分严肃、谨慎的态度，需要从诉讼程序加以严格控制和监督。因此，我国刑事诉讼法规定，判处死刑缓期二年执行的案件应纳入死刑复核程序的范围。

我国《刑事诉讼法》第248条规定：“中级人民法院判处死刑缓期二年执行的案件，由高级人民法院核准。”这一规定说明，对判处死刑缓期二年执行案件的核准权，由各省、自治区、直辖市的高级人民法院和解放军军事法院行使。

一、死刑缓期二年执行案件的报请复核

中级人民法院判处死刑缓期二年执行的第一审案件，被告人不上诉、人民检察院不抗诉的，应当报请高级人民法院核准。

死刑缓期二年执行的报请复核与死刑立即执行案件一样，要坚持一案一报原则，报送的材料应当包括报请复核的报告、死刑缓期二年执行案件综合报告和判决书各十五份，以及全部诉讼案卷和证据；共同犯罪案件，即使只有一名被告人被判处死刑缓期二年执行，

① 此处“其二”“其三”看似矛盾，实则不然。“其二”为《刑诉解释》第430条第2款，主要是指案件经过高级人民法院二审并报请最高人民法院核准的案件，此时高级人民法院的地位是“二审法院”而非“复核法院”，故一般不得发回重审。“其三”为《刑诉解释》第431条的规定，主要是指案件由中级人民法院一审判处死刑立即执行且当事人未上诉、人民检察院未抗诉的案件，此时高级人民法院为“复核法院”而非“二审法院”，此时最高人民法院将案件发回至高级人民法院时，高级人民法院既可以发回重审也可以提审。

也要报送全案的案卷和证据。报请复核的报告、死刑缓期二年执行案件综合报告及诉讼案卷和证据材料的内容和要求都与死刑立即执行案件的报请复核相同。

二、死刑缓期二年执行案件的复核程序

根据《刑事诉讼法》第 249 条规定，高级人民法院复核死刑缓期二年执行的案件，应由审判员三人组成合议庭进行，对死缓案件进行全面审查。复核的基本内容、方式、方法和要求都与复核死刑立即执行案件相同。高级人民法院复核死缓案件也必须提审被告人。

三、对死刑缓期二年执行案件复核后的处理

根据《刑诉解释》第 428 条规定，高级人民法院复核死刑缓期执行案件，应当按照下列情形分别处理：

1. 原判认定事实和适用法律正确、量刑适当、诉讼程序合法的，应当裁定核准；

2. 原判认定的某一具体事实或者引用的法律条款等存在瑕疵，但判处被告人死刑缓期执行并无不当的，可以在纠正后作出核准的判决、裁定；

3. 原判认定事实正确，但适用法律有错误，或者量刑过重的，应当改判；

4. 原判事实不清、证据不足的，可以裁定不予核准，并撤销原判，发回重新审判，或者依法改判；

5. 复核期间出现新的影响定罪量刑的事实、证据的，可以裁定不予核准，并撤销原判，发回重新审判，或者依照本解释第 271 条的规定审理后依法改判；

6. 原审违反法定诉讼程序，可能影响公正审判的，应当裁定不予核准，并撤销原判，发回重新审判。

复核死刑缓期执行案件，不得加重被告人的刑罚。

理论导读

目前我国死刑复核程序在立法和司法实践中仍存在诸多问题，需要进一步改革和完善。而改革首先要明确两个有争议的问题：一是死刑复核的性质问题，二是死刑复核的改革模式问题。

死刑复核与核准程序本质上究竟是一种审判程序抑或是一种行政性程序？学界说法不一。有学者认为死刑复核与核准程序在我国具有行政色彩，并不符合审判的特点。① 产生

① 陈瑞华：《通过行政方式实现司法正义？——对最高人民法院死刑复核程序的初步考察》，载《法商研究》2007 年第 4 期。

这一观点的理由大致有三：其一，“死刑复核”之“核”在字面上附带有行政上的复查审核倾向，“审”的程序未有凸显，“审”的功能也被这一表述所淡化；其二，在程序设计上，死刑复核采用封闭式、书面化、秘密性的运作方式，不具有传统审判方式中“两造具备，师听五辞”的基本特征，使死刑复核显示出行政审批色彩；其三，较之于二审、再审程序的被动启动，死刑复核程序的启动是根基于法院审级结构的自动启动、强制启动，这种启动模式完全违背了“不告不理”的诉讼原则，具有指令意味。① 最高法院在适用死刑复核与核准程序的做法（诸如通过秘密提审、书面和间接的阅卷方式对下级法院的事实裁判进行复审；不在公开的法庭上听取检察官和辩护律师的意见等）是一种司法裁判权的任意扩张，不利于实现司法正义。应该对这种寄希望于行政方式实现司法正义的制度设计进行反思。

死刑复核与核准程序讨论的热点问题是如何增强程序的公正性，使行政化的程序改造成具有审判形式的司法程序。我国刑事诉讼法规定，人民检察院依法对刑事诉讼进行法律监督，人民检察院可以在死刑判决生效后发现确有错误时提起抗诉，还可以在罪犯执行死刑时派员临场监督，并可以提出纠正建议。可见人民检察院有权监督死刑复核与核准程序。但目前死刑复核与核准程序中并没有关于检察机关介入的明确规则，检察机关的监督职能尚未落到实处。

我国目前的死刑复核程序中长期缺乏辩护方的职能发挥的制度安排。死刑复核与核准程序中，缺乏辩护方的参与，既破坏了诉讼的完整构造；同时也可能降低死刑复核与核准程序的纠错功能。有学者提出强化辩护方在死刑复核与核准程序中的程序性权利，实现死刑复核与核准程序的公开化。最高人民法院集中统一行使死刑复核权后，关于死刑复核与核准程序参与主体的讨论中，多数人主张，应当保障每一个被判处死刑的被告人都能获得辩护。被告人有会见其辩护律师的权利，有在案件复核结束前向法官陈述意见的权利。辩护律师应获得足够的资源和时间来为被告人辩护。随着《刑诉解释》的修改与《法律援助法》的出台，死刑复核案件的辩护全覆盖保障制度得到了较大程度的完善在。制度的设计中，首先应当在无期徒刑、死刑案件中建立起辩护准入制度，然后再分阶段、分步骤地构建起符合我国国情的全面刑事辩护准入制度。在制度设计方案中，一个完整的刑事辩护准入制度包括进入、监督、惩戒、退出、防范、环境建设等系统的机制构建。有学者对这一制度进行了较为完整的刻画：主要包括：第一，应当为死刑复核案件辩护律师在执业年限、执业经验、执业数量、执业质量等方面设置准入门槛，而非简单的“三年执业经验”标准即可。第二，应当建立死刑复核案件律师（人才）数据库。首先，这样可以有效提高死刑案件的辩护质量。因为数据库的建立是按照死刑案件辩护律师的准入条件设置的，

① 陈光中、唐露露：《我国死刑复核程序之完善刍议》，载《法学杂志》2020年第2期。

该数据库中的律师都是适格的死刑案件辩护律师。其次，建立死刑案件辩护律师数据库，不仅可以为可能被判处死刑的被告人提供对辩护律师的多元选择机会，而且还可以根据被告人的自身需要选择辩护律师。第三，从考核机构的设置与考核标准的明晰建立起死刑复核法律援助之审查考核制度。①

真题解析

本章涉及死刑复核以及特别情况下的核准程序，相对其他章节，本节内容不多，司法考试涉及的往往是复核程序中不同于其他程序的内容。

1. （2016 年卷二 39）甲和乙因故意杀人被中级法院分别判处死刑立即执行和无期徒刑。甲、乙上诉后，高级法院裁定维持原判。关于本案，下列哪一选项是正确的？

A. 高级法院裁定维持原判后，对乙的判决即已生效

B. 高级法院应先复核再报请最高法院核准

C. 最高法院如认为原判决对乙的犯罪事实未查清，可查清后对乙改判并核准甲的死刑

D. 最高法院如认为甲的犯罪事实不清、证据不足，不予核准死刑的，只能使用裁定

答案： D

解析：《刑诉解释》第 429 条第 3 项规定：“最高人民法院复核死刑案件，应当按照下列情形分别处理：（三）原判事实不清、证据不足的，应当裁定不予核准，并撤销原判，发回重新审判。”所以选项 D 正确。

2. （2017 年卷二 36）段某因贩卖毒品罪被市中级法院判处死刑立即执行，段某上诉后省高级法院维持了一审判决。最高法院复核后认为，原判认定事实清楚，但量刑过重，依法不应当判处死刑，不予核准，发回省高级法院重新审判。关于省高级法院重新审判，下列哪一选项是正确的？

A. 应另行组成合议庭

B. 应由审判员 5 人组成合议庭

C. 应开庭审理

D. 可直接改判死刑缓期两年

答案： D

解析：《刑诉解释》第 432 条规定：“最高人民法院裁定不予核准死刑，发回重新审判

---

① 参见冀祥德：《我国死刑复核法律援助制度的发展与重构——以〈法律援助法〉颁行为研究视角》，载《环球法律评论》2022 年第 2 期。

的案件，原审人民法院应当另行组成合议庭审理，但本解释第四百二十九条第四项、第五项规定的案件除外。”第429条第4、5项规定：“最高人民法院复核死刑案件，应当按照下列情形分别处理：（四）复核期间出现新的影响定罪量刑的事实、证据的，应当裁定不予核准，并撤销原判，发回重新审判；（五）原判认定事实正确、证据充分，但依法不应当判处死刑的，应当裁定不予核准，并撤销原判，发回重新审判；根据案件情况，必要时，也可以依法改判；”所以选项A错误。《刑事诉讼法》第183条第4款规定：“人民法院审判上诉和抗诉案件，由审判员三人或者五人组成合议庭进行。”所以选项B错误。《刑诉解释》第430条第3款规定：“第一审人民法院重新审判的，应当开庭审理。第二审人民法院重新审判的，可以直接改判；必须通过开庭查清事实、核实证据或者纠正原审程序违法的，应当开庭审理。”所以选项C错误，选项D正确。

3.（2018年真题参考版）张三系某市某局局长，因贪污巨额公款被某市监察委员会立案调查，对张三留置6个月后调查终结，移送某市检察院审查起诉，某市检察院依法向某市中级法院提起公诉。某市中级法院经过审理，一审以贪污罪判处张三15年有期徒刑。某市检察院提出抗诉，某省高级法院改判张三死刑立即执行，案件报最高人民法院进行死刑复核。下列表述正确的有？

A. 对某市检察院的抗诉，若某省高级法院经过审查发现案件事实不清、证据不足，可以不开庭审理而直接撤销原判，发回重审

B. 最高人民法院经过死刑复核若发现张三贪污事实存在，但不应当判处死刑立即执行，只能将案件发回某省高级法院重审

C. 最高人民法院经过死刑复核若发现张三贪污事实存在，但不应当判处死刑立即执行，将案件发回某市中级法院重审，某市中级人民法院可以不开庭审理

D. 若对张三最终判决15年有期徒刑，之前对张三留置的6个月应当折抵刑期

答案：AD

解析：《刑诉解释》第394条规定：“对上诉、抗诉案件，第二审人民法院经审查，认为原判事实不清、证据不足，或者具有刑事诉讼法第238条规定的违反法定诉讼程序情形，需要发回重新审判的，可以不开庭审理。”所以选项A正确。《刑诉解释》第430条第1款规定：“最高人民法院裁定不予核准死刑的，根据案件情况，可以发回第二审人民法院或者第一审人民法院重新审判。”所以选项B错误。《刑诉解释》第430条第3款规定：“第一审人民法院重新审判的，应当开庭审理。第二审人民法院重新审判的，可以直接改判必须通过开庭查清事实、核实证据或者纠正原审程序违法的，应当开庭审理。”所以选项C错误。《监察法》第44条第3款规定：“被留置人员涉嫌犯罪移送司法机关后，被依法判处管制、拘役和有期徒刑的，留置一日折抵管制二日，折抵拘役、有期徒刑一

日。”所以选项 D 错误。

4.（2020 年真题参考版）甲因故意杀人被某市中级法院判处死刑，甲服判，某省高级法院复核后，案件报最高人民法院核准死刑。甲的父亲为甲委托了辩护律师乙。下列表述不正确的有？

A. 高级法院在死刑复核期间，最高人民法院可以调取本案物证

B. 最高人民法院进行死刑复核期间，乙所做的辩护意见应当经由某省高级法院移送最高人民法院

C. 乙应当在接受委托后的 15 日内提交辩护意见

D. 乙提交辩护意见时，最高人民法院已作出核准甲死刑的裁定，最高人民法院对乙的辩护意见不再接收

答案：ABCD

解析：选项 A 错误，高级法院在复核死刑时，案件还没有报最高人民法院进行核准此时最高人民法院对本案没有管辖权，不可主动调取本案的物证。选项 B 错误。选项 B 错误，在死刑复核过程中，辩护律师提交辩护意见的，可以经高级法院代收并随案移送，也可以直接寄送至最高人民法院。选项 C 错误，在死刑复核阶段，辩护律师应当自接受委托或者指派之日起 1 个半月内提交辩护意见。选项 D 错误，在死刑复核阶段，即使最高人民法院已经作出复核裁定，基于对司法公正的追求，律师提交辩护意见的，最高人民法院应当接收。

第十九章　审判监督程序

第一节　审判监督程序概述

一、审判监督程序的概念

我国刑事诉讼中的审判监督程序，是指司法机关对人民法院已经生效的刑事裁判进行审查，并将认为确有错误的案件交原审法院再审或由原审法院的上级法院提审，以纠正错误判决或裁定的一种诉讼程序，通常又称再审程序。适用审判监督程序审理的案件一般称作再审案件。

《刑事诉讼法》有关审判监督程序的规定主要体现为第五章第 252 至 258 条。2002 年 1 月 1 日起施行的最高人民法院《关于刑事再审案件开庭审理程序的具体规定（试行）》（本章以下简称《具体规定》）、2002 年 11 月 1 日起施行的最高人民法院《关于规范人民法院再审立案的若干意见（试行）》（本章以下简称《若干意见》）及 2021 年《刑诉解释》对再审程序进行了具体规定。

二、审判监督程序的特点

审判监督程序是对人民法院生效裁判存在的错误适用的纠正程序。在程序的启动、审理的主体、裁判的对象等方面存在着与其他程序不同的特点。

（一）审判监督程序与第二审程序的区别

审判监督程序作为一种特殊程序，同第二审程序相比，具有如下显著特点：

1. 审理对象的差异。审判监督程序审理的对象，只能是已经发生法律效力的判决、裁定，包括正在执行和已经执行完毕的判决和裁定，但又确有错误的。如果判决和裁定没有发生法律效力，或者虽已发生法律效力，但没有什么错误，则不能发生审判监督程序。而第二审程序的审理对象只能是尚未发生法律效力的裁判，两者显然存在着质的不同。

2. 启动程序主体的差异。依照法律规定，有权提起审判监督程序的人员和机关是各级人民法院院长和审判委员会；最高人民法院，上级人民法院；最高人民检察院，上级人民检察院。与此不同，第二审程序中的上诉人是当事人和他们的法定代理人，或经被告人同意的近亲属、辩护人，以及对一审判决提出抗诉的同级人民检察院。

3. 启动程序的条件的差异。提起审判监督程序的条件是，发现已生效的判决或裁定在认定事实上或适用法律上确有错误。二审程序则没有这样的条件限制，只要有权提起上诉或抗诉的主体在法定期间内对一审裁判不服，就可提出上诉或抗诉，且必然启动第二审程序。

4. 适用审判程序的差异。有权重新审判案件的人民法院及其适用的诉讼程序，因提起审判监督程序的机关和原生效裁判案件的性质不同而有所不同。刑事诉讼法规定，人民法院依照审判监督程序审判的案件，如果原来是第一审案件，应当依照第一审程序进行审判；如果原来是第二审案件，应当依照第二审程序进行审判。

5. 启动程序期限的差异。法律上对审判监督程序的提起没有作明确的期间规定。第二审程序的启动则存在着严格的时间期限；不服判决或裁定的上诉或抗诉必须在法定的期限之内提出。超过法定期限，一审判决或裁定即发生法律效力，不能引起第二审程序。

6. 启动程序审级的差异。审判监督程序的提起不受审级的限制。申诉人对人民法院已经生效的判决或裁定可以向原审人民法院及其上级人民法院和与之对应的人民检察院院提出申诉。原审人民法院对于本院处理的案件，如果发现原判在认定事实上或者在适用法律上确有错误，可以再审；最高人民法院、上级人民法院可以指令下级人民法院再审或直接提审；上级人民检察院亦可通过向其同级人民法院抗诉引发再审。而第二审程序中的审理机关则仅限于一审法院的上一级法院。

审判监督程序的本质是对生效裁判的纠错程序。依照审判监督程序对案件重新审判的结果，可以维持原判，也可以宣告无罪；可以减轻原审被告人的刑罚，也可以加重原审被告人的刑罚，当然再审加重刑罚必须是确有必要的，改判时应当持极其慎重的态度。第二审程序中的裁判要受上诉不加刑原则的限制。

（二）审判监督程序与死刑复核程序的区别

这两种程序都是刑事诉讼中的特殊程序，但它们之间仍有区别的。

1. 适用的对象不同。死刑复核程序只适用于判处死刑的案件，而且是裁判尚未发生法律效力的死刑案件；审判监督程序所适用的则是裁判已经发生法律效力并且认为确有错误的一切刑事案件，其中也包括已生效的死刑案件。

2. 有权审理的机关不同。有权依照死刑复核与核准程序对案件进行核准的，只有最高人民法院；而有权依照审判监督程序对刑事案件进行审理并重新作出结论的，则可以是任何一级人民法院。

3. 判决和裁定的法律效力有所不同。依照死刑复核与核准程序作出的判决或裁定就是生效的判决或裁定，必须交付执行；而审判监督程序中裁判的效力则取决于原审裁判的程序和审级，如果原审裁判是经一审生效而后被提起再审的，则再审仍然适用第一审程序，所作的判决仍然不发生法律效力，相关的当事人和专门机关仍具有上诉权、抗诉权。

三、审判监督程序的意义

人民法院的判决和裁定一经发生法律效力即具有严肃性和相对稳定性，必须强制执行。但由于受各种主、客观原因的影响，人民法院的生效判决和裁定也可能发生错误。根据以事实为根据，以法律为准绳的原则，对于错误的生效判决和裁定，必须实事求是地加以纠正。为此，刑事诉讼法规定了审判监督程序，作为纠正错误的生效裁判的法定程序。任何生效判决和裁定，非经这一程序，不得变更或者撤销。可见，审判监督程序具有十分重要的意义。

1. 可以从根本上保障法律的正确实施。通过审判监督程序纠正已经发生法律效力的错误裁判，可以使有罪的人罪当其行，罚当其责；也可以使无罪的人得到解脱，罪轻的人免受重刑。

2. 审判监督程序有利于提高审判质量，维护司法权威。错误裁判损害司法机关的形象和权威，通过审判监督程序使错误裁判得以纠正，有利于树立和维护公正司法的形象。同时，通过人民法院内部监督、检察院的法律监督和当事人的申诉，可以及时指出人民法院生效判决和裁定中的错误及其产生原因，有利于人民法院吸取教训，纠正错误，从而提高审判质量，增强业务能力，从整体上维护司法公正。

3. 可以引导人民群众加强对审判工作的监督。通过审判监督程序，人民群众将正确的裁判和错误的裁判进行对比，就能更加准确地把握法律、学习法律，加强对人民法院审判工作进行监督的自觉性。

4. 可以切实保护公民的合法权益，促进安定团结。通过审判监督程序，对案件进行正确处理，可以减少当事人的申诉、上访，消除不安定因素，维护社会稳定和谐。

第二节　刑 事 申 诉

一、刑事申诉的概念

审判监督程序中的申诉，是我国立法机关所确立的一项法律制度，是当事人及其法定代理人、近亲属对于人民法院已经发生法律效力的判决、裁定不服，依法向人民法院或人民检察院提出重新处理的一种请求。它赋予被害人、当事人及其法定代理人、近亲属以申诉权。当其认为司法机关的生效判决、裁定或决定在认定事实或适用法律上确有错误，或者判处显失公正时，有权提请司法机关重新审查处理。

《刑事诉讼法》第252条规定：当事人及其法定代理人、近亲属，对已经发生法律效力的判决、裁定，可以向人民法院或者人民检察院提出申诉，但是不能停止判决、裁定的执行。

二、刑事申诉的特点

1. 刑事申诉的主体必须是当事人及其法定代理人、近亲属。因为他们与案件的结果有直接的利害关系。为维护其合法权益，法律赋予了他们对已经发生法律效力的判决、裁定提出申诉的权利。

2. 刑事申诉的客体必须是人民法院审结并已经发生法律效力的判决、裁定。

3. 刑事申诉的理由必须符合法定的要求。根据法律的规定，申诉权人提出申诉必须认为申诉的客体在认定事实上或者在适用法律上有错误。在具备上述理由之一的情况下，就可以申请申诉。

4. 受理申诉的机关，是依法享有管辖权的各级人民法院和人民检察院。只有它们能依法进行审查并作出相应的决定。

审判监督程序中的申诉不同于上诉。他们在行为性质、诉讼程序、法律效力及后果等方面均有严格的区别。上诉是上诉人在刑事诉讼过程中，针对一审法院尚未发生法律效力的判决、裁定，在法定的上诉期限内提起诉讼的活动。其效力不论其提出上诉的理由是否充分或有无理由，必然引起第二审程序并使一审裁判不能生效。申诉则不同，它是当事人等在案件的诉讼程序已经结束、人民法院的裁判已经生效并正在执行或已执行完毕时提出请求的活动，该请求并不能直接启动审判监督程序。

依照《刑事诉讼法》第252条的规定，提出申诉不停止判决、裁定的执行。这说明刑事申诉不发生诉讼上的拘束力，也不一定能引发再审程序。

三、刑事申诉的程序

根据刑事诉讼法的规定，当事人及其法定代理人、近亲属的申诉，既可以向人民法院提出，也可以向人民检察院提出。但法律没有明确规定人民法院、人民检察院之间对申诉管辖范围的划分。

（一）申诉的提出

根据最高人民法院《若干意见》第5条的规定，再审申请人或申诉人向人民法院申请再审或申诉，应当提交以下材料：①再审申请书或申诉状，应当载明当事人的基本情况、申请再审或申诉的事实与理由。②原一、二审判决书、裁定书等法律文书，经过人民法院复查或再审的，应当附有驳回通知书、再审判决书或裁定书。③以有新的证据证明原裁判认定的事实确有错误为由申请再审或申诉的，应当同时附有证据目录、证人名单和主要证据复印件或者照片；需要人民法院调查取证的，应当附有证据线索。申请再审或申诉不符合上述规定的，人民法院不予审查。

根据《人民检察院复查刑事申诉案件规定》，对于向检察院申诉的，提出申诉的人员应当出具申诉书，并提供原决定书、判决书、裁定书的副本或复制件一式两份。

（二）申诉的受理

根据最高人民法院《关于规范人民法院再审立案的若干意见（试行）》（下称《若干意见》）第6条的规定，申请再审或申诉一般由终审人民法院审查处理。上一级人民法院对未经终审人民法院审查处理的申请再审或申诉，一般交终审人民法院审查；对经终审人民法院审查处理后仍坚持申请再审或申诉的，应当受理。对未经终审人民法院及其上一级人民法院审查处理，直接向上级人民法院申请再审或申诉的，上级人民法院应当交下一级人民法院处理。人民法院对刑事案件的申诉人在刑罚执行完毕后两年内提出的申诉，应当受理；超过两年提出申诉，具有下列情形之一的，应当受理：①可能对原审被告人宣告无罪的；②原审被告人在《若干意见》规定的期限内向人民法院提出申诉，人民法院未受理的；③属于疑难、复杂、重大案件的。

同时，司法解释明确了不予受理的情形：①人民法院对不符合法定主体资格的申诉，不予受理。②上级人民法院对经终审法院的上一级人民法院依照审判监督程序审理后维持原判或者经两级人民法院依照审判监督程序复查均驳回的申诉案件，一般不予受理。但再审申请人或申诉人提出新的理由，且符合《刑事诉讼法》第253条及《若干意见》规定条件的，以及刑事案件的原审被告人可能被宣告无罪的除外。③最高人民法院再审裁判或者复查驳回的案件，申诉人仍不服提出申诉的，不予受理。

根据《高检规则》的规定，当事人及其法定代理人、近亲属认为人民法院已经发生法律效力的刑事判决、裁定确有错误，向人民检察院申诉的，由作出生效判决、裁定的人民法院的同级人民检察院依法办理，人民检察院控告刑事执行检察部门和审查起诉部门应当依法办理：①不服人民法院已经执行完毕的刑事判决、裁定的申诉和不服人民法院缓刑决定、假释裁定的申诉，以及被害人不服人民法院已经发生法律效力且尚在执行中的刑事判决、裁定的申诉，由控告申诉检察部门办理。②被告人及其法定代理人、近亲属对人民法院已经发生法律效力的判决、裁定提出申诉，经人民检察院复查决定不予抗诉后继续提出申诉的，上一级人民检察院应当受理。

（三）申诉的审查处理

处理刑事申诉，首先要解决申诉管辖问题，即人民法院和人民检察院受理刑事申诉的分工，上下级人民法院、人民检察院受理刑事申诉的分工。

最高法、最高检对各自受理申诉的管辖问题，一般采用分级负责、就地解决的原则。

1. 法院对申诉的审查处理

人民法院经过审查，对不符合上述申诉条件的，应当说服申诉人撤回申诉；对仍然坚持申诉的，应当书面通知驳回。申诉人对驳回申诉不服的，可以向上一级人民法院申诉。上一级人民法院经审查认为申诉不符合《刑事诉讼法》第 253 条规定的，应当予以驳回。经两级人民法院处理后又提出申诉的，如果没有新的充分理由，人民法院应当驳回或通知不予重新审判。

对死刑案件的申诉，可以由原核准法院直接审查处理，也可以交由原审法院审查。原审法院应当制作审查报告，提出处理意见，层报原核准的人民法院审查处理。

此外，《若干意见》第 11 条还规定，人民法院对刑事附带民事案件中仅就民事部分提出申诉的，一般不予再审立案。但有证据证明民事部分明显失当且原审被告人有赔偿能力的除外。

人民法院受理申诉后，应当在 3 个月内作出决定，至迟不得超过 6 个月。因案情疑难、复杂、重大或其他特殊原因需要延长审查期限的，参照《刑诉解释》第 210 条的规定处理。

2. 人民检察院对申诉的审查处理

根据《高检规则》的规定，当事人及其法定代理人、近亲属对已经发生法律效力的判决、裁定，认为有错误向人民检察院申诉的，由作出生效判决、裁定的人民法院的同级人民检察院依法办理。当事人及其法定代理人、近亲属直接向上级人民检察院申诉的，上级人民检察院可以交由作出生效判决、裁定的人民法院的同级人民检察院受理；案情重大、疑难、复杂的，上级人民检察院可以直接受理。当事人及其法定代理人、近亲属对人民法院已经发生法律效力的判决、裁定提出申诉，经人民检察院复查决定不予抗诉后继续提出申诉的，上一级人民检察院应当受理。

对不服人民法院已经发生法律效力的判决、裁定的申诉，经两级人民检察院办理且省级人民检察院已经复查的，如果没有新的证据，人民检察院不再复查，但原审被告人可能被宣告无罪或者判决、裁定有其他重大错误可能的除外。

人民检察院对不服人民法院已经发生法律效力的判决、裁定的申诉案件复查终结后，应当制作刑事申诉复查通知书，在十日以内通知申诉人。经复查向上一级人民检察院提请抗诉的，应当在上一级人民检察院作出是否抗诉的决定后制作刑事申诉复查通知书。

第三节　审判监督程序的启动

一、启动审判监督程序的材料来源

审判监督程序启动需要在审查各种证明生效裁判可能错误的材料的基础上作出决定。证明生效裁判有错误的材料一般可以通过下列渠道获取：

1. 当事人及其法定代理人、近亲属的申诉。这些人与人民法院作出的判决和裁定有切身的利害关系，也较易发现判决或者裁定的错误，法律赋予他们提出申诉的权利，有利于受理申诉的人民法院和人民检察院发现判决和裁定的错误。从实践情况来看，当事人等的申诉一直是提起审判监督程序的最多和最重要的材料来源。需要指出的是，根据我国刑事诉讼法的规定，当事人及其法定代理人、近亲属的申诉，人民法院、人民检察院应依法进行审查，符合法律规定的条件的，应启动审判监督程序。

2. 其他公民的申诉或一般信访。其他公民了解到人民法院生效裁判确有错误以后，向人民法院提出意见，也可以起到促使人民法院、人民检察院对案件进行复查的作用。

3. 各级人民代表大会代表就具体案件提出的建议、批评和意见。人大代表执行职务时体现了国家权力机关对司法机关的监督，有关的司法机关必须研究处理。经研究发现生效判决或裁定确有错误，就应提起审判监督程序，并在案件重新审判后，报告处理结果。

4. 有关机关、团体、企业、事业单位认为判决或裁定确有错误所提出的意见。

5. 人民法院和人民检察院自己发现了错案。它们在日常办案、复查案件和结工作中，也可以发现已生效的判决或裁定确有错误。遇到这种情况，即应主动提起审判监督程序，依法纠正。

二、启动审判监督程序的条件

由于生效判决和裁定具有严肃性、相对稳定性，因而审判监督程序的提起不能带有任意性。根据《刑诉解释》第 457 条第 2、3 款的规定，符合下列情形之一的，人民法院应当重新审判：①有新的证据证明原判决、裁定认定的事实确有错误，可能影响定罪量刑的；②据以定罪量刑的证据不确实、不充分、依法应当予以排除；③证明案件事实的主要证据之间存在矛盾的；④主要事实依据被依法变更或撤销的；⑤罪名认定错误的；⑥量刑明显不当的；⑦对违法所得及涉案财物的处理有明显错误的；⑧违反法律关于溯及力规定的；⑨违反法律规定的诉讼程序，可能影响公正审判的；⑩审判人员在审理该案件的时候，有贪污受贿、徇私舞弊、枉法裁判行为的。根据《刑事诉讼法》第 254 条规定，无论人民法院还是人民检察院提起审判监督程序，必须以生效判决和裁定确有错误为理由；如果不是确有错误就不能提起审判监督程序。所谓“确有错误”，主要是指生效判决和裁定在认定事实上或适用法律上存在的错误。

（一）有新的证据证明原判决裁定认定的事实确有错误的

在《若干意见》中，该情形进一步表述为：“有审判时未收集到的或者未被采信的证据，可能推翻原定罪量刑。”新证据指的是原裁判未曾审查核实过或者未被采信的证据。人民法院的判决裁定生效后，如果当事人及其法定代理人、近亲属在申诉中提出的证据是过去未收集到的或者虽然经审查核实但未被采信的证据，而且这些证据的出现足以证明原判决、裁定认定的事实确有错误的，人民法院应当重新审判。

（二）判决、裁定认定的主要犯罪事实有错误，证据不确实、不充分的

在《若干意见》中，该事由被细化和扩展为三种情形：①主要证据不充分或者不具有证明力的；②原裁判的主要事实依据被依法变更或撤销的；③据以定罪量刑的主要证据自相矛盾的。从学理上看，所谓主要犯罪事实有错误，是指对犯罪构成要件事实以及与量刑有关的重要案件事实没有查清或者作了错误的认定。具体表现为对犯罪的主体事实、客体事实、犯罪的主观方面和客观方面的事实以及应当从重、从轻、减轻或者免除刑罚的有关情节没有查清。所谓证据不确实、不充分，是指原生效判决和裁定依据的证据并不是对案件的真实情况具有证明能力的客观事实，或者存在应当排除的证据，使得据以证明案件真实情况的证据未达到一定的证据量，尚不足以确证犯罪事实。因此，如果存在这种情况就应当提起审判监督程序。

（三）证明案件事实的主要证据之间存在矛盾的

指证据证明的事实存在一般常理或生活经验法则无法解释的矛盾，致使案件事实存在无法排除的疑点，未能形成逻辑严密的证据链。

（四）原判决、裁定适用法律确有错误的

主要表现为适用了错误的法律或法律条文，对案件的性质、罪名的认定有错误，混淆了罪与非罪，此罪与彼罪界限。但是，在认定某一生效判决和裁定是否适用法律上确有错误，应当以当时的法律、法令和政策为依据，不能以现行的法律、法令和政策来衡量过去的判决和裁定的正确与否。

此外，适用法律错误也应当包括严重违反法定的诉讼程序，影响对案件的正确判决或裁定的情形。在《若干意见》中，该事由具体包括 4 种情形：①引用法律条文错误或者违反《刑法》第 12 条的规定适用失效法律的；②违反法律关于溯及力规定的；③量刑明显不当的；④审判程序不合法，影响案件公正裁判的。在判决和裁定已经发生法律效力的案件中，如果存在这些问题，即可以提起审判监督程序。

（五）审判人员在审理该案件的时候，有贪污受贿，徇私舞弊，枉法裁判行为的

在《若干意见》中，该事由表述为“审判人员在审理案件时索贿受贿、徇私舞弊并导致枉法裁判”。审判人员的廉洁自律是法院作出正确裁判的前提条件之一，如果审判人员在审理案件时有贪污受贿、徇私舞弊、枉法裁判行为的，不仅严重损害法院工作人员的形象，而且会导致错误的裁判结果。所以只要有此种情形，就应当提起审判监督程序。

三、提起审判监督程序的主体

《刑事诉讼法》第254条对提起审判监督程序的主体作了明确规定：

1. 各级人民法院院长及其审判委员会

《刑事诉讼法》第254条第1款规定：“各级人民法院院长对本院已经发生法律效力的判决和裁定，如果发现在认定事实上或者在适用法律上确有错误，必须提交审判委员会处理。”这一规定表明，对本院已经发生法律效力的判决和裁定提起审判监督程序的权力，应由院长和审判委员会共同行使，即院长负责提交审判委员会处理，由审判委员会讨论决定是否对案件进行重新审判。这一规定同时表明，各级人民法院院长发现本院生效判决和裁定确有错误，只是提起审判监督程序的材料来源，院长无权直接决定提起审判监督程序，而必须将案件提交本院审判委员会讨论，决定是否提起审判监督程序。

第二审人民法院发现本院发生法律效力的二审判决和裁定确有错误，经本院审判委员会决定提起审判监督程序的，应由第二审人民法院依审判监督程序对案件进行再审，不应将案件发回原第一审人民法院再审。因为根据《刑事诉讼法》第256条规定对原来是第二审的案件，人民法院应当依照第二审程序进行再审，再审后的判决和裁定是终审判决和裁定，不能上诉、抗诉。

根据《若干意见》第1条的规定，各级人民法院、专门人民法院对本院作出的终审裁判，经复查认为符合再审立案条件的，应当决定或裁定再审。

2. 最高人民法院和上级人民法院

最高人民法院对各级人民法院、上级人民法院对下级人民法院已经生效的判决和裁定，如果发现确有错误，有权提审或者指令下级人民法院再审。

所谓提审，是指最高人民法院对地方各级人民法院生效判决和裁定确有错误的案件，依法决定由自己进行再审的一种诉讼活动。提审具有引起审判监督程序的必然效力。提审的案件不宜过多，一般都应当指令下级人民法院进行再审，由下级人民法院自行纠正其错误的生效判决和裁定。这样，有利于下级人民法院总结经验教训，提高审判质量。

根据《刑诉解释》第461条第1款的规定，上级人民法院发现下级人民法院已经发生

法律效力的判决、裁定确有错误的，可以指令下级人民法院再审；原判决、裁定认定事实正确但适用法律错误，或者案件疑难、复杂、重大，或者有不宜由原审人民法院审理情形的，也可以提审。

所谓指令再审，是指最高人民法院对地方各级人民法院、上级人民法院对下级人民法院发出指示命令，要求对其错误的生效判决和裁定依法通过再审予以纠正的诉讼行为。指令再审具有引起审判监督程序的必然效力。被指令再审的人民法院，在接到上级人民法院的再审指令后，必须依法组成合议庭，按照审判监督程序对案件进行重新审理。此外，根据《刑诉解释》第461条第2款，上级人民法院指令下级人民法院再审的，一般应当指令原审法院以外的下级人民法院审理；由原审人民法院审理更有利于查明案件事实，纠正错误裁判的，可以指令原审人民法院审理。①

根据《若干意见》第4条的规定，上级人民法院对下级人民法院作出的终审裁判，认为确有必要的，可以直接立案复查，经复查认为符合再审立案条件的，可以决定再审。

3. 最高人民检察院和上级人民检察院。

人民检察院是国家的法律监督机关，对人民法院已经发生法律效力的判决或裁定，如果发现确有错误，有权按照审判监督程序提出抗诉，这是人民检察院行使审判监督权的重要方面。《刑事诉讼法》第254条第3款规定："最高人民检察院对各级人民法院已经发生法律效力的判决和裁定，上级人民检察院对下级人民法院已经发生法律效力的判决和裁定，如果发现确有错误，有权按照审判监督程序向同级人民法院提出抗诉。"可见，最高人民检察院和上级人民检察院是提起审判监督程序的主体。人民检察院依照审判监督程序提起的抗诉，具有引起再审的必然效力，接到抗诉的人民法院应当依法进行再审或者指令下级人民法院再审。

最高人民检察院既有权对其同级人民法院确有错误的生效判决和裁定提起抗诉，也有权对地方各级人民法院确有错误的生效判决和裁定提起抗诉。地方各级人民检察院则只能对其下一级人民法院确有错误的生效判决、裁定提起抗诉，而不能对其同级人民法院确有错误的生效判决和裁定提起抗诉。地方各级人民检察院如果发现其同级人民法院的生效判决和裁定确有错误，应当报请上级人民检察院审查决定是否提起审判监督程序。人民检察院按照审判监督程序向人民法院提出抗诉的，应当将抗诉书副本报送上一级人民检察院。

① 对于指令原审人民法院再审的案件，如果原来是第一审案件，接受抗诉的人民法院应当指令第一审人民法院依照第一审程序进行审判，所作判决、裁定可以上诉、抗诉；如果原来是第二审案件，接受抗诉的人民法院应当指令第二审人民法院依照第二审程序进行审理，所作判决、裁定为终审判决、裁定。

第四节 再审案件的审理

依照审判监督程序审理的案件一般称作再审案件。再审案件的审理具有特定的审判组织形式和相应的审理程序。

一、再审案件的审判组织

根据法律规定，再审案件由原审法院或提审法院审理，并且必须组成合议庭适用普通程序审理，不得适用独任审判形式。

1. 原审法院根据本院审判委员会作出的对原审裁判提起审判监督程序的决定，或上级人民法院要求本院对案件进行再审的指令而启动再审的，需另行组成合议庭，对案件进行重新审理。

2. 因上级法院提审而启动再审的，由上级法院直接组成合议庭，调取原审案卷和材料，对案件进行审理。

3. 因人民检察院抗诉而启动再审的案件，由接受抗诉的人民法院组成合议庭重新审理。

参与过本案第一审、第二审、复核程序审判的合议庭组成人员，不得参与本案的再审程序的审判。

二、再审案件的审判程序

《刑事诉讼法》第256条规定：“人民法院按照审判监督程序重新审判的案件，由原审人民法院审理的，应当另行组成合议庭进行。如果原来是第一审案件，应当依照第一审程序进行审判，所作的判决、裁定，可以上诉、抗诉；如果原来是第二审案件，或者是上级人民法院提审的案件，应当依照第二审程序进行审判，所作的判决、裁定，是终审的判决，裁定。”这一规定表明，依照审判监督程序进行再审案件的审判时，并没有独立的审判程序，而是分别情况依照第一审程序或第二审程序进行。但是，审判监督程序也有其自身特殊性，这种特殊性主要是通过司法解释确定的。

（一）开庭审理与不开庭审理

《最高人民法院关于刑事再审案件开庭审理程序的具体规定》（下称《具体规定》）第5条规定，人民法院审理下列再审案件应当依法开庭审理：①依照第一审程序审理的；②依照第二审程序需要对事实或者证据进行审理的；③人民检察院按照审判监督程序提出抗诉的；④可能对原审被告人（原审上诉人）加重刑罚的；⑤有其他应当开庭审理情形的。

《具体规定》第6条规定，下列再审案件可以不开庭审理：①原判决、裁定认定事实清楚，证据确实、充分，但适用法律错误，量刑畸重的；②1979年《刑事诉讼法》施行以前裁判的；③原审被告人（原审上诉人）、原审自诉人已经死亡或者丧失刑事责任能力的；④原审被告人（原审上诉人）在交通十分不便的边远地区监狱服刑，提押到庭确有困难的；但人民检察院提出抗诉的，人民法院应征得人民检察院的同意；⑤人民法院按照审判监督程序决定再审，按本规定第9条第5项“将开庭的时间、地点在开庭7日以前通知人民检察院”的规定，经两次通知，人民检察院不派员出庭的。

（二）当事人出庭

《具体规定》第7条规定，人民法院审理共同犯罪再审案件，如果人民法院再审决定书或者人民检察院抗诉书只对部分同案原审被告人（同案原审上诉人）提起再审，其他未涉及的同案原审被告人（同案原审上诉人）不出庭不影响案件审理的，可以不出庭参与诉讼；部分同案原审被告人（同案原审上诉人）具有本规定第6条第3、4项规定情形不能出庭的，不影响案件的开庭审理。

（三）开庭前的准备工作

除了一般的传唤、通知和先期公告等准备工作以外，还应做好下列工作：①确定合议庭的组成人员；②将再审决定书、申诉书副本至迟在开庭30日以前，重大、疑难案件至迟在开庭60日前送达同级人民检察院并通知其派员查阅案卷和出庭；③将再审决定书或抗诉书副本至迟在开庭30日以前送达原审被告人（原审上诉人），告知其可以委托辩护人，或者依法为其指定承担法律援助义务的律师担任辩护人；④至迟在开庭15日前，重大、疑难案件至迟在开庭60日前，通知辩护人查阅案卷和准备出庭；⑤将开庭的时间、地点在开庭7日以前通知人民检察院；⑥传唤当事人，通知辩护人、诉讼代理人、证人、鉴定人和翻译人员，传票和通知书至迟在开庭7日以前送达；⑦公开审判的案件，在开庭7日以前先期公布案由、原审被告人（原审上诉人）姓名、开庭时间和地点。

（四）新证据的提交、查阅和复制

新证据在审判监督程序中具有主要地位，《具体规定》对新证据的提交、查阅和复制进行了专门规定。①控辩双方收到再审决定书或抗诉书后，人民法院通知开庭之日前，可以提交新的证据。开庭后，除对原审被告人（原审上诉人）有利的外，人民法院不再接纳新证据。②人民法院应当在开庭30日前通知人民检察院、当事人或者辩护人查阅、复制双方提交的新证据目录及新证据复印件、照片；应当在开庭15日前通知控辩双方查阅、复制人民法院调取的新证据目录及新证据复印件、照片等证据。

（五）提押和强制措施

审判监督程序往往涉及提押和强制措施。①人民法院决定再审或者受理抗诉书后，原审被告人（原审上诉人）正在服刑的，人民法院依据再审决定书或者抗诉书及提押票等文书办理提押；②原审被告人（原审上诉人）在押，再审可能改判宣告无罪的，人民法院裁定中止执行原裁决后，可以取保候审；③原审被告人（原审上诉人）不在押，确有必要采取强制措施并符合法律规定采取强制措施条件的，人民法院裁定中止执行原裁决后，依法采取强制措施。

三、再审案件的处理

人民法院按照审判监督程序重新审判的案件，应当对原判决、裁定认定的事实、证据和适用法律进行全面审查。根据《刑诉解释》第 472 条的规定，再审案件经过重新审理后，应当按照下列情形分别处理：

1. 原判决、裁定认定事实和适用法律正确、量刑适当的，应当裁定驳回申诉或者抗诉，维持原判决、裁定。

2. 原判决、裁定定罪准确、量刑适当，但在认定事实、适用法律等方面有瑕疵的，应当裁定纠正并维持原判决、裁定。

3. 原判决、裁定认定事实没有错误，但适用法律有错误或者量刑不当的，应当撤销原判决、裁定，依法改判。

4. 按照第二审程序审理的案件，原判决、裁定认定事实不清或者证据不足的，可以在查清事实后改判，也可以裁定撤销原判，发回原审人民法院重新审判。原判决、裁定事实不清或者证据不足，经审理事实已经查清的，应当根据查清的事实依法裁判；事实仍无法查清，证据不足，不能认定被告人有罪的，应当撤销原判决、裁定，判决宣告被告人无罪。

此外，根据《具体规定》第 8 条的规定，除人民检察院抗诉的以外，再审一般不得加重原审被告人（原审上诉人）的刑罚。

理论导读

关于我国的再审程序，目前学界探讨的焦点集中在如下几个方面：

问题之一，法院对于当事人申诉的审查是否应当形成规范的程序，即“再审之诉”。申诉是当事人等对已发生法律效力的裁判不服，请求法院提起再审程序的行为。这种诉讼行为，应当引起一定的法律后果，即法院对当事人再审申请的审查。法国、德国等国家都有类似的规定，即再审申请一经当事人提出来，就应当进入法定的审查程序。但我国刑事诉讼法上的申诉并不是一种具有规范性和法律效力的诉讼行为，只是一种提供给法院的“线索”或“素材”，是否启动再审程序申请人并无发言权，法院和检察院有很大的自由裁量权。有观点认为，审查过程的高度封闭，使得申诉人对处理结果缺乏信任感，民众抱怨申诉难，许多申诉人便借助其他路径，如人大个案监督、党委或政协转申诉材料、上访等方式，对法院施加压力以启动案件的再审。因此，为确保申诉审查的规范性和透明度，应当设立专门的再审审查程序，规定法院审查再审申请的过程、步骤以及在此过程中申诉人的权利。但也有观点认为，鉴于再审程序的特殊性，再审申请的审查属于法院的职权，强调效率和权威性，因为没有必要引入规范的程序。

问题之二，再审事由中是否应当区分有利于被告人的事由和不利于被告人的事由。从我国刑事诉讼法关于再审程序的规定看，基于客观真实原则，只要生效的裁判存在错误，无论这种错误是否有利于被告人，都有可能引起审判监督程序。这其实与上诉不加刑原则所蕴含的保障人权观念并不一致。

问题之三，关于法院主动启动再审程序的正当性。对于法院自行启动再审程序，学界多有批评意见。有观点认为，法院享有再审程序启动权，势必形成法院自诉自审的局面，违背审判权的被动性和中立性原则。

问题之四，关于《刑事诉讼法》规定的人民法院、人民检察院提起再审程序的法定事由的合理性。许多研究者提出，关于再审事由的规定缺乏可操作性，存在很大的自由裁量空间。特别是实体上的事由，究竟什么是事实认定和法律适用“确有错误”，其实是一个很难界定清楚的问题。一方面是实体性事由的模糊，另一方面是缺乏因程序性错误而启动再审的规定，这种重实体错误轻程序错误的规则，难以树立司法固有的权威性。

问题之五，是否需要对再审的期限和次数加以限制。现行刑事诉讼法对于提起再审程序的期限、次数都没有限制性规定，这就意味着只要法院或检察院认为生效裁判存在错误的，就可以随时提起审判监督程序。有学者概括出来“五无限”，即“主体无限、时间无限、次数无限、审级无限、理由或条件无限”。这种方式显然不利于维护司法裁判的稳定性、终结性和权威性。特别是在一些争议很大的案件中，并不存在绝对正确的裁判结果，这种无休止的再审只能浪费司法资源，破坏司法权威。

问题之六，是否需要建立特殊的再审案件审理程序。有观点认为，再审案件的审判程序缺乏特殊规则，容易出现循环往复的“怪圈”。我国刑事诉讼法没有将再审程序区别于普通程序，司法实践中再审程序的审理过程、结案方式总体上与普通一、二审程序没有多大区别，这意味着再审程序启动后，原来的程序行为皆归于无意义，一切重新回到了原点，因此建议建立特殊的再审审判程序。

真题解析

本章涉及刑事诉讼审判监督程序，是历年司法考试的必考内容。其中，申诉及其处理、审判监督程序启动的主体、再审裁判的种类等知识点是重点考查内容。

1.（2016年卷二74）《最高人民法院关于适用〈中华人民共和国刑事诉讼法〉的解释》第386条现为第469条）规定，除检察院抗诉的以外，再审一般不得加重原审被告人的刑罚。关于这一规定的理解，下列哪些选项是正确的？

A. 体现了刑事诉讼惩罚犯罪和保障人权基本理念的平衡

B. 体现了刑事诉讼具有追求实体真实与维护正当程序两方面的目的

C. 再审不加刑有例外，上诉不加刑也有例外

D. 审判监督程序的纠错功能决定了再审不加刑存在例外情形

答案： ABD

解析：《刑诉解释》第469条规定："除人民检察院抗诉的以外，再审一般不得加重原审被告人的刑罚。再审决定书或者抗诉书只针对部分原审被告人的，不得加重其他同案原审被告人的刑罚。"所以选项C错误。

2.（2017年卷二75）王某因间谍罪被甲省乙市中级法院一审判处死刑，缓期2年执行。王某没有上诉，检察院没有抗诉。判决生效后，发现有新的证据证明原判决认定的事实确有错误。下列哪些机关有权对本案提起审判监督程序？

A. 乙市中级法院

B. 甲省高级法院

C. 甲省检察院

D. 最高检察院

答案： BD

解析：《刑事诉讼法》第254条规定："各级人民法院院长对本院已经发生法律效力的判决和裁定，如果发现在认定事实上或者在适用法律上确有错误，必须提交审判委员会处理。最高人民法院对各级人民法院已经发生法律效力的判决和裁定，上级人民法院对下级人民法院已经发生法律效力的判决和裁定，如果发现确有错误，有权提审或者指令下级人民法院再审。最高人民检察院对各级人民法院已经发生法律效力的判决和裁定，上级人民检察院对下级人民法院已经发生法律效力的判决和裁定，如果发现确有错误，有权按照审判监督程序向同级人民法院提出抗诉。人民检察院抗诉的案件，接受抗诉的人民法院应当组成合议庭重新审理，对于原判决事实不清楚或者证据不足的，可以指令下级人民法院再审。"所以选项BD正确。

3.（2021年真题参考版）甲、乙因诈骗罪被判处3年有期徒刑，缓期3年执行。二审判决生效2年后，在另一起诈骗案中发现该案事实认定有误，甲系为丙顶罪，且分担了乙的部分犯罪事实，于是人民检察院依法对本案提起抗诉，原二审法院依法对本案重新审理。关于本案的再审程序，下列说法不正确的是？

A. 再审中可以对乙加重处罚

B. 再审法院应当重新组成合议庭

C. 再审过程中可以对甲暂停执行未执行完毕的有期徒刑

D. 法院可以决定逮捕乙

答案： D

解析：《刑诉解释》第469条规定："除人民检察院抗诉的以外，再审一般不得加重原审被告人的刑罚。再审决定书或者抗诉书只针对部分原审被告人的，不得加重其他同案原审被告人的刑罚。"所以选项A正确，不当选。《刑诉解释》第466条第1款规定："原审人民法院审理依照审判监督程序重新审判的案件，应当另行组成合议庭。"所以选项B正确，不当选。《刑诉解释》第464条规定："对决定依照审判监督程序重新审判的案件，人民法院应当制作再审决定书。再审期间不停止原判决、裁定的执行，但被告人可能经再审改判无罪，或者可能经再审减轻原判刑罚而致刑期届满的，可以决定中止原判决、裁定的执行，必要时，可以对被告人采取取保候审、监视居住措施。"所以选项C正确，不当选。《刑事诉讼法》第257条第1款规定："人民法院决定再审的案件，需要对被告人采取强制措施的，由人民法院依法决定；人民检察院提出抗诉的再审案件，需要对被告人采取强制措施的，由人民检察院依法决定。"所以选项D错误，当选。

4.（2019年真题参考版）佳佳因涉嫌诈骗罪被某县检察院起诉至某县法院，经过审理，某县法院认为案件事实不清、证据不足，判决佳佳无罪。佳佳没有上诉，某县检察院也没有抗诉，案件生效。一年后，某县检察院收集到了新的认定佳佳构成诈骗罪的证据，下列表述正确的有？

A. 某县检察院应当先向某县法院提出检察建议要求法院撤销无罪判决，然后再向某县法院起诉

B. 某县检察院可以直接向某县法院重新起诉

C. 某县检察院不得向某县法院重新起诉

D. 某县检察院可以向某县法院抗诉

答案： B

解析：《刑事诉讼法》第200条规定："在被告人最后陈述后，审判长宣布休庭，合议庭进行评议，根据已经查明的事实、证据和有关的法律规定，分别作出以下判决：（一）

案件事实清楚，证据确实、充分，依据法律认定被告人有罪的，应当作出有罪判决；（二）依据法律认定被告人无罪的，应当作出无罪判决；（三）证据不足，不能认定被告人有罪的，应当作出证据不足、指控的犯罪不能成立的无罪判决。”《刑诉解释》第 298 条规定：“对依照本解释第 219 条第 1 款第 5 项规定受理的案件，人民法院应当在判决中写明被告人曾被人民检察院提起公诉，因证据不足，指控的犯罪不能成立，被人民法院依法判决宣告无罪的情况；前案依照刑事诉讼法第 200 条第 3 项规定作出的判决不予撤销。”所以选项 B 正确。

第五编 执行、特别程序与其他程序论

第二十章　刑事执行程序

第一节　刑事执行程序概述

一、刑事执行程序的概念

刑事诉讼中的执行是指为实施已发生法律效力的判决和裁定所确定的内容，人民法院将其交付执行机关，以及处理执行中特定问题而进行的活动。

执行是刑事诉讼立案、侦查、起诉、审判、执行五个阶段中最后一个阶段，它包括两个方面：一是人民法院将已发生法律效力的裁判交付执行，二是解决刑事执行中出现的特定问题。

二、刑事执行程序的特征

刑事执行程序虽与刑事审判程序具有关联性，但是独立存在的程序，与审判程序比较，执行程序具有行政性质，因而也彰显其特征的不同。

（一）合法性

执行的合法性体现在执行对象的合法性和执行活动的合法性两个方面。作为执行对象的只能是已经发生法律效力的判决和裁定；执行活动则必须依照法律规定的程序进行，包括交付执行时，必须依照法律规定移交相应的法律文书、办理相应法律手续；变更执行的，必须依照法律规定的条件和程序进行，不得任意变更或停止执行，否则就是违法。

（二）强制性

执行的强制性是指已经生效的判决和裁定，具有普遍的约束力，任何机关、团体和个人都应当执行。对于当事人而言，不论其是否同意判决和裁定所确定的内容，都必须予以执行；如果抗拒执行，其将依法被追究法律责任。

（三）确定性

执行是将特定判决、裁定付诸实施的活动，其内容具有确定性。由于判决和裁定是人民法院代表国家对案件所作的裁判，具有权威性和排他性，不允许与它相矛盾的其他处理决定与之并存，因此，执行机关必须严格依照生效判决、裁定所确定的内容开展执行活动。

(四) 及时性

执行的及时性是指人民法院的判决和裁定已经发生法律效力，就应当迅速执行，任何机关、团体和个人都无权阻止和拖延。只有及时执行生效的有罪裁判，才能尽快实现国家刑罚权，使犯罪分子受到应有惩罚，恢复被犯罪行为破坏的社会秩序，安抚被害人及其家属。同时，对社会上潜在的犯罪分子也能起到很好的威慑作用。只有及时执行生效的无罪裁判，才能使无辜或者不应受到刑罚处罚的公民尽快被释放，恢复人身自由和名誉。因此，无论是为了有效惩罚犯罪，还是为了保障公民的合法权利，执行都应当及时进行。

三、执行的依据和机关

(一) 执行的依据

刑事执行的依据是发生法律效力的判决和裁定。根据我国《刑事诉讼法》第 259 条规定，发生法律效力的判决和裁定包括以下几种：

1. 已过法定期限没有上诉、抗诉的判决和裁定；

2. 终审的判决和裁定；

3. 最高人民法院核准的死刑的判决和高级人民法院核准的死刑缓期二年执行的判决。

(二) 执行的机关

按照各种刑罚的不同特点和各执行主体的不同职能，可以把执行的机关分为三种不同的类型：交付执行机关、执行机关和执行的监督机关。

1. 交付执行机关

交付执行机关是将生效裁判及罪犯依照法定程序交给有关机关执行刑罚的机关。《宪法》《刑事诉讼法》和《人民法院组织法》规定，人民法院是国家审判机关，亦是将生效裁判交付执行的机关。人民法院根据已生效裁判所确定的内容及其刑罚执行方式不同，交由不同的执行机关执行。

根据我国《刑事诉讼法》和最高人民法院的有关规定，发生法律效力的判决和裁定一般由原第一审人民法院交付执行，但是，罪犯关押在第二审人民法院所在地的，也可以由第二审人民法院交付执行。

交付执行既要向执行机关交付生效判决，也要交付被执行人即罪犯。但根据《刑事诉讼法》第 265 条的规定，对被判处有期徒刑或者拘役的罪犯，有下列情形之一的，可以暂予监外执行：（1）有严重疾病需要保外就医的；（2）怀孕或者正在哺乳自己婴儿的妇女；

(3) 生活不能自理，适用暂予监外执行不致危害社会的。对被判处无期徒刑的罪犯，有前款第二项规定情形的，可以暂予监外执行。对适用保外就医可能有社会危险性的罪犯，或者自伤自残的罪犯，不得保外就医。对罪犯确有严重疾病，必须保外就医的，由省级人民政府指定的医院诊断并开具证明文件。在交付执行前，暂予监外执行由交付执行的人民法院决定；在交付执行后，暂予监外执行由监狱或者看守所提出书面意见，报省级以上监狱管理机关或者设区的市一级以上公安机关批准。

2. 执行机关

执行机关，是指将人民法院所作已经发生法律效力的判决、裁定付诸实施的机关。根据《刑事诉讼法》的规定，执行机关除人民法院、监狱、公安机关外，还包括司法行政机关所属的社区矫正机构。

根据生效裁判的不同执行方式和执行机关的不同职权，这些执行机关所执行的刑罚种类分别是：人民法院负责死刑立即执行、罚金和没收财产以及无罪或免除刑罚的判决的执行；监狱负责死刑缓期二年执行、无期徒刑、有期徒刑（余刑在 3 个月以上）的执行；公安机关负责余刑不足 3 个月的有期徒刑和拘役、剥夺政治权利的执行。

我国《刑事诉讼法》第 269 条规定："对被判处管制、宣告缓刑、假释或者暂予监外执行的罪犯，依法实行社区矫正，由社区矫正机构负责执行。"该规定表明，社区矫正机构负责的对象是被判处管制、宣告缓刑、裁定假释和决定及批准暂予监外执行的罪犯，对他们的监督、管理和教育矫正。

为进一步规范社区矫正工作，加强和创新特殊人群管理，根据中央关于深化司法体制、工作机制改革的总体部署，在深入调研论证和广泛征求意见的基础上，十三届全国人民代表大会常务委员会第十五次会议于 2019 年 12 月 28 日通过了《中华人民共和国社区矫正法》，对社区矫正管理部门职责分工、执行机构及人员、矫正对象及方法、工作程序、责任机制等内容加以具体规定，从而完善并细化了刑法、刑事诉讼法对社区矫正的原则性表述。

根据规定，社区矫正制度目前适用于犯罪程度较轻、社会危害性较小的管制、缓刑、假释及暂予监外执行的罪犯，从而避免了许多监禁刑过度适用所带来的法律问题和社会问题，有利于其更好地回归社会。《社区矫正法》第 21 条规定，人民法院判处管制、宣告缓刑、裁定假释的社区矫正对象，应当自判决、裁定生效之日起 10 日内到执行地社区矫正机构报到。人民法院决定暂予监外执行的社区矫正对象，由看守所或者执行取保候审、监视居住的公安机关自收到决定之日起 10 日内将社区矫正对象移送社区矫正机构。监狱管理机关、公安机关批准暂予监外执行的社区矫正对象，由监狱或者看守所自收到批准决定之日起十日内将社区矫正对象移送社区矫正机构。

3. 执行的监督机关

人民检察院是国家法律监督机关，依法对刑事诉讼实行法律监督。执行是刑事诉讼的重要阶段，人民检察院当然也是刑事执行的监督机关。对此，我国《刑事诉讼法》作了明确规定。例如，人民法院在交付执行死刑前，应当通过同级人民检察院派员临场监督；人民检察院对决定暂予监外执行、减刑、假释以及罪犯在服刑期间又犯罪的等情况实行监督；监狱和其他执行机关在执行中，如果认为判决有错误或者罪犯提出申诉的，应当转请人民检察院或者原判人民法院处理；人民检察院对执行机关执行刑罚的活动是否合法实行监督。如果发现有违法的情况，应当通知执行机关纠正等。

四、刑事执行的意义

执行是刑事诉讼不可缺少的重要程序。司法机关对刑事案件的立案、侦查、起诉和审判，其目的是惩罚犯罪分子；保护公民的合法权益，维护社会主义法制，实现刑事诉讼的任务。如果没有执行，立案、侦查、起诉和审判等司法行为就变得毫无意义。因此，执行对于实现刑事诉讼法的任务，具有决定性的意义。

1. 惩罚和教育犯罪分子。刑事执行首先使犯罪分子因其犯罪行为而被确定的刑罚得到实现，同时也给绝大多数犯罪分子提供弃恶从善、重新做人的机会。以体现惩罚与改造相结合、教育与劳动相结合的原则，实现对犯罪的特殊教育作用。

2. 体现司法权威和司法工作的严肃性。生效判决和裁定是人民法院代表国家对案件适用法律的结果，其内容付诸实施是严格执法的重要形式。

3. 威慑犯罪隐患，教育公民自觉遵守法律，激发人民群众同犯罪行为作斗争的积极性。

4. 使无罪、免除刑事处罚的被告人及时得到释放，恢复人身自由，切实保障公民的合法权益。

第二节　各种判决、裁定的执行程序

一、死刑立即执行判决的执行

死刑是刑罚中最严厉的一种，从判处到执行都应当十分慎重。为确保在程序上对死刑的正确运用，刑事诉讼法对死刑立即执行判决的执行程序作了非常严格的规定，其内容包括：

1. 签发执行死刑的命令。根据《刑事诉讼法》和其他有关法律规定，最高人民法院判处和核准的死刑立即执行的判决，应当由最高人民法院院长签发执行死刑的命令。执行死刑命令应按统一样式填写，然后由最高人民法院院长签名，并加盖最高人民法院院章。

2. 执行死刑的法院和期限。最高人民法院院长签发的执行死刑命令，应当由高级人民法院交付原一审人民法院执行。原一审人民法院接到执行死刑命令后，应当在 7 日以内交付执行。

3. 被执行死刑的罪犯同近亲属见面。《刑诉解释》第 505 条规定，第一审人民法院在执行死刑前，应当告知罪犯有权会见其近亲属。罪犯申请会见并提供具体联系方式的，人民法院应当通知其近亲属。确实无法与罪犯近亲属取得联系，或者其近亲属拒绝会见的，应当告知罪犯。罪犯申请通过录音录像等方式留下遗言的，人民法院可以准许。

罪犯近亲属申请会见的，人民法院应当准许并及时安排，但罪犯拒绝会见的除外。罪犯拒绝会见的，应当记录在案并及时告知其近亲属；必要时，应当录音录像。罪犯申请会见近亲属以外的亲友，经人民法院审查，确有正当理由的，在确保安全的情况下可以准许。罪犯申请会见未成年子女的，应当经未成年子女的监护人同意；会见可能影响未成年人身心健康的，人民法院可以通过视频方式安排会见，会见时监护人应当在场。会见一般在罪犯羁押场所进行。会见情况应当记录在案，附卷存档。

4. 执行死刑的场所和方法。我国《刑事诉讼法》规定，死刑采用枪决或者注射等方法执行；死刑可以在刑场或者指定的羁押场所内执行。采用注射方法执行死刑的，应当在指定的场所或者羁押场所内执行。刑场不得设在繁华地区，交通要道和旅游景点附近。采用枪决、注射以外的其他方法执行死刑的，应当事先层报最高人民法院批准。同时，执行死刑应当公布，但不能示众。在执行死刑的人员上，采用枪决方法执行死刑的，人民法院有条件的，交由司法警察执行；没有条件执行的，交由武装警察执行。采用注射方法执行死刑由谁执行，法律未予规定，一般应是法医或者医师进行。

5. 执行死刑的指挥和监督。执行死刑前，指挥执行的审判人员应当对罪犯验明正身，讯问罪犯有无遗言、信札，并制作笔录，再交执行人员执行死刑。执行死刑应当公布，禁止游街示众或者其他有辱罪犯人格的行为。人民检察院负责对执行死刑监督，人民检察院收到人民法院的通知后，要查明同级人民法院是否收到最高人民法院核准死刑的裁定和执行死刑的命令；检查执行死刑的场所、方法和执行死刑的活动是否合法；执行死刑前发现有刑事诉讼法规定的应当停止执行或者暂停执行的情形后，应当建议人民法院停止执行；执行死刑过程中，根据需要可以进行拍照、摄像，执行死刑后，检查罪犯是否已确已死亡，并制作笔录，签名后入卷归档。

6. 执行死刑后的处理。执行死刑后在场书记员应当制作笔录，交付执行的人民法院应当将执行情况及时逐级上报核准死刑的人民法院，并通知罪犯家属。

二、死刑缓期二年执行、无期徒刑、有期徒刑和拘役判决的执行

根据《刑诉解释》第511条的规定，被判处死刑缓期执行、无期徒刑、有期徒刑、拘役的罪犯，第一审人民法院应当在判决、裁定生效后10日以内，将判决书、裁定书、起诉书副本、自诉状复印件、执行通知书、结案登记表送达公安机关、监狱或者其他执行机关。①

对于被判处有期徒刑的罪犯，在被交付执行刑罚前，剩余刑期在3个月以下的，由看守所代为执行；对于被判处拘役的罪犯，由公安机关执行；对未成年犯应当在未成年管教所执行刑罚。

未被逮捕的罪犯，经人民法院判处拘役或者有期徒刑以上刑罚的，公安机关可以根据执行通知书、已生效判决书等，将其送交相应的执行机关执行，不另外办理逮捕手续。

执行机关对交付执行刑罚的罪犯，应当进行身体检查，对于不适合在监狱或者其他执行场所执行的，可以暂不收监；但是如果对其暂予监外执行有社会危险性的应当收监。对罪犯收监后，应当将罪犯罪名、刑期、执行地址等自收监之日起5日内通知罪犯家属。

被判处有期徒刑的罪犯，以及原判死缓、无期徒刑经依法改判为有期徒刑的罪犯，服刑期满，执行机关应当立即释放并发给释放证明。

同案审理的案件中，部分被告人被判处死刑，对未判处死刑的同案被告人需要执行自由刑的，应当在其判决、裁定生效后10日内交付执行。但是，该同案被告人参与实施有关死刑之罪的，应当在最高人民法院复核讯问被判处死刑的被告人后交付执行。

三、管制和剥夺政治权利判决的执行

管制是我国独创的一种独立刑种，这种刑种的适用，对于减少监狱压力，促使罪犯自食其力，防止其在监内“交叉感染”等方面均有重要意义。剥夺政治权利是我国刑法规定的附加刑的一种，可以附加于主刑适用，也可以单独适用。

管制由社区矫正机构执行。第一审人民法院判决被告人管制，宣判时如果被告人在押的，应当通知公安机关变更强制措施，待判决生效后，将有关的法律文书送达社区矫正机构执行。

根据《刑诉解释》第519条第1款的规定，被判处管制、宣告缓刑的罪犯，人民法院应当依法确定社区矫正执行地。社区矫正执行地为罪犯的居住地；罪犯在多个地方居住的，可以确定其经常居住地为执行地；罪犯的居住地、经常居住地无法确定或者不适宜执

① 注：从人民法院的警力配备和执行手段等现实情况看，人民法院难以承担将罪犯送交执行的工作。据此，裁判生效后，将罪犯送交执行的工作由公安机关承担，人民法院只负责送达有关法律文书。

行社区矫正的，应当根据有利于罪犯接受矫正、更好地融入社会的原则，确定执行地。

宣判时，应当告知罪犯自判决、裁定生效之日起 10 日以内到执行地社区矫正机构报到，以及不按期报到的后果。

人民法院应当自判决、裁定生效之日起 5 日以内通知执行地社区矫正机构，并在 10 日以内将判决书、裁定书、执行通知书等法律文书送达执行地社区矫正机构，同时抄送人民检察院和执行地公安机关。人民法院与社区矫正执行地不在同一地方的，由执行地社区矫正机构将法律文书转送所在地的人民检察院和公安机关。

管制的期限为 3 个月以上 2 年以下。管制在执行期间，罪犯应遵守下列规定：（1）遵守法律、行政法规，服从监督；（2）未经执行机关批准，不得行使言论、出版、集会、结社、游行、示威自由的权利；（3）按执行机关规定报告活动情况；（4）遵守关于会客的规定；（5）离开所居住的市、县或迁居，应经批准。此外，不从事特定活动，进入特定区域、场所和接触特定的人，违者由公安机关依照《治安管理处罚法》处罚。罪犯在被管制期间，有权参加劳动并得到同工同酬待遇。

执行和解除管制，应当向公众宣布。管制期满，执行机关应当及时解除，附加剥夺政治权利的，应同时宣布恢复其政治权利。管制的刑期，从判决执行之日起计算；判决执行以前先行羁押的，羁押 1 日折抵刑期 2 日。

剥夺政治权利由公安机关执行。根据我国《刑法》规定，剥夺罪犯政治权利主要是剥夺其选举权和被选举权，言论、出版、集会、结社、游行、示威自由权，担任国家机关职务权，担任国有公司、企事业单位和人民团体领导职务等权利。公安机关在执行时应向其所在单位或者居住地群众宣布被剥夺政治权利罪犯的犯罪事实、被剥夺政治权利的期限和应当遵守的规定。剥夺政治权利的刑期从徒刑、拘役执行完毕之日或者假释之日起计算，其效力当然及于主刑执行期间。如果是判处管制附加剥夺政治权利的，剥夺政治权利的期限与管制相等，同时执行。执行期满，应当由执行机关通知本人及其所在单位、居住地基层组织，并公开宣布恢复罪犯的政治权利。

值得注意的是，被判处管制的罪犯由社区矫正机构执行，被判处剥夺政治权利的罪犯则由公安机关执行。为此，在司法实践中，对于被判处管制附加剥夺政治权利的犯罪分子，应当同时由社区矫正机构和公安机关同时分别执行相应的刑罚种类，并且两个执行主体在对同一罪犯的执行过程中应当参照《社区矫正实施办法》的有关规定搞好配合，共同完成改造罪犯的刑罚目的。

四、缓刑判决的执行

缓刑不是一个独立的刑种，而是执行刑罚的一种方式。缓刑包括拘役缓刑和有期徒刑缓刑两种。

缓刑的执行机关是社区矫正机构。在社区矫正适用过程中，司法行政机关负责指导管理、组织实施社区矫正工作；人民法院对符合社区矫正适用条件的被告人、罪犯依法作出判决、裁定或者决定；人民检察院对社区矫正各执法环节依法实行法律监督；公安机关对违反治安管理规定和重新犯罪的社区矫正人员及时依法处理。这就要求各级人民法院、人民检察院、公安机关、司法行政机关应加强对社区矫正工作的组织领导、健全工作机制、明确工作机构、配备工作人员、落实工作经费，各司其职，分工合作，保障社区矫正工作的顺利开展。

被宣告缓刑的罪犯在执行期间应遵守下列规定：

（1）遵守法律、行政法规，服从监督。

（2）按照考察机关的规定报告自己活动情况。

（3）遵守考察机关关于会客的规定。

（4）离开所居住的市、县或者迁居，应当报告考察机关批准。

被宣告缓刑的罪犯参加劳动，享受同工同酬待遇，没有附加剥夺政治权利的，缓刑期间也应享有政治权利。缓刑考验期间如果罪犯没有违反规定，缓刑考验期满，原判刑罚不再执行，并向群众公开宣告；如果罪犯在缓刑考验期内犯新罪或者发现判决宣告以前还有其他没有判决的罪行，应当撤销缓刑，对新罪或漏罪作出判决，依照数罪并罚原则，决定执行的刑罚，将罪犯收监执行。如果罪犯在缓刑考验期内违反法律、行政法规或者国务院公安部门有关缓刑监督管理的规定，情节严重，原决定法院应当撤销缓刑，执行原判刑罚。

五、刑事裁判涉财产部分和附带民事判决的执行

1. 执行主体。第一审人民法院负责裁判执行的机构执行。被执行的财产在异地的，第一审人民法院可以委托财产所在地的同级人民法院代为执行。①

2. 执行对象。根据《刑诉解释》第 521 条的规定刑事裁判涉财产部分的执行，是指发生法律效力的刑事裁判中下列判项的执行：①罚金、没收财产；②追缴、责令退赔违法所得；③处置随案移送的赃款赃物；④没收随案移送的供犯罪所用本人财物；⑤其他应当由人民法院执行的相关涉财产的判项。

3. 执行时间。其一，罚金在判决规定的期限内一次或分期缴付。期满无故不缴纳或者

① 注：没收财产的判决，无论独立或附加适用，都由人民法院执行；必要时可以会同公安机关执行。

未足额缴纳的，人民法院应当强制缴纳。经强制仍不能全部缴纳的，在任何时候，包括主刑执行完毕后，发现被执行人有可供执行的财产的，应当追缴。① 其二，判处没收财产的，应当在判决生效后立即执行。

4. 减免罚金。根据《刑诉解释》第 524 条的规定，因遭遇不能抗拒的灾祸等原因缴纳罚金确有困难，被执行人申请延期缴纳、酌情减少或者免除罚金的，应当提交相关证明材料。人民法院应当在收到申请后一个月以内作出裁定。符合法定条件的，应当准许；不符合条件的，驳回申请。

5. 没收范围。判处没收财产的，应当执行刑事裁判生效时被执行人合法所有的全部财产，此外，根据《刑诉解释》第 526 条，行财产刑，应当参照被扶养人住所地政府公布的上年度当地居民最低生活费标准，保留被执行人及其所扶养人的生活必需费用。

6. 赃款赃物追缴。被执行人将依法应当追缴的涉案财物用于投资或置业的，对此形成的财产收益，应当追缴。被执行人将依法应当追缴的涉案财物共同用于投资或者置业的，对因此形成的涉案财物中对应的份额及收益应当追缴。

7. 财产转让的处理。被执行人将刑事裁判中认定为赃款的涉案财物用于清偿债务、转让或设置其他权利负担，具有下列情形之一的，应当追缴：①第三人明知是涉案财物而接受的；②第三人无偿或以明显低于市场的价格取得涉案财物的；③第三人通过非法债务清偿或违法犯罪活动取得财物的；④第三人通过其他恶意方式取得财物的。第三人善意取得财物，执行过程中不予追缴。作为原所有人的被害人对涉案财物主张权利的，人民法院应当告知其通过诉讼程序解决。

8. 清偿顺序。被执行人在执行中同时承担刑事责任、民事责任，其财产不足以支付的，按照下列顺位执行：①人身损害赔偿中的医疗费用；②退赔被害人的损失；③其他民事债务；④罚金；⑤没收财产。与此同时，如果有债权人对被执行财物主张优先权并成立，第三项“其他民事债务”应当升至第二顺位。

9. 终结执行。执行刑事裁判涉财产部分、附带民事裁判过程中，具有下列情形之一的，人民法院应当裁定终结执行：①据以执行的判决、裁定被撤销的；②被执行人死亡或者被执行死刑，且无财产可供执行的；③被判处罚金的单位终止，且无财产可供执行的；④依照《刑法》第 53 条规定免除罚金的；⑤应当终结执行的其他情形。裁定终结执行后，发现被执行人的财产有被隐匿、转移等情形的，应当追缴。

10. 执行回转。刑事裁判涉财产部分、附带民事裁判全部或者部分被撤销的，已经执

① 注：人民法院判处罚金时应当折抵、扣除行政处罚已执行的部分。

行的财产应当全部或者部分返还被执行人；无法返还的，应当依法赔偿。

六、宣告无罪和免除刑事处罚判决的执行

《刑事诉讼法》第260条规定“第一审人民法院判决被告人无罪、免除刑事处罚的，如果被告人在押，在宣判后应当立即释放。”该条规定表明，对宣告无罪和免除刑事处罚的判决，是在其未发生法律效力以前，就应当立即释放已被羁押的被告人；即使当事人提出上诉或者人民检察院提出抗诉，人民法院也应当立即通知公安机关，由公安机关的看守所填发《释放证明书》，将被告人立即释放。由于这一规定不属于《刑事诉讼法》第259条关于“判决和裁定在发生法律效力后执行”的范围，也不是对未生效裁判的执行，因而不是刑事执行，而是刑事诉讼法的一项特殊规定。其规定的目的在于即时恢复已被宣告无罪和免除刑事处罚的公民的人身自由，保护其合法权益。

第三节　刑事执行过程中的特殊情形及其处理

一、死刑立即执行、死刑缓期二年执行的变更

（一）死刑停止执行

在死刑判决执行过程中，为防止错杀或遗漏重要相关事实，刑事诉讼法规定了停止执行的内容。

《刑事诉讼法》第262条规定：“下级人民法院接到最高人民法院执行死刑命令后，应当在7日以内交付执行。但是发现有下列情形之一的，应当停止执行，并且立即报告最高人民法院，由最高人民法院作出裁定：（1）在执行前发现判决可能有错误的；（2）在执行前罪犯揭发重大犯罪事实或者有其他重大立功表现，可能需要改判的；（3）罪犯正在怀孕的。”前款第一项、第二项停止执行的原因消失后，必须报请最高人民法院院长再签发执行死刑的命令才能执行；由于前款第三项原因停止执行的，应当报请最高人民法院依法改判。这一规定体现了我国在适用死刑问题上的“慎杀”态度。下级人民法院在接到执行死刑命令后、执行前，发现有下列情形之一的，应当暂停执行，并立即将请求停止执行死刑的报告和相关材料层报最高人民法院，包括以下情形：（1）罪犯可能有其他犯罪的；（2）共同犯罪的其他犯罪嫌疑人到案，可能影响罪犯量刑的；（3）共同犯罪的其他罪犯被暂停或者停止执行死刑，可能影响罪犯量刑的；（4）罪犯揭发重大犯罪事实或者有其他重大立功表现，可能需要改判的；（5）罪犯怀孕的；（6）判决、裁定可能有影响定罪量刑的其他错误的。

最高人民法院经审查，认为可能影响罪犯定罪量刑的，应当裁定停止执行死刑；认为不影响的，应当决定继续执行死刑。这一规定体现了我国法律要求和鼓励被判死刑的罪犯揭发其他犯罪、立功赎罪的精神，有利于调动一切积极因素，最大限度地孤立和打击罪大恶极的罪犯。判处死刑的罪犯，执行前能够揭发重大犯罪或者有其他重大立功表现，这说明其主观恶性尚未达到非杀不可的程度。对于这类罪犯，经查证属实后，可以依法改判。"罪犯正在怀孕的"，主要是指执行死刑前才发现罪犯正在怀孕的情况，但怀孕的罪犯在羁押期间人工流产的，也应当视同正在怀孕。这一规定主要是基于罪责自负的原则，体现了人道主义的精神。人民检察院临场监督人员发现有上述情形之一的，应当建议人民法院停止执行。

最高人民法院对于依法已停止执行死刑的案件，依照下列情形分别处理。(1) 确认罪犯正在怀孕的，应当依法改判；(2) 确认原裁判有错误，或者罪犯有重大立功表现需要依法改判的，应当裁定不予核准死刑，撤销原判，发回重新审判；(3) 确认原裁判没有错误，或者罪犯没有重大立功表现，或者重大立功表现不影响原裁判执行的，应当裁定继续执行原核准死刑的裁判，并由院长再签发执行死刑的命令。

(二) 死刑缓期二年执行的变更

死刑缓期二年执行是我国刑罚中死刑的一种特殊执行方法，是对于罪该判处死刑但不必立即执行的罪犯，在判处死刑时宣告缓期二年执行，实行劳动改造以观后效的制度。《刑事诉讼法》第 261 条第 2 款规定："被判处死刑缓期二年执行的罪犯，在死刑缓期执行期间，如果没有故意犯罪，死刑缓刑执行期满，应当予以减刑，由执行机关提出书面意见，报请高级人民法院裁定；如果故意犯罪，情节恶劣，查证属实，应当执行死刑的，由高级人民法院报请最高人民法院核准；对于故意犯罪未执行死刑的，死刑缓期执行的期间重新计算，并报最高人民法院备案。"由此可见，对判处死刑缓期二年执行的罪犯，在二年期满后有两种变更方式：减刑和核准死刑立即执行。

1. 减刑。罪犯在死刑缓刑执行期间没有故意犯罪，死缓执行期满，由其所在监狱提出书面减刑建议，报经省、自治区、直辖市司法厅（局）监狱管理部门审核后，提交当地高级人民法院裁定。死缓的减刑，一般减为无期徒刑；对于既没有故意犯罪又有重大立功表现的，减为 25 年有期徒刑。

2. 核准死刑立即执行。死缓罪犯在死刑缓期执行期间故意犯罪的，依法律规定，由罪犯服刑的监狱进行侦查，侦查终结后移送人民检察院审查起诉并向罪犯服刑地中级人民法院提起公诉，人民法院经查证属实，待判决生效后，层报最高人民法院核准后交付执行。

二、暂予监外执行

暂予监外执行是指罪犯因某种法定的特殊情形而不宜在监内执行时，暂时改变其执行场所和方式的变更程序。

（一）暂予监外执行的对象和条件

刑事诉讼法对暂予监外执行的适用对象和条件有明确的规定，在适用的对象上是被判处有期徒刑、无期徒刑、拘役的罪犯。根据《刑事诉讼法》第 265 条的规定，有三种情形，即具备下列三种情形之一的，可以暂予监外执行：

1. 有严重疾病需要保外就医。严重疾病包括病危、需隔离治疗的传染病、不治之症等。这时可由罪犯请保证人担保实现保外就医。为防止罪犯的社会危险性和保外就医的滥用，刑事诉讼法还规定适用保外就医可能有社会危险性的罪犯，或者自伤自残的罪犯，不适用保外就医；对于罪犯确有严重疾病，必须保外就医的，由省级人民政府指定的医院出具的证明文件，依照法律规定程序审批。

2. 怀孕或者正在哺乳自己婴儿的妇女。从分娩之日起计算，妇女哺乳自己婴儿的哺乳期为 1 年。

3. 生活不能自理，适用暂予监外执行不致危害社会的。生活不能自理是指罪犯由于身体原因需要他人照顾才能生活。对于生活不能自理，适用暂予监外执行不致危害社会的罪犯，可以适用暂予监外执行。

（二）暂予监外执行的决定和执行

在交付执行前，罪犯具有前述法定情形的，人民法院在宣告判决的同时，作出暂予监外执行的决定；对于交付执行的罪犯，执行机关在对罪犯进行入监身体检查时，发现罪犯有可以暂予监外执行的法定情形而暂不收监的，人民法院也有权决定暂予监外执行。在交付执行后，监狱或其他执行机关发现服刑罪犯有可以暂予监外执行的法定情形时，应当提出书面意见，报省、自治区、直辖市监狱管理机关批准。因此，有权作出暂予监外执行决定的是人民法院和执行刑罚的机关。

根据《刑事诉讼法》第 266 条和第 267 条的规定，监狱、看守所提出暂予监外执行的书面意见的，应当将书面意见的副本抄送人民检察院。人民检察院可以向决定或者批准机关提出书面意见。决定或者批准暂予监外执行的机关应当将暂予监外执行决定抄送人民检察院。人民检察院认为暂予监外执行不当的，应当自接到通知之日起 1 个月以内将书面意见送交决定或者批准暂予监外执行的机关，决定或者批准暂予监外执行的机关接到人民检察院的书面意见后，应当立即对该决定进行重新核查。

至于暂予监外执行的执行机关，《刑事诉讼法》第 269 条规定：“对被判处管制、宣告缓刑、假释或者暂予监外执行的罪犯，依法实行社区矫正，由社区矫正机构负责执行。”

（三）暂予监外执行的变更

根据《刑事诉讼法》第268条的规定，对暂予监外执行的罪犯，有下列情形之一的，应当及时收监：（1）发现不符合暂予监外执行条件的；（2）严重违反有关暂予监外执行监督管理规定的；（3）暂予监外执行的情形消失后，罪犯刑期未满的。

对于人民法院决定暂予监外执行的罪犯应当予以收监的，由人民法院作出决定，将有关的法律文书送达公安机关、监狱或者其他执行机关。不符合暂予监外执行条件的罪犯通过贿赂等非法手段被暂予监外执行的，在监外执行的期间不计入执行刑期。罪犯在暂予监外执行期间脱逃的，脱逃的期间不计入执行刑期。罪犯在暂予监外执行期间死亡的，执行机关应当及时通知监狱或者看守所。

三、减刑和假释

（一）减刑

减刑是被判处管制、拘役、有期徒刑和无期徒刑的罪犯在刑罚执行期间确有悔改或立功表现的，可以依法减轻其刑罚的一种制度。

《刑事诉讼法》第273条第2款规定：“被判处管制、拘役、有期徒刑和无期徒刑的罪犯，在执行期间确有悔改或者立功表现，应当依法予以减刑、假释的时候，由执行机关提出减刑建议书，报请人民法院审核裁定，并将建议书副本抄送人民检察院。人民检察院可以向人民法院提出书面意见。”这一规定表明，减刑的条件是罪犯在服刑期间有悔改表现或立功表现，二者有其一就具备了减刑的条件。

减刑的程序是：（1）对于犯罪分子的减刑，由执行机关向执行地中级以上人民法院提出减刑建议书；其中无期徒刑犯的减刑建议书由所在监狱、监区提出，须先报省级司法厅（局）审查同意后，再向人民法院提出。（2）有减刑案件管辖权的中级以上人民法院应当组成合议庭进行审理，对确有悔改或立功事实的，裁定予以减刑。减刑后的实际执行期限，判处无期徒刑的不能少于10年；判处有期徒刑、拘役、管制的不能少于原判刑罚的二分之一；判处拘役的缓刑考验期不能少于1个月，判处有期徒刑缓刑的考验期不能少于1年。无期徒刑减为有期徒刑的刑期，从裁定减刑之日起计算，已经执行的刑期，不计入减刑后的刑期之内；有期徒刑、拘役、管制减刑后的刑期，原判刑期已执行部分，应计入裁定减刑后的刑期。

（二）假释

假释是对被判处有期徒刑和无期徒刑的罪犯经过法定期间的执行，确有悔改，不致再危害社会的，将其附条件地提前释放。

根据《刑法》第 81 条的规定，被判处有期徒刑的犯罪分子，执行原判刑期的二分之一以上，被判处无期徒刑的犯罪分子，实际执行 10 年以上，如果认真遵守监规，接受教育改造，确有悔改表现，假释后，不致再危害社会的，可以假释。由此可看出，假释的条件是在客观方面必须执行了法定的刑期，即被判处有期徒刑的，已执行原判刑期的二分之一以上，被判处无期徒刑的，实际执行 10 年以上。当然，有特殊情况经最高人民法院核准，可以不受法定刑期的限制。另外，依照《刑法》规定，对累犯以及因杀人、爆炸、抢劫、强奸、绑架等暴力犯罪被判处有期徒刑、无期徒刑的犯罪分子不得假释。在主观方面必须是确有悔改表现，不致再危害社会。

假释案件的管辖和处理程序与减刑案件相同。对被假释的罪犯监督考察，在考验期内由公安机关予以监督。

四、对新罪和漏罪的追诉

新罪与漏罪是指罪犯在服刑期间又犯罪或者发现了判决时没有发现的罪行。我国《刑事诉讼法》第 273 条第 1 款规定：“罪犯在服刑期间又犯罪的，或者发现了判决的时候所没有发现的罪行，由执行机关移送人民检察院处理。”根据本条、《刑事诉讼法》第 308 条和《监狱法》第 60 条的意旨，对服刑罪犯犯新罪或者发现漏罪的，应当分别不同的情况，予以追究：

1. 罪犯在监狱和未成年管教所服刑期间犯新罪或被发现漏罪，由执行机关侦查终结后，移送人民检察院处理；

2. 罪犯在看守所、拘役所和罪犯被宣告缓刑、假释、暂予监外执行，以及罪犯被判处管制，执行中犯新罪或发现漏罪，由执行地公安机关侦查终结后移送人民检察院处理；

3. 罪犯脱逃后犯罪的，一般由公安机关侦查终结后移送人民检察院处理。

五、对执行程序变更的检察监督

减刑、假释和保外就医作为一种刑事制度，是刑罚执行的重要组成部分，而监督此项刑事制度执行的公正与否，是检察机关履行法律监督职责的重要内容。《刑事诉讼法》第 276 条规定；“人民检察院对执行机关执行刑罚的活动是否合法实行监督。如果发现有违法的情况，应当通知执行机关纠正。”有关规定主要体现在《刑事诉讼法》和《高检规则》中。

（一）对暂予监外执行的监督

根据《刑事诉讼法》第 267 条的规定，批准暂予监外执行的机关应当将批准的决定抄送人民检察院。人民检察院认为暂予监外执行不当的，应当自接到通知之日起一个月以内将书面意见送交决定或者批准暂予监外执行的机关，决定或者批准暂予监外执行的机关接到人民检察院的书面意见后，应当立即对该决定进行重新核查。《高检规则》第 633 条规定："人民检察院向决定或者批准暂予监外执行的机关提出不同意暂予监外执行的书面意见后，应当监督其对决定或者批准暂予监外执行的结果进行重新核查，并监督重新核查的结果是否符合法律规定。对核查不符合法律规定的，应当依法提出纠正意见，并向上一级人民检察院报告。"

（二）对减刑、假释的监督

根据《刑事诉讼法》第 273 条和第 274 条的规定，减刑、假释除应当报请人民法院审核裁定外，还应当将建议书副本抄送人民检察院，人民检察院可以向人民法院提出书面意见。人民检察院认为人民法院减刑、假释的裁定不当，应当在收到裁定书副本后 20 日以内，向人民法院提出书面纠正意见。人民法院应当在收到纠正意见后 1 个月以内重新组成合议庭进行审理，作出最终裁定。

《高检规则》第 641 条对此进行了细化，人民检察院对人民法院减刑、假释的裁定提出纠正意见后，应当监督人民法院是否在收到纠正意见后一个月以内重新组成合议庭进行审理，并监督重新作出的裁定是否符合法律规定。对最终裁定不符合法律规定的，应当向同级人民法院提出纠正意见。

第四节　社区矫正制度

一、社区矫正的机构、人员、职责

（一）主管部门

国务院司法行政部门主管全国的社区矫正工作。县级以上地方人民政府司法行政部门主管本行政区域内的社区矫正工作。

（二）监督机关

人民法院、人民检察院、公安机关和其他有关部门依照各自职责，依法做好社区矫正工作。人民检察院依法对社区矫正工作实行法律监督。

（三）执行机关

县级以上地方人民政府根据需要设置社区矫正机构，负责社区矫正工作的具体实施。社区矫正机构的设置和撤销，由县级以上地方人民政府司法行政部门提出意见，按照规定的权限和程序审批。司法所根据社区矫正机构的委托，承担社区矫正相关工作。

（四）协助主体

居民委员会、村民委员会依法协助社区矫正机构做好社区矫正工作。社区矫正对象的监护人、家庭成员，所在单位或者就读学校应当协助社区矫正机构做好社区矫正工作。有关人民团体应当依法协助社区矫正机构做好教育帮扶工作。共产主义青年团、妇女联合会、未成年人保护组织应当依法协助社区矫正机构做好未成年人社区矫正工作。

二、决定与接收

（一）执行地

社区矫正执行地为社区矫正对象的居住地。社区矫正对象在多个地方居住的，可以确定经常居住地为执行地。社区矫正对象的居住地、经常居住地无法确定或者不适宜执行社区矫正的，社区矫正决定机关应当根据有利于社区矫正对象接受矫正、更好地融入社会的原则，确定执行地。

（二）决定机关

社区矫正决定机关判处管制、宣告缓刑、裁定假释、决定或者批准暂予监外执行，应当按照刑法、刑事诉讼法等法律规定的条件和程序进行。社区矫正决定机关应当对社区矫正对象进行教育，告知其在社区矫正期间应当遵守的规定以及违反规定的法律后果，责令其按时报到。

（三）交付执行

其一，人民法院判处管制、宣告缓刑、裁定假释的社区矫正对象，应当自判决、裁定生效之日起 10 日内到执行地社区矫正机构报到。

其二，人民法院决定暂予监外执行的社区矫正对象，由看守所或者执行取保候审、监视居住的公安机关自收到决定之日起 10 日内将社区矫正对象移送社区矫正机构。

其三，监狱管理机关、公安机关批准暂予监外执行的社区矫正对象，由监狱或者看守所自收到批准决定之日起 10 日内将社区矫正对象移送社区矫正机构。

三、监督与管理

（一）矫正小组

社区矫正机构应当根据社区矫正对象的情况，为其确定矫正小组，负责落实相应的矫正方案。

根据需要，矫正小组可以由司法所、居民委员会、村民委员会的人员，社区矫正对象的监护人、家庭成员，所在单位或者就读学校的人员以及社会工作者、志愿者等组成。社区矫正对象为女性的，矫正小组中应有女性成员。

（二）离开、迁居

其一，社区矫正对象离开所居住的市、县或者迁居，应当报经社区矫正机构批准。社区矫正机构对于有正当理由的，应当批准；对于因正常工作和生活需要经常性跨市、县活动的，可以根据情况，简化批准程序和方式。

其二，因社区矫正对象迁居等原因需要变更执行地的，社区矫正机构应当按照有关规定作出变更决定。社区矫正机构作出变更决定后，应当通知社区矫正决定机关和变更后的社区矫正机构，并将有关法律文书抄送变更后的社区矫正机构。变更后的社区矫正机构应当将法律文书转送所在地的人民检察院、公安机关。

（三）奖惩考核

社区矫正机构根据社区矫正对象的表现，依照有关规定对其实施考核奖惩。社区矫正对象认罪悔罪、遵守法律法规、服从监督管理、接受教育表现突出的，应当给予表扬。社区矫正对象违反法律法规或者监督管理规定的，应当视情节依法给予训诫、警告、提请公安机关予以治安管理处罚，或者依法提请撤销缓刑、撤销假释、对暂予监外执行的收监执行。

对社区矫正对象的考核结果，可以作为认定其是否确有悔改表现或者是否严重违反监督管理规定的依据。

（四）电子定位

社区矫正对象有下列情形之一的，经县级司法行政部门负责人批准，可以使用电子定位装置，加强监督管理：

（1）违反人民法院禁止令的；

（2）无正当理由，未经批准离开所居住的市、县的；

（3）拒不按照规定报告自己的活动情况，被给予警告的；

（4）违反监督管理规定，被给予治安管理处罚的；

（5）拟提请撤销缓刑、假释或者暂予监外执行收监执行的。

前款规定的使用电子定位装置的期限不得超过三个月。对于不需要继续使用的，应当及时解除；对于期限届满后，经评估仍有必要继续使用的，经过批准，期限可以延长，每次不得超过三个月。社区矫正机构对通过电子定位装置获得的信息应当严格保密，有关信息只能用于社区矫正工作，不得用于其他用途。

理论导读

对于我国现行的刑事执行体制，学界讨论的热点在于是否建立一体化的刑事执行体制。有观点认为，现行刑事诉讼法中，刑罚的执行涉及多个机关，这种多头执行可能出现如下弊端①：其一，刑罚执行权的碎片化。多元的刑罚执行机构和管理体制，使刑罚的执行难以统一进行规划和管理。其二，刑事诉讼专门机关在刑罚执行中的职责权限上缺乏明确的划分。如缓刑、假释等刑罚的执行，司法行政机关、公安机关、监狱、地方政府等不同主体之间的职能界限并不清晰。其三，某些刑罚存在执行难问题。如被判处罚金或没收财产的刑罚在实践中执行率很低。

由于刑事执行分别由刑法、刑事诉讼法、监狱法加以调整，很容易带来三者之间在部分内容上的不相协调，甚至互相冲突。例如关于假释对象，根据《监狱法》第 32 条的规定，被判处无期徒刑、有期徒刑的罪犯，符合法律规定的假释条件者均有获得假释的可能，但修订后的《刑法》第 81 条却规定："对累犯以及因杀人、爆炸、抢劫、强奸、绑架等暴力犯罪被判处 10 年以上有期徒刑、无期徒刑的犯罪分子，不得假释。"在假释对象上的规定上两者存在冲突。

2012 年《刑事诉讼法》修改对执行程序也进行了比较大的修改，主要涉及修改暂予监外执行情形及程序，强化人民检察院对暂予监外执行、减刑、假释程序的法律监督，以及将被判处管制、宣告缓刑、假释或者暂予监外执行的罪犯交由司法行政机关负责管理的社区矫正机构执行等几个方面的规定。从立法理念来看，此次修改除了进一步理顺了公检法司四家在刑罚执行中分工负责、相互制约、相互合作的关系外，也完善了非监禁刑的执行程序，增强了司法行政机关在刑罚执行过程中的工作职责，同时突出强调了人民检察院作为《宪法》和《刑事诉讼法》确定的法律监督机关的法律监督地位。

《刑法》《刑事诉讼法》正式确立了社区矫正制度，对其进行了原则规定，并将司法行政机关管理下的社区矫正机构作为一种新的刑罚执行机关，与监狱、看守所、拘役所、公安机关和人民法院等传统意义上的刑罚执行机关相并列，主要负责被判处暂予监外执行、缓刑和假释、管制这四种罪犯的执行。经过数年的实践与完善，社区矫正制度的功效得到了认可并由第十三届全国人民代表大会常务委员会第十五次会议于 2019 年 12 月 28 日通过，自 2020 年 7 月 1 日起施行了全新的《社区矫正法》。社区矫正是一种不使罪犯与社会隔离并利用社区资源教育改造罪犯的方法，是所有在社区环境中管理教育罪犯方式的总称。国外较常见的包括缓刑、假释、社区服务、暂时释放、工作释放、学习释放等。我国社区矫正是与监禁矫正相对额行刑方式，是指将符合社区矫正条件的罪犯置于社区内，由专门的国家机关，在相关社会团体和民间组织以及社会志愿者的协助下，在判决、裁定或决定确定的期限内，矫正其犯罪心理和行为恶习，并促进其顺利回归社会的非监禁刑罚执行活动。社区矫正是充分利用社会资源，积极运用各种方法、手段，整合政法部门、社区等各方力量，着力对社区范围内的假释、监外执行、管制、缓刑等罪犯进行针对性的教

---

① 张智辉：《优化刑事诉讼职权配置的几个问题》，载《法学杂志》2008 年第 5 期。

育改造的手段和方法。先后在刑法和刑事诉讼法中确立社区矫正原则，是我国刑罚执行方式的重要改革，实践证明是可行的，社会效果也是好的。

真题解析

本章为执行程序，有关刑事执行程序的内容分布于刑法、刑事诉讼法、监狱法及相关司法解释中。从历年司法考试试题看，各种刑罚的执行主体和程序、执行过程中的特殊情况及处理是主要考查内容。

1.（2015 年卷二 40）关于刑事裁判涉财产部分执行，下列哪一说法是正确的？

A. 对侦查机关查封、冻结、扣押的财产，法院执行时可直接裁定处置，无需侦查机关出具解除手续

B. 法院续行查封、冻结、扣押的顺位无需与侦查机关的顺位相同

C. 刑事裁判涉财产部分的裁判内容应明确具体，涉案财产和被害人均应在判决书主文中详细列明

D. 刑事裁判涉财产部分，应由与一审法院同级的财产所在地的法院执行

答案：A

解析：《最高人民法院关于刑事裁判涉财产部分执行的若干规定》第 2 条规定："刑事裁判涉财产部分，由第一审人民法院执行。第一审人民法院可以委托财产所在地的同级人民法院执行。"第 5 条第 1 款规定："刑事审判或者执行中，对于侦查机关已经采取的查封、扣押、冻结，人民法院应当在期限届满前及时续行查封、扣押、冻结。人民法院续行查封、扣押、冻结的顺位与侦查机关查封、扣押、冻结的顺位相同。"所以选项 A 正确。

2.（2015 年卷二 41）关于减刑、假释案件审理程序，下列哪一选项是正确的？

A. 甲因抢劫罪和绑架罪被法院决定执行有期徒刑 20 年，对甲的减刑，应由其服刑地高级法院作出裁定

B. 乙因检举他人重大犯罪活动被报请减刑的，法院应通知乙参加减刑庭审

C. 丙因受贿罪被判处有期徒刑 5 年，对丙的假释，可书面审理，但必须提讯丙

D. 丁因强奸罪被判处无期徒刑，对丁的减刑，可聘请律师到庭发表意见

答案：B

解析：《刑诉解释》第 538 条规定："审理减刑、假释案件，应当组成合议庭，可以采用书面审理的方式，但下列案件应当开庭审理：（一）因罪犯有重大立功表现提请减刑的；（二）提请减刑的起始时间、间隔时间或者减刑幅度不符合一般规定的；（三）被提请减刑、假释罪犯系职务犯罪罪犯，组织、领导、参加、包庇、纵容黑社会性质组织罪犯，破

坏金融管理秩序罪犯或者金融诈骗罪犯的；（四）社会影响重大或者社会关注度高的；（五）公示期间收到不同意见的；（六）人民检察院提出异议的；（七）有必要开庭审理的其他案件。”《最高人民法院关于减刑、假释案件审理程序的规定》第 7 条第 1 款规定：“人民法院开庭审理减刑、假释案件，应当通知人民检察院、执行机关及被报请减刑、假释罪犯参加庭审。”所以选项 B 正确。

3.（2018 年真题参考版）鄢某因非法吸收公众存款，被法院判处有期徒刑 8 年。由于其服刑期间表现良好，执行机关向法院提出减刑建议。关于本案减刑的审理程序，下列表述正确的是？

A. 鄢某对减刑承担证明责任

B. 本案可以书面审理

C. 本案可让证人出庭作证

D. 本案法院可独任审理

答案：C

解析：《法院减刑假释程序规定》第 7 条规定：“人民法院开庭审理减刑、假释案件，应当通知人民检察院、执行机关及被报请减刑、假释罪犯参加庭审。人民法院根据需要，可以通知证明罪犯确有悔改表现或者立功、重大立功表现的证人，公示期间提出不同意见的人，以及鉴定人、翻译人员等其他人员参加庭审。”所以选项 C 正确。

4.（2019 年真题参考版）最高人民法院对下级法院停止执行死刑的案件，经过审查后应当如何处理？

A. 最高院如果查明重大立功不影响死刑执行的，应当裁定继续执行死刑

B. 最高院发现被告人怀孕 6 个月，应当裁定撤销原判，发回重审

C. 最高院核准时发现被告人有罪需要追诉的，法院应当一并判决执行

D. 最高院核准时发现被告人有重大立功的应当改判

答案：A

解析：《刑诉解释》第 504 条第 4 项规定：“确认原判决、裁定没有错误，罪犯没有重大立功表现，或者重大立功表现不影响原判决、裁定执行的，应当裁定继续执行死刑，并由院长重新签发执行死刑的命令。”所以 A 当选。

5.（2020 年真题参考版）关于死刑复核及执行的相关程序，下列选项错误的是？

A. 被告人张三被判处死刑立即执行，执行前要求会见他的前妻，人民法院应当及时通知

B. 同案审理的案件中，仅李四一人被判处死刑立即执行，其他未被判处死刑的同案被告人需要待最高人民法院核准李四的死刑后再交付执行

C. 最高人民法院作出核准后，不再接受律师的辩护意见

D. 执行前，发现罪犯是聋哑人，应当暂停执行，并层报最高人民法院

答案：ABCD

解析：《最高人民法院关于死刑复核及执行程序中保障当事人合法权益的若干规定》第8条规定："罪犯提出会见近亲属以外的亲友，经人民法院审查，确有正当理由的，可以在确保会见安全的情况下予以准许。"所以选项A错误，当选。《刑诉解释》第512条规定："同案审理的案件中，部分被告人被判处死刑，对未被判处死刑的同案被告人需要羁押执行刑罚的，应当根据前条规定及时交付执行。但是，该同案被告人参与实施有关死刑之罪的，应当在复核讯问被判处死刑的被告人后交付执行。"所以选项B错误，当选。《最高人民法院关于死刑复核及执行程序中保障当事人合法权益的若干规定》第4条规定："最高人民法院复核裁定作出后，律师提交辩护意见及证据材料的，应当接收并出具接收清单；经审查，相关意见及证据材料可能影响死刑复核结果的，应当暂停交付执行或者停止执行，但不再办理接收委托辩护手续。"所以选项C错误，当选。《刑诉解释》第500条规定："下级人民法院在接到执行死刑命令后、执行前，发现有下列情形之一的，应当暂停执行，并立即将请求停止执行死刑的报告和相关材料层报最高人民法院：（一）罪犯可能有其他犯罪的；（二）共同犯罪的其他犯罪嫌疑人到案，可能影响罪犯量刑的；（三）共同犯罪的其他罪犯被暂停或者停止执行死刑，可能影响罪犯量刑的；（四）罪犯揭发重大犯罪事实或者有其他重大立功表现，可能需要改判的；（五）罪犯怀孕的；（六）判决、裁定可能有影响定罪量刑的其他错误的。最高人民法院经审查，认为可能影响罪犯定罪量刑的，应当裁定停止执行死刑；认为不影响的，应当决定继续执行死刑。"所以选项D错误，当选。

6.（2021年真题参考版）周某因诈骗罪被北区法院判处有期徒刑并处罚金，周某不服提起上诉，市法院维持原判。之后公安机关将其位于南区的一处房子查封，此房之前已抵押给银行。关于本案，下列说法正确的是？

A. 公安机关出具解封手续后，法院才可以处置房屋

B. 若银行主张优先受偿，应排在退赔被害人被骗金钱之后市法院作为本案的执行主体，有权直接

C. 处置该房屋

D. 南区法院可受委托帮忙处置房屋

答案：D

解析：《最高人民法院关于刑事裁判涉财产部分执行的若干规定》第5条第2款规定："对侦查机关查封、扣押、冻结的财产，人民法院执行中可以直接裁定处置，无需侦查机

关出具解除手续，但裁定中应当指明侦查机关查封、扣押、冻结的事实。”所以选项 A 错误。《最高人民法院关于刑事裁判涉财产部分执行的若干规定》第 13 条规定：“被执行人在执行中同时承担刑事责任、民事责任，其财产不足以支付的，按照下列顺序执行：（一）人身损害赔偿中的医疗费用；（二）退赔被害人的损失；（三）其他民事债务；（四）罚金；（五）没收财产。债权人对执行标的依法享有优先受偿权，其主张优先受偿的，人民法院应当在前款第（一）项规定的医疗费用受偿后，予以支持。”所以选项 B 错误。《刑诉解释》第 522 条规定：“刑事裁判涉财产部分和附带民事裁判应当由人民法院执行的，由第一审人民法院负责裁判执行的机构执行。”所以选项 C 错误。《刑诉解释》第 530 条规定：“被执行财产在外地的，第一审人民法院可以委托财产所在地的同级人民法院执行。”所以选项 D 正确。

第二十一章　刑事特别程序

第一节　未成年人案件刑事诉讼程序

一、未成年人案件刑事诉讼程序概述

根据《中华人民共和国未成年人保护法》的规定，我国的未成年人是指未满 18 周岁的公民，但我国的刑法则对未成年人的刑事责任能力有进一步的划分。根据我国刑法，已满 16 周岁的人犯罪，应当负刑事责任。已满 14 周岁不满 16 周岁的人，犯故意杀人、故意伤害致人重伤或者死亡、强奸、抢劫、贩卖毒品、放火、爆炸、投放危险物质罪的，应当负刑事责任。已满 12 周岁不满 14 周岁的人，犯故意杀人、故意伤害罪，致人死亡或者以特别残忍手段致人重伤造成严重残疾，情节恶劣，经最高人民检察院核准追诉的，应当负刑事责任。不满 16 周岁则不予刑事处罚。

未成年人实施了违反刑法、危害社会、应受刑罚惩罚的行为就是未成年人犯罪，所形成的刑事案件称为未成年人案件。尽管未成年人犯罪与成年人犯罪一样具有社会危害性，但这两种犯罪主体的差异甚为明显。与成年人相比，未成年人身体上正值青春发育期，生理上变化明显，身体发育快，精力特别旺盛；心理上处于由幼稚转向成熟的过渡阶段，表现为具有较强的模仿欲与好奇心，对事物反应敏感、自尊、好强；思想上天真幼稚，社会经验欠缺，不能很好地辨别是非曲直，情绪不稳定，感情易冲动，自控能力差，容易作出盲目性和突发性行为。未成年人的这些特点，使其极容易受外部环境的影响，走上犯罪道路。另一方面，未成年人思想观念还没有定型，可塑性大，对犯罪的未成年人的教育、感化、挽救，较之对成年犯罪人的教育更具有利的因素。因此，对未成年人犯罪案件依法追究刑事责任时，不能机械地适用普通的司法制度和审判方式；而是应当“对症下药”，有针对性地制定与普通刑事诉讼程序的差异化的专门诉讼程序，即未成年人案件刑事诉讼程序。

（一）未成年人案件刑事诉讼程序的概念

未成年人案件刑事诉讼程序是指专门适用于未成年人犯罪案件的一套侦查、起诉、审

判及执行程序，是刑事诉讼中的特别程序。设置未成年人刑事诉讼程序主要是为了对犯罪的未成年人进行教育、感化、挽救及保护。

（二）未成年人案件刑事诉讼程序的特点

与普通刑事诉讼程序相比，它具有以下的特点：

其一，被追诉主体的特殊性。未成年人案件刑事诉讼程序中的被追诉主体必须是在实施被指控的犯罪时不满18周岁的未成年人。

其二，审判组织的特殊性。《刑事诉讼法》的第277条规定，人民法院、人民检察院和公安机关办理未成年人刑事案件，应当保障未成年人行使其诉讼权利，保障未成年人得到法律帮助，并由熟悉未成年人身心特点的审判人员、检察人员、侦查人员承办。人民法院应当确定专门机构或者指定专门人员，负责审理未成年人刑事案件。审理未成年人刑事案件的人员应当经过专门培训，熟悉未成年人身心特点、善于做未成年人思想教育工作。参加审理未成年人刑事案件的人民陪审员，可以从熟悉未成年人身心特点、关心未成年人。

其三，诉讼程序的特殊性。未成年人案件刑事诉讼程序更加突出“教育为主、惩罚为辅”的原则；实行教育、感化、挽救的方针，寓教育、感化、挽救于侦查、起诉、审判及执行等各个诉讼阶段。

其四，更加注意维护与保障未成年犯罪嫌疑人（被告人）的各项权利。相关立法赋予了未成年犯罪嫌疑人、被告人许多特别的诉讼权利，保障措施也相对更加完善。如在讯问和审判时，应当通知法定代理人到场；未成年人没有委托辩护人的，人民法院应当指定承担法律援助义务的律师为其提供辩护；审理未成年人刑事案件，不得向外界披露该未成年人的姓名、住所、照片以及可能推断出该未成年人身份的其他资料，查阅、摘抄、复制的未成年人刑事案件的案卷材料，不得公开和传播；公安、司法机关应当尊重违法犯罪的未成年人的人格尊严，保障他们的合法权益。

其五，在具体程序的适用上尽量适合未成年人的特点，采取灵活多样与缓和宽松的诉讼方式。如一些地方在诉讼过程中采取“圆桌式审判”方式，尽量不对未成年人使用戒具，以避免诉讼时未成年人在心理上过于紧张或压抑。

二、未成年人刑事诉讼程序的意义

（一）有利于预防、减少未成年人犯罪，维护社会治安

未成年人违法犯罪的增多已成为当前社会治安的一个突出问题，原来多出现于大中城市的未成年人结伙犯罪现象已蔓延到县城和农村小城镇，未成年人犯罪有逐年上升的趋势。

实践证明，按照成年被告人的羁押、起诉、审判、执行等方式办理未成年人刑事诉讼案件，往往会给未成年人造成不良影响，一些人因心理压力过大而影响身心健康，一些人则会自暴自弃，或相互间“交叉感染”，可能重新犯罪。而对犯罪的未成年人适用专门的刑事诉讼程序，通过“寓教于审”等方式，对未成年人身心状况、品行、家庭和环境及犯罪原因进行调查，对症下药，有利于犯罪的未成年人教育与改造；从而有效地预防、减少未成年人重新犯罪，有效地维护社会治安。

（二）有利于提高未成年人案件刑事诉讼的办案质量

在处理未成年人犯罪案件时，要求办案人员熟悉未成年人特点、善于做未成年人思想教育工作，并且工作要保持相对稳定性，这使办案人员在工作技能和工作经验有了保障。另外，未成年人刑事诉讼程序不仅要求案件事实清楚，证据确实、充分，而且还要分析说明未成年人走上犯罪道路的家庭、社会、教育等方面的原因。这些因素保障了办案的质量。

三、未成年人案件刑事诉讼程序的特别规定

我国现行的未成年人保护的法律体系是以 1991 年的制定、2006 年、2020 年修订的《未成年人保护法》为核心构建起来的；包括 1999 年颁布、2020 年修订的《中华人民共和国预防未成年人犯罪法》、最高人民检察院 2002 年颁布、2006 年、2013 年修订的《人民检察院办理未成年人刑事案件的规定》（下称《未成年人刑事案件规定》），最高人民法院 2006 年颁布的《最高人民法院关于审理未成年人刑事案件具体应用法律若干问题的解释》，2010 年最高人民法院颁布的《关于贯彻宽严相济刑事政策的若干意见》等。这些法律文件均对未成年人案件刑事诉讼程序有所涉及，但并没有形成系统、规范的体系。有关未成年人刑事案件诉讼程序立法还未单独制定，但在我国的《刑事诉讼法》中第五编“特别程序”中设立“未成年人刑事案件诉讼程序”专章。

归纳起来，我国未成年人案件刑事诉讼程序在立案、侦查、起诉、审判等各个诉讼阶段都有一些特别规定。

（一）立案程序的特别规定

未成年人案件在立案时，应当重点审查犯罪嫌疑人实施犯罪时的年龄。由于立案对象的特殊性，因而在立案审查时，除了审查是否有犯罪事实发生和是否需要追究刑事责任外，还应当重点审查犯罪嫌疑人犯罪时的年龄，查明犯罪嫌疑人的出生时间，即确认其年龄是否符合法律规定的未成年人年龄界限。同时，应当将犯罪嫌疑人的年龄情况重点写在立案报告书上。

（二）侦查程序的特别规定

其一，专门机构或专职人员负责未成年人涉嫌犯罪的案件。公安机关对未成年人刑事

案件进行侦查时，应当设置专门机构或专职人员承办案件。应当考虑到未成年人的身心特点，办理未成年人违法犯罪案件的人员应当具有心理学、犯罪学、教育学等专业基本知识和有关法律知识，并具有一定的办案经验；以利于更好地教育、感化、挽救这些未成年人。

其二，严格限制强制措施的使用。办理未成年人刑事案件时，对未成年人是否采取强制措施应慎重，应当严格限制和尽量减少使用强制措施。根据我国《刑事诉讼法》第280条指出，对未成年犯罪嫌疑人、被告人应当严格限制适用逮捕措施。人民检察院审查批准逮捕和人民法院决定逮捕，应当讯问未成年犯罪嫌疑人、被告人，听取辩护律师的意见。

《未成年人刑事案件规定》中第14条则规定，审查逮捕未成年人犯罪嫌疑人，应当把是否已满14、16、18周岁的临界年龄，作为重点审查事实予以查清。对犯罪嫌疑人实际年龄难以判断，影响对该犯罪嫌疑人是否应当负刑事责任认定的，应当不批准逮捕。需要补充侦查的，同时通知公安机关。还要求必须严格掌握批准逮捕的条件。该规定第13条要求，人民检察院办理未成年犯罪嫌疑人审查逮捕案件，应当根据未成年犯罪嫌疑人涉嫌犯罪的事实、主观恶性、有无监护与社会帮教条件等，综合衡量其社会危险性，严格限制适用逮捕措施，可捕可不捕的不捕。该规定第19条进一步规定，对于罪行较轻，具备有效监护条件或者社会帮教措施，没有社会危险性或者社会危险性较小，不逮捕不致妨害诉讼正常进行的未成年犯罪嫌疑人，应当不批准逮捕。对于罪行比较严重，但主观恶性不大，有悔罪表现，具备有效监护条件或者社会帮教措施，具有下列情形之一，不逮捕不致妨害诉讼正常进行的未成年犯罪嫌疑人，可以不批准逮捕。具体包括：（1）初次犯罪、过失犯罪的；（2）犯罪预备、中止、未遂的；（3）有自首或者立功表现的；（4）犯罪后如实交代罪行，真诚悔罪，积极退赃，尽力减少和赔偿损失，被害人谅解的；（5）不属于共同犯罪的主犯或者集团犯罪中的首要分子的；（6）属于已满14周岁不满16周岁的未成年人或者系在校学生的；（七）其他可以不批准逮捕的情形。

其三，相对缓和的讯问方式。对犯罪的未成年人的讯问应当采取不同于对成年人的讯问的方式。根据《未成年人刑事案件规定》第18条，讯问未成年犯罪嫌疑人一般不得使用械具。对于确有人身危险性，必须使用械具的，在现实危险消除后，应当立即停止使用。根据《刑事诉讼法》第281条，对于未成年人刑事案件，在讯问的时候，应当通知未成年犯罪嫌疑人、被告人的法定代理人到场。无法通知、法定代理人不能到场或者法定代理人是共犯的，也可以通知未成年犯罪嫌疑人、被告人的其他成年亲属，所在学校、单位、居住地基层组织或者未成年人保护组织的代表到场，并将有关情况记录在案。到场的法定代理人可以代为行使未成年犯罪嫌疑人、被告人的诉讼权利。

（三）起诉程序的特别规定

其一，注重保护未成年犯罪嫌疑人的诉讼权利。根据《人民检察院办理未成年人刑事案件的规定》第11条，人民检察院受理案件后，应当向未成年犯罪嫌疑人及其法定代理人了解其委托辩护人的情况，并告知其有权委托辩护人。未成年犯罪嫌疑人没有委托辩护人的，人民检察院应当书面通知法律援助机构指派律师为其提供辩护。

其二，审查起诉时需要查明未成年犯罪嫌疑人的家庭、学习等具体情况。根据《未成年人刑事案件规定》第9条，人民检察院根据情况可以对未成年犯罪嫌疑人的成长经历、犯罪原因、监护教育等情况进行调查，并制作社会调查报告，作为办案和教育的参考。

其三，制作起诉书及起诉时需要注意的情况。根据《未成年人刑事案件规定》第81条，未成年人刑事案件的法律文书和工作文书，应当注明未成年人的出生年月日、法定代理人或者到场的合适成年人、辩护人基本情况。对未成年犯罪嫌疑人、被告人、未成年罪犯的有关情况和办案人员开展教育感化工作的情况，应当记录在卷，随案移送。在制作诉讼文书时，公安司法人员除了应当在文书上载明案件来源、发案时间、地点、犯罪事实、现有的证据材料、法律依据和处理意见外，还应当着重写明犯罪嫌疑人、被告人的确切出生时间即年、月、日，生活居住环境，心理性格特征，走上犯罪道路的原因等情况。

（四）附条件不起诉制度

1. 适用条件。

根据《刑事诉讼法》第282条第1款的规定，对于未成年人涉嫌刑法分则第四章、第五章、第六章规定的犯罪，可能判处一年有期徒刑以下刑罚，符合起诉条件，但有悔罪表现的，人民检察院可以作出附条件不起诉的决定。人民检察院在作出附条件不起诉的决定以前，应当听取公安机关、被害人的意见。

可见，附条件不起诉需要满足以下几个条件：

其一，适用对象是犯罪时已满14周岁不满18周岁的未成年人；

其二，涉嫌《刑法》分则第四、五、六章，即侵犯公民人身权利、民主权利罪、侵犯财产罪、妨害社会管理秩序罪；

其三，根据具体犯罪事实、情节可能被判处1年有期徒刑以下刑罚；

其四，犯罪事实清楚，证据确实、充分，符合起诉条件；

其五，具有悔罪表现。

2. 适用程序

其一，听取意见。人民检察院在作出附条件不起诉的决定以前，应当听取公安机关、被害人、未成年犯罪嫌疑人及其法定代理人、辩护人的意见，并制作笔录附卷。被害人是未成年的，还应当听取被害人的法定代理人、诉讼代理人的意见。

其二，听证程序。公安机关或者被害人对附条件不起诉有异议或争议较大的案件，人民检察院可以召集侦查人员、被害人及其法定代理人、诉讼代理人、未成年犯罪嫌疑人及其法定代理人、辩护人举行不公开听证会，充分听取各方意见。

其三，送达程序。①人民检察院作出附条件不起诉的决定后，应当制作附条件不起诉决定书，并在3日以内送达公安机关、被害人或者其近亲属及其诉讼代理人、未成年犯罪嫌疑人及其法定代理人、辩护人。人民检察院应当当面向未成年犯罪嫌疑人及其法定代理人宣布附条件不起诉决定，告知考验期限、在考验期内应当遵守的规定以及违反规定应负的法律责任，并制作笔录附卷。②送达时，应当告知被害人或者其近亲属及其诉讼代理人，如果对附条件不起诉决定不服，可以自收到附条件不起诉决定书后7日以内向上一级人民检察院申诉。

其四，变更措施。未成年犯罪嫌疑人在押的，作出附条件不起诉决定后，人民检察院应当作出释放或变更强制措施的决定。

其五，备案程序。人民检察院在作出附条件不起诉决定后，应当在10日内将附条件不起诉决定书报上级人民检察院主管部门备案。上级人民检察院认为下级人民检察院作出的附条件不起诉决定不适当的，应当及时撤销下级人民检察院作出的附条件不起诉决定，下级人民检察院应当执行。

3. 附条件不起诉的救济程序

（1）公安机关。公安机关认为附条件不起诉决定有错误，要求复议的，人民检察院应当在收到要求复议的意见书后30日内作出复议决定，通知公安机关。公安机关对复议决定不服，可以向上一级人民检察院申请复核。上一级人民检察院应当在收到提请复核意见书后30以内作出复核决定，送交提请复核的公安机关和下级人民检察院。经复核认为下级人民检察院附条件不起诉决定错误的，应当指令下级人民检察院纠正，或者撤销、变更下级人民检察院作出的附条件不起诉决定，交由下级人民检察院执行。

（2）被害人。被害人对人民检察院对未成年犯罪嫌疑人作出的附条件不起诉的决定和不起诉的决定有异议的，可以向上一级人民检察院申诉，但不可向法院自诉。

（3）被不起诉人。未成年犯罪嫌疑人及其法定代理人对拟作出附条件不起诉决定提出异议的，人民检察院应当提起公诉。但是，未成年犯罪嫌疑人及其法定代理人提出无罪辩解，人民检察院经审查认为无罪辩解理由成立的，应当按照《高检规则》第365条的规定作出不起诉决定。①

未成年犯罪嫌疑人及其法定代理人对案件作附条件不起诉处理没有异议，仅对所附条件及考验期有异议的，人民检察院可以依法采纳其合理的意见，对考察的内容、方式、时

① 《高检规则》第365条：人民检察院对于监察机关或者公安机关移送起诉的案件，发现犯罪嫌疑人没有犯罪事实，或者符合刑事诉讼法第16条规定的情形之一的，经检察长批准，应当作出不起诉决定。对于犯罪事实并非犯罪嫌疑人所为，需要重新调查或者侦查的，应当在作出不起诉决定后书面说明理由，将案卷材料退回监察机关或者公安机关并建议重新调查或者侦查。

间等进行调整；其意见不利于对未成年犯罪嫌疑人帮教，人民检察院不采纳的，应当进行释法说理。

人民检察院作出起诉决定前，未成年犯罪嫌疑人及其法定代理人撤回异议的，人民检察院可以依法作出附条件不起诉决定。

4. 附条件不起诉的监督考察

其一，考验期限。附条件不起诉的考验期为 6 个月以上 1 年以下，从人民检察院作出附条件不起诉决定之日起计算。①

其二，考验机关。在附条件不起诉的考验期内，人民检察院应当对被附条件不起诉的未成年人进行监督考察。

其三，考验义务。人民检察院对于被附条件不起诉的未成年犯罪嫌疑人，应当监督考察其是否遵守下列规定：①遵守法律法规，服从监督；②按照规定报告自己的活动情况；③离开所居住的市、县或者迁居，应当报经批准；④按照要求接受矫治和教育。

人民检察院可以要求被附条件不起诉的未成年犯罪嫌疑人接受下列矫治和教育：①完成戒瘾治疗、心理辅导或者其他适当的处遇措施；②向社区或者公益团体提供公益劳动；③不得进入特定场所，与特定的人员会见或者通信，从事特定的活动；④向被害人赔偿损失、赔礼道歉等；⑤接受相关教育；⑥遵守其他保护被害人安全以及预防再犯的禁止性规定。

5. 附条件不起诉的处理结果

其一，起诉。附条件不起诉的未成年犯罪嫌疑人，在考验期内具有下列情形之一的，人民检察院应当撤销附条件不起诉的决定，提起公诉：①实施新的犯罪的；②发现决定附条件不起诉以前还有其他犯罪需要追诉的；③违反治安管理规定，造成严重后果，或者多次违反治安管理规定的；④违反有关附条件不起诉的监督管理规定，造成严重后果，或者多次违反有关附条件不起诉的监督管理规定的。②

其二，不起诉。被附条件不起诉的未成年犯罪嫌疑人，在考验期内没有上述规定的情形，考验期满的，人民检察院应当作出不起诉的决定。③

（五）审判程序的特别规定

其一，专门的审判组织形式。未成年人刑事案件由法院内设立的少年法庭进行审理。根据《中华人民共和国人民法院法庭规则》的规定，审理未成年人案件的法庭应当根据未

---

① 考验期不计入审查起诉期限，审查起诉期限自人民检察院作出附条件不起诉之日起中止计算，自考验期届满之日或人民检察院作出撤销附条件不起诉之日起恢复计算。

② 对于未成年犯罪嫌疑人在考验期内实施新的犯罪或者在决定附条件不起诉以前还有其他犯罪需要追诉的，人民检察院应当移送侦查机关立案侦查。

③ 考验期满作出不起诉的决定前，应当听取被害人意见。

成年人身心发展特点设置区域和席位。

根据《刑诉解释》第549条，人民法院应当确定专门机构或者指定专门人员，负责审理未成年人刑事案件。审理未成年人刑事案件的人员应当经过专门培训，熟悉未成年人身心特点、善于做未成年人思想教育工作。参加审理未成年人刑事案件的人民陪审员，可以从熟悉未成年人身心特点、关心未成年人保护工作的人民陪审员名单中随机抽取确定

其二，特定的庭审方式。根据《刑事诉讼法》第285条以及《刑诉解释》第557条，开庭审理时被告人不满18周岁的案件，一律不公开审理。对依法公开审理，但可能需要封存犯罪记录的案件，不得组织人员旁听；有旁听人员的，应当告知其不得传播案件信息。根据《刑诉解释》第558条，庭审理涉及未成年人的刑事案件，未成年被害人、证人一般不出庭作证；必须出庭的，应当采取保护其隐私的技术手段和心理干预等保护措施。

人民法院判决未成年被告人有罪的，宣判后应当由合议庭组织到庭的诉讼参与人对未成年被告人进行教育。如果未成年被告人的法定代理人以外的其他成年近亲属或者教师、公诉人等参加有利于教育、感化未成年被告人的，合议庭可以邀请其参加宣判后的教育，可以就犯罪行为对社会的危害和应当受刑罚处罚的必要性、导致犯罪行为发生的主客观原因等进行分析总结，并且引导未成年被告人正确对待人民法院的裁判。

（六）执行程序的特别规定

根据《刑诉解释》第580条，将未成年罪犯送监执行刑罚或者送交社区矫正时，人民法院应当将有关未成年罪犯的调查报告及其在案件审理中的表现材料，连同有关法律文书，一并送达执行机关。

人民法院审理后宣判有罪应当判处有期徒刑的未成年人，应当送交未成年犯管教所，尽可能对不同类型的未成年罪犯进行分管关押。未成年犯管教所应当以教育改造为主，未成年犯的劳动，应当符合未成年人的特点，以学习文化和生产技能为主。监狱应当配合国家、社会、学校等教育机构，为未成年犯接受义务教育提供必要的条件。根据《刑诉解释》第582条，人民法院可以与未成年犯管教所等服刑场所建立联系，了解未成年罪犯的改造情况，协助做好帮教、改造工作，并可以对正在服刑的未成年罪犯进行回访考察。根据《刑诉解释》第583条，人民法院认为必要时，可以督促被收监服刑的未成年罪犯的父母或者其他监护人及时探视。

此外，根据《刑诉解释》，对被判处管制、宣告缓刑、裁定假释、决定暂予监外执行的未成年罪犯，人民法院可以协助社区矫正机构制定帮教措施。人民法院可以适时走访被判处管制、宣告缓刑、免予刑事处罚、裁定假释、决定暂予监外执行等的未成年罪犯及其家庭，了解未成年罪犯的管理和教育情况，引导未成年罪犯的家庭承担管教责任，为未成年罪犯改过自新创造良好环境。被判处管制、宣告缓刑、免予刑事处罚、裁定假释、决定

暂予监外执行等的未成年罪犯，具备就学、就业条件的，人民法院可以就其安置问题向有关部门提出建议，并附送必要的材料。

（七）执行之后的犯罪记录封存

犯罪记录封存，是指曾经受过法院有罪宣告或被判定有罪的人在具备法定条件的时候，由国家封存其犯罪记录，使其在规范上的不利状态消失，恢复正常法律地位的一种刑事制度。犯罪记录封存制度符合人道主义的要求，同时也顺应了世界刑事立法的潮流。根据《刑事诉讼法》第286条的规定，犯罪的时候不满18周岁，被判处5年有期徒刑以下刑罚的，应当对相关犯罪记录予以封存。其作用是帮助未成年人，消除未成年犯罪人加以歧视和实行差别对待的借口，使得犯罪记录在个人档案、户籍、身份上不再体现，不再从形式上造成对未成年犯罪人融入社会的障碍，确立这一制度同时也有利于降低未成年人再次犯罪的可能性。

为了使这项制度能够真正发挥功效，《刑事诉讼法》第286条同时规定，犯罪记录被封存的，不得向任何单位和个人提供，但司法机关为办案需要或者有关单位根据国家规定进行查询的除外。依法进行查询的单位，应当对被封存的犯罪记录的情况予以保密。根据我国最高法、最高检、公安部、司法部2022年出台的《关于未成年人犯罪记录封存的实施办法》，对被封存犯罪记录的未成年人，符合下列条件之一的，封存机关应当对其犯罪记录解除封存：①在未成年时实施新的犯罪，且新罪与封存记录之罪数罪并罚后被决定执行刑罚超过5年有期徒刑的；②发现未成年时实施的漏罪，且漏罪与封存记录之罪数罪并罚后被决定执行刑罚超过5年有期徒刑的；③经审判监督程序改判5年有期徒刑以上刑罚的；被封存犯罪记录的未成年人，成年后又故意犯罪的，人民法院应当在裁判文书中载明其之前的犯罪记录。

第二节　当事人和解的公诉案件诉讼程序

一、当事人和解的公诉案件诉讼程序概述

刑事和解，又称加害人与被害人的和解，是指在犯罪发生后，通过调解人的帮助，加害人和被害人直接接触和交谈，正视犯罪给被害人带来的伤害，然后双方达成赔偿协议，为彻底解决刑事纠纷提供条件。

我国在1996年《刑事诉讼法》对自诉案件有和解的规定，但并未对公诉案件作出相应的规定。然而随着司法实践的逐渐深入，检察机关开展的刑事和解尝试稳步前行，并逐渐得到各界认同。2003年7月，北京市政法委下发了《关于北京市政法机关办理轻伤害

案件工作研讨会议纪要》，明确规定对因民间纠纷造成的轻伤害案件，犯罪嫌疑人、被告人的情节轻微，有悔罪表现，已经全部或部分承担被害人医疗、误工等合理赔偿费，被害人不要求追究其刑事责任，双方自愿协商解决的，可由双方自行协商解决并达成书面赔偿协议。江苏省无锡市公检法司四机关也于2007年出台了《关于刑事和解工作的若干意见（试行）》，并于2007年4月1日起实施。各地规定的刑事和解适度适用于“轻伤害案件和交通肇事案件”“轻微刑事案件和未成年人刑事案件”，普遍收到了良好的效果，在一定程度上节约了司法成本，并较好地实现了加害方和被害方合法权利的双向保护。

但是由于各地规定的不统一性也给实践带来了一些问题，因此现行的《刑事诉讼法》在吸收学术研究成果、总结实践经验的基础上，明确规定了“当事人和解的公诉案件诉讼程序”，将刑事和解程序由原来的自诉案件扩展到特定的公诉案件。

二、当事人和解的公诉案件诉讼程序使用的条件

根据我国《刑事诉讼法》第288条，当事人和解的公诉案件诉讼程序使用的条件应当同时满足：

1. 犯罪嫌疑人、被告人真诚悔罪。当事人和解并非简单地以赔偿换取较宽缓的处理，而是要充分关注加害人回归社会，以及修复当事人之间的关系，应以犯罪嫌疑人、被告人真诚悔罪为必要条件。

2. 犯罪嫌疑人、被告人获得被害人谅解且被害人自愿和解。刑事诉讼中的和解，和解双方的意愿决定了和解能否成功。刑事案件的特殊情况决定了和解双方表达意愿的特殊方式：犯罪嫌疑人、被告人通过真诚悔罪和赔礼道歉、赔偿损失等方式表达和解的意愿，而被害人则通过是否谅解表达和解意愿。被害人作为犯罪行为的受害方，是和解过程中权利首先需要得到弥补和保障的一方，被害人的和解意愿必须得到充分的尊重。因此，被害人谅解犯罪嫌疑人、被告人是和解成功最重要的、不可或缺的条件。而且，被害人对犯罪嫌疑人、被告人的谅解也必须是被害人自愿作出的，办案机关、犯罪嫌疑人、被告人及其他任何人都不能采用任何方式强迫被害人表示谅解和愿意和解。

三、当事人和解的公诉案件诉讼程序适用的案件范围

当事人和解公诉案件诉讼程序适用的案件范围，刑事诉讼法从正反两个方面对适用的案件范围作出了规定。

1. 因民间纠纷引发，涉嫌《刑法》分则第四章规定的“侵犯公民人身权利、民主权利罪”和第五章规定的“侵犯财产罪”，并且可能判处3年有期徒刑以下刑罚的案件。所谓民间纠纷，指的是公民之间有关人身、财产权益、家庭关系和其他日常生活中发生的纠

纷。在一些情况下，这些民间纠纷可能激化进而引发刑事案件。如果因这些民间纠纷引发的案件涉嫌的是《刑法》分则第四章规定的“侵犯公民人身权利、民主权利罪”和第五章规定的“侵犯财产罪”，并且可能判处的刑罚是3年以下有期徒刑、拘役、管制或者独立适用附加刑，则可以适用当事人和解程序。此外，以下情形不属于“因民间纠纷引起”的犯罪案件：①雇凶伤害他人的；②涉及黑社会性质组织犯罪的；③涉及寻衅滋事的；④涉及聚众斗殴的；⑤多次故意伤害他人身体的；⑥其他不宜和解的。

2. 除渎职犯罪以外的可能判处7年有期徒刑以下刑罚的过失犯罪案件。与故意犯罪相比，过失犯罪的社会危害性较小，加害人多为无心之失，被害人谅解的可能性也较大。从恢复社会关系、保障被害人权利和促使加害人重新回归社会的角度，应当允许一些造成后果相对严重一些，可能判处的刑罚相对较高的过失犯罪案件适用当事人和解。本条规定，除《刑法》分则第九章规定的“渎职罪”以外，可能判处7年有期徒刑以下刑罚的过失犯罪案件也可以适用当事人和解。由于过失犯罪的法定最高刑一般都在7年以下有期徒刑，这一规定实际上已将绝大部分过失犯罪纳入了可以适用的范围。

本条还规定了不得适用当事人和解的情形：即使犯罪嫌疑人、被告人涉嫌的犯罪属于上述两种情况，但如果犯罪嫌疑人、被告人在5年以内曾经故意犯罪的，则不能适用当事人和解程序。这里所说的“5年内”，指的是距离上次实施犯罪5年以内。如果是曾经过失犯罪的，不在此限。之所以作出这样的规定，是因为如果犯罪嫌疑人、被告人在5年以内曾故意犯罪即使此次实施的是非常轻微的犯罪或过失犯罪，其社会危险性也相对较高，不宜通过当事人和解程序从宽处理。

四、和解协议对案件处理结果的影响

根据《刑事诉讼法》第290条的规定，对于达成和解协议的案件，公安机关可以向人民检察院提出从宽处理的建议；人民检察院可以向人民法院提出从宽处罚的建议；对于犯罪情节轻微，不需要判处刑罚的，可以作出不起诉的决定。人民法院可以依法对被告人从宽处罚。

（一）侦查阶段的刑事和解

如果案件在侦查阶段达成和解，公安机关应当对和解协议书的自愿性及合法性进行审查，将和解协议的内容及履行情况记录在案，并根据情况写出从宽处理的建议，同时仍应当查清案件事实，对于犯罪事实清楚，证据确实、充分的应当写出起诉意见书，连同案卷材料、证据、和解协议书、从宽处理建议一并移送人民检察院审查起诉。值得注意的是，公安机关可以根据双方达成和解协议的情况和案件情况向人民检察院提出从宽处理的建议，但并不能在侦查阶段因双方当事人达成和解协议而作出撤销案件的决定。

双方当事人在侦查阶段达成和解协议，公安机关向人民检察院提出从宽处理建议的，人民检察院在审查逮捕和审查起诉时应当充分考虑公安机关的建议。人民检察院对于公安机关提请批准逮捕的案件，双方当事人达成和解协议的，可以作为有无社会危险性或者社会危险性大小的因素予以考虑。经审查认为不需要逮捕的，可以作出不批准逮捕的决定；在审查起诉阶段可以依法变更强制措施。

（二）审查起诉阶段的刑事和解

如果双方当事人在审查起诉阶段达成和解协议的，人民检察院应当对和解协议的自愿性及合法性进行审查，将和解协议的内容及履行情况记录在案。人民检察院对于公安机关移送起诉的案件，双方当事人达成和解协议的，可以作为是否需要判处刑罚或者免除刑罚的因素予以考虑。符合法律规定的不起诉条件的，可以决定不起诉。对于依法应当提起公诉的，人民检察院可以向人民法院提出从宽处罚的量刑建议。人民检察院拟对当事人达成和解的公诉案件作出不起诉决定的，应当听取双方当事人对和解的意见，并且查明犯罪嫌疑人是否已经切实履行和解协议、不能即时履行的是否已经提供有效担保，将其作为是否决定不起诉的因素予以考虑。当事人在不起诉决定作出之前反悔的，可以另行达成和解。不能另行达成和解的，人民检察院应当依法作出起诉或者不起诉决定。当事人在不起诉决定作出之后反悔的，人民检察院不撤销原决定，但有证据证明和解违反自愿、合法原则的除外。

（三）审判阶段的刑事和解

如果双方当事人在审判阶段达成和解协议的，人民法院对和解协议的自愿性及合法性进行了审查，将和解协议的内容及履行情况记录在案，认为犯罪嫌疑人的犯罪事实已经查清，证据确实、充分，依法应当追究刑事责任的，人民法院应当对被告人从轻处罚；符合非监禁刑适用条件的，应当适用非监禁刑；判处法定最低刑仍然过重的，可以减轻处罚；综合全案认为犯罪情节轻微不需要判处刑罚的，可以免予刑事处罚。共同犯罪案件，部分被告人与被害人达成和解协议的，可以依法对该部分被告人从宽处罚，但应当注意全案的量刑平衡。

第三节 刑事缺席审判程序

一、刑事缺席审判程序概述

刑事缺席审判程序是 2018 年《刑事诉讼法》修改新增的一种特别程序。2018 年之前，基于被告人人权保障的问题，我国长期以来没有确立刑事缺席审判程序。对于犯罪嫌疑人、被告人没有被抓捕归案或不能确保到案的情况下，人民法院不能开庭审判。一般认为，缺席审判会剥夺被告人的程序参与性权利，一旦缺席审判，被告人将无法行使辩护权、与不利于自己的证人对质权、最后陈述权等，而这些权利被公认是正当程序的基本要求。为了打击重大腐败犯罪、严重危害国家安全犯罪以及恐怖活动犯罪，并提高部分刑事案件的审判效果，现行《刑事诉讼法》确立了刑事缺席审判程序，具有创新意义。

一般而言，对未到庭的被告人进行审判可能在一定程度上妨碍被告人有关权利的行使。因此，作为对缺席审判制度的重要补充，刑事缺席审判程序应当被设置在合理的适用范围内，以降低因缺席审判可能对司法公正带来的不当影响。现行《刑事诉讼法》明确规定了缺席审判的三种情形：其一，“对于贪污贿赂犯罪案件，以及需要及时进行审判，经最高人民检察院核准的严重危害国家安全犯罪、恐怖活动犯罪案件，犯罪嫌疑人、被告人在境外，监察机关、公安机关移送起诉，人民检察院认为犯罪事实已经查清，证据确实、充分，依法应当追究刑事责任的，可以向人民法院提起公诉。人民法院进行审查后，对于起诉书中有明确的指控犯罪事实，符合缺席审判程序适用条件的，应当决定开庭审判”（第 291 条）；其二，“因被告人患有严重疾病无法出庭，中止审理超过 6 个月，被告人仍无法出庭，被告人及其法定代理人、近亲属申请或者同意恢复审理的，人民法院可以在被告人不出庭的情况下缺席审理，依法作出判决”（第 296 条）；其三，“被告人死亡的，人民法院应当裁定终止审理；但有证据证明被告人无罪，人民法院经缺席审理确认无罪的，依法作出判决。人民法院按照审判监督程序重新审判的案件，被告人死亡的，人民法院可以缺席审理，依法作出判决”（第 297 条）。可见，《刑事诉讼法》规定可以适用缺席审判的案件类型不限于贪污贿赂等犯罪案件，还包括被告人在患有严重疾病长时间无法出庭以及被告人死亡等案件。

（一）刑事缺席审判程序的概念

刑事缺席审判程序是指人民法院对于贪污贿赂犯罪案件，以及需要及时进行审判，经最高人民检察院核准的严重危害国家安全犯罪和恐怖活动犯罪案件的逃至境外且拒不到案的被告人、对于患有严重疾病无法出庭导致中止审理超过 6 个月的被告人、对于已经死亡的被告人，人民法院可以在满足前述法定条件的情况下，对不出庭的被告人进行审判的特殊程序。

（二）刑事缺席审判程序适用的案件范围

根据现行《刑事诉讼法》之规定，只有极少案件可以适用缺席审判程序，包括以下三种情形：

1. 犯罪嫌疑人、被告人逃至境外的贪污贿赂犯罪或经最高人民检察院核准的，犯罪嫌疑人、需要及时审判的严重危害国家安全犯罪、恐怖活动犯罪。根据现行《刑事诉讼法》

（第 291 条第 1 款）的规定，对于贪污贿赂犯罪案件，以及需要及时进行审判，经最高人民检察院核准的严重危害国家安全犯罪、恐怖活动犯罪案件，犯罪嫌疑人、被告人在境外，监察机关、公安机关移送起诉，人民检察院认为犯罪事实已经查清，证据确实、充分，依法应当追究刑事责任的，可以向人民法院提起公诉。人民法院进行审查后，对于起诉书中有明确的指控犯罪事实，符合缺席审判程序适用条件的，应当决定开庭审判。具体而言，贪污贿赂犯罪，是指监察机关立案调查的，《刑法》分则第八章规定的国家工作人员贪污犯罪和贿赂犯罪。危害国家安全犯罪，是指故意危害中华人民共和国国家安全的行为，包括《刑法》分则第一章规定的十二种具体犯罪：背叛国家罪，分裂国家罪，煽动分裂国家罪，武装叛乱、暴乱罪，颠覆国家政权罪，煽动颠覆国家政权罪，资助危害国家安全犯罪活动罪，投敌叛变罪，叛逃罪，间谍罪，为境外窃取、刺探、收买、非法提供国家秘密、情报罪，资敌罪。恐怖活动犯罪是指实施包括《刑法》第 120 条规定的组织、领导、参加恐怖活动组织罪，第 120 条之一规定的资助恐怖活动罪以及其他以制造社会恐慌、危害公共安全或者胁迫国家机关或者国际组织为目的，采取暴力、破坏、恐吓等手段，造成或意图造成人员伤亡、重大财产损失、公共设施破坏、社会秩序混乱等严重社会危害的犯罪，以及煽动、资助或者以其他方式协助实施上述活动的犯罪。

2. 被告人患有严重疾病案件的刑事缺席审判。根据《刑事诉讼法》（第 296 条）的规定："因被告人患有严重疾病无法出庭，中止审理超过 6 个月，被告人仍无法出庭，被告人及其法定代理人、近亲属申请或者同意恢复审理的，人民法院可以在被告人不出庭的情况下缺席审理，依法作出判决。"根据《刑事诉讼法》（第 206 条）的规定，在审判过程中，被告人患有严重疾病无法出庭致使案件在较长时间内无法继续审理的，人民法院可以中止审理。

3. 被告人死亡案件的刑事缺席审判。根据《刑事诉讼法》第 297 条的规定："被告人死亡的，人民法院应当裁定终止审理，但有证据证明被告人无罪，人民法院经缺席审理确认无罪的，应当依法作出判决。人民法院按照审判监督程序重新审判的案件，被告人死亡的，人民法院可以缺席审理，依法作出判决。"根据最高人民法院《刑诉解释》（第 606 条第 1 款）的规定，被告人死亡的，应当裁定终止审理；根据已查明的案件事实和认定的证据，能够确认无罪的，应当判决宣告被告人无罪。为保障被告人合法权益，此种情形被确定为刑事缺席审判的一种案件类型。

二、刑事缺席审判程序的意义

现行《刑事诉讼法》确立的刑事缺席审判程序因应了我国司法改革的要求，具有其时代意义。

（一）有利于遏制贪污贿赂犯罪，打击危害国家安全犯罪以及恐怖活动犯罪

刑事缺席审判程序通过生效判决的方式给予出逃境外的被告人以负面的法律评价。在现行《刑事诉讼法》修改以前，由于我国尚未建立起刑事缺席审判程序，部分涉嫌贪污贿赂犯罪、危害国家犯罪以及恐怖活动犯罪的犯罪分子潜逃境外躲避法律制裁，严重地影响了腐败犯罪、危害国家安全犯罪以及恐怖活动犯罪的打击力度。刑事缺席审判程序的建立，加强了我国境外追逃工作的力度和手段，对贪污贿赂犯罪、危害国家安全犯罪以及恐怖活动犯罪的犯罪分子形成了强大震慑。刑事缺席审判程序可以避免因为时间过长导致证据灭失情形的发生，使得犯罪分子外逃案件可以被及时处理，这对推动司法机关积极履行职责、丰富惩治犯罪手段、促进国际追逃工作都有着积极意义。

同时，刑事缺席审判程序有助于补强犯罪嫌疑人、被告人逃匿、死亡案件没收违法所得程序。针对贪污腐败犯罪分子为逃避法律制裁而将赃款转移外逃的现象，为了有效惩治腐败犯罪，《刑事诉讼法》（2012）修改时增设了犯罪嫌疑人、被告人逃匿、死亡案件没收违法所得程序，在一定程度上弥补了刑事诉讼法在打击腐败犯罪程序滞后的缺陷。但是，犯罪嫌疑人、被告人逃匿、死亡案件没收违法所得程序只针对违法所得等涉案财产进行没收，不对逃至境外的犯罪嫌疑人、被告人的人身刑进行判处，国家刑罚权没有得到完整实施。因此，有必要对此类案件专门建立缺席审判程序，对犯罪嫌疑人、被告人的人身刑进行判处。即使在被告人本人不到庭的情况下，审判机关也可以按照程序对其依法进行审判，并在证据确凿的情况下，依法判决其有罪。

（二）有利于保护国家利益、社会公共利益及相关被害人利益

贪污贿赂犯罪、严重危害国家安全犯罪以及恐怖活动犯罪属于非常严重的犯罪类型，直接威胁国家稳定、社会发展和人民幸福。随着我国社会不断发展，经济水平不断提升，贪污贿赂犯罪、严重危害国家安全犯罪以及恐怖活动犯罪严重损害了国家利益和社会公共利益，给人民群众带来了巨大的人身伤害与财产损失。通过刑事缺席审判程序，检察机关可以对出逃境外的被告人提起公诉交由审判机关依法作出判决，在国际上树立我国司法机关的权威，彰显我国坚决打击贪污贿赂犯罪、严重危害国家安全犯罪以及恐怖活动犯罪的决心。同时，通过由审判机关作出生效判决的方式可以抚慰被害方的身心，以及时有效地恢复社会秩序。

（三）有利于促进打击贪污贿赂犯罪、严重危害国家安全犯罪以及恐怖活动犯罪的国际合作

在以往的国际刑事司法合作实践中，不少国家依据《联合国反腐败公约》第 57 条第 3 款第 2 项的规定，要求我国提供法院生效判决，否则拒绝返还已经没收的我国外逃犯罪分子的财产，导致我国在追回外逃资产上非常被动。《刑事诉讼法》确立的刑事缺席审判

程序有利于我国与《联合国反腐败公约》以及有关恐怖问题的决议的相关规定有机衔接，一定程度上扭转了我国以往在国际刑事司法合作中的被动局面，为我国刑事司法与国际刑事司法体系的合作奠定了更为完善的法律基础。

（四）有利于保障特定情形下被告人的诉讼权利

被告人患有严重疾病案件的刑事缺席审判需要征得被告人等的同意。现行《刑事诉讼法》（第 206 条）的规定，在审判过程中，被告人患有严重疾病无法出庭，致使案件在较长时间内无法继续审理的，人民法院可以中止审理。但是长时间的中止审理将导致证据灭失，不利于案件事实的查明，更会降低刑事审判活动的效率。因此，《刑事诉讼法》将此种情形设为刑事缺席审判的一种案件类型，其意义在于提高此类刑事案件的审判效率，避免诉讼长期拖延。因此，现行《刑事诉讼法》（第 296 条）规定，只有在被告人及其法定代理人申请或者同意继续审理的前提下，人民法院才能对此类案件进行缺席审判。

同时，被告人死亡案件的刑事缺席审判有利于保障被告人的权利。根据《刑事诉讼法》第 15 条的规定，被告人在审判程序中死亡的，人民法院应当裁定终止审理。被告人死亡案件的刑事审判程序问题面临着法律规定缺位的问题，不利于从法律层面保障已死亡被告人的权利。因此，现行《刑事诉讼法》（第 297 条）规定，对于已经死亡的被告人，确有证据证明其无罪的，人民法院应当通过缺席审判程序进行审理，依法判决其无罪。可见，相关规定具有彰显审判权威和保障已死亡被告人权利的重大意义。

三、刑事缺席审判程序的具体规定

现行《刑事诉讼法》规定了三类适用刑事缺席审判程序案件具体内容。

（一）犯罪嫌疑人、被告人逃至境外案件的刑事缺席审判

1. 启动。《刑事诉讼法》（第 291 条）的规定，犯罪嫌疑人、被告人逃至境外案件的刑事缺席审判程序的启动应当满足以下条件：其一，罪责条件，刑事缺席审判程序只能适用于贪污贿赂犯罪，以及需要及时进行审判，经最高人民检察院核准的严重危害国家安全犯罪、恐怖活动犯罪案件；其二，事实条件，刑事缺席审判程序针对的犯罪嫌疑人或被告人应当在境外而未按照要求到案，监察机关、公安机关移送起诉后，检察机关认为犯罪事实已经查清，证据确实、充分，依法应当追究刑事责任。

2. 送达。《刑事诉讼法》（第 292 条）规定，人民法院应当通过有关国际条约规定的或者外交途径提出的司法协助方式，或者被告人所在地法律允许的其他方式，将传票和人民检察院的起诉书副本送达被告人。传票和起诉书副本送达后，被告人未按要求到案的，人民法院应当开庭审理，依法作出判决，并对违法所得及其他涉案财产作出处理。由此可见，人民法院审理刑事缺席审判案件仍需要向身处境外的被告人送达传票和起诉书副本。

传票和起诉书副本送达后，被告人仍不按照要求到案的，人民法院才最终开启刑事缺席审判程序，且应当开庭审理，并对被告人违法所得及其他涉案财产作出处理。

3. 审理。《刑事诉讼法》（第 291）条规定，刑事缺席审判案件由人民检察院向人民法院提起公诉，人民法院进行审查后，对于起诉书中有明确的指控犯罪事实，符合缺席审判程序适用条件的，应当决定开庭审判。刑事缺席审判案件由犯罪地、被告人离境前居住地或者最高人民法院指定的中级人民法院组成合议庭进行审理。

4. 辩护。《刑事诉讼法》（第 293 条）规定，人民法院缺席审判案件，被告人有权委托辩护人，被告人的近亲属可以代为委托辩护人。被告人及其近亲属没有委托辩护人的，人民法院应当通知法律援助机构指派律师为其提供辩护。

5. 救济。《刑事诉讼法》（第 294 条）规定，人民法院应当将判决书送达被告人及其近亲属、辩护人。被告人或者其近亲属不服判决的，有权向上一级人民法院上诉。辩护人经被告人或者其近亲属同意，可以提出上诉。人民检察院认为人民法院的判决确有错误的，应当向上一级人民法院提出抗诉。根据《刑事诉讼法》第 295 条的规定，在审理过程中，被告人自动投案或者被抓获的，人民法院应当重新审理。罪犯在判决、裁定发生法律效力后到案的，人民法院应当将罪犯交付执行刑罚。交付执行刑罚前，人民法院应当告知罪犯有权对判决、裁定提出异议。罪犯对判决、裁定提出异议的，人民法院应当重新审理。依照生效判决、裁定对罪犯的财产进行的处理确有错误的，应当予以返还、赔偿。

（二）被告人患有严重疾病案件的刑事缺席审判

1. 启动。《刑事诉讼法》（第 296 条）规定，被告人患有严重疾病案件的刑事缺席审判程序的启动应当满足以下条件：第一，时间条件，人民法院审判程序应当已经中止审理超过 6 个月，且被告人仍无法出庭；第二，原因条件，人民法院审判程序中止审理的原因应当是被告人患有严重疾病无法出庭；第三，程序条件，被告人及其法定代理人、近亲属同意恢复审理，或者提出恢复审理的申请。

2. 审理。《刑事诉讼法》（第 296 条）规定，人民法院对满足时间条件、原因条件和程序条件的被告人患有严重疾病无法出庭的案件，可以在被告人不出庭的情况下缺席审理，依法作出判决。

（三）被告人死亡案件的刑事缺席审判

1. 启动。《刑事诉讼法》（第 297 条）规定，被告人死亡案件的刑事缺席审判程序分为在审判程序中被告人死亡的案件，和人民法院按照审判监督程序重新审判时被告人已经死亡情况下的案件，二者的启动方式有所不同。

前者需要满足以下条件：其一，程序条件，由于被告人死亡系《刑事诉讼法》第 16 条和最高人民法院《刑诉解释》第 295 条规定的终止审理事由之一，故人民法院应当先裁定终止审理；其二，事实条件，即需确有证据证明被告人无罪。后者需要满足以下条件：其一，程序条件，人民法院已经按照审判监督程序对案件重新审判；其二，原因条件，人民法院按照审判监督程序对案件重新审判时，被告人已经死亡。

2. 审理。《刑事诉讼法》（第297条）规定，对于被告人在审判程序中死亡的案件，满足程序条件和事实条件，人民法院经缺席审理确认无罪的，应当依法作出判决；对于人民法院按照审判监督程序重新审判时被告人已经死亡的案件，满足程序条件和原因条件，人民法院可以缺席审理，依法作出判决。

第四节　犯罪嫌疑人、被告人逃匿、死亡案件没收违法所得程序

一、犯罪嫌疑人、被告人逃匿、死亡案件没收违法所得程序概述

（一）没收违法所得程序的概念

根据《刑事诉讼法》第298条第1款，犯罪嫌疑人、被告人逃匿、死亡案件没收违法所得程序是指人民法院对于贪污贿赂犯罪、恐怖活动犯罪等重大犯罪案件的犯罪嫌疑人、被告人逃匿，在通缉一年后不能到案，或者犯罪嫌疑人、被告人死亡，依照刑法规定予以追缴其违法所得及其他涉案财产所适用的特殊程序。

根据《刑诉解释》在2021年修订时新增的第609条，扩大了《刑事诉讼法》第298条中的“贪污贿赂犯罪、恐怖活动犯罪等重大犯罪案件”范围，包括：①贪污贿赂、失职渎职等职务犯罪案件；②刑法分则第二章规定的相关恐怖活动犯罪案件，以及恐怖活动组织、恐怖活动人员实施的杀人、爆炸、绑架等犯罪案件；③危害国家安全、走私、洗钱、金融诈骗、黑社会性质组织、毒品犯罪案件；④电信诈骗、网络诈骗犯罪案件。其中，第③、第④类案件属于新增的适用范围。

对于“重大犯罪案件”的标准，《刑诉解释》第610条的规定，在省、自治区、直辖市或者全国范围内具有较大影响的犯罪案件，或者犯罪嫌疑人、被告人逃匿境外的犯罪案件，应当认定为《刑事诉讼法》第298条第1款规定的“重大犯罪案件”。

违法所得是指刑法意义上的违法所得，即指犯罪分子因实施犯罪活动而取得的全部财物。包括金钱或者物品，如盗窃得到的金钱或者物品；贪污得到的金钱或者物品等；其他涉案财产，根据《刑法》第64条的规定，主要是指犯罪工具和违禁品。

（二）违法所得没收程序的立法意义

1. 有利于遏制贪污贿赂等腐败犯罪。一方面，贪污贿赂犯罪中大量存在犯罪嫌疑人、被告人自杀以逃避刑事责任的情形，其近亲属得以保有犯罪分子违法取得的巨额财产。另

一方面，贪污贿赂犯罪案件中大量存在犯罪嫌疑人、被告人潜逃以逃避刑事责任的情形，贪污贿赂腐败分子外逃已经给国家和集体财产带来巨额经济损失，也造成了极为恶劣的社会影响。违法所得没收程序使得追逃和追赃有了明确的程序依据，极大地有利于遏制贪污贿赂腐败犯罪。

2. 有利于保护国家利益、社会公共利益及相关受害者的合法利益。贪污贿赂犯罪与恐怖活动犯罪属于十分严重的犯罪类型，随着市场经济改革走向深入，对外开放的程度越来越大，贪污贿赂犯罪与恐怖活动犯罪呈现出扩大态势。这两类犯罪严重损害了国家利益、社会公共利益，也给相关的受害者造成了严重的身心伤害和重大财产损失。通过违法所得没收程序，专门机关可以及时查封、扣押、冻结与犯罪有关的财产，对于犯罪嫌疑人、被告人违法所得予以追缴和没收，能够及时有效地保护国家利益和社会公共利益，也能够及时对受害者的损害予以赔偿。

3. 有利于促进应对犯罪的国际合作。科学技术的突飞猛进与经济全球化在带给人们便利的同时也为犯罪分子逃匿和隐藏财产创造了条件，尤其是贪污贿赂犯罪和恐怖活动犯罪等犯罪的跨国性、国际性因素不断增多，流动性增强。《联合国反腐败公约》的签署和实施在促进成员国积极采取措施、加强司法合作以追缴犯罪财产方面作了规定。违法所得没收程序将我国《刑事诉讼法》和《联合国反腐败公约》以及有关恐怖问题的决议的相关规定有机地衔接起来，为我国刑事司法与国际刑事司法体系的合作奠定了良好的法律基础。

二、犯罪嫌疑人、被告人逃匿、死亡案件没收违法所得程序的具体规定

（一）适用没收违法所得程序的案件的启动

根据《刑事诉讼法》第 298 条的规定，违法所得没收程序的启动除应满足《刑法》上没收的条件外，还应满足以下条件：（1）罪责条件，违法所得的没收程序只能适用于贪污贿赂犯罪、恐怖活动犯罪等重大犯罪案件；（2）事实条件，犯罪嫌疑人、被告人逃匿、死亡时适用违法所得没收程序的事实要件，《刑事诉讼法》对逃匿进行了明确的界定，即要求必须是属于“通缉一年后不能到案”的情形或根据已经收集的证据能够明确认定犯罪嫌疑人、被告人已经死亡的。

根据《刑事诉讼法》第 298 条第 2 款的规定，犯罪嫌疑人、被告人违法所得没收案件由人民检察院启动程序，公安机关在侦查过程中发现符合刑事诉讼法关于违法所得没收情形的，应当写出没收违法所得意见书，连同相关证据材料移送人民检察院。人民检察院应当在接到监察机关或者公安机关移送的没收违法所得意见书后 30 日内作出是否提出没收违法所得申请的决定。30 日内不能作出决定的，可以延长 15 日。

人民检察院审查没收违法所得意见书时，应当审查以下内容：（1）是否属于本院管辖；（2）是否符合《刑事诉讼法》第298条第1款规定的条件；（3）犯罪嫌疑人基本情况，包括姓名、性别、国籍、出生年月日、职业和单位等；（4）犯罪嫌疑人涉嫌犯罪的事实和相关证据材料；（5）犯罪嫌疑人逃匿、下落不明、被通缉或者死亡的情况，通缉令或者死亡证明是否随案移送；（6）违法所得及其他涉案财产的种类、数量、所在地以及查封、扣押、冻结的情况，查封、扣押、冻结的财产清单和相关法律手续是否随案移送；（7）违法所得及其他涉案财产的相关事实和证据材料；（8）有无近亲属和其他利害关系人以及利害关系人的姓名、身份、住址、联系方式。

人民法院审查人民检察院提出的没收违法所得申请，应当审查以下内容：（1）是否属于可以适用违法所得没收程序的案件范围；（2）是否属于本院管辖；是否写明犯罪嫌疑人、被告人基本情况，以及涉嫌有关犯罪的情况，并附证据材料；（3）是否写明犯罪嫌疑人、被告人逃匿、被通缉、脱逃、下落不明、死亡等情况，并附证据材料；（4）是否列明违法所得及其他涉案财产的种类、数量、价值、所在地等，并附证据材料；（5）是否附有查封、扣押、冻结违法所得及其他涉案财产的清单和法律手续；（6）是否写明犯罪嫌疑人、被告人有无利害关系人，利害关系人的姓名、身份、住址、联系方式及其要求等情况；（7）是否写明申请没收的理由和法律依据；（8）其他依法需要审查的内容和材料。

人民法院对于人民检察院没收违法所得的申请，应当在30日内审查完毕，并按照下列情形分别处理：（1）属于没收违法所得申请受案范围和本院管辖，且材料齐全、有证据证明有犯罪事实的，应当受理；（2）不属于没收违法所得申请受案范围或者本院管辖的，应当退回人民检察院；（3）没收违法所得申请不符合“有证据证明有犯罪事实”标准要求的，应当通知人民检察院撤回申请；（4）材料不全的，应当通知人民检察院在7日以内补送；7日以内不能补送的，应当退回人民检察院。人民检察院尚未查封、扣押、冻结申请没收的财产或者查封、扣押、冻结期限即将届满，涉案财产有被隐匿、转移或者毁损、灭失危险的，人民法院可以查封、扣押、冻结申请没收的财产。

此外，根据最高人民法院《刑诉解释》第626条的规定，在审理案件过程中，被告人死亡或者脱逃，符合《刑事诉讼法》第298条第1款规定的，人民检察院可以向人民法院提出没收违法所得的申请。人民检察院向原受理案件的人民法院提出申请的，可以由同一审判组织依照本章规定的程序审理。

（二）适用违法所得没收程序案件的审理

1. 财产保全。根据《刑事诉讼法》第298条第4款的规定，人民法院在必要的时候也可以查封、扣押、冻结申请没收的财产。必要的时候是指如果不采取查封、扣押或冻结等保全措施，被申请的财产将面临灭失的风险。相关措施的采取由法院主动裁量而非依申请而采取行为。

2. 审前公告。犯罪地或犯罪嫌疑人、被告人居住地的中级人民法院受理没收违法所得的申请后，应当在 15 日内发出公告，公告的时间为 6 个月，应当在全国公开发行的报纸、信息网络媒体、最高人民法院的官方网站发布，并在人民法院公告栏发布；必要时，可以在犯罪地、犯罪嫌疑人、被告人居住地、申请没收的不动产所在地发布。人民法院在公告期满后应当组成合议庭对人民检察院提出的没收违法所得进行审理。犯罪嫌疑人、被告人的近亲属和其他利害关系人有权申请参加诉讼，也可以委托诉讼代理人参加诉讼。利害关系人参加诉讼的，人民法院应当开庭审理。审前公告为没收违法所得程序的必经阶段，公告程序的设置是为了尽可能地让涉案财产的利害相关方出现并主张权利，避免没收财产侵犯第三方的权利。公告期间不计入审理期限。

3. 没收违法所得的证明问题。没收违法所得案件审理中的证明涉及三个方面的问题：其一，证明对象。即犯罪嫌疑人涉嫌的违法犯罪行为是否存在；同时涉案财产与违法犯罪行为是否有关。其二，举证责任。在犯罪嫌疑人逃匿、死亡的情况下没收其违法所得时，检察机关需要证明其犯罪行为的存在，即举证责任由检察机关承担。其三，证明标准。至于涉案财产与违法犯罪行为之间是否存在因果关系，依照《刑法》第 64 条的规定，没收属于量刑环节。违法所得与违法犯罪行为的关系应当按照量刑程序的证明标准确定，即达到优势证据或高度可能性即可。

4. 审理程序。根据《刑事诉讼法》第 299 条的规定，人民法院在公告期满后对没收违法所得的申请进行审理。利害关系人参加诉讼的，人民法院应当开庭审理。没收违法所得的申请，由犯罪地或者犯罪嫌疑人、被告人居住地的中级人民法院审理。犯罪嫌疑人、被告人的近亲属和其他利害关系人有权申请参加诉讼，也可以委托代理人参加诉讼。由此可见，人民法院审理没收违法所得的申请一般是不开庭审理的，只有在利害关系人参加诉讼的情况下才开庭审理。

根据《刑事诉讼法》第 300 条第 1 款的规定，对没收违法所得程序，人民法院经过审理，应当作出如下处理：①确定属于被害人财产的，应当依法返还；②除应返还给被害人财产之外的涉案财产，应裁定没收；③对于不属于应当追缴的财产的，应当裁定驳回申请，并同时解除查封、扣押、冻结措施。

在法庭审理的过程中，在逃的犯罪嫌疑人、被告人自动投案或被抓获的，人民法院应当终止审理。

5. 权利救济。根据《刑事诉讼法》第 300 条第 2 款的规定，对于人民法院依照《刑事诉讼法》第 300 条第 1 款规定作出的裁定，犯罪嫌疑人、被告人的近亲属和其他利害关系人或者人民检察院可以提出上诉、抗诉。根据最高人民法院《刑诉解释》第 628 条的规定，没收违法所得裁定生效后，犯罪嫌疑人、被告人到案并对没收裁定提出异议，人民检察院向原作出裁定的人民法院提起公诉的，可以由同一审判组织审理。人民法院经审理，应当按照下列情形分别处理：原裁定正确的，予以维持，不再对涉案财产作出判决；原裁定确有错误的，应当撤销原裁定，并在判决中对有关涉案财产一并作出处理。人民法院生效的没收裁定确有错误的，除了犯罪嫌疑人、被告人提出异议或检察院提起公诉的情形外，应当依照审判监督程序予以纠正。

第五节　依法不负刑事责任的精神病人的强制医疗程序

一、依法不负刑事责任的精神病人的强制医疗程序概述

（一）强制医疗程序的概念

强制医疗程序是指人民法院对于实施暴力行为，危害公共安全或者严重危害公民人身安全，经法定程序鉴定依法不负刑事责任的精神病人，有继续危害社会可能的，决定予以强制医疗的一种特别程序。精神病人犯罪已经日益成为影响社会治安的重大隐患，近年来由精神病人实施的杀人、伤害等暴力案件呈现上升趋势，为保障公共的安全，维护社会秩序，《刑事诉讼法》专门规定了依法不负刑事责任的精神病人的强制医疗程序。《刑事诉讼法》还对强制医疗的启动方式、人民法院的决定程序、人民检察院的监督程序等作出了明确规定。

（二）强制医疗程序的意义

1. 有利于维护社会公共秩序。精神病人实施危害社会的行为，由于不能辨认和控制自己的行为而不承担刑事责任。但是实施危害社会行为的精神病人如果实施危害行为的精神障碍并没有消除，则有继续危害社会的可能，因此将实施暴力行为的精神病人规范以强制程序，有利于社会的整体稳定。

2. 有利于保障精神病人的合法权益。强制医疗出现滥用又可能损害被强制医疗对象的合法权益。近年来，由于我国缺乏精神病人强制医疗启动程序、决定程序和救济程序等相关规定，从而导致出现了强制医疗制度实施的混乱无序，违法收治精神病人的现象。《刑事诉讼法》确定了强制医疗程序的启动、决定、救济相关程序，为有效保障被强制医疗的精神病患者的合法权益创造了条件。

二、适用强制医疗程序的案件审判的具体规定

（一）强制医疗程序的启动

《刑事诉讼法》第 303 条第 2 款规定：“公安机关发现精神病人符合强制医疗条件的，

应当写出强制医疗意见书，移送人民检察院。对于公安机关移送的或者在审查起诉过程中发现的精神病人符合强制医疗条件的，人民检察院应当向人民法院提出强制医疗的申请。人民法院在审理案件过程中发现被告人符合强制医疗条件的，可以作出强制医疗的决定。”①

由此可见，强制医疗程序的启动有两种方式：一是由人民检察院申请启动；二是由人民法院决定而启动。从强制医疗的启动主体上来讲，上述启动方式确立了检察院和法院强制医疗启动主体的法律地位，从而明确排除了公安机关、精神病院、诉讼当事人、监护人及其工作单位、居委会、村委会等的程序启动权。

（二）强制医疗启动程序适用的对象

《刑事诉讼法》第 302 条对强制医疗制度的适用对象进行了专门规定，即“实施暴力行为，危害公共安全或者严重危害公民人身安全，经法定程序鉴定依法不负刑事责任的精神病人”，具体有：（1）实施了危害公共安全或严重危害公民人身安全的暴力行为的精神病人；（2）法定鉴定程序确认不负刑事责任；（3）有继续危害社会可能的。凡是属于上述条件的精神病人，无论家属是否能够、愿意履行监护职责，都应当强制入院治疗。

（三）强制医疗决定的确认主体

《刑事诉讼法》第 303 条规定了精神病强制医疗的决定主体，即对实施暴力行为的精神病人的强制医疗，由人民法院决定。这种规定符合强制医疗制度的一般发展趋势，为保障被强制医疗人的基本人权和维护社会公共秩序基本功能的实现提供了有力的制度保障。

（四）强制医疗案件的审理

《刑事诉讼法》规定了人民法院审理强制医疗案件的庭审程序，第 304 条规定：“人民法院受理强制医疗的申请后，应当组成合议庭进行审理。人民法院审理强制医疗案件，应当通知被申请人或者被告人的法定代理人到场。被申请人或者被告人没有委托诉讼代理人的，人民法院应当通知法律援助机构指派律师为其提供法律帮助。”由此可见，该条文为被申请人或者被告人规定了法律援助制度，如果被申请人或者被告人没有委托诉讼代理人的，人民法院应当通知法律援助机构指派律师为其提供法律帮助。该条文还明确规定了强制医疗的庭审组织，即人民法院应当组成合议庭进行审理；人民法院对强制医疗案件一般应开庭审理。

根据《刑诉解释》第 637 条的规定，对于申请强制医疗的案件，人民法院审理后，应当按照下列情形分别处理：（1）符合刑事诉讼法第 302 条规定的强制医疗条件的，应当作

① 决定强制医疗本质上不是判处刑罚，而是对具有人身危险性的精神病被告人采取的治疗与预防措施。在审理过程中，人民法院可以主动对符合条件的被告人采取强制医疗，并不违反不告不理与控审分离原则。

出对被申请人强制医疗的决定；（2）被申请人属于依法不负刑事责任的精神病人，但不符合强制医疗条件的，应当作出驳回强制医疗申请的决定，被申请人已经造成危害结果的，应当同时责令其家属或者监护人严加看管和医疗；（3）被申请人具有完全或者部分刑事责任能力，依法应当追究刑事责任的，应当作出驳回强制医疗申请的决定，并退回人民检察院依法处理。

我国《刑事诉讼法》第305条第1款规定："法院对于被申请人或者被告人符合强制医疗条件的，应当在1个月内作出强制医疗的决定。"此处"1个月"的理解应当按照普通程序审判期限的方式计算。根据相关司法解释，人民法院对于按照普通程序审理的上诉案件，决定是否受理，应当在7日内审查完毕。人民法院对提起公诉的案件进行审查的期限，计入人民法院的审理期限。按照此解释精神，强制医疗案件的审理期限，应当自收到检察机关的强制医疗的申请书起算。由于不可抗拒的原因使案件审理程序中止的，或者由于被申请人、被告人更换诉讼代理人延期审判的，此期限不应计算在审限以内。

三、依法不负刑事责任的精神病人的定期复查制度和救济程序

《刑事诉讼法》第306条和第307条对依法不负刑事责任的精神病人的定期复查制度和权利救济程序作了概括性的规定。其中，第306条规定："强制医疗机构应当定期对被强制医疗的人进行诊断评估。对于已不具有人身危险性，不需要继续强制医疗的，应当及时提出解除意见，报决定强制医疗的人民法院批准。被强制医疗的人及其近亲属有权申请解除强制医疗。"第307条规定："人民检察院对强制医疗的决定和执行实行监督。"这一规定明确了强制医疗程序的监督机制，防止强制医疗制度的滥用，并增强了对被申请人的权利的保障。

根据《刑诉解释》第642条和第643条的规定，被决定强制医疗的人、被害人及其法定代理人、近亲属对强制医疗决定不服的，可以自收到决定书之日起5日内向上一级人民法院申请复议。复议期间不停止执行强制医疗的决定。对不服强制医疗决定的复议申请，上一级人民法院应当组成合议庭审理，并在1个月内，按照下列情形分别作出复议决定：①被决定强制医疗的人符合强制医疗条件的，应当驳回复议申请，维持原决定；②被决定强制医疗的人不符合强制医疗条件的，应当撤销原决定；③原审违反法定诉讼程序，可能影响公正审判的，应当撤销原决定，发回原审人民法院重新审判。

根据《人民检察院强制医疗执行检察办法（试行）》第9条的规定，人民法院、公安机关、强制医疗机构在交付执行活动中有下列情形之一的，人民检察院应当依法及时提出纠正意见：①人民法院在作出强制医疗决定后五日以内未向公安机关送达强制医疗决定书和强制医疗执行通知书的；②公安机关没有依法将被决定强制医疗的人送交强制医疗机

构执行的；③交付执行的相关法律文书及其他手续不完备的；④强制医疗机构对被决定强制医疗的人拒绝收治的；⑤强制医疗机构收治未被人民法院决定强制医疗的人的；⑥其他违法情形。

根据《人民检察院强制医疗执行检察办法（试行）》第12条的规定，人民检察院发现强制医疗机构有下列情形之一的，应当依法及时提出纠正意见：①强制医疗工作人员的配备以及医疗、监管安全设施、设备不符合有关规定的；②没有依照法律法规对被强制医疗人实施必要的医疗的；③没有依照规定保障被强制医疗人生活标准的；④没有依照规定安排被强制医疗人与其法定代理人、近亲属会见、通信的；⑤殴打、体罚、虐待或者变相体罚、虐待被强制医疗人，违反规定对被强制医疗人使用约束措施，或者有其他侵犯被强制医疗人合法权利行为的；⑥没有依照规定定期对被强制医疗人进行诊断评估的；⑦对被强制医疗人及其法定代理人、近亲属提出的解除强制医疗的申请，没有及时审查处理，或者没有及时转送作出强制医疗决定的人民法院的；⑧其他违法情形。

强制医疗解除的申请程序有两种方式：一种是由机构提出解除申请；一种是由被强制医疗的人及其近亲属申请解除强制医疗程序。无论哪种方式解除决定都必须由决定强制医疗的人民法院作出。此外，为保障被强制医疗人的合法权利不受侵犯。《刑事诉讼法》第305条第2款规定；“被决定强制医疗的人、被害人及其法定代理人、近亲属对强制医疗决定不服的，可以向上一级人民法院申请复议。”

根据《刑诉解释》第647条的规定，强制医疗机构提出解除强制医疗意见，或者被强制医疗的人及其近亲属申请解除强制医疗的，人民法院应当组成合议庭进行审查，并在1个月内，按照下列情形分别处理：①被强制医疗的人已不具有人身危险性，不需要继续强制医疗的，应当作出解除强制医疗的决定，并可责令被强制医疗的人的家属严加看管和医疗；②被强制医疗的人仍具有人身危险性，需要继续强制医疗的，应当作出继续强制医疗的决定。人民法院应当在作出决定后5日内，将决定书送达强制医疗机构、申请解除强制医疗的人、被决定强制医疗的人和人民检察院。决定解除强制医疗的，应当通知强制医疗机构在收到决定书的当日解除强制医疗。

理论导读

创设特别程序是包括我国在内的世界主要国家的刑事司法程序，回应社会治理、犯罪控制工作日益复杂、多元的挑战所作出的必然选择；是刑事司法治理过程逐步走向专业化、精密化的表征。刑事特别程序的确立使刑事司法系统能够更加积极、有效地回应司法实践的调整与诸多社会问题，进而标志着我国刑事司法系统功能的完备化与科学化。《刑事诉讼法》在第五编分五章规定了未成年人刑事案件诉讼程序，当事人和解的公诉案件诉讼程序，缺席审判程序，犯罪嫌疑人、被告人逃匿、死亡案件违法所得的没收程序以及依法不负刑事责任的精神病人的强制医疗程序。这些特别程序在加强对特定主体的保护、提高办理特殊案件的公正和效率程度方面具有重要的进步意义。其中，最为引人注目的当属 2018 年《刑事诉讼法》新增加的缺席审判程序。

关于未成年人案件刑事诉讼程序，普通刑事诉讼程序与未成年人案件司法程序一个很大的区别在于，未成年人案件刑事诉讼程序的适用在本质上是预防性和保护性的。未成年人犯罪问题是其自身因素与社会大环境综合作用的结果，引起未成年人犯罪的社会因素具有多样性、复杂性特点，决定了预防未成年人犯罪是一项系统工程。对于未成年人违法、犯罪问题的解决，我们应该采取包括社会福利、教育关怀等更为积极的社会政策。未成年人在司法程序中享有特殊的权利是一种国际发展趋势。

随着我国未成年人犯罪的增多，教育保护未成年人已经成为突出的社会问题。处理未成年人刑事案件，不但要在定罪量刑上与成年人犯罪案件有所不同，更重要的是应当适应未成年人的特点，适用不同于普通刑事诉讼程序的特殊程序。1899 年，美国伊利诺斯州制定了世界上第一部《少年法庭法》，同时在芝加哥市建立了世界上第一个少年法庭，开创了人类法制史上的新篇章。嗣后百年间，各国竞相效仿设立少年法庭，颁布少年法律、法规，形成了从立法思想、组织结构、司法制度到表现形式都与其他法律不同的少年司法体系。

1984 年底，在我国上海市长宁区人民法院出现了第一个专门审理未成年人刑事案件的少年法庭，在探索教育、改造、挽救未成年犯罪人方面取得了显著的成绩，得到最高人民法院的鼓励和推广。此后的十余年间，少年法庭在我国各省市花开遍地，并在法律法规的建立、机构人员的建设、诉讼程序的设置等多方面日趋丰富和完善。这些都标志着我国的未成年人刑事诉讼程序已初具规模，中国的少年司法制度已经确立。

关于当事人和解的公诉案件诉讼程序。当事人和解的公诉案件诉讼程序的确立符合刑事司法发展的国际趋势。美国、加拿大和澳大利亚等英美法系国家通过恢复性司法来促使加害人与被害人之间修复被犯罪所破坏的关系，进而减少甚至消除犯罪对社会所造成的冲击。法国、德国等大陆法系国家则确立“刑事和解”“犯罪人—被害人和解”程序。例如，《德国刑事诉讼法》增订了第 155a 条，规定：“检察官与法官，在刑事程序的任何阶段，应当随时检验被害人与犯罪人有无达成和解之可能性。在适当情形下，检察官与法官应该促成和解，但不得违反被害人的明示的意思。”2002 年 12 月联合国经济与社会理事会作出了《关于在刑事事项中采用恢复性司法方案的基本原则》的决议，也鼓励各会员国利用恢复性司法理念处理刑事案件。

当然，刑事和解也存在一些争议。其中最重要的就是刑事和解导致“以钱赎刑”的可能。有观点认为，有些刑事和解案件通过赔偿，终止了追诉或者免除了刑罚，就是“以钱赎刑”。事实上，“以钱赎刑”是金钱与刑罚的交易；刑事和解和“以钱赎刑”是两个问题。从刑事和解实践看，和解的内容不仅仅是民事赔偿，之所以不起诉或从轻、减轻甚至免除处罚，是因为行为人本身悔罪情况好且危害小，不能与“以钱赎刑”划等号。并且，我国在公诉案件的和解设计中没有赋予和解协议以效力，即对刑事裁决不具备约束力。正是考虑到刑事和解的法律效果与社会效果，以及我国刑事司法所面临的现实问题，在构建和谐社会和贯彻宽严相济刑事政策的背景下，此次刑事诉讼法修改将其作为一种特别程序予以规定。同时，考虑到适用初期范围不宜过分扩展，因而通过一系列条件和案件范围的规定将其适用限制在一个相对合理的范围之内。

关于缺席审判程序。为了加强境外追逃工作力度和手段，2018 年《刑事诉讼法》正式建立了我国的刑事缺席审判程序。有学者早在 2006 年就提出过应当建立刑事缺席审判程序的观点，并就具体的制度安排提出了自己的见解。① 本次《刑事诉讼法》确立缺席审判制度可以说是理论界和实务界多年探索得来的不易成果，具有重大意义。在国家大力惩治贪污腐败犯罪分子的大背景下，《刑事诉讼法》适时确立刑事缺席审判制度，对打击重大腐败犯罪、追回外逃赃款具有极大的现实意义。需要注意的是，打击贪污腐败犯罪并非我国刑事缺席审判程序的唯一目的，贪污腐败犯罪也不是我国刑事缺席审判程序针对的唯一犯罪类型，不可因理论界和实务界高度强调刑事缺席审判打击腐败犯罪的功效而生一叶障目之弊端。一方面，根据《刑事诉讼法》第 291 条第 1 款的规定，经最高人民检察院核准的严重危害国家安全犯罪和恐怖活动犯罪案件也属于我国刑事缺席审判的案件范围，人民法院对涉嫌此类犯罪活动的身处境外的嫌疑人、被告人也可以在其拒不到庭的情况下缺席审判，以加大打击危害我国国家安全和恐怖活动犯罪的力度，维护我国社会稳定的同时进一步促进国际刑事司法合作的发展。另一方面，根据《刑事诉讼法》第 296 条、第 297 条的规定，刑事缺席审判程序还可以适用于被告人患有严重疾病长时间无法出庭和被告人死亡的案件。《刑事诉讼法》将这两类案件纳入到我国刑事缺席审判范畴的目的不在于打击贪污贿赂等犯罪，对于前者而言，其目的在于提高此类案件刑事审判效率，防范证据资料失真，避免审判久拖不决；对于后者而言，其目的在于伸张国家审判权，给予已经死亡的被告人以最终的法律评价，真正达到“案结事了”的实务效果。可见，将这两类案件纳入到我国刑事缺席审判程序当中也具有重大实践意义。但是《刑事诉讼法》对以上三类案件设计刑事缺席审判程序的立法技术问题仍旧值得进一步考辨。从立法技术来看，《刑事

---

① 陈光中、胡铭：《〈联合国反腐败公约〉与刑事诉讼法再修改》，载《政法论坛》2006 年第 1 期，第 89~90 页。

诉讼法》第五编第三章采取的立法模式是“类型（一）——权利保障机制——类型（二）、（三）”的模式。毋庸讳言，此种立法技术难免让人产生权利保障机制适用于第一种缺席审判类型还是适用于所有缺席审判类型的疑问。更甚的是，在规定了贪腐案件犯罪嫌疑人、被告人潜逃境外案件缺席审判及权利保障机制之后，再规定其他类型的缺席审判，前后逻辑欠之缜密，有突兀之感。因此，我们认为未来立法应当对不同缺席审判案件类型、程序和救济机制进一步优化。

具体而言，建议新增的第五编第三章缺席审判中可以只规定第一种缺席审判。第296条中止后缺席审判的，可以写到刑事诉讼法第一审程序第206条关于中止审理的规定之后。第297条第1款规定有证据证明被告人无罪的缺席审判，应当纳入现行《刑事诉讼法》第16条，同时“有证据证明被告人无罪”的表达有欠缺，缺乏疑罪从无的精神，应当改为“证明被告人有罪缺乏确实、充分证据的，应当缺席审判，作出无罪判决”。因此，将第16条第5项改为“犯罪嫌疑人、被告人死亡的；但是如果证明被告人有罪缺乏确实、充分证据的，应当缺席审判，作出无罪判决”。第297条第2款规定被告人死亡后的缺席审判，应该放在刑事诉讼法审判监督程序中，并建议将其修改为“人民法院按照审判监督程序重新审判的案件，被告人死亡的，对于有利于被告人的案件，人民法院应当缺席审理，依法作出判决”。唯有如此，才能使三种缺席审判的情形规定更加合理。①

另外需要关注的是刑事缺席审判所导致的被告人程序参与性权利受限的问题。刑事诉讼程序关涉被告人人身权利、财产权利的限制乃至于剥夺，被告人也需要通过出庭参加审判活动的方式来维护自己的合法权益，否则，《刑事诉讼法》规定的辩护权、与不利于自己的证人对质权、最后陈述权等诉讼权利将形同虚设。这些诉讼权利正是正当程序的基本要求，而一旦缺席审判，被告人将无法有效行使上述权利。这也正是刑事缺席审判程序在我国长期以来没有被建立的原因。因此，刑事缺席审判程序必须注意惩罚犯罪与保障人权二者间的合理平衡。值得肯定的是，《刑事诉讼法》在构建刑事缺席审判制度时对被告人权利的保障问题非常重视，明确规定了刑事审判案件由犯罪地或被告人居住地的中级人民法院组成合议庭进行审理、设立了刑事缺席审判程序的强制法律援助辩护制度、赋予了被告人在归案后的异议权以及被告人及其近亲属独立的上诉权。其中，需要指出的是，被告人及其近亲属独立的上诉权规定得过于笼统，不利于准确执行。司法实践中可能造成不论被告人本人是否明确表明关于上诉问题的意愿，其近亲属都有权代替被告人独立提起上诉的情况。刑事缺席审判程序虽然不需要被告人到庭参加审判，但是其目的乃是追究该被告人的刑事责任，而不是处理其近亲属的法律责任问题。如果刑事缺席审判的被告人是具备

---

① 陈光中、肖沛权：《刑事诉讼法修正草案：完善刑事诉讼制度的新成就和新期待》，载《中国刑事法杂志》2018年第3期，第7~8页。

刑事诉讼行为能力的主体，且其已经明确表明不上诉而愿意接受一审判决结果，此时若仍旧允许该被告人的近亲属有权独立提起上诉，则明显违背被告人的意愿。因此，未来立法或司法解释应当将刑事缺席审判程序被告人的近亲属的上诉权限制在“被告人无法正常表达上诉意愿或没有表示是否上诉”的情况。

关于犯罪嫌疑人、被告人逃匿、死亡案件违法所得没收程序中的证明问题。检察机关需要在犯罪嫌疑人逃匿、死亡的时候证明犯罪行为的存在，而《刑事诉讼法》并没有就相关的证明标准问题进行特别规定，则检察机关对犯罪行为的证明就要达到案件事实清楚、证据确实充分的程度。如此一来，该特别程序似乎变相确立了缺席审判制度，这对检察机关的证明无疑是一个难题。在此情况下，或者应在实体法上确立未定罪没收的条件，以推定的方式确立违法所得的范围，或者在程序法上降低该特别程序对罪行的认定标准。

关于依法不负刑事责任的精神病人的强制医疗程序。精神病人作为公民的一分子，其必然应该享有宪法规定的基本权利，享受和其他正常公民同等的保护。因为“平等既意味着对个人自由的崇尚和对人性尊严的捍卫，也有助于铲除观念以及制度层面对人实行差别待遇和歧视的土壤，而且保障公民的各项权利与自由也是国家给予社会契约必须履行的基本义务”①，因而，对于社会中存在的精神病人危害社会的问题，必须依靠国家力量予以解决，而唯一的途径就是通过立法制定科学而合理的强制医疗程序。庞德曾指出，在社会学家的眼中，法律被看作一项旨在实现社会控制的工程，是司法和行政过程中适用的、权威性的高度专门形式的社会控制体系。故而，强制医疗程序不仅是一项法律规范体系，更是一项艰巨的社会控制工程，它涉及特定公民的权利与自由。《刑事诉讼法》对强制医疗程序的规定有效解决了我国之前存在的部分强制医疗制度实施混乱以及违法收治的问题。

真题解析

1. （2020年真题参考版）人民检察院审查起诉一起共同犯罪案件，两个犯罪嫌疑人中，甲刚满18周岁，乙未满18周岁，他们的父亲分别担任他们的辩护人。下列说法正确的是？

A. 如果甲和乙没有辩护人，检察院应当通知法律援助机构指派律师担任甲和乙的辩护人

B. 人民检察院审查起诉时应当讯问甲乙两人，还应当听取两人父亲的意见

C. 法院决定适用简易程序需要取得乙的父亲的同意

① ［英］彼得·斯坦、约翰·香德：《西方社会的法律价值》，王献平译，中国法制出版社2000年版，第45页。

D. 本案的审理应当不公开进行，任何人不得到场

答案：BC

解析：《刑事诉讼法》第 278 条规定："未成年犯罪嫌疑人、被告人没有委托辩护人的，人民法院、人民检察院、公安机关应当通知法律援助机构指派律师为其提供辩护。"所以选项 A 错误。《刑事诉讼法》第 173 条第 1 款规定："人民检察院审查案件，应当讯问犯罪嫌疑人，听取辩护人或者值班律师、被害人及其诉讼代理人的意见，并记录在案。辩护人或者值班律师、被害人及其诉讼代理人提出书面意见的，应当附卷。"所以选项 B 正确。《刑诉解释》第 566 条规定："对未成年人刑事案件，人民法院决定适用简易程序审理的，应当征求未成年被告人及其法定代理人、辩护人的意见。上述人员提出异议的，不适用简易程序。"所以选项 C 正确。《刑诉解释》第 557 条规定："开庭审理时被告人不满十八周岁的案件，一律不公开审理。经未成年被告人及其法定代理人同意，未成年被告人所在学校和未成年人保护组织可以派代表到场。到场代表的人数和范围，由法庭决定。经法庭同意，到场代表可以参与对未成年被告人的法庭教育工作。对依法公开审理，但可能需要封存犯罪记录的案件，不得组织人员旁听；有旁听人员的，应当告知其不得传播案件信息。"所以选项 D 正确。

2.（2021 年真题参考版）15 岁的男孩小马与 13 岁的女孩小刘发生了性关系，公安机关对小马进行立案侦查。关于本案的处理，下列哪一选项是正确的？

A. 审查起诉期间，小马父亲对小马认罪认罚有异议，可将异议内容在具结书中注明，但不影响对小马从宽处理

B. 法庭审理中，侦查阶段对小马进行社会调查的工作人员可以出庭说明情况

C. 询问小刘时，其法定代理人或者合适成年人不在场，不得将被害人陈述作为定案根据

D. 因小马涉嫌罪名严重，不得对其适用附条件不起诉

答案：AB

解析：《高检规则》第 468 条第 1～3 款规定："未成年犯罪嫌疑人认罪认罚的，应当在法定代理人、辩护人在场的情况下签署认罪认罚具结书。法定代理人、辩护人对认罪认罚有异议的，不需要签署具结书。因未成年犯罪嫌疑人的法定代理人、辩护人对其认罪认罚有异议而不签署具结书的，人民检察院应当对未成年人认罪认罚情况，法定代理人、辩护人的异议情况如实记录。提起公诉的，应当将该材料与其他案卷材料一并移送人民法院。未成年犯罪嫌疑人的法定代理人、辩护人对认罪认罚有异议而不签署具结书的，不影响从宽处理。"所以选项 A 正确。《刑诉解释》第 575 条规定："对未成年被告人情况的调查报告，以及辩护人提交的有关未成年被告人情况的书面材料，法庭应当审查并听取控辩

双方意见。上述报告和材料可以作为办理案件和教育未成年人的参考。人民法院可以通知作出调查报告的人员出庭说明情况，接受控辩双方和法庭的询问。”所以选项 B 正确。《刑诉解释》第 90 条规定：“证人证言的收集程序、方式有下列瑕疵，经补正或者作出合理解释的，可以采用；不能补正或者作出合理解释的，不得作为定案的根据：（一）询问笔录没有填写询问人、记录人、法定代理人姓名以及询问的起止时间、地点的；（二）询问地点不符合规定的；（三）询问笔录没有记录告知证人有关权利义务和法律责任的；（四）询问笔录反映出在同一时段，同一询问人员询问不同证人的；（五）询问未成年人，其法定代理人或者合适成年人不在场的。”所以选项 C 错误。《刑事诉讼法》第 282 条规定：“对于未成年人涉嫌刑法分则第四章、第五章、第六章规定的犯罪，可能判处一年有期徒刑以下刑罚，符合起诉条件，但有悔罪表现的，人民检察院可以作出附条件不起诉的决定。人民检察院在作出附条件不起诉的决定以前，应当听取公安机关、被害人的意见。对附条件不起诉的决定，公安机关要求复议、提请复核或者被害人申诉的，适用本法第 179 条、第 180 条的规定。未成年犯罪嫌疑人及其法定代理人对人民检察院决定附条件不起诉有异议的，人民检察院应当作出起诉的决定。”所以选项 D 错误。

3. （2018 年真题参考版）北京某幼儿园家长高贾在给儿子刘飞鹏洗澡时，发现孩子的身上有多处疑似被针扎过的痕迹。于是高贾向幼儿园的小朋友了解情况，同班同学高小云说出了实情，原来是红黑紫幼儿园老师殷某用针扎的。家长高贾选择报警。关于本案，下列选项说法正确的是？

A. 家长高贾可以代为与殷某和解

B. 家长高贾的行为是报案

C. 刘飞鹏太小，所以无法让其进行辨认

D. 高小云年幼，其所做的证言不能作为定案依据

答案： A

解析：《刑诉解释》第 588 条规定：“符合刑事诉讼法第 288 条规定的公诉案件，被害人死亡的，其近亲属可以与被告人和解。近亲属有多人的，达成和解协议，应当经处于最先继承顺序的所有近亲属同意。被害人系无行为能力或者限制行为能力人的，其法定代理人、近亲属可以代为和解。”所以选项 A 正确。

4. （2015 年卷二 75）甲因琐事与乙发生口角进而厮打，推搡之间，不慎致乙死亡。检察院以甲涉嫌过失致人死亡提起公诉，乙母丙向法院提起附带民事诉讼。关于本案处理，下列哪些选项是正确的？

A. 法院可对附带民事部分进行调解

B. 如甲与丙经法院调解达成协议，调解协议中约定的赔偿损失内容可分期履行

C. 如甲提出申请，法院可组织甲与丙协商以达成和解

D. 如甲与丙达成刑事和解，其约定的赔偿损失内容可分期履行

答案： ABC

解析：《刑诉解释》第 190 条规定：“人民法院审理附带民事诉讼案件，可以根据自愿、合法的原则进行调解。经调解达成协议的，应当制作调解书。调解书经双方当事人签收后即具有法律效力。调解达成协议并即时履行完毕的，可以不制作调解书，但应当制作笔录，经双方当事人、审判人员、书记员签名后即发生法律效力。”所以选项 AB 正确。《刑诉解释》第 587 条第 1 款规定：“对符合刑事诉讼法第 288 条规定的公诉案件，事实清楚、证据充分的，人民法院应当告知当事人可以自行和解；当事人提出申请的，人民法院可以主持双方当事人协商以达成和解。”所以选项 C 正确。《刑诉解释》第 593 条规定：“和解协议约定的赔偿损失内容，被告人应当在协议签署后即时履行。和解协议已经全部履行，当事人反悔的，人民法院不予支持，但有证据证明和解违反自愿、合法原则的除外。”所以选项 D 错误。

5. （2019 年真题参考版）甲涉嫌贪污贿赂和滥用职权犯罪，监察委移送起诉后检察院对其取保候审，由甲的朋友乙担任其保证人，取保候审期间犯罪嫌疑人甲逃匿下落不明。下列选项错误的是？

A. 甲脱逃半年后人民检察院可以向人民法院提出没收违法所得申请

B. 人民法院可以对甲缺席审判认定其滥用职权罪

C. 只有等甲归案后才能对其提起诉讼

D. 人民检察院可以决定对甲的保证人予以罚款

答案： ABCD

解析：《刑事诉讼法》第 298 条第 1 款规定：“对于贪污贿赂犯罪、恐怖活动犯罪等重大犯罪案件，犯罪嫌疑人、被告人逃匿，在通缉一年后不能到案，或者犯罪嫌疑人、被告人死亡，依照刑法规定应当追缴其违法所得及其他涉案财产的，人民检察院可以向人民法院提出没收违法所得的申请。”所以选项 A 错误。《刑事诉讼法》第 291 条第 1 款规定：“对于贪污贿赂犯罪案件，以及需要及时进行审判，经最高人民检察院核准的严重危害国家安全犯罪、恐怖活动犯罪案件，犯罪嫌疑人、被告人在境外，监察机关、公安机关移送起诉，人民检察院认为犯罪事实已经查清，证据确实、充分，依法应当追究刑事责任的，可以向人民法院提起公诉。人民法院进行审查后，对于起诉书中有明确的指控犯罪事实，符合缺席审判程序适用条件的，应当决定开庭审判。”所以选项 BC 错误。《刑事诉讼法》第 70 条第 2 款规定：“被保证人有违反本法第 71 条规定的行为，保证人未履行保证义务的，对保证人处以罚款，构成犯罪的，依法追究刑事责任。”所以选项 D 错误。

6.（2020年真题参考版）犯罪嫌疑人高某涉嫌巨额财产来源不明罪被立案调查，调查中高某借机潜逃。关于本案相关程序，下列表述正确的是？

A. 人民检察院认为本案犯罪事实已经查清，证据确实、充分，可以向人民法院提起公诉，请求法院缺席审判

B. 如果符合缺席审判程序的条件，高某的妻子申请参与诉讼的，要提供证明夫妻关系证明的材料

C. 监察机关可以要求公安机关限制高某出境

D. 被告人的妻子主张部分财产是她的合法财产，妻子只需要承担提供证据证明的责任，而不需要承担说服责任和结果责任

答案：BC

解析：《刑事诉讼法》第291条第1款规定："对于贪污贿赂犯罪案件，以及需要及时进行审判，经最高人民检察院核准的严重危害国家安全犯罪、恐怖活动犯罪案件，犯罪嫌疑人、被告人在境外，监察机关、公安机关移送起诉，人民检察院认为犯罪事实已经查清，证据确实、充分，依法应当追究刑事责任的，可以向人民法院提起公诉。人民法院进行审查后，对于起诉书中有明确的指控犯罪事实，符合缺席审判程序适用条件的，应当决定开庭审判。"所以选项A错误。《刑诉解释》第602条规定："人民法院审理人民检察院依照刑事诉讼法第291条第1款的规定提起公诉的案件，被告人的近亲属申请参加诉讼的，应当在收到起诉书副本后、第一审开庭前提出，并提供与被告人关系的证明材料。有多名近亲属的，应当推选一至二人参加诉讼。对被告人的近亲属提出申请的，人民法院应当及时审查决定。"所以选项B正确。《监察法》第30条规定："监察机关为防止被调查人及相关人员逃匿境外，经省级以上监察机关批准，可以对被调查人及相关人员采取限制出境措施，由公安机关依法执行。对于不需要继续采取限制出境措施的，应当及时解除。故监察机关可以要求公安机关限制被告人出境。"所以选项C正确。《刑事诉讼法》第51条规定："公诉案件中被告人有罪的举证责任由人民检察院承担，自诉案件中被告人有罪的举证责任由自诉人承担。"所以选项D错误。

7.（2021年真题参考版）丙市发现一名流浪汉，因不知道其姓名，也找不到任何家属，救助人员将其送往该市救助中心。在救助中心，该流浪汉将另一流浪汉杀死。法院在审理本案过程中，发现该流浪汉患有精神病。关于本案，下列选项正确的是？

A. 法院有权对其采取临时保护性羁押措施

B. 当地民政局可以派代表担任流浪汉的法定代理人出庭

C. 法院决定采取强制医疗措施要一并确认强制医疗期限

D. 法院可以临时邀请精神病专家作为人民陪审员

答案： BD

解析：《刑事诉讼法》第 303 条第 3 款规定："对实施暴力行为的精神病人，在人民法院决定强制医疗前，公安机关可以采取临时的保护性约束措施。"所以选项 A 错误。《刑事诉讼法》第 108 条第 3 项规定："（三）"法定代理人"是指被代理人的父母、养父母、监护人和负有保护责任的机关、团体的代表"所以选项 B 正确。《刑事诉讼法》第 306 条规定："强制医疗机构应当定期对被强制医疗的人进行诊断评估。对于已不具有人身危险性，不需要继续强制医疗的，应当及时提出解除意见，报决定强制医疗的人民法院批准。被强制医疗的人及其近亲属有权申请解除强制医疗。"所以选项 C 错误。《最高人民法院关于适用〈中华人民陪审员法〉人民陪审员法解释》第 3 条第 3 款规定："因案件类型需要具有相应专业知识的人民陪审员参加合议庭审判的，可以根据具体案情，在符合专业需求的人民陪审员名单中随机抽取确定"所以选项 D 正确。

第二十二章　其他刑事程序

第一节　刑事赔偿程序

一、刑事赔偿程序概述

刑事赔偿是一种国家赔偿责任，是指公安司法机关及其工作人员在刑事诉讼中，行使职权时违法侵害公民、法人和其他组织的合法权益并造成损害，由国家予以赔偿的制度。

刑事赔偿法律制度是在 19 世纪末 20 世纪初随着社会经济发展、法制健全和人权思想的进步建立并逐步发展起来的。从世界各国的立法模式看，对刑事赔偿制度有通过判例确立的，如英国；有在刑事诉讼法典中规定刑事赔偿内容的，如法国、意大利；有制定专门赔偿法的，如德国、日本。不管模式如何，刑事赔偿制度的形成和发展是现代文明国家走向民主化、法制化的重要标志之一。

我国 1982 年《宪法》第 41 条规定："由于国家机关和工作人员侵犯公民权利而遭受损失的人，有权依照法律规定取得赔偿的权利。"在宪法原则性规定基础上，1994 年 5 月 12 日第八届全国人民代表大会常务委员会第七次会议通过《中华人民共和国国家赔偿法》，对刑事赔偿制度进行了明确规定。2012 年 10 月 26 日，第十一届全国人民代表大会常务委员会第二十九次会议通过了广受关注的《关于修改〈中华人民共和国国家赔偿法〉的决定》，对已经实施了 18 个年头的《中华人民共和国国家赔偿法》进行了重要修订，进一步完善了刑事赔偿制度。此外，1996 年《关于人民法院执行〈中华人民共和国国家赔偿法〉几个问题的解释》、2010 年《人民检察院国家赔偿工作规定》、2011 年《最高人民法院关于人民法院赔偿委员会审理国家赔偿案件程序的规定》、2011 年《最高人民法院关于适用〈中华人民共和国国家赔偿法〉若干问题的解释（一）》、2012 年《最高人民法院关于国家赔偿案件立案工作的规定》、2013 年《最高人民法院关于人民法院赔偿委员会适用质证程序审理国家赔偿案件的规定》、2021 年《最高人民法院关于审理国家赔偿案件确定精神损害赔偿责任适用法律若干问题的解释》、2022 年《最高人民法院关于审理人身损害赔偿案件适用法律若干问题的解释》等司法解释对刑事赔偿的具体程序进行了明确的规定，上述司法解释在修订后的《国家赔偿法》框架内仍将继续发挥作用。刑事赔偿制度的建立和完善有以下几个方面的意义：

1. 有利于维护司法公正，使刑事诉讼中无辜蒙冤者所遭受的侵害得到赔偿，错案得以彻底纠正。

2. 是对滥用侦查权、司法权、监狱管理权的有效制约，有利于加强司法工作人员的责任感，促进严格执法、依法办案，预防和减少冤假错案。

3. 有利于化解消极因素，维护和促进社会安定。

二、刑事赔偿责任的构成要件

刑事赔偿责任的形成必须以法律规定的条件为前提，根据《国家赔偿法》第 2 条规定："国家机关和国家机关工作人员行使职权，有本法规定的侵犯公民、法人和其他组织合法权益的情形，造成损害的，受害人有依照本法取得国家赔偿的权利。"并结合《国家赔偿法》第 17 条、第 18 条规定，构成刑事赔偿责任的要件应当包括：

1. 引起刑事赔偿的行为只能是行使侦查、检察、审判职权的机关以及看守所、监狱管理机关及其工作人员的职权行为。法律责任的产生要有行为的发生，国家要承担法律责任必须是代表国家行使职权的国家机关及其工作人员的行为引起的。刑事赔偿责任作为国家赔偿责任的组成部分，是具有行使侦查、检察、审判职权的机关以及看守所、监狱管理机关及其工作人员的职权行为的法律后果。如果这些机关及其工作人员行为不具有职权行为性质，而是其他性质的行为，如民事行为、个人行为，即使带来损害，也不会发生刑事赔偿责任。

2. 职权行为违法行使。刑事诉讼中，职权行为是公安司法机关工作人员依法定职责履行职务的行为。在办理刑事案件过程中，公安司法机关工作人员的职权行为造成损害后果，对合法履行侦查、检察、审判、看守监管、监狱管理职能的行为不能要求赔偿，只能对违法行使职权的损害后果要求赔偿。违法行使职权既包括违反实体法，如无罪判有罪；也包括违反程序法，如查封、扣押财产手续不合法。

3. 有损害事实，并且违法行使职权的行为与损害事实之间有因果关系。刑事赔偿以损害事实的存在为前提，没有损害后果，就无须承担赔偿责任。在刑事诉讼中，违法行使职权可造成多方面的损害后果，如人身自由被限制或剥夺、身体伤害、死亡，财产遭受损失，名誉权、荣誉权受到损害，丧失读书、就业、晋升的机遇等。这些损害后果并不能都成为刑事赔偿中的损害后果，刑事赔偿中的损害后果是特定的，仅限于侵犯公民、法人和其他组织人身权、财产权所造成的损害——修订后的《国家赔偿法》第 35 条还专门规定了人身权受侵犯而请求精神损害赔偿的内容；在损害程度上，侵犯人身权中人身自由权的限于错捕、错判，侵犯生命健康权的限于造成公民身体伤害或死亡。

同时，刑事赔偿的发生还要求损害后果的造成与违法行使职权之间必须有因果联系。如果是公民、法人和其他组织自己的行为导致损害发生的，国家不予赔偿。

三、刑事赔偿的范围

包括侵犯人身权的赔偿、侵犯财产权的赔偿，和不予赔偿的情形等。

（一）侵犯人身权的赔偿范围

依照《国家赔偿法》第 17 条规定，行使侦查、检察、审判职权的机关以及看守所、监狱管理机关及其工作人员在刑事诉讼中侵犯人身权，具有应予赔偿的以下情形。

1. 违反刑事诉讼法的规定对公民采取拘留措施的，或者依照刑事诉讼法规定的条件和程序对公民采取拘留措施，但是拘留时间超过刑事诉讼法规定的时限，其后决定撤销案件、不起诉或者判决宣告无罪终止追究刑事责任的。刑事拘留采用违法归责原则，即行使侦查、检察、审判职权的机关以及看守所、监狱管理机关及其工作人员违法采取刑事拘留措施或者采取刑事拘留措施合法，但拘留时间超过法定期限，其后决定撤销案件、不起诉或者判决宣告无罪终止追究刑事责任的，国家均应当承担赔偿责任。

2. 对公民采取逮捕措施后，决定撤销案件、不起诉或者判决宣告无罪终止追究刑事责任的。

3. 依照审判监督程序再审改判无罪，原判刑罚已经执行的。逮捕和判决采用结果归责原则，即不论逮捕时是否违反法律规定，只要将无罪的人不当羁押，逮捕后终止追究刑事责任或者无罪错判、原判刑罚已经执行的，国家均应当承担赔偿责任。

4. 侵犯公民生命健康权的赔偿。侵犯公民生命健康权的赔偿以造成公民身体伤害或死亡为前提，但不以受害人是否有罪为必备条件。

这种赔偿的情形有两种：①刑讯逼供或者以殴打、虐待等行为或者唆使、放纵他人以殴打、虐待等行为造成公民身体伤害或者死亡的。这种情形是指行使侦查、检察、审判职权的机关以及看守所、监狱管理机关及其工作人员对犯罪嫌疑人、被告人或者罪犯使用肉刑和变相使用肉刑，造成其身体伤害或者死亡。②违法使用武器、警械造成公民身体伤害或者死亡的。警械，是指人民警察按照规定装备的警棍、催泪弹、高压水枪、特种防暴枪、手铐、脚镣、警绳等警用器械；武器，是指人民警察按照规定装备的枪支、弹药等致命性警用武器。对武器、警械的使用条件与强度，《人民警察使用警械和武器条例》进行了明确严格的规定。

（二）侵犯财产权的赔偿范围

依照《国家赔偿法》第 18 条规定，行使侦查、检察、审判职权的机关以及看守所、监狱管理机关及其工作人员在刑事诉讼中侵犯公民、法人和其他组织的财产权应予赔偿的情形有：

1. 违法对财产采取查封、扣押、冻结、追缴等措施的。这主要体现为在刑事诉讼中查封、扣押、冻结了与案件无关的财物或存款，超出法定范围查封、扣押财物或冻结存款，追缴的财物是犯罪分子的合法收入，不属于违法所得，没收的财物不是犯罪分子作案用的物品，不是违禁品。

2. 依照审判监督程序再审改判无罪，证明原判确属错误。这种情形一般是指已经执行原判中的罚金、没收财产，再审改判无罪后，在退还罚金、没收财产的同时，国家还应赔偿公民因此所受的损害。

（三）不予刑事赔偿的情形

在刑事诉讼中，公民的人身或财产虽然有一定的损害，但这种损害不是行使侦查、检察、审判职权的机关以及看守所、监狱管理机关及其工作人员的错误，而是其他原因造成的，是不能得到刑事赔偿的。依照《国家赔偿法》第 19 条规定，有下列情形之一的，国家不承担赔偿责任：

1. 因公民自己故意作虚伪供述，或者伪造其他有罪证据被羁押或者被判处刑罚的。这种情形是指公民在自己自由意志支配下，出于各种动机，为他人承担罪责，或者伪造其他有罪证据而被羁押或判处刑罚。如果是在公安司法人员刑讯逼供、威胁下屈打成招、承认自己有罪或者提供“证据”而被羁押或判处刑罚的，则不属于故意作虚伪供述，或者伪造其他有罪证据，这时国家对公民受到的损害应承担赔偿责任。

2. 依照《刑法》第 17 条、第 18 条规定，不负刑事责任的人被羁押的。不负刑事责任的情形是指行为人实施了刑法所禁止的危害社会的行为，因其未达到刑事责任年龄或不具有刑事责任能力而不负刑事责任。这时，行为人本身是有犯罪行为的，公安司法机关为弄清行为人是否达到刑事责任年龄，是否具备刑事责任能力，对行为人进行羁押是有必要的。这种情况下的羁押，行为人不能请求赔偿，国家不负赔偿责任。

3. 依照《刑事诉讼法》第 16 条、第 177 条第 2 款、第 284 条第 2 款、第 290 条规定不追究刑事责任的人被羁押的。这种情况具体指情节显著轻微、危害不大，不认为是犯罪的，犯罪已过追诉时效期限的，经特赦令免除刑罚的，依照《刑法》告诉才处理，没有告诉或者撤回告诉的，犯罪嫌疑人、被告人死亡的，其他法律规定免予追究刑事责任的人曾被羁押的，国家不予赔偿。

4. 行使侦查、检察、审判职权的机关以及看守所、监狱管理机关的工作人员与行使职权无关的个人行为。因为刑事赔偿作为国家赔偿的组成部分，是由国家行为引起的，前述工作人员的个人行为与国家没有联系，国家也就不能为之承担责任。

5. 因公民自伤、自残等故意行为致使损害发生的。

6. 法律规定的其他情形。

四、刑事赔偿请求的提出

（一）刑事赔偿请求权人

根据《国家赔偿法》第 6 条规定："受害的公民、法人、和其他组织有权要求赔偿。受害的公民死亡，其继承人和其他有扶养关系的亲属有权要求赔偿。受害的法人或者其他组织终止，其权利承受人有权要求赔偿。"

法律规定表明，具有刑事赔偿请求权的人提出刑事赔偿的请求应遵循以下的程序，即在受害人还存在的情况下，应由受害人个人或法人提起，如果受害人不提起，就意味着对赔偿请求权的放弃；当受害人由于自身原因不能正确表达自己的意思时，应当允许受害人委托代理人行使请求权；受害的公民死亡的，应当首先由其继承人行使请求权，然后才是其他受害人具有扶养义务的亲属。

（二）刑事赔偿请求的方式

由于刑事赔偿是一种国家赔偿，在刑事赔偿请求的方式上不应采取起诉的方式。刑事赔偿请求权人提出赔偿请求一般是递交申请书。

申请书应当载明以下事项：①受害人的姓名、性别、年龄、工作单位和住所，法人的名称、住所和法定代表人或主要负责人的姓名、职务；②具体的要求、事实根据和理由；③申请时间。

如果赔偿请求权人书写申请书有困难的，可委托他人代写；也可以口头申请，由赔偿义务机关记入笔录。

五、刑事赔偿义务机关

依照《国家赔偿法》第 21 条规定，我国刑事赔偿义务机关分别按实施侵权行为的机关及个人的职务属性来确定。

1. 行使侦查、检察、审判职权的机关以及看守所、监狱管理机关及其工作人员在行使职权时侵犯公民、法人和其他组织的合法权益造成损害的，该机关为赔偿义务机关。这是确定刑事赔偿义务机关的总的原则，可简称为哪个机关职务行为的错误，就应由哪个机关承担赔偿义务。

2. 对公民采取拘留措施，依照本法的规定应当给予国家赔偿的，作出拘留决定的机关为赔偿义务机关。在刑事诉讼中，有权决定拘留的机关是公安机关、国家安全机关、军队保卫部门和人民检察院，上述机关中如果谁出现职务行而错误拘留的，就是赔偿义务机关。

3. 对公民采取逮捕措施后决定撤销案件、不起诉或者判决宣告无罪的，作出逮捕决定的机关为赔偿义务机关。如果逮捕是由人民法院决定的，人民法院就是赔偿义务机关；如果逮捕是由人民检察院批准或者决定的，人民检察院为赔偿义务机关。既有错误拘留又有错误逮捕的，由决定逮捕的机关作为赔偿义务机关。

4. 再审改判无罪的，作出原生效判决的人民法院为赔偿义务机关。具体情形为：原一审人民法院作出判决后，被告人没有上诉，人民检察院没有抗诉，判决发生法律效力的，原第一审人民法院为赔偿义务机关；被告人上诉或者人民检察院抗诉，原二审人民法院维持一审判决或者对一审人民法院判决改判的，原第二审人民法院为赔偿义务机关。

5. 二审改判无罪，以及二审发回重审后作无罪处理的，作出一审有罪判决的人民法院为赔偿义务机关。

六、刑事赔偿程序的具体规定

依照《国家赔偿法》第22条至第31条规定，刑事赔偿的步骤和方法是：

（一）赔偿义务机关先行处理

赔偿请求人提出赔偿请求，应当先向赔偿义务机关提出。刑事赔偿请求权人请求国家赔偿的时效为2年，自其知道或者应当知道国家机关及其工作人员行使职权时的行为侵犯其人身权、财产权之日起计算，但被羁押等限制人身自由期间不计算在内。

赔偿义务机关收到赔偿请求人的赔偿申请书或者口头申请后，应当进行审查，分别不同情况予以处理：

1. 对发生侵权事实的，应当查明请求人是否符合法定条件，本机关是否负有赔偿义务，是否属于《国家赔偿法》第19条规定的不承担赔偿责任的情形，赔偿请求是否已过时效，请求赔偿的有关材料是否齐备等。

2. 对赔偿请求已过时效或请求人不具有法定资格的，通知其不予受理；对不属于本机关赔偿的，应告知请求人向负有赔偿义务的机关提出申请；对申请材料不齐备的，可以告知请求人补充有关材料。

赔偿义务机关作出赔偿决定，应当充分听取赔偿请求人的意见，并可以与赔偿请求人就赔偿方式、赔偿项目和赔偿数额依照《国家赔偿法》第四章的规定进行协商。赔偿义务机关决定赔偿的，应当制作赔偿决定书，并自作出决定之日起10日内送达赔偿请求人。赔偿义务机关决定不予赔偿的，应当自作出决定之日起10日内书面通知赔偿请求人，并说明不予赔偿的理由。

（二）赔偿复议程序

赔偿义务机关逾期不予赔偿或者赔偿请求人对赔偿数额有异议的，赔偿请求人可以自期间届满之日起 30 日内向其上一级机关申请复议。逾期不予赔偿的情形有不予赔偿决定、受理后到期不予答复、不予受理等，对赔偿数额有异议是对赔偿方式、项目、金额有异议。

复议机关收到复议申请后，应及时调取案卷和有关材料进行审查，进行复议后，应分别情况作出复议决定。原决定事实清楚，适用法律准确的，予以维持；原决定认定事实不清，适用法律或赔偿方式、数额不当的，作出新的赔偿决定。刑事赔偿申请实行一次复议制。复议机关应自收到复议申请之日起 2 个月内作出决定。

赔偿义务机关是人民法院的，对逾期不予赔偿或者请求人对赔偿数额有异议的，请求人可以在 2 个月期间届满之日起 30 日内直接向其上一级人民法院赔偿委员会申请作出赔偿决定。

（三）赔偿委员会的决定程序

赔偿请求人不服复议决定的，可以在收到复议决定之日起 30 日内向复议机关所在地的同级人民法院赔偿委员会申请作出赔偿决定；复议机关逾期不作赔偿决定的，赔偿请求人可以自期限届满之日起 30 日内向复议机关所在地的同级人民法院赔偿委员会申请作出赔偿决定。

中级以上的人民法院设立赔偿委员会，由人民法院三名以上审判员组成，组成人员的人数应当为单数。赔偿委员会作赔偿决定，实行少数服从多数的原则。赔偿委员会作出的赔偿决定，是发生法律效力的决定，必须执行。

赔偿请求人或者赔偿义务机关对赔偿委员会作出的决定，认为确有错误的，可以向上一级人民法院赔偿委员会提出申诉。赔偿委员会作出的赔偿决定生效后，如发现赔偿决定违反本法规定的，经本院院长决定或者上级人民法院指令，赔偿委员会应当在 2 个月内重新审查并依法作出决定，上一级人民法院赔偿委员会也可以直接审查并作出决定。

最高人民检察院对各级人民法院赔偿委员会作出的决定，上级人民检察院对下级人民法院赔偿委员会作出的决定，发现违反《国家赔偿法》规定的，应当向同级人民法院赔偿委员会提出意见，同级人民法院赔偿委员会应当在 2 个月内重新审查并依法作出决定。

赔偿义务机关赔偿损失后，应当向内部有关责任人员进行追偿，被追偿的人员范围是：

1. 刑讯逼供或者以殴打、虐待等行为或者唆使、放纵他人以殴打、虐待等行为造成公民身体伤害或者死亡的；

2. 违法使用武器、警械造成公民身体伤害或者死亡的；

3. 在处理案件中有贪污受贿，徇私舞弊，枉法裁判行为的。

七、刑事赔偿的方式和计算标准

（一）赔偿方式

依照《国家赔偿法》第 32 条、第 35 条和第 36 条规定，对决定予以刑事赔偿的，采取以下赔偿方式：

1. 支付赔偿金。这是国家赔偿的主要方式，表现于向赔偿请求人支付一定数额的货币。支付赔偿金适用范围较宽，如对人身造成损害的赔偿，返还财产时无法返还或难以恢复原状的赔偿，其他侵犯财产权造成损失的赔偿等。支付赔偿金的费用列于各级财政预算，由各级财政按照财政管理体制分级负担。

2. 返还财产或恢复原状。返还财产是赔偿义务机关将财产归还给对该财产享有所有权的受害人，恢复原状是赔偿义务机关对应当返还的财产造成毁损，通过修复使财产恢复到损害前的形状和性能。返还财产或恢复原状适用情况有：判处罚金、没收财产的返还；查封、扣押、冻结财产的解除，解除时造成损害的，能够恢复原状的应当恢复原状。

3. 消除影响、恢复名誉、赔礼道歉，支付精神损害抚慰金。修订后的《国家赔偿法》第 35 条明确规定：行使侦查、检察、审判职权的机关以及看守所、监狱管理机关及其工作人员在行使职权时有侵犯人身权的情形，致人精神损害的，应当在侵权行为影响的范围内，为受害人消除影响，恢复名誉，赔礼道歉；造成严重后果的，应当支付相应的精神损害抚慰金。

（二）计算标准

计算标准的确定，一般要考虑受害人所受损失能否适当弥补、国家经济和财力的承受能力、简便易行等因素。我国刑事赔偿的计算标准是：

1. 侵害公民人身自由的，每日的赔偿金按照国家上年度职工日平均工资计算。

2. 造成身体伤害的，应当支付医疗费，以及赔偿因误工减少的收入。减少的收入每日的赔偿金按照国家上年度职工日平均工资计算，最高额为国家上年度职工年平均工资的 5 倍。

3. 造成部分或者全部丧失劳动能力的，应当支付医疗费、护理费、残疾生活辅助具费、康复费等因残疾而增加的必要支出和继续治疗所必需的费用，以及残疾赔偿金。残疾赔偿金根据丧失劳动能力的程度，按照国家规定的伤残等级确定，最高不超过国家上年度职工年平均工资的 20 倍。

4. 造成死亡的，应当支付死亡赔偿金、丧葬费。总额为国家上年度职工年平均工资的 20 倍。

5. 造成全部丧失劳动能力的，对其扶养的无劳动能力的人，应当支付生活费；造成死亡的，对其生前扶养的无劳动能力的人，应当支付生活费。生活费的发放标准参照作出赔偿决定时被扶养人住所地所属省级人民政府确定的最低生活保障标准执行。被扶养的人是未成年人的，生活费给付至18周岁止；其他无劳动能力的人，生活费给付至死亡时止。

6. 处罚款、罚金、追缴、没收财产或者违法征收、征用财产的，返还财产。

7. 查封、扣押、冻结的财产，造成损坏或者灭失，应当返还的财产损坏的，能够恢复原状的恢复原状，不能恢复原状的，按照损害程度给付相应赔偿金；已经拍卖或者变卖的，给付拍卖或者变卖所得的价款；变卖的价款明显低于财产价值的，应当支付相应的赔偿金。

8. 法人因被错判犯罪而被吊销执照和许可证、责令停产停业的，赔偿停产停业期间必要的经常性费用开支。

9. 对财产权造成其他损害的，按照直接损失给予赔偿。

第二节 涉外刑事诉讼程序

一、涉外刑事诉讼程序概述

涉外刑事诉讼程序，是指公安司法机关在办理具有涉外因素的刑事案件时所适用的诉讼程序。所谓“涉外因素”主要是指诉讼当事人全部或部分为外国人或者刑事案件发生在国外。

依照我国刑事诉讼法的规定，只有以下几种刑事案件适用涉外刑事诉讼程序。

1. 在中华人民共和国领域内，外国人犯罪或者我国公民对外国、外国人犯罪的案件。

2. 符合《刑法》第7条、第10条规定情形的我国公民在中华人民共和国领域外犯罪的案件。

3. 符合刑法第8条、第10条规定情形的外国人犯罪的案件。

4. 符合刑法第9条规定的情形，中华人民共和国在所承担国际条约义务范围内行使管辖权的案件。

5. 某些刑事诉讼活动需要在国外进行的非涉外刑事案件。包括中国刑法第7条规定的中国公民在中国领域之外犯罪的案件；中国公民在中国领域内犯罪，犯罪后潜逃出境的案件；犯罪嫌疑人、被告人、被害人均为中国公民，但证人是外国人且诉讼时已出境的案件。在上述案件的诉讼过程中，某些诉讼活动如查缉犯罪嫌疑人、被告人或者收集证据等活动需要在国外进行，而中国的司法机关又不能直接到国外去行使职权，故需要按照国际条约或者互惠原则等规定，请求外国司法机关予以协助。

6. 外国司法机关管辖的，根据国际条约或者互惠原则，外国司法机关请求中国司法机关为其提供刑事司法协助的案件。承办这类案件的主体是外国司法机关，中国的司法机关只是在为其查缉罪犯或调查取证方面给予协助。提供协助的方式、步骤也要按照涉外刑事诉讼程序进行。

二、适用涉外刑事诉讼程序的特有原则

涉外刑事诉讼中首先要遵循我国刑事诉讼法的基本原则。但由于相关刑事案件具有涉外因素的影响，决定着公安司法机关在办理涉外刑事案件过程中遵循某些特殊的规则。涉外刑事诉讼的特有原则，是公安司法机关办理涉外刑事案件的基本准则，也是涉外刑事诉讼参与人进行诉讼活动的基本依据。具体包括：

（一）国家主权原则

国家主权是一个国家的统治权力，表现为对内的最高决策、管理权和对外的独立权。作为国际法的基本主体，国家有权独立自主地处理本国对内、对外事务，对一切在国内和在国外的本国人，享有管辖权。公安司法机关在涉外刑事诉讼中遵循国家主权原则，表现为追究外国人犯罪适用中国法律原则，在涉外刑事诉讼中独立行使侦查权、检察权和审判权，不受任何外来势力的干涉，也不接受任何不平等的歧视或限制，在我国境内不允许存在治外法权或领事裁判权等。

我国《刑事诉讼法》第17条规定："对于外国人犯罪应当追究刑事责任的，适用本法的规定。对于享有外交特权和豁免权的外国人应当追究刑事责任的，通过外交途径解决。"由此可见，国家主权原则在涉外刑事诉讼中主要表现为：①外国人、无国籍人在中华人民共和国领域内进行刑事诉讼，一律适用我国法律，依照我国法律规定的诉讼程序进行；享有外交特权和豁免权的外国人的刑事责任问题，通过外交途径解决。②依法应由我国公安司法机关管辖的涉外刑事案件，一律由我国公安司法机关受理，外国司法机关无权管辖。③外国法院的刑事裁判，只有经我国人民法院按照我国法律、我国缔结或参加的国际条约予以承认的，才能在我国境内发生应有的法律效力。

（二）诉讼权利平等原则

诉讼权利平等原则是指外国人在我国参加刑事诉讼，与我国公民一样，享有我国法律规定的诉讼权利并承担诉讼义务。这是国际法上的"国民待遇"原则在涉外刑事诉讼中的体现。我国作为社会主义国家，长期坚持独立自主的外交政策和"和平共处"五项原则，这就要求我国刑事诉讼专门机关在处理涉外刑事案件时，既不应盲目排外，对外国人有歧视；也不应盲目崇外，给予特殊待遇。

（三）信守国际条约原则

国际条约是主权国家间缔结或签订的确定相互间权利义务关系的协议。在国际法上，

国家在条约生效后要贯彻条约必须遵守原则，即信守条约，承担条约义务。司法机关及诉讼参与人在进行涉外刑事诉讼时，除了要遵守中国刑法和刑事诉讼法外，还应当遵守中国缔结或者参加的国际条约中有关刑事诉讼程序的具体规定，除非我国在加入相关条约时对该条款有保留。

在涉外刑事诉讼中，贯彻信守国际条约原则通常有两种方法，一是在国内立法中通过制定专门法律形式以承认国际条约来实施国际条约的内容；二是在国内法中，规定承认国际条约的原则，将国际条约内容变为国内法，在本国领域内实施。

我国刑事诉讼法典中对此均没有明确规定。但我国在相应的部门规章中确立了信守国际条约原则的基本精神。公安司法机关在涉外刑事诉讼的活动中是遵循这一原则的指引的。1995 年 6 月 20 日外交部、最高人民法院、最高人民检察院、公安部、国家安全部、司法部《关于处理涉外案件若干问题的规定》明确规定："处理涉外案件，在对等互惠原则的基础上，严格履行我国所承担的国际条约义务。当国内法或者我内部规定同我国所承担的国际条约义务发生冲突时，应当适用国际条约的有关规定（我国声明保留的条款除外）。各主管部门不应当以国内法或者内部规定为由拒绝履行我国所承担的国际条约规定的义务。"

（四）使用中国通用语言文字进行诉讼原则

使用本国通用语言文字进行诉讼是世界各国公认的通行做法，也是国家独立行使司法权的重要体现。依据这一原则，我国涉外刑事诉讼的进行和司法文书的制作，都要使用我国通用的语言文字。根据《刑诉解释》和涉外刑事诉讼实践，使用中国通用语言文字进行诉讼原则具体内容包括：①使用中国通用的语言文字进行讯问、询问等调查工作和法庭审判工作；②用中文制作有关涉外刑事诉讼文书；③为外国籍诉讼参与人提供翻译；④对外国籍诉讼参与人送达诉讼文书时，附有不加盖公安司法机关印章的和受送达人通晓的外文译本。

（五）委托或指定中国律师参加诉讼原则

律师制度是国家司法制度的重要组成部分，其适用范围是受国家主权领域的限制的。故各国一般都不允许外国律师在本国参加诉讼活动。新中国成立以来我国一直不允许外国律师在我国开展律师业务。在涉外刑事诉讼中，外国律师不得在中国开业或以律师的身份在中国接受委托并在人民法院出庭，外国当事人只能委托中国律师参加诉讼。根据《刑诉解释》的规定，外国籍被告人委托律师辩护，或者外国籍附带民事诉讼原告人、自诉人委托律师代理诉讼的，应当委托具有中华人民共和国律师资格并依法取得执业证书的律师。

三、涉外刑事诉讼程序的特别规定

（一）涉外刑事诉讼的管辖

享有管辖权是办理刑事案件的前提。

1. 立案管辖。对外国人犯罪的刑事案件，在立案管辖上，公安机关根据《公安机关规定》，依下列情况确定管辖。①外国人犯罪的案件，由犯罪地的县级以上公安机关立案侦查。②在中华人民共和国领域外的中国航空器内发生的刑事案件，由该航空器在中国最初降落地的公安机关管辖。③外国人在中华人民共和国领域外对中华人民共和国国家或者公民犯罪，应当受刑罚处罚的，由该外国人入境地或者入境后居住地的县级以上公安机关立案侦查；该外国人未入境的，由被害人居住地的县级以上公安机关立案侦查；没有被害人或者是对中华人民共和国国家犯罪的，由公安部指定管辖。④ 在国际列车上发生的刑事案件，根据我国与相关国家签订的协定确定管辖；没有协定的，由该列车始发或者前方停靠的中国车站所在地的铁路公安机关管辖。⑤外国人犯中华人民共和国缔结或者参加的国际条约规定的罪行后进入我国领域内的，由该外国人被抓获地的设区的市一级以上公安机关立案侦查。⑥外国犯罪嫌疑人享有外交或者领事特权和豁免权的，应当呈报公安部，同时通报同级人民政府外事办公室，由公安部商请外交部通过外交途径办理。

2. 审判管辖。根据《刑事诉讼法》和《刑诉解释》的规定，第一审涉外刑事案件，除《刑事诉讼法》第 21~23 条规定的以外，由基层人民法院管辖。①在中华人民共和国领域外的中国船舶内的犯罪，由该船舶最初停泊的中国口岸所在地或者被告人登陆地、入境地的人民法院管辖。②在中华人民共和国领域外的中国航空器内的犯罪，由该航空器在中国最初降落地的人民法院管辖。③外国人在中华人民共和国领域外对中华人民共和国国家或者公民犯罪，根据《中华人民共和国刑法》应当受处罚的，由该外国人登陆地、入境地或者入境后居住地的人民法院管辖，也可以由被害人离境前居住地或者现居住地的人民法院管辖。④在国际列车上的犯罪，根据我国与相关国家签订的协定确定管辖；没有协定的，由该列车始发或者前方停靠的中国车站所在地负责审判铁路运输刑事案件的人民法院管辖。⑤对中华人民共和国缔结或者参加的国际条约所规定的罪行，中华人民共和国在所承担条约义务的范围内行使刑事管辖权的，由被告人被抓获地、登陆地或者入境地的人民法院管辖。

（二）涉外刑事诉讼中的强制措施

公安司法机关在涉外刑事诉讼中，为保障诉讼程序的顺利进行，对外国籍犯罪嫌疑人、被告人可依法采取强制措施。与一般刑事诉讼程序中适用强制措施相比较，涉外刑事诉讼中的强制措施有下列不同之处：

1. 对外国籍犯罪嫌疑人依法作出取保候审、监视居住决定或者执行拘留、逮捕后，应当在48小时以内层报省级公安机关，同时通报同级人民政府外事办公室。重大涉外案件应当在48小时以内呈报公安部，同时通报同级人民政府外事办公室。

2. 对外国籍犯罪嫌疑人依法作出取保候审、监视居住决定或者执行拘留、逮捕后，由省级公安机关根据有关规定，将其姓名、性别、入境时间、护照或者证件号码、案件发生的时间、地点，涉嫌犯罪的主要事实，已采取的强制措施及其法律依据等，通知该外国人所属国家的驻华使馆、领事馆，同时报告公安部。经省级公安机关批准，领事通报任务较重的副省级城市公安局可以直接行使领事通报职能。

3. 公安机关侦查终结前，外国驻华外交、领事官员要求探视被监视居住、拘留、逮捕或者正在看守所服刑的本国公民的，应当及时安排有关探视事宜。犯罪嫌疑人拒绝其国籍国驻华外交、领事官员探视的，公安机关可以不予安排，但应当由其本人提出书面声明。在公安机关侦查羁押期间，经公安机关批准，外国籍犯罪嫌疑人可以与其近亲属、监护人会见、与外界通信。

4. 对涉外刑事案件的被告人，可以决定限制出境；对开庭审理案件时必须到庭的证人，可以要求暂缓出境。限制外国人出境的，应当通报同级人民政府外事主管部门和当事人国籍国驻华使领馆。人民法院决定限制外国人和中国公民出境的，应当书面通知被限制出境的人在案件审理终结前不得离境，并可以采取扣留护照或者其他出入境证件的办法限制其出境；扣留证件的，应当履行必要手续，并发给本人扣留证件的证明。

（三）律师参加涉外刑事诉讼

在涉外刑事诉讼中，根据诉讼权利平等原则，外国籍犯罪嫌疑人享有我国法律规定的诉讼权利和承担相应的义务，我国律师自侦查阶段起就可以参加刑事诉讼。即外国籍犯罪嫌疑人在被我国侦查机关第一次讯问或者采取强制措施之日起，可以聘请我国律师为其提供法律咨询，代理申诉、控告。犯罪嫌疑人被逮捕的，受聘请的律师可以为其申请取保候审。同时，律师在参与涉外刑事诉讼中要信守我国缔结或参加的国际条约，积极考虑联合国有关刑事司法方面的准则和国际惯例，以保障外国籍犯罪嫌疑人在侦查阶段获得律师的有效帮助。

在审判阶段，外国籍被告人可以委托我国律师担任辩护人，附带民事诉讼的原告人、自诉人可以委托我国律师担任代理人。外国籍被告人没有委托辩护人的，人民法院可以通知法律援助机构为其指派律师提供辩护。被告人拒绝辩护人为其辩护的，应当由其提出书面声明，或者将其口头声明记录在卷；必要时，应当录音录像。在中华人民共和国领域外居住的外国人寄给中国律师或者中国公民的授权委托书，必须经所在国公证机关公证、所在国外交部或者其授权机关认证，并经中国驻该国使、领馆认证，才具有法律效力。但中国与该国有互免认证协定的除外。

（四）涉外刑事诉讼文书的送达

在涉外刑事诉讼中，对不在我国领域内居住的当事人送达诉讼文书的方式有：

1. 根据受送达人所在国与中华人民共和国缔结或者共同参加的国际条约规定的方式送达；

2. 通过外交途径送达；

3. 对中国籍当事人，所在国法律允许或者经所在国同意的，可以委托我国驻受送达人所在国的使领馆代为送达；

4. 当事人是自诉案件的自诉人或者附带民事诉讼原告人的，可以向有权代其接受送达的诉讼代理人送达；

5. 当事人是外国单位的，可以向其在中华人民共和国领域内设立的代表机构或者有权接受送达的分支机构、业务代办人送达；

6. 受送达人所在国法律允许的，可以邮寄送达；自邮寄之日起满 3 个月，送达回证未退回，但根据各种情况足以认定已经送达的，视为送达；

7. 受送达人所在国法律允许的，可以采用传真、电子邮件等能够确认受送达人收悉的方式送达。

人民法院同外国法院相互送达诉讼文书一般是采用外交途径送达。

第三节　刑事司法协助程序

一、刑事司法协助程序概述

刑事诉讼中的司法协助，是指一国的法院或者其他的司法机关，根据另一国的法院或者其他司法机关的请求，代为或者协助实施与刑事诉讼有关的司法行为的协助程序。

我国《刑事诉讼法》第 18 条规定：“根据中华人民共和国缔结或参加的国际条约，或者按照互惠原则，我国司法机关和外国司法机关可以相互请求刑事司法协助。”这一规定表明，刑事司法协助是我国司法机关和外国司法机关之间根据本国缔结或参加的国际条约，或者按照互惠原则，相互请求代为一定刑事诉讼行为的活动。

1. 刑事司法协助的主体

国家监察委员会、最高人民法院、最高人民检察院、公安部、国家安全部等部门是开展国际刑事司法协助的主管机关，按照职责分工，审核向外国提出的刑事司法协助请求，审查处理对外联系机关转递的外国提出的刑事司法协助请求，承担其他与国际刑事司法协助相关的工作。在移管被判刑人案件中，司法部按照职责分工，承担相应的主管机关职责。

办理刑事司法协助相关案件的机关是国际刑事司法协助的办案机关，负责向所属主管机关提交需要向外国提出的刑事司法协助请求、执行所属主管机关交办的外国提出的刑事司法协助请求。

2. 刑事司法协助的形式

根据我国《刑事司法协助法》，国际司法协助是指我国与外国在刑事案件调查、侦查、起诉、审判和执行等活动中相互提供协助，主要包括：

（1）代为送达刑事诉讼文书。包括与刑事诉讼有关的司法文书、诉讼文件和其他文字资料。

（2）调查取证。包括代为听取当事人、犯罪嫌疑人陈述，询问证人、被害人和鉴定人，进行鉴定、勘验、检查、搜查和扣押等。

（3）安排证人作证或者协助调查。

（4）查封、扣押、冻结涉案财物。

（5）没收、返还违法所得及其他涉案财物。

（6）移管被判刑人。

（7）其他协助。

二、刑事司法协助程序的一般规定

刑事司法协助程序，依照提起请求的主体不同，可分我国司法机关请求外国司法机关提供司法协助的程序和外国司法机关请求我国司法机关提供司法协助的程序等。

（一）我国司法机关请求外国司法机关提供司法协助的程序

办案机关需要向外国请求刑事司法协助的，应当制作刑事司法协助请求书并附相关材料，经所属主管机关审核同意后，由对外联系机关及时向外国提出请求。

向外国的刑事司法协助请求书，应当依照刑事司法协助条约的规定提出；没有条约或者条约没有规定的，可以参照本法第 13 条的规定提出；被请求国有特殊要求的，在不违反中华人民共和国法律的基本原则的情况下，可以按照被请求国的特殊要求提出。请求书及所附材料应当以中文制作，并附有被请求国官方文字的译文。

被请求国就执行刑事司法协助请求提出附加条件，不损害中华人民共和国的主权、安全和社会公共利益的，可以由外交部作出承诺。被请求国明确表示对外联系机关作出的承诺充分有效的，也可以由对外联系机关作出承诺。对于限制追诉的承诺，由最高人民检察院决定；对于量刑的承诺，由最高人民法院决定。在对涉案人员追究刑事责任时，有关机关应当受所作出的承诺的约束。

对外联系机关收到外国的有关通知或者执行结果后，应当及时转交或者转告有关主管机关。外国就其提供刑事司法协助的案件要求通报诉讼结果的，对外联系机关转交有关主管机关办理。

（二）关于外国司法机关请求我国司法机关提供司法协助的程序

外国向中华人民共和国提出刑事司法协助请求的，应当依照刑事司法协助条约的规定提出请求书。没有条约或者条约没有规定的，应当在请求书中载明下列事项并附相关材料：（1）请求机关的名称；（2）案件性质、涉案人员基本信息及犯罪事实；（3）本案适用的法律规定；（4）请求的事项和目的；（5）请求的事项与案件之间的关联性；（6）希望请求得以执行的期限；（7）其他必要的信息或者附加的要求。在没有刑事司法协助条约的情况下，请求国应当作出互惠的承诺。

外国向中华人民共和国提出的刑事司法协助请求，有下列情形之一的，可以拒绝提供协助：

（1）根据中华人民共和国法律，请求针对的行为不构成犯罪；

（2）在收到请求时，在中华人民共和国境内对于请求针对的犯罪正在进行调查、侦查、起诉、审判，已经作出生效判决，终止刑事诉讼程序，或者犯罪已过追诉时效期限；

（3）请求针对的犯罪属于政治犯罪；

（4）请求针对的犯罪纯属军事犯罪；

（5）请求的目的是基于种族、民族、宗教、国籍、性别、政治见解或者身份等方面的原因而进行调查、侦查、起诉、审判、执行刑罚，或者当事人可能由于上述原因受到不公正待遇；

（6）请求的事项与请求协助的案件之间缺乏实质性联系；

（7）其他可以拒绝的情形。

对外联系机关收到外国提出的刑事司法协助请求，应当对请求书及所附材料进行审查。对于请求书形式和内容符合要求的，应当按照职责分工，将请求书及所附材料转交有关主管机关处理；对于请求书形式和内容不符合要求的，可以要求请求国补充材料或者重新提出请求。对于刑事司法协助请求明显损害中华人民共和国的主权、安全和社会公共利益的，对外联系机关可以直接拒绝协助。

主管机关收到对外联系机关转交的刑事司法协助请求书及所附材料后，应当进行审查。根据《刑事司法协助法》和刑事司法协助条约的规定认为可以协助执行的，作出决定并安排有关办案机关执行；损害我国主权、安全和社会公共和法律基本原则本法或者《刑事司法协助法》、刑事司法协助条约的规定，认为应当全部或者部分拒绝协助的，将请求书及所附材料退回对外联系机关并说明理由；

对执行请求有保密要求或者有其他附加条件的，通过对外联系机关向外国提出，在外国接受条件并且作出书面保证后，决定附条件执行；需要补充材料的，书面通知对外联系机关要求请求国在合理期限内提供。

执行请求可能妨碍中华人民共和国有关机关正在进行的调查、侦查、起诉、审判或者执行的，主管机关可以决定推迟协助，并将推迟协助的决定和理由书面通知对外联系机关。外国对执行其请求有保密要求或者特殊程序要求的，在不违反中华人民共和国法律的基本原则的情况下，主管机关可以按照其要求安排执行。

办案机关收到主管机关交办的外国刑事司法协助请求后，应当依法执行，并将执行结果或者妨碍执行的情形及时报告主管机关。办案机关在执行请求过程中，应当维护当事人和其他相关人员的合法权益，保护个人信息。

外国请求将通过刑事司法协助取得的证据材料用于请求针对的案件以外的其他目的的，对外联系机关应当转交主管机关，由主管机关作出是否同意的决定。对外联系机关收到主管机关的有关通知或者执行结果后，应当及时转交或者转告请求国。对于中华人民共和国提供刑事司法协助的案件，主管机关可以通过对外联系机关要求外国通报诉讼结果。外国通报诉讼结果的，对外联系机关收到相关材料后，应当及时转交或者转告主管机关，涉及对中华人民共和国公民提起刑事诉讼的，还应当通知外交部。

理论导读

刑事司法协助（MLA），是指当犯罪证据处于调查、起诉或审判地之外的其他国家，一国请求另一国协助在域外搜集相关犯罪证据的法律机制。这些法律机制不仅涉及诉讼程序和时效，还涉及主管部门和管辖范围。在大陆法系国家中，刑事司法协助经常被定义为刑事领域的司法合作。从这个定义可以看出，刑事司法协助是指具有刑事调查、起诉和审判职能的司法机关之间的合作。原则上并不包含行政主管部门之间的协助，尽管这些主管部门也处理行政执行的相关事务。主管司法机关接收和向其他国家提出刑事司法协助的请求，是作为国内法上的一项规则来规定的，并且与国内司法体制一致。例如，在英国主管机关可以是警察机关，而在大多数的大陆法系国家这是被法律排除在外的。主管机关包括适格的刑事调查和起诉机关。法院也可以作为适格的机关来授权采取强制性措施，并且在一些国家，法院还可以签发附加的调查措施令，甚至在审判期间也不例外。

刑事司法协助存在的必要性在于司法机关不能够在其领土外采取调查措施，除非是国际条约有规定或者有临时的特别协议。在大陆法系国家，调查机关需要有明确的法律依据以便适格地行使其调查职能。在普通法系国家中，即使在国外，司法机关也有权限采取行动，但是行动要限制在公民个人范围内。他们可以采访一般民众，但是他们不能够采取侵犯个人隐私权或其他具有强制性或侵犯性的调查措施，如秘密监视措施。刑事司法协助不仅在跨国犯罪中有使用的必要，而且在具有跨境性质的国内案件中也需要使用。后一种情形主要包括当证人或犯罪嫌疑人在国外，当证据不在法院所在地或犯罪资产被转移到国外等。在国外搜集犯罪证据的方法包括很多不同的种类，既包括非强制性的措施，如交换司法信息或自愿询问专家和证人等，也包括具有侵犯性的措施，如搜查和扣押、窃听、控制下交付以及秘密监视犯罪组织等。

刑事司法协助是国家关系的重要内容，是一国司法权的有效域外延伸，具有重要的外交价值和司法价值。开展刑事司法协助问题的研究，对于指导我国对外刑事司法协助的立法和司法实践，具有重要的现实意义。①

1979 年我国实行改革开放以来，我国先后与法国、波兰、比利时等 60 个国家签订了刑事司法协助条约。从我国现阶段对外签订和加入的国际公约和条约以及我国已有的协助实践来看，我国开展的国际刑事司法协助的范围主要有以下几个方面：送达诉讼文书；代为调查取证；传唤证人、鉴定人出国作证；赃款赃物的移交和刑事诉讼结果的通报等。

在经济日益全球化的今天，跨国犯罪的增多和国家间交往范围的扩大，使得作为打击跨国犯罪主要合作手段的国际刑事司法协助制度在国家对外活动中的重要性愈益突出，国际刑事司法协助领域正呈现出一些新的发展趋势：一是刑事司法协助的范围逐渐扩大；二是立法规范得到迅速发展；三是国际组织在国际刑事司法协助中的作用进一步增强；四是刑事司法协助在国家关系中的作用日显重要；五是人权保障的范围进一步扩大；六是刑事司法协助的程序向简便化方向发展。

真题解析

1. （2017 年卷二 42）W 国人约翰涉嫌在我国某市 A 区从事间谍活动被立案侦查并提起公诉。关于本案诉讼程序，下列哪一选项是正确的？

A. 约翰可通过 W 国驻华使馆委托 W 国律师为其辩护

B. 本案由 A 区法院一审

C. 约翰精通汉语，开庭时法院可不为其配备翻译人员

D. 给约翰送达的法院判决书应为中文本

① ［荷］约翰．梵瓦勒著，赵晨光、侯撼岳译：《打击跨国犯罪中的刑事司法协助问题研究》，载《刑法论丛》2021 年第 2 期。

答案：D

解析：《刑诉解释》第 485 条第 1、2 款规定："外国籍被告人委托律师辩护，或者外国籍附带民事诉讼原告人、自诉人委托律师代理诉讼的，应当委托具有中华人民共和国律师资格并依法取得执业证书的律师。外国籍被告人在押的，其监护人、近亲属或者其国籍国驻华使领馆可以代为委托辩护人。其监护人、近亲属代为委托的，应当提供与被告人关系的有效证明。"所以选项 A 错误。《刑事诉讼法》第 21 条规定："中级人民法院管辖下列第一审刑事案件：（一）危害国家安全、恐怖活动案件；（二）可能判处无期徒刑、死刑的案件。"所以选项 B 错误。《刑诉解释》第 484 条规定："人民法院审判涉外刑事案件，使用中华人民共和国通用的语言、文字，应当为外国籍当事人提供翻译。翻译人员应当在翻译文件上签名。人民法院的诉讼文书为中文本。外国籍当事人不通晓中文的，应当附有外文译本，译本不加盖人民法院印章，以中文本为准。外国籍当事人通晓中国语言、文字，拒绝他人翻译，或者不需要诉讼文书外文译本的，应当由其本人出具书面声明。拒绝出具书面声明的，应当记录在案；必要时，应当录音录像。"所以选项 C 错误，选项 D 正确。

2. （2019 年真题参考版）外国人约翰来 A 县旅游涉嫌猥亵幼儿园儿童刘小飞，被 A 县公安局抓捕。关于本案的诉讼程序，下列说法正确的是？

A. 约翰弟弟要求见约翰应当向中院提会见要求

B. 约翰不懂当地语言，应当提供翻译而未提供的，所作供述不得作为定案依据

C. 法院有权力扣留约翰的护照限制其离境

D. 约翰可以委托其父亲老约翰为其辩护

答案：BCD

解析：《刑诉解释》第 482 条第 2 款规定："涉外刑事案件审判期间，外国籍被告人在押，其监护人、近亲属申请会见的，可以向受理案件的人民法院所在地的高级人民法院提出，并依照本解释第 486 条的规定提供与被告人关系的证明。人民法院经审查认为不妨碍案件审判的，可以批准。"所以选项 A 错误。《刑诉解释》第 94 条规定："被告人供述具有下列情形之一的，不得作为定案的根据：（一）讯问笔录没有经被告人核对确认的；（二）讯问聋、哑人，应当提供通晓聋、哑手势的人员而未提供的；（三）讯问不通晓当地通用语言、文字的被告人，应当提供翻译人员而未提供的；（四）讯问未成年人，其法定代理人或者合适成年人不在场的。"所以选项 B 正确。《刑诉解释》第 487 条第 2 款规定："人民法院决定限制外国人和中国公民出境的，应当书面通知被限制出境的人在案件审理终结前不得离境，并可以采取扣留护照或者其他出入境证件的办法限制其出境；扣留证件的，应当履行必要手续，并发给本人扣留证件的证明。"所以选项 C 正确。《刑诉解

释》第40条规定："人民法院审判案件，应当充分保障被告人依法享有的辩护权利。被告人除自己行使辩护权以外，还可以委托辩护人辩护。下列人员不得担任辩护人：（一）正在被执行刑罚或者处于缓刑、假释考验期间的人；（二）依法被剥夺、限制人身自由的人；（三）被开除公职或者被吊销律师、公证员执业证书的人；（四）人民法院、人民检察院、监察机关、公安机关、国家安全机关、监狱的现职人员；（五）人民陪审员；（六）与本案审理结果有利害关系的人；（七）外国人或者无国籍人；（八）无行为能力或者限制行为能力的人。前款第3项至第7项规定的人员，如果是被告人的监护人、近亲属，由被告人委托担任辩护人的，可以准许。"所以选项D正确。